Memorias
y Biografías

LEOPOLDO CALVO-SOTELO
UN RETRATO INTELECTUAL

PEDRO CALVO-SOTELO IBÁÑEZ-MARTÍN (ed.)

LEOPOLDO CALVO-SOTELO
UN RETRATO
INTELECTUAL

Fundación Ortega-Marañón
Marcial Pons Historia
2010

Las ilustraciones mencionadas como «En el despacho de su casa de Madrid», «Visitante asiduo de la Feria del Libro de Madrid», «En el Congreso de los Diputados, con Adolfo Suárez (y *Le Monde* bajo el brazo), «En su escaño, preparando una intervención como portavoz de UCD» y «En el banco azul, el presidente del Gobierno lee la prensa extranjera» pertenecen a la Agencia EFE. El resto de fotografías son de la colección privada de la familia Calvo-Sotelo.

La publicación de este libro se ha visto favorecida por el apoyo de las siguientes instituciones:
Círculo de Economía
Club de Madrid
Colegio de Ingenieros de Caminos, Canales y Puertos
Escuela de Ingenieros de Caminos, Canales y Puertos de Madrid
Fundación Banco de Santander
Fundación Carlos de Amberes
Fundación Eduardo Torroja
Fundación Victoria y Joaquín Rodrigo
Fundación Príncipe de Asturias
Fundación Transición Española
Fundación Xavier Zubiri
Real Academia de Ciencias Morales y Políticas
Real Academia de Ingeniería
Real Instituto Elcano
Universidad Antonio de Nebrija

ISBN: 978-84-92820-28-3

Depósito legal: M. 42.781-2010

Diseño de la cubierta: Manuel Estrada. Diseño Gráfico

Maquetación: Milésima Artes Gráficas, S. L.

Impresión: Closas-Orcoyen, S. L.
Madrid, 2010

Índice

Pág.

Tabula gratulatoria 11
Nota preliminar, *por Pedro Calvo-Sotelo* 13
Prólogo. El hombre detrás de los libros, *por Álvaro Delgado-Gal* ... 17
Semblanza autobiográfica, *por Leopoldo Calvo-Sotelo* 27

PRIMERA PARTE

EN EL CENTRO DE LOS LIBROS

1. Cuando dejé de ser presidente del gobierno se me había olvidado leer, *entrevista con Pedro Calvo-Sotelo* 33
2. Venturoso rincón, libros queridos, *por Pedro Calvo-Sotelo* 39
3. Salvarse a sí mismo. La biblioteca de Leopoldo Calvo-Sotelo, *por Paloma Fernández Palomeque* 83

SEGUNDA PARTE

ANTE LA HISTORIA, ANTE LA POLÍTICA

4. Me he ido haciendo yo solo, *entrevista con Charles Powell* 99
5. Leopoldo Calvo-Sotelo: Historia y Política, *por Charles Powell* 113

TERCERA PARTE

LA MANO VISIBLE DEL ESTADO,
LA MANO INVISIBLE DE ADAM SMITH

6. Lecturas de un keynesiano asaltado por la realidad: la biblioteca de economía e industria, *por Carlos Bustelo* 167

Pág.

CUARTA PARTE

FILOSOFÍA: LAS IDEAS CLARAS Y DISTINTAS

7. La lectura no es buena para un oficio político: basta leer las barbaridades que hizo Platón en Siracusa, *entrevista con Jaime de Salas* 189
8. La biblioteca de filosofía, *por Jaime de Salas* 203

QUINTA PARTE

SIEMPRE BUSCANDO A DIOS ENTRE LA NIEBLA: FE, RELIGIÓN Y TEOLOGÍA

9. A mí me costó muchas noches de vigilia saber qué es la fe católica y también otras cosas. En gran parte mi decisión de leer viene de ahí, *entrevista con Ángel Cordovilla, Olegario González de Cardedal y Antonio Lago Carballo* 225
10. Palabra de Dios en el mundo de la ciencia y de la política. La biblioteca teológico-religiosa, *por Ángel Cordovilla* 247

SEXTA PARTE

BIOLOGÍA Y EVOLUCIÓN: ORIGEN Y CIRCUNSTANCIA DEL HOMBRE

11. Consideraciones sobre la biblioteca de biología, *por Antonio García-Bellido y García de Diego* 295

SÉPTIMA PARTE

SÓLO EL MATEMÁTICO ES FELIZ

12. Cuando tienes un buen profesor de física, tú quieres ser físico; cuando tienes un buen profesor de filosofía, tú quieres ser filósofo, *entrevista* 313
13. La biblioteca de matemáticas y física, *por Enrique Alarcón y José María Martínez-Val* 317

Pág.

Octava Parte

Libros y mapas: geografía de tanto alrededor

14. Yo no puedo estar en ningún sitio del planeta sin saber al menos en qué cuenca hidrográfica me encuentro, *entrevista* .. 363
15. Libros de geografía en una biblioteca humanista, *por Eduardo Martínez de Pisón* 369

Novena Parte

La música de claras columnas verticales

16. Creo que eso de que yo he sido un pianista bastante aceptable es la única cosa buena que han inventado de mí los periodistas, *entrevista con Fernando Argenta* 393
17. La biblioteca sonora, *por Antón García Abril* 411

Décima Parte

La prensa de cada día

18. Me inquieta la pregunta de Pilatos «*Quid est veritas?*» a la que Cristo no contesta, *entrevista con Justino Sinova* 433
19. Leopoldo Calvo-Sotelo ante, bajo, tras, en, frente y con la Prensa, *por Justino Sinova* 447

Undécima Parte

No me podrán quitar el dolorido sentir

20. A mí me ha apetecido enterarme en este mundo, en el tiempo que uno pasa por aquí, de qué va la cosa, *entrevista con Jaime Siles* 477
21. La biblioteca de poesía, *por Jaime Siles* 495

Epílogo. *In memoriam:* Leopoldo Calvo-Sotelo y Bustelo, *por Olegario González de Cardedal* 517

Los autores 531

Tabula gratulatoria

Enrique Alarcón, Fernando Argenta, Isabelle Bockoltz, Carlos Bustelo, Mercedes Carrillo Guzmán, Ana Coca de la Viesca, Ángel Cordovilla, Álvaro Delgado-Gal, José María Díaz Moreno SJ, Paloma Fernández Palomeque, Antonio Fernández-Rañada, Antón García Abril, Antonio García-Bellido, Olegario González de Cardedal, Enrique Iborra Grau, Antonio Lago Carballo, Antonio López Serrano, María Luisa López-Vidriero, José María Martínez-Val, Eduardo Martínez de Pisón, Domingo de Silos Manso, Natalia Marín, Andrés Montero, Elvira Ontañón, Miguel Pérez-Guillermo, Charles Powell, Loreto del Río, Jaime de Salas, Jovito Salceda, Jaime Siles, Justino Sinova, mi madre Pilar, mi mujer María, mis hermanos Leopoldo (marqués de la Ría de Ribadeo), Juan, Pilar, Víctor, José María, Andrés y Pablo y mi hijo Pedro.

Nota preliminar

Este libro, aunque otra cosa sugiera la portada, no es una biografía al uso, de las de la cruz a la fecha, ni tampoco un canon de sabias lecturas para una vida. Es una obra, hecha de artículos y entrevistas, que quiere ser un retrato intelectual y, en su contorno, un relato cultural español. La biografía podría llamarse *Confieso que he leído* y el panorama generacional, *Una época entre los mejores libros*. Pero lo atractivo es que ambas cosas se dan juntas y son indisociables y les conviene el título bajo el que salen a la luz.

Leopoldo Calvo-Sotelo adquirió durante muchas décadas varios miles de libros. La universalidad de sus intereses y la libertad con la que quiso satisfacerlos levantaron una rica biblioteca —con la música no de fondo, sino en primera línea— y trazaron a la vez una figura, la intelectual, que acompañó, pero siempre desdibujada, a la más notoria.

Resultaba entonces un proyecto atractivo estudiar y dar a conocer esa biblioteca y hacer ese retrato, contar esa otra trayectoria vital traspapelada siempre bajo una fértil biografía de ingeniero, hombre de la industria, varias veces diputado y ministro, vicepresidente y presidente del gobierno durante los años más fecundos de la transición política española y, en fin, memorialista.

Tal empeño permitía a la vez —puesto que esos títulos fueron adquiridos en su mayoría «por un mismo motivo de ordenación interna: enterarse del mundo en que vive uno»—, permitía esbozar, según se ha dicho antes, la constelación de las preocupaciones de una época. Así pues, junto al perfil de una persona, la de Leopoldo Calvo-Sotelo, también aparece la radiografía de las inquietudes intelectuales de una generación de españoles resueltamente europeos.

Desde su primer planteamiento, este libro quiso estar a la altura de su ambición y si ello ha resultado finalmente así es gracias a la solvencia académica y a la libertad de enfoque de quienes han colaborado en él. La suma de sus artículos, hasta diez —sobre los libros de historia, política, religión, teología, poesía, filosofía, economía e industria, matemáticas, física, geografía, biología, prensa y música— restituye el universo de la vocación intelectual de Leopoldo Calvo-Sotelo. Y de ese universo, los autores de estos trabajos destacan las mejores lecturas —y la mejor música— y las emplazan en la circunstancia histórica de cada saber.

Este volumen incluye, además de estos diez artículos, otros cuatro textos: un prólogo de Álvaro Delgado-Gal, un artículo sobre la conformación material de la biblioteca más el testimonio de quien fue su bibliotecaria y, como cierre, una evocación de Leopoldo Calvo-Sotelo hecha al poco de su muerte por Olegario González de Cardedal.

Si existe un vínculo entre lectura y acción, lectura y escritura, entre lectura y oratoria, parecía aconsejable —dada la múltiple dimensión emprendedora y la relevancia pública de la trayectoria vital de Leopoldo Calvo-Sotelo— preguntarle a él mismo sobre su vida de lector como trasfondo de todo lo demás, dando la vuelta así al verso del *Poema del Cid* «lengua sin manos ¿cuemo osas fablar?».

Por ello, dichos colaboradores mantuvieron con él varias conversaciones, que habrían sido más de no haberlo impedido su muerte el 3 de mayo de 2008; se completan así estos artículos con la trascripción de las muchas horas de entrevistas, las últimas sin duda de su vida, en las que se desborda ya el ámbito de las lecturas para entrar en muy diversas consideraciones sobre sus trabajos y días y sobre la realidad española.

Más allá de su disposición a abrir la biblioteca de su casa a los interesados, Leopoldo Calvo-Sotelo se prestó a estos diálogos, doblegada una primera resistencia, por el placer de la conversación intelectual, con humor, pero también con una cierta distancia, algo perplejo ante el interés que pudiera suscitar esa afición suya por la lectura. Nada lo condensa mejor que la primera frase que registró la grabadora, en la primera de sus conversaciones, la que tuvo con Jaime de Salas: «Aquí estoy, como ante un gran jurado americano».

Como promotor y coordinador de este proyecto, me ha correspondido, entre otras tareas, la de editar las entrevistas, procurando rescatar todo aquello que se ciñera a su propósito. En una de ellas, la que mantiene con Justino Sinova, Leopoldo Calvo-Sotelo hacía, justo al final, una apreciación sobre las motivaciones de esa labor de coordinador —ligadas al amor filial— que me parecieron no ajustadas a la realidad y accesorias. Y, sin embargo, hoy se han revelado verdaderas y sustantivas y por eso, venciendo el pudor, se incluyen: como decía uno de sus amigos más inteligentes, terciando en un contraste de pareceres matrimonial, «Pilar, Leopoldo siempre tiene razón».

Y esto es lo que tienes en tus manos; luego no protestes lector.

Pedro CALVO-SOTELO IBÁÑEZ-MARTÍN

Prólogo
El hombre detrás de los libros

No todos los lectores son cultos. Sólo son cultos quienes, además de leer mucho, leen de cierta manera. Si no entendemos la diferencia, una diferencia sobre la que intentaré explicarme a continuación, no sabremos entender tampoco la biblioteca de Leopoldo Calvo-Sotelo. Voy al grano. Un hombre que subordina sus lecturas a la consecución de un fin práctico —ganar una cátedra, aprobar unas oposiciones a un cuerpo del Estado, escribir un libro— no es por fuerza culto. Existen, por supuesto, matices. No es lo mismo equiparse para ser catedrático de Electromagnetismo, que con la idea de profesar Literatura Comparada. Y escribir un libro sobre la Revolución Francesa no equivale a redactar un manual sobre la mejora del ganado lanar en Castilla-León. Pero se trata, lo repito, de matices. Matices importantes, sí, pero matices. El que lee con una oposición a la vista, o un libro a la vista, es posible que deje de leer una vez aprobada la oposición o escrito el libro. Cuando ocurre tal, podremos decir que había leído para evacuar un compromiso, o un reto, o una obligación, y sólo para eso. No podremos decir, sin embargo, que había leído para satisfacer su curiosidad. La curiosidad, la curiosidad intelectual, es un estado de ánimo difuso, algo que acompaña a cierta gente a lo largo de su toda vida, o, al menos, de tramos considerables de su vida. En este sentido, la curiosidad es afín al carácter. El envidioso, el generoso, el abúlico, el enérgico, no agotan estas cualidades del alma en acciones concretas. Más bien las manifiestan al hilo de ocasiones múltiples y, en principio, imprevisibles. Así, también, el intelectual curioso, o mejor, el curioso intelectual. El curioso investiga o lee por eso, porque es curioso, y como la curiosidad empapa su vida, lee o investiga en muchas direcciones. Si a esta inquietud añade cierto sistema, se convierte en un hombre culto. El reflejo que lo dicho tiene en una biblioteca personal, es obvio. El que lee teledirigido a un fin, acumulará volúmenes centrados alrededor de un asunto de interés administrativo o social, o de las dos cosas a la vez. El número de volúmenes que versan sobre Mirabeau, o los archivos soviéticos sobre la Komintern, o Garcilaso de la Vega, integrarán un porcentaje decisivo de la obra total acumulada. El que lee porque el mundo le interpela y desconcierta, y porque intenta atenuar la sensación dolorosa que va implícita en ese desconcierto ordenando sus impresiones, y, por lo tanto, sus lecturas, el que es, en fin, culto, reunirá textos sobre temas diversos. La diversidad responderá a los ángulos que dibuja la realidad al irradiar sobre su mente. Esa diversidad podrá ser enorme o meramente notable. No puede ser, no obstante, muy pequeña. El que no se deja herir más que por los rayos contenidos en un espectro de frecuencias restringido, es un especialista. Un especialista sin más. Y entonces, no es ya un hombre culto.

Coincidí con Leopoldo Calvo-Sotelo muchas veces, aunque el tiempo no me concedió el beneficio de ser su amigo. Empleo esta palabra, «amigo», porque en tres ocasiones, en tres, me dijo que le gustaría que lo fuéramos. Se trataba, evidentemente, de una deferencia de su parte, aunque no, pienso, de una pura cortesía. Creo que habría sido posible que fuéramos amigos. Intercambiamos números de teléfono, pero los días se deslizan sin sentirlo y las diferencias de edad no perdonan, y Leopoldo se me murió en agraz, entiéndanme, sin que yo tuviera la oportunidad de conocerlo fuera de su contorno social y público. De modo que me he asomado a su biblioteca, y a este libro, como quien se interna en un territorio virgen. Calvo-Sotelo fue, sin duda alguna, un hombre culto. No lo afirmo por los diez mil volúmenes que acumulaba en su casa. De hecho, la relación entre las obras que se adquieren, y las que se leen, es, virtualmente, arbitraria. Lo sostengo por el modo como fue creciendo su colección, y por el contenido de ésta. Paloma Fernández Palomeque, la bibliotecaria encargada de poner orden en la leonera libresca que Calvo-Sotelo había acumulado con los años, señala que no existía, en la casa madrileña de Leopoldo, una habitación destinada específicamente al depósito y despliegue de libros. Los volúmenes iban desparramándose por el ámbito doméstico, a tenor de las incursiones de Calvo-Sotelo por las librerías madrileñas o las que visitaba al viajar al extranjero. El dato es esencial. Revela a un lector puro, no a quien interpreta la lectura como un trabajo, es decir, una forma de ganarse la vida. Los contenidos de la biblioteca, de otro lado, son versátiles, aunque no caprichosos. Leopoldo era un apasionado de la física y las matemáticas; era un hombre creyente, muy interesado por la teología; se atrevía con libros de filosofía difíciles, y no llegó a aficionarse, parece claro, a la novela (a esto volveré dentro de un rato). Dentro de este esquema general, me urge destacar dos puntos. La existencia de varios cientos de volúmenes de la colección *Que sais-je?,* y dos orgullos, dos ufanías, que nuestro hombre se permite a sí mismo en repetidas ocasiones: conocer muy bien la obra de Ortega, y haber comprendido, también muy bien, la Teoría de la Relatividad.

Leopoldo asevera, en una de las entrevistas, que se puso a leer los pequeños volúmenes de *Que sais-je?* cuando las urgencias de la vida práctica le quitaron holgura para recorrer obras más largas. Yo creo que esto es una modestia, o si quieren, un *understatement.* Muchas de las obritas de *Que sais-je?* resultan ser, a despecho de la brevedad, harto exigentes, y no se pueden leer como se lee el periódico o el *Reader's Digest.* Me inclino más bien a maliciar que existía en Calvo-Sotelo un afán enciclopédico, respaldado por otras tantas lecturas. A partir de cierto momento, no queda otra que vertebrar el material de aluvión, y la manera mejor de hacerlo es absorber, con aplicación de escolar, resúmenes competentes. Ello me lleva a recordar que no es hacedero ser culto sin potenciar la memoria. Montaigne observa, en sus *Ensayos,* que tiene muy mala memoria. La abundancia de citas en su obra desmiente esta aseveración. Sea como fuere, el que recorre vastas planicies literarias necesita recordar, y apuntalar el recuerdo mediante recursos mnemotécnicos. El *faible* de nuestro hombre por *Que sais-je?* no delata a quien acorta el conocimiento a través de la divulgación, sino al que sostiene sobre sus espaldas una masa grande de información y tiene que equilibrarla para que no se le caiga al suelo. Formulo la afirmación con aplomo absoluto.

Que Calvo-Sotelo conoció la Teoría de la Relatividad, tanto la Especial como la General, de primera mano, queda de manifiesto en el inventario de la biblioteca y en el hecho de que muchas de las obras leídas, y escritas por el propio Einstein, estén anotadas. Leopoldo afirma, igualmente, que dedicó tiempo, tiempo de profunda concentración, a comprender a Einstein. Esto es perfectamente creíble, es más, perfectamente pertinente. Para comprender la Teoría de la Relatividad, se necesita experimentar lo que Kuhn denominó «un cambio de paradigma». Hay que ver las cosas de otra manera, en este caso, de una manera distinta a la que rige la comprensión del tiempo y el espacio en la física newtoniana. Es obvio que un Leopoldo joven, y aún rico en horas, se divirtió subvirtiendo las premisas enquistadas en nuestro entendimiento cotidiano del espacio y el tiempo. Suscita mayor asombro que varios de los volúmenes anotados hayan sido adquiridos durante los años sesenta, esto es, cuando Calvo-Sotelo era ya una persona muy ocupada. ¿De dónde extraía sosiego para estas lecturas difíciles, y a la vez, desde un punto de vista profesional, extemporáneas? No lo sé. Lo que resulta evidente, es que se precisa una vocación casi maniática para lograr ese milagro.

Me ha causado mucha intriga la actitud de Calvo-Sotelo hacia Ortega. Se declara, como he anticipado, un orteguiano casi profesional. Entre otras cosas presidió, y ayudó a financiar, la Fundación Ortega. Habla de la brillantez y carácter contagioso del estilo de Ortega. Al mismo tiempo, se aprecia en muchos de sus comentarios un fondo de reticencia. Por supuesto Ortega, un hombre vanidoso, era perfectamente capaz de sermonear a los demás sobre lo que no sabía. A Calvo-Sotelo le irritan especialmente las opiniones musicales de Ortega, por entero infundadas, no fundadas, entiéndanme bien, en un conocimiento elemental de la música, y sus incursiones en la esfera de la matemática y la física, en las que estaba igualmente intonso. En más de una ocasión recuerda que Ortega sostuvo, miren ustedes por dónde, que se podía entender a Schrödinger sin una base matemática. Estos reproches son justos, y compatibles con una profunda admiración a don José. Pero Calvo-Sotelo dice más. Dice que Ortega, a la postre, era un articulista. Esto es serio. Añado que, en mi opinión, es verdad, y también compatible con el respeto hacia la figura integral de Ortega. La opinión sorprende, no obstante, en una persona adscrita al círculo interior de los orteguianos. Aprecio aquí una independencia de criterio altamente saludable. No es la única ocasión en que Calvo-Sotelo se sale de la ortodoxia y acierta. Existen muchas otras. Especialmente, otra, a la que aludiré en su momento.

He hecho algunas calas, y también he expresado algunas generalidades sobre la biblioteca de Leopoldo y sobre el perfil intelectual que a través de ella se adivina. Ahora es cuestión de situarse en un terreno intermedio. Esto es, de precisar el diagnóstico. ¿Cómo era intelectualmente Leopoldo, aparte de culto?

Descenderé de nuevo a lo personal. No hacerlo, sería camuflar mis impresiones, y al tiempo, acudir a circunloquios poco eficaces. En ciertos aspectos, Calvo-Sotelo se me aparece como una figura remota. En otros, inteligible y muy próxima. Repetiré algo que cuenta en el libro, no recuerdo en este instante a quién. Siendo presidente del gobierno, tuvo una pelotera con Gerda Miessner, a propósito de unos libros que no le habían llegado pero cuyo pago Gerda le exigió. La anécdota me hizo gracia porque yo también tuve una pelotera con Gerda Miessner. Gerda regentaba, y era propietaria junto a su marido, de la mejor librería de Madrid, hoy desaparecida. Ocupaba un bajo amplio en la calle Ortega y Gasset —¡reemerge el nombre talismán!—, a mano derecha según se mira desde Serrano, entre las calles Lagasca y Claudio Coello. Gerda era competente e implacable, y hablaba como los alemanes de las películas de la Segunda Guerra Mundial. Tenía la ferocidad, la tenacidad en la presa, de un bulldog. Dado que era más bien pequeña, habría que aclarar: de un bulldog francés. Que fuera feroz conmigo, un lector casi adolescente y desconocido, carece de mérito. Que mordiera, sin razón en este caso, al presidente del gobierno, produce cierta admiración. El caso es que hay ahí un sitio, y una persona, que producen un reflejo casi pavloviano en los lectores madrileños. Conocí a varias de las chicas que atendían en Miessner, y salí con alguna. Una era una alemana espléndida, aguda, con el aspecto malvado de los personajes de Otto Dix. Bueno, da lo mismo. El que leía, solía recalar en Miessner, bien abastecida de libros en inglés y alemán, e infalible en el desempeño de encargos, máxime, de encargos al extranjero. Miessner no era una librería especializada. Era una librería/librería: una librería para gente que leía de todo salvo los libros fáciles de leer, quiero decir, *best sellers* y librejos de aeropuerto. ¿A cuánto montaba la clientela potencial, en la España de finales de los sesenta y setenta, de una librería como Miessner? A diez mil personas como mucho, y cinco mil como poco. No hablo de las que efectivamente se dejaban caer por Miessner, sino de las que iban a Miessner o su equivalente en Barcelona o su miniequivalente en algunas capitales de provincia. Digamos, copiando a los agropecuarios, que había en España diez mil cabezas lectoras. Lectoras, claro, de muchas cosas. La radiografía del lector se reflejaba bien en una editorial que conocí profundamente, Alianza Editorial. La de entonces, no la de ahora. Alianza publicó *En busca del tiempo perdido,* rescató *La Regenta,* sacó, traducidas por Jesús Mosterín, las obras completas de Kurt Gödel —una primicia: el español es el primer idioma en que se reúnen, en un volumen único, todos los artículos de Gödel—, y publicó varios títulos dedicados a la gramática generativa de Chomsky. Es posible que no hubiese cubierto gastos publicando sólo estas cosas complicadas. Es casi seguro que sobrevivió porque, al tiempo, vendía decenas de miles de ejemplares del libro de recetas de Simone Ortega —otra Ortega, bien que por la rama política—, y otros —no muchos— títulos comerciales. Pero estoy convencido de que, entre esos diez mil lectores ideales, un porcentaje no desdeñable adquiría un número absurdamente grande de libros de Alianza, desde los de lógica matemática, a los de amena literatura.

Permítanme hacer un experimento en tiempo real, quiero decir, justo al paso que redacto esta nota. Voy a comprobar cuántos libros, de los temas y autores citados, y con el sello de Alianza, están inventariados en el fondo personal de Calvo-Sotelo. La comprobación es sencilla, porque guardo, en el disco duro del ordenador en que escribo, la relación completa de la biblioteca de Leopoldo. Hago un punto y aparte, con el fin de señalar el momento preciso en que me dispongo a evacuar la consulta. El comienzo del siguiente párrafo corresponderá a un instante posterior, aquél, de nuevo en tiempo real, en que haya concluido la cata. Me concedo un plazo de, aproximadamente, veinte minutos.

Han sido menos de veinte minutos: entre diez y quince, con los resultados que a continuación se verán. Calvo-Sotelo compró *La Regenta* editada por Alianza, y poseyó también, en edición de Alianza, la primera novela de la serie proustiana —a ello añadió la compra del libro en francés—. Hasta ahora, la superposición es asombrosa. Estaba seguro de encontrar las obras completas de Gödel, pero he tenido menos éxito. Leopoldo adquirió, primero en francés y después en inglés, la explicación del teorema de incompletud que escribió Ernest Nagel, un filósofo de la ciencia de gran predicamento. Existe, por cierto, una versión española del libro de Nagel, aparecida en Tecnos. Pero Calvo-Sotelo se atuvo aquí al francés y al inglés. No he encontrado nada de Chomsky. A nuestro hombre no le interesaba, parece claro, la gramática generativa. En compensación leyó, o compró, la *Introducción a la lógica formal* de Alfredo Deaño, también de Alianza, y la magnífica serie de matemáticas de Kolmogorov, Aleksandrov, y Laurentiev. No es lo mismo, pero es, de alguna manera, contiguo. Entiendo que mi conjetura se confirma en gran medida: entre los diez mil lectores que se surtieron de los fondos de Alianza —o de los estantes de Miessner—, estaba Leopoldo Calvo-Sotelo. Hasta aquí, las vividas, evidentes, proximidades.

Existen, a la vez, lejanías. Una, generacional, es el idioma. El idioma de lectura de Calvo-Sotelo fue, durante su etapa de formación, el francés. Nosotros, los de mi generación, nos educamos, literariamente, en el inglés. Calvo-Sotelo aprendió el inglés en libros técnicos, y desconozco si llegó a dominarlo con la soltura que requiere disfrutar de una novela sin la prótesis, como él dice, de una traducción al español. Desde luego, fue incorporando el inglés a sus hábitos de lector, y al final, leía más en inglés que en francés. Estuvo suscrito al *Economist* y a la *New York Review of Books.* Creo que también al *Times Literary Supplement,* una revista textualmente complicada. Sospecho, no obstante, que no llegó a sentirse del todo cómodo en ese idioma. Volvió a tomar lecciones de inglés tras su salida de la política, siendo ya un hombre mayor. Prueba de una disciplina, y un denuedo, fuera de lo común.

Es éste un punto menor, que he sacado a colación porque nos ayuda a recordar que Calvo-Sotelo pertenece a una generación española cuyos parámetros culturales eran muy otros que los dominantes entre quienes se formaron a partir de los sesenta. Existen distancias más profundas. Tengo que aclarar que hablo, sí, en términos personales. Pero tomando mi persona a la manera de esas figuritas que aparecen dibujadas en las estadísticas: como el referente genérico de una época, o una mentalidad. Una cosa que se me antoja enigmática en Calvo-Sotelo, es la fe, o mejor, su articulación intelectual. Entiendo, por ejemplo, su pasión por la teología. Constato, simultáneamente, que experimentó la teología desde dentro, es decir, como una investigación o sistematización de problemas que interesaban de cerca a su concepción de la vida. Lo último, ahora, es infrecuente. Las meditaciones en grupo, sus visitas a Roma, las alusiones permanentes, y no siempre bonancibles, a la Iglesia, evocan una época española sin réplica en este tiempo. Insinúan un mundo moral y sentimental muy conservador. No lo digo en mala parte. Ser muy conservador no es peor que ser muy progresista. Si me apuran, más vale ser muy conservador, que muy progresista. Lo que me importa subrayar, es que ese mundo, desde la perspectiva de los mores imperantes, resulta, ahora, difícil de desentrañar. Reclaman al historiador, esto es, al que siente que el tiempo es un abismo y se afana por tender puentes que permitan salvarlo. No creo, y esto, de nuevo, es más significativo que la ausencia o no de fe, que Leopoldo sólo fuera conservador en cuanto se sintió interpelado por cuestiones que ahora no entienden demasiado bien los españoles jóvenes o de mediana edad. Me parece que el conservadurismo de Calvo-Sotelo fue más capaz. Por supuesto, estamos hablando de un hombre inteligente y muy ilustrado, y los que son inteligentes e ilustrados están abiertos a muchos horizontes, incluidos los que les alarman o inquietan. Creo que debo recuperar aquí una observación de García-Bellido, un biólogo importante que fue amigo personal de Leopoldo. García-Bellido repasa la biblioteca de Calvo-Sotelo en materia de evolución, constata que contiene títulos enjundiosos, con un ligero sesgo francés, y añade, misteriosa pero reveladoramente, que Leopoldo cultivaba esas lecturas, muchas de ellas heterodoxas desde una perspectiva católica, en el recinto de su casa, quiero decir, para sí, sin el propósito de incorporarlas a un debate público potencial. Esto es misterioso, porque habría resultado muy extraño, realmente raro, que Calvo-Sotelo se hubiera metido a hablar de evolución en público. No era un filósofo profesional, ni era un publicista, ni era un periodista, aunque haya escrito en periódicos. De modo que García-Bellido sugiere o intima otra cosa. Como no la formula, me atrevo a interpretarlo, consciente de que hago una conjetura, y por tanto, que puedo equivocarme. El Leopoldo Calvo-Sotelo que estudia evolución en silencio, como musitando para sí, me recuerda a los católicos inteligentes que en el siglo XVII o XVIII leían al libertino Bayle con la pasión y la intriga de comprender lo que opina un enemigo digno de ser tenido en cuenta. Como eran inteligentes, leían a Bayle —o Spinoza—; como eran católicos sabían, de antemano, que no podían estar de acuerdo con él. No podían estar de acuerdo, aunque el argumento fuera bueno. Es muy difícil conciliar la evolución, sobre todo el darwinismo, con la fe. Cuando se intentan conciliar, es preciso aplicar puntos de sutura altamente artificiales. Fue lo que hizo Teilhard de Chardin. Teilhard es el autor que más abunda en los fondos biológicos de la biblioteca: hay inventariados veintiún volúmenes, entre los escritos por él o los escritos sobre él.

Puedo apoyar mi intuición sobre el conservadurismo de Calvo-Sotelo en datos independientes de la Teoría de la Evolución o de la fe, o de la relación entre ambos. Permítanme que hable de literatura. A Leopoldo, ya lo sabemos, no le gustaba la novela. De acuerdo. Pero todavía le gustaba menos la novela moderna. He elegido cinco autores capitales —Proust, Joyce, Céline, Faulkner y Kafka—, y vivaqueado en los fondos a la busca de rastros. Joyce y Céline —que escribe en francés— están ausentes; de Faulkner hay dos volúmenes, y de Kafka encontramos sólo *La metamorfosis* —en Alianza—. ¿Y Proust? La representación es reticente, tentativa. Consta, en francés, *Un amor de Swann,* que es una especie de novelita inserta en *Por el camino de Swann,* el primer volumen de *À la recherche du temps perdu.* Es la novela que suele recomendarse como lectura iniciática a quienes tienen la intención de recorrer la serie completa. También está, en español y francés, *Por el camino de Swann,* y, sorprendentemente, *Les plaisirs et les jours,* una obra juvenil y, por así decirlo, de calentamiento. En el 2000, fecha muy tardía, adquirió *A la sombra de las muchachas en flor,* en español. Tengo la sensación de que Leopoldo jugó con la idea de leer a Proust, que metió en él el diente o no lo metió, y que dejó la cosa para ocasión mejor.

¿Qué demuestra esto? Hay que andar con cuidado. Es posible ser un pensador de punta, un rompedor, y no simpatizar con la estética moderna. Popper y Hayek están en ese caso. El propio Joyce fue ultraconservador en materia de pintura. Pero no es baladí, a pesar de todo, el desapego hacia ciertas formas de expresión. La idea ésa, formulada por Machado, de que la novela es un género infantil o adolescente, puede valer para Dumas, acaso valga algo para Dickens —no lo creo— pero resulta por entero inadecuada para explicarse la novela moderna. Leer a Céline, o a Joyce, supone entregarse a un ejercicio mental muy exigente, en que la aprehensión y gusto del estilo priman sobre el argumento, la mera anécdota. Se entra, o no se entra. Lo explicó bien Ortega en *La deshumanización del arte.* No creo, por cierto, que don José lograse entrar en la estética de su tiempo. Comprendió, desde fuera, que estaba ocurriendo algo notable, vertió opiniones sagaces, pero no entró. Su larga reseña de *El obispo leproso,* de Gabriel Miró, integra un largo ejercicio de incomprensión, de cerrazón a una sensibilidad literaria *sui generis,* aunque moderna. Y sus opiniones a pie de página sobre Picasso y el cubismo son absurdas.

Bref: Calvo-Sotelo penetró en la cultura moderna por su lado más cerebral, más abstracto: ciencia y filosofía. Menos, por su flanco sensible. En música, declara haberse detenido en Richard Strauss. Lo último, imagino, es poco significativo. A casi nadie, en efecto, le gusta la música contemporánea. Agrego que tenía todo el derecho del mundo a que le gustara lo que le gustaba. Los que gustan de lo que se considera obligatorio gustar, suelen ser auténticos botarates, individuos no comprometidos en serio con una sensibilidad, y por lo mismo personas, en el fondo, carentes de gusto. Les hablé antes de una notable valentía, y quizá acierto, de Calvo-Sotelo en materia literaria. Asevera que Borges fue, sobre todo, un gran poeta. Esto, justo esto, es lo que dice Naipaul en *The Return of Eva Perón.*

El libro que prologo no nos habla sólo de la biblioteca de Calvo-Sotelo. Arroja también una luz inesperada, y preciosa, sobre la política. Existe un dato aterrador, que emerge a la superficie en dos o tres ocasiones. Después de los siete, ocho años de presencia activa en el primer plano político, Leopoldo se las prometió muy felices: podía volver a los libros. Descubrió, sin embargo, que era incapaz de leer. Durante su etapa pública, se había dedicado sólo a consultar informes y ver la prensa, y carecía de la paciencia o el poder de concentración necesarios para medirse con un texto medianamente serio. Retomó la colección de *El Coyote,* que había leído de niño, y empezó de nuevo, como quien dice, a dar los primeros pasos. Al cabo de un tiempo, recuperó la habilidad de leer. La noticia le deja a uno pasmado. Resume con contundencia admirable la devastación que la política contemporánea provoca en los cerebros de quienes la protagonizan. En la entrevista que le hace Justino Sinova, señala que fue extraído de la empresa pública para convertirse, en unas horas, en ministro de Comercio. Llegó, por tanto, a la política como un ser humano normal, un ser humano que tendría que reconstruirse a sí mismo después de dejar la política. El político actual, por el contrario, empieza haciendo méritos en el interior de un partido a los dieciocho o veinte años, y ya no hace otra cosa. Nunca llega a ser, en consecuencia, un ser humano normal. La devastación se verifica, por ponerlo así, cuando la criatura está aún tierna.

Esto se enlaza con algo que cuenta a propósito de Suárez. Cuando la cosa estaba fatal, y toda la UCD se veía al borde de la cesantía, Suárez le dijo más o menos esto: «A ti, Leopoldo, te gusta leer, y sabes qué hacer cuando estás en casa. Pero yo, lo único que sé hacer es política». En tiempos de UCD, Calvo-Sotelo no era una excepción absoluta. Ahora, lo sería. Leopoldo habla, por cierto, con respeto y genuino afecto de Suárez. Experimentaba hacia él el sentimiento de fascinación del estudioso por el hombre de rompe y rasga, capaz de hechos increíbles. Temo, sin embargo, que comencemos a sufrir, con años de retraso, las improvisaciones de Suárez, un político, por otro lado, de enorme mérito. Los conceptos son importantes, incluso en política. Pero esto es harina de otro costal. La biblioteca de Calvo-Sotelo, y la silueta que a su trasluz se insinúa, despiertan una sensación extraña, una especie de melancolía. Ahora nos rige otra casta, delgada como los decorados de teatro. La envolvente pública de Calvo-Sotelo fue eso, una envolvente: una superficie que escondía otras cosas. Los políticos más jóvenes son, más bien, como la cinta de Möbius. Se perfora la superficie, y detrás no hay nada.

Álvaro Delgado-Gal

Semblanza autobiográfica

Nací el 14 de abril de 1926 (cinco años antes de que la Historia se apoderase de la fecha) en la madrileñísima calle del Barquillo, esquina a Prim. Tengo tres abuelos gallegos (de Ribadeo, La Coruña y Lugo) y un abuelo castellano (de Meneses de Campos). Mi padre nació en Tuy y mi madre en Ribadeo. Me he dicho gallego siempre que convino adjetivar mi ciudadanía española, y nunca he sentido incompatibles ambas filiaciones, tampoco después del Título VIII de la Constitución.

Estuve los seis años de Enseñanza Primaria en el Instituto Escuela de Madrid, creación del ministro Santiago Alba. La Guerra Civil y la precaria economía de mi madre hicieron que nunca fuese alumno de un colegio de pago. Hice el Primer curso del Bachillerato en el Instituto Nacional Santo Tomás de Aquino de Ribadeo; el Segundo en el Instituto Nacional Peñaflorida de San Sebastián; Tercero y Cuarto otra vez en Ribadeo; Quinto, Sexto y Séptimo en el Instituto Nacional Cervantes de Madrid. Guardo un excelente recuerdo de la enseñanza pública. En Ribadeo, durante la Guerra Civil, me dieron clase de Historia y de Literatura Dionisio Gamallo Fierros, que aún no era amigo de Dámaso Alonso, y Ramón F. de Soto, director del semanario local *La Comarca*. Uno y otro me empujaron a versificar y en *La Comarca* vi con emoción, por vez primera, mi firma al pie de unos sonetos infantiles, bien medidos aunque monocordes, con acento siempre en sexta.

En el Cervantes de Madrid fui discípulo de Antonio Mingarro en Física y de Manuel Cardenal en Filosofía: eran dos grandes maestros y suscitaron en mí dos aficiones que todavía están vivas. Hubiera querido ser físico o filósofo pero, una vez más, razones económicas me decidieron por una carrera técnica, la de Ingeniero de Caminos, que cursé en Madrid entre 1946 y 1951. Sigo siendo fiel a mi profesión y aún hace poco fui a visitar el túnel de Poncebos a Bulnes, en los Picos de Europa, sólo para ver la nueva máquina «tuneladora» impensable cuando yo estudiaba: la máquina en «unidad de acto» (como dirían los notarios), empieza mordiendo la roca viva y deja tras ella un túnel revestido y acabado. Pero la vida me llevó pronto lejos de la construcción hacia la industria y, más tarde, a ese lugar indefinible que se llama «Política».

Llegué a Madrid desde Galicia a los catorce años y empecé a ganar algún dinero como corrector de pruebas al servicio de la Cámara Oficial del Libro, en la plaza de Santa Ana. Mientras estudiaba la Carrera colaboré en una revista técnica, la *Revista Industrial y Fabril,* que tenía dos partes: una de artículos firmados; la otra, muy extensa, de crónicas y reportajes sin firmar caía íntegramente sobre mí. Entonces empecé a aprender el difícil combate con las palabras, con las preposiciones, con las oraciones de relativo: y en ese aprendizaje todavía estoy. Cuando empezaba tercer curso en la Escuela de Caminos fundé con dos compañeros de promoción una revista técnico-literaria llamada *ARCO,* equidistante, como decía en su primer número, del teorema de Castiglione y de la arquitectura gótica: murió en su tercer número, degollada por el director de la Escuela que no pudo sufrir la crítica ñoña que nos permitíamos en ella.

Terminé la Carrera en 1951, y me dieron el premio Escalona (3.000 pesetas, una fortuna en la época) reservado al número uno de cada promoción. Me doctoré en 1968, cuando se creó el Doctorado.

En Madrid recibí muy pronto la infección de la política. Estuve en las Juventudes Monárquicas de Joaquín Satrústegui, pintando paredes a hurto de serenos, con eslóganes contra el Régimen, y colaborando, anónimamente, en el panfleto confidencial que editaban las Juventudes.

Fui nombrado presidente de RENFE en 1967. Me quedé allí poco tiempo, aunque el bastante para conocer a fondo aquel entrañable trasunto de España, archivo de sus virtudes y de sus vicios.

En 1974 mis compañeros, los empresarios de la industria química, me eligieron para representarlos en las Cortes. Presidí la Comisión de Obras Públicas que dictaminó la primera Ley de Autopistas y estuve un par de años en la Asamblea del Consejo de Europa.

Trabajé en la empresa privada veinticinco años, buena parte de ellos al frente del mayor grupo industrial español, Unión Explosivos

Río Tinto, con presencia en campos tan diversos como la minería, los fertilizantes, la petroquímica, la metalurgia del cobre, los plásticos, los productos farmacéuticos y hasta la edición de libros (Labor y Barral). Siguiendo una ruta clásica, entre la industria y la política hice una larga escala en la Banca (Urquijo, Central Hispano y sus filiales en Lisboa, Bruselas, Buenos Aires y Asunción).

Aquella ilusión juvenil mía de una Monarquía Parlamentaria se hizo carne muchos años después, cuando el rey don Juan Carlos me llamó en 1975 a su primer gobierno, todavía presidido por Carlos Arias. Pertenecí a todos los gobiernos de la Transición que presidió Adolfo Suárez, como ministro sucesivamente de Comercio, Obras Públicas y para las Relaciones con las Comunidades Europeas. Encargado en este último empleo de negociar la entrada de España en el Mercado Común, llevé a mis huestes hasta el lindero de la Tierra de Promisión, pero la firma del Tratado le tocó a mi cuñado y sucesor, el socialista Fernando Morán, a quien siempre recito el romance del Cid: «que non venciera Josué si Moisés no lo ficiera». En septiembre de 1980 me nombró Suárez vicepresidente del gobierno y, al dimitir en enero de 1981, me propuso para sucederle en la Presidencia.

El 23F, cuando se votaba mi investidura (acababa de decir que *no* el diputado socialista Núñez Encabo), «pobló el Congreso el triunfo de los guardias civiles» que hubiera dicho Rubén. Después de tres minutos dramáticos y diecisiete horas grotescas terminó aquel esperpento y fui, por fin, elegido presidente. «A ver quién es el guapo que se hace ahora cargo del poder» había dicho don Antonio Maura en ocasión menos crítica; yo me hice cargo y *reconduje* la situación. Esta acepción del verbo reconducir no estaba, ni está, en el DRAE, pero se usó mucho entonces para designar lo que tuve que hacer, que era restituir a los españoles la confianza en las libertades y en el poder civil, por encima de los tricornios, encomendando al Tribunal Supremo la última palabra judicial sobre los golpistas. Además, quebré una línea secular de la política exterior española incorporando a España formalmente al mundo occidental, que es el suyo, por la adhesión al Tratado de Washington. Y ordené el curso torrencial del Título VIII de nuestra Constitución en el Pacto Autonómico con el PSOE de 1981.

Entre 1992 y 1997 presidí la Fundación Ortega y Gasset. Ha sido una de las mayores satisfacciones de mi cesantía ésta de vincular mi nombre al de don José Ortega, en cuya lectura y estudio pasé mis años juveniles. No pude modernizar las blindadas estructuras fundacionales (Jovellanos sabía que es necesario, aunque no fácil) pero sí me fue posible organizar una edición crítica de la ingente obra de Ortega y poner en pie la Fundación Ortega y Gasset Argentina en Buenos Aires, presido los Patronatos de las fundaciones Antonio Nebrija y Eduardo Torroja y pertenezco también a los de la Fundación Xavier Zubiri y del Instituto Tecnológico de Galicia.

Después de la derrota de octubre de 1982, estuve todavía unos años en el Parlamento Español y en el Europeo, e ingresé hace diez en la trabajosa y difícil nómina de los cesantes.

Al cesante le llueven peticiones de conferencias, artículos, prólogos, mesas redondas y demás andanzas por el estilo, que son tareas arduas y mal pagadas. He publicado un libro en el que se recogen algunos de estos textos, con el título de *Papeles de un cesante.* Hace catorce años publiqué otro polémico, irónico, patético y apologético que el editor quiso llamar *Memoria viva de la Transición.* Nunca supe exactamente cuántos ejemplares se vendieron, pero la editorial me liquidó muchas docenas de miles.

Todavía se ofrece en algunos *stands* un reciente libro con el título de *Pláticas de familia* sobre historias políticas de la mía.

Tengo en casa cajones llenos de páginas inéditas: desde las primeras a máquina (una Yost de tampón), de hace sesenta años, hasta las últimas en un ordenador. Mi mujer (que me sobrevivirá, como es norma) podría ganar algún dinero publicando, dentro de muchos años, las más impertinentes y políticamente incorrectas y, entre ellas, una ristra de sonetos satíricos, bien medidos y peor intencionados, que mi amigo (el poeta Muñoz Rojas) llama acertadamente «habilidades».

Y eso es todo, o casi todo.

Primera Parte

EN EL CENTRO DE LOS LIBROS

1

Cuando dejé de ser presidente del gobierno se me había olvidado leer

Pedro Calvo-Sotelo: ¿Qué parte de la biblioteca es herencia de la de tu padre?

Leopoldo Calvo-Sotelo: Poco, porque fue robada durante la Guerra Civil. Mi padre tenía bastante literatura portuguesa, especialmente Eça de Queiroz.

En tu vida como lector ¿se da una continuidad desde la juventud hasta hoy? No hablo de materias, sino de la afición en sí a leer.

Podría hablar, sino de una ruptura, si de un curioso percance en esa afición. En efecto, cuando dejé de ser presidente del gobierno —yo he estado en la política activa nueve o diez años— se me había olvidado leer. Yo me equivoqué, al pensar, cuando perdí las elecciones y volví a casa: «ahora voy a leer», pero se le olvida a uno leer. No es que no leas, ¡no sabía leer! Tuve una crisis grande de tiempo de lectura, porque la política destroza bastantes áreas del cerebro, que quedan un poco inútiles. La política convierte en desierto todo, no se puede leer más que el *BOE*. Yo he sido un lector de cosas difíciles y se me caían los libros de las manos. Se me ocurrió una fórmula grotesca, pero efectísima ¿Cómo empieza uno a leer cuando tiene diez, doce o quince años? ¿Por qué no empiezas a leer por donde empezaste a leer cuando eras pequeño?: *El Coyote,* de J. Mallorquí, que tiene una prosa estupenda o *Los piratas de Mompracem,* de Salgari. Me empecé a aficionar otra vez, como cuando tenía diez años y con gran alegría recuperé la costumbre. La política es muy mala. Yo estuve en la empresa, que absorbe mucho, pero no tanto como la política, que para mí fue una enorme laguna.

Más allá de la política ¿qué otra característica señalarías en tu trayectoria como lector?

La evolución como lector es muy rara: yo empecé a leer cuando tenía más tiempo para leer que dinero para comprar, y era feliz; yo iba a la librería y pensaba ¿vale la pena que me gaste cien pesetas? Y, muy pronto, sin darme cuenta, pasé al momento en que ya tenía más dinero que tiempo; y la primera vez que me di cuenta que ya no leía todo lo que compraba, me dio vergüenza. Cuando no tenía dinero, me leía hasta la última letra del libro que me compraba, y ese es un poco el origen disperso de las distintas especialidades. A pesar de que ahora tengo tiempo para leer, tengo menos fruición de lectura que hace veinte años.

¿Has subrayado o anotado los libros?

Anotado menos porque hay poco sitio, pero subrayado sí, mucho, pero a partir de un cierto momento. Yo subrayo a lápiz, es un hábito de ingeniero, al principio con azul y rojo, luego siempre con negro muy finito. Me parece que se puede borrar y no se estropea el libro. Cuando no pongo nada es que no me llama la atención y cuando vuelvo sobre el libro miro lo que he señalado y cuando me parece que no estoy de acuerdo pongo una interrogación. Escribo un signo de admiración, cuando me gusta mucho y alguna vez un nombre de alguna persona que ha dicho lo mismo antes en el margen. Uso el subrayado vertical para subrayar una página entera o media, el horizontal, para subrayar un párrafo o unas líneas. Lo que me liberó de mi preocupación de subrayar mal fue la costumbre, de hace no mucho, de subrayar algo que me interesa y anotar en la hoja de guarda el número de página y la materia, y luego ya sabes las cosas que te han interesado, lo que facilita luego la consulta. De los pecados capitales, el único que se vigoriza con la edad es la pereza.

Son varios miles los libros en lenguas extranjeras, sobre todo en francés y en inglés. Es evidente que te has sentido cómodo como lector en tres lenguas.

Las lenguas que maneja uno tienen una evolución: primero, yo compraba más libros españoles que franceses; luego, tanto franceses —que pasaron a ser un tercio— como españoles y luego en inglés y ya no en francés, sobre todo el libro especializado, pues los libros franceses son más vulgarizadores. Hasta hace cuarenta años, para mí no había otra lengua de cultura que el francés. Para mi gusto como lector y aficionado, su decadencia es muy grande. También yo leía el alemán comercial y mercantil y de prensa, por razones de trabajo con empresas alemanas.

A la hora de adquirir libros ¿has pretendido hacer una biblioteca completa?

Yo no he tenido nunca más que una gran afición a muchos temas, nunca he pretendido ser verdadero especialista en ninguno, ni siquiera comprar de una manera ordenada cosas, y por eso no sé si tiene sentido este trabajo, que a mí me ruboriza. Con todo, a veces me gusta pensar que en esta biblioteca se encuentra respuesta a casi todo interés que uno puede plantearse.

Sin embargo, es claro que mantienes a lo largo de los años una gran afición hacia ciertas materias, con un predomino notable de libros especulativos o de no ficción, por decirlo con expresión actual.

Tal vez lo que mejor indicaría la afición de un lector, su radiografía cultural, sería la colección del *Que sais-je?* Es una colección de conocimiento universal, de unos tres mil cuatrocientos títulos, yo tengo unos trescientos cincuenta [en verdad, la biblioteca tiene casi novecientos títulos de dicha colección enciclopédica]. La radiografía intelectual o espiritual de un lector ahí se hace muy bien, desde el álgebra hasta la teología. Los libros tienen unas 120 páginas cada uno; están muy variablemente hechos, hay libros estupendos, los libros de matemática moderna son magníficos, libros de lingüística también buenos, otros muy malos. Como, por ejemplo, el libro sobre *El Calendario,* hecho por un viejo astrónomo, Couderc, con una información técnica, astronómica e histórica magníficas. Empecé a comprarlos cuando tenía mucho que hacer y ya no tenía tiempo para leer. Es más para recordar que para estudiar.

Aunque sea grande el predominio del libro de pensamiento o ensayo en sus muchas modalidades, también eres lector de literatura, de poesía, menos de novela.

Si hubiera sido lector de novelas no hubiera leído todas estas cosas, porque supongo que la novela te prende. Aunque me encuentro —a la vejez viruelas— leyendo novelas que no he leído o que leí en casa de mi abuelo Ramón.

¿Has sido un lector de biblioteca universitaria o de bibliotecas públicas? ¿Has utilizado el préstamo de bibliotecas públicas?

Acudía a la Biblioteca de Caminos y a la del Colegio de Ingenieros. Era más lector de préstamo. En Ribadeo, iba al Instituto y allí leía.

A la hora de hacer la biblioteca y de comprar libros, ¿qué importancia ha tenido el consejo de personas?

Me han dado la pista de nuevos libros otros libros más que el consejo de gentes. Por ejemplo, compré en su día *Por tierras de España y Portugal,* de Unamuno, editado por Austral y entonces me metí en Austral y compré mucho. En cuanto a gentes... Fernández de la Mora sí me recomendó algo, Fernando Morán sí me pasó algún libro, pero tenemos gustos distintos.

¿Qué lecturas has compartido con tu mujer o en qué ámbito ella te ha sugerido lecturas?

Pilar me regaló la obra de Cela y bastante literatura, de autores rusos, por ejemplo.

¿Qué importancia ha tenido la crítica de libros?

He estado suscrito a muchas revistas con buenas secciones de libros, como *Le Nouvel Observateur.* Especializadas, *Saber Leer,* el *New York Review* y la *Revista de Libros.*

¿Has pensado alguna vez en tener un ex libris*? ¿Por qué no lo has tenido?*

No. Soy poco presumido.

Hábitos de lector: ¿has tenido respeto por la materialidad del libro: no marcarlo con rotulador, encargar encuadernaciones, etc.?

Hubo una época que encuadernábamos muchísimo, hasta que Camilo José Cela me regañó por haber encuadernado la primera edición de *Viaje a la Alcarria.*

En bastantes de tus libros has dejado tu firma, a veces precisando mes, año y lugar de la compra, pero con el tiempo, esa práctica desaparece.

Los libros de los años cuarenta, cincuenta y sesenta están firmados y fechados, luego ya no porque ya no tenía tiempo. Al principio, no tenía dinero; un lector lo pasa fatal, iba a las librerías y antes de comprarlo prácticamente ya me lo había leído.

¿Practicas la relectura?

Bastante.

¿Has tenido afición al libro viejo o al libro de bibliófilo?

A librerías de viejos no iba, sí en cambio mucho a librerías técnicas y librerías en general.

¿Eres partidario del préstamo personal de libros?

A mí no me gusta ni prestar ni que me presten libros.

2

Venturoso rincón, libros queridos

A mi madre, siempre en aquel venturoso rincón

Se cuenta aquí el itinerario, no de Leopoldo Calvo-Sotelo, sino de sus libros, pero como fueron suyos, en ellos encontramos además trozos de su vida y, a ese trasluz, la contamos también.

Infancia y primera niñez en la casa paterna: 1926-1936

En septiembre del año 1923, los padres[1] de Leopoldo Calvo-Sotelo empiezan su vida de recién casados en Madrid, en un piso de la calle de Hermosilla, donde nace, en 1925, Mercedes (Chucas). Enseguida se mudan a otro, cuyo portal da a la calle de Barquillo número 14 (en el actual distrito de Centro) pero sus siete balcones se abren sobre la calle de Prim. Allí nacen: Leopoldo (el 14 de abril de 1926), Ana María y María Rosa. Con toda seguridad, este traslado se debe a que en este edificio viven Ramón Bustelo y Rosario Vázquez, los abuelos maternos de Leopoldo.

Aquí iniciará Leopoldo su vida escolar, al amparo de una apuesta educativa de singular y acusada personalidad: el Instituto Escuela. Es evidente que esta opción es significativa tanto aguas abajo, en la vida de Leopoldo, como reveladora, aguas arriba, del talante de sus padres.

«Gran lector de literatura española y portuguesa finiseculares, aficionado a la música clásica y a la popular, con voz de barítono

---

[1] Leopoldo Calvo-Sotelo (1894-1933) y Mercedes Bustelo Vázquez (1899-1990).

bien recibida en las rondallas juveniles y veraniegas, buen jurista que destacaba en el difícil y afinadísimo coro del Consejo de Estado, autor de coplas satíricas y de poemas líricos, a veces entreverados, y de un par de novelas. Nada o muy poco sabía yo de su vocación política». De esta manera, en *Pláticas de familia,* describe Leopoldo Calvo-Sotelo a su padre[2].

Esas líneas biográficas —amplia educación jurídica, afición por las letras, como lector y como escritor, y vocación política— hubieron de alimentar sin duda la formación de una biblioteca, la paterna, variada y atractiva, por quien fue, además, secretario general de la Cámara Oficial del Libro de Madrid.

Por su parte, la madre de Leopoldo tuvo también una formación singular para la época: estudió primero en Suiza, durante tres veranos, en la primera década del siglo XX, cursó luego el bachillerato a distancia en el Instituto Cardenal Cisneros (donde solo había otra alumna, Conchita Albornoz) y se hizo maestra nacional en la calle de La Puebla, aunque luego no ejerció. Ella misma decía: «Mi marido tenía gran disposición para las letras. Mi hijo, que es matemático por temperamento, ha heredado la afición de su padre»[3].

Leopoldo vivió así sus primeros años en una casa de ambiente lector, con inquietudes intelectuales. De hecho, en aquella casa aprendió algo de alemán, gracias a las clases de una *Fräulein,* y también algo de piano y solfeo.

Pero volvamos al colegio; así recordaba el propio Leopoldo su iniciación a la lectura y a la escuela, en aquella casa y en el colegio: «Entre los cuatro y los diez años fui alumno del Instituto Escuela. El talante liberal de aquella institución, el respeto por la personalidad del alumno, el método, novísimo entonces, de enseñanza, me han dejado una huella profunda... [Allí] aprendí a leer cuando tenía cuatro años. Recuerdo a mi madre que completaba pacientemente en casa la enseñanza del colegio. Yo también he

---

[2] *Pláticas de familia* es un libro autobiográfico que contiene muchas informaciones de interés para este artículo, a las que recurriremos en numerosas ocasiones. De ahora en adelante, toda cita entrecomillada de la que no se precise la fuente procederá de dicha obra.

[3] Datos obtenidos de M. Gómez Santos, *Conversaciones con Leopoldo Calvo-Sotelo,* Barcelona, 1982. Obra rigurosa y que, hasta la fecha, si exceptuamos los libros autobiográficos del propio Leopoldo Calvo-Sotelo, constituye la más completa que existe sobre su vida, a partir de multitud de testimonios.

colaborado con los colegios de mis hijos en la tarea de enseñarles a leer»[4].

Esos años, de 1930 a 1936, fueron precisamente la edad de oro de aquel colegio, cuya sección preparatoria o Primaria se confió a Dña. María de Maeztu. Los niños aprendían entonces a leer en dos colecciones, la Biblioteca Literaria del Estudiante y la colección Araluce, que publicó obras como *El Cid, Roldán, Sigfrido, La Iliada y La Odisea.*

De aquellas primeras letras Leopoldo recuerda «la lectura del Romancero en ediciones de Menéndez Pidal», uno de los treinta títulos de la citada Biblioteca Literaria[5].

En el Instituto Escuela se otorgaba una importancia capital a la enseñanza de la lengua española, bajo la coordinación de María Goyri, gracias a la lectura, a las canciones, como *Ya se van los pastores,* que se convirtió casi en un himno escolar, pero también al recitado, esencialmente de romances y de poesía contemporánea, como la de los hermanos Machado, y al manejo frecuente del diccionario[6].

Añadamos, en cuanto al manejo de los libros en clase, que el Instituto Escuela destacaba por prescindir de los manuales de texto, educando a los niños y niñas —pues era, también en esto singular, un colegio mixto— en la elaboración de fichas. Leopoldo Calvo-Sotelo sostuvo siempre que esa práctica de las fichas valía para las humanidades, pero que era desaconsejable para las matemáticas, la

---

[4] R. Cremades, *Nadie olvida a un buen maestro,* Madrid, 1999, p. 86. La huella debió de ser no solo profunda sino también fructífera, pues Leopoldo quiso para sus hijos un centro que militara en ese mismo espíritu (pues algo tenía de militancia aquel movimiento) y ése fue el colegio Estudio, entre 1964 y 1983 (y, aunque sin esa vinculación, otro tanto pensaba su mujer, Pilar, influida por ejemplos de antiguas alumnas de Estudio). Y esa colaboración suya en la tarea de enseñarles a leer se prolongó luego, cuando los hijos empezaron a necesitar nuevos libros, en una liberalidad sin más preguntas ante las peticiones de adquirirlos, para el colegio o la universidad, y en un acceso sin trabas ni prohibiciones, guiados o no, a las estanterías de la biblioteca.

[5] R. Cremades, *Nadie olvida a un buen maestro,* p. 86

[6] Asimismo, se insistía en el trabajo sobre mapas mudos. Quizá a estas pautas se deban tres aficiones permanentes en la vida de Leopoldo Calvo-Sotelo: la poesía (519 títulos encontramos en su biblioteca así catalogados), los diccionarios (123 catalogados) y los mapas (724 catalogados). Sobre la enseñanza de religión, el propio Leopoldo lo recuerda en «Ángeles Gasset», *Estudio. Boletín de actividades. Centenario de Ángeles Gasset de las Morenas,* núm. 13, Curso 2006-2007, recogido luego en *Cuadernos de Adanae,* núm. 6, primavera de 2008, p. 56

física y la química. Su argumento se construía sobre todo a partir de la experiencia escolar de sus hijos bajo ese mismo sistema —argumento que trasladó reiteradamente a la dirección del colegio Estudio— al encontrar en sus fichas, a la hora de ayudarles en las nuevas disciplinas, fórmulas matemáticas tan mal copiadas como bien memorizadas por el niño, con perjuicio de la comprensión y el progreso. En un manual impreso, decía, la probabilidad de aquellos errores era casi nula y de producirse, resultaría fácilmente subsanable por el profesor.

En otra peculiaridad del institucionismo, a saber, el fomento del excursionismo y de las actividades al aire libre, es lógico ver la causa de una afición permanente por la montaña y los paisajes en la vida de Leopoldo Calvo-Sotelo. El imán más cercano y más poderoso era precisamente aquel tan representativo para la propia Institución Libre de Enseñanza (ILE): la sierra de Guadarrama; y de ahí, sin duda, nace una de las mayores afinidades electivas de Leopoldo Calvo-Sotelo como lector: Antonio Machado, viejo alumno de la ILE —que fue la casa madre del Instituto Escuela— donde también aprendió esa sensibilidad nueva, que luego cantó sobriamente (sin olvidar la simpatía del joven Calvo-Sotelo por la figura de Unamuno que, sin ser institucionista, también cultivó literaria y vitalmente ese sentimiento por los paisajes).

Tras esos primeros años de vida matrimonial, la familia se traslada a un piso del número 5 de la calle López de Hoyos, donde, el 11 de junio de 1933 muere, a los treinta y ocho años, Leopoldo padre. Luego la Guerra Civil deshizo en su mayoría esa biblioteca paterna, aunque algo sobrevivió: obras de quienes fueron los ascendientes políticos del padre de Leopoldo —jurídicas, históricas y políticas— como Ángel Ossorio y Gallardo, varias dedicadas, o Romanones y otras de José Calvo-Sotelo, como *Mis servicios al Estado,* dedicada a su hermano; las obras completas de F. Giner de los Ríos, algo de Besteiro; bastante literatura portuguesa, con predominio de Eça de Queiroz; literatura española (Valle-Inclán, Ramón Gómez de la Serna, García Lorca, Benavente, Miró, D'Ors, obras de poetas menores); algunos escritores franceses e ingleses; y libros sobre *militaria* en francés, especialmente acerca de la llamada Gran Guerra: el frente ruso, la batalla de Jutlandia, la guerra naval, etc. También sobrevivieron varios muebles de librería, dos de cinco estantes cada uno, protegidos por otras tantas ventanas acristaladas, que se recogían insertándose dentro del mueble (de la famosa fábrica *Globe Wernicke*) y un tercero de madera, que contenía la

Enciclopedia Británica, robada en la guerra. Todos ellos pasaron hace décadas a la casa de Leopoldo.

Al poco de morir el padre de Leopoldo, Mercedes se traslada a la casa de sus padres, que vivían ahora en Espalter, número 2, donde nació póstumamente María Luz, la hermana menor de Leopoldo. Ese amparo de Ramón Bustelo abarcó también cuestiones formativas, como recuerda la hermana mayor de Leopoldo: «Tengo que decir que el abuelo intentó ocuparse de nosotros en el terreno, digamos, cultural; ya lo hacía en el económico. Consiguió que nos aficionáramos al teatro y a la música. De lo primero, recuerdo su entusiasmo con los versos de Zorrilla. Nos llevó a ver *Don Juan Tenorio* a la edad en que los niños solo suelen ver películas de Walt Disney o Superman. En cuanto a la música, su ilusión era la ópera y la Zarzuela»[7]. Pero la familia vuelve a mudarse, esta vez a un quinto piso de la calle de Velázquez (antiguo 110, en el actual número 102), buscando también la cercanía familiar, pues enfrente, en el número 89, vivía José Calvo-Sotelo, siempre dispuesto a ayudar a la joven viuda y cuñada.

En esa vida marcada por la orfandad del padre, Leopoldo progresa en sus estudios y se suelta a hablar en público en el colegio, precisamente sobre literatura: «En el Instituto Escuela se preocupaban de que perdiéramos la vergüenza de hablar en público; la primera vez que me enfrenté a una sala (con un público benevolente, supongo que de padres de alumnos) fue cuando murió Rudyard Kipling: llevaba el texto escrito en una mano, pero creo recordar que lo recité de memoria»[8].

También empezó en el colegio a aprender idiomas, ya que se impartían clases de francés y de alemán.

Leopoldo nace, por tanto, en un ambiente de por sí muy cercano a los libros, en lo que atañe a su padre, y cercano, asimismo, a los valores de la enseñanza, por los estudios de su madre Mercedes. Conviene tener muy en cuenta los aprendizajes y valores adquiridos en esta etapa escolar, pues el Instituto Escuela constituye el tramo de mayor estabilidad docente de toda su formación, perturbada, como luego se verá, por la Guerra Civil[9].

---

[7] M. Calvo-Sotelo, *La memoria y el sueño,* Madrid, 2005, p. 30.

[8] R. Cremades, *Nadie olvida a un buen maestro,* p. 86. Es un niño de apenas diez años, pues Rudyard Kipling muere el 18 de enero de 1936.

[9] Debo todas estas precisiones sobre el Instituto Escuela a Elvira Ontañón, de la Fundación Francisco Giner de los Ríos.

En fin, en el verano de 1936, mientras Mercedes y sus cinco hijos pasan unas vacaciones en Ribadeo, el 13 de julio, es sacado de su domicilio de Madrid para ser asesinado, el entonces diputado y líder de la oposición José Calvo-Sotelo y estalla al poco la Guerra Civil. Mercedes permanecerá en Galicia y ya no volverá nunca a vivir en la que fue su casa de la calle Velázquez, de la que pudo rescatar, como hemos visto, sólo algunas cosas[10].

La Casa de Abajo en Ribadeo durante la Guerra Civil: 1936-1941

En efecto, como refiere Leopoldo Calvo-Sotelo: «Viví con mis abuelos Bustelo durante la Guerra Civil, y dos años después de ésta, en la Casa de Abajo de Ribadeo».

En esa casa de la calle de la Paz, la figura de su abuelo Ramón Bustelo, político liberal y entonces banquero quebrantado por la guerra, será central en ese tramo de la vida de Leopoldo, comprendida su vida de lector.

> «Me parece necesario incluir aquí un paréntesis sobre mi relación especial con el abuelo. Desde que murió mi padre en 1933, cuando yo acababa de cumplir los siete años, mi hogar había sido una casa sin varones, en la que yo vivía con mi madre y mis cuatro hermanas [...] durante el período transcurrido entre mis diez y mis quince años, época decisiva en la formación de la personalidad, mis únicas conversaciones "de hombre a hombre" fueron las que tuve con mi abuelo Ramón en Ribadeo, junto al aparato de radio que nos traía noticias de los frentes de guerra. Hablaba yo con él de lo que nunca pude hablar con mi padre [...] *cuando empecé a leer y a estudiar,* a juzgar y a ser juzgado, cuando nací no a la vida, sino al amor, cerca del Eo, o cuando caí en la adicción a la política».

Había en aquella casa bastantes libros, de diversas materias. Destacaba, en cuanto a literatura, la Colección Universal Calpe, muy completa; y autores famosos del siglo XIX, como Pereda, Blasco Ibáñez o Walter Scott; algunos libros acabaron luego en casa de Leopoldo, donde encontramos títulos que demuestran la moder-

[10] «En la Guerra Civil se perdieron los archivos de mi padre y de su hermano José» (*Pláticas de familia*).

nidad de los intereses de su abuelo Ramón, como una edición en español de *El origen de las especies,* de Charles Darwin, de 1877. De su abuela, Rosario Vázquez, conserva la biblioteca de Leopoldo Calvo-Sotelo un *Compendio de la doctrina cristiana,* de José Rodrigo de la Cerda, de 1888. A veces, las lecturas de aquel niño tuvieron un origen estrambótico; así, cuenta el propio Leopoldo Calvo-Sotelo cómo Ribadeo fue el lugar en que leyó un texto entonces capital y casi desconocido en España: un supuesto espía llamado «el inglés» puso en sus manos «una edición en español, cuidada y diminuta, de la carta pastoral del Papa Pío XI *Mit brennender Sorge*», advertencia papal, «Con gran preocupación», sobre los peligros de la Alemania nacionalsocialista.

En esta relación de su vínculo con el mundo de las lecturas, debemos recordar que Leopoldo empezó en Ribadeo el bachillerato. Sus profesores más notables fueron don Genaro, un viejo marino mercante, y Dionisio Gamallo Fierros, el erudito y polígrafo ribadense, de quien cuenta Leopoldo Calvo-Sotelo: «Fui discípulo de Dionisio en Ribadeo, cuando la Guerra Civil había diezmado el claustro del Instituto de Segunda Enseñanza y él, jovencísimo, compartía con su amigo Ramón Soto, director del semanario *La Comarca,* la enseñanza de la Geografía, la Historia y la Literatura en los primeros cursos del bachillerato»[11]. Y relata luego sus enseñanzas en materia poética, que le alentaron a escribir y publicar en la prensa local ribadense sus primeros poemas, a los doce años. En el libro citado antes, su hermana mayor, Mercedes, cuenta del Instituto en Ribadeo: «En la segunda fila nos sentábamos las chicas, entre ellas mi amiga Amalita. Delante, en la primera, mi hermano Leopoldo que era, además, el primero de la clase. Sabía muchísimo y nos lo ponían de ejemplo los profesores, sobre todo, el de matemáticas, el famoso don Genaro [quien] enfadándose, nos amenazaba con suspendernos a todos menos a *uno.* Nosotros sabíamos perfectamente a quien se refería. Cuando nos enseñaba algún teorema, lo repetía primero mi hermano y luego todos los demás al mismo tiempo; como en una clase de párvulos». Hemos encontrado en la biblioteca la siguiente dedicatoria en un libro, *Páginas abandonadas,* de Bécquer, editado por el propio Gamallo, experto máximo en el poeta romántico, que demuestra la perspicacia del maestro a la hora de conocer los talentos de quien fuera su alumno, ahora

---

[11] *Dionisio Gamallo Fierros,* Santiago de Compostela, 2001, p. 84.

ya un joven de veintidós años: «A Leopoldo Calvo-Sotelo Bustelo, que sabrá compartir la poesía secreta del cálculo matemático, con la gracia visible —a flor de formas y sonido— de la Literatura y el Arte. Con un abrazo de su buen amigo, Gamallo, Madrid, 12 de mayo de 1948»[12].

Estos cinco años ribadenses, de los diez a los quince años, permitieron a Leopoldo familiarizarse, especialmente en sus habituales bajadas al muelle y a la ría, con otra nueva lengua, el gallego[13].

En fin, conste sin más el interludio donostiarra en la vida del joven bachiller, que duró unos seis meses: «Poco después, en febrero de 1938, viajó a San Sebastián mi madre con sus cinco hijos pequeños [...] trasladando mi matrícula de segundo curso al Instituto Peñaflorida de Enseñanza Media [...] A finales de agosto volvimos con mi madre al confinamiento ribadense», en el buque *Plus Ultra,* desde la capital guipuzcoana hasta el puerto de La Coruña[14].

La vuelta a Madrid. El joven bachiller, el estudiante universitario: 1941-1954

«He dicho que mi madre se presentó en Madrid en febrero de 1941 desoyendo el razonable consejo familiar. Porque era razonable mantener en la villa de Ribadeo a una familia que tenía un solo ingreso periódico: las 265 pesetas al mes de la pensión de mi madre. Sin embargo, más razonable era ambicionar un futuro mejor, y para ganarlo había que aceptar un largo presente de estrechez y privaciones. También había que aceptar en el entorno familiar algo difícilmente cifrable pero de incomodidad mayor: un suave estatuto de *pariente pobre*».

---

[12] Sobre su afición «no diría yo a escribir versos, sino a versificar», véanse, además de sus propias palabras (pp. 120-121), los testimonios de Víctor Moro (p. 74) y Joaquín Calvo-Sotelo (p. 122), en *Conversaciones con...*

[13] En la de Madrid encontramos 19 títulos en gallego, aunque es preciso recordar que la mayoría de los libros en gallego se hallan en la casa de Ribadeo, cuya biblioteca no está catalogada.

[14] La prensa local ribadense daba entonces esta noticia: «El alumno de 2.° año de Bachillerato, en el Instituto de San Sebastián, Leopoldito Calvo Bustelo se examinó brillantemente en aquel centro de enseñanza, alcanzando la calificación de sobresaliente, haciendo luego oposición a la Matrícula de Honor, la que logró después de brillantes exámenes en todos los ejercicios».

La familia se instala en una pensión del Paseo del Prado número 12, «ocupándola toda porque era muy pequeña», y apenas un año después se muda a la calle Alberto Bosch número 10, primero izquierda, pues Mercedes quiere estar cerca de su hermano Francisco Bustelo, que vivía en la calle Moreto, número 15, casi aledaña a la Iglesia de los Jerónimos. Cuando el matrimonio Francisco Bustelo y Carlota García del Real, en 1943, compra una casa en la colonia de El Viso, Mercedes se instala en el piso que deja vacío su hermano en Moreto, donde vivirá Leopoldo con su madre, sus cuatro hermanas y su abuela Rosario, desde 1943 hasta 1954, años de estudiante de bachillerato en el Instituto Cervantes y de Caminos en la Escuela de Madrid. Será la casa de la capital en la que más años viva Leopoldo.

En esta casa y en esos años es cuando podemos fechar el origen de su biblioteca personal, con su ayuda, pues el joven Calvo-Sotelo firmaba y fechaba sus libros: el más antiguo de los datados por él, una *Selección filosófica* de Santo Tomás de Aquino, tiene una firma bien legible y la fecha de 1943 [15]. A partir de entonces, con diecisiete años —y hasta sus ochenta y dos— empieza la historia de una biblioteca ya cerrada, de la que este libro es su relato y análisis [16].

Leopoldo Calvo-Sotelo mantuvo muy verosímilmente la práctica de adquirir sus libros en torno al año de edición, con una horquilla de unos tres años. A esa conclusión llegamos tras cotejar la fecha en que los adquiría (en los varios cientos en los que Leopoldo Calvo-Sotelo anotó, tras el garabato de su firma, ese momento) con la de edición. Practicó comúnmente el hábito de firmar y fechar los libros, a veces con precisión del lugar, durante los años cuarenta, cincuenta y sesenta, abandonando luego casi enteramente esta costumbre. Ya que consignamos el primero que fecha, consignaremos también el último: *Derechos históricos y Constitución,* de Miguel Herrero de Miñón, firmado en septiembre de 1998 y editado en ese mismo año. Hemos encontrado solamente un libro en el que anota también, tras su última línea, la fecha en que terminó de leerlo, lo que nos da información sobre su ritmo de lectura; es *El realismo*

---

[15] Publicado en Madrid, 1942. No obstante, según sus palabras, los dos primeros libros de su biblioteca fueron la *Historia de la filosofía* y el *Miguel de Unamuno,* ambos, obra de J. Marías (cfr. «Julián Marías», en *Un siglo de España. Homenaje a Julián Marías,* Madrid, 2000).

[16] Un proyecto que fue, sin embargo, concebido en su día como trabajo sobre un *corpus* de libros todavía abierto, en vida de Leopoldo.

metódico, de Etienne Gilson, ampliamente subrayado (con lápiz rojo, verde, negro y bolígrafo azul): lo adquiere y firma en junio de 1952 y lo cierra el 17 de junio de 1952.

Leopoldo Calvo-Sotelo fue un lector atento a la actualidad editorial y la suya ha sido, esencialmente, una biblioteca de libro actual. El orden cronológico de las fechas de edición es así una pauta bastante segura para entender la progresión de sus lecturas. Sobre esta presunción podemos calcular que, hasta 1954, en que deja la casa materna, Leopoldo ha formado ya una biblioteca cercana a los quinientos títulos.

Continúa Leopoldo ya en Madrid su bachillerato en la enseñanza pública y en el Instituto Cervantes tiene «un par de profesores extraordinarios que me iban a marcar para siempre: Mingarro, en física y Cardenal, en filosofía», que, como verdaderos maestros, hicieron nacer en él sus dos vocaciones: «estudiar ciencias físicas o matemáticas y enseñar un día, en la universidad, mecánica celeste»[17] o estudiar filosofía[18].

En estos casi tres lustros, dos son las figuras familiares decisivas en la vida del joven estudiante, uno hermano, de su madre y otro, de su padre: sus tíos Francisco Bustelo y Joaquín Calvo-Sotelo. En relación constante con ambos, podrá Leopoldo ensanchar su vocación tanto por las ciencias como por las letras.

«Durante quince años fui invitado fijo a comer en casa de tío Paco todos los domingos». Francisco Bustelo, ingeniero de Caminos y persona de gran curiosidad y formación intelectual, decantará hacia esa opción de ingeniería los estudios superiores de Leopoldo y le prestará consejo y lecturas sobre materias como matemáticas, física e ingeniería, introduciendo también a Leopoldo en el ajedrez[19].

---

[17] En varios de sus escritos ha explicado Calvo-Sotelo las razones por las que finalmente decidió estudiar Caminos.

[18] En *La Comarca* de Ribadeo, el 19 de junio de 1941, se publicó este suelto, bajo el título «Los que triunfan»: «El inteligente y aplicado alumno de 5.° de Bachillerato, Leopoldito Calvo-Sotelo Bustelo, que ya en los cuatro cursos anteriores había obtenido, en los distintos centros donde cursó sus estudios, la máxima puntuación, mereciendo la honrosa calificación de Matrícula de Honor en el conjunto de las asignaturas, nuevamente logra triunfo tan señalado en el Instituto Cervantes de Madrid, habiendo sido el alumno que obtuvo puntuación mayor de todos los alumnos de tan acreditado Centro docente».

[19] «(Mi tío) Paco me regaló entonces un excelente libro de Tartakower, el campeón polaco-francés que, además de jugar como un ángel de Durero al ajedrez, escribía en el elegante y escueto estilo de Pascal», *Pláticas...* Y en su casa de Somosaguas encon-

Por su parte, «a Joaquín debo su amistad verdadera de muchos años y un optimismo vital que compensaba el pesimismo de tío Paco». Con Joaquín conoció Leopoldo, de primera mano, el mundo del teatro y se hizo «estrenista»: «El verdadero arranque del teatro de Joaquín fue el 25 de enero de 1943 con el estreno de *Cuando llegue la noche* en el Teatro Reina Victoria. Aquél fue el primero al que yo asistí y no me perdí ninguno de los cuarenta y tantos que le siguieron. Joaquín me halagaba muchísimo leyéndome los manuscritos en cuanto se tenían en pie, aceptando una de cada veinte observaciones que yo le hiciera [...] también me hacía ir a los estrenos de sus colegas»[20].

Éstos son los recuerdos de Leopoldo Calvo-Sotelo, a comienzos del siglo XXI, de aquellos años de su vuelta a Madrid; y en una modesta *agenda americana para 1942,* que hemos encontrado en el archivo de Somosaguas, aparecen datos que avalan enteramente esa memoria; en ella, Leopoldo, su titular[21], registra apenas diez teléfonos: los de sus tíos Francisco y Ramón Bustelo, Joaquín y Luis Calvo-Sotelo, el del Hotel Victoria, donde vivía su primo José Calvo-Sotelo, el del Instituto, el de su profesor de filosofía, Cardenal y el de la Estación del Norte, de donde salían los trenes para el viaje a Ribadeo. A su vez, apenas si hay anotaciones en el día a día de la agenda: algún que otro examen (de geología, de latín, de inglés, de agricultura), este dato curioso, de quien sería luego un incansable viajero, el miércoles 4 de febrero: «Hoy he volado por primera vez en mi vida... cinco minutos, en Cuatro-Vientos», pero también otras anotaciones valiosas al objeto de este artículo, que ratifican su vinculación a los libros, al teatro, a las matemáticas: el domingo 22 de febrero apunta «Teatro español»[22]; el jueves 23

---

tramos respaldo a esta ascendencia, pues hay también media docena de libros firmados por su tío sobre esas materias citadas, entre los que destacamos, EINSTEIN, *Relativity, the special and general theory,* Londres, 1920, firmado en «Madrid, enero de 1921», y, MAURIAC, *Journal d'un homme de trente ans. Extraits,* París, 1948, firmado por «Carlota García del Real Bustelo».

[20] En Somosaguas hay 21 obras de Joaquín Calvo-Sotelo, muchas de ellas dedicadas.

[21] Quien escribe en la planilla de identificación, tras su nombre y dirección (la de la calle Alberto Bosch) «15 años; peso: 55 kgs.; talla: 1,75; n.º de mis zapatos: 42; n.º de mis guantes: 8».

[22] Casi con toda seguridad, asistió a la representación de *Macbeth* de Shakespeare, que se estrenó el 13 de febrero de ese año 1942, pues hasta el 4 de marzo siguiente, en que se estrena *El amor brujo* de Falla, no hubo ninguna otra programación. Debo

de abril, «Fiesta del libro», el 18 de octubre «Gramática griega, Joaquín Masjuán»; y en las páginas finales, transcribe el número Pi con trece decimales y un texto de carácter mnemotécnico que arranca así «*Que j'aime à faire apprendre un nombre utile aux sages. Immortel Archimede, artiste Ingénieur...*».

En la capital de España gana su primer dinero, curiosamente, en un oficio directamente relacionado con el mundo del libro, por su cometido y por el pagador: «un billete de cinco duros que hacia 1941 me pagaba la Cámara Oficial del Libro, en la plaza de Santa Ana, contra la entrega de un fajo de galeradas corregidas. Aprendí entonces la técnica del corrector de pruebas, que me ha sido de gran utilidad hasta la era del ordenador».

A los veinte años abre un nuevo capítulo, decisivo, en su formación: «Ingresé en la Escuela de Caminos en la convocatoria de 1946», donde, además de estudiar con enorme brillantez la carrera, acomete otro tipo de actividades, periodísticas y políticas, dentro de la Escuela: la revista *ARCO* y la huelga de 1950; fuera de ella, un proyecto de periódico independiente y otro de revista científica y literaria[23]. Y sigue leyendo: «En todo eso [se refiere a las actividades periodísticas en la revista *ARCO*] había también lecturas mías recién devoradas: Ortega y Gasset, José Antonio Primo de Rivera, Sorel, José Pemartín, que también era ingeniero, o José de Maistre» y añade, en referencia a sus actividades políticas en 1950: «Por entonces había yo leído a los sindicalistas franceses acerca de las técnicas huelguísticas y propuse que aplicáramos una que estaba de moda: la huelga a rayas»; también «andaba yo leyendo en la colección Austral a Unamuno, Baroja, Azorín y Ortega». Y sigue escribiendo, con intención política: «era notorio entre mis amigos que yo no tenía pereza con la pluma, rara diligencia entre ingenieros», o para ganarse un dinero: «Olmo me ofreció el primer trabajo estable de mi vida, hacer para él una revista técnica mensual, la *Revista Industrial y Fabril* [...] aprendí muchas cosas, entre ellas el inglés escrito —de tanto fusilar literatura técnica británica—, y viví la angustia de toda publicación periódica que tiene que cerrar

---

estas precisiones a la doctora Mercedes Carrillo Guzmán, de la Escuela Superior de Arte Dramático de Murcia.

[23] En su archivo, encontramos documentación de estos dos proyectos (del año 1954 la del periódico y del año 1959 la de la revista) de los que desconocemos su suerte final.

a fecha fija. También empecé a luchar con las palabras, porque ya entonces me impuse una disciplina de corrección y hasta de estilo en mis textos industriales». Esto fue a partir de 1946, cuando contaba veinte años de edad. Conviene evocar el ambiente en que Leopoldo trabajaba y estudiaba en casa: una habitación que daba al salón en el que su hermana Maria Rosa, durante varias horas al día, ensayaba al piano.

En esos años, participa en las actividades del Círculo de Jóvenes de la Asociación Católica Nacional de Propagandistas, destacando como conferenciante en los ciclos madrileños de dicho Círculo, asiste asiduamente a las conferencias de Zubiri y a los cursos de Ortega en el Instituto de Humanidades de Madrid[24].

Leopoldo Calvo-Sotelo, así pues, antes de los veinticinco años, ha ejercido ya gran parte de las tareas del mundo de las letras: corrector de pruebas, promotor y redactor de revistas y periódicos, autor de poesía y de prosa, traductor, conferenciante, gran lector de materias científicas o de humanidades, consejero de manuscritos teatrales, estrenista...

Casi ya ingeniero, comienza su vida laboral en sentido estricto, en el Servicio de Estudios Industriales del Banco Urquijo: «el 2 de octubre de 1950 [...] inicié mi relación laboral con uno de los grandes bancos españoles en cuyo grupo industrial he permanecido monogámicamente hasta hoy, sin más infidelidades que mis escapadas al servicio público»[25].

Esa relación tiene dos tramos distintos: se fue a Perlofil, la primera empresa de nailon en España, durante diez años, entre 1953 y 1963, «y a Explosivos, con treinta y siete años de edad, me fui durante otros doce, desde 1963 hasta que el rey me llamó en 1975 para ser ministro de Comercio en el primer gobierno de la monarquía»[26].

---

[24] Se conservan en Somosaguas varios cuadernos con los apuntes tomados por el joven estudiante en las lecciones de Zubiri, así como el programa de un ciclo de conferencias organizado por dicho Círculo de la ACNP: el 16 de marzo de 1948, consta la intervención del joven Leopoldo a cargo del «Comentario de la cultura».

[25] En este entorno del Banco Urquijo, sobresalen, en cuanto a su influencia moral sobre Leopoldo, dos hombres de bastante más edad: Juán Lladó y Luis Solana San Martín. Respecto a este último, la biblioteca lo refrenda, en la siguiente dedicatoria que su hijo, L. SOLANA MADARIAGA, estampa en su novela *Rota ha entrado en guerra*: «A Leopoldo y Pilar, para quienes algunos apellidos tienen casi tanto valor entrañable como para mí». A buen entendedor...

[26] En la casa de Somosaguas encontramos tres libros con el sello de Perlofil, sobre polímeros, contabilidad y matemáticas para ingenieros. Con el sello de Explosivos, que

Aquel primer ejercicio al timón de Perlofil fue crítico para el resto de su vida: «Yo era muy joven, tenía apenas treinta años, y desde entonces me acostumbré a la soledad, compañera inseparable de quien manda. La soledad que fue siempre mi amiga hasta los tiempos máximos de La Moncloa, la soledad del verso de Vigny, aquella jaculatoria de Moisés: "*Tu m'a fait, mon Seigneur, puissant et solitaire*" que yo me atribuía en secreto con descomunal y juvenil impertinencia». Por razón de todos esos trabajos y, asimismo, por afición en su tiempo libre, viajó Leopoldo Calvo-Sotelo incansablemente al extranjero, sobre todo por Europa[27], donde hacía acopio de libros y prensa, en Francia, Alemania, Italia, Suiza, Holanda, etc., formando una biblioteca casi más europea que española. Pero hemos adelantado acontecimientos, pues esto nos lleva ya a su vida plena de hombre de acción, marido y padre. Cerremos esta etapa con el recuento de los libros adquiridos desde 1942 (año en que adquiere 19), fecha del primero firmado por él, hasta que se independiza en 1954 (en 1953 compra 44): son unos 460 libros; de media, unas 40 obras al año.

El joven matrimonio, el hombre de la industria: 1954-1975

En abril de 1954, a los veintiocho años, recién casado con Pilar Ibáñez-Martín, a la vuelta del viaje de novios por Italia y Austria, estrena un piso en Cavanilles número 21 (en el actual distrito de Retiro), de unos cien metros cuadrados, por el que paga un alquiler de 700 pesetas al mes, en un edificio recién construido, cuya trasera daba entonces al campo. Los libros se ordenaban, en el salón-comedor, en aquellos muebles heredados de su padre.

Cuando se casa, con veintitrés años, Pilar Ibáñez-Martín trae al nuevo hogar bastantes libros, que responden mayoritariamente

---

entonces era la empresa química más grande de España, encontramos siete libros, sobre industria, capitalismo, economía e informática.

[27] «La vida profesional me ha obligado a viajar mucho y yo me entiendo, mejor o peor, en francés, en inglés, en alemán, por supuesto en italiano —tuve ocasión de viajar mucho a Italia profesionalmente— y también en portugués», nos cuenta en *Conversaciones con...*, p. 20. En la biblioteca de Somosaguas, son 119 los libros en alemán, 2.172 en francés (la lengua extranjera más presente), 1.040 en inglés, 128 los libros en italiano y 63 en portugués.

a dos intereses: manuales y otras lecturas universitarias, de su licenciatura en Historia de América por la Facultad de Filosofía y Letras de la Universidad de Madrid, y narrativa, sobre todo contemporánea española y los clásicos de la gran literatura rusa. Citemos algún ejemplo de esos dos grandes grupos: *Conceptos fundamentales de la historia del arte,* de Enrique Wölfflin (Madrid, 1945) y *El viaje a la Alcarria,* de Camilo José Cela (Madrid, 1948), dedicado en Betanzos, el año 1948: «A la señorita Pilar Ibáñez, con el ofrecimiento de la sincera, leal y respetuosa amistad de Camilo José Cela»[28].

Se estableció pronto entre marido y mujer una práctica de lectura biunívoca. Desde entonces, Pilar ha seguido comprando libros, confirmando su interés por la literatura española contemporánea, pero en un ritmo decreciente, abrumada sin duda por el desbordamiento de los estantes a causa de las compras de su marido. Pilar conocía por experiencia hasta qué punto los libros ocupan espacio y acaban invadiendo habitaciones, pues en su casa paterna, en la madrileña calle de Almagro, número 38, ocupaban ya un gran despacho con estanterías en dos alturas y avanzaban por otra pieza aledaña. Esa rica biblioteca, especialmente en humanidades, perfectamente catalogada, contenía varios miles de publicaciones, recibidas aún más que adquiridas, por su padre, José Ibáñez-Martín, a lo largo de los años en que fue ministro de Educación y presidente del Consejo Superior de Investigaciones Científicas, del que fue fundador. Una biblioteca abierta a la curiosidad de los familiares con mayor afición libresca, a quienes, tácitamente, no se exigía que concluyeran allí la lectura comenzada. Unos trescientos acabaron, así, en la casa de Somosaguas, fácilmente reconocibles, bien por el *ex libris* de su propietario (*Solo Dios basta*), bien por la signatura de su ubicación original[29].

En la primavera de 1957, Leopoldo y Pilar estrenan otro piso, también de unos cien metros cuadrados, que compran por 600.000

---

[28] Cela volvió a dedicar este libro otras dos veces: «Hoy, a los 33 ó 34 años: doña Pilar. 18 de febrero de 1982» y luego: «Y a los siete años y desde Estocolmo, por eso del Premio. 10 de diciembre de 1989». Leopoldo Calvo-Sotelo, que asistió a la ceremonia del Premio Nobel, fue la primera persona que adelantó a Cela el fallo que la Academia Sueca de la Lengua haría horas después.

[29] La aportación de más valor y entidad se produjo en 2004, a la muerte de María de los Ángeles Mellado, viuda de Ibáñez Martín, condesa de Marín, cuando vino a la casa de Somosaguas la famosa colección de la Biblioteca de Autores Españoles.

pesetas, en Modesto Lafuente, número 28 (en el barrio de Chamberí), un segundo interior, con ventanas y una terracita sobre un convento de monjas. Los libros se instalan en los mismos muebles de librería, en el nuevo salón-comedor, pero también en una estantería de esa misma pieza. Allí nacen Leopoldo y Juan.

En 1959, tras vender el piso a Ramón Tamames, el joven matrimonio compra otro recién construido, en José Lázaro Galdiano, número 1 (en el barrio de Chamartín), ya con el doble de superficie. Aquí los libros llenan los muebles consabidos y se colocan además en una estantería en el despacho. Y también acabarán llenando toda la casa los seis nuevos hijos, Pilar, Pedro, Víctor, José María y Andrés y Pablo, gemelos, cuyas cunas, a falta de espacio en los dormitorios, se instalan precisamente en ese despacho con libros. Esta situación anima al matrimonio a vender este piso, comprar un terreno y hacerse una casa definitiva en Somosaguas, urbanización situada en el municipio de Pozuelo de Alarcón, obra del arquitecto Miguel Fisac, que termina Julio Bravo.

Antes de su asiento definitivo en Pozuelo de Alarcón, donde se encuentra intacta su biblioteca, este fue el recorrido de los libros de Leopoldo Calvo-Sotelo.

Así pues, a los treinta y nueve años, Leopoldo Calvo-Sotelo se trasladó con su mujer y sus ocho hijos a su nueva casa, en la Nochebuena de 1965; será su casa definitiva, en la urbanización de Somosaguas, a la que la familia se muda a punto de rematar las obras, nada más puestas las ventanas. Durante años, un ebanista, Francisco Cristóbal Antorán, realizará toda la carpintería de la casa, incluidas tres grandes librerías, encontrándose, de vez en cuando, al cortar un tablón, que la sierra se mella contra un trozo de hierro: son balas incrustadas, pues uno de los surtidos más importantes —de la empresa Adrián Piera Maderas— procedía del derribo de un fuerte de madera norteamericano. Los libros, unos dos millares, esperan en cajas el progreso de la librería, que comienza en el salón, en roble[30]. Nunca ha habido en ese domicilio de Somosaguas un espacio que se designara con el nombre de biblioteca. Pero sus libros fueron ocupando

---

[30] Ésa es una cifra aproximada. Como hemos dicho antes, el orden cronológico de las fechas de edición es una pauta bastante segura para entender la progresión de las lecturas de Calvo-Sotelo, en el entendimiento de que, en general, Leopoldo Calvo-Sotelo adquiere los libros en un entorno de tres años a partir de la publicación del libro.

desde entonces, hasta la muerte de Leopoldo Calvo-Sotelo, el 3 de mayo de 2008, diversas habitaciones: el cuarto de estar o salón, el despacho, el pasillo, el que fuera cuarto de jugar, un dormitorio, dos trasteros junto al garaje y parte del archivo. Prácticamente todos, en número de 10.507, están catalogados. El ritmo de adquisición varía. A partir del año 1961, y durante casi cuatro décadas, compra anualmente más de un centenar de libros; en la década de los setenta y en la de los noventa, la entrada anual de libros supera los doscientos[31]. A seiscientos kilómetros, la casa familiar en Ribadeo guarda dos millares de libros, según se explicará más tarde.

Desde que se casa, en 1954, con veintiocho años, hasta que es nombrado en 1975 ministro en el primer gobierno de la monarquía, con cuarenta y nueve años, Leopoldo Calvo-Sotelo adquiere unos 2.900 libros.

Lecturas en primera línea de la política: 1975-1982

No es este el lugar para acometer el relato de la trayectoria política de Leopoldo Calvo-Sotelo durante la Transición; sobre esos años en verdad históricos: miembro fundador de UCD, diputado siempre, portavoz parlamentario, varias veces ministro, vicepresidente y presidente del gobierno, él mismo ha dicho y escrito largamente y ha dejado un archivo muy rico.

Quizá dos decisiones suyas que le satisficieron hondamente en ese ejercicio del poder nos basten para ilustrar este período, por no ser ajenas a este libro: la de ordenar construir el Auditorio Nacional de Música y la de, según sus palabras, proponer «al rey que

---

[31] Pero esta disposición intelectual de Calvo-Sotelo no trasciende a la opinión pública; así, la prensa que recoge la noticia de su elección como procurador en Cortes en 1967 nos lo presenta esencialmente como un hombre «de la industria de los abonos y de las fibras». ¿Quién puede intuir detrás de esta descripción la voluntad diariamente sostenida de profundizar mediante el estudio y la lectura en los más variados temas de su tiempo? La lectura era una vocación íntima. Aunque, como recuerda Fermín Zelada al relatar la manera en que se desarrollaban, durante esa década de los sesenta, las llamadas «Cena de los nueve»: «La actitud de Leopoldo Calvo-Sotelo se distinguía siempre por su altura intelectual, precisión en los puntos de vista y en una tendencia más conceptual que puramente informativa. Calvo-Sotelo acentuaba siempre la nota cultural, con referencia a los últimos libros publicados sobre el tema y de personajes conocidos», en *Conversaciones con...*, p. 104.

otorgara la gracia de un Título del Reino al mundo de las letras, y que diera existencia legal al marquesado de Bradomín»[32].

De nuevo, en su biblioteca encontramos la huella de la biografía. Así, verificamos que cuando la urgencia de la política impone alguna lectura que no se obtiene en nuestro país, recurre entonces al servicio exterior y las Embajadas de España gestionan el pedido. Por ejemplo, en un ejemplar de la colección *Que sais-je?* titulado *Le Marché Commun,* obra de Jean-François Deniau (12.ª edición, PUF, 4.º trimestre de 1977), encontramos la tarjeta de visita de Luis Fernández-Cid, Conseiller d'information près de l'Ambassade d'Espagne, Paris, y de su mano «*Un fuerte abrazo y a tus órdenes*». La compra debe de ser del año siguiente, siendo entonces Leopoldo Calvo-Sotelo ministro de Relaciones con las Comunidades Europeas y Deniau, con el que llegaría a tener una buena amistad, embajador de Francia en España. En otro caso, la Embajada de España en Gran Bretaña le remite *The radical approach. Papers on an independent Scotland* (Gavin Kennedy, Edimburgo, 1976), con una nota, fechada en Londres, el 20 de junio de 1979, que dice así: «La otra publicación pedida en el Telex núm. 36 del 12 de junio, por el Señor Ministro para las Relaciones con las Comunidades Europeas, titulada: "Scottish National Party, Policy Document, Foreign Policy- Part I: Europe and North America", está ordenada y será remitida tan pronto como se reciba en esta Embajada».

En aplicación de esa fórmula de cálculo que venimos dando por buena, resulta que Leopoldo Calvo-Sotelo, durante estos años de fragor político, sigue adquiriendo muchos libros, tantos o más que antes: entre 1976 y 1982, unos mil cuatrocientos, esto es, una media de doscientos al año. Es cierto que aumenta la entrada de libros procedentes de instituciones, como regalo, y también es cierto que cambian sus intereses coyunturalmente, como veremos más adelante, en el epígrafe titulado «La parte por el todo...», pero mantiene una gran vocación lectora, aunque seguramente no puede leer enteramente esos nuevos libros. Es 1976, en pleno oficio político, uno de los años más fértiles de su vida en punto a adquisición

---

[32] En «Sobre Bradomín», *Leer,* año XVI, núm. 116, octubre de 2000. Ese buen recuerdo es el que late, con toda seguridad, en una anotación que hace Leopoldo Calvo-Sotelo, años después, al leer *Madrid de Corte a checa* (Agustín DE FOXÁ, Barcelona, 1993); en el «ipl» anota: «146 Bradomín». Es un pasaje en el que Perico Castro-Nuño dice: «¡Ah! Si a Valle-Inclán le hubieran hecho vizconde como a Florestán Aguilar». Sobre el «ipl», véase más abajo.

de libros: 256. Y durante sus casi dos años como presidente del gobierno entran en el Palacio de la Moncloa 225 libros en el año 1981 y 186 en el año 1982. Pero la impresión que le quedó a Leopoldo Calvo-Sotelo, recogida en este libro, es la de sequía lectora o, quizá, la de un lector monográfico de informes y prensa.

Libros y trabajos de un parlamentario y de un cesante: 1982-2008

Tras abandonar La Moncloa, Leopoldo Calvo-Sotelo mantiene hasta 1986 un escaño en las Cortes y es sucesivamente miembro de la Asamblea Parlamentaria del Consejo de Europa (1984) y del Parlamento Europeo (1986). Aumenta aún más si cabe la frecuencia de sus viajes a Bruselas y a Estrasburgo, en cuyas librerías recala siempre. A partir de entonces, sigue ya «la política desde la barrera», como subtitula uno de sus libros.

En estos años recupera la afición por la lectura gracias a *El Coyote,* según cuenta en estas páginas, vuelve a estudiar inglés con una profesora nativa, escribe mucho, tanto sus obras más importantes, como artículos, prólogos, etc.[33] Merece recordar los títulos de sus tres libros, pues son una fuente muy estimable para conocer también el trasfondo de sus lecturas y de su biografía intelectual, como reseñaron en su día las críticas: *Memoria viva de la transición*[34], *Papeles de un cesante*[35] y *Pláticas de familia. 1878-2003*[36].

---

[33] Cfr. Pedro Calvo-Sotelo, «Bibliografía esencial de Leopoldo Calvo-Sotelo», *Cuenta y Razón,* noviembre-diciembre de 2008.

[34] Barcelona, Plaza & Janés-Cambio 16, 1990, 286 pp. «El libro está excelentemente escrito [...] *Memoria viva de la transición* es, para mí, uno de los libros de memorias políticas más inteligentes, agudos y llenos de humor que se han escrito en España en este siglo», escribió Camilo José Cela para su presentación en 1990. Varios lustros después, Arcadi Espada (de quien hay un libro en la biblioteca que estudiamos), en su blog, afirmaba: «Sus memorias, junto a las de Fernández de la Mora, son el mejor libro que ha escrito un político español después de la Guerra Civil».

[35] Barcelona, Galaxia Gutenberg, 1999, 314 pp. «Si el estilo refleja el hombre, la excelente prosa del ilustre "cesante" proclama el talante de su autor: inteligente, irónico, a veces distante, un punto, y no sin razón, quejoso del trato en ocasiones recibido, si acaso crítico, nunca mordaz»: así reseñaba Ignacio Sánchez Cámara en *ABC,* este segundo libro.

[36] Madrid, La Esfera de los Libros, 2003, 255 pp. «En esta tercera entrega Calvo-Sotelo ha superado en calidad literaria y en minuciosidad del recuerdo a las anteriores

También son estos años en los que Leopoldo Calvo-Sotelo pronuncia conferencias y participa destacadamente en la vida cultural, académica y universitaria, en España, pero también en el extranjero, como relata él mismo:

> «Entre 1992 y 1997 presidí la Fundación Ortega y Gasset. Ha sido una de las mayores satisfacciones de mi cesantía ésta de vincular mi nombre al de don José Ortega, en cuya lectura y estudio pasé mis años juveniles. No pude modernizar las blindadas estructuras fundacionales (Jovellanos sabía que es necesario, aunque no fácil) pero sí me fue posible organizar una edición crítica de la ingente obra de Ortega y poner en pie la Fundación Ortega y Gasset Argentina en Buenos Aires; presido los Patronatos de las Fundaciones Antonio Nebrija y Eduardo Torroja y pertenezco también a los de la Fundación Xavier Zubiri y del Instituto Tecnológico de Galicia»[37].

Entre 1983 y 2008, entran en los estantes de su casa de Somosaguas, a la que vuelve tras dejar el Palacio de la Moncloa, unos 5.000 libros; de media, unos 190 cada año. La curiosidad sigue intacta. De hecho, el año de 1993 es aquel en que más libros adquiere en toda su vida: 297 obras. En los cuatro meses largos de 2008, pues muere el 3 de mayo, compra sólo 15 libros, aunque en 2007 se suman todavía 117 a su biblioteca.

La parte por el todo: la colección *Que sais-je?* como compendio de los intereses intelectuales de un lector

Quien haya hojeado un catálogo de la colección *Que sais-je?* y haya leído alguno de sus números habrá podido admirar una de las más acabadas excelencias del genio editorial francés: la alta divulgación científica en manuales de soberbia claridad expositiva. En sus momentos de esplendor, la famosa colección sumaba unos tres mil quinientos títulos, que describían un panorama vastísimo de ciencias y letras: todas las ramas del saber en libritos de unas 130 páginas, debidos, en general, a los mejores tratadistas en la materia.

[...] Calvo-Sotelo ha conseguido retratar con una eficacia narrativa ejemplar los rasgos de una época», así saludaba B. SARABIA en *El Cultural,* el último libro publicado por Calvo-Sotelo.

[37] Cfr. «Semblanza autobiográfica», recogida más arriba, pp. 29-30.

Su título copia una de las frases —la única en francés, acompañada por otras once en latín— que adornaban las vigas del techo de la biblioteca de Montaigne.

En la biblioteca de Leopoldo Calvo-Sotelo es la colección más importante, por su extensión y por su uso. A los efectos de este trabajo, es también la que más fácilmente revela las inquietudes intelectuales de su propietario. Puesto que cada adquisición consigna un interés concreto por una parcela del conocimiento, es sencilla la tarea de adscribir cada libro a una disciplina del saber, para luego comparar hasta dónde llega la marea del interés en cada una de esas disciplinas: matemáticas, física, etc.; así, el cálculo final es preciso en tanto que se establece entre publicaciones perfectamente equivalentes, concebidas por el editor con un carácter de enciclopedia universal, pero que componen un universo cerrado de referencia: la mejor muestra que un estadístico podría soñar. Ello no ocurre, claro es, en el resto de la biblioteca, al ser tan variada la condición de las obras, y en las otras publicaciones enciclopédicas de gran calidad presentes, como la Enciclopedia Británica, no es posible determinar cuáles fueron los campos de su consulta.

El propio Calvo-Sotelo fue insistente, durante las entrevistas que mantuvo a lo largo de este proyecto, en llamar la atención sobre la virtualidad clarificadora que un análisis de esa colección francesa tendría a la hora de cuantificar sus verdaderas aficiones intelectuales.

Pues bien, hemos procedido a ese estudio y publicamos unos cuadros con los resultados al final de este trabajo.

Antes de ir a ellos, conviene conocer los límites de este ejercicio. La colección *Que sais-je?* es un repertorio abierto, que ha cambiado a lo largo de su historia la cifra total de números, que ha suprimido algunos, que ha duplicado otros (al encargar un mismo título a otro autor diferente al cabo de los años) y que los ha catalogado bajo criterios de sistematización a veces amplios y otras muy pormenorizados. Nosotros los hemos clasificado en dieciocho materias, diez de letras y ocho de ciencias. Asimismo, hemos tomado la fecha de edición casi como la fecha de compra, para facilitar el estudio de la permanencia o evolución de los intereses de Leopoldo Calvo-Sotelo durante casi sesenta años. Veamos algunos resultados:

— El número más antiguo está fechado en 1949 (*Les sports de la montagne,* de François Gazier); en la década siguiente, adquiere 11; en la de los sesenta, se dispara la compra hasta los 201 números; en la de los setenta, compra 172; suman 150 los fechados en la década de los ochenta y 143 en la de los noventa; desde el año 2000, tan solo 11, siendo el más reciente, de 2007 (*Le stoïcisme,* de Jean-Baptiste Gourinat). Comprobamos cómo Leopoldo Calvo-Sotelo adquiere la mayor proporción de libros de esta colección durante la década de los sesenta. Y es bien cierto que la biblioteca en su conjunto consagra los sesenta como la década de mayor fruición intelectual de Leopoldo Calvo-Sotelo, entre sus treinta y cuatro y cuarenta y cuatro años. Tiene entonces todavía tiempo para leer, viaja bastante al extranjero, donde compra muchos libros, la casa se va llenando de hijos, su vida profesional le garantiza un vivir desahogado y se siente con vocación y energía para las lecturas más difíciles.

— La masa crítica se concentra en cuatro décadas, como hemos referido, y sobre ellas debemos calcular la evolución de las inquietudes, que medimos, tras contar los libros de cada materia, en porcentajes, década a década. En los sesenta, la física (15 por ciento), las matemáticas (12 por ciento) y la historia (12 por ciento) acumulan las principales lecturas. Empatan luego en atención, con un 7 por ciento, los libros sobre filosofía, lengua y literatura, religión, geografía y economía. En esta década, los *Que sais-je?* de tema político son sólo el 3 por ciento. Comprobemos cómo la entrada en política altera estos porcentajes: los libros de tema político se multiplican por siete (un 23 por ciento durante los años setenta) y por diez (un 31 por ciento durante la década de los ochenta) en las décadas en que Leopoldo Calvo-Sotelo participa plenamente en la Transición, como diputado, ministro y presidente del gobierno: en esos años setenta (23 por ciento) y ochenta (31 por ciento), también crece, al doble y al triple, la entrada de libros de economía, devorando —política y economía— sobre todo sus inquietudes primeras en materia científica: física (ahora sólo el 3 por ciento, en los años setenta, y 5 por ciento, en los ochenta) y matemáticas (que baja al 4 y 3 por ciento) y mermando, aunque menos, otras materias, en una y otra década: filosofía (6 y 8 por ciento), lengua y literatura (8 y 3 por ciento), religión (5 y 8 por ciento) y geografía (6 y 5 por ciento).

— Sin embargo, tales porcentajes, aunque verdaderos, dan una impresión falsa, la de que la afición de Leopoldo Calvo-Sotelo por las ciencias perdiera vigencia tan acusadamente. En efecto, si cotejamos la adquisición de números de matemática y física con el número total de los publicados por la colección *Que sais-je?* (cifra, según hemos dicho, cambiante), podemos certificar que la biblioteca reúne un 80 o 90 por ciento de todos ellos. Esto es, Leopoldo

Calvo-Sotelo deja de adquirir porque, prácticamente, tiene todas las obras que a juicio de una colección universal son necesarias para esos saberes matemáticos y físicos. Tal proporción de compra no se da en ningún otro ámbito del conocimiento abarcado por esta colección.

— El análisis de esta colección acredita la impresión de que esta biblioteca, junto a la presencia de gran número de obras clásicas, ha sido siempre una biblioteca viva, trasunto de la sociedad del momento, española, europea, internacional. Un ejemplo: los siguientes títulos, todos ellos números del *Que sais-je?,* en su orden cronológico, muestran una secuencia clarísima de la evolución de las preocupaciones nacionales e internacionales de una época: *Histoire de Gibraltar,* 1955; *La stratégie nucleaire,* 1963; *La vie soviétique,* 1970; *Le socialisme reformiste,* 1971; *L'inflation,* 1973; *L'union politique de l'Europe,* 1973; *Le Marché Commun,* 1977; *Les crises économiques,* 1978; *L'écologisme,* 1979; *Le système monetaire européen,* 1985; *Le SIDA,* 1986; *Histoire de la perestroïka, 1993; Le principe de subsidiarité,* 1993; *L'Union Européenne,* 1994; *Internet,* 1995; *L'environnement graphique Windows,* 1995; *La biodiversité,* 1997; *La tradition musulmane,* 2001; *La constitution européenne,* 2004.

— Aún más, es posible seguir el correlato entre la biografía de Leopoldo Calvo-Sotelo y sus lecturas. Así, el hombre que dirige una de las primeras empresas químicas de España, entre 1963 y 1975, compra *Le bilan dans les entreprises,* 1961; *L'économie des industries chimiques,* 1963, y *Le pétrole,* 1963; el presidente de RENFE (1967) se interesa por *Les transports en Europe,* 1963, y el hombre que llega, en 1975, a la responsabilidad política de un Ministerio adquiere *Les institutions espagnoles,* 1975, y *L'Administration,* 1976; el ministro de Comercio, de Relaciones con las Comunidades Europeas, el vicepresidente del gobierno para Asuntos Económicos se interesa por *Les conflits du travail,* 1976; *La TVA,* 1978; *Le syndicalisme dans le monde,* 1979; *Les indices des prix,* 1979; *Le commerce extérieur,* 1980, y *Les relations extérieures de la CEE,* 1980; y el presidente del gobierno tiene tiempo de leer *Le Premier Ministre,* 1981; *La Présidence de la République,* 1981; *Le terrorisme,* 1982, y *L'énergie,* 1982; en fin, el cesante de la política que adquiere responsabilidades en el ámbito de las Fundaciones, como la Ortega y Gasset o la Zubiri, acude a la colección para comprar *Les fondations,* 1992.

El panorama es muy revelador, aunque es preciso contemplarlo con otra limitación *in mente:* en tanto que colección enciclopédica, podemos calibrar la naturaleza de los intereses de Leopoldo Calvo-

Sotelo en el ámbito del pensamiento, de los saberes especulativos y científicos (*lingua, tropus, ratio, numerus, tonus, angulus, astra*), pero no en el ámbito de la creación literaria. Las cifras más importantes de su biblioteca son las siguientes: política, unos 2.000 títulos; historia otros 2.000; geografía, civilización y culturas: unos 1.000 títulos; filosofía: 700 títulos; economía e industria: casi 700; religión: 600; poesía: cerca de 500, sobre un total de 2.000 de literatura; matemáticas y física: unos 600 títulos, junto a algunas decenas de ingeniería y materias afines y bastantes obras sobre diversas materias dentro del ámbito de las ciencias (unos 160 libros), especialmente sobre biología y filosofía de la ciencia; música: 130 libros.

En torno a la catalogación de la biblioteca

Desde la inauguración de la casa definitiva en 1965 y durante un cuarto de siglo largo, Leopoldo Calvo-Sotelo adquiere libros y los coloca con un cierto orden por materias: religión, filosofía, política, historia, diccionarios y obras de consulta, literatura, ciencias (esencialmente matemáticas y física), etc., sin catalogación de ningún tipo, confiando a su buena memoria la localización de la obra buscada. Pronto los anaqueles empiezan a tener los libros en dos filas, por no romper el agrupamiento en un mismo cuerpo de estantería de cada materia, al menos de las más trabajadas. Por ello, Leopoldo Calvo-Sotelo, ya ex presidente del gobierno, decide contratar a una persona que se ocupe, en primer término, de ordenar su archivo personal, y enseguida, de la biblioteca. El proceso de catalogación empieza en 1991 y dura hasta hoy día. Cuatro personas han trabajado en esa labor: Paloma Jiménez Buendía, Paloma Fernández Palomeque, que ha realizado la labor más amplia en cuanto a catalogación de materiales se refiere, según relata ella misma en este libro, Natalia Marín y Loreto del Río, que la continúan e informatizan el catálogo de los libros y elaboran el de los mapas y los discos[38].

---

[38] En el pasillo, junto al dormitorio de Leopoldo Calvo-Sotelo, se habilitó en su día una estantería sencilla, para acoger todos los mapas, que Paloma Fernández había clasificado y atado con un balduque por países. La catalogación, hecha en 2008, reseña 724 mapas, de cuarenta y cuatro países, en los cinco continentes. Por su parte, los discos ocupan dos lugares distintos: los de vinilo, en desuso desde hace años, un gran arcón de madera de alcanfor; los compactos, varios anaqueles a medida en el cuarto

La informatización permite llevar a cabo, instantáneamente, diversos análisis de la biblioteca, que muestran mejor su figura, como veremos más abajo, aunque ya hemos visto, por ejemplo, cómo podemos rastrear en sus lecturas su biografía profesional. También es posible verificar otro proceso que es natural que se produzca en una casa en la que los ocho hijos estudiaron carreras universitarias: algunos de los libros comprados por ellos pasaron a las manos de su padre y permanecen hasta ahora en su biblioteca. Hemos contado cincuenta y tres con la firma de alguno de ellos. Y, por último, es preciso confesar que también se ha producido otro hecho también natural: los hijos tienen en sus casas libros de la biblioteca paterna.

Como era de esperar, Leopoldo Calvo-Sotelo ha poseído otros libros que no han sido catalogados, en número que puede acercarse a los dos millares.

En este grupo contamos, en primer término, los que no se han catalogado pero siguen en Somosaguas. Son los libros escolares y del estudiante de Caminos. Sigue en importancia otro grupo de libros. Aquellos comprados por los padres, para los hijos: las lecturas infantiles y juveniles, muy pocas catalogadas. En la casa de Ribadeo se ha congregado parte de esa infancia recuperada. Pero quedan en Madrid unas publicaciones singulares, la de los cómics, con las colecciones, muchas completas, de los grandes clásicos: *Tintín, Astérix, Spirou y Fantasio, Aquiles Talón, Iznogoud el infame, El hombre enmascarado, Alix, Mafalda, Peanuts,* etc., y, por lo que hace a la literatura popular, la colección entera de *El Coyote,* de J. Mallorquí. En la entrevista que acompaña a este capítulo, el propio Calvo-Sotelo refiere su experiencia con este tipo de literatura, por lo que su consideración y estudio entra por derecho propio en el ámbito de las que fueron sus lecturas.

Pero por número de obras, el grupo más numeroso lo forman los libros de la biblioteca de su casa de Ribadeo, que empezó a constituirse a partir de 1972, año en que concluyó su construcción, obra del arquitecto Wenceslao Posada.

---

de estar, junto al equipo de música. Están también catalogados: son 701; de vinilo, 284 y el resto, discos compactos.

La biblioteca de Ribadeo

Hoy día, cuenta con casi dos millares de libros, en dos piezas de la planta principal —la librería del salón que da a la ría y la de la galería que mira al jardín— y en tres dormitorios. La ordenó a principios de este siglo XXI, Iballa Rodríguez Quintana, pero no se ha catalogado. Su formación responde a tres motivos principales: como desahogo de la casa de Madrid, como reunión de los libros de tema galaico-asturiano y como rincón de lecturas veraniegas. Desde los anaqueles de la casa de Somosaguas vinieron aquí muchos libros de gran tamaño (quijotes, de arte, regalos institucionales, etc.), los repetidos (especialmente de la colección enciclopédica *Que sais-je?*), y los que tratan temas gallegos o asturianos desde cualquier perspectiva, algunos adquiridos ya en Ribadeo. Es muy representativo el número de autores gallegos: Rosalía de Castro, Murguía, Castelao, Risco, Curros Enríquez, Cabanillas, Blanco Amor, Varela Jácome, Anxel Fole, Álvaro Cunqueiro, Rof Carballo, García-Sabell, Carlos Casares, entre otros. Destaca también una espléndida colección dedicada a los pintores asturianos. Encontramos unas ciento setenta obras de la «Colección universal»[39] y, reunidos por materias, en grupos cuyo número no suele sobrepasar la veintena, libros de historia, de política, de ciencias y, como capítulo específico de esta biblioteca, publicaciones de tema marítimo y de navegación, así como las cartas náuticas. También se juntaron aquí, según hemos dicho, parte de las publicaciones infantiles y juveniles, que ocupan principalmente las estanterías de obra de los citados dormitorios: colección «El Globo de colores», de Aguilar, colección «Auriga», colección «Araluce»[40]; y las aventuras clásicas de Carmen Kurtz (*Oscar*), Enid Blyton (*Los Cinco, Los Siete,* etc.) Richmal Crompton (*Guillermo*); Edgar Rice Burroughs (*Tarzán*), Emilio Salgari (*Sandokán*), Julio Verne y Zane Grey. En cuanto a publicaciones

---

[39] Procedentes precisamente de la Casa de Abajo, libros con los que convivió durante su niñez, como se cuenta más arriba.

[40] Algunos ejemplares, como *Los cuentos de Grimm, Los Argonautas* o *Los comuneros de Castilla* son de los años treinta y exhiben los sellos de «Patronato de Misiones pedagógicas. Lecturas para niños» y de «Patronato de Cultura Popular». Son, sin duda, aquellos con los que comenzó sus lecturas el niño Leopoldo, según hemos referido antes. Con aquel buen recuerdo, compró en los cincuenta otros de dicha colección Araluce para sus hijos, que son la mayoría de los que quedan en Ribadeo.

periódicas, Leopoldo Calvo-Sotelo se abonó, en julio de 1967, a la que entonces era una revista singular para conocer, en reportajes de fotografía deslumbradora y atractivo contenido, escritos en un inglés curiosamente barroco, geografías, culturas y civilizaciones del presente y del pasado, el *National Geographic.* En la casa de Ribadeo están todos los ejemplares de esa suscripción durante treinta años, varios cientos, hasta que la canceló en julio de 1996.

La adquisición de los libros: mapa de países y amigos escritores

Leopoldo Calvo-Sotelo ha sido un gran frecuentador de librerías. En Madrid, sin duda, pero quizá más aún en el extranjero. De todo viaje fuera venía la maleta revuelta de libros. De esa frecuentación y del tiempo pasado en cada librería podrían dar testimonio, más allá de su mujer y de sus hijos, los escoltas de tantas décadas. Un hábito que ha sido el origen, sin rival, a la hora de adquirir libros. Puede parecer un dato banal, pero esta práctica supone un proceso que es muy elocuente para mejor calibrar la naturaleza de su biblioteca, cuando no de otras análogas. Leopoldo Calvo-Sotelo no era comprador, por así decirlo, a tiro hecho. Abramos ahora la puerta de la librería: la estancia en ella, el pausado recorrido por las mesas y los anaqueles, traía siempre el hojear muchos libros, de tantas materias como alcanzaba su amplia curiosidad, de autores ya familiares, de otros desconocidos, una mirada a los índices, una lectura al azar de un párrafo aquí y allá, para tasar su valía. De aquella miscelánea, Leopoldo Calvo-Sotelo solía salir con la flor nueva de las mejores obras. ¿Es mucho decir que, como media, hojeaba cinco libros por cada uno que finalmente compraba? ¿Es mucho suponer que, de los doce mil libros que suman las bibliotecas madrileña y ribadense, adquiriera él mismo un largo setenta por ciento? Si esos cálculos son razonables, ello significa que su biblioteca, al ser esencialmente el resultado de aquel dilatado y sostenido mecanismo selectivo, cristaliza en unos nueve mil libros un mundo visto en librerías de, digamos, cuarenta mil títulos. Ni la cifra más grande, por supuesto, pero tampoco la menor, puede identificarse con libros leídos; ese es otro cálculo. Pero sí es legítimo considerar que el número de libros comprados es en gran parte una decantación del número de los hojeados. Nos encaramos pues con una biblioteca que, por el número y selección de sus títulos, constituye indudablemente, una biblioteca representativa, en sus materias fundamentales, de una época. Tal cristalización de lecturas es, en su resultado final, la antología del conocimiento y de la creación literaria que el ejercicio de una inteligencia singular, la de Leopoldo Calvo-Sotelo, opera durante sesenta y cinco años en la manufactura especulativa y creativa de una sociedad española y europea. Repetimos, el abanico de cinco libros hojeados se pliega en uno o, al revés, cada libro adquirido se despliega en unos cinco descartados. Por lo tanto, tiene sentido analizar esta biblioteca como testimonio de las preocupaciones intelectuales de una generación, con las singularidades de su creador.

Volvamos a las librerías. Afortunadamente, en los propios libros encontramos, gracias a los marcadores o tiras para señales, sellos, etiquetas, la propia factura de compra o la indicación manuscrita de Leopoldo Calvo-Sotelo, información bastante como para dibujar el mapa de las muchas ciudades y de las innumerables librerías, españolas[41] y extranjeras[42], en las que adquirió los libros. Leopoldo Calvo-Sotelo anota en la hoja de guarda, con cierta constancia al menos desde los años cuarenta a los setenta del siglo pasado, la firma, normalmente acompañada de la fecha (mes y año) y, con menos frecuencia, además, seguida del lugar de la compra —sobre todo si se trata de una ciudad distinta a Madrid— sola la firma a veces. Ello nos autoriza a constatar que estamos ante una biblioteca esencialmente europea, no sólo por sus títulos, lenguas y autores, sino por sus lugares de compra. Dichos lugares del extranjero eran, para un español en aquellas décadas de los cincuenta y sesenta, una

---

[41] El mapa mínimo español de lugares y librerías es el siguiente: Barcelona (Áncora y Delfín, L. Francesa); Bilbao, Córdoba, Logroño, Oviedo (Ojanguren); Ribadeo (Gráficas Santiago); Salamanca, Santiago de Compostela (Couceiro); Valencia (Grama). De Madrid, ha comprado en casi todas ellas, pero con ciertas asiduidades, que han cambiado a medida de los propios cambios en el gremio: A. Machado, Buchholz, Castiñeira, De Viajes, Dossat, Reus, Henri Avellan, Hiperión, La Casa del Libro, León Sánchez Cuesta, Marcial Pons, L. México, Miessner, Neblí, Pedro Pueyo, San Pablo, Turner, sin desdeñar las librerías de las grandes superficies, como las de El Corte Inglés y VIPS. Y la cita anual con la Feria del Libro.

[42] Entre los lugares del extranjero descuellan París (La Hune, La Procure, FNAC, Fontaine y sobre todo la librería de PUF); Bruselas (Libris) y Lisboa (Bertrand, Buchholz, Cinascol, Clássica Editora, Escolar Editora). Pero nos encontramos otras ciudades europeas: Biarritz, San Juan de Luz; Londres (Foyles); Oxford (Blackwell's); Frankfurt (escrito siempre de su puño como «Fft/Mn»), Munich, Stuttgart; Milán; Estocolmo, Davos, Ginebra; Moscú; americanas, Bogotá, Buenos Aires (Del Sol, Librería del Turista); Porto Alegre, Berkeley, Cleveland, Boston, Knoxville, Miami, Nueva York, Washington, Montreal y norteafricanas, como Rabat.

fuente insustituible a la hora de adquirir novedades editoriales y, en su caso también, nuevos discos de música clásica.

Hemos querido, además, tomar pie en esas anotaciones de las hojas de guarda para seguir sus visitas al extranjero y apreciar, en Leopoldo Calvo-Sotelo, una larga experiencia viajera para la España de aquellos tiempos, entre 1955 y 1975, es decir, entre sus treinta y sus cincuenta años.

Así, durante las dos décadas anteriores a la Transición, registramos, gracias a los libros, cincuenta viajes por tres continentes, aunque sabemos por las agendas que llevó a cabo más. Ahorramos la cuenta de los viajes en España, pero merece consignar que fue Barcelona la ciudad más veces visitada, con tiempo casi siempre para escapar a alguna librería.

Los datos que proporcionamos a continuación son representativos, pero también engañosos: Calvo-Sotelo debió de adquirir varios miles de libros en el extranjero (basta mirar las cifras de obras en francés e inglés), pero solo registró el lugar de compra en algunas pocas decenas. También viajó a bastantes más lugares que los registrados en los libros. Estamos nuevamente ante otro mapamundi de mínimos.

En el año 1955, en octubre viaja a París (donde compra tres obras de H. Bergson) y al Rin (adquiere unos cuentos sobre el Rin); en 1956, en enero, está en Frankfurt (tres libros en alemán, un diccionario de filosofía y dos obras de astronomía) y en octubre, en Düsseldorf (una obra del físico Schrödinger); en 1957 puede que viaje fuera, pero no encontramos ningún libro en el que estampe el nombre de un lugar del extranjero; en 1958, en julio, agosto y noviembre compra libros en Lisboa[43], todos en francés, sobre temas políticos y en febrero compra en Stuttgart una obra de documentación sobre el nacionalsocialismo. 1959 es un año viajero: en marzo está en Londres (un diccionario de inglés, una obra sobre Europa, un libro de B. Russell y otro de Schumpeter) y viaja también a Montreal (compra el famoso libro de Lippman sobre el comunismo); en agosto, lo encontramos en Pau (de Mauriac, *Mémoires intérieurs*) y en septiembre, otra vez en Lisboa (un libro sobre la vida monástica benedictina en francés y otro de A. Koyré en inglés).

---

[43] Desde 1958 y hasta 1969 es embajador de España en Lisboa José Ibáñez Martín, suegro de Leopoldo; de ahí la frecuencia de los viajes a la capital portuguesa, también reforzada por las visitas a don Juan de Borbón. Los viajes europeos se vinculan esencialmente a su actividad profesional.

Empieza la década de los sesenta con una estancia en San Juan de Luz, en febrero (*Mémoires de guerre,* de De Gaulle) y otras dos en Lisboa, en abril (una historia de Inglaterra y una obra de Maritain) y en julio (poesía portuguesa); durante 1961 viaja ¿por primera vez? a Estados Unidos y compra libros en Cleveland (sobre mareas), Knoxville (*United States since 1865*) y Nueva York (la famosa *Spain* de Madariaga, una obra del físico A. Eddington adquirida en el Planetarium y otra del filósofo Santayana). Se desplaza también a Biarritz (un libro sobre la fe católica). En noviembre de 1962 entra Bruselas en el mapa, quizá la ciudad extranjera que, con Lisboa, más veces visitó en su vida (obras del pensador Alain, del físico Heisenberg, del teólogo Tresmontant y del político P. Mendès France), además de la consabida estancia veraniega en Lisboa (un libro sobre los eclipses, otro sobre la información y *Sonetos* de A. de Quental); un solo viaje consta en 1963, a Lisboa (un libro del físico O. Costa de Beauregard); en marzo de 1964 regresa a Lisboa (adquiere libros franceses del politólogo M. Duverger, del teólogo Tresmontant, el *Pascal* de Sainte-Beuve) y en septiembre visita Santiago do Cacen (una obra sobre historia portuguesa). Otro año viajero es 1965; en enero va a Frankfurt (*Einführung in die Astronomie,* de O. Becker) y a Lisboa (tres obras sobre astronomía y física, de Adamson, Kovalevsky y Rindler), adonde regresa en agosto (otro libro de astronomía, de Bondi, uno sobre el pensamiento judío y otro sobre economía francesa); en septiembre lo encontramos nuevamente en Nueva York (e insiste en adquirir libros sobre astronomía, de Eddington y de Sciama); durante 1966 vuelve en verano a Lisboa (en agosto, una obra del biólogo Jean Rostand) y a París, en diciembre (más obras de Tresmontant y de *La Sainte Bible,* el libro de *Isaïe*); en 1967, en enero, está en Lisboa (un libro francés sobre matemáticas), visita dos veces París, en marzo y en noviembre (tres de matemáticas, dos sobre cristianismo, uno sobre taoismo, tres sobre política y *Le roi se meurt,* de Ionesco), y una Washington (*Autobiography,* de Bertrand Russell); el año 1969 es exclusivamente europeo: París, en febrero (*La tragédie du Géneral,* de J. R. Tournoux), en agosto en Lisboa (*Vie de Jésus,* de Renan, y *Honest to God,* de Robinson) y en San Juan de Luz (nuevamente una obra del político francés P. Mendès France), en septiembre en Frankfurt (que escribe «Fft/Mn», un libro sobre observación del cielo) y en Gstaad (sobre la revuelta estudiantil de aquel famoso mayo del 68). Dos veces visita la capital de Francia en 1969, en marzo y en noviembre (*La Résurrection,* de Daniélou y una obra sobre la llegada del hombre a la luna, que aconteció ese mismo año).

El año 1970 se inaugura con dos viajes a Londres, en abril y en junio (sobre astronomía y «*management information*») y el salto a Hispanoamérica, con un viaje a Buenos Aires en octubre (*El informe de Brodie,* de Borges); en 1971 viaja al corazón del mundo comunista (y compra en Moscú *Guerra y revolución en España 1936-1939*). Nada encontramos relativo a 1972. En 1973, en febrero, adquiere en Davos la novela *Der Zauberberg,* de Thomas Mann. Durante 1974 viaja, en marzo, a Rabat (y compra *Le Coran*), en abril, a Lisboa (donde adquiere, el día 12, un libro de quien dos semanas después se convertiría, tras la Revolución de los Claveles, en presidente de la nación: *Portugal e o futuro,* de António de Spínola), y en septiembre se desplaza a París (*La contrarrevolución falangista,* de Raúl Martín, publicada por la editorial antifranquista de París, Ruedo Ibérico). Sólo rescatamos un viaje en 1975, a Inglaterra, en mayo (en Oxford, compra un libro del teólogo K. Barth y en Londres, una obra del laborista británico Roy Jenkins, a quien trataría años después, siendo Calvo-Sotelo ministro y presidente del gobierno y Jenkins, presidente de la Comisión Europea). En diciembre de 1975, Leopoldo Calvo-Sotelo es nombrado ministro de Comercio en el primer gobierno de la Corona. Dejamos aquí este recuento de viajes y de libros, que nos trae a la memoria aquello de Cervantes: «Ahora digo —dijo a esta sazón Don Quijote— que el que lee mucho y anda mucho, ve mucho y sabe mucho».

Pero Leopoldo Calvo-Sotelo también adquiere libros a distancia, a través de los catálogos que recibe, especialmente de librerías del extranjero, como Blackwells. En estos últimos años de uso generalizado de Internet, y habiendo crecido su interés por obras publicadas en Estados Unidos o en Inglaterra, encargaba a su secretaría o a alguno de sus hijos la compra a distancia. Si bien se había acostumbrado al uso del ordenador, donde escribió su último libro, *Pláticas de familia,* y textos de conferencias o colaboraciones, no acabó de familiarizarse con la red, aunque conocía sus potencialidades y se servía de ellas, pero vicariamente[44].

Consignemos otras vías de adquisición: el libro regalado, a veces dedicado. En efecto, en la biblioteca, unos siete centenares res-

---

[44] Cuando por fin se animó a amigarse con el ordenador, a principios de los ochenta, pidió a sus hijos que le confeccionaran dos programas, uno, para elaborar la lista de los primeros cien mil números primos y otro, para calcular los mil primeros decimales del «número Pi».

ponden a publicaciones que se han sumado a ella como regalo, de carácter institucional o de los propios autores. Por su trayectoria de hombre político, entran en su casa publicaciones oficiales, esencialmente editadas por los Ministerios, pero también por las comunidades autónomas o los grandes ayuntamientos, como el de Madrid. Por su vinculación al mundo de la empresa, recibía otros tantos libros institucionales publicados por ellas. En uno y otro caso, se trata de ediciones muy cuidadas en sus aspectos materiales.

Quienes firman los libros dedicados a Leopoldo Calvo-Sotelo, —la mayoría, sus autores, pero no siempre— son grandes nombres de la política tanto extranjera (R. Barre, E. Frei, O. Hurtado, H. Kissinger, P. Mauroy, F. Mitterrand) como española (El Rey, J. M. Aznar, E. Barón, S. Carrillo, M. Fraga, L. López Rodó, F. Morán); escritores (M. Benedetti, E. Blanco Amor, J. L. Borges, C. J. Cela, Michael Ende, T. Luca de Tena, S. Rushdie, A. Vázquez Figueroa); poetas (J. A. Muñoz Rojas, C. Murciano, O. Paz, J. Van Halen); periodistas (J. Bardavío, J. M. Carrascal, J. L. Cebrián, J. L. Gutiérrez, P. Cullel, V. Prego, J. Sinova); historiadores (J. Alcina, S. G. Payne, M. Hernández Sánchez Barba, F. García de Cortázar, H. Thomas, J. Tusell); geógrafos (J. Diego González), físicos (C. M. Bru, I. Prigogine); matemáticos (E. Castillo Ron); diplomáticos (J. M. Allendesalazar, D. Busturia, J. Durán-Loriga, M. Oreja, J. Rupérez); religiosos (A. Altisent, O. González de Cardedal, A. Querejazu, F. Sopeña); ingenieros (P. P. Azpurúa, L. Ridruejo); economistas (L. Beltrán, F. Comin, G. de la Dehesa, L. Gámir, P. Schwartz, R. Trías Fargas); filósofos y ensayistas (J. Marías, A. Cortina, P. Cerezo Galán, J.-F. Revel); filólogos (D. Alonso, M. Alvar, E. García Gómez), musicólogos (A. Fernández-Cid)[45].

Merece la pena reiterar sus palabras, recogidas en esta obra, según las cuales «un libro lleva a otro». Pero junto a esa fuente primordial para la adquisición, Leopoldo Calvo-Sotelo se sirvió de otras: las obligaciones y recomendaciones escolares en su juventud, el consejo de alguien autorizado y la reseña de libros en la prensa y las revistas.

[45] Son 632 los libros dedicados. Por su parte, Leopoldo Calvo-Sotelo fue autor —estampadas en ejemplares de sus tres obras— de muchas dedicatorias, nunca de trámite, con algo de epigramático; un ejemplo: así dedica *Memoria viva de la transición* a quien esto escribe: «Para que Pedro, mesurado Cónsul, presuma de padre pendenciero y desmedido. Leopoldo. 31 de mayo de 1990». No hay duda del valor biográfico de una recopilación de sus dedicatorias, pero esa es otra cuenta y colección, ambas imposibles, pues se hallan para siempre dispersas.

La recomendación de palabra suele ser de gentes cercanas («Muñoz-Rojas me descubrió a Donne» o «Keynes tuvo una importancia intelectual grande y la culpa o responsabilidad de que yo lo leyera es de José María Naharro» como dice en este mismo libro), pero a veces surgen de un solo encuentro; así, en carta de 9 de julio de 1980, el famoso Premio Nobel de Química, Ilya Prigogine, le escribe: «Voilà la référence promise: Jorg Wagensberg, "Nosotros y la Ciencia", 35-47, (1979). J'ai été très heureux d'avoir eu l'occasion de faire votre connaissance et espère vous revoir».

Como lector diario de los grandes periódicos nacionales, hojeaba con frecuencia sus suplementos culturales, quizá una de las producciones, en una perspectiva internacional, más logradas de la prensa española. Asimismo, a la hora de ampliar sus lecturas y adquirir otros libros, se servía de las revistas españolas de pensamiento, como *Claves de Razón Práctica, Cuenta y Razón, El Ciervo, Revista de Occidente,* y de las monográficas sobre libros, como la excelente y desaparecida *Saber leer,* de la Fundación Juan March, *Leer,* y la más exhaustiva y abarcadora de todas ellas, la magnífica *Revista de Libros* (se conservan algunos de sus números, donde subrayaba tanto el índice como las propias reseñas). Entre los periódicos y revistas extranjeras, reseñaremos, como lectura habitual durante muchos años *Le Point, Le Nouvel Observateur* y *L'Express,* preteridas durante los últimos quince años en beneficio de *The Economist,* con una sugerente sección llamada *Books*, y la prestigiosa *The New York Review of Books* y *The National Interest.*

Calvo-Sotelo tuvo también la inquietud de comprar libros desde un punto de vista más sistemático, con el pensamiento puesto en él, pero también en sus hijos, como lo demuestran dos títulos: *Pour une bibliothèque scientifique,* de François Russo (París, 1972) y *La bibliothèque idéale des enfants* (París, 1967).

En cualquier caso, Calvo-Sotelo fue esencialmente un lector autosuficiente, guiado por su propio entendimiento, con una clara preferencia por la visita tranquila a las librerías, sin prácticamente menester de consejo del librero[46], por lo que cualquier local con libros le parecía apto para encontrar algo de valor.

---

[46] Más bien al contrario, él mismo se prestaba a orientar la curiosidad de algunos clientes despistados en las librerías que frecuentaba, según testimonio que hemos recogido en la librería de Humanidades de Marcial Pons, en Madrid.

Los hábitos del lector y su huella en los libros: el «índice personal de lectura»

En fin, nos detendremos ahora en otra fuente singular para conocer las lecturas y los intereses del lector que fue Leopoldo Calvo-Sotelo, la que consta en los propios libros: subrayados y anotaciones suyas en infinidad de volúmenes. Hasta finales de los cincuenta, Leopoldo Calvo-Sotelo no se anima a subrayar, y tan solo firma y fecha la adquisición, por respeto quizá a la materialidad del libro, ya que son textos, como él mismo afirma, muy escogidos y meditados, por la falta de dinero, casi leídos enteramente en la librería. Luego, suele subrayar tanto al margen como bajo las líneas, en los años sesenta y setenta, con aquellos lápices alemanes Faber-Castell de dos gruesas minas, una roja y otra azul, en madera a rayas bicolores. A partir de los ochenta, prefiere el clásico lápiz de dibujo técnico (del 0,7), con fina mina negra retráctil y, si no hay otra cosa a mano, a veces un bolígrafo. Junto a los subrayados, en los márgenes, encontramos a veces signos de interrogación, muy rara vez una palabra. Pero sabemos de muchos libros leídos y releídos a lo largo de los años que aparecen inmaculados, en especial los de física y matemáticas o los de la colección *Que sais-je?*

Si reparamos, al hojear los libros, en esas marcas es por el valor primordial que el estudio de lo subrayado y anotado tiene como indicio de intereses y preocupaciones, como marca de la afinidad, sorpresa o rechazo que el lector, en este caso Leopoldo Calvo-Sotelo, muestra ante lo leído. En efecto, encontramos muchos pasajes subrayados; en la mayoría, los trazos, al margen o debajo de las palabras, llaman la atención sobre ideas o expresiones muy afines a su pensamiento o de gran belleza literaria, pero también otros subrayan concepciones con las que discrepaba profundamente.

Traemos un ejemplo donde se suceden discrepancia y simpatía. En el libro *Où est le mal?,* su autor, Jean-Claude Barreau refiere que, para el éxito de una vida en común, aconseja a los novios «tomar la resolución, no de evitar toda disputa, lo que es imposible, sino de perdonarse sin cansarse *hasta setenta veces siete,* como dice el Evangelio, y de no *dejar que el sol se ponga sobre vuestra ira*». Encontramos el verbo «*pardonner*» subrayado y acotado con un signo de interrogación, a la vez que subrayada firmemente la frase «*ne pas laisser le soleil se coucher sur votre colère*». Tras ambos consejos alientan un pasaje de *El Evangelio* y dos textos de San

Pablo: *Corintios* 1:13 y *Efesios* 4:26. Leopoldo Calvo-Sotelo estimó siempre que el famoso himno a la caridad de la primera carta a los Corintios no le cuadraba bien al matrimonio. En su opinión, el amor entre marido y mujer era distinto de la caridad cristiana general, y no podía basarse en la paciencia y en el perdón sin límites; por eso le contrariaba que ésta fuera la lectura más frecuente en las bodas. Esa disconformidad no le impedía a Calvo-Sotelo mostrar su resuelta simpatía por el otro consejo paulino a los Efesios que pone plazo a la cólera, de aplicación valiosa en esa misma relación de vida.

El signo de interrogación al margen suele ser, en efecto, marca de extrañeza discrepante; así, en la revista *Política Exterior* (número 115, enero-febrero de 2007), subraya en el margen y añade dos signos de interrogación a este pasaje del editorial referido al Real Instituto Elcano (del que fue Patrono) para marcar que no está conforme con lo que ahí se afirma: «Pasemos por alto los años en que quiso ser utilizado desde el poder, a raíz de la invasión de Irak y subsiguiente Guerra Civil en ese país...».

En los *Pensées* de Pascal, muy subrayados, vemos acotado un pasaje en el que el filósofo francés mantiene una preceptiva retórica que Leopoldo Calvo-Sotelo practicó en su larga actividad como parlamentario y conferenciante: «Cuando en un discurso encontramos palabras repetidas y, al tratar de corregirlas, las encontramos tan apropiadas que estropearíamos el discurso, es preciso dejarlas, ya que son su signo distintivo»[47].

Otras veces vemos subrayado en un texto una idea o concepto del que se ha valido luego en sus escritos; por ejemplo, en *Cuatro poetas españoles,* de Dámaso Alonso (Madrid, 1962, firmado en «noviembre de 1964»), subraya ampliamente el capítulo «Fanales de Antonio Machado» y a este hallazgo del filólogo medio ribadense acude Leopoldo Calvo-Sotelo bastantes veces; así, en su prólogo a *Cincuenta años de música en Ribadeo: biografía musical de Carlos Álvarez y Fernández-Cid,* de Carlos Álvarez Lebredo (Lugo, 2003) escribe este pasaje lleno de resonancias machadianas, que nos remite al citado libro de Dámaso Alonso: «Con esa claridad que adquieren en el fanal de la memoria algunos recuerdos antiguos conservo en la mía el de una tarde invernal de nordeste y lluvia, tras los cristales del bazar...».

---

[47] París, 1958 (firmado en «junio, 1960»), p. 83.

En fin, como es vastísimo el campo del análisis de anotaciones y subrayados, optamos por cerrar este capítulo con unas muy concretas, por su adecuación al propósito de este libro, ya que nos autorizan a certificar que Leopoldo Calvo-Sotelo experimentó esa estimación problemática, dual —nacida casi con la invención de la escritura— que el gran lector mantiene a veces acerca de las virtudes o inconvenientes de la mucha lectura. La balanza se inclina hacia la prevención en los subrayados de dos obras: en los *Soliloquios* de Marco Aurelio, Leopoldo Calvo-Sotelo acota a lápiz este pasaje (Libro II, III) tanto en su versión francesa como inglesa, prueba de que su contenido le atrajo siempre: «*Quant à ta soif de livres, rejette-la*»: «*But put off that thirst for books*»[48]; y, también, en el *Ecce homo,* donde subraya con dos trazos al margen aquel largo párrafo que Nietzsche dedica al «trato con los libros», del que escogemos esta frase: «*El docto, que en el fondo no hace ya otra cosa que "revolver" libros, acaba por perder íntegra y totalmente la capacidad de pensar por cuenta propia*». Sin embargo, en *Pride and Prejudice,* de Jane Austen, que fue una de sus últimas lecturas, el fiel marca el valor favorable del hecho de leer, con el subrayado de esta observación que describe al padre de la protagonista: «*With a book he was regardless of time*»[49]. Es muy probable que se sintiera identificado, en su contradicción, con todos estos pasajes.

Respecto de las anotaciones, las más importantes son las que, a partir de finales de los ochenta, hace en la hoja de guarda de los libros. Allí consigna el número de las páginas que contienen los pasajes de su mayor interés, número al que a veces añade un concepto para identificar el tema y facilitar la consulta o la relectura. Hemos designado estas anotaciones «índice personal de lectura» y en el catálogo consta esta circunstancia con las siglas «ipl». La preponderancia de estos «ipl» se da en los libros de no ficción, por emplear un término popularizado. Traemos algún ejemplo: en *Idea de Nietzsche,* de Fernando Savater, hay un «ipl», con ocho remisiones, entre otras: «49: Kierkegaard» «55: la muerte de Dios» o «58: monoteísmo»; en la *Guía física de España. 3. Los ríos,* de M. Arenillas Parra y C. Sáenz Ridruejo, anota: «138: Ruta de la

---

[48] «Aparta tu sed de libros».

[49] «Con un libro entre las manos, perdía la noción del tiempo». De *Orgullo y Prejuicio* tiene tres ediciones, la citada (Londres, 2003), otra en español y otra en francés.

Plata» y «286: Bordecorex»; en *L'Église assurée dans la verité?*, de Hans Küng, libro muy subrayado, anota, entre otras: «28: ortopraxis», «45: fe». Pero a veces encontramos estos índices en las obras de ficción. Así, en el relato de Joseph Conrad *El agente secreto* (Madrid, 1994) anota «58: bomba contra las matemáticas». Dejamos al lector curioso consultar dicha página y leer el pasaje del caso. Con bastantes casos de «ipl» encontramos las hojas de guarda de las obras de Álvaro Cunqueiro, tanto en gallego como en castellano; así, en *El pasajero en Galicia* (Barcelona, 1989) consigna cinco remisiones, una de ellas, al artículo «El mapa de Fontán», en el que el gran escritor gallego deja constancia de su amor por «todos los mapas, todas las estampas, es decir, todos los caminos» y donde Calvo-Sotelo acota un verso incluido en el siguiente pasaje, con el que seguro simpatizaba: «¿Quién le ponía puertas entonces a la embriaguez viajera? Era la inagotable libertad que cantó el verso de Mallarmé: "Yo sé que hay pájaros que están borrachos de vivir entre la espuma desconocida y los cielos"».

Podemos decir que esta práctica nace casi simultáneamente con otra manera de leer que se añade a la habitual. Es la lectura que, por decirlo en palabras de Sertillanges, «escoge en los libros», después de «escoger los libros», sin el prurito de leerlos enteramente. Es el procedimiento que el lector veterano domina resueltamente para localizar en la obra el dato, el pasaje, el comentario que sirve a sus propósitos: preparar una conferencia, escribir un artículo, contrastar una información en vistas a una disertación académica. Muchas veces, el «ipl» es también signo de relectura: se trata de una nueva consideración del libro, que se superpone, con estas remisiones y nuevos subrayados, a otros subrayados anteriores.

En fin, esta práctica del «ipl» la usó también Calvo-Sotelo en sus trabajos políticos y así, por ejemplo, es posible verificar en su archivo cómo a la hora de preparar su discurso de investidura manejó el pronunciado por Adolfo Suárez con motivo de su investidura en 1979, y apuntó en su primera página el número de aquellas otras que le interesaban especialmente (y que son precisamente las que contienen pasajes relativos a la OTAN y a las comunidades autónomas)

A esta lectura utilitaria acompaña usualmente aquella otra que se completa en la labor de pasar a un papel las informaciones útiles, a manera de documentación para el trabajo posterior de escritura. Leopoldo Calvo-Sotelo no hizo nunca fichas de sus lecturas de una manera general; sus apuntes responden siempre a un objetivo práctico. Así, entre las páginas de las memorias de Margaret Thatcher, *The Downing Street Years* (Londres, 1993), encontramos varios folios con anotaciones a lápiz a él debidas. Son, indudablemente, parte de los preparativos para su artículo sobre la retirada de la Thatcher[50].

A veces, las anotaciones nos proporcionan informaciones curiosas, como cuáles podrían ser los lugares de lectura; así, al principio de la obra de Schopenhauer *De la cuádruple raíz del principio de razón suficiente* escribe: «En el avión a Estocolmo, el 31 de mayo de 1988».

Un posible inventario de las lecturas de una vida

En fin, conviene dejar constancia de una realidad que no por obvia pierde su trascendencia: para la generación de Leopoldo Calvo-Sotelo, la biblioteca constituye casi enteramente la fuente única de sus lecturas (si a ella añadimos la prensa). Este perímetro tan claro, desde la existencia de Internet, ha desaparecido ya, pues hoy en día muchas de las lecturas, de las fuentes de información, a las que acuden las generaciones actuales, no dejan traza física. Por ello, el conocer enteramente esta biblioteca y hacerse una idea de las lecturas de Leopoldo Calvo-Sotelo tiene también una singularidad histórica, en cuanto que permite hacerse cargo de una formación intelectual con un grado de aquilatamiento y profundidad que no será ya factible en nuestro presente[51].

En las líneas anteriores hemos consignado, hasta donde es posible, el volumen y rasgos generales de los libros que han pasado por la casa, por las casas, de Leopoldo Calvo-Sotelo.

Si exceptuamos los libros regalados —y no todos, claro es— es lícito decir que los libros adquiridos, leídos o no, son una indica-

---

[50] «Poderosa personalidad», *Diario 16,* 23 de noviembre de 1990.

[51] Leopoldo Calvo-Sotelo deja también un caudal claro y generoso de documentos para estudiar en profundidad el vínculo entre lectura y vida, entre lectura y escritura: sus libros, prólogos, colaboraciones, discursos y conferencias, en su mayor parte inéditas, un rico epistolario, multitud de entrevistas en prensa, radio y televisión, los mismos subrayados y anotados en tantos libros. Quede aquí apuntada esa otra vertiente del estudio de una biblioteca, a la que se asomarán sin duda las colaboraciones reunidas en este libro.

ción fiable de los intereses y de las inquietudes de Leopoldo Calvo-Sotelo y de un propósito de lectura, cumplido o no.

Saber cuáles han sido sus lecturas es un cómputo imposible. Para acercarse a ello, resultaría obligado basarse en las bibliotecas de Madrid y de Ribadeo. A partir de ese conjunto, deberíamos hacer varias operaciones de suma y resta. Sería preciso restar los libros adquiridos y no leídos, como ocurre en toda biblioteca personal[52]. Por otra parte, sería obligado sumar aquellos leídos pero nunca poseídos o guardados: lecturas infantiles (ya está dicho que la biblioteca paterna se deshizo casi enteramente durante la Guerra Civil); aquellos de los que se desprendió[53]; de los que se deshizo, como novelas sin valor, compradas en las estaciones de tren, sobre todo en sus viajes por Alemania, con el fin de mejorar el conocimiento del alemán, o las lecturas hechas en otras casas (sobre todo, en la de los abuelos)[54], de los prestados y no recuperados[55]. En esa suma, conviene detenerse en otros dos casos, el de las consultas realizadas en bibliotecas públicas y el del lector de prensa.

Desconocemos el grado de frecuentación de las bibliotecas públicas del Leopoldo Calvo-Sotelo estudiante, pero intuimos que nunca debió ser importante, pues desde que empezó a ganarse la vida, prefirió siempre la compra al préstamo. En cambio, abandonada ya la política activa, Leopoldo Calvo-Sotelo visitó en varias

---

[52] Y la manera, sino única, sí la más fiable de calcular esa cifra, es irrelevante, por incumbir a un número muy pequeño: verificar, en los libros que se publicaban con los pliegos sin abrir, cuáles no fueron abiertos, como es el caso de *Sobre la cultura española,* de P. Laín Entralgo (Madrid, 1943), que encontramos sin ningún pliego cortado.

[53] El bulto mayor, algo más de un centenar de obras clásicas de la *Colección Universal Calpe,* publicadas antes de la Guerra Civil, los donó a la parroquia San Leopoldo de Madrid, en la década de los setenta.

[54] Algunas de esas lecturas extramuros de su casa fueron fundamentales; así, el descubrimiento de los escritores de la Generación del 98 se produjo durante un verano en San Sebastián, como él mismo recuerda en este libro. Otras lecturas se evaporaron: así, del gran lector que fue de Julio Verne, sólo encontramos catalogada una obra suya: *Una invernada entre los hielos,* y es de 2001.

[55] No hay dueño de biblioteca que no haya tenido una relación compleja con el préstamo de libros, suyos o prestados por otros; así, su tío Joaquín, en la edición de sus obras *El inocente. Una noche de lluvia* (Madrid, 1969), manuscribe lo siguiente: «A Leopoldo ¡por fin! Un libro que honorablemente podrá figurar en su biblioteca sin que nadie, con hartos motivos, la reivindique para la suya. Joaquín. 1969». Como vamos viendo, en los libros de Somosaguas encontramos pistas e indicios para hacernos idea de una vida, de una biografía, más allá de los propios libros.

ocasiones la Biblioteca Nacional y la del Congreso de los Diputados para consultar allí fondos únicos, útiles a la hora de elaborar sus libros, escritos y conferencias.

Por último, este perfil de lector quedaría incompleto si no hiciéramos referencia a la colección más vasta, que sería la de la hemeroteca, que nunca se ha llegado a constituir como fondo permanente, pues sería de imposible almacenamiento. No obstante, en la sala de estar de la casa de Somosaguas, desde hace décadas, existe un mueble antiguo, una cuna profunda, donde se arrojaban, al acabar el día, los diarios y revistas ya vistos. En efecto, casi cien mil sumaría el número de periódicos, revistas y boletines leídos en las últimas décadas, en su mayoría de prensa española, pero también francesa, inglesa y norteamericana. Es importante subrayar este capítulo, pues la prensa española (y también la francesa) es, más allá de vehículo de noticias y análisis político, un marco habitual para la publicación de literatura y ensayo de gran calidad.

¿Y dónde han ocurrido mayoritariamente estas lecturas? En su casa de Somosaguas, la librería del cuarto de estar será, desde 1965 y para siempre, el núcleo de la biblioteca: el «venturoso rincón»[56] de las lecturas, en un mismo sofá, junto a una ventana de mediodía y a la chimenea —encendida la leña de pino y encina día a día, de octubre a abril—; el lugar para escribir —a mano, en el sofá, apoyado en un vade, y desde la llegada del ordenador, en una mesa cercana—; el centro de la vida familiar, lleno de hijos, luego de nietos[57], sin que su presencia estorbara los quehaceres de Leopoldo Calvo-Sotelo, que apenas nunca buscó el silencio, la soledad o la intimidad intelectual para leer, estudiar o escribir; el espacio de las celebraciones navideñas, de la aparición de Papá Noel, de la venida de los Reyes Magos, con juguetes siempre, con carbón a veces; el ámbito de la música, donde durante años estuvo un piano y siem-

---

[56] El título de este artículo juega con unos versos de Lope de Vega en un soneto incluido en la segunda parte de sus *Rimas,* titulado *Venturoso rincón, amigos mudos.*

[57] Las lecturas y la cultura asoman también aquí, en su relación con los nietos. En un momento de humor, escribió una carta a su nieta mayor, Isabel, con la siguiente frase: «Para Isabel Delclaux Calvo-Sotelo, antes Hamlet y Kierkegaard, en recuerdo del verano de 1996: *Il n'y a que toi qui m'aime* (H. de Balzac, Eugénie Grandet, final)». Y, repitiendo setenta años después lo que había hecho con él su abuelo Ramón, llevó por primera vez al teatro a su nieto Pedro, a ver el *Don Juan Tenorio* de Zorrilla.

pre el tocadiscos y los discos[58]; también el escenario de reuniones políticas, de las sobremesas asimismo políticas, especialmente con quienes fueron sus compañeros en la hora de la transición; de las entrevistas con la prensa; pero también de las horas graves —como la noche en vela del 23 F—; en fin, el lugar en que sus familiares y amigos se encontraron para llorar su muerte.

En ese cuarto de estar, en ese día de su muerte, estaban dispersas sus últimas lecturas. Junto al sofá, el *Montaigne* y el *Fouché,* de Stefan Zweig; el *Prefacio a Goethe,* de Eugenio Trías; *La vida eterna,* de Fernando Savater; *Amor y odio a Cataluña,* de Albert Boadella; el *Cántico espiritual y Poesía Completa,* de San Juan de la Cruz; *Jesús de Nazaret,* de Benedicto XVI; varias novelas de Jane Austen; *L'aube, le soir ou la nuit,* una obra sobre Sarkozy debida a Yasmina Reza; *The audacity of hope,* del entonces senador Barack Obama. En la mesa de trabajo, otros libros con los que preparaba una intervención suya en el seno de la Real Academia de Ciencias Morales: *Estado de las Autonomías,* de García de Enterría, *Provincias, regiones y comunidades autónomas. La formación del mapa político de España,* de Jacobo García Álvarez y *La segunda descentralización: del Estado autonómico al municipal,* de J. Ramón Parada[59].

Quizá fuera posible cernir todo este inmenso caudal de lecturas e intereses si consideramos a Leopoldo Calvo-Sotelo un hombre, como declara en alguna de las entrevistas que se publican en este libro, que quiere enterarse del mundo en el que vive acudiendo a las fuentes. Y ese mundo —del pensamiento, de la matemática, de la física, de la fruición estética, del conocimiento de Dios— es asequible para él, gracias a su amplia formación; un hombre de curiosidad universal con voluntad de formación igualmente universal (estas lecturas presuponen —y a la vez reivindican su gloria— la existencia de un gran bachillerato, extraordinariamente bien cursado); un hombre que adquiere libros con entera libertad, sin obligaciones académicas o compromisos sociales, guiado principalmente por ese afán, solo, en proa, avizorando lo que viene.

---

[58] Véase a este respecto lo que cuenta su hijo primogénito Leopoldo sobre «Los libros y los discos en la vida familiar», en su artículo «Conversaciones y viajes con mi padre», *Cuenta y Razón,* noviembre-diciembre de 2008, pp. 29-34.

[59] A su vez, la información bancaria de su tarjeta de crédito refleja varias compras durante el año 2008, en las librerías Marcial Pons de Humanidades, en la de El Corte Inglés de Serrano y en Abebooks, el servicio de librería por internet.

El estudio de una biblioteca de esta naturaleza puede convertirse así en un ejercicio de historia cultural o intelectual. Pero de esa vertiente se ocupan en esta obra otros capítulos.

Que sais je?	*Décadas*						
Biblioteca LCS	*1940*	*1950*	*1960*	*1970*	*1980*	*1990*	*2000*	*Totales*
Filosofía			15	11	12	17	1	56
Historia		4	25	25	7	6	1	68
Lengua y Literatura		2	15	14	4	7	1	43
Religión			14	9	12	12	1	48
Geografía			14	10	7	4	1	36
Política			7	39	46	34	4	130
Prensa			1	0	4	9	0	14
Arte			4	2	1	2	0	9
Música			9	2	1	4	0	16
Varios	1		8	10	4	8	0	31
SUBTOTAL LETRAS	1	6	112	122	98	103	9	451
Matemáticas		2	25	7	5	6	0	45
Física		2	31	6	7	3	1	50
Química			3	3	0	1	0	7
Ciencias			2	6	4	5	1	18
Ingeniería		1	5	1	1	2	0	10
Medicina			7	3	5	6	0	21
Economía			14	23	28	12	0	77
Informática			2	1	2	5	0	10
SUBTOTAL CIENCIAS	0	5	89	50	52	40	2	238
TOTALES	1	11	201	172	150	143	11	689

Que sais je?	*Por décadas (porcentaje)*							
Biblioteca LCS	*1940*	*1950*	*1960*	*1970*	*1980*	*1990*	*2000*	*Totales*
Filosofía	0	0	27	20	21	30	2	100
Historia	0	6	37	37	10	9	1	100
Lengua y Literatura	0	5	35	33	9	16	2	100
Religión	0	0	29	19	25	25	2	100
Geografía	0	0	39	28	19	11	3	100

Que sais je?	*Por décadas (porcentaje)*							
Biblioteca LCS	*1940*	*1950*	*1960*	*1970*	*1980*	*1990*	*2000*	*Totales*
Política	0	0	5	30	35	26	3	100
Prensa	0	0	7	0	29	64	0	100
Arte	0	0	44	22	11	22	0	100
Música	0	0	56	13	6	25	0	100
Varios	3	0	26	32	13	26	0	100
SUBTOTAL LETRAS	0	1	25	27	22	23	2	100
Matemáticas	0	4	56	16	11	13	0	100
Física	0	4	62	12	14	6	2	100
Química	0	0	43	43	0	14	0	100
Ciencias	0	0	11	33	22	28	6	100
Ingeniería	0	10	50	10	10	20	0	100
Medicina	0	0	33	14	24	29	0	100
Economía	0	0	18	30	36	16	0	100
Informática	0	0	20	10	20	50	0	100
SUBTOTAL CIENCIAS	0	2	37	21	22	17	1	100
TOTALES	0	2	29	25	22	21	2	100

Que sais je?	*Por materias ciencias y letras (porcentaje)*							
Biblioteca LCS	*1940*	*1950*	*1960*	*1970*	*1980*	*1990*	*2000*	*Totales*
Filosofía	0	0	13	9	12	17	11	12
Historia	0	67	22	20	7	6	11	15
Lengua y Literatura	0	33	13	11	4	7	11	10
Religión	0	0	13	7	12	12	11	11
Geografía	0	0	13	8	7	4	11	8
Política	0	0	6	32	47	33	44	29
Prensa	0	0	1	0	4	9	0	3
Arte	0	0	4	2	1	2	0	2
Música	0	0	8	2	1	4	0	4
Varios	100	0	7	8	4	8	0	7
SUBTOTAL LETRAS	100	100	100	100	100	100	100	100
Matemáticas		40	28	14	10	15	0	19
Física		40	35	12	13	8	50	21

Que sais je?	*Por materias ciencias y letras (porcentaje)*							
Biblioteca LCS	*1940*	*1950*	*1960*	*1970*	*1980*	*1990*	*2000*	*Totales*
Química		0	3	6	0	3	0	3
Ciencias		0	2	12	8	13	50	8
Ingeniería		20	6	2	2	5	0	4
Medicina		0	8	6	10	15	0	9
Economía		0	16	46	54	30	0	32
Informática		0	2	2	4	13	0	4
SUBTOTAL CIENCIAS		100	100	100	100	100	100	100
TOTALES	0	2	29	25	22	21	2	100

Que sais je?	*Materias totales (porcentaje)*							
Biblioteca LCS	*1940*	*1950*	*1960*	*1970*	*1980*	*1990*	*2000*	*Totales*
Filosofía	0	0	7	6	8	12	9	8
Historia	0	36	12	15	5	4	9	10
Lengua y Literatura	0	18	7	8	3	5	9	6
Religión	0	0	7	5	8	8	9	7
Geografía	0	0	7	6	5	3	9	5
Política	0	0	3	23	31	24	36	19
Prensa	0	0	0	0	3	6	0	2
Arte	0	0	2	1	1	1	0	1
Música	0	0	4	1	1	3	0	2
Varios	100	0	4	6	3	6	0	4
SUBTOTAL LETRAS	100	55	56	71	65	72	82	65
Matemáticos	0	18	12	4	3	4	0	7
Física	0	18	15	3	5	2	9	7
Química	0	0	1	2	0	1	0	1
Ciencias	0	0	1	3	3	3	9	3
Ingeniería	0	9	2	1	1	1	0	1
Medicina	0	0	3	2	3	4	0	3
Economía	0	0	7	13	19	8	0	11
Informática	0	0	1	1	1	3	0	1
SUBTOTAL CIENCIAS	0	45	44	29	35	28	18	35
TOTALES	100	100	100	100	100	100	100	100

3

Salvarse a sí mismo
La biblioteca de Leopoldo Calvo-Sotelo

Traspasar las «puertas» de una biblioteca personal es entrar en parte de un espacio vital, en la expresión del pensamiento de su propietario. Tuve el enorme privilegio de conocer la personalidad de don Leopoldo Calvo-Sotelo recorriendo los estantes de su biblioteca desde el otoño de 1992. De hecho, la primera frase que don Leopoldo me dirigió tras los saludos protocolarios, dejándome perpleja, fue la siguiente: «Tengo los libros en mi biblioteca colocados en tercera fila, no puedo consultarlos y Pilar[1] está desesperada». Ésa era su petición: «salvarse a sí mismo».

No es habitual que un ex presidente del gobierno solicite la colaboración de una bibliotecaria como personal eventual de gabinete. Este hecho indica la importancia y el esmero con que don Leopoldo creó y cuidó su biblioteca, y muestra además una parte desconocida de su excepcional personalidad.

En julio de 1992, don Leopoldo solicitó un funcionario técnico de bibliotecas para la organización de su archivo y biblioteca particular, ya que según se establece en el Estatuto de los ex presidentes del gobierno «se adscribirán a su servicio dos puestos de trabajo... que serán cubiertos a su propuesta, mediante el sistema de libre designación... El personal tendrá la consideración de "personal eventual de gabinete" y si fuesen funcionarios, pasarán a la situación de servicios especiales»[2].

---

[1] Evidentemente se refiere a su esposa doña Pilar Ibáñez-Martín Mellado.

[2] Real Decreto 405/1992, de 24 de abril, por el que se regula el Estatuto de los ex presidentes del gobierno (*BOE,* núm. 107, 4 de mayo de 1992).

En octubre de ese mismo año, tras la entrevista antes citada, pasé a trabajar en sus fondos personales durante más de diez años.

El trabajo no se centró únicamente en su biblioteca, sino que abordé las tareas relativas al archivo empresarial, político y privado, la cartoteca, la correspondencia personal entre los años 1975-2002, los artículos, citas y entrevistas referidos a su persona, aparecidos en prensa, radio y televisión desde 1970 a 2002, así como la amplísima colección de fotos de actos institucionales y privados, que también formaron parte de mi actividad profesional en los diez años que permanecí a su servicio.

La biblioteca

Situada en su domicilio de Somosaguas y constituida por diez mil quinientos volúmenes, la biblioteca se encontraba, y se encuentra, físicamente repartida por toda la casa, ocupando distintas estancias, como el salón y el despacho, además de otras zonas comunes.

La trayectoria intelectual de don Leopoldo, su gusto y afición a la lectura, sus frecuentes colaboraciones periodísticas, sus constantes actividades como conferenciante y escritor, hacían imprescindible una organización sistemática de dicha biblioteca, que había sido iniciada durante algunos meses del año 1987 por mi compañera doña Paloma Jiménez Buendía. El crecimiento posterior de la colección impedía a don Leopoldo acceder a los fondos de manera rápida y eficaz, puesto que se encontraban colocados en las estanterías en varias filas y sobre todo, porque no existía ningún instrumento de recuperación adecuado.

La única indicación que recibí del presidente para organizar mi trabajo fue que la colección permaneciera estructurada por materias. Todas las demás cuestiones fueron confiadas a mi criterio profesional[3]. Tras las primeras semanas de estudio comprendí que mi objetivo debía ser personalizar la biblioteca específicamente para las necesidades de su propietario.

---

[3] «A su criterio, Paloma» era siempre la respuesta en las ocasiones en las que le preguntaba sobre sus preferencias técnicas para la biblioteca.

Los principales problemas que debía afrontar eran: la notable falta de espacio, la pérdida de utilidad de algunas obras determinada por la evolución de sus intereses intelectuales y, sobre todo, la escasa accesibilidad a los fondos, ya que sólo una pequeña parte de ellos se encontraba catalogado y todos ellos sin signatura, lo que hacía imposible su localización. Mi primera tarea, por tanto, fue estudiar detenidamente las características de la biblioteca.

Con una colección de casi once mil volúmenes se podría pensar que la biblioteca del presidente don Leopoldo Calvo-Sotelo debería ser la de un bibliófilo[4]. Sin embargo, he de decir que no es así; su colección bibliográfica tiene las características propias de un humanista, interesado por múltiples ramas del saber, comprometido con la historia de su país y con una profunda vocación europea.

Es una biblioteca forjada personalmente, de carácter enciclopédico en cuanto a su temática e idiomas, que contiene obras derivadas de su vocación profesional, ampliamente especializada en sus inquietudes intelectuales, religiosas, filosóficas, así como en las distintas etapas sociales e históricas en las que desarrolló su actividad empresarial y política. Sus lecturas, en un principio enmarcadas en el mundo clásico, no desdeñaron en absoluto, sino que fomentaron, la búsqueda de la evolución de las nuevas ideas de la intelectualidad de su tiempo.

La adquisición de cada uno de sus libros marca una parte del devenir de su trayectoria vital: la adolescencia marcada fundamentalmente por la física, las matemáticas, la literatura española en general y Unamuno como referente; la juventud tutelada por la ingeniería, la astronomía, los clásicos españoles y extranjeros y muy especialmente por Ortega y Gasset (una pasión lectora a lo largo de toda su trayectoria); su vida empresarial, por la economía y la industria; en su etapa política, ensayos filosóficos, lecturas sobre historia, política española e internacional, así como una importante colección de libros sobre la Comunidad Económica Europea; en su vida de «cesante», siempre sus aficiones: religión, filosofía, poesía, música, política, biografías, civilización, cultura[5] y literatura de viajes.

---

[4] Entendiendo bibliófilo en el sentido estricto del término: «Persona aficionada a las ediciones originales, raras y curiosas de libros». J. Martínez de Sousa, *Diccionario de Bibliología y Ciencias afines,* Salamanca, Fundación Germán Sánchez Ruipérez, 1989.

[5] La colección *Que sais-je?* es una clara demostración de sus preocupaciones en este aspecto. Iniciada en 1941 por Paul Angoulevent y publicada en París por Presses

Sorprendida, descubrí una biblioteca con la mayoría de las obras compradas personalmente por su propietario, muy pocas de ellas regaladas; con algunos libros heredados de su padre, con escasas ediciones raras o valiosas, excepto algunas obras del siglo XIX y una pequeña pero valiosa colección de facsímiles. Una biblioteca fundamentalmente encuadernada en rústica, excepto algunas encuadernaciones de conservación realizadas en piel, de los años cincuenta y sesenta; con índices personales de lectura manuscritos en las guardas y numerosas anotaciones autógrafas en sus márgenes. Una colección construida parsimoniosamente, estudiada, analizada, repasada, subrayada... en suma, una biblioteca vivida.

Tras esta primera aproximación a la colección, era absolutamente necesario estudiar la personalidad de su dueño, su trayectoria profesional, sus lecturas más habituales y las actividades tanto personales como profesionales que realizaba en este período, para poder adecuar la organización de la biblioteca a sus necesidades. Su vocación lectora se inicia en la adolescencia y la amplía a lo largo de la vida por la necesidad que le provoca el estudio, por sus inquietudes intelectuales y sociales, por conocer nuevas técnicas, por profundizar en la cultura de su tiempo, por documentarse para sus escritos y conferencias y por la curiosidad que le suscitan los viajes tanto profesionales como particulares. Podría considerarse un interés de conocimiento universal[6].

El primer problema al que tuve que enfrentarme fue solucionar la sobresaturación de volúmenes en el espacio de que se disponía. Para resolverla, procedí a efectuar un expurgo de los libros de temática religiosa, filosófica, de historia nacional e internacional, política española y narrativa, separando las obras que consideré que habían perdido interés para el presidente, y todas aquellas que estaban duplicadas. Las primeras, manteniendo su organización por materias, fueron trasladadas a otra dependencia de la casa, que se reutilizó como biblioteca secundaria; con las duplicadas y todas las existentes de temática gallega consideré oportuno proponer su traslado a la casa familiar de Ribadeo, tan

---

Universitaires de France consta de más de 3.500 títulos de alta divulgación en todos los campos. Existe en la biblioteca una amplísima representación de esta obra.

[6] Sin embargo, don Leopoldo siempre quitó importancia a ese universalismo comentando que su biblioteca era enormemente variada, que no había profundizado en muchos temas pero que «lo había pasado muy bien».

querida para don Leopoldo, con el fin de enriquecer la biblioteca allí existente.

También se separaron todos sus escritos impresos: sus prólogos, discursos, artículos, conferencias, así como, ejemplares de su *Memoria Viva de la Transición*[7], y más tarde *Papeles de un cesante*[8], con objeto de agruparlas en un espacio independiente dedicado a su producción literaria. Dentro de este grupo puedo destacar su primera colaboración periodística, realizada en la *Revista Arco*[9] de la Escuela de Ingenieros de Caminos, Canales y Puertos, por la que sentía una especial predilección.

Este proceso de expurgo supuso la selección y redistribución aproximadamente de mil quinientos volúmenes, de los cuales cerca de trescientos cincuenta se trasladaron a Ribadeo y el resto se conservaron en la biblioteca auxiliar, para procesarlos posteriormente.

Todo ello dio lugar a la necesidad de reorganizar la colección en el domicilio. Se mantuvo en el salón la misma organización de materias (en este orden: Religión, Filosofía, Historia Española, Historia Universal, Política Española, Libros de Consulta, Enciclopedias y Diccionarios, Colección *Que sais-je?* y Literatura) que tenía la biblioteca originariamente, mientras en el resto de las dependencias de la casa se modificó el orden preexistente, aprovechando el espacio al máximo.

Comencé después el proceso técnico de la biblioteca que consistió en: la identificación de todos los libros con un sello redondo en seco con las iniciales L. C. S. y la confección de dos catálogos manuales, por expreso deseo de don Leopoldo, ya que le resultaba más cómoda y cercana la consulta de esta manera, que a través de un catálogo automatizado.

Atendiendo al tipo de búsquedas que solía realizar el presidente, consideré adecuado elaborar un catálogo alfabético de autores, títulos y obras anónimas y otro alfabético de materias. Los asientos bibliográficos de estos catálogos se redactaron respetando la normativa ISBD y añadiendo su localización.

---

[7] L. CALVO-SOTELO BUSTELO, *Memoria viva de la transición,* Barcelona, Plaza & Janés, 1990.

[8] L. CALVO-SOTELO BUSTELO, *Papeles de un cesante. La política desde la barrera,* Barcelona, Galaxia Gutenberg, 1999.

[9] Esta publicación fue creada por Leopoldo Calvo-Sotelo, Manuel Barragán y Francisco Gómez, estudiantes de la Escuela de Ingenieros de Caminos, Canales y Puertos. Sólo se publicaron dos números.

En la clasificación por materias mantuve las grandes áreas del conocimiento que habían sido la principal organización de la biblioteca desde sus inicios, agregando o ampliando algunas materias, que estimé necesarias, a medida que se incorporaban nuevas adquisiciones[10], para facilitar un acceso más eficaz.

Para conseguir además una rápida localización, establecí una signatura alfanumérica separada por guiones y compuesta por tres signos: primero, la inicial en mayúsculas del nombre de la habitación donde se encontraba la obra (E, cuarto de estar; D, despacho; CJ, cuarto de jugar; P, pasillo; A, archivo), segundo, en número romano el cuerpo de la librería y tercero, en número arábigo, la balda de la estantería donde se disponía el volumen. Esta signatura fue marcada a lápiz en la hoja de guarda de cada ejemplar[11]. No me pareció oportuno colocar tejuelos visibles en los lomos de los libros al ser una biblioteca de carácter privado.

Los volúmenes fueron ordenados de abajo a arriba y de izquierda a derecha, como es norma habitual en las bibliotecas, y para facilitar su localización, situé en todas las estanterías etiquetas identificativas de cada materia a modo de tejuelos, excepto en las librerías del salón, para evitar alterar su estética[12].

Me parece interesante, llegados a este punto, hablar sobre la formación de esta biblioteca. He comentado anteriormente, que muy pocos libros fueron heredados de su padre, fundamentalmente libros de derecho relativos a su actividad profesional. El más querido para el presidente era una edición de la novela de su padre *Ribanova: era una vez un pueblo*[13]. Otros fueron prestados

---

[10] MINISTERIO DE CULTURA, *Lista de Encabezamientos de Materias para Bibliotecas Públicas,* 2.ª ed., Madrid, Ministerio de Cultura, 1987.

[11] CJ-III-6 es la signatura que consta, por poner algún ejemplo, en el libro de J. R. LODARES, *El paraíso políglota* (Madrid, 2000), que está en el antiguo cuarto de jugar de los niños, que fue durante diez años mi despacho como bibliotecaria, y E-III-4, las que constan en los tres libros de J. JUARISTI, *El bucle melancólico,* Madrid, 1998; *El bosque originario,* Madrid, 2000, y *Cambio de destino,* Barcelona, 2006, que están en el cuarto de estar, entre la chimenea y la puerta del despacho.

[12] F. HUARTE MORTÓN, *Los libros de casa: formación y cuidado de una biblioteca,* 2.ª ed., Madrid, Confederación española de Gremios y Asociaciones de Libreros, 1985.

[13] L. CALVO-SOTELO, *Ribanova: era una vez un pueblo,* Madrid, Espasa Calpe, 1928. Se imprimió una segunda edición: Vigo, Artes Gráficas Galicia, 1974, de la que se conservan varios ejemplares en la biblioteca.

de la biblioteca de su suegro don José Ibáñez-Martín[14], quien debido a su trayectoria intelectual y política poseía una importante biblioteca.

Su inmensa curiosidad, que le hacía indagar en todas las preocupaciones intelectuales de su generación, era el motor de las adquisiciones que realizaba a través de librerías, de catálogos de libreros españoles que se recibían siempre en su domicilio o que recogía en las librerías, de la información extraída de algunas revistas especializadas[15] y fundamentalmente de sus hallazgos en los viajes al extranjero[16].

Las donaciones y regalos procedían sobre todo de instituciones nacionales y extranjeras como el Ministerio de Cultura, la Biblioteca Nacional, el Ayuntamiento de Madrid, el Instituto Caro y Cuervo[17], otros de autores, amigos y compañeros del mundo de la diplomacia, de la empresa y de la política, como Manuel Fraga Iribarne, Joaquín Leguina, o Miguel Herrero de Miñón, que se conservan con dedicatorias autógrafas al presidente.

Como contrapartida don Leopoldo llevaba siempre, en sus viajes privados o profesionales, ejemplares de sus obras que donaba a instituciones o regalaba a personalidades.

En los casi once mil volúmenes de la biblioteca solo encontré dos ejemplares que no le pertenecían y que fueron devueltos a sus propietarios[18].

---

[14] Don José Ibáñez-Martín fue ministro de Educación de 1939 a 1951. Fundador del Consejo Superior de Investigaciones Científicas en 1939 y embajador de España en Portugal desde 1958 a 1969. En su domicilio de la calle Almagro poseía una amplia y cuidada biblioteca. Lo más representativo que don Leopoldo había tomado en préstamo para su biblioteca particular, eran las *Obras completas* de Marcelino Menéndez Pelayo. Especial interés para el presidente tenía la *Historia de los Heterodoxos españoles,* Santander, Aldus, 1928.

[15] Ejemplo de ello: *Claves de razón práctica* (Madrid, 1990), *Revista de Occidente* (Madrid, 1923) *Saber leer* y las secciones culturales de la prensa española y extranjera (*The Economist* podría ser un ejemplo)

[16] Siempre volvía de sus viajes con una pequeña maleta que utilizaba específicamente para sus adquisiciones. Era frecuente que la maleta regresara llena.

[17] El Instituto Caro y Cuervo fue creado en 1942 por el gobierno de Colombia como Centro de Altos Estudios de literatura, filología y lingüística para cultivar y difundir los estudios filológicos.

[18] Se trataba de dos obras propiedad, en un caso, de la Biblioteca de la Universidad Nacional de Educación a Distancia y en otro, de la Biblioteca de la Universidad Autónoma de Madrid. Por otra parte, no le gustaba prestar libros ni solicitaba préstamos.

La hemeroteca

No puedo dejar de añadir como ingreso en la biblioteca, la prensa nacional e internacional, que era de lectura diaria para el presidente. El volumen físico diario de dicha prensa no permitía archivarla en su totalidad, por lo que decidí seleccionar todas las noticias que aparecían relativas a su persona, además de sus colaboraciones, artículos o intervenciones en foros universitarios, empresariales o sociales[19]. Toda esta documentación de los años 1992 a 2002, así como la relativa a don Leopoldo entre 1975 a 1992, que había sido guardada por la familia, fue expurgada, ordenada cronológicamente en carpetas y guardada en el archivo, organizando una particular hemeroteca. Existen además en la biblioteca varios volúmenes, encuadernados en piel, también sistematizados en orden cronológico, con las noticias de prensa de su etapa en la presidencia del gobierno, que le habían sido obsequiados por el Gabinete de Prensa del Palacio de la Moncloa.

La cartoteca

Su vocación viajera y su interés por la geografía había dado origen a la adquisición de una gran cantidad de planos y mapas (alrededor de 700) que se encontraban sin ordenar ni clasificar[20]. Por ello, sugerí a su esposa la posibilidad de crear una cartoteca de manera que resultaran más accesibles. Fue estructurada en legajos por países, dentro de cada legajo, ordenados alfabéticamente, y se signaturaron con tejuelos. Al igual que se hizo con la biblioteca, se realizó un expurgo y los duplicados se enviaron a la biblioteca de Ribadeo. El resultado fue una colección de mapas de ámbito fundamentalmente europeo, la mayoría representando carreteras y ciu-

---

[19] Era su costumbre comprar la prensa local allí donde se encontrara. Así se archivaron todas las noticias que sobre él aparecían en la prensa de las diferentes provincias españolas y en la prensa internacional.

[20] En una sencilla estantería cercana a su dormitorio se encontraban colocados los mapas que eran consultados, anotados y ampliados en cada viaje, ya fuera profesional o privado. Los mapas eran tanto geológicos como cartográficos. Su profesión de ingeniero y su gusto por conducir le llevó a adquirir una gran cantidad de mapas de carreteras europeas.

dades europeas desde 1960 que, seguramente, hoy serán difíciles de adquirir en las librerías. Se guardan, además, los documentos de los viajes que realizó desde 1981[21]. Otro ámbito temático fundamental en la biblioteca son los títulos referidos a geografía, civilización y cultura, un claro exponente de su vocación viajera en búsqueda de accidentes geográficos o hechos astronómicos.

Merece la pena resaltar también las obras relativas a la música (en torno a doscientas), claro exponente de su afición, que se complementan con una notable discoteca.

Añadiré como característica singular de la biblioteca el multilingüísmo, ya que se encuentran en ella cantidad de volúmenes en otros idiomas, fundamentalmente en francés e inglés pero también en alemán, italiano y portugués.

El archivo fotográfico

La colección fotográfica fue otro de los retos de mi trabajo. Existía un gran volumen de fotografías de todos los períodos de su vida, tanto empresarial como privada, correspondiendo el grupo más numeroso a su vida política. Se ordenaron en un primer momento cronológicamente, más tarde organicé tres grandes grupos: período empresarial hasta 1975, período político de 1975 a 1982, período privado de 1983 a 2002[22]. Esos grupos se archivaron en carpetas colocadas por orden alfabético de los nombres de los personajes con los que aparecía o los actos a los que acudía. Todas las carpetas fueron incluidas en cajas, rotuladas cronológicamente y se ingresaron en el archivo particular. Las fotografías personales estaban localizadas en otro espacio de la casa en álbumes privados.

El archivo personal: documentación, correspondencia, agendas

Simultáneamente fui atendiendo las diferentes solicitudes del presidente en cuanto a la organización de su archivo per-

---

[21] De algunos viajes no existe documentación.

[22] Le han seguido enviando las fotografías relativas a todos los actos institucionales o públicos a los que ha acudido.

sonal[23], ya que decidió habilitar un espacio específico de conservación para los documentos, cambiándolos de la ubicación primitiva.

El contenido documental, amplio y exhaustivo, hizo que tuviera que organizarlo en tres grandes períodos: su etapa empresarial hasta 1975, su período de participación activa en la política, desde esta fecha hasta 1982 y finalmente, su etapa privada hasta 2002. La mayor parte de la documentación pertenecía a la vida política, que se dividió en subperíodos atendiendo a las diferentes responsabilidades de su trayectoria. Así se ordenó la documentación[24] como ministro de Comercio, ministro de Obras Públicas, ministro de Relaciones con las Comunidades Europeas, vicepresidente económico y por último presidente del gobierno[25]. Sus discursos y conferencias se distribuyeron en cajas de archivo, como documentación de especial importancia, que recogen los años 1970 a 1982, 1982 a 1992 y 1992 a 2002.

Una parte muy valiosa de esta documentación es su correspondencia personal, en la que se mantuvo idéntica la organización en los tres períodos citados anteriormente. Dentro de cada uno se establecieron carpetas ordenadas alfabéticamente con los nombres de los remitentes y en cada una de ellas un orden cronológico. La mayor parte de las cartas están mecanografiadas, aunque a veces incluyen unas líneas manuscritas. En algunos casos se conserva copia de la respuesta de don Leopoldo.

Es importante hacer constar que se han conservado todas sus agendas de trabajo, en las que sus secretarias[26] han reflejado las visitas, reuniones y actos a los que ha acudido durante su vida profesional y política. También se conservan todas sus agendas

---

[23] Me limitaré a unas notas aclaratorias dado que el archivo no es objetivo prioritario de este artículo.

[24] Se realizó un expurgo de los expedientes y una clasificación previa por temas, dado que estaban mezclados e incluso repetidos varias veces. En el caso de sus discursos siempre se mantuvieron aquellos que contenían notas autógrafas además del considerado definitivo.

[25] La documentación de este período se organizó atendiendo a una clasificación temática, en la mayoría de los casos vinculada a los Departamentos Ministeriales: Política Interior, Política Exterior, Relaciones con la Iglesia Católica, Economía, Defensa, Autonomías, etc. Curiosamente se conservan además, de esta época, documentos de protocolo, como Menús y las disposiciones de las mesas de algunas visitas oficiales.

[26] Solamente dos personas en casi treinta años: doña Lucila Martín y doña Ana Larumbe.

personales desde el año 1970 (e incluso alguna de años anteriores), con anotaciones que, en ocasiones, utilizó como documentación para sus escritos.

Bibliotecas y archivos al servicio del conferenciante y memorialista

Durante mi etapa como bibliotecaria a su servicio, publicó su segundo libro *Papeles de un cesante,* en el que recogía diversas colaboraciones periodísticas e intervenciones públicas. Para la preparación de su tercer y último libro *Pláticas de familia*[27], me solicitó una investigación en el Archivo de la Fundación Antonio Maura, con objeto de consultar la correspondencia entre su tío José Calvo-Sotelo y don Antonio Maura. Revisé también, legajos de documentación mercantil de su abuelo Ramón Bustelo que, procedentes del Archivo familiar de La Casa de la calle de la Paz en Ribadeo, utilizó para redactar algunos capítulos, además de realizar una búsqueda de fotos familiares, algunas de las cuales serían, más tarde, incluidas en la obra. Asimismo, me consta que visitó la Biblioteca Nacional[28] en dos ocasiones para preparar *Pláticas de familia.*

Consideré fundamental buscar los manuscritos de sus obras y discursos, con objeto de conservar las diferentes copias y sus correcciones. De nuevo don Leopoldo me sorprendió, ya que no existían manuscritos de su primera obra *Memoria Viva de la Transición*[29], sólo algunas notas autógrafas. A través de doña Ana Larumbe, su eficaz y leal secretaria durante veinte años, conocí cómo se gestó su primer libro. Acudía por las tardes a documentarse en la Biblioteca del Congreso de los Diputados[30], donde tomaba notas[31] y reunía los datos con los que, a la mañana siguiente, dictaba a Ana; ella los transcribía y mecanografiaba. Al serle entregados

---

[27] Editado en Madrid por La Esfera de los libros en 2003.

[28] Me solicitó que realizará las gestiones para que se le proporcionara un carnet de investigador con el que acudió a documentarse.

[29] En el momento de su escritura no me encontraba a cargo de su biblioteca.

[30] Había solicitado un permiso especial para investigar en la Biblioteca del Congreso de los Diputados, ya que en esos momentos no tenía responsabilidades políticas.

[31] Estas notas manuscritas se encuentran en el Archivo de su domicilio de Somosaguas.

los escritos para su revisión no realizaba prácticamente ningún cambio sustancial[32]. Es reveladora la tercera dedicatoria impresa en el libro[33].

Habitualmente me solicitaba los libros que necesitaba tanto para su lectura, como para sus colaboraciones o trabajos. Era raro que consultara los catálogos. Poseía una memoria prodigiosa, en muchos casos recordaba el tipo de encuadernación o el tamaño del volumen que pedía e incluso si había hecho anotaciones. Tenía como hábito anotar en las hojas de guarda los números de las páginas donde había encontrado datos interesantes, acompañándolos de palabras clave; realizaba además subrayados o notas en las páginas que más le interesaban de la lectura, lo que le resultaba muy útil en el momento de releer una cita o buscar un dato. Puedo afirmar que la mayor parte de la biblioteca tiene este tipo de anotaciones.

En los últimos años de mi colaboración organicé una pequeña estantería al lado de su sillón de lectura favorito, para que tuviera a mano las nuevas adquisiciones. Era su costumbre leer en el salón, sentado al lado de la chimenea, en medio de la vida familiar, sin necesidad de aislarse; sin embargo al acabar su período como presidente del gobierno se dio cuenta de que, debido al continuado estudio de informes políticos y económicos, había perdido la capacidad de concentración para la lectura de entretenimiento. Encontró la solución releyendo las novelas de José Mallorquí[34] sobre *El Coyote* con las que había disfrutado mucho en su juventud. Con esas pequeñas novelitas volvió a retomar sus hábitos lectores[35].

Deseaba mantener cercanos los libros que le interesaban, a pesar de que sus gustos iban cambiando según variaban los acontecimientos políticos, económicos o sociales. En el año 1992 la colección de libros sobre la Comunidad Económica Europea aumentaba cada semana, unos años más tarde eran los libros relacionados con

---

[32] Transcribo las palabras textuales que me facilita generosamente doña Ana Larrumbe: «Me dictaba los capítulos de un tirón, yo los tomaba en taquigrafía y cuando se los presentaba mecanografiados, las correcciones eran mínimas. No sería ni un cinco por ciento de lo escrito».

[33] «Mi agradecimiento a Ana Larumbe, que mecanografió dos veces el texto sin aburrirse».

[34] J. Mallorquí, *El Coyote,* Barcelona, Ediciones Clipper, 1949.

[35] Esta confidencia me la relató don Leopoldo cuando le pregunté que importancia quería darle a esa colección dentro de la biblioteca, ya que, curiosamente, la colección estaba completa y se puede considerar una rareza.

la política europea o española, los que tenían más importancia. Los libros sobre turismo y viajes, los de teología, poesía y filosofía o las obras completas de José Ortega y Gasset siempre han permanecido en la lista de sus intereses. Puedo contar, como anécdota, que en enero de 1993 me solicitó la búsqueda, entre sus papeles personales, de unos apuntes del filósofo Xavier Zubiri que había extraviado. Don Leopoldo había acudido en los años cuarenta a unos cursos que Zubiri impartió en Madrid. Cincuenta años después quería releer aquellas notas[36], desde el momento en que se recuperaron las tuvo siempre cercanas, en su mesa de trabajo, consultándolas frecuentemente, manteniendo su interés a través de los años.

Balance profesional y personal de diez años

Los diez años en los que he tenido la responsabilidad de la biblioteca y el archivo personal de don Leopoldo Calvo-Sotelo han sido para mí una experiencia profesional y personal inolvidable. El trabajar en su casa me ha permitido conocer y admirar su lado más humano, como hombre enamorado de su esposa, como padre pendiente de sus hijos y encantado con sus nietos; he percibido facetas de su vida y de su personalidad que no son accesibles al resto de las personas: su exquisita educación, su legendario humor galaico, su cercanía para los que le rodeaban, su humildad si pensaba que se había equivocado[37] y, sobre todo, he podido apreciar a un hombre lúcido, tolerante, curioso con cualquier detalle, lleno de anécdotas e historias interesantes, trabajador infatigable, lector en tres idiomas, que mimó su biblioteca a lo largo su vida, la enriqueció día tras día en todos los campos y lo más importante... la leyó. He tenido la posibilidad de estar al lado de una persona de gran categoría humana, profesional y política, con quien todo fue fácil, con quien me sentí valorada profesionalmente, que siempre confió en mí y en mis criterios. Llegué a su biblioteca para un año, estuve en ella

---

[36] El paso del tiempo y otros azares habían extraviado estos apuntes, escritos en tres pequeños cuadernos encuadernados en hule negro y en notas mecanografiadas y manuscritas. En la fecha indicada, muy interesado en recuperarlos, don Leopoldo me solicita su búsqueda. Tras una exhaustiva investigación aparecieron en unas cajas que contenían libros de su etapa de estudiante.

[37] L. C. S. [*sic*] «Tengo que esperar a que se me enfríe la sangre bajo la camisa».

diez años y, cuatro meses. Le agradezco todo lo que pude aprender de él y sobre todo, me siento completamente compensada con la dedicatoria manuscrita que me escribió en el ejemplar de su *Papeles de un cesante:* «Para Paloma, a cuya presencia en mi archivo y mi biblioteca durante diez años debe mucha paz y mucho orden, este cesante que la abraza».

No conozco un reconocimiento más emotivo para una bibliotecaria.

Segunda Parte

ANTE LA HISTORIA, ANTE LA POLÍTICA

4

«Me he ido haciendo yo solo»

Charles Powell: Entiendo que los libros de historia y política son inseparables y sería un sin sentido establecer una separación, porque en su persona las dos cosas van muy unidas. Tengo una idea bastante clara de cómo es su biblioteca en esos dos ámbitos, pero quería hacerle unas preguntas para ver cuál fue la dinámica, cómo se fue conformando; por ejemplo, el predominio de textos franceses es muy claro.

Leopoldo Calvo-Sotelo: Yo, hasta un cierto momento, me manejaba muy mal en inglés; compraba textos, aparte de españoles, franceses o italianos. Luego, me di cuenta de que era inviable prescindir del inglés. Si se hace una cuenta del año en que está comprado cada libro, yo compraba al principio un 80 por ciento de libros en francés y un 20 por ciento en inglés. Estas cifras se invierten al cabo de los años, ya un poco tarde para sentar la base de una biblioteca —aunque yo nunca pensé en sentar la base de una biblioteca— para tener, en fin, un núcleo que fuese más inglés que francés.

La compra de libros extranjeros ¿la hacía en sus viajes?

Yo he ido mucho a París y Bruselas, pero he tenido menos ocasión de viajar a Inglaterra; en Londres, iba a Blackwells y Foyles y a las librerías que hay cerca de Piccadilly. Pero me manejaba mucho mejor en París, en las librerías en torno a la Sorbona. Los libros los he ido comprando personalmente. Hasta que ha venido la historia de pedirlos por Internet, no he utilizado otra forma, iba a una librería. Pero yo nunca he comprado pensando en hacer una biblioteca, he comprado lo que me ha interesado en cada momento, un libro trae a otro, como pasa siempre: aquí se cita al autor tal... Nunca he tenido la preocupación de una cierta coherencia. Es mucho suponer que de la afición de un lector —que sí lo he sido, de una afición variable, caprichosa incluso— pueda salir algo coherente. La coherencia la pondrá el que se asome y lo vea. Yo nunca he querido hacer eso: yendo a buscar cosas, he encontrado otras; con la excepción de algún libro que heredé de mi padre y salvo inicialmente, pues yo fui, a los dieciséis y diecisiete años, un gran napoleonista, como reacción frente a una enseñanza en que se presentaba a Napoleón como un monstruo, del que llegué a saber bastante. Una vez, siendo joven, volvía a Madrid desde Roma, adonde había ido invitado por cuenta de «la santa casa». Busqué un tren que paraba en Niza tres o cuatro horas. Y en Niza me encontré con que había una gran exposición napoleónica. Yo iba exactamente sin un duro, con el billete y unos bocadillos. Llegué al lugar y al tipo de la puerta le dije: «Soy español, soy aficionado a Napoleón, examíneme usted si quiere, pero déjeme entrar»; era un tipo razonable y entré sin nada, no pude darle ni propina. Repito, buscar un sistema en todo esto, en esta biblioteca, a mí me parece muy difícil.

La impresión es que le ha interesado claramente sobre todo el siglo XIX *y el* XX, *la edad contemporánea, tanto en historia europea como española en general, aunque por supuesto hay obras de épocas anteriores. Y me imagino fundamentalmente que por motivos políticos. Luego me ha llamado la atención la insistencia en historias nacionales de algunos países que no sé si tiene una explicación biográfica, por ejemplo Japón, cosa bastante poco frecuente, eso no sé si obedece a un viaje suyo en algún momento o es casualidad.*

Desde el punto de vista histórico, Japón nunca me ha interesado demasiado, no he estado casi nunca en Extremo Oriente, ni en China y lo siento turísticamente y culturalmente. Pero sí estuve en Japón en 1970, en un viaje bastante largo, y llegué sobrevolando Siberia. De esos países me ha interesado más la geografía que la historia y me asombró, en mi primer viaje sobre Siberia, en pleno invierno, que no está nevada, tiene un color pardo, salvo los ríos, que están blancos, porque están helados; todo el *permafrost* está ahí almacenado y los ríos, el Obi, el Yenisey, blancos, varios meses al año. Cuando entras en Europa, es al revés: todo nevado y los ríos pardos, es muy curioso. Quizá aquí la geografía tenga que ver con la historia.

Déjeme que le pregunte un poco sistemáticamente por algunos países europeos y luego hablamos de España. Hay un cierto interés por

Portugal aparte de por Francia, no sé cual es el origen de eso, si es biográfico o no.

Más bien biográfico. Mi suegro, José Ibáñez-Martín, fue embajador en Portugal durante una década e íbamos mucho por Lisboa, por la tendencia de la mujer a llevar en período de vacaciones a los nietos a casa de sus abuelos. Veraneábamos en el Palacio de Palhavá, la residencia del embajador de España, que además era un lugar excelente pero, como no había mucho que hacer, compraba algunos libros en portugués. Por ejemplo, compré un volumen publicado por el Ministerio de Asuntos Exteriores portugués —cuando se decidió que ya se podían publicar los archivos— un primer tomo que salió del período que coincide con nuestra Guerra Civil, y encontré una cosa muy curiosa que no he visto destacada en nadie: cuando Salazar se entera de que estalla la Guerra Civil, piensa «¿Qué hacemos?». Y lo que prevalece es lo siguiente: nos interesa una España débil, por tanto, ayudemos al más débil, porque no nos interesa una España fuerte, y deciden que Franco al principio era el más débil y ayudaron a Franco no tanto por ideología, que también, sino porque eso suponía una España deshecha y Portugal dejaría de ser la amenazada. En fin, eran curiosidades temporales. En otro viaje, un poco antes de abril de 1974, recuerdo haber comprado el libro del General Spínola que se llamaba *Portugal e o futuro,* publicado justo antes del golpe.

También veo libros sobre Inglaterra comprados de una forma ecléctica, sobre el siglo XIX*, algo de política inglesa del* XX*. ¿Qué relación ha tenido con el Reino Unido?*

Muy poca, por una razón de idioma, a la hora de hablarlo, no de leerlo. Entonces me manejaba peor en inglés que en francés o en alemán. Pero claro que me interesaba. Durante mucho tiempo, mi lectura semanal era *L'Express* y luego el *Nouvel Observateur,* y después cambié al *The Economist,* que es el que ahora compro. La calidad de los semanarios franceses ha bajado mucho. He seguido la opinión francesa mucho, la inglesa mucho menos, muy poco. Participé en varias ediciones de las llamadas *Tertulias hispano-británicas,* que eran ocasión de conocer gente. Una de las cosas que me ha fastidiado toda la vida es que yo no podía de joven leer inglés, yo no tenía dinero a los diecisiete años para ir a pasar un verano en Inglaterra y aprendí inglés leyendo revistas técnicas en las que trabajaba desde los veinte años. Hacía reseñas de revistas técnicas inglesas.

Ahí aprendí un poco de inglés industrial y he sentido siempre como una grave carencia la falta de inglés.

¿Y eso ha influido en su interés por Estados Unidos?

Estando en la Moncloa, me había invitado el embajador Enders a un viaje oficial a Estados Unidos, pero le dije: «Estamos negociando el ingreso en la OTAN y lo último que puede hacer un presidente del gobierno es ir a Washington, pues no dejará de decir alguien que va a recibir instrucciones»; y lo entendió. Después de ser presidente del gobierno, el embajador de Estados Unidos volvió a invitarme: «Ahora no tengo ningún problema», le dije. Pero él no sabía en qué partida presupuestaria encajar ese viaje; y a los tres días vino radiante: «Ya sé donde encajarlo». Los requisitos de la tramitación administrativa de la invitación le obligaron a incluirme en el marco de un programa llamado ¡«viajes de futuras promesas»! Hice un viaje estupendamente bien organizado.

¿Y Alemania? Su generación ha sido bastante germanófila, ha practicado la admiración por Alemania como Estado, por la ciencia, por su desarrollo económico, etc.

Por mi trabajo en la industria, tuve mucha relación con Alemania y con Holanda, muy poco con Inglaterra. Yo estudié alemán hasta que murió mi padre, a los siete años, y eso te deja una base para el alemán elemental de la empresa. A Alemania he ido una o dos veces al mes durante doce o quince años. Manejarse en alemán fonéticamente es más fácil: tiene una ventaja, que cuanto más chillas mejor te entienden, en inglés no. Leer a Thomas Mann es muy difícil, no pude leerlo; pero leer a Shakespeare y Milton, con un poco de ayuda, es más sencillo. Tenía una cultura inglesa de lectura culta y una cultura alemana de bronca a los hoteleros.

Y episodios históricos alemanes, por ejemplo Weimar, ¿le interesó? No creo haber visto nada sobre esto en su biblioteca.

No especialmente. A mí me interesaba la guerra y tengo ahí varios libros de Churchill y De Gaulle. En la Academia de Ciencias Morales hice una traducción muy libre de lo que dijo el mariscal Keitel en el acto de la capitulación de Alemania, cuando ve que entra el americano, el inglés y luego entra el francés, y dice Keitel: «¡Joder!, Francia también», yo lo traduje así —la expresión alemana no era «caramba»— que venga aquí el americano que ha ganado, el inglés que ha ganado, pero ¡también los franceses!... Eso está contado en las *Memorias* de De Gaulle, que interpretaba el exabrupto muy favorablemente a Francia. A mí, como ve, me ha interesado todo muy poco seriamente como para ser estudiado muy seriamente por un gran estudioso como usted.

Hablemos de España. No he visto nada sobre Jovellanos y me ha llamado la atención quizás porque yo soy un gran admirador de Jovellanos, para mí es la gran figura del siglo XVIII *español.*

A mí Jovellanos siempre me ha interesado mucho y tengo algo de Jovellanos, pero en la biblioteca de Ribadeo. A un amigo de la ría, que tiene una biblioteca magnífica, un día le dije «Jovellanos tiene unas palabras duras para Ribadeo y su comarca», y él encontró la obra. Sí, yo he comprado cosas de Jovellanos; la *Reforma de la Ley agraria* me ha interesado, naturalmente, que tiene un lenguaje magnífico, pero a mí me interesaba más el siglo XIX.

Por lo que hace a la Restauración —que hasta hace diez o quince años no tenía una buena fama ni en la historiografía española ni en la extranjera— veo que tiene algo de Cánovas, pero no me parece que lo admire especialmente.

Para mí, la fuente de información de esa época es el *Cambó* de Pabón. Ese libro a mí me interesó desde un principio, lo he leído y releído, en la primera edición. Luego me regaló otra edición Ignasi Guardans. Más que la historia de Cambó, el libro de Pabón es la historia de una época, lo tengo absolutamente leído, subrayado, roto.

Quería hablar sobre Ortega y Gasset. Yo pude comprobar, cuando presidía usted la Fundación, que usted manejaba con gran familiaridad la obra de Ortega.

Yo de nada sé mucho, pero hay una cosa de la que sí sé mucho y es de Ortega y Gasset. Yo le decía entonces a su nieto Pepe Varela Ortega: «Me someto con un tribunal imparcial a un examen sobre la obra de Ortega; sé más de tu abuelo que tú» y nunca se sometió. Pepe Varela es un hombre muy valioso, un buen investigador. Él fue el que me dio una pista muy útil para conocer la historia política de mi abuelo Ramón Bustelo en Ribadeo. Yo me llevaba muy bien con Pepe, que es un hombre difícil: eso me recuerda una anécdota con Pérez-Llorca que, en una polémica que tuvimos, me mandó una carta, en la que me decía: «Leopoldo, que yo me llevo muy bien contigo a pesar de lo difíciles que somos», una frase preciosa. A Ortega y Gasset lo he leído y releído veinte veces, me ha influido de tal manera que quería escribir como Ortega cuando tenía veinte años, con aquel énfasis, con aquella exageración, aquellas metáforas...

¿Quienes serían los autores españoles que más le han influido?

Ortega, desde luego.

Sería el primero.

Unamuno también. Azorín, que no es siempre apreciado. En general, todos los del 98; Machado, los dos. No comparto ese desprecio por Manuel, que era un buen poeta. A Ganivet lo leí muy pronto. Los novelistas, no. Galdós: yo he sido mal lector de novela, la leo cuando tengo gripe, que estoy una semana en la cama.

¿Qué libro de Ortega le ha sido útil políticamente o ha releído con fines utilitarios?

No es fácil contestar a eso, pero mi impresión es que en la política no te sirve ningún libro bueno para obtener fórmulas políticas aplicables a situaciones concretas, casi te estorba, más bien.

¿Y las Consideraciones de Ortega sobre Cataluña?

Sí. La verdad es —vuelvo a decirle— que no encuentras tampoco en Ortega soluciones a los problemas, encuentras un método, una manera de discurrir, una actitud. A Ortega yo lo he leído mucho, y aunque sea una vergüenza decirlo —yo no soy filósofo— sus libros más filosóficos, que son los menos, por ejemplo, el mamotreto sobre Leibniz, muy tardío, o *El tema de nuestro tiempo* y los que plantean su posición metafísica, los he leído enteros y además en las ediciones de Austral, libros que luego se van deteriorando, pues estaban editados pobremente.

¿Y Unamuno?

Unamuno, en otra manera. En aquella época yo iba a confesarme con cierta regularidad a los jesuitas, con el Padre Ramón Ceñal, un tipo estupendo y yo le decía: «Cuando leo a Unamuno, me da la impresión de que tengo que pedirle permiso a usted, ¿pero por qué? Yo, que he tenido la crisis religiosa que todo el mundo tiene, todo el mundo que quiera discurrir, a los diecisiete, dieciocho hasta los veintiséis, edad clave que Ortega cifra para el final de una formación, me avergüenza decirle que mi fe religiosa se ha afirmado leyendo a Unamuno, y no leyendo al Padre Ramírez». Ortega me ha influido mucho, en su interpretación política y en su interpretación histórica de España, nada sistemática, pues también. Pero en la política —no es broma— no hay texto útil de Ortega, como no sea un texto aislado que sueltas en el Congreso para descolocar a un adversario.

Le preguntaba por Cánovas porque cuando ustedes estaban pensando sobre lo que podía ocurrir después de la muerte de Franco, Fraga —que es el precursor en esto— rescata a Cánovas, porque está pensando en una España más o menos democrática para la etapa posfranquista. Su ideal en el fondo siempre fue el de la Restauración, él se veía como el Cánovas de la segunda Restauración, no sé si veía a Felipe González como el Sagasta, pero en todo caso a usted ¿le interesó la Restauración desde esa perspectiva o le interesó más bien en abstracto?

Como aplicación de lo que ahí pasó o las consecuencias de lo que allí pasó aplicadas a lo que estaba pasando, yo creo que no; no se trataba de imitar, sino...

... de aprender, y ¿respecto de la cuestión católico-religiosa? En Pláticas de familia *veo un interés suyo por el PSP, el Partido Social Popular.*

Del PSP fue cofundador mi padre. La historia de la democracia cristiana a mí siempre me ha interesado, porque creo que uno de los grandes errores de la historia española es que aquí no ha habido un gobierno democristiano como en Italia y Alemania. Creo que después de la guerra eso es lo que había que haber tenido. Y ahí hubo un intento prematuro —en el año 1922— del primer partido democrático de España, poco después del partido italiano, el *partito populare.* Me interesaba también porque hay una historia de familia; en la familia Calvo-Sotelo, casi ninguno, ni los hombres ni las mujeres, tuvieron una curiosidad intelectual por analizar la obra y el pensamiento de José Calvo-Sotelo, era el protomártir y ya está. Tenían una posición cerrada; y a mí me consideraban poco menos que un rojo, algo hereje incluso en materia religiosa. Y como le decía a Ceñal: a mí me hace mucho más bien para reafirmar mi fe el agnóstico Renan que todos los libros que me mandan ustedes. Yo he tenido ahí una posición rara, porque tampoco he tenido maestros, sino que me he ido haciendo yo solo.

Y la democracia cristiana ¿le ha parecido interesante, hubiera sido interesante en los cuarenta si España hubiera sido una Italia, pero más adelante no?

No pudo ser en el año 1922, porque en el 1923 vino la dictadura.

Porque la CEDA ¿no le interesó?

No. Yo he tenido siempre un rechazo. Le decía a Federico Silva: «No hay quien los aguante; en el *YA*, hasta las novias de la página de huecograbado son feas». Y se enfadaba.

Los propagandistas fueron los que le acogieron.

La democracia cristiana era difícil de sufrir, la estética era muy mala, no la de Herrera, que era una persona importante.

Abelardo Algora ¿estaba todavía en la ACNdP?

Estaba, pero no era el presidente. Un democratacristiano, muy buena persona, no tenía ni vocación política ni vocación intelectual. Puente Ojea pasó por allí antes de hacerse marxista. Osorio llegó más tarde, le llamábamos «el nuevo». Otra personalidad notable a la que traté en aquel círculo —y después— era Miguel Sánchez Mazas, un tipo inteligentísimo, especialista en lógica matemática. Un día se presentó con su mujer en la «santa casa», pues él participaba en aquella tertulia, y aquello se interrumpió. Federico Silva llamó a un aparte a Miguel y le dijo que aquello no podía ser. Y se marchó con gran escándalo. Fue muy amigo mío. Vivía en la colonia de «El Viso», sin un duro, con un montón de hijos. Lo metieron en la cárcel. Fuimos a su casa, donde hacía un frío espantoso. Yo le dije a su mujer, María Luisa Cutanda: «Tú te vas a casa de tu suegro», que era Rafael Sánchez Mazas. Y allí la llevamos con sus hijos. A Miguel yo le llevaba dinero cuando estaba exiliado. Este fue el hombre que puso en lenguaje algebraico el *barbara celarent.* Hizo una cosa muy difícil: algebrizar la estructura de los silogismos. En fin, los democristianos no tenían más idea que lo de la accidentalidad de las formas de gobierno, que lo decían todo el tiempo.

Pero eso no llevaba muy lejos. ¿En la democracia cristiana no había proyecto, entonces?

Proyecto político, no.

¿La figura de Gil Robles le interesó?

Me interesó como personaje político, pero como actitud, también típicamente democristiana, no. Yo, como era muy joven entonces, pensaba «a este le faltó valor, cuando tiene el poder en la mano —porque tiene la minoría mayor—, no lo arranca».

Hay bastantes libros en su biblioteca sobre la Segunda República. Quisiera preguntarle sobre algunas figuras de la República.

En la República yo era un niño y no me enteré de mucho. Sí recuerdo el asesinato de Calvo-Sotelo, estando en Ribadeo y ya lo he contado en *Pláticas de familia.* Antes, en Madrid, yo me enteraba que iba al Instituto Escuela de la mano de mi madre con bombazos en la calle General Oráa. Aquello nos divertía mucho, pero mi madre se asustaba y nos llevaba por otra calle, hacia el este.

¿Ha leído el libro de Alfonso Bullón de Mendoza sobre José Calvo-Sotelo?

Sí. Y otro reciente que ha publicado ahora Rodríguez Labandeira. A mí Bullón no me consultó y cuando me cita, lo hace sin valorar adecuadamente el contexto. La estimación de José Calvo-Sotelo es muy curiosa en la derecha. Ximénez de Sandoval, en su *Biografía apasionada de Jose Antonio,* dedica medio capítulo «al caso Calvo-Sotelo», uno de los primeros textos escritos en donde se injuriaba a José Calvo-Sotelo y se defendía a José Antonio. Se insertaba en aquella polémica que zanjó Serrano al decir «aquí no hay más que un muerto»; Ximénez de Sandoval llamaba cobarde a Calvo-Sotelo. Y aquello dio lugar a un incidente, del que fui testigo. Estaba yo en el estreno de una comedia con mi tío Joaquín Calvo-Sotelo, hermano de José, tendría yo dieciséis años, y me dijo, cuando se encendió la luz en el entreacto, «espera aquí que tengo que ajustar cuentas a un canallita». Se acercó a Ximénez de Sandoval, le insultó y le abofeteó y el otro se agarró a la corbata de Joaquín, hubo un revuelo, llegó la policía, nos llevaron a la comisaría, no pasó nada, pero el escándalo era que los falangistas no querían que nadie robara la primacía al grupo que formaban ellos y, naturalmente, Calvo-Sotelo era a olvidar, cuando no a injuriar.

Una rivalidad entre mártir y protomártir. Eso ¿le ha podido predisponer en contra de la figura de José Calvo-Sotelo?

No, no, pero la familia era así. Y valga el inciso, aunque la gente crea otra cosa, el apellido Calvo-Sotelo le ha servido a uno para distinguirlo en años muy próximos a la guerra, pero luego a mí me ha traído muchas más complicaciones.

Bullón intenta reivindicar el papel de José Calvo-Sotelo en la tradición conservadora española, y esa es la gran pregunta ¿Qué papel ocupa realmente? ¿Cuál es el legado de José Calvo-Sotelo para usted? ¿Ha hecho un esfuerzo por reconstruir esa figura?

Su imagen estaba oscurecida, mejor dicho, pintada con el color del asesinato. Aquello fue tan tremendo que en mi casa no se podía hablar de ello. Luego he leído todo lo que he podido y me parece que era un hombre enormemente inteligente. La obra más despegada de una política concreta fue el Estatuto Municipal. En la presentación del libro de Bullón dijo una cosa Otero Novas que yo había pensado pero no la había oído públicamente y lo cito: «A Calvo-Sotelo lo matan cuando tenía cuarenta y tres o cuarenta y cuatro años; ¿Qué pensábamos nosotros cuando teníamos cuarenta y tres años? ¿qué pensamos ahora con cincuenta? Calvo-Sotelo hubiera tenido un recorrido político —el que fuera— pero que tenía una importante semilla parlamentaria y liberal, un hombre que tenía también otras contaminaciones». Yo he pensado que eso es verdad.

Eso está bien visto.

De José Calvo-Sotelo leí *Mis servicios al Estado,* dos libros de artículos, que se llaman *La voz de un perseguido,* y yo creo que llegué a entender lo que era José Calvo-Sotelo. La CAMPSA vivió setenta años, no era un invento tan malo; y por otro lado, yo tenía un respeto grande por la cabeza jurídica, administrativa, la capacidad de acción y la valentía de un hombre, de un parlamentario, al que le quitan la vida. Esto es un poco lo que yo podría decir.

Volviendo al tema de la tradición conservadora española, que es muy problemática, ¿qué tradición conservadora española, con qué elementos de esa tradición se identificaría usted, si es que hay alguno?

Uno de los temas interesantes en relación con UCD es la ausencia de antecedentes atractivos. Ustedes no se podían vincular fácilmente con la CEDA y supongo que la búsqueda de raíces democristianas también era problemática.

Eso está excelentemente preguntado. Mi respuesta para ese momento es que no había, no había antecedentes.

En la ausencia de referentes atractivos, es preciso tener en cuenta que ha habido una Guerra Civil, ha habido una discontinuidad brutal.

Un hombre con el que yo tengo mucha amistad, José Antonio Muñoz Rojas, me reprochaba, él que no es jurista, «¿Cómo los de UCD no habéis pedido la colaboración de hombres como Pedro Gamero del Castillo?». Y le respondí: «Pues porque no nos sirve de gran cosa en la política actual». Yo tenía la relación de los monárquicos, a cuyo director, Joaquín Satrústegui, yo le tenía mucho cariño.

A Satrústegui lo conocí en los años ochenta. Me fascinaba, porque tenía un secretario al que le decía: «Fulano, los papeles sobre tal y tal que están allí y allá» y sabía exactamente donde estaban los comunicados de la Plataforma de Convergencia Democrática o los papeles de la Comisión de los Nueve.

Venía con nosotros a pintar fachadas. Jaime García Vinuesa, un ingeniero de caminos, era el ejecutor y decía: «Leopoldo, hay una tapia nueva en Colón y está completamente blanca». Mi inspiración política era el grupito aquel, no el de Joaquín Satrústegui. El grupito de fieles a Joaquín lo formaban ocho o diez a los que conocíamos cariñosamente como *la canalla monárquica* y ahí estaban Piniés, hermano del embajador, Miralles, gente de poco fuste intelectual. Luego había unos senior monárquicos que eran la tradición de la derecha. Un almirante que se llamaba Rodríguez Pérez Soler y nos paseaban a los de diecisiete años para que nos adoctrinaran, José Pemartín, ingeniero, muy cultivado, de lo mejor que había. De ahí fue de donde sacamos la idea, que para mí era muy elemental: si yo me apunté y me puse aquí la insignia «JIII» —y parece que da vergüenza decirlo— a las Juventudes Monárquicas, era para decir: «Tú ¿con quien estás?», estar con don Juan quiere decir no estar ni con el 18 de julio ni con el 14 de abril, eso es lo que ha traído de verdad la tercera vía, y eso es lo que ha roto Zapatero. Ahí no estábamos ni con el 18 de julio pero tampoco con el 14 de abril. Ese era el grupo de gentes con el que andaba. Pero pocas cabezas.

En fin, pero me preguntaba por la influencia del conservadurismo español en el principio de UCD o en la Transición. Yo no recuerdo nombres, porque la verdad es que no pudimos usar a ninguno, y le acabo de contar lo del disgusto de Muñoz Rojas conmigo, cuando me dijo: «No vuelvo a verte, si no llamáis a Pedro Gamero».

Es verdad que hay problema de déficit de tradición, de autores, de ideas, de referentes. Creo que debemos ser realistas a la hora de juzgar la labor de UCD: se hizo lo que se pudo con los mimbres intelectuales e históricos que había.

José Calvo-Sotelo no dejó ni escuela, ni sucesores. A mí siempre me asombró cuánto había de paisano gallego entre los calvosotelistas fieles. El hombre más importante era José Meirás, un abogado con un despacho en Madrid, sin mayor relevancia, pero José no hizo escuela, ni dejó unos seguidores notables. No tuvo tiempo. También es verdad que el esfuerzo, coronado con éxito, de los falangistas, de expropiar y quedarse con todo lo que no fueran ellos fue lo que acabó con cualquier otra cosa.

Raymond Carr pensaba que Calvo-Sotelo era importante. No sé si identificó exactamente por qué pero tenía muy clara la idea de que ahí había una cierta solidez.

Y lo hubiera sido si hubiera vivido veinte años más. Y era un hombre moderno. Al hacer los planes para la CAMPSA, se plantea: «Hay que ir a comprar yacimientos petrolíferos en el extranjero»; y dice esto setenta años antes que Repsol. Es de una modernidad extraordinaria.

Mientras Azaña es muy decimonónico, Calvo-Sotelo es muy moderno y eso es lo que yo creo que Bullón no ve, que es lo interesante en Calvo-Sotelo. Otro ejemplo, Miguel Maura, un hombre negativo en el fondo, que no construye, un magnífico analista, pero no un hombre de acción, es víctima del fracaso de la República. Por eso, en los setenta era tan difícil para ustedes en UCD buscar una bandera a la que se pudieran enganchar.

No había nada. Quiero recordar una imagen, que escandalizó en «la santa casa»: vamos a ver, cuando hay que hacer algo nuevo —y después de Franco había que hacer algo nuevo— porque el precedente inmediato era la República y no valía, y lo inmediatamente anterior tampoco valía y antes era la prehistoria... pues eso —y aquí viene mi imagen— es lo que le pasa a Jesucristo cuando quiso hacer algo nuevo: no echa mano de los esenios —que eran intelectuales de primera— echa mano de unos simples pescadores. Y así, el hombre que hizo de verdad la transición era Suárez, que no sabía especialmente de nada. Pemartín, Valdecasas, cuando nos adoctrinaban sobre lo que había que hacer el día D cuando muriera Franco, tiraban de un cajón y no enseñaban nada: D + 1, D + 2. Llegó Adolfo Suárez, que no tenía nada de eso, pero sí intuición, coraje...

5

Leopoldo Calvo-Sotelo: Historia y Política

Como se deduce de la mera lectura de los títulos de los capítulos que conforman este volumen, Leopoldo Calvo-Sotelo fue un hombre sorprendentemente polifacético, algo que lógicamente tuvo fiel reflejo en la biblioteca personal que fue acumulando a lo largo de su vida, de forma un tanto desordenada pero no por ello menos previsible. Si su biblioteca no se presta fácilmente a una caracterización sencilla ni lineal, ello no es sino consecuencia de la imposibilidad de encasillar a su dueño de acuerdo con las categorías profesionales al uso. De ahí el asombro, y también la admiración, que suscita en cualquier observador imparcial la constatación de las numerosas y variadas lecturas acumuladas a lo largo de una intensa vida personal y profesional, que reflejan sobre todo una notabilísima curiosidad intelectual. Calvo-Sotelo tuvo ocasión de comentar en diversas entrevistas y conversaciones publicadas a lo largo de su vida que de joven sintió especial predilección por la filosofía y la física, pero sus difíciles circunstancias familiares le obligaron a optar por la carrera de ingeniería. Alguien que le conocía bien, Juan-Miguel Villar Mir, le ha definido recientemente como «un ingeniero humanista, o un humanista ingeniero», descripción que seguramente habría considerado acertada, aunque no sin alguna reticencia, porque Calvo-Sotelo rara vez se mostraba totalmente de acuerdo con los interlocutores a quienes verdaderamente respetaba[1].

---

[1] J.-M. VILLAR MIR, «Leopoldo Calvo-Sotelo y Bustelo: el ingeniero humanista», *Cuenta y Razón,* segunda etapa, 5, noviembre-diciembre de 2008, pp. 93-96.

Antecedentes políticos familiares

El futuro presidente del gobierno nació en Madrid un 14 de abril (de 1926), y antes, por lo tanto, «de que la Historia se apoderase de la fecha», como él mismo dejaría escrito[2]. Este comentario nos invita de inmediato a especular sobre el impacto que tienen los grandes acontecimientos políticos de un país sobre la vida de quienes luego se convierten en protagonistas de su historia, impacto que posiblemente se tiende a magnificar cuando se trata de vivencias especialmente dramáticas. El asesinato de José Calvo-Sotelo en julio de 1936, cuando su sobrino contaba tan solo diez años, fue sin duda un acontecimiento traumático para él y su familia, pero no cabe deducir de ello que tuviera una influencia decisiva en su evolución personal, ni cabe atribuirle tampoco el interés que pronto manifestaría por la historia y la política. Si acaso, cabría relacionar esta actitud vital con el hecho de haber nacido en el seno de una familia muy politizada, y más concretamente con la influencia de su madre, Mercedes Bustelo, y de su abuelo Ramón, que fue diputado liberal a Cortes por Ribadeo —de quien «oía historias liberales durante la Guerra Civil en el que había sido su distrito electoral»— y que tuvo como jefes políticos a Práxedes Mateo Sagasta, Segismundo Moret y el conde de Romanones[3]. La madre del futuro presidente recordaba con fruición sus visitas a la tribuna del palacio de la Carrera de San Jerónimo, desde donde pudo escuchar las intervenciones de Antonio Maura, Francesc Cambó y de Romanones, quien asistió a su boda en calidad de testigo, en compañía de otros dos políticos destacados de la época, Antonio Goicoechea y el conde de Vallellano. Por otro lado, su padre, un brillante letrado del Consejo de Estado fallecido en 1933, a los treinta y ocho años, fue uno de los fundadores del primer partido democristiano español, el Partido Social Popular (lo cual le distanció políticamente de su hermano José, que pertenecía entonces a las juventudes de Antonio Maura), y tuvo ocasión de tratar a muchos de los protagonistas de la vida pública española de la época, entre ellos Francisco Largo

---

[2] L. CALVO-SOTELO, «Nota autobiográfica de Leopoldo Calvo-Sotelo Bustelo», *Cuenta y Razón,* segunda etapa, 5, noviembre-diciembre de 2008, pp. 13-15.

[3] «Homenaje a Emilio Gómez Orbaneja», recogido en L. CALVO-SOTELO, *Papeles de un cesante. La política desde la barrera,* p. 238.

Caballero, que al parecer le profesó gran afecto. (A decir del hijo, su padre «fue muy amigo de José», pero «nunca estuvo en la vida política de su hermano mayor», y durante la dictadura de Primo de Rivera «cuando ya José era muy importante, mi padre no acepta ningún puesto»)[4]. En suma, Calvo-Sotelo vino al mundo en el seno de una familia con indudables inquietudes políticas, y la biblioteca familiar en Ribadeo, donde vivió de los diez hasta los quince años, fue un escenario muy propicio para sus primeras lecturas infantiles y juveniles.

Primeras lecturas

Calvo-Sotelo estudió los seis años de enseñanza primaria en el Instituto Escuela de Madrid, creado a instancias de la Junta para Ampliación de Estudios por Santiago Alba en 1918, y consolidado en 1930. Como suele ocurrir con los alumnos aventajados, Calvo-Sotelo recordaría toda su vida con afecto y gratitud a los maestros de su infancia, entre ellos a Ramón Fernández de Soto, su profesor de historia en el Instituto Nacional Santo Tomás de Aquino, de Ribadeo, donde cursó el primer, tercer y cuarto curso del bachillerato. Debido a la Guerra Civil y a las dificultades económicas de su familia, también frecuentó el Instituto Nacional Peñaflorida de San Sebastián, y el Instituto Nacional Cervantes de Madrid. De esa época juvenil data su interés, casi obsesivo, por la figura de Napoleón Bonaparte, heredado en parte de su padre, que había reunido una colección nada desdeñable de obras sobre el general más joven de Europa. A Calvo-Sotelo le llamó especialmente la atención la biografía del periodista e historiador Jacques Bainville, vinculado a Action Française, publicada en Francia en 1931. Como ha explicado su hijo mayor, Leopoldo, su padre tenía la costumbre, después de leer un libro, de escoger el título del capítulo que mejor captaba «una emoción sentida en la lectura»[5]. En este caso, la elección recayó sobre «Le redressement de Wagram», en referencia a la sorprendente recuperación experimentada por Napoleón al de-

---

[4] T. Burns Marañón, *Conversaciones sobre el Rey,* p. 358.

[5] L. Calvo-Sotelo Ibáñez-Martín, «Conversaciones y viajes con mi padre», *Cuenta y Razón,* segunda etapa, 5, noviembre-diciembre de 2008, p. 32.

rrotar a los austriacos en 1809. El propio Calvo-Sotelo comentaría al respecto que «en aquella época, a mí se me teñían de literatura las aficiones o las tendencias. Me aproximé con una curiosidad más literaria que política a la figura de Napoleón, porque me parecía admirable que un hombre solo hubiera sido capaz de modificar de tal manera el curso de la historia»[6].

Lecturas sugeridas y propias del joven monárquico en Madrid

El joven Calvo-Sotelo no comulgó nunca con la ideología oficial del régimen franquista. Como ha observado agudamente el escritor y periodista anglo-español Tom Burns Marañón, en este sentido el futuro presidente fue siempre «distinto y distante», como él mismo diría de Gibraltar en comparación con las Islas Malvinas muchos años después. Influido por su abuelo Ramón, durante la Segunda Guerra Mundial simpatizó con la causa aliada, lo cual constituía un acto de rebeldía política en la España de la época; según su propio testimonio, cuando se incorporó al Instituto Cervantes recién llegado a Madrid «entre los ochenta que venían a clase éramos dos aliadófilos; hubo disgustos, nos pegaban y nos defendíamos como podíamos». Esta actitud le llevaría a integrarse en las Juventudes Monárquicas que capitaneaba Joaquín Satrústegui, formación en la que ingresó formalmente el 25 de abril de 1947, con 21 años recién cumplidos. Su adhesión se produjo apenas unas semanas después de que don Juan hiciera público su famoso manifiesto de Estoril, en el que denunció la Ley de Sucesión recientemente anunciada por Franco por pretender «disfrazar con el manto glorioso de la Monarquía un régimen de puro arbitrio gubernamental, la necesidad del cual hace ya mucho tiempo que no existe». Reflexionando sobre esta etapa años después, Calvo-Sotelo explicaría que identificarse con la Monarquía era la manera más coherente y sencilla de manifestar su posición política: «no estoy con la República, ni con los derrotados de la Guerra Civil. La República era un régimen malo, que deshizo a España y trajo la Guerra Civil. Pero tampoco estoy con Franco, que parece inspirarse en posiciones próximas al fascismo»[7].

---

[6] M. Gómez Santos, *Conversaciones con Leopoldo Calvo-Sotelo,* pp. 132-133.
[7] T. Burns Marañón, *Conversaciones sobre el Rey,* pp. 355 y 360.

Al poco tiempo de llegar a Madrid, Calvo-Sotelo entabló relación con el polifacético Eugenio Vegas Latapié, que había coincidido con su padre en el Consejo de Estado como letrado, y que ya había publicado unos interesantes *Escritos políticos* (1940). Vegas le regaló un lote de libros de Cultura Española, la editorial que él había fundado, entre ellos varios de Ramiro de Maeztu, como *En vísperas de la tragedia* (1941) y *España y Europa* (1947), o *El Estado nuevo* (1941), de Víctor Pradera, fusilados ambos en 1936. Fue también Vegas quien le animó a leer la famosa *Encuesta sobre la Monarquía,* de Charles Maurras, el fundador de *Action Française,* aunque Calvo-Sotelo afirmaría años después que «he de confesar que no es un libro que me haya apasionado nunca»; «entonces lo leí, pero creo que no lo he vuelto a releer»[8]. (En su biblioteca también se encuentra un ejemplar de *Monarquía,* del historiador británico sir Charles Petrie, que había apoyado a la causa franquista durante la Guerra Civil). Como resultaba casi inevitable para alguien con su apellido, por aquel entonces también pasaron por sus manos *El estado nacional* (1943), de Onésimo Redondo, el *Discurso a las juventudes de España* (1943) de Ramiro Ledesma Ramos, y las *Obras Completas* de José Antonio Primo de Rivera (1945), de quien recordaría ante todo su «excelente estilo literario», y su «enorme eficacia persuasiva», a pesar de que «no estaba de acuerdo con sus posiciones políticas, y sobre todo, con su elogio de la violencia, muy típico de la época»[9]. Años después, en 1995, afirmaría que «aunque admiraba la pluma de José Antonio Primo de Rivera, yo nunca soporté la Falange. La Falange me parecía un horror, el fascismo una barbaridad y no digamos el nazismo». Tampoco le agradaron las *Réflexions sur la violence,* de Georges Sorel, el teórico del sindicalismo revolucionario, que leería algún tiempo después[10].

Paradójicamente, en la España de los años cuarenta la figura de José Calvo-Sotelo estaba sometida a cierto ostracismo, tanto político como intelectual, sobre todo como resultado de la presión ejercida por el falangismo oficial. Buena prueba de ello fue la conocida

---

8 M. Gómez Santos, *Conversaciones con Leopoldo Calvo-Sotelo,* p. 113.

9 En la biblioteca de Calvo-Sotelo se encuentra también un ejemplar del libro *Papeles póstumos de José Antonio,* con una dedicatoria del autor, M. Primo de Rivera, que tan destacado papel desempeñó en la defensa de la Ley para la Reforma Política en las Cortes franquistas en noviembre de 1976.

10 T. Burns Marañón, *Conversaciones sobre el Rey,* p. 361. M. Gómez Santos, *Conversaciones con Leopoldo Calvo-Sotelo,* p. 108.

Biografía apasionada de José Antonio (1941), de Felipe Ximénez de Sandoval, obra que pretendía ensalzar al «ausente» denigrando al «protomártir». Ello probablemente aumentó la curiosidad de Calvo-Sotelo por conocer mejor la obra de su tío, de quien apenas tenía vagos recuerdos infantiles. Años después recordaría haber leído con interés sus intervenciones parlamentarias, «llenas siempre de vigor y de valores esenciales, que sentía muy profundamente», algunas de las cuales, sobre todo las de la última época de su vida, posteriores a las elecciones del 16 de febrero de 1936, le conmovieron hondamente. Aunque no comulgara con sus ideas políticas, a su modo de ver su tío «hizo una obra que ahí está todavía, y lo mejor que se puede decir de ella es que fue duradera. En un país en que tantas veces edificamos con arena y sobre la arena, la elaboración de los estatutos municipal y provincial; la fundación del Banco Exterior, de Crédito Local, de Crédito Industrial, Monopolio de Petróleos, etc., son realmente obras importantes realizadas en un plazo de tiempo breve, por un hombre extraordinariamente joven»[11]. Con el paso del tiempo, el futuro presidente desarrollaría una relación propia con algunos de los antiguos colaboradores de su tío, como el economista José Larraz, quien años después le dedicaría un ejemplar de su discurso de ingreso en la Real Academia de Ciencias Morales y Políticas, sobre *La época del mercantilismo en Castilla 1500-1700* (1963).

En los años cuarenta, Calvo-Sotelo compaginó sus estudios en la Escuela de Ingenieros de Madrid —en la que obtuvo el título de Ingeniero de Caminos, Canales y Puertos en 1951— con su pertenencia a varias iniciativas político-culturales, como los Círculos de Estudio de la Juventud Monárquica, organizados por Satrústegui en el Colegio del Pilar (1946-1949), y el Círculo de Jóvenes de la Asociación Católica Nacional de Propagandistas (ACNdP) que presidía Fernando Martín-Sánchez Juliá, y cuyo secretario era Federico Silva Muñoz. Calvo-Sotelo ha explicado que el segundo de estos grupos dedicó un año entero —«al menos formalmente»— al estudio de la obra del filósofo Jaime Balmes (1810-1848) —a quien don Juan se

---

[11] M. GÓMEZ SANTOS, *Conversaciones con Leopoldo Calvo-Sotelo,* p. 50. De ahí la irritación que le produjo la lectura de J. VAN-HALEN, *Objetivo: conversaciones con Alfonso Osorio* (1984), en las que éste opinaba de su tío que fue «un gran funcionario público» que no tenía «madera de estadista». L. CALVO-SOTELO, *Memoria viva de la transición,* p. 234.

refirió en su Manifiesto de Estoril (1947) como «nuestro Balmes»— para recordar que la institución monárquica hereditaria era «una de las conquistas más grandes y más felices de la ciencia política». (Según las *Memorias políticas* de Federico Silva Muñoz, el año en cuestión fue 1946)[12]. Sin embargo, a decir de Calvo-Sotelo, «al amparo de Balmes hacíamos comentarios de todo tipo» y «aquél era más bien el rótulo que amparaba, en un época de pocas libertades, un diálogo mucho más vivo y más extenso, que tomaba pie a veces, y otras no, en los escritos de Balmes para extenderse sobre la situación política de los años cuarenta y su posible evolución». El grupo también centró su atención en autores como Juan Donoso Cortés (1809-1853), sobre todo su *Discurso sobre la Dictadura,* que contiene su teoría de la «dictadura del sable», y el *Ensayo sobre el catolicismo, el liberalismo y el socialismo,* que marcó su salto a la filosofía política, títulos que curiosamente no figuran hoy día en la biblioteca de Calvo-Sotelo. Como cabía esperar, estas lecturas no agradaron especialmente a éste, como tampoco lo hizo la obra de Marcelino Menéndez y Pelayo, lo cual, según confesión propia, posiblemente le llevara a subestimar la importancia y calidad intelectual del autor de la *Historia de los heterodoxos españoles*[13]. Mucha mejor opinión parece haberle merecido la obra del discípulo predilecto de éste, el filólogo e historiador Ramón Menéndez Pidal, sobre todo libros como *Los godos y la epopeya española* o *La España del Cid,* que conoció por aquel entonces.

Como ha recordado su buen amigo el diplomático Juan Durán Loriga, en los años cuarenta el mero hecho de llevar la insignia de Juan III en la solapa suscitaba las iras de los jóvenes falangistas que se pavoneaban por las calles de Madrid, dando lugar a enfrentamientos que en alguna ocasión obligaron a Calvo-Sotelo a visitar la comisaría más cercana. Sin embargo, su militancia monárquica también le permitió conocer a algunas de las grandes figuras intelectuales de la época. Por aquellas fechas, visitó en Cádiz a José María Pemán, que, ante su sorpresa, se manifestó como «un absoluto "doceañista"». También trató al historiador Jesús Pabón (a quien, como veremos más adelante, leería con especial interés), así como a Alfonso García Valdecasas, Pedro Gamero del Castillo y Pedro

---

12 F. Silva Muñoz, *Memorias políticas,* p. 38.

13 M. Gómez Santos, *Conversaciones con Leopoldo Calvo-Sotelo,* pp. 82-83 y 113.

Sainz Rodríguez, que había sido amigo de su padre. La biblioteca de Calvo-Sotelo alberga numerosas obras de éste último, entre ellas su *Homenaje a Luis Vives,* dedicado por el autor[14]. También constan otras obras de destacados monárquicos de la época, como *La quiebra de la razón de Estado* (1952), de Gonzalo Fernández de la Mora; la *Teoría de la restauración* (1952), *La configuración del futuro* (1953) y *La fuerza creadora de la libertad* (1958) de Rafael Calvo Serer, que nunca fue santo de su devoción; los *Escritos sobre la instauración monárquica* (1955), obra conjunta de José Ignacio Escobar, Jorge Vigón y el ya mencionado Vegas Latapié, o *La Monarquía hoy,* de Luis María Anson (1957). Buena prueba de su militancia monárquica de entonces es, sin duda, el hecho de haber sido uno de los jóvenes juanistas elegidos para llevar a hombros el féretro del infante don Alfonso, hermano menor de don Juan Carlos, fallecido trágicamente en marzo de 1956 en Estoril, cuando tan sólo contaba catorce años. El azar —y Franco— quisieron que su suegro, el ex ministro de Educación José Ibáñez Martín, fuese embajador de España en Lisboa entre 1958 y 1969, lo cual le permitiría mantenerse en estrecho contacto con Villa Giralda, la residencia de la familia real española en Portugal. Por aquel entonces, Calvo-Sotelo se sumó a las llamadas «Cenas de los Nueve», una tertulia política nacida en 1957 a propuesta de su futuro compañero de gobierno, Alfonso Osorio, de la que también formaban parte Fernández de la Mora, Silva Muñoz, José María Ruiz Gallardón, Florentino Pérez Embid, Jesús Fueyo, Torcuato Luca de Tena y Manuel Alonso García. Aunque estas animadas veladas no se tradujeron en acción concreta alguna, Calvo-Sotelo guardó siempre un excelente recuerdo de la compañía de este círculo de jóvenes cultos y políticamente motivados, cuya amistad le acompañaría durante buena parte de su vida[15].

---

[14] Muchos años después, Sainz Rodríguez regaló al entonces inquilino de la Moncloa un ejemplar de *Por la Concordia,* de Francesc Cambó, con la siguiente dedicatoria: «A Leopoldo Calvo-Sotelo que debe sentirse hombre providencial y no asustarse con la gravedad de los problemas. Por algo le puso Dios ahí. Con mis mejores deseos y cordial amistad. Pedro Sainz, 8 de julio de 1981». A juzgar por los numerosísimos subrayados, el libro interesó vivamente al destinatario.

[15] En las «Cenas de los Nueve» también había tiempo para el humor. Cuenta Silva Muñoz que en una de ellas, celebrada poco después de la crisis de gobierno de 1957, que supuso la llegada al poder de los tecnócratas, «Fueyo, dirigiéndose a Pérez Embid que ocupaba el centro de una de las bandas de la mesa rectangular, le preguntó: ¿Cuántos ministros hay del Opus Dei en el actual gobierno?». Pérez Embid respondió: «Salvo Alberto Ullastres, que lo es conocidamente como yo —y mostraba su anillo—,

La fascinación por Unamuno y Ortega

Según confesión propia, los autores que con más interés leyó el joven Calvo-Sotelo en los años cuarenta y principios de los cincuenta fueron sin duda Miguel de Unamuno y José Ortega y Gasset. En lo que al primero se refiere, si bien le interesó sobre todo su dimensión filosófica, teológica y poética, también le llamó poderosamente la atención su notable evolución política: su oposición a la dictadura de Primo de Rivera y a la monarquía de Alfonso XIII, por «liberticidas»; su apoyo entusiasta al 14 de abril, que le llevó a presentarse a las elecciones de 1931 por la conjunción republicano-socialista; su posterior desencanto con la Segunda República, que hizo que se identificara inicialmente con el bando nacional; y el desengaño que marcó los últimos años de su vida, hasta el momento de su muerte, ocurrida cuando todavía se encontraba bajo arresto domiciliario tras el famoso choque con José Millán Astray en el paraninfo de la Universidad de Salamanca. Difícilmente podían dejar de impresionarle al joven Calvo-Sotelo las palabras de Unamuno en respuesta a las del fundador de la Legión cuando afirmó:

> «se ha hablado aquí de guerra internacional en defensa de la civilización cristiana; yo mismo lo hice otras veces. Pero no, la nuestra es sólo una guerra incivil. [...] Vencer no es convencer, y hay que convencer, sobre todo, y no puede convencer el odio que no deja lugar para la compasión. Se ha hablado también de catalanes y vascos, llamándolos anti-España; pues bien, con la misma razón pueden ellos decir otro tanto. Y aquí está el señor obispo, catalán, para enseñaros la doctrina cristiana que no queréis conocer, y yo, que soy vasco, llevo toda mi vida enseñándoos la lengua española, que no sabéis...»[16].

Como ya queda dicho, junto con Unamuno, el autor que más suscitó la admiración de Calvo-Sotelo fue Ortega y Gasset, a cuyas

---

de los demás nada sé, al igual que si me preguntaran cuántos socios de la *Obra* hay en esta mesa». Se produjo un silencio embarazosísimo, que rompió Leopoldo Calvo-Sotelo, quien llevándose la mano al pecho y dirigiéndose a Pérez Embid le preguntó: «Por ventura, ¿seré yo, maestro?». F. Silva Muñoz, *Memorias políticas,* p. 59. Esta anécdota la refiere también Ruiz Gallardón, *Conversaciones con Leopoldo Calvo-Sotelo,* p. 102.

[16] Citado en F. García de Cortázar, *Los mitos de la Historia de España,* pp. 294-295.

conferencias en el Instituto de Humanidades tuvo ocasión de asistir en los años cuarenta. Seguramente no resulta exagerado afirmar que ningún político español ha conocido como él la obra del filósofo español, lo cual explica su interés por ocupar, muchos años después, la presidencia de la Fundación Ortega y Gasset (1992-1997), y también —si se me permite una observación estrictamente personal, basada en mis conversaciones con el interesado— su sorpresa y decepción al constatar que dicha institución no mostraba entonces el interés que debiera por dar a conocer la obra de su autor favorito. Afortunadamente, Calvo-Sotelo pudo contribuir de forma decisiva a rectificar ese estado de cosas, obteniendo la financiación necesaria para acometer una nueva edición de las *Obras Completas,* tarea ingente que lamentablemente no pudo ver completada antes de su muerte.

Ortega, autor polifacético y prolífico donde los hubiere, influyó en Calvo-Sotelo a múltiples niveles; como él mismo ha explicado, «más que una información, yo de Ortega obtuve una formación». En cierto sentido, todo en Ortega es perspectiva histórica, ya que según él no existe verdad, ni realidad humana, que no pase por ese tamiz. No obstante, hay motivos para pensar que le pareció especialmente sugerente su *Historia como sistema,* publicada por vez primera en Austral en 1935 y reeditada posteriormente. En este texto, Ortega sostenía que la realidad humana solo puede entenderse a través de la historia, entendida no como lo hacen los historiadores profesionales, a quienes preocupan cuestiones vinculadas a la heurística y la hermenéutica, sino como un método, un camino hacia el conocimiento del ser humano. De ahí también la idea de la razón histórica como razón vital, concepto al que en alguna ocasión se referiría con empatía Calvo-Sotelo: el hombre se va forjando a costa de sus fracasos y éxitos, y es el único ser que se niega a permanecer como ente acabado, terminado; como diría Ortega, el hombre no tiene naturaleza, tiene historia.

Las grandes interpretaciones históricas

Dado su interés por la filosofía, no es de extrañar que a Calvo-Sotelo le interesara especialmente la *Decadencia de Occidente,* de Oswald Spengler, publicado en España en 1947 con un prólogo de Ortega y Gasset, libro que subrayó repetidamente, en lecturas distintas[17]. El autor alemán sostenía que la Historia Universal no es la Historia de la Humanidad, sino la historia de una serie de unidades culturales que tienen su propia dinámica a partir de un elemento configurador, que hace a cada cultura específica y distinta: así, la cultura grecorromana (antigua, dice él), sería ahistórica, temerosa de la infinitud; a la cultura que llama árabe (tardo romana, del Próximo Oriente), le veía un sentido mágico, donde lo político y lo teológico se confunden, mientras que la cultura occidental estaría caracterizada por su comprensión del infinito, la descosificación del espacio, y su dinamismo creador. Sin embargo, lo más original de Spengler es la afirmación de que toda cultura tiene una trayectoria «vital», como los seres humanos, cuya fase final, de realización plena pero también de decadencia, denomina «civilización». Para Spengler, el final de la Primera Guerra Mundial, que coincidió con el momento en que terminó de escribir su libro, abría un período de inestabilidad que se cerraría a finales de siglo XX o principios del siglo XXI, con la aparición de una civilización occidental que podría durar luego centenares de años, pero que ya no se regeneraría.

En respuesta a estas tesis, Arnold J. Toynbee, en su monumental obra *A study of History,* aparecida entre 1934 y 1961, y que Calvo-Sotelo conoció en una versión inglesa abreviada de 1971, rechazaría la idea de que las civilizaciones perecen fatalmente por ser organismos con ciclos vitales definidos. Ortega, más cercano a las tesis de Spengler, terció en este debate con un comentario crítico sobre la manera excesivamente simplista que tenía Toynbee de entender la idea de nación, como si no hubieran existido nunca naciones antes de la llegada de la democracia, observaciones a las que el propio autor británico daría respuesta en un artículo publicado en *Revista de Occidente* en 1964. Algún tiempo antes, Calvo-Sotelo también había incorporado a su biblioteca la obra *Situación actual de la cultura europea* (1951), del historiador inglés Christopher Dawson, uno de

---

[17] Muchos años después, Calvo-Sotelo citaría con admiración al autor alemán a sabiendas de que «hace falta algún valor para apoyarse en Spengler a principios del siglo XXI: los historiadores le regatearon en su día autoridad científica y los políticos mancharon su figura atribuyéndole connivencias intelectuales con el nazismo», aduciendo como pretexto «la emoción que me produjo la lectura juvenil de su *Decadencia de Occidente,* la emoción de unas ideas hondamente pensadas y briosamente expuestas». L. CALVO-SOTELO, «Una reflexión sobre la ingeniería y los ingenieros al empezar el siglo XXI», discurso leído el 11 de diciembre de 2003 en el acto de su recepción pública, Real Academia de Ingeniería, p. 11.

los intelectuales católicos más influyentes del siglo XX, cuya visión de la historia cultural guarda cierta relación con la de Toynbee.

Al margen de estos debates, cabe pensar que Calvo-Sotelo vio en estas obras un instrumento útil para acceder al conocimiento de las grandes civilizaciones del pasado, por las que siempre mostró un notable interés. En los años sesenta, sobre todo, aprovechó sus frecuentes viajes a Francia por motivos profesionales para adquirir libros sobre las antiguas civilizaciones de Egipto, Persia, Grecia, o Roma, de autores como Pierre Grimal, Jacqueline Gabriel-Leroux, Raymond Bloch, Robert Flacelière, Jean-Remy Palanque o Christiane Palou, algunos de ellos aparecidos en la colección *Que sais-je?,* la excelente contribución de las Presses Universitaires de France a la alta divulgación histórica. Su hijo mayor, Leopoldo, ha recordado recientemente que esta insuperable colección enciclopédica francesa «siempre ocupó un lugar central en la biblioteca de mi padre», siendo además un puente entre ambas generaciones, ya que sus hijos no tardaron mucho en descubrir la utilidad de estos textos para la preparación de sus propios trabajos escolares[18].

El interés por la historia medieval y moderna

Los frecuentes viajes de Calvo-Sotelo por Europa en representación de Unión Explosiva Río Tinto, el mayor grupo industrial español de la época, ya en la década de los sesenta, también se reflejan en los títulos que alberga su biblioteca dedicados a la Historia Medieval y Moderna. En lo que a la primera se refiere, nos encontramos, sobre todo, con las obras clásicas de historiadores franceses como Fernand Braudel (*La Méditerranée: l'espace et l'histoire*) y Henri Pirenne (*Historia Económica y Social de la Edad Media*), o del italiano Alberto Tenenti, cuya famosa *Florencia en la época de los Médicis* figura en su biblioteca en una edición francesa. Evidentemente, no podía faltar tampoco la mejor historiografía española, representada por obras clásicas como las de Claudio Sánchez Albornoz (*La España musulmana* y *Sobre la libertad humana en el reino Asturleonés hace mil años*) u otras

---

[18] L. Calvo-Sotelo Ibáñez-Martín, «Conversaciones y viajes con mi padre», *Cuenta y Razón,* segunda etapa, 5, noviembre-diciembre de 2008, p. 33.

mucho más recientes, como la de Antonio Ubieto Arteta, *Orígenes del reino de Valencia.*

Si cabe, las lecturas de Calvo-Sotelo sobre la Edad Moderna presentan una mayor variedad. Por un lado, resulta especialmente evidente su interés por la presencia española en América, reflejado en el *Diario de a bordo* de Cristóbal Colón, las *Cartas de relación* de Hernán Cortés, y las obras completas de Fray Bartolomé de las Casas, así como los volúmenes del historiador y diplomático Enrique de Vedia dedicados a los *Historiadores primitivos de las Indias;* la *Historia General y Natural de las Indias* de Juan Pérez de Tudela; *La gran conquista de ultramar,* de Pascual de Gayangos, o *La conquista de México,* del conocido hispanista Hugh Thomas. Por otro, aquí se manifiesta de nuevo su curiosidad por otros países cuya historia se entremezcló constantemente con la española, como sugieren la presencia de *The Iron Century: Social Change in Europe, 1550-1660,* de Henry Kamen, o de *Change and continuity in Seventeenth Century England,* de Christopher Hill, el gran experto en la revolución inglesa.

Como no podía ser menos, en la biblioteca de Calvo-Sotelo también están representados los mejores expertos españoles en Historia Moderna peninsular, como José Antonio Maravall (con su *Teoría del Estado en España en el siglo XVII, La oposición política bajo los Austrias,* y *Velázquez y el espíritu de la modernidad*); Luis Díez del Corral (con su *Velázquez, la Monarquía e Italia,* entre otras obras); Antonio Domínguez Ortiz (con su estudio sobre *La sociedad española en el siglo XVII,* o su trabajo sobre *El barroco* y su *Velázquez*); y Manuel Fernández Álvarez (con su *Carlos V: Un hombre para Europa*). De lo anterior se desprende el notable interés de Calvo-Sotelo por la figura del gran pintor español, posiblemente el que más le interesó en perspectiva histórica, que no necesariamente artística. (Su biblioteca también alberga un texto más reciente sobre esta temática, *Velázquez en la corte de Felipe IV,* coordinado por Alfonso Pérez Sánchez). Tampoco podían faltar las obras del célebre hispanista francés Marcel Bataillon, como su *Erasmo y España,* ni las de los hispanistas británicos John Elliot, autor de *Richelieu and Olivares*[19], de la insuperable *La España Imperial 1469-1716,* y de su

---

[19] Refiriéndose al historiador Ricardo de la Cierva y sus ansias por ocupar una poltrona ministerial en 1979, que le llevaban a escribirle a Suárez varias cartas a la semana informándole del cotilleo político de la Villa y Corte, Calvo-Sotelo, apoyándose

más reciente *Imperios del mundo atlántico. España y Gran Bretaña en América (1492-1830),* fruto de un innovador enfoque comparado, o John Lynch, cuyo trabajo *Monarquía e imperio: el reinado de Carlos V* adquirió poco antes de su muerte. Por motivos parecidos a los que explican su afición por la figura de Napoleón, antes citados, Calvo-Sotelo parece haber sentido cierta fascinación por Felipe II (y por su secretario, Antonio Pérez, minuciosamente estudiado por Gregorio Marañón, otro de sus autores favoritos), que pudo explorar a fondo gracias a las obras de otros dos hispanistas británicos, Geoffrey Parker y Henry Kamen, y las del francés Joseph Pérez.

Aunque su admirado Ortega y Gasset afirmase que España «no tuvo su dieciocho», Calvo-Sotelo parece haber sentido una atracción especial por este siglo y por el tránsito del Antiguo Régimen a la época contemporánea, debido quizás al especial interés (tanto político como literario) de algunas de las personalidades más representativas de la época. Así, junto a obras clásicas sobre este período como las de Vicente Palacio Atard (*Los españoles de la Ilustración*), Carlos Seco Serrano (*Memorias del Príncipe de la Paz* e *Historia de Carlos IV*) o del actual presidente de la Real Academia de la Historia, Gonzalo Anes (*La Ley Agraria*), a quien Calvo-Sotelo trató con cierta asiduidad, su biblioteca alberga, además de monografías recientes como la de Concepción Castro, *Campomanes. Estado y reformismo ilustrado* (1996), buena parte de la obra de Fray Benito Jerónimo Feijoo (incluida una edición de 1749 de su *Justa repulsa de inicuas acusaciones* y otra de las *Cartas eruditas y curiosas* fechada en 1777), así como las *Obras originales y escritos referentes a su persona* del conde de Floridablanca, en edición de 1952, y las *obras completas* de Gaspar Melchor de Jovellanos, en ediciones publicadas en los años cincuenta. Al parecer, Calvo-Sotelo sintió una especial empatía por el ilustre asturiano, un hombre esencialmente conservador a quien le tocó vivir una época especialmente turbulenta, pero que, lejos de acomodarse en un inmovilismo estéril, optó decididamente por una vía reformista que muchos de su entorno no supieron comprender.

---

en Elliot, observaría años después: «Lo de menos es que no dijera la verdad. Lo de más, que pretendiera, a ese precio, un lugar en el Consejo de Ministros. Claro que también el conde-duque de Olivares, joven, hacía méritos besando el orinal del rey, pero luego fue el mayor hombre de Estado del XVII español». L. CALVO-SOTELO, *Memoria vida de la transición,* p. 194. A pesar de este curioso comportamiento, Suárez finalmente nombró al prolífico historiador ministro de Cultura en 1980.

Libros y lecturas acerca del siglo XIX español (y más allá)

Para un hombre de la curiosidad intelectual de Calvo-Sotelo, la comprensión cabal de la época histórica que le tocó vivir requería sin duda un buen conocimiento del siglo XIX español[20]. De ahí que su biblioteca albergue no solamente los títulos clásicos de la historiografía española sobre la época, sino también numerosas biografías y monografías que se corresponden más bien con la colección de un lector especializado. Entre los primeros cabe destacar, entre otros, los de Miguel Artola (*Memorias de los tiempos de Fernando VII*), Federico Suárez (*La crisis política del antiguo régimen en España, 1800-1840*), Josep Fontana (*La segunda restauración española, 1823-1834*), Palacio Atard (*La España del siglo XIX*), y José Varela Ortega (*Los amigos políticos. Partidos, elecciones y caciquismo en la Restauración*), historiador a quien tuvo ocasión de tratar cotidianamente durante sus años al frente de la Fundación José Ortega y Gasset[21]. Lógicamente, tampoco podían faltar en este elenco las obras de su sobrina la también historiadora —y luego ministra de Educación— Mercedes Cabrera, como *Con luz*

---

[20] En septiembre de 1998, con ocasión de la conmemoración del vigésimo aniversario de la Constitución de 1978, acto al que tuve el honor de asistir, Calvo-Sotelo afirmó en una sala del Capitolio de Washington: «La democracia española tiene sus raíces lejanas en la Constitución de 1812. Por entonces se acuña en Cádiz la palabra liberal que tan larga historia iba a tener en Occidente. El siglo XIX es en España complejo y convulso; otra palabra española de origen español, guerrilla, lo recorre de cabo a rabo y contribuye a dibujar la imagen romántica, violenta y disparatada que dieron de nuestro país tantos viajeros ilustres y que aun perdura anacrónicamente en algunos comentaristas de hoy. Ni siquiera fue exacta hace un siglo: historiadores contemporáneos han probado que el régimen de libertades de la Restauración es comparable al que tenía Francia, Italia e incluso Gran Bretaña por los mismo años». L. CALVO-SOTELO, *Papeles de un cesante. La política desde la barrera,* pp. 167-168.

[21] Con ocasión de la presentación del libro *Nación y Estado en la España liberal* (1995), coordinado por el historiador y político Guillermo Gortázar, Calvo-Sotelo afirmaría: «José Varela profesa un liberalismo esencial que me produce, y él lo sabe, admiración y deseo de controversia a la vez. Admiro la clave liberal con la que interpreta de manera sistemática la realidad de hoy y la historia de ayer. Frente a esa convicción suya me he acusado muchas veces de pesimismo; un pesimismo que arranca, probablemente, de la lectura obsesiva y exhaustiva que hice en mis años estudiantiles de los escritores del 98. Ellos nos empujaron a los hombres de mi generación hacia una confianza excesiva en el Estado, que no era sino el anverso de una desconfianza en la sociedad. El pesimismo, motor del intervencionismo». L. CALVO-SOTELO, *Papeles de un cesante. La política desde la barrera,* p. 78.

y taquígrafos. El Parlamento en la Restauración, 1913-1923 o su trabajo (con Fernando del Rey) sobre *El poder de los empresarios. Política e intereses económicos en la España contemporánea.* Junto a estos textos, se encuentran en su biblioteca numerosas memorias y autobiografías de las grandes figuras de la Restauración, desde los *Problemas contemporáneos* de Antonio Cánovas del Castillo, en edición de 1884, a las *Memorias* de Francesc Cambó, pasando por los *Discursos parlamentarios* de Emilio Castelar, las *Notas de mi vida* de Juan de la Cierva, las *Observaciones y Recuerdos* del Conde de Romanones, o la excelente biografía *Santiago Alba, monárquico de razón,* de Maximiliano García Venero. Sobre la actitud de la clase política española ante la Primera Guerra Mundial parece haberle interesado especialmente la obra de Fernando Díaz Plaja, *Francófilos y Germanófilos* (1973), un libro «nervioso, divertido y lleno de eficacia periodística»[22].

Avanzando un poco en el tiempo, su interés por la figura de su tío José Calvo-Sotelo suscitó seguramente una cierta curiosidad por la dictadura de Miguel Primo de Rivera, sobre la que tuvo ocasión de hablar detenidamente con el historiador y empresario José Luis Gómez Navarro, autor de *El Régimen de Primo de Rivera. Reyes, dictaduras y dictadores,* a quien conoció en la Fundación José Ortega y Gasset, y por quien sentía especial afecto. También adquirió numerosas biografías y estudios sobre Alfonso XIII, entre ellas las de Gabriel Maura (*Por qué cayó Alfonso XIII*), Seco Serrano (*Alfonso XIII y la crisis de la Restauración*) o del joven historiador Javier Moreno Luzón (*Alfonso XIII: un político en el trono*), cuya amena galería de retratos de algunos de los políticos más interesantes de la época, *Progresistas. Biografías de reformistas españoles (1808-1936),* figura asimismo en su biblioteca.

Una visión de España en clave catalana

Según reiterada confesión propia, el libro de historia que con más fruición releyó y anotó Calvo-Sotelo, y que mejor le ayudó a comprender la vida política española, fue sin duda el *Cambó* de

---

[22] L. CALVO-SOTELO BUSTELO, *Sobre la Transición Exterior,* Real Academia de Ciencias Morales y Políticas, p. 34.

Jesús Pabón, historiador próximo a don Juan al que trató personalmente en los años cincuenta, y cuya obra *Narváez y su época,* algo más tardía, también figura en su biblioteca[23]. Los tres volúmenes de *Cambó,* aparecido el primero en 1952 y los siguientes en 1969, desbordan ampliamente los confines tradicionales del género biográfico, ya que utilizan la trayectoria del político catalán para trazar un amplio panorama de la política española desde los comienzos de la Restauración hasta el inicio de la Guerra Civil. La obra de Pabón, que vio la luz en pleno franquismo, tuvo la gran virtud de cuestionar tanto a quienes, desde la izquierda, habían querido reducir la Restauración a mera «oligarquía y caciquismo», como a quienes, desde el bando contrario, resumían toda la historia contemporánea española en los famosos «setenta años de incuria y abandono». Por otro lado, a Calvo-Sotelo también le resultó atractivo el esfuerzo de Pabón por contraponer al nacionalismo franquista, empeñado en confundir Castilla con España, la riqueza de las versiones no castellanas de lo español, y más concretamente, la de una Cataluña deseosa de liderar el regeneracionismo de una España descentralizada. Evidentemente, también le interesó la dimensión estrictamente humana de un político a quien calificaría de «ejemplar y admirable», a pesar de que no culminara con éxito su proyecto político. Sobre esta misma temática, aunque con enfoque distinto, Calvo-Sotelo consultó muchos años después la excelente obra *El nacionalismo catalán como factor de modernización* (1999), publicación póstuma de Vicente Cacho Viu, el gran estudioso de la Institución Libre de Enseñaza, que pasó los últimos años de su vida trabajando en el ático de la antigua Residencia de Señoritas, hoy sede de la Fundación José Ortega y Gasset, al que él denominaba cariñosamente su «palomar».

Sea como fuere, Calvo-Sotelo tuvo muy presente la trayectoria del político catalán cuando le llegó el momento de ocupar la presidencia del gobierno. En enero de 1981, cuando pidió al representante parlamentario de la minoría catalana en el Congreso, Miquel Roca, que apoyase su investidura, éste lo condicionó a un compromiso previo sobre la profundización del Estatuto catalán, actitud que le recordó la que tuvo Cambó en febrero de 1931, al exigir que el último gobierno de Alfonso XIII concediese la autonomía a Cataluña a cambio de acceder a la participación de la Lliga

---

[23] M. GÓMEZ SANTOS, *Conversaciones con Leopoldo Calvo-Sotelo,* p. 83.

en el mismo. Como es sabido, la candidatura de Calvo-Sotelo no prosperó en la primera votación, celebrada el 20 de febrero, y la segunda fue interrumpida por el teniente coronel Antonio Tejero y sus guardias civiles. «La historia será maestra de la vida —escribiría en su *Memoria viva de la transición*— pero si yo no hubiera leído demasiada historia, quizás habría vuelto de mi decisión para llamar otra vez a Roca y convenir con él». Sin embargo, «ni 1981 era 1931, ni Pujol era Cambó»[24]. Varios años después de abandonar la presidencia, en un almuerzo organizado con ocasión de su intervención en un seminario sobre la Transición española convocado por la Fundación José Ortega y Gasset en Toledo, hubo quien se escandalizó al oírle afirmar que el verdadero problema de España no era el País Vasco, como solía afirmarse, sino Cataluña[25]. De sus palabras aquel día, que seguí con gran atención, deduje que Calvo-Sotelo no era optimista sobre la posibilidad de encontrar un encaje definitivo para Cataluña en el seno de la España autonómica nacida con la Constitución de 1978, y que, como Ortega, había llegado a la conclusión de que el problema catalán no se puede resolver, sino solamente conllevar.

Sobre la Segunda República y la Guerra Civil

Como es sabido, ningún episodio histórico español ha recibido más atención por parte de los profesionales de la Historia, nacionales y extranjeros, que la Segunda República y la Guerra Civil. Sobre esta temática la biblioteca de Calvo-Sotelo alberga tanto títulos muy conocidos, que cabría encontrar en las colecciones particulares de otros españoles (especialmente) cultos de su generación, como otros mucho menos frecuentes, que reflejan una vez más su notable interés por la historia política de España y también las posibilidades que tuvo de comprar o encargar libros en otros países. Entre las obras de los hispanistas extranjeros aquí representados cabe citar los *Estudios sobre la República y la Guerra Civil española,* de Raymond Carr; *El laberinto español,* de Gerald Brenan; *The origins of*

---

[24] L. Calvo-Sotelo, *Memoria vida de la transición,* p. 114.

[25] A pesar de que los participantes en la reunión conocían el carácter confidencial de la misma, como resultado de la indiscreción de alguno de ellos el asunto se filtró a la prensa. Véase *Diario 16,* 11 de mayo de 1984.

Franco's Spain, de Richard Robinson; *Hacia la revolución,* del canadiense Adrian Schubert; *La revolución española,* en un ejemplar que el periodista e historiador británico Burnett Bolloten le dedicó en 1980; la conocidísima *The Spanish Civil War,* de Hugh Thomas (en edición inglesa de 1961); *Spain's first democracy: the Second Republic, 1931-1936,* del estadounidense Stanley G. Payne, y también su obra *The collapse of the Spanish Republic; La guerre d'Espagne,* del insigne historiador francés Pierre Vilar; *La guerre d'Espagne et ses lendemains,* de otro conocido hispanista galo, Bartolomé Bennasar; *La guerra civil española,* del historiador militar británico Antony Beevor; la voluminosa biografía *Franco,* de Paul Preston, buena parte de la cual se centra en el papel del dictador en la Segunda Guerra Mundial; o la muy reciente *A new international history of the Spanish Civil War,* de Michael Alpert, cuya presencia demuestra un interés sostenido a lo largo de muchas décadas.

En contraste con lo anterior, sorprende, quizás, la relativa escasez de títulos de expertos españoles sobre la Segunda República y la Guerra Civil, salvo alguna obra de divulgación, como la *Historia de la Guerra Civil: perspectivas y antecedentes, 1898-1936,* de Ricardo de la Cierva, u otras más especializadas, como el influyente estudio (en círculos académicos) del prematuramente fallecido Santiago Varela, *El problema regional en la Segunda República,* el trabajo de Raúl Morodo (dedicado por el autor) sobre *Acción Española. Orígenes ideológicos del franquismo,* el estudio de José María Borrás sobre *Francia ante la Guerra Civil española,* o *La internacionalización de la guerra civil española,* del diplomático Fernando Schwartz. Por ello mismo resulta llamativa la presencia de nada menos que nueve obras del controvertido Pío Moa, entre ellas *Los orígenes de la Guerra Civil Española* (1999); *Los personajes de la República vistos por ellos mismos* (2000); *El derrumbe de la Segunda República y la Guerra Civil* (2001), y *1934: Comienza la Guerra Civil. El PSOE y la Esquerra emprenden la contienda* (2004), abundancia que seguramente refleja sobre todo la curiosidad que suscitó en él la polémica —más mediática que académica— provocada por la publicación de estas obras. También nos consta que le interesó *La guerra que ganó Franco. Historia militar de la guerra civil española* (2006), del no menos controvertido historiador y periodista Cesar Vidal.

Sea como fuere, en este apartado se detecta una vez más el interés de Calvo-Sotelo por los géneros biográfico y autobiográfico, representados aquí por libros como la *Misión de Guerra en España,* del embajador estadounidense Carlton Hayes, la *Embajada en España* del italiano Roberto Cantalupo (texto que recordaría en 2005 a la hora de preparar su discurso de recepción en la Real Academia de Ciencias Morales y Políticas, por sus comentarios sobre la tradicional neutralidad española), y los recuerdos del también italiano (pero en este caso brigadista socialista) Pietro Nenni, *La guerre d'Espagne;* o las obras de políticos como Ramón Serrano Súñer (*Memorias*); José María Gil Robles (*No fue posible la paz*); Manuel Portela Valladares, (*Memorias: Dentro del drama español);* Diego Martínez Barrio (*Memorias*); Indalecio Prieto (*De mi vida*); Luis Araquistáin (*Sobre la Guerra Civil y en la emigración*); Julián Zugazagoitia (*Guerra y vicisitudes de los españoles*), autor, a su vez, de una de las primeras biografías del fundador del socialismo español, *Pablo Iglesias. De su vida y de su obra* (1969), que también figura en la biblioteca; *El pensamiento político de Julián Besteiro* (1974), de Andrés Saborit, y, cómo no, Manuel Azaña (*Obras Completas*). Si acaso, sorprende constatar la escasez de referencias a Azaña en los artículos, entrevistas y conversaciones publicadas con Calvo-Sotelo a lo largo de su vida, y no solo a su trayectoria política sino también a su obra literaria, lo cual en ningún caso significa que la desconociera o menospreciara. Prueba de ello es la valoración muy positiva que hizo de la traducción de Azaña de una obra clásica de la literatura de viajes, *La Biblia en España,* de George Borrow (o «don Jorgito el inglés»), con ocasión de la presentación de la obra colectiva *Pensando en Asturias*[26].

El tiempo histórico vivido: libros sobre el franquismo.

A decir del historiador británico Eric Hobsbawn —representado en la biblioteca de Calvo-Sotelo por su influyente obra *Age of Extremes. The short twentieth Century 1914-1991*— lo que la historiografía ha dado en definir como «Historia del Tiempo Presente» se refiere al tiempo histórico que ha sido vivido en primera persona por el historiador o por su generación. Traemos este concepto a colación para subrayar que, a diferencia de otras épocas, para Calvo-Sotelo el franquismo no fue una etapa histórica más,

---

[26] L. Calvo-Sotelo, *Papeles de un cesante. La política desde la barrera,* pp. 295-296.

que pudiese conocerse principalmente a través de los libros —que también— sino que fue «historia vivida». En cierto sentido, cabe afirmar que la historia se cruzó en su camino en 1966, fecha en la que Pemán le escribió para invitarle a incorporarse al Consejo Privado de don Juan, al que ya pertenecía su tío el dramaturgo Joaquín Calvo-Sotelo. Como él mismo explicaría mucho tiempo después, el Consejo no era «como un consejo de ministros en el exilio», sino más bien un grupo de monárquicos de muy distinta ideología, a pesar de lo cual declinó la invitación porque tenía «una imagen muy conservadora, muy de grandes nombres y de títulos nobiliarios, muy antigua»[27].

Por aquellas fechas, algunas de las jóvenes promesas a quienes Calvo-Sotelo había tratado desde su juventud —Manuel Fraga, que le dedicó un ejemplar de *Política y Economía* (1962); Fernández de la Mora, autor de *El crepúsculo de las ideologías* (1965), o Silva Muñoz— comenzaron a ocupar puestos de relevancia política, como resultado de lo cual él mismo pasaría de la esfera estrictamente privada a la pública. Animado por sus amistades políticas, en 1967 se presentó sin éxito a la elección como procurador familiar por la provincia de Lugo, siendo derrotado por Antonio Rosón (que luego sería elegido diputado por la misma circunscripción en las listas de UCD), pero su viejo amigo Silva Muñoz, ministro de Obras Públicas, le nombró presidente de RENFE en julio de ese año, puesto que abandonaría en 1968, y en el que le sustituiría otro viejo conocido, Osorio.

A pesar de lo breve de este paso por el sector público y su rápido regreso al privado, su presencia al frente de RENFE y el escaño que ocupó en las Cortes desde finales de 1971 hasta la muerte de Franco como representante de los empresarios del sindicato nacional de industrias químicas le permitió un contacto más estrecho con la élite política del régimen. De esa época data algún intento suyo frustrado de poner de acuerdo a los notables que, como él, se desesperaban ante la escasa evolución del mismo, y también una mayor presencia en los medios de comunicación. Un buen ejemplo de lo primero fue la cena organizada por Calvo-Sotelo en junio de 1970, con presencia de Pío Cabanillas, Fraga, Osorio, y Silva Muñoz, entre otros, en la que ofrecieron a éste último —a quien el anfitrión llamaba jocosamente «monseñor»— un liderazgo de

---

[27] T. Burns Marañón, *Conversaciones con el Rey,* pp. 362-363.

las huestes reformistas que no quiso aceptar[28]. Y como botón de muestra de lo segundo, basta citar su participación en el debate celebrado en *ABC,* en abril de 1971, en torno al libro de Laureano López Rodó, *Política y Desarrollo,* sobre el que afirmó que el autor, «al enfrentarse con un país anárquico geográfica, económica y políticamente, ha querido poner orden sujetándolo en los dos primeros aspectos a una planificación rigurosa, como es necesario sujetarlo en el aspecto político a unas instituciones sólidas y estables»[29]. En suma, para entonces Calvo-Sotelo había dejado de ser un mero espectador —aunque privilegiado— de la vida política española para comenzar a convertirse en protagonista —aunque todavía secundario— de la misma[30].

Tiene, sin duda, especial interés indagar sobre las lecturas políticas españolas de Calvo-Sotelo durante el tardofranquismo, y sobre todo, durante sus años de actividad política más intensa. A título general, puede afirmarse que, una vez más, nos encontramos con un panorama caracterizado por la variedad y el eclecticismo. En 1969 —y antes, por lo tanto, de que apareciera la edición de Ruedo Ibérico— adquirió la *Histoire de l'Espagne franquiste,* del prolífico periodista e historiador socialista francés Max Gallo; *Franco: historia y biografía,* de Brian Crozier, posiblemente la visión más favorable al dictador jamás publicada por un autor extranjero; el célebre libro de entrevistas del filósofo e ingeniero Salvador Paniker, *Conversaciones en Madrid;* y el best-seller del periodista Joaquín Bardavío, *La estructura del poder en España,* entre otros. El año siguiente adquirió *Mi viaje a la Rusia sovietista,* de Fernando de los Ríos, y *Contro Franco,* texto traducido al italiano del sociólogo y escritor comunista Sergio Vilar, que se había visto

---

[28] M. Fraga Iribarne, *Memoria breve de una vida pública,* p. 26. Al parecer, no era el primer intento: en diciembre de 1969 Silva Muñoz anotó en su diario: «como con (Manuel) Fanjul, Leopoldo Calvo-Sotelo y (Luis) Jáudenes. Están organizando una especie de partido político que se llamará "Acción Política" o "Democracia Social" y me ofrecen la jefatura del partido. Yo se lo agradezco». F. Silva Muñoz, *Memorias,* p. 272.

[29] L. López Rodó, *El principio del fin. Memorias,* p. 172. En la biblioteca de Calvo-Sotelo se encuentra un ejemplar de *Política y Desarrollo* con una dedicatoria del autor fechada el 6 de enero de 1971.

[30] El padre de los planes de desarrollo ha narrado, no sin cierta malicia, que el procurador Fernando Bau Carpi le comentó a finales de 1971 que Calvo-Sotelo le había confiado que «si Fraga es presidente del gobierno, yo seré ministro de Obras Públicas». L. López Rodó, *El principio del fin. Memorias,* p. 230.

obligado a exiliarse un año antes por su militancia anti-franquista. De 1971 datan obras como *El desarrollo político,* libro en el que Fraga comenzó a defender su programa reformista y centrista para el post-franquismo; *Tragedia del socialismo español,* del falangista socialdemócrata Manuel Cantarero del Castillo; y *Los orígenes del pensamiento reaccionario español,* de Javier Herrero. Curiosamente —y es sin duda un dato ilustrativo de la peculiar naturaleza del régimen franquista— en 1972 pudo incorporar a su biblioteca los trabajos de cuatro de los siete futuros ponentes constitucionales: *El principio monárquico,* de Miguel Herrero de Miñón, la *Introducción al régimen político español* de Jordi (entonces Jorge) Solé Tura, *Persona, sociedad, estado,* de Gregorio Peces-Barba, y *La España del futuro y la Monarquía,* de Fraga. Este último aprovechó su estancia en la embajada de España en Londres —a la que acudió en alguna ocasión Calvo-Sotelo para entrevistarse con él— para recopilar sus artículos y conferencias, algunas de las cuales verían la luz en 1973, en el libro *Sociedad, Región, Europa,* y *Legitimidad y Representación.* En ese año también se publicaron otros libros que adquiere enseguida Calvo-Sotelo: *Ejército y sociedad,* del teniente general Manuel Díez Alegría, sin duda el militar español más respetado de la época, al menos por los partidarios de la democratización; *Entre literatura y política,* de Dionisio Ridruejo, que por aquel entonces encabezaba un pequeño grupo de filiación socialdemócrata; *Cartas al Rey,* del sibilino y siempre bien informado Emilio Romero, director del diario *Pueblo; Desarrollo político y constitución española,* de Jorge de Esteban, un influyente informe sobre la posible utilización de las Leyes Fundamentales para impulsar una democratización gradual del régimen; y la tesis doctoral del sociólogo Emilio Lamo de Espinosa, *Filosofía y política en Julián Besteiro,* con quien coincidiría décadas después en la Fundación José Ortega y Gasset, y cuyo hermano Jaime, uno de los más respetados ingenieros agrónomos de España, colaboraría estrechamente con Calvo-Sotelo como ministro de Agricultura y ministro adjunto a la Presidencia.

Dada la militancia política de su padre, la importancia que siempre atribuyó a sus propias creencias religiosas y su participación en grupos de pensamiento católico en su juventud, Calvo-Sotelo habría tenido motivos más que suficientes para identificarse con la democracia cristiana. Sin embargo, siempre le produjo cierto rechazo la utilización política de la religión, y a pesar de su proximidad personal y política a Silva Muñoz a finales de los años sesenta, nunca se identificó con esta corriente. Más adelante, participaría en algunas reuniones del grupo *Tácito,* surgido en 1973 al amparo de la ACNdP como respuesta al creciente inmovilismo del régimen, y al que pertenecieron muchos futuros compañeros de gobierno y correligionarios de UCD, pero fue precisamente su excesivo cariz democristiano lo que evitó que se implicara a fondo. Sea como fuere, resulta revelador que por aquel entonces comprara un libro que causó cierto revuelo, *La Asociación Católica Nacional de Propagandistas* (1974), publicado por A. Sáez Alba en Ruedo Ibérico, y también dos trabajos más académicos, a cargo de dos jóvenes democristianos con los que luego tendría cierta relación: *La primera democracia cristiana en España* (1973), de Óscar Alzaga, y la *Historia de la Democracia Cristiana en España* (1974), de Javier Tusell. Lamentablemente, no nos consta la opinión que le pudiera merecer el sugerente trabajo *El sistema de partidos en España* (1974), de un politólogo a quien sin duda admiraba, Juan J. Linz, que, extrapolando de la experiencia histórica italiana, concluía que una futura democracia española estaría dominada por un gran partido socialista y otro de centro-derecha, de orientación democristiana. La lista de títulos adquiridos en 1974 y que tuvieron un gran impacto en aquellos años también incluye *Demain l'Espagne,* de Santiago Carrillo, *¿Franquismo sin Franco?,* de Fernando González Doria, y un buen ejemplo de la «historia inmediata» que se puso muy de moda por aquel entonces, *La crisis: historia de quince días,* en el que Joaquín Bardavío recreaba minuciosamente el asesinato de Carrero Blanco a manos de la organización terrorista ETA.

El último año de la vida de Franco fue políticamente muy intenso para Calvo-Sotelo, que participó activamente en el lanzamiento de FEDISA, una plataforma reformista concebida para denunciar la insuficiencia del Estatuto de Asociaciones y el fracaso de la apertura prometida por Carlos Arias Navarro y su «espíritu del 12 de febrero». El principal impulsor de este grupo, Fraga, publicó ese año *Un objetivo nacional,* que no era sino el programa político que pretendía implementar cuando accediese a la presidencia del gobierno tras la muerte de Franco. Calvo-Sotelo también adquirió *La lucha por la democracia en España,* de José A. González Casanova; *El primer nacionalismo vasco,* del constitucionalista Juan José Solozábal; las *Reflexiones sobre España* de José Antonio Girón de Velasco, cabeza visible de lo que entonces se denominaba el «bunker»; *Un proyecto de democracia para el futuro de España,* del economista (entonces comunista) Ramón Tamames; y, de forma quizás premonitoria, una antología del *Pensamiento político de Franco.*

El político lector: las lecturas de la Transición

Muerto el dictador, en diciembre de 1975 Calvo-Sotelo fue nombrado ministro de Comercio en el primer gobierno de la Monarquía. El puesto no tenía un perfil excesivamente político, pero durante los primeros meses de 1976 el flamante ministro tuvo ocasión de manifestar su desacuerdo con la llamada reforma Arias-Fraga. Así, no dudó en preguntar al general Fernando de Santiago y al almirante Gabriel Pita da Veiga en pleno consejo de ministros: «¿Cómo pueden ustedes pedir que la futura Constitución española consagre, sin revisión posible, el texto de un francés hereje, y probablemente masón?», explicándoles a continuación, con su proverbial ironía, que la expresión «unidad de destino en lo universal», contenida en la Ley de Principios Fundamentales, no era sino «la mala traducción de un texto famoso de Renan»[31]. Su paso por el consejo tuvo al menos el aliciente de permitirle entablar una relación de amistad y compañerismo con Adolfo Suárez, que le nombró ministro de Obras Públicas cuando fue elevado a la presidencia del gobierno en julio de ese mismo año.

A pesar de sus múltiples ocupaciones, las lecturas de Calvo-Sotelo a lo largo de 1976 reflejan un creciente interés por conocer de primera mano los proyectos políticos de los futuros candidatos a las primeras elecciones democráticas. Entre otras obras adquiridas entonces cabe mencionar *España y el socialismo,* de Enrique Tierno Galván, que entonces lideraba el Partido Socialista Popular; *El precio de la libertad,* del nacionalista catalán (supuestamente moderado) Ramón Trías Fargas; *¿Qué es el socialismo?,* del joven secretario general del PSOE, Felipe González; *Una política para España,* de su futuro correligionario, el liberal Joaquín Garrigues Walker; *¿A dónde vas España?,* de Ramón Tamames, que pronto sería diputado del PCE; *La monarquía por la que yo luché,* de José María Gil Robles, unas memorias parciales que también podían leerse en clave pre-electoral; *El resurgir del movimiento obrero,* del entonces dirigente de Comisiones Obreras, Nicolás Sartorius; y *España en la encrucijada,* del incansable Fraga, que tras su salida

---

[31] L. CALVO-SOTELO, *Memoria viva de la transición,* p. 20. En la biblioteca de Calvo-Sotelo se encuentran varios volúmenes de E. RENAN, incluidos las *Oeuvres complètes* (1949) y *¿Qué es una nación?* (1957).

del gobierno Arias se retiró a Galicia para planificar el nacimiento de lo que luego sería Alianza Popular.

Calvo-Sotelo no tuvo un papel destacado en la elaboración ni aprobación de la Ley para la Reforma Política, a pesar de lo cual Suárez le confió la tarea de negociar el acuerdo que daría lugar al nacimiento de la coalición de Unión de Centro Democrático en mayo de 1977, para lo cual tuvo que abandonar el gobierno poco antes de las elecciones. Ignoro si, con tal motivo, le vinieron a la mente sus lecturas sobre el proceso del «encasillado» propio de las elecciones de la Restauración, pero la tarea de cerrar casi medio centenar de listas provinciales formadas por candidatos generalmente desconocidos provenientes de una docena de formaciones políticas en apenas unas semanas fue sin duda digna de un Romanones. Uno de los acontecimientos más decisivos de ese año fue obviamente la legalización del PCE, que Calvo-Sotelo apoyó sin titubeos, actitud en la que posiblemente influyera la lectura tanto de *Eurocomunismo y Estado,* de Santiago Carrillo, como de la *Autobiografía de Federico Sánchez,* escrita por uno de sus críticos más implacables, Jorge Semprún. Sin embargo, dada la decisión de Suárez de excluirle del primer gobierno salido de las urnas en cuarenta años, quizás le consolara más la adquisición de lo que él mismo ha calificado de «libro delicioso», *La comédie du pouvoir,* de la directora de *L'Express* (y futura ministra de Valéry Giscard d'Estaing), Françoise Giroud[32].

La curiosidad intelectual de un gran viajero europeo, y el predominio de lo francés

Los párrafos que anteceden podrían inducir a pensar que Calvo-Sotelo fue un «ingeniero humanista» con un buen conocimiento de la historia política de su país, impresión que, siendo cierta, resultaría incompleta. Efectivamente, uno de los rasgos más interesantes y sorprendentes de la biblioteca de Calvo-Sotelo probablemente sea la abundancia de textos extranjeros sobre la historia, la política y los políticos de otros países europeos, adquiridos a lo largo de toda una vida, pero con especial intensidad en las décadas de los sesenta

---

[32] L. CALVO-SOTELO, *Papeles de un cesante. La política desde la barrera,* p. 264.

y setenta, cuando en España todavía sobrevivía la dictadura. Como veremos a continuación, la temática tratada es extraordinariamente amplia, aunque cabe señalar un interés recurrente por la historia institucional y los sistemas políticos, las ideologías y los debates ideológicos, y las grandes figuras políticas de cada época.

Una de las claves imprescindibles para comprender la elección de las obras que comentaremos a continuación es, sin duda, la curiosidad intelectual y vital que hizo de Calvo-Sotelo un viajero impenitente desde los años cincuenta, y las posibilidades que tuvo de viajar por toda Europa por motivos profesionales, de tal modo que, como ha explicado su hijo Leopoldo, «desde su juventud tuvo mi padre amigos extranjeros y se encontraba bien fuera de nuestras fronteras»[33]. A pesar de lo numeroso de su prole, durante las vacaciones de verano siempre procuró salir fuera de España en familia, logrando que estos viajes —que venían precedidos de las lecturas pertinentes— contribuyeran de forma natural al proceso de formación de sus hijos. Según ha comentado la misma fuente, «siempre se preocupaba de hacernos admirar lo mucho de admirable que había en los grandes países que visitábamos: la claridad verbal de los franceses, la inteligencia irónica y cordial de los italianos, la alegría y la potencia de los alemanes».

Observará el lector que no se menciona en esta breve lista a los británicos, pueblo cuya cultura y costumbres también interesaron siempre a Calvo-Sotelo, sin que llegara a conocerlos tan a fondo como los de los otros países mencionados. A pesar de ello, su hijo mayor ha observado con acierto que su padre puede considerarse, en frase de G. K. Chesterton, un «*philanderer of the nations*», o lo que es lo mismo, un galanteador de las naciones[34]. A ello contribuyó sin duda su conocimiento de varios idiomas; como él mismo ha explicado, sus frecuentes viajes «por aquel espacio mal conocido que se llamaba genéricamente *el extranjero*» le permitió defenderse en sus primeros trances políticos internacionales «con un francés y un inglés eficaces, ricos en vocabulario aunque pobres en acento, como hechos que estaban más de lecturas que de conversaciones»[35].

---

[33] L. CALVO-SOTELO IBÁÑEZ-MARTÍN, «Conversaciones y viajes con mi padre», *Cuenta y Razón,* segunda etapa, 5, noviembre-diciembre de 2008, p. 33.

[34] *Ibid.,* p. 33. «Las gentes de mi generación», explicaría en 1995, «aprendimos francés antes que inglés; mucho he lamentado esta asimetría en mi formación libresca». L. CALVO-SOTELO, *Papeles de un cesante. La política desde la barrera,* p. 275.

[35] L. CALVO-SOTELO BUSTELO, *Sobre la transición exterior,* p. 45.

Como seguramente correspondía a un español de su generación y formación, el país europeo cuya historia y política mejor conoció Calvo-Sotelo fue sin duda Francia[36]. Sobre la primera, relacionados con el siglo XVIII, nos encontramos en su biblioteca títulos como el del historiador conservador Pierre Gaxotte, *La revolución francesa* (1942), conocido por su reivindicación del Antiguo Régimen; *Les Jacobins,* de Gaston Martin (1963); *La entrega de la Bastilla* (1968) del Marqués de Quintanar o *Penser la révolution française* (1978), de François Furet, uno de los grandes historiadores políticos franceses del siglo pasado.

Sobre el siglo XIX, amén de los numerosos títulos sobre Napoleón, reflejo de una afición a la que ya se hizo referencia, su biblioteca alberga títulos como *Les origines de la France contemporaine,* de Hippolyte Taine (en edición de 1922); *La Tercera República* (1940), del ya mencionado Bainville; *Le temps des révolutions, 1787-1870* (1968), de Françoise G. Dreyfus; *Prologue à notre siècle, 1817-1918* (1969), de Albert Jourcin, y *La troisième république,* de Paul Bouju y Henri Dubois (1971).

Pasando al siglo XX, nos encontramos con obras de temática muy variada, algunas de las cuales pertenecieron a la biblioteca paterna, como los recuerdos del padre Félix Klein sobre la Primera Guerra Mundial, *La guerre vue d'une ambulance* (1915), *Le memorial de Foch. Mes entretiens avec le maréchal* (1929), de Raymond Recouly o *Le 11 novembre* (1932), del General Weygand. También se encuentran obras más recientes, como las *Mémoires de guerre* (1956) de Charles de Gaulle, a las que luego sumaría sus *Mémoires d'espoir* (1970) y los *Discours et messages* (1979); *De Gaulle dans la République* (1958), del veterano de la Resistencia Léo Hamon, uno de los hombres de confianza del general; *La seconde guerre mondiale* (1970), de Roger Cere; *La première guerre mondiale* (1971), del historiador internacional Pierre Renouvin; *La droite en France de 1789 à nos jours* (1973), de Jean-Christian Petitfils; la biografía *Léon Blum* (1977), de Jean Lacouture; *Bandoung et le réveil des peuples colonisés* (1976), de Odette Guitard; *Pétain et le régime de Vichy,* de Henri Michel; *La crise de 1929* (1985), de Bernard

---

[36] En 1995 afirmaría sin exageración alguna que «varios cientos de volúmenes en mi biblioteca dan fe todavía del afrancesamiento cultural que he profesado, por encima de las creencias contrarias que dejara en mí de la escuela primaria el Dos de Mayo». L. CALVO-SOTELO, *Papeles de un cesante. La política desde la barrera,* p. 275.

Gazier; *De Gaulle* (1986), del ya mencionado Lacouture, que pasó de ser uno de los grandes detractores del general a un rendido admirador; *Le traité de Versailles* (1998), de Jean-Jacques Becker; *De Gaulle et Churchill: la mésentente cordiale* (2003), de Francois Kersaudy; y una obra muy reciente, *La Guerre d'Algérie* (2007), de Guy Pervillé.

Sin embargo, lo más llamativo de la biblioteca de Calvo-Sotelo en este ámbito es sin duda la presencia de una notable colección de obras —insólita por su tamaño y variedad para una biblioteca española particular de la época— sobre la vida política francesa, escritas por políticos y periodistas de muy diversa ideología y militancia, que se inicia con la transición de la Cuarta a la Quinta República, adquiere especial densidad a partir de los acontecimientos de 1968 y en los años setenta, y va perdiendo consistencia en los ochenta y noventa. La colección arranca con títulos como *Le drame algérien et la décadence française* (1957) del político centrista Jacques Soustelle, que rompió con De Gaulle a raíz de la concesión de la independencia a Argelia; *Le socialisme trahi* (1957), del socialista André Philip; *Oú va la droite?* (1958), del polemista Paul Sérant; *La prochaine République sera-t-élle républicaine?* (1958), de un conocido veterano de la Resistencia, Maxime Blocq-Mascart; y *Risques et chances de la Vème République,* del periodista Pierre Viansson-Ponté, autor de un famoso artículo titulado «Cuando Francia se aburre», publicado a principios de 1968, y considerado por algunos como uno de los detonantes del mayo francés.

La década de los sesenta está representada por obras como *Plaidoyer pour l'avenir* (1961), del ingeniero Louis Armand, que tras presidir los ferrocarriles franceses sería uno de los fundadores del Euratom; *La république moderne* (1962), del ex primer ministro Pierre Mendès France; *Introduction à la politique* (1964), del más conocido de los politólogos franceses, Maurice Duverger; *Le socialisme et l'Europe* (1965), de Claude Bruclain; *Sur le gaullisme* (1967), del incombustible Michel Debré, ex primer ministro de De Gaulle; *Être ministre* (1967), del ex ministro de justicia Bernard Chenot; el célebre *Le défi américain* (1967), de Jean-Jacques Servan-Schreiber, el ensayo político de mayor éxito en la historia editorial francesa, escrito por el fundador de *L'Express; Les chances du socialisme* (1968), del ex primer ministro socialista Guy Mollet, firmante de los Tratados de Roma en 1957; *Gauchisme, réformisme et révolution* (1968), del prolífico periodista e historiador Max Gallo, todavía militante comunista por aquellas fechas; *La révolution introuvable. Réflexions sur la révolution de mai* (1968), del liberal Raymond Aron, uno de los pensadores franceses que más interesó a Calvo-Sotelo a lo largo de su vida, y de quien también leería su *En defensa de la libertad y de la Europa liberal* (1977) y sus *Mémoires* (1983); *L'avenir du parti communiste français* (1969), del secretario general del PCF, Waldeck Rochet; *L'anti De Gaulle* (1969), un furibundo ataque contra Georges Pompidou a cargo de un antiguo correligionario, Louis Vallon; y *Toute la verité* (1970), de Roger Garaudy, una denuncia del estalinismo del PCF por parte de un veterano militante que sería expulsado del partido poco después, y que contenía información interesante sobre los esfuerzos del PCE por independizarse de Moscú tras la invasión de Checoslovaquia.

A lo largo de la década de los setenta, Calvo-Sotelo adquirió obras como *Les français et leur parlement* (1972), del experto en derecho parlamentario Pierre Avril; *Le défi démocratique* (1973), del dirigente del PCF, Georges Marchais; *Pour un nouveau contrat social* (1973), del gaullista Edgar Faure; *L'anti-économique* (1974), de Jacques Attali, economista y asesor áulico del futuro presidente François Mitterrand; *Conduire le changement* (1975), de Michel Poniatowski, por aquel entonces ministro del Interior; *Le mal français* (1976), del notable político Alain Peyrefitte, más conocido por su ensayo *Quand la Chine s'éveillera... le monde tremblera,* en el que predijo acertadamente el resurgimiento del coloso oriental al que hoy asistimos; *La tentation totalitaire* (1976), del liberal Jean-François Revel, autor al que Calvo-Sotelo trató personalmente y que le dedicó un ejemplar de *La grâce de l'état* (1981), y cuyas obras *Comment les démocraties finissent* (1983), *Le rejet de l'état* (1984), *Le regain démocratique* (1992) y sus excelentes *Memorias: el ladrón en la casa vacía* (2007) también figuran en su biblioteca; y *Une idée qui s'incarne* (1978), de Claude Cheysson, a quien luego trataría como ministro de asuntos exteriores cuando ocupó la Moncloa.

Este conocimiento exhaustivo de la vida política gala sin duda le resultó extraordinariamente útil a Calvo-Sotelo cuando Suárez le nombró ministro para las Relaciones con las Comunidades Europeas en febrero de 1978, puesto en el que permaneció dos años y medio, y que le permitió tratar con asiduidad a los políticos más relevantes de Francia, con resultados no siempre positivos. A su entender, el país vecino «condujo siempre la negociación con España al ritmo que marcaba su calendario electoral; en cualquier obstáculo aparecía siempre una *French connection*»; de ahí que, haciendo gala de su tradicional habilidad verbal, afirmase mucho después que la historia de las negociaciones comunitarias era en realidad «la crónica del mal francés»[37]. En 1976, Calvo-Sotelo ya había leído *La démocratie française,* del presidente francés Valéry Giscard d'Estaing (1974-1981), cuya visita oficial a Madrid en junio de 1978 se produjo al poco tiempo de su propio nombramiento, y de quien también leería *L'état de la France* (1981) y sus memorias, *Le pouvoir et la vie* (1988 y 1991), sobre cuyo primer volumen escribió una excelente reseña en la revista *Saber Leer,* de la Fundación Juan March[38]. A decir de Calvo-Sotelo, «la actitud de Francia respecto a la adhesión de España colgaba directamente de las posiciones personales de Giscard», que no tardó en dar señales de padecer «el que se llamó entonces "síndrome de Luis XIV", que le llevaba a mirar a la nueva España democrática casi como si fuese un protectorado francés»[39]. Al igual que a otros responsables políticos españoles de la época, lo que más irritó a Calvo-Sotelo no fue tanto la actitud poco amistosa de Francia en relación con las negociaciones para la adhesión a la Comunidad, que también, sino su escasa colaboración en la lucha contra el terrorismo etarra, asunto que analizaría años después Sagrario Morán en *ETA entre España y Francia* (1997), obra que también consta en su biblioteca[40]. Sin embargo, y como reconocería Calvo-Sotelo en la reseña antes citada, Giscard también supo intuir algo de la grandeza del proceso democratizador español: observando al rey departiendo distendidamente con Suárez, González y Carrillo en la recepción celebrada en Aranjuez con ocasión de su visita oficial, se preguntaría

---

[37] L. CALVO-SOTELO, *Memoria viva de la transición,* p. 151, e ÍD., *Papeles de un cesante. La política desde la barrera,* p. 276.

[38] «El extraño caso de M. Giscard», recogido en L. CALVO-SOTELO, *Papeles de un cesante. La política desde la barrera,* pp. 173-185.

[39] L. CALVO-SOTELO, *Memoria viva de la transición,* p. 153. El 16 de noviembre de 2005, con ocasión de una visita de Giscard a Madrid, Calvo-Sotelo acudió a un almuerzo celebrado en su honor en el Real Instituto Elcano, institución de la que era patrono. Giscard estuvo cortés, incluso simpático, pero el ex presidente español le trató con estudiada frialdad.

[40] En 1979, al entregarle una lista de nombres y domicilios de etarras residentes en el País Vasco francés al ministro de Asuntos Exteriores, Jean François-Poncet, éste le contestó «en el tono educado y frívolo de una reunión social: "Mi querido colega, *je suis désolé,* pero debo recordarle que Francia es un país de asilo desde la Revolución, y que debemos hacer honor a nuestros compromisos con los refugiados que han confiado en nuestras leyes"». L. CALVO-SOTELO, *Papeles de un cesante. La política desde la barrera,* p. 277.

en sus memorias: «¿Quién podría imaginar en Francia una reunión semejante?»[41]. Por otro lado, Giscard tuvo al menos la cortesía de comentarle en una ocasión, en respuesta a sus excusas por la escasa calidad de su francés, que «lo que le pasa a usted, según me dicen colaboradores míos, no es que hable mal el francés, sino que habla demasiado bien el español»[42].

Como ministro encargado de las negociaciones para la adhesión de España a la Comunidad, también conoció al ex primer ministro francés, Jacques Chirac, autor de *La lueur de l'espérance, réflexion du soir pour le matin* (1978), y sobre todo al sucesor de éste, Raymond Barre, que le dedicaría un ejemplar de su libro *Une politique pour l'avenir* (1981). Calvo-Sotelo entabló una buena amistad con otro protagonista destacado de la relación bilateral, Jean-François Deniau, embajador de Francia en Madrid (1976-1977) y autor de *L'Europe interdite* (1977), del que existe un ejemplar dedicado en su biblioteca. En 1978 Deniau fue elegido diputado en las listas de la UDF, puesto desde el que seguiría tratando asiduamente a Calvo-Sotelo. Tan buena fue la relación con este notable y polifacético enarca, uno de los autores del preámbulo del Tratado de Roma, que más adelante Calvo-Sotelo escribiría el prólogo a la versión española del libro antes mencionado, *Europa, un continente por descubrir* (1982). Durante estos años también adquirió *La France au bois dormant* (1978), del director del diario *Le Monde,* André Fontaine; *Ce qui ne peut plus durer dans le parti communiste* (1978), del filósofo marxista Louis Althusser; *Et si nous parlions de demain* (1979), del ex ministro de economía de Giscard, Jean-Pierre Fourcade; *L'ère des ruptures* (1979), del conocido periodista Jean Daniel; y *Les idées à l'endroit* (1979) de Alain de Benoist, fundador de la llamada «nueva derecha» francesa.

Calvo-Sotelo siguió muy de cerca la derrota de Giscard d'Estaing y el triunfo de François Mitterrand en las elecciones presidenciales de 1981, que coincidieron con su propia llegada a la Moncloa, y las consecuencias que ello tuvo para la vida política

---

[41] L. Calvo-Sotelo, *Papeles de un cesante. La política desde la barrera,* p. 182.

[42] L. Calvo-Sotelo Bustelo, *Sobre la transición exterior,* p. 45. Cuenta su hijo mayor que, siguiendo a Giscard en un debate televisivo, «tras una parrafada particularmente clara y precisa del presidente francés, mi padre exclamó: "¡Parece que enuncia un teorema de geometría!". Era el mejor elogio que podía hacer». L. Calvo-Sotelo Ibáñez-Martín, «Conversaciones y viajes con mi padre», *Cuenta y Razón,* segunda etapa, 5, noviembre-diciembre de 2008, p. 30.

francesa. Varios años antes de conocerle personalmente, o de leer su obra *Aquí y ahora* (1981), ya había adquirido *La paille et le grain* (1975), y también *François Mitterrand ou la tentation de l'histoire* (1977), de un periodista del *Nouvel Observateur,* Franz-Olivier Giesbert, que años después publicaría una excelente biografía, *Le président* (1990). Tanto le gustó a Calvo-Sotelo este trabajo que accedió a escribir el prólogo a la versión española (1991), y que titularía —una vez más, el guiño orteguiano— «Mitterrand o el político»[43]. Posteriormente, el mismo autor publicaría *La tragédie du Président. Scènes de la vie politique, 1986-2006* (2006), que también consta en la biblioteca de Calvo-Sotelo. Siendo presidente del gobierno, durante una visita a París tuvo ocasión de comentarle a Mitterrand, con quien tuvo mucha mejor relación que con Giscard, como demuestra el hecho de que le dedicara un ejemplar de su libro *Politique* (1977), que recibía en la Moncloa al jefe de la oposición por lo menos una vez al mes, y que además hablaba con él frecuentemente en los pasillos del Congreso, a lo que el presidente francés contestó asombrado que «durante los siete años de la presidencia de Giscard, sólo me invitó una vez al Elíseo, hacia el final de su mandato, y preferí no aceptar la invitación»[44].

De los ochenta datan asimismo adquisiciones como la ya citada *Une politique pour l'avenir* (1981) y *Réflexions pour demain* (1984), de Raymond Barre; un ejemplar dedicado de *C'est ici le chemin* (1982), de Pierre Mauroy, el primer jefe de gobierno de Mitterrand, a quien sucedería el dirigente socialista Laurent Fabius, que pasaría revista a estos años en *Les blessures de la vérité* (1995). En 1986 el incombustible Chirac volvería a ocupar la jefatura del gobierno, estrenando, por vez primera en la Quinta República, el fenómeno de la cohabitación, asunto estudiado por Duverger en *Bréviaire de la cohabitation* (1986) y *La cohabitation des français* (1987), y también por François Furet, Jacques Julliard y Pierre Rosanvallon en *La République du Centre. La fin de l'exception française* (1988). Tras vencer Mitterrand sus segundas elecciones presidenciales en 1988, resultado que Calvo-Sotelo atribuyó a «su extraordinario talento», Chirac fue sustituido por el socialista Michel Rocard, quien publicó

---

[43] «Mitterrand o el político», recogido en L. Calvo-Sotelo, *Papeles de un cesante. La política desde la barrera,* pp. 188-196.

[44] L. Calvo-Sotelo, *Papeles de un cesante. La política desde la barrera,* pp. 183 y 191-192.

ese mismo año *Le coeur à l'ouvrage.* A ojos del político español, el gaullista más interesante de la época posiblemente fuese Philippe Seguin, autor de *Discours pour la France* (1992), a pesar de lo cual, y contra todo pronóstico, Chirac no le nombró jefe del gobierno cuando se alzó finalmente con la presidencia en 1995. Ese mismo año, Calvo-Sotelo reconocería públicamente, y no sin amargura, que «durante la Transición política vi primero en Francia al protector, luego quise ver al amigo, y finalmente hube de aceptar al adversario»[45].

Otras Europas: el interés por Italia, Alemania, el Reino Unido y Portugal

Aunque el protagonismo de Italia en las negociaciones de España con la Comunidad Europea no pueda compararse con el de Francia, tampoco fue irrelevante, y Calvo-Sotelo sin duda aprovechó su puesto para acrecentar su conocimiento de la vida política de un país por el que siempre sintió cierta debilidad, y al que había viajado con frecuencia por motivos profesionales[46]. En 1977 ya había adquirido *Accadde in Italia,* del director de La Stampa, Alberto Ronchey; *L'Italia in camicia nera,* del gran periodista Indro Montanelli, que había fundado *Il Giornale* tras abandonar *Il Corriere della Sera* en 1974, y que fue tiroteado en las piernas por las Brigadas Rojas por ser «un esclavo de las multinacionales»; y dos libros de actualidad: la *Intervista sul capitalismo italiano* con Guido Carli realizada por Eugenio Scalfari, y la *Intervista sul socialismo italiano* con Pietro Nenni, efectuada por Giuseppe Tamburrano. Una vez instalado en el Palacio de la Trinidad, Calvo-Sotelo tuvo ocasión de familiarizarse con la perspectiva italiana de los problemas comunitarios gracias a títulos como *Comunità Europea e sviluppo del mezzogiorno,* de Vincenzo Guizzi (1978); un ejemplar dedicado por el autor de *Rapporto sull'Europa* (1979), del democristiano Mario Pedini, que había sido ministro de Cultura y lo sería también de Educación; o *Ampliamento della Comunità a Grecia, Portogallo e Spagna* (1979), de Luigi Troiani. Por aquel entonces, Calvo-Sotelo

---

[45] *Ibid.,* p. 275.

[46] M. Gómez Santos, *Conversaciones con Leopoldo Calvo-Sotelo,* p. 20.

también seguía con interés la evolución del comunismo italiano, todavía muy influyente en algunos sectores del PCE, como revela la adquisición de *Il rinnovamento del PCI* (1978), del reformista Giorgio Amendola, o *Il comunismo europeo* (1978), del periodista y europarlamentario Enzo Betizza.

Durante su etapa en la Trinidad, Calvo-Sotelo conoció personalmente al presidente del gobierno italiano, el democristiano Giulio Andreotti (1976-1979), de quien luego adquiriría su *De Gasperi visto da vicino* (1987); a su correligionario el incombustible Amintore Fanfani, que ocuparía en seis ocasiones la presidencia del gobierno italiano, y que le dedicaría un ejemplar de su obra *La DC e la svolta degli anni 80* (1984); y a Lorenzo Natali, entonces vicepresidente de la Comisión Europea, quien también le dedicaría un ejemplar de *La politica mediterranea della Comunità allargata* (1981). El ex presidente seguiría interesándose por la política italiana mucho tiempo después de abandonar la Moncloa, como demuestra la adquisición de obras como *L'Italia scappata di mano* (1995), del politólogo Sergio Romano; *I partiti italiani,* del también politólogo Piero Ignazi (1997), o *Sir Thomas More, santo e martire, patrono dei governanti e dei politici* (2001), del que fuera presidente del gobierno y del Estado, el democristiano Francesco Cossiga.

A lo largo de su dilatada vida profesional, Calvo-Sotelo también había tenido ocasión de visitar con cierta frecuencia otro de los estados fundadores de la Comunidad Europea, Alemania, lo cual despertó en él una cierta curiosidad por la historia de este país, a la que se aproximó a través de obras de autores españoles, franceses y británicos, principalmente, a pesar de que de joven había aprendido algo de alemán. Entre ellas, cabe citar *Muerte y resurrección de Alemania* (1951), de su tío Joaquín Calvo-Sotelo; *El sindicalismo alemán de la postguerra* (1954), de Vicente Marrero Suárez; *The rise and fall of the third reich* (1962), de William Shirer; *Histoire de l'Allemagne* (1970), de Jacques Droz; *Les partis politiques en Allemagne Fédérale* (1973), de Georges Estieverant; *Hitler; el asalto del poder* (1976), del francés Raymond Cartier; *La Europa de Hitler* (1985), de Arnold Toynbee; *France-Allemagne. Le retour de Bismarck* (1990), de Georges Valonces; *Le procès de Nuremberg* (1996), de François de Fontette; y *Nación y nacionalismo en Alemania* (1997), de Joaquín Abellán. Durante sus años en puestos de responsabilidad política, Calvo-Sotelo tuvo ocasión de tratar brevemente al canciller socialdemócrata Helmut Schmidt (1974-1982), a quien visitaría oficialmente en abril de 1981, y de quien diría que «es directo, simpático, hablador, seguro sin vanidad, y tiene en el rostro la huella de las dificultades vencidas»[47]. Algún tiempo después, en sus memorias, *Hombres y poder* (1989), Schmidt se atribuiría cierta responsabilidad por el éxito del proceso democratizador español, aunque realmente fue su sucesor, Helmut Kohl, quien permitió rematar las negociaciones de adhesión de España a la Comunidad.

Aunque evidentemente no compartiera el escaso entusiasmo de la mayoría de sus dirigentes políticos por el proyecto europeo, ni conociera su historia y cultura tan a fondo como las de Francia, Calvo-Sotelo siempre tuvo un gran respeto por el Reino Unido. Al igual que otros muchos dirigentes políticos de inclinaciones conservadoras, admiró profundamente la figura de Winston Churchill, y muy especialmente su actuación durante la Segunda Guerra Mundial, siendo una de las últimas incorporaciones a su biblioteca la obra *Franco frente a Churchill: España y Gran Bretaña en la Segunda Guerra Mundial* (2007) del historiador Enrique Moradiellos.

Sin embargo, fue sobre todo en la década de los setenta cuando se interesó por los entresijos de la vida política británica, como demuestra la presencia en su biblioteca de *Governing Britain* (1970), de Malcolm Walles y A. H. Hanson; *Britain today* (1973), de Richard Musman; *Government, Broadcasting and the Press* (1975) del dirigente laborista Roy Jenkins; o *Britain, Europe and the Third World* (1976), del periodista, diputado y comisario europeo Christopher Tugendhat. Como responsable de la negociación comunitaria, Calvo-Sotelo tuvo ocasión de tratar brevemente al ex primer ministro británico Harold Wilson, quien le confesó en febrero de 1978 que «nunca pude pasar de la primera página de *El Capital*», y que luego narraría sus vivencias en *Final Term. The Labour Government 1974-1976* (1979), y a su ministro de Asuntos Exteriores, David Owen, autor de *A future that will work* (1984), que había abandonado el partido Laborista en 1981 para liderar su propia formación socialdemócrata. También trató a uno de los grandes rivales políticos de Wilson, el presidente de la Comisión Europea, Roy Jenkins, que haría referencia a Calvo-Sotelo en su *European Diary, 1977-1981* (1989), y que siempre se consideró a si mismo un buen amigo de España.

Por motivos obvios, Margaret Thatcher fue seguramente la personalidad política británica contemporánea que más llamó la

---

[47] L. Calvo-Sotelo, *Papeles de un cesante. La política desde la barrera,* p. 178.

atención de Calvo-Sotelo, como demuestra el hecho de que adquiriese el libro de Patrick Cosgrave, *Margaret Thatcher: a Tory and her party* (1978) incluso antes de que ésta ocupara el número diez de Downing Street tras su triunfo en las urnas en 1979. Lamentablemente, el estallido del conflicto de las Islas Malvinas (abril-junio de 1982), y la ya tradicional falta de sintonía sobre Gibraltar, no facilitaron precisamente la relación entre ambos dirigentes. Sin embargo, en la biblioteca de Calvo-Sotelo figuran títulos como *The economic consequences of Mrs. Thatcher* (1983) de Nicholas Kaldor, o *Mrs. Thatcher's Revolution* (1988), del periodista Peter Jenkins, amén de sus propias memorias, *The Downing Street Years* (1993), amén de varias monografías sobre el conflicto antes mencionado, como *Malvinas, la trama secreta,* de Oscar R. Cardoso (1983), o *The Falklands: politics and war* (1989), de George M. Dillon. Años después de abandonar la política activa Calvo-Sotelo recordaría que «he admirado la elegancia y eficacia con las que Inglaterra ha vivido la ruina de su imperio, proceso ejemplar en todo, menos en la contumacia con la que se aferra al Peñón de Gibraltar»[48].

Como ya vimos, la presencia de sus suegros en Lisboa entre 1958 y 1969 hizo que Portugal fuese el país que con más frecuencia visitara Calvo-Sotelo durante más de una década. Ello suscitó en el futuro presidente una notable afición por los asuntos portugueses, que se reflejaría en la adquisición de obras como la *Historia de Portugal* (1972) de Joaquim Pedro de Oliveira Martins, que tuvo una gran influencia en la generación del 98 española; *Breve interpretaçao da historia de Portugal* (1974), de Antonio Sergio; *Salazar: as grandes crises, 1936-1945* (1978), de Franco Nogueira; o *Do «perigo espanhol» à amizade peninsular* (1985), del historiador español Hipólito de la Torre. Durante su paso por la Moncloa, Calvo-Sotelo tuvo una buena relación con el presidente Ramalho Eanes y su primer ministro, el empresario Francisco Pinto Balsemao, a pesar de que la adhesión de España a la OTAN suscitó cierto recelo en círculos políticos y militares portugueses. Más adelante, las tensiones surgidas como resultado de la creciente presencia económica española en el país vecino serían analizadas por su amigo José Freire Antúnez en *Champalimaud* (1997) y *Os espanhois e Portugal* (2002)[49].

---

[48] L. Calvo-Sotelo, *Sobre la transición exterior,* p. 63.

[49] A pesar de su profundo afecto por Portugal, a Calvo-Sotelo le irritaba profundamente el agresivo victimismo del que a veces hacen gala algunos dirigentes lusos, como

Muchas lecturas y un único vuelo: el proceso de construcción europeo

Si subrayamos estos contenidos de la biblioteca de Calvo-Sotelo se debe en parte a que, como ha observado su hijo Leopoldo, «el europeismo que marcó su vida nacía de su buen conocimiento y su afecto por los principales países de Europa»[50]. Efectivamente, junto con el proyecto de democratización y reconciliación entre los españoles impulsado por la Corona que encarnó la Transición española, la integración europea fue sin duda la causa a la que con mayor entusiasmo se vinculó Calvo-Sotelo a lo largo de su trayectoria política. Al igual que otros muchos protagonistas de la vida pública española de su generación, él mismo confesaría que «adquirí la vocación europeísta leyendo a Ortega y Gasset en mis años estudiantiles». Como es sabido, para el filósofo español la integración europea debía ser, ante todo, una respuesta a su unidad cultural e histórica, que casi podía resumirse en el lema «muchas abejas y un solo enjambre» (que recuerda mucho al de «unidad en la diversidad», sin duda más prosaico, que figuraba en el preámbulo del tristemente fenecido Tratado Constitucional). Debido en parte a su conocimiento de la convulsa historia contemporánea europea, a Calvo-Sotelo le sedujo especialmente el potencial del proyecto europeo para superar los conflictos que habían asolado el continente, lo cual pasaba a su vez por una definitiva reconciliación franco-alemana. Más adelante, fue comprendiendo que la integración europea tenía un valor adicional fundamental, como era el de permitir a los Estados miembros trascender sus propias limitaciones a la hora de hacer frente a grandes retos transnacionales de toda índole; en otras palabras, la puesta en común de la soberanía de estos estados debía entenderse como un juego de suma positiva, y no de suma cero. De ahí que le llamaran poderosamente la atención dos episodios protagonizados por Giscard y Jean Monnet, «el apóstol de la supranacionalidad», como le describe Calvo-Sotelo

---

puso de manifiesto en una memorable intervención improvisada en el transcurso de un foro hispano-portugués celebrado en Madeira en septiembre de 2002.

[50] L. CALVO-SOTELO IBÁÑEZ-MARTÍN, «Conversaciones y viajes con mi padre», *Cuenta y Razón,* segunda etapa, 5, noviembre-diciembre de 2008, p. 33.

en una de sus obras[51]. El primero se refiere a una conversación celebrada a principios de 1977, en la que Monnet, tras haberse despedido del presidente francés, volvió a llamar a la puerta para asegurarse de que éste había comprendido «lo esencial», a saber, que «a partir de ahora, Francia es ya pequeña para resolver ella sola sus problemas». El segundo se produjo en el entierro de Monnet, fallecido en 1979, al observar Giscard con incomodidad que «los europeos se reconocían entre ellos, como si se tratara de enterrar a uno de los suyos. Ocupaban todo el cementerio. La situación casi me irritó; parecía como si los franceses estuviéramos allí de más, como si tuvieran que andar de puntillas». Este último comentario haría reflexionar a Calvo-Sotelo: «Francia como obstáculo en la construcción europea, el temor gaullista a sumergirse en una Europa supranacional, la ambición francesa de la hegemonía, me parecen más claramente pintadas en esta breve descripción que en centenares de páginas doctas».

En clave más nacional, para Calvo-Sotelo el ingreso de España en la Comunidad tenía, ante todo, un enorme valor simbólico, ya que representaba la posibilidad de superar lo que Ortega denominó la «tibetización» de España, es decir, su exclusión de las principales corrientes de pensamiento y desarrollo europeas. En un plano más político, la Comunidad encarnaba los valores democráticos y liberales europeos, de los que España había sido privada como resultado de la Guerra Civil y la dictadura franquista; como recordaría mucho después, ya a finales de los años cincuenta «algunos monárquicos hablábamos de Europa en España como sinónimo de democracia y de libertad». Además, la adhesión al proyecto de integración europea representaba la definitiva superación del aislamiento y la irrelevancia internacional que España había padecido durante décadas, cuando no siglos, y que Calvo-Sotelo, en su discurso de ingreso en la Real Academia de Ciencias Morales y Políticas, vincularía de forma explícita a una larga tradición de neutralidad, impuesta en buena medida por la debilidad congénita del Estado español[52]. Evidentemente, la postura de Calvo-Sotelo también se

---

[51] L. CALVO-SOTELO, *Papeles de un cesante. La política desde la barrera,* pp. 180 y ss.

[52] Prueba de su interés por este asunto es su intervención «España ante la Primera Guerra Mundial» en la presentación del libro *La neutralidad de España durante la Primera Guerra Mundial* (1996), de su antiguo colaborador y excelente diplomático,

vio muy influida por la visión orteguiana de *España como problema* y de *Europa como solución,* o lo que es lo mismo, por la noción de que la europeización de España mediante su ingreso en la Comunidad contribuiría a resolver definitivamente buena parte de sus rémoras seculares, impulsando la democratización de su sistema político y la modernización de su economía y sociedad[53].

Al hacerse cargo formalmente de las negociaciones para la adhesión en 1978, Calvo-Sotelo ya estaba familiarizado con la historia, naturaleza y evolución recientes de la Comunidad gracias a sus lecturas. En su biblioteca figuran, por ejemplo, *Economic theory and Western European integration* (1958), del gran economista húngaro-estadounidense Tibor Scitovsky; *Historia de la idea europea* (1965), de Bernard Voyenne; *La integración económica europea y España* (1966), del maestro de los economistas liberales españoles que fue Lucas Beltrán, fallecido en 1997; *Le pari européen* (1968), del ingeniero Armand, uno de los padres de Euratom, como ya se dijo; *Le développement régional en Europe* (1971), del economista italiano Riccardo Petrella; *España: Mercado Común* (1972), de Ramón Tamames y José Ramón Lasuén; un ejemplar dedicado por el autor de *España en la Europa del año 2000* (1973), de Antonio Robert; *National governments and the European Communities* (1973), de la profesora británica Helen Wallace; *Le marché commun contre l'Europe* (1974), de los socialistas Bernard Jaumont, Daniel Lenègre y Michel Rocard; un ejemplar dedicado por el autor de *El sistema financiero de las Comunidades Europeas* (1974), de Dionisio Martínez Martínez; *España-Mercado Común, una integración problemática* (1976), de Pilar García Doñoro; *Comment fonctionnent les institutions de la Communauté Européenne* (1977), del legendario secretario general de la Comisión Europea y mano derecha de Monnet, Émile Noël (a quien alguien calificó, no sin malicia, de «eminencia gris de la eminencia gris»); *L'Europe sidérurgique au défi* (1977), del profesor suizo Henri Rieben, uno de los más precoces y tenaces apóstoles del proyecto europeo; *La construction politique de l'Europe 1946-1976* (1978), de Charles Zorgbibe, el gran historiador francés de las rela-

---

N. Aguirre de Cárcer, recogida en L. Calvo-Sotelo, *Papeles de un cesante. La política desde la barrera,* pp. 83-86.

[53] Véase «España y Europa en este fin de siglo», conferencia pronunciada en la Universidad Autónoma de Madrid el 11 de marzo de 1993, recogida en L. Calvo-Sotelo, *Papeles de un cesante. La política desde la barrera,* p. 24. L. Calvo-Sotelo, *Sobre la transición exterior,* pp. 31-39.

ciones internacionales y la *Historia de los europeos,* de su discípulo Jean Baptiste Duroselle; *La integración monetaria en la Comunidad Económica Europea* (1978), de Eloy Ruiloba Santana; *The European Parliament and the Community Budget* (1978), de Michael Shaw; y un ejemplar dedicado por el autor, Daniel Strasser, de *La Hacienda en Europa* (1978).

A raíz de su llegada al palacio de la Trinidad, Calvo-Sotelo se interesó vivamente por la solicitud de adhesión griega, hábilmente apoyada por Giscard para demostrar que, a pesar de su reticencia hacia España, no se oponía a la ampliación meridional de la Comunidad. Así se deduce de la presencia en su biblioteca de obras como *L'apport de la Grèce à la Communauté Européenne* (1978), del economista (y, más adelante, efímero primer ministro) griego Xenophon Zolotas; *Grecia y Europa* (1978), de Constantino Tsatos, o *Greece and the European Community* (1979), del economista Loukas Tsoukalis. Durante esos años también incorporaría a su biblioteca monografías directamente relacionadas con su responsabilidad política, como *Spain and the European Communities* (1978), del economista catalán Francesc Granell, *La política fiscal comunitaria y la problemática fiscal de la adhesión de España a las Comunidades Económicas Europeas* (1979), de Eduardo Abril, o *Aspectos sociales de la integración de España en la Comunidad Europea* (1979), de Pedro Luis Gomis, así como obras de temática más amplia, como *Una politica estera per l'Europa unita* (1979), de G. Zampa-Lione; *The Common Agricultural Policy of the European Community* (1979), de Rosemary Fennell; o el ya citado *Rapporto sull'Europa* (1979), de su amigo el político democristiano Mario Pedini, dedicada por el autor.

De las páginas que ha dejado escritas Calvo-Sotelo sobre las «arduas negociaciones» con Bruselas se deduce fácilmente que nada puede educar mejor a un político europeo sobre los procedimientos, ritos y valores de ese peculiar «artefacto estatal» del que ya hablara Ortega (en el prólogo a la edición francesa de su *Rebelión de las masas*) como los tratos previos a la adhesión. Este proceso sería reconstruido pormenorizadamente por uno de sus colaboradores más estrechos, el diplomático Raimundo Bassols, que había sido director general de relaciones económicas internacionales (1974), embajador de la misión de España en Bruselas (1976) y secretario de Estado para las Relaciones con las Comunidades Europeas (1981), en su excelente libro *España en Europa. Historia de la adhesión a la Comunidad Europea, 1957-1985* (1995). Calvo-Sotelo contribuyó con un prólogo entusiasta a esta obra, en el que quiso subrayar sobre todo que la negociación que su cuñado, Fernando Morán, había tenido «el envidiable privilegio» de culminar en 1986 como ministro de Asuntos Exteriores de Felipe González, no podía comprenderse cabalmente sin tener en cuenta unos antecedentes que se remontaban, no solo a los primeros gobiernos de la Monarquía, sino a la tarea preparatoria de excelentes funcionarios públicos como Julio Cerón o Alberto Ullastres, que, entre otras cosas, había hecho posible el muy ventajoso Acuerdo Preferencial firmado con la Comunidad en 1970[54].

El interés de Calvo-Sotelo por el proceso de integración europea no decayó tras su salida de la Moncloa. Durante los años ochenta siguió muy de cerca —durante una breve temporada (1986-1987), como miembro del Parlamento Europeo adscrito al Grupo Popular Europeo— el proceso que daría lugar a la aprobación del Acta Única Europea, primero, y el Tratado de Maastricht, después. En estos años incorporó a su biblioteca obras como *The Court of Justice of the European Communities* (1983), del jurista inglés Lionel Neville Brown; *European Defence Cooperation* (1984), de Trevor Taylor; *Las instituciones de la Unión Europea* (1985), del ya mencionado Noël; *Regionalism in European politics* (1986), de Roger Morgan; *Europa ¿para qué? Respuestas europeas a problemas actuales* (1987), de su compañero de fatigas políticas y antiguo correligionario, Marcelino Oreja, que por aquel entonces ocupaba la secretaría general del Consejo de Europa; *The foundations of European Community Law* (1988), de Trevor Hartley; un ejemplar dedicado de *El sistema monetario europeo y el futuro de la cooperación de la CEE* (1989), de Luis Ángel Rojo, por aquel entonces todavía subgobernador del Banco de España, con quien tuvo una buena relación, que se prolongaría tras la jubilación de ambos; el muy conocido informe de Paolo Cecchini, *The European Challenge 1992: the benefit of a single market* (1988); y *Europa a su alcance o el buen uso de los*

---

[54] L. Calvo-Sotelo, *Memoria viva de la transición,* p. 150. «Arduas negociaciones», prólogo a R. Bassols, *España en Europa* (1995), recogido en L. Calvo-Sotelo, *Papeles de un cesante. La política desde la barrera,* pp. 39-46. A raíz de la publicación de su libro, Bassols tuvo la amabilidad de participar en mi curso de doctorado sobre «España y la Comunidad Europea», en una sesión celebrada el 25 de marzo de 1996 en el Instituto Universitario Ortega y Gasset. Al tener noticia de la presencia de su antiguo colaborador y amigo, Calvo-Sotelo me hizo llegar una nota que decía así: «Quiero saludar a Bassols *sin interrumpir,* cuando termine. Avísame en mi despacho, por favor».

mecanismos de la Comunidad Europea (1989), de un destacado miembro del Consejo Económico y Social de la CE, el francés Henri Malosse. Sobre el Tratado de la Unión Europea incorporó a su biblioteca el *Tratado de Maastricht* (1992), de Daniel de Busturia, que había sido colaborador suyo en la Trinidad y en la Moncloa, y *El Tratado de Maastricht: estudio introductorio* (1992), de Diego López Garrido, entonces todavía militante de Izquierda Unida. De esta época datan también adquisiciones sobre temas sectoriales, como *La política energética en la Comunidad Europea* (1992), del diplomático y europarlamentario Carlos Robles Piquer, con quien había coincidido en el primer gobierno de la Monarquía y a quien nombró, ya en la Moncloa, director general de RTVE, o *La nueva política agraria de la Unión Europea* (1998), de su antiguo ministro de Agricultura, Jaime Lamo de Espinosa.

Durante estos años Calvo-Sotelo escribió y pronunció numerosos artículos y conferencias sobre la integración europea, en los que se ponen de manifiesto dos preocupaciones centrales, que mantienen hoy día toda su actualidad. La primera se refiere al viejo dilema entre ampliación y profundización, y al temor a que la primera pudiese poner en peligro la segunda, o servir incluso como pretexto para convertir a la Unión Europea en una mera zona de libre comercio. La otra hace referencia a lo que en alguna ocasión describió como la «dualidad congénita» del proyecto europeo, o lo que es lo mismo, la tensión estructural entre lo intergubernamental y lo supranacional. Fiel a su pragmatismo habitual, en este ámbito Calvo-Sotelo llegaría a la conclusión de que «hay que irse acostumbrando a una Unión con estructuras abiertas (como el Título VIII de la Constitución española), lejos de la claridad y de la univocidad cartesianas a las que han aspirado las Constituciones clásicas», lo cual le llevaría a aceptar, aunque fuese con escaso entusiasmo, la inevitabilidad de una Unión asimétrica, o de varias velocidades[55]. En lo que al papel de España se refiere, sorprende quizás su conclusión un tanto pesimista de que «nuestra adhesión a Europa ha sido y debe ser un duro pero saludable ejercicio de humildad nacional, de humildad histórica. En un mundo nuevo en el que los grandes bloques parecen ser los

---

[55] Véase «Unión Europea: ¿profundización o ampliación?», y «España y Europa en este fin de siglo», en L. CALVO-SOTELO, *Papeles de un cesante. La política desde la barrera,* pp. 17-38.

únicos protagonistas, tenemos que aceptar humildemente el papel no protagonista que nos corresponde...».

Libros con la OTAN al fondo

Parece evidente que, debido a la naturaleza radicalmente distinta de ambas organizaciones, el impacto del ingreso de España en la Comunidad fue mucho mayor que el de su adhesión a la OTAN, sobre todo en lo que a sus consecuencias económicas y sociales se refiere. A pesar de ello, Calvo-Sotelo siempre defendió la tesis de que la segunda representó el verdadero punto de inflexión de la llamada «transición exterior», ya que hizo posible el definitivo «anclaje en Occidente» de España, minusvalorando, quizás, las profundas consecuencias occidentalizantes que también tuvo la adhesión a la Comunidad. Sea como fuere, como presidente del gobierno impulsó con decisión la firma del Tratado de Washington debido fundamentalmente a su afán por superar el aislamiento secular de España, a sus profundas convicciones atlantistas, y a su deseo de diluir una relación bilateral con los Estados Unidos excesivamente asimétrica en una alianza multilateral más equilibrada. En contra de lo que entonces afirmaron sus detractores, y como él mismo subrayaría con posterioridad, por aquel entonces el entusiasmo de Washington por el ingreso de España en la OTAN «era perfectamente descriptible», ya que a los Estados Unidos les preocupaba mucho más una renovación satisfactoria del acuerdo de las bases de 1953, que expiraba en el otoño de 1982[56]. Ésta sería también la tesis defendida por el primer embajador de España ante la Alianza, su colaborador el diplomático Javier Rupérez, en el libro *España en la OTAN* (1986). Por último, y a pesar de lo que tantas veces se ha repetido, no existe evidencia alguna de que la política de Calvo-Sotelo hacia la Alianza estuviese motivada por el supuesto deseo de neutralizar la vocación golpista de algunos sectores minoritarios de las Fuerzas Armadas[57].

---

[56] L. CALVO-SOTELO, *Sobre la transición exterior,* pp. 61-76.

[57] Es interesante constatar la casi total ausencia de obras sobre el mundo militar en la biblioteca de Calvo-Sotelo. Algunas excepciones son: *La misión del Ejército en la sociedad contemporánea* (1977), de E. GONZÁLEZ RUIZ, y *Español, conoce tus Fuerzas Armadas* (1982), de F. DE SALAS LÓPEZ.

En todo caso, la posible inserción de España en la Alianza era algo sobre lo que Calvo-Sotelo venía reflexionando desde mucho antes de acceder a la presidencia. De ahí la presencia en su biblioteca de obras como *Pourquoi l'OTAN?* (1959), de Paul Henri Spaak, el político belga que, además de impulsar la integración europea, ocupó el puesto de secretario general de la Alianza Atlántica; *España en la OTAN* (1978), del conocido experto español Antonio Sánchez Gijón; *OTAN y España, el precio de una Alianza* (1981), de Ángel Lobo; o los libros del diplomático socialista Fernando Morán, *La OTAN y los escenarios de defensa que afectan a España* y *Una política exterior para España,* publicados ambos en 1980. Años después, su cuñado le dedicaría afectuosamente un ejemplar de *España en su sitio* (1990), obra en la que pasaba revista a sus años —no siempre fáciles— al frente del Ministerio de Asuntos Exteriores (1982-1986), a pesar de que, como observaría mordazmente Calvo-Sotelo, el trayecto que España culminó en 1986 tras la ratificación de la adhesión a la OTAN mediante referéndum no figuraba precisamente en la hoja de ruta diseñada por Morán seis años antes. Lógicamente, su interés por este asunto se mantuvo vivo hasta la celebración de dicha consulta, como demuestra su adquisición de obras como *Cien españoles y la OTAN* (1985), del periodista Víctor Márquez Reviriego; *El purgatorio de la OTAN: elementos para un debate* (1986), del analista Andrés Ortega; y, muchos años después, el excelente estudio de Consuelo del Val Cid, *Opinión pública y opinión publicada: los españoles y el referéndum de la OTAN* (1996), que citaría posteriormente en varios de sus propios trabajos.

En vista del acendrado atlantismo del que hizo gala durante sus años en la Moncloa, resulta un tanto sorprendente la escasa atención prestada a los Estados Unidos en los escritos del político español. Ciertamente, Calvo-Sotelo tuvo ocasión de visitar profesionalmente este país en numerosas ocasiones antes de incorporarse a la actividad política, y su hijo mayor recuerda también una memorable visita familiar efectuada en 1973, durante la que tuvo constancia de la admiración de su padre por el coloso americano. A pesar de ello, en su biblioteca figuran muy pocos volúmenes sobre la historia o la política de los Estados Unidos, hecho que quizás refleja sobre todo el eurocentrismo propio de los españoles cultos de su generación.

Sea como fuere, durante su estancia en la Moncloa la relación de Calvo-Sotelo con Washington no tuvo la fluidez que él hubiese deseado: Ronald Reagan había tomado posesión un mes antes de que él llegara a la presidencia del gobierno, y la desafortunada reacción de su flamante secretario de Estado, Alexander Haig, en respuesta al intento de golpe de estado, no allanó precisamente el camino. Curiosamente, al poco tiempo de abandonar el gobierno, Calvo-Sotelo estuvo con el neoconservador Irving Kristol, fundador de la revista *The National Interest,* que quiso que le explicara su afán por culminar la adhesión a la OTAN a sabiendas de que ello solo podía perjudicar electoralmente a su partido, a lo que tuvo que reconocer que ya entonces consideraba inevitable la derrota de UCD. Poco después, Kristol le dedicaría un ejemplar de su libro *Reflections of a neoconservative: looking back, looking ahead* (1983).

Si acaso, el interés de Calvo-Sotelo por los Estados Unidos, y sobre todo su papel internacional, parece haber ido en aumento en las últimas décadas de su vida, como demuestra la adquisición de títulos como *In the arena: a memory of victory, defeat and renewal* (1990), del ex presidente Richard Nixon; *The United States and the end of the Cold War,* del historiador militar John Lewis Gaddis (1992); *Proceso político y elecciones en Estados Unidos* (1992), de Carmen de la Guardia; o *Historia de Estados Unidos de América* (1997), de su amigo Mario Hernández Sánchez-Barba. El ex presidente también siguió de cerca el debate estadounidense (y europeo) sobre la configuración de un nuevo orden internacional tras el fin de la Guerra Fría, plasmado en obras como *The end of history and the last man* (1992), de Francis Fukuyama; *El choque de civilizaciones y la reconfiguración del orden mundial* (1994), del politólogo Samuel Huntington (cuyo libro *The third wave: democratization in the late twentieth century,* aparecido en 1991, también figura en su biblioteca); y *Après l'Empire. Essai sur la décomposition du système américain* (2002), del sociólogo francés Emmanuel Todd. Lógicamente, Calvo-Sotelo también se interesó vivamente por las consecuencias de los atentados del 11 de septiembre de 2002 en Estados Unidos, asunto tratado en *Paradise and Power. America and Europe in the new world order* (2003) por Robert Kagan, a quien tuvo ocasión de conocer personalmente en Madrid durante una visita organizada por el Real Instituto Elcano[58].

---

[58] Y bastantes obras más, entre las que destacan: *Le concept du 11 Septembre,* de J. Derrida y J. Habermas (París, 2004), y el voluminosísimo *9/11 Commission Report* (Nueva York, 2004, 664 pp.).

La América española

Lamentablemente, la brevedad de su paso por la Moncloa y las dificultades surgidas a raíz de la polémica atlántica, entre otras, hicieron que Calvo-Sotelo apenas pudiese dedicarle atención a otras regiones del mundo de gran importancia para España, sobre todo América Latina, aunque sí tuvo ocasión de visitar oficialmente Ecuador y México en julio de 1981. Además de algunas obras clásicas sobre su pasado colonial, sobre este país conocía la *Breve historia de México* (1952), del filósofo, historiador y político José Vasconcelos, así como varias obras de quien sería su anfitrión, el presidente José López Portillo, entre ellas *Quetzalcoatl* (1976) y *Don Q* (1977). Más adelante, el historiador Luis Medina le obsequiaría con un ejemplar de *Hacia un nuevo estado* (1995), y el presidente Carlos Salinas de Gortari (1988-1994) haría lo propio con *México, un paso difícil a la modernidad* (2000). Como ocurrió con otros muchos políticos de su generación, la evolución política chilena, y sobre todo el golpe de 1973, que tuvo gran impacto en círculos políticos católicos, también suscitaron el interés de Calvo-Sotelo. El político democristiano y futuro presidente de Chile, Eduardo Frei, le dedicó su obra *El mensaje humanista* (1981), y también adquirió *El pensamiento de Eduardo Frei* (1982), de Oscar Pinochet de la Barra. En su biblioteca figuran asimismo ejemplares de *Política, politiquería, demagogia* (1983) y de *El día decisivo. 11 de septiembre de 1973* (1984), ambos de Augusto Pinochet, así como de la *Historia de Chile* (1993), de Domingo Amunategui, y de la *Historia de Chile* (1998), de Simon Collier y William E. Sater.

Sin embargo, y debido quizás a la influencia de su admirado Ortega, el país latinoamericano que mejor conoció Calvo-Sotelo fue sin duda Argentina, que todavía se encontraba bajo la dictadura militar durante sus años en la Moncloa. Buena prueba de este interés sería la adquisición de *Ahora. Mi propuesta política* (1984), de Raúl Alfonsín, presidente de la República desde 1984; *La Argentina de posguerra* (1986), de Gary W. Wynia; *La Argentina informal* (1989), del economista Adrián Guissarri; *Breve historia de la Argentina* (1990), de José Luis Romero; *La Argentina ausente. Entre la resignación y la esperanza* (1990), del peronista Gustavo Béliz, que luego sería ministro del Interior con Carlos Menem; *Menem, su lógica secreta* (1990), del periodista Pablo Guissani; el obsequio de *Historia de los argentinos* (1992) por su autor, el historiador católico Carlos Floria, con quien entablaría amistad durante sus años al frente de la Fundación José Ortega y Gasset; *La Argentina como vocación* (1995), del controvertido periodista y académico Mariano Grondona; el obsequio de *Los Pactos de la Moncloa y la Argentina de hoy* (2002) por sus autores, Jorge Saborido y Rubén Berenblum; y *Argentina: el siglo del progreso y la oscuridad, 1900-2003* (2004), de María Seoane. Sin duda debió producirle una gran satisfacción personal e intelectual repetir, con ocasión de la inauguración de la Fundación Ortega y Gasset Argentina en octubre de 1995, y en presencia de los Reyes de España y del presidente Carlos Menem, la conocida exhortación del filósofo: «¡Argentinos, a las cosas!»[59].

Lecturas de un cesante: rememorando la Transición

El hecho de que Calvo-Sotelo escogiera la dimensión exterior de su actuación como presidente del gobierno como tema central de su discurso de recepción en la Real Academia de Ciencias Morales y Políticas sin duda dice mucho de la importancia que siempre atribuyó a este aspecto de su legado político. Sin embargo, ello no significa que subestimara la importancia de otros aspectos igualmente significativos de éste, referidos a la dimensión endógena del proceso de transición y consolidación a la democracia vivido en España, de la que siempre se sintió legítimamente orgulloso. Entre las obras adquiridas por Calvo-Sotelo que abordan estos asuntos desde el ámbito académico cabe citar, entre otras, la pionera *Teoría de la transición: un análisis del modelo español, 1973-1978* (1981), de Luis García San Miguel; *La política de la transición, 1975-1980* (1981), del politólogo socialista (y, al cabo de poco tiempo, ministro de Educación) José María Maravall; un ejemplar dedicado de *La opinión pública española, del franquismo a la democracia* (1982), del sociólogo Rafael López Pintor; *La transición política* (1985), obsequiada por su autor, el profesor y político socialista Raúl Morodo; *La preparación de la transición a la democracia en España* (1990), de Santiago Míguez; *La primacía de la sociedad civil. El proceso de formación de la España democrática* (1993), del sociólogo Víctor

---

[59] Su intervención está recogida en L. Calvo-Sotelo, *Papeles de un cesante. La política desde la barrera,* pp. 280-282.

Pérez Díaz; *La Unión de Centro Democrático y la transición a la democracia en España* (1995), del politólogo chileno Carlos Huneeus; *Militares, civiles y democracia: la España posfranquista en perspectiva comparada* (1995), del también politólogo chileno Felipe Agüero; *La transition démocratique en Espagne. Le pari du centre* (1995), de Sylvia Desazars de Montgailhard (que se publicó en España un año después como *La apuesta del Centro. Historia de UCD,* bajo la firma de Silvia Alonso Castrillo, el nombre de soltera de la autora, hija del antiguo tesorero del partido que fundara Adolfo Suárez, y con un entusiasta prólogo de Calvo-Sotelo); *Consenso e ideología en la transición política española* (1998), de Pablo Oñate; el utilísimo *La transición española en sus documentos* (1998), de Ángel Sánchez Navarro; el volumen colectivo *La transición democrática en España* (1999), coordinado por Miguel Herrero de Miñón; *Un siglo de España: política y sociedad* (1999), de Santos Juliá, *España en Democracia* (2001), de Charles Powell; y *El final de la dictadura: la conquista de la democracia en España* (2007), de Nicolás Sartorius y Alberto Sabio.

A este amplio catálogo habría que añadir una nutrida colección de biografías y memorias de los personajes con los que más trato tuvo a lo largo de vida política. Entre las dedicadas a la figura del rey[60], figuran en la biblioteca de Calvo-Sotelo *Juan Carlos. L'Espagne de hier, d'aujourd'hui, de demain,* del periodista italiano Raffaello Uboldi (1985); *Juan Carlos. Un Rey para los republicanos* (1986), del periodista francés Philippe Nourry; *El piloto del cambio. El rey, la monarquía y la transición a la democracia* (1991), de Charles Powell, del que también consta un ejemplar dedicado de *Juan Carlos. Un Rey para la Democracia* (1995); *El Rey. Conversaciones con Don Juan Carlos I de España,* de José Luis de Vilallonga, que en alguna medida puede considerarse la única biografía autorizada, a pesar de sus numerosos errores e inconsistencias; *Juan Carlos I. La restauración de la Monarquía* (1995), dedicada por Javier Tusell; *El Rey en Estoril. Don Juan Carlos y su familia en el exilio portugués* (2000), de José Antonio Gurriarán, con prólogo de Mario Soares; y *Juan Carlos. El rey de un pueblo* (2003), del historiador británico Paul Preston.

---

[60] Calvo-Sotelo y don Juan Carlos compartían una afición común por la navegación; de ahí que el rey le obsequiara —y dedicara— un ejemplar de *Atlantic High* (1982), del conocido periodista estadounidense W. F. BUCKLEY, en el que narra su travesía del Atlántico en velero.

Sobre la figura de su jefe político, Calvo-Sotelo adquirió *Adolfo Suárez, historia de una ambición* (1979), del periodista Gregorio Morán; *Así cayó Adolfo Suárez* (1981), otro ejemplo de «historia inmediata», a cargo del «fontanero» Josep Meliá; *La agonía del duque. El enigma de Adolfo Suárez* (1991), del periodista Antxón Sarasqueta; *Adolfo Suárez* (1997), de su amigo y colaborador Carlos Abella; *Presidentes. Veinticinco años de historia narrados por los cuatro jefes de Gobierno de la democracia* (2000), de la periodista Victoria Prego, por quien sentía un especial aprecio; *Adolfo Suárez, una tragedia griega* (2005), del periodista José García Abad; y, más recientemente, *Adolfo Suárez y el bienio prodigioso, 1975-1977* (2006) de otro «fontanero», Manuel Ortiz.

Como cabía esperar, la biblioteca de Calvo-Sotelo también alberga obras de (y sobre) algunos de quienes compartieron con él tareas de gobierno, como el *Diario de un ministro de la Monarquía* (1977), de José María de Areilza; *Joaquín Garrigues Walker. Perfil humano y político* (1977), del periodista Ramón Pí; *Escritos sobre la transición política española* (1979), de José Luis Meilán Gil; *Trayectoria política de un ministro de la Corona* (1980), de Alfonso Osorio; *Ideas para moderados* (1982), de Miguel Herrero de Miñón; *Al servicio del Estado* (1984), de Rodolfo Martín Villa; *Las claves de la transición, 1975-1985* (1985), de Antonio Fontán; *El régimen constitucional español de 1978: perspectiva desde mis experiencias* (1986), de José Manuel Otero Novas; *En busca del tiempo servido* (1987), de Manuel Fraga; *Contra el olvido* (1998), de Alberto Oliart, y *La transición en Abril* (2004), de Antonio Lamelas. Por último, cabe reseñar también la presencia de obras escritas por (o sobre) algunos de sus principales adversarios políticos, como *Felipe González. Perfil humano y político* (1977), de Miguel Ángel Aguilar y Eduardo Chamorro; *Dejando atrás los vientos. Memorias 1982-1991,* de Alfonso Guerra; *Memoria de la transición* (1983), de Santiago Carrillo; y *Què direu de mi. Jordi Pujol vist pels seus contemporanis* (2003), de Pere Cullell.

Coda

Siendo todavía presidente del gobierno, Calvo-Sotelo afirmó en una ocasión que «no me siento especialmente iluminado en mi tarea por una figura política predeterminada», ni «directamente inspirado por ningún político español»[61]. Como hemos procurado reflejar en estas páginas, Calvo-Sotelo fue sin duda un político único, o en todo caso sumamente atípico: un hombre reflexivo, profundamente intelectual, que conocía a fondo la historia política de su país y la de los de su entorno, y que quizás tuvo siempre más interés por observar y comprender la realidad que por moldearla, aunque también daría muestras de dotes de mando, valentía, y tesón ante la adversidad. A pesar de que dedicó muchos más años a la actividad privada que a la política, ésta fue sin duda su gran pasión y en éste ámbito de su vida tuvo sin duda muy presente una conocida observación de su maestro Ortega, para quien «si fuese forzoso quedarse en la definición de la política con un solo atributo, yo no vacilaría en preferir éste: política es tener una idea clara de lo que se debe hacer desde el Estado en una nación»[62].

---

[61] M. Gómez Santos, *Conversaciones con Leopoldo Calvo-Sotelo,* p. 6.

[62] J. Ortega y Gasset, «Mirabeau o el político», en *Obras Completas*, vol. III, p. 625.

Tercera Parte

LA MANO VISIBLE DEL ESTADO, LA MANO INVISIBLE DE ADAM SMITH

6

Lecturas de un keynesiano asaltado por la realidad: la biblioteca de economía e industria

Introducción

El objetivo final de este comentario no deberían ser los libros de su biblioteca, sino la vida y personalidad de su lector. Lo que debería salir de la selección de libros comentados, en un juego muy borgiano, es la aproximación a una persona o, mejor, a su vida y a su época. Los libros leídos por Leopoldo Calvo-Sotelo nos deberían ofrecer los diferentes puntos de una línea que este comentario iría uniendo para, al final, describir aceptablemente la personalidad, la vida y la época del lector.

Lo primero que sorprende de la personalidad de Leopoldo Calvo-Sotelo es haber sido capaz de hacer compatible una biografía empresarial y política tan relevante con una curiosidad intelectual fuera de lo corriente. La incompatibilidad generalmente aceptada entre hombre de acción y hombre de reflexión encuentra en Leopoldo Calvo-Sotelo su refutación más contundente.

Lo segundo que llama la atención de la biblioteca de Leopoldo Calvo-Sotelo —de esta sección de economía e industria— es una sensibilidad cosmopolita que contrasta con el provincianismo cateto que probablemente dominaba el panorama intelectual de la España de posguerra.

La composición de su biblioteca nos indica con claridad que Leopoldo Calvo-Sotelo no es economista por formación ni por vocación. En su extensa biblioteca, como con seguridad en su tiempo de lectura y reflexión, la economía no ocupa mucho más que el 7 por ciento del total (700 volúmenes de un total de 10.000). Lo que demuestra su buen sentido porque el simple placer de la lectura, que es evidente en otros campos como la literatura o la historia, no parece probable con la mayor parte de los libros que integran la sección «economía e industria».

Con razón, ya en 1850, Thomas Carlyle denominó a la economía la *dismal science*, la ciencia lúgubre, aunque lo hiciera para justificar sus postulados racistas. No quiero decir con ello que no se encuentren en esta sección algunos textos excepcionales que han influido en la evolución del pensamiento y de la política económica durante una buena parte del siglo pasado, y cuya lectura no sólo es altamente recomendable sino, además, muy placentera.

La biblioteca, por otra parte, más bien parece la de un académico que ha dedicado su vida al estudio y a la docencia, y es fácil imaginarse a su dueño disfrutando con tiempo de sus muchos libros y con una vida sin muchas más preocupaciones que leer, aprender, reflexionar y, tal vez, escribir y enseñar.

Pero la vida de Leopoldo Calvo-Sotelo ha sido todo lo contrario, cuando fue empresario en los tiempos de escasez y autarquía y cuando fue político en activo en los años más difíciles de la historia reciente de España. Incluso, alguna vez, al contemplar con envidia su extensa biblioteca, me he acordado de la sentencia latina *aut libri aut liberi*, o libros o niños, comprobando que Leopoldo Calvo-Sotelo había elegido ambos. Porque la suya ha sido siempre una casa llena de libros y de hijos (ahora ya de nietos); una buena combinación sin duda para vencer los genes de melancolía que arrastramos en nuestra familia desde hace varias generaciones.

El pesimismo keynesiano

En contra de lo adelantado al comienzo de este comentario, es decir, partir de los libros para aproximarnos al lector y a su tiempo, voy a permitirme un regate algo tramposo e iniciar este comentario al revés. Ello es posible por la mucha información de primera mano que disponemos de Leopoldo Calvo-Sotelo además de su biblioteca.

Por ejemplo, nos puede ayudar mucho a comprender la composición de su biblioteca económica, si acudimos a sus brillantes palabras incluidas en la nota necrológica que publicó en *ABC,* el 7 de mayo de 1998, a la muerte de nuestro común amigo Juan Antonio García Díez: «Llegaba yo a la economía pública con una larga experiencia en la privada y un tenaz pesimismo económico, nutrido en mis lecturas adolescentes de los escritores del 98 y en mis vivencias personales de la Guerra Civil y de la inmediata posguerra, un pesimismo que encontraba el brillantísimo aval de Keynes, cuya lectura me había convencido, como a muchos de mi generación, de la necesaria intervención del Estado en la economía...». Para luego manifestar su sorpresa al comprobar que el socialdemócrata García Díez «era un liberal moderado y resuelto, con más Hayek y Friedman que Keynes en su mochila». Es difícil resumir con más precisión lo que ha sido la evolución intelectual de varias generaciones de españoles a lo largo de la segunda mitad del siglo pasado. Desde el pesimismo noventayochista y el estatalismo de inspiración marxista, con su planificación y empresas nacionalizadas, hasta el liberalismo económico, con sus espectaculares resultados en las dos décadas finales del siglo XX.

La biblioteca de economía de Leopoldo Calvo-Sotelo es la biblioteca de un socialdemócrata inteligente y liberal y por ello recoge en sus anaqueles la larga marcha hacia el capitalismo democrático, que muy pocos se atrevían a defender abiertamente hace treinta años.

En realidad, la definición de Irving Kristol[1] cuando le preguntan qué es un neoconservador liberal es perfectamente aplicable a Leopoldo Calvo-Sotelo (y también a muchos españoles incluido este comentarista). Kristol dice «a liberal who has been mugged by reality», cuya traducción más aproximada sería «un socialdemócrata que ha sido asaltado por la realidad»[2]. Y las personas que, como Leopoldo Calvo-Sotelo, han estado en primera línea de la dura batalla empresarial y política, son los primeros en ser asaltados por la realidad y comprobar lo equivocadas que estaban las doctrinas estatalistas y planificadoras, con efectos finales casi siempre opuestos a los perseguidos.

---

[1] Leopoldo Calvo-Sotelo trató a Irving KRISTOL, de quien tiene dos libros: *Reflections of a Neoconservative: Looking Back, Looking Ahead* (Nueva York, 1983, dedicado el 6 de febrero de 1985) y *Neoconservatism: The Autobiography of an Idea* (Nueva York, 1995) y estuvo suscrito durante años a la revista dirigida por Kristol, *The National Interest.*

[2] Es bien conocido que el término «liberal» en Estados Unidos, en este contexto, no debe traducirse por su falso amigo español de «liberal».

Los libros socialdemócratas

Podemos empezar, prescindiendo del orden cronológico, con uno de los libros más importantes de la biblioteca como es *Capitalism, Socialism and Democracy,* de Joseph A. Schumpeter[3] que ya en 1942 se preguntaba: «¿Puede sobrevivir el capitalismo? No, no creo que pueda». Schumpeter es uno de los grandes economistas del siglo XX, aunque no estuviera muy acertado en alguna de sus profecías, y nos puede ayudar a entender que en una biblioteca de un ingeniero empresario liberal y conservador como parece ser Leopoldo Calvo-Sotelo, predominen obras importantes de la etapa que va de la crisis de 1929 hasta las crisis energéticas de los años 1970-1980, que podemos agrupar bajo el título de «el triunfo del estatalismo o de la confianza en el Estado». En estos años tiene lugar el triunfo de la socialdemocracia, del keynesianismo y su escepticismo frente a los mercados, de la llamada «economía del bienestar», término feliz con el que Arthur C. Pigou había titulado ya su texto clásico en 1920.

A partir de los difíciles años 1970-1980 y su «estanflación», la confianza en la intervención estatal se reduce y esto se acentúa con el colapso de la Unión Soviética, que para muchos socialdemócratas occidentales había sido, inexplicablemente y hasta el final, la sociedad del futuro, el feliz reemplazo del capitalismo.

La biblioteca económica de Leopoldo Calvo-Sotelo se forma, en su mayor parte, en los años 1950-1975, precisamente los del triunfo del keynesianismo y de la socialdemocracia. La biblioteca nos permite entrever a la persona preocupada por los problemas de la España pobre y autárquica de entonces, que busca en los libros los conocimientos económicos que le ayuden a comprender esa situación, sus causas y sus posibles soluciones.

En esos años, en la biblioteca abundan los libros franceses, desde François Perroux[4] hasta Jacques Attali[5], que nos vendían con

---

[3] Londres, 1957, libro que Leopoldo Calvo-Sotelo firma en «Londres, marzo, 1959» (muy subrayado).

[4] Del que encontramos cinco obras, todas ellas publicadas en París: *Le capitalisme* (1962, subrayado); *Le IV Plan français* (1963, firmado en «Lisboa, agosto, 1965» y subrayado); *Aliénation et societé industrielle* (1970); *Industrie et création collective* (1970); *Inflation, dollar, eurodollar* (subrayado, 1971).

[5] Existen en la biblioteca varias obras suyas de tema político y una de tema económico: *L'anti-économique* (París, 1974).

habilidad e inteligencia la planificación indicativa y el protagonismo económico del Estado, una versión *light* y flexible a la francesa de la planificación socialista. Era lógico que todo lo que ocurría en nuestro vecino del norte, democrático y mucho más rico que España, influyera decisivamente en los españoles. Por ejemplo, en la política económica que siguió al Plan de Estabilización de 1959, con nuestros planes de desarrollo de los años sesenta del siglo pasado, en los que sólo Japón crecía tanto como España entre todos los países de la OCDE.

Ahora, después de lo mucho que ha llovido desde entonces, podemos esbozar una sonrisa escéptica sobre aquellos planes que se elaboraban en Castellana 3, la famosa Comisaría del Plan de Laureano López Rodó[6]. Porque ahora sabemos que lo que permitió el elevado crecimiento de la economía española durante aquellos años fue la apertura al exterior, la desregulación del sistema financiero y una reducción importante del intervencionismo estatal presente desde 1940. Pero no sería razonable pensar que, en aquellas condiciones, los políticos y funcionarios españoles partidarios de la apertura económica podían haber ido más allá que los franceses.

Ahora sabemos que los economistas franceses estaban sentando las bases para el crecimiento imparable de su sector público estatal que ha alcanzado tal dimensión que ni siquiera un país tan rico como Francia puede soportarlo. No olvidemos que en Francia, todavía en 1981, con el presidente Mitterrand[7], se intentó salir de la crisis «acabando con la empresa capitalista» y se nacionalizaron importantes empresas industriales. Y en el Reino Unido, entonces el *sick country* de Europa, los gobiernos laboristas estuvieron regu-

---

[6] En la biblioteca, los siguientes títulos se deben a LÓPEZ RODÓ: *Política y desarrollo* (Madrid, 1970, con la siguiente dedicatoria: «A Leopoldo Calvo-Sotelo, político nato y gran amigo, con un fuerte abrazo, 6 de enero de 1971»); *Aspectos económicos y fiscales de la autonomía* (Barcelona, 1979); *Las autonomías, encrucijada de España* (Madrid, 1980, ambos, también dedicados por el autor); *La cuestión autonómica* (Madrid, 1981) y *Memorias* (Barcelona, 1990).

[7] El mandato de Calvo-Sotelo coincide, por lo que respecta al Elíseo, con el final del de Valéry Giscard d'Estaing, y con el principio del de MITTERRAND. Seis obras suyas hallamos en la biblioteca: *La paille et le grain* (París, 1975, dedicado: «Pour Leopoldo, avec la cordiale pensée de François Mitterrand»); *Politique* (París, 1977, dedicado: «Pour Leopoldo en souvenir d'une reencontre qu'en annonce d'autres, je l'espère. François Mitterrand»); *L'abeille et l'architecte* (París, 1978); *Aquí y ahora* (Barcelona, 1981); *Réflexions sur la politique extérieur de la France* (París, 1986) y *Mémoire à deux voix* (París, 1995).

lando y nacionalizando hasta prácticamente el día antes del triunfo de Margaret Thatcher[8], en 1979.

No nos puede sorprender, por tanto, que los grandes economistas defensores de la libertad individual y del capitalismo democrático durante estos años estén poco representados en la biblioteca.

Es verdad que estos grandes economistas y pensadores liberales se reunieron por primera vez en 1947, casi en clandestinidad, para crear la *Mount Pelerin Society.* Estaban allá nada menos que Milton Friedman, George Stigler, Frank Knight, Ludwig von Mises, Friedrich Hayek, Lionel Robbins, Wilhelm Röpke, Walter Eucken, Bertrand de Jouvenel y Fritz Machlup[9]. Como nos ha recordado recientemente Pedro Schwartz «era un grupo pequeñísimo a ambos lados del Atlántico, refugiado en el pico de un monte suizo, temporalmente a salvo de un mar de socialdemócratas, planificadores, intervencionistas»[10].

Este mar océano de socialistas está muy bien representado en la biblioteca de Leopoldo Calvo-Sotelo: desde *El Capital* de Karl Marx en la traducción del Fondo de Cultura Económica (FCE) de México de 1973[11] y una traducción francesa de *Salarios, precios y beneficio* de 1966[12], hasta la *Introducción a la economía marxista*

---

[8] A Leopoldo Calvo-Sotelo le interesó tanto la dimensión política como la repercusión económica de los gobiernos de Margaret Thatcher, inquilina de *Downing Street* durante todo el tiempo de su estancia en la Moncloa: adquirió el libro de N. KALDOR, *The economic consequences of Mrs Thatcher* (Londres, 1983), y sus memorias, *The Downing street years* (1993), sobre las que publicó una reseña en su día.

[9] *Die Lehre von der Wirtschaft* (1958, que firma Leopoldo Calvo-Sotelo en «Fft/ Main, junio, 59») única obra de RÖPKE presente en la biblioteca. Pero en el libro colectivo *La economía de mercado* (dos tomos, con prólogo de L. BELTRÁN, publicado por la Sociedad de Estudios y Publicaciones, en 1963) presente en la biblioteca, encontramos contribuciones de los citados Hayek, Röpke, Eucken y Machlup, entre otros.

[10] Tiene esta biblioteca los siguientes títulos de P. SCHWARTZ: *España y la Unión Monetaria Europea* (Madrid, s. a.); *Nuevos ensayos liberales* (1998); *Entre dos siglos y otros escritos inconvenientes* (2000); *En busca de Montesquieu. La democracia en peligro* (2006) y varias obras colectivas: *La defensa nacional* (1981); *Encuentro con Karl Popper* (1993) y *A case for an open atlantic prosperity area* (2006), todos ellos publicados en Madrid. La cita es de *Milton Friedman y la libertad* (2007).

[11] Y *Lire le Capital,* de L. ALTHUSSER y É. BALIBAR (2 vols., París, 1968, firmado por Leopoldo Calvo-Sotelo un año después).

[12] Son quince las obras de Marx en la biblioteca de Leopoldo Calvo-Sotelo y varias las debidas a otros clásicos como Engels, Lenin y Trotsky. La abundancia de títulos sobre socialismo, comunismo y marxismo, especialmente acerca de sus aspectos ideológicos y políticos, pero también económicos, es muy notable: superan los 150.

de Joan Robinson[13], pasando por las dos obras más conocidas de Paul M. Sweezy[14], el economista estadounidense marxista y más anticapitalista de los años cuarenta y cincuenta (yo traduje una parte de su *El presente como historia* para la Editorial Tecnos, lo que me sirvió para vacunarme para siempre contra el uso del análisis marxista). Estos autores son los más destacados de lo que podríamos llamar la línea dura del socialismo real dentro de la biblioteca. Hay algunos más de menor importancia que los citados, para nada despreciables, como el franco-austriaco André Gorz, el sueco Assar Lindbeck[15], etc.

Pero la biblioteca es fundamentalmente keynesiana y socialdemócrata. Teniendo en cuenta que Leopoldo Calvo-Sotelo no es un economista, sorprende lo mucho y bien representados que están John Maynard Keynes y sus seguidores[16]. Aparte de su *Teoría General,* en edición inglesa de McMillan (Londres, 1957, subrayada) y edición en español del FCE (México, 1956, firmada por Leopoldo Calvo-Sotelo en «Reyes, 1958» e igualmente con numerosos subrayados), están también sus *Essays in persuasion*[17]. Pero es que también están, y enteramente subrayados, la *Guide to Keynes* de Alvin Hansen (firmado en «mayo 58»), *La teoría económica de John Maynard Keynes,* de Dudley Dillard (Madrid, 1955, firmado en «febrero 1956»), *La nueva ciencia económica. La influencia de Keynes en la teoría y en la política económica* (Madrid, firmado en «febrero 56»; título con

---

[13] Publicado en Madrid, 1968. También adquirió de ROBINSON, *Exercises in economic analysis* (Londres, 1960, firmado en «febrero, 1961») e *Introducción a la teoría del empleo* (Madrid, 1963, que firma en «febrero 1964» y subraya).

[14] *Teoría del desarrollo capitalista* (México, 1945) y *Socialism* (Nueva York, 1949).

[15] De GORZ, *Stratégie ouvrière et neocapitalisme* (París, 1964), y de LINDBECK, *La economía política de la nueva izquierda* (Madrid, 1973).

[16] Como me dijo Leopoldo Calvo-Sotelo en la conversación inicial que mantuvimos sobre sus libros (véase el epígrafe de este capítulo «Post Scriptum»): «Keynes tuvo una importancia intelectual grande y la culpa o responsabilidad de que yo lo leyera es de José María Naharro. Cuando yo estaba en Unión Española de Explosivos, luego Explosivos Río Tinto, Naharro, que era el secretario general, me dijo "Tú tienes que empollarte a Keynes" y creo que yo he sido de los pocos que me he leído a capón la *Teoría General,* un libro con una redacción tan clara y tan brillante que se puede leer en inglés. Naharro también me recomendó el Hansen. Pero hay una cosa un poco rara: en aquellos Consejos de Ministros pocos sabían quien era Keynes, es curioso».

[17] Editada en Nueva York, 1963, subrayada y la obra *Dos recuerdos* (Barcelona, 2006). Leopoldo Calvo-Sotelo, así pues, mantiene el interés por la figura de Keynes durante más de medio siglo.

que *Revista de Occidente* tradujo al español la obra colectiva *The new economics,* en la que colaboran algunos de los economistas que se citan en este párrafo y otros como A. Bloomfield, W. Leontief, J. E. Meade, etc.) y casi todos los grandes economistas que crecieron en la herencia keynesiana: Gunnar Myrdal, Arthur Lewis, Paul A. Samuelson, Fred Hirsch, Raúl Prebisch[18], y también los franceses como Alfred Sauvy, Pierre Mendès France, Pierre Delfaud, Pierre George, François Bloch-Lainé[19], y los españoles como Luis Ángel Rojo, Enrique Fuentes Quintana, Ramón Tamames, Ramón Trías Fargas, José Luis Sampedro, Juan Velarde[20], etc.

Menciono en último lugar el libro de Robert Skidelsky, *El fin de la era keynesiana* (Barcelona, 1982), por un motivo curioso: lo firma

---

[18] De dichos economistas, Leopoldo Calvo-Sotelo adquirió las siguientes obras: de MYRDAL, *Economic theory and under-developped regions* (Londres, 1957, firmado por Calvo-Sotelo en «agosto, 1957», libro que subraya ampliamente) y *Against the stream* (Nueva York, 1974, subrayado); de LEWIS, *The theory of economic growth* (Londres, 1956); de SAMUELSON, *Economics* (Nueva York, 1958, firmado en «septiembre, 58»); de HIRSCH, *Social limits to growth* (Londres, 1977) y del argentino PREBISCH, *Nuevo orden económico y valores culturales* (Madrid, 1978).

[19] De SAUVY, en la biblioteca de Calvo-Sotelo encontramos cinco títulos: desde *La population* (París, 1968); a *L'Europe submergée. Sud Nord dans trente ans* (París, 1987); de MENDES-FRANCE, *La science économique et l'action* (París, 1954, adquirido en «junio, 1957» y subrayado); de DELFAUD, *Keynes et le keynesianisme* y *Les théories économiques* (ambos en la colección *Que sais-je?,* París, 1986); de GEORGE, en esa misma colección, *L'économie de l'URSS* (París, 1971) y *Géographie industrielle du monde* (París, 1979); y de BLOCH-LAINÉ, *Pour une réforme de l'entreprise* (París, 1963, subrayado) y *El tesoro público y los movimientos generales de fondos* (Madrid, 1975).

[20] Son muchos los títulos debidos a estos economistas españoles; de ROJO, *El sistema monetario europeo y el futuro de la cooperación de la CEE* (Madrid, 1989, dedicado por el autor) y *Ensayos de economía y pensamiento económico* (Alicante, 2004) así como otras obras colectivas; de FUENTES QUINTANA, *Reflexiones sobre la banca* (con SÁNCHEZ ASIAÍN, Madrid, 1992), pero, sobre todo, muchos números de la revista *Papeles de economía española,* dirigida por el propio Fuentes, desde el núm. 1 de 1980, varios de cuyos artículos, especialmente los relativos a la crisis económica española de aquellos años, subrayó profusamente Leopoldo Calvo-Sotelo. De R. TAMAMES, catorce libros, entre los que destacamos dos ediciones de la *Estructura económica de España,* la primera, firmada por Leopoldo Calvo-Sotelo en «diciembre, 1960», año de su publicación y la 23.ª, de 1996, con esta ilustrativa dedicatoria: «A Leopoldo Calvo-Sotelo, que con su buena mano contribuyó, en 1960, a "echar a andar" este libro. Gracias y un abrazo de R. Tamames», y *La economía española 1975-1995* (Madrid, 1995); de TRÍAS FARGAS, cinco libros, casi todos dedicados, desde 1960, con *La balanza de pagos interior,* a 1974, con *Introducción a la economía de Cataluña;* de J. L. SAMPEDRO, *La inflación en versión completa* (1976); de VELARDE, cinco obras, en solitario o colectivas, desde 1968, con *Política económica de la dictadura,* hasta el año 2000, con *1979-1999. 20 años de cambios trascendentales en la sociedad española* (VVAA).

Leopoldo Calvo-Sotelo en una fecha histórica «diciembre 82», fin también de los gobiernos de UCD y mes en que su sucesor Felipe González entra en La Moncloa[21].

Pero tal vez lo que más llama la atención es la abundante presencia de ese estupendo escritor, temible polemista, fantástico publicista de sí mismo que fue John Kenneth Galbraith, pero mediocre economista y representante eximio (ha vendido millones de ejemplares de sus libros) de lo que hoy llamaríamos en España «lo políticamente correcto». Este canadiense, profesor de Harvard y diplomático, triunfó como ningún otro economista en un capitalismo al que siempre atacó. No aparece, sin embargo, su gran éxito de 1958, *La sociedad opulenta,* un compendio de viejas consignas anticapitalistas. Galbraith ya en 1947 se opuso, como asesor de británicos y norteamericanos en la Alemania de posguerra, al plan liberalizador de Ludwig Erhard, que daría lugar al «milagro alemán». Pienso que a Leopoldo Calvo-Sotelo le cautivó de Galbraith más su magnífica prosa inglesa que sus conocimientos económicos. Pienso esto porque de las diez obras de Galbraith presentes en la biblioteca, sólo una está en castellano[22].

En fin, por las fechas en que firma los libros, vemos que estas son las lecturas en las que empieza a sumergirse un joven Calvo-Sotelo, con treinta años de edad, al frente entonces de una empresa ligada al Banco Urquijo.

Los economistas liberales

Decía más arriba que los economistas liberales no estaban muy presentes en la biblioteca, en comparación con los economistas keynesianos y socialdemócratas. Eso es cierto, pero no quiere decir

---

[21] El libro está enteramente trabajado y es tan grueso y decidido el trazo de los subrayados que quizá exterioricen el reencuentro con una pasión; después de tantos años de lecturas impuestas por la vida política, esta es quizá su primera lectura, sino placentera, desde luego no oficial; y con ella vuelve además el ya ex presidente del gobierno a sus inquietudes de hacía veinticinco años.

[22] Interés por GALBRAITH que mantuvo durante casi cuarenta años, desde 1967, con *The new industrial state* (Londres), hasta 2004, con *La economía del fraude inocente. La verdad de nuestro tiempo* (Barcelona).

que no estén bien representados algunos de los grandes defensores de la libertad individual y de la economía de mercado.

Por ejemplo, y por empezar con el «padre» de todas las batallas económicas posteriores, con Adam Smith y su *La riqueza de las naciones,* en una edición de 1805 en castellano, que debe ser una de las primeras (la primera traducción creo que fue de 1794)[23]. No está en esta sección de economía e industria la obra anterior de Adam Smith *La teoría de los sentimientos morales,* que tal vez haya ido, con razón, a parar en la sección de Filosofía, aunque sea importante para refutar el pensamiento políticamente correcto que acusa al liberalismo económico de estar moralmente vacío.

En la biblioteca encontramos también a Milton Friedman, una de las voces disonantes más destacadas (con Hayek) contra la política intervencionista que predominó en buena parte del siglo XX: profesor de Chicago y figura principal del monetarismo, sus ideas han acabado triunfando en gran medida a partir de los años setenta. Su monumental *Historia monetaria de los Estados Unidos, 1867-1960,* avaló estadísticamente sus postulados a favor de una política monetaria estable contra la inflación. En la biblioteca destaca *Capitalism and Freedom,* escrito junto con su mujer, también economista, Rose Director. Es un gran libro de divulgación liberal que tuvo un merecido éxito, que Leopoldo Calvo-Sotelo tiene en su primera edición de 1962 (Chicago, subrayado). También está una obra posterior, *Tyranny of the status quo* (Nueva York, 1983) cuyo título ha pasado a ser la mejor definición de los problemas con que se enfrentan los gobiernos europeos cuando intentan impulsar las reformas económicas (por ejemplo en Francia, Alemania) y se encuentran con resistencias invencibles por parte de los beneficiarios instalados en el llamado «estado de bienestar»[24].

---

[23] Uno de los pocos libros que procede de la biblioteca de un familiar, pues el libro está «regalado al Sr. Sotelo Valledor por su amigo Yanguas», vinculado a la rama paterna de Leopoldo Calvo-Sotelo. Sobre el gran economista, no está de más traer a colación aquel pasaje de *Memoria viva de la transición,* en el que Calvo-Sotelo confiesa: «*Me acuso* de preferir, más de la cuenta, la mano visible del Estado a la mano invisible de Adam Smith; porque eso era lo que me pedía el cuerpo cuando empresario, y eso lo que me pedían los empresarios cuando ministro» (p. 218).

[24] Encontramos, asimismo, *Friedman contra Galbraith* (Madrid, 1982) y una obra sobre él, de I. FERRERO MUÑOZ, *Milton Friedman, la política económica de un pragmatista liberal* (Madrid, 2002).

Merece destacarse en este apartado de autores liberales la presencia de Friedrich August von Hayek (1899-1992), discípulo destacado en la Viena de los años veinte de Ludwig von Mises, y autor de su conocida obra divulgativa *Camino de servidumbre,* de 1944, y que ha representado como nadie el liberalismo del siglo XX. Si bien dicho título no figura en esta biblioteca, sí se hallan *The constitution of liberty* (Londres, 1960, firmado por Calvo-Sotelo en «julio, 1960»), su versión española, *Los fundamentos de la libertad* (1981) y la trascripción de las sesiones de un seminario dirigido por Hayek y Shackle que se celebró en Barcelona en abril de 1976[25].

También hay dos obras de Von Mises, una menor traducida por Unión Editorial en 1983, *La mentalidad anticapitalista,* y otra más importante, *Socialismo: análisis económico y sociológico,* en una traducción argentina (Buenos Aires, 1968, subrayado). Aparece también en la biblioteca un largo artículo de Murray N. Rothbard titulado *Lo esencial de Ludwig von Mises* (Madrid, 1985); el mismo año en que Rothbard, uno de los principales representantes de la moderna *Escuela Austriaca de Economía,* fundó el *Ludwig von Mises Institute.* En la misma línea está el famoso libro de Henry Hazlitt, *La economía en una lección*[26], que debería ser de lectura obligada de todos los gobernantes del mundo. Porque ahí encontramos el análisis de tantos errores y falacias en que se ha basado el intervencionismo económico de muchos gobiernos durante todo el siglo pasado.

Entre los autores franceses presentes en la biblioteca aparece con brillo propio el liberal Raymond Aron y su libro más de economía, *Dix-huit leçons sur la société industrielle* (París, 1962)[27]. Aron fue más filósofo, sociólogo e historiador que economista. Profesor de la Sorbona, redactor-jefe del periódico *La France Libre* en Londres de 1940 a 1944, Aron fue socialista en su juventud y se convirtió después en el más persistente, severo y culto crítico del

---

[25] Publicado por el Banco Urquijo. Y sobre Hayek, cuenta esta biblioteca con *Hayek. His contribution to the political and economical thought of our time,* de E. Butler (Nueva York, 1983, con índice personal de lectura y subrayado) y *Hayek y Keynes: el debate económico de entreguerras. La polémica sobre las causas y remedios de las recesiones,* de J. L. Feito (Madrid, 1999).

[26] Publicado en Estados Unidos en 1946. La edición española, que es la que encontramos en casa de Leopoldo Calvo-Sotelo, subrayada, es de 1979.

[27] Son diez las obras de Aron en esta biblioteca, adquiridas durante tres décadas, desde la arriba citada hasta *Les articules du Figaro,* de 1990.

marxismo y del comunismo del siglo XX. Defendió como nadie en la Francia de Sartre, Malraux, Maurice Duverger[28], etc., la libertad y la razón frente al totalitarismo intelectual y político dominante. Nadie nos explica mejor cómo los marxistas están blindados frente al asalto de la sociedad de la que hablaba Irving Kristol: «El marxismo es un elemento esencial del opio de los intelectuales porque su doctrina de la inevitabilidad histórica les aísla de poder ser rectificados por algo tan trivial como la realidad de los hechos».

Raymond Aron continuó al máximo nivel la brillante escuela de los liberales franceses como Fréderic Bastiat, Montesquieu y Alexis de Tocqueville[29]. Detrás de él vendría Jean-François Revel, quien, respecto de España, siempre se destacó, durante la Transición, por defender, enfrentándose a la opinión de la clase política francesa —cualquiera que fuera su signo— nuestras reivindicaciones primordiales, tanto en materia de lucha contra el terrorismo como respecto de las negociaciones con la CE[30]. No es cierto, por tanto, que el liberalismo sea un producto exclusivo del mundo anglosajón.

El decano de los economistas liberales españoles, Lucas Beltrán, está presente en la biblioteca con cuatro libros, entre ellos, sus conocidos *Cristianismo y economía de mercado*[31] y *La integración económica europea y la posición de España*[32]. El profesor de la Universidad Complutense de Madrid, Lucas Beltrán, se formó en la *London School of Economics* donde fue discípulo, entre otros, de Robbins y Hayek. Sus *Ensayos de economía política,* publicados por Unión Editorial en 1993, debían ser también lectura obligatoria de nuestra clase política. El caso del profesor Beltrán, prácticamente

---

[28] Seis libros del prolífico DUVERGER adquirió Leopoldo Calvo-Sotelo, uno de contenido netamente económico, el más antiguo de todos: *Institutions financières* (que Calvo-Sotelo firma en «París, junio de 1957» y subraya).

[29] Bastiat no aparece en la biblioteca, pero sí las grandes obras de MONTESQUIEU (*Del espíritu de las leyes*) y de TOCQUEVILLE (*De la démocratie en Amérique* y *Discursos y escritos políticos*), así como estudios sobre ambos pensadores liberales.

[30] De REVEL, son diez los títulos presentes en casa de Leopoldo Calvo-Sotelo, durante casi cuatro décadas.

[31] Publicado en Madrid en 1986 y dedicado: «A Leopoldo Calvo-Sotelo, con admiración y afecto y el ruego de una mirada benévola. L. Beltrán. 4 de junio de 1994», subrayado.

[32] Madrid, que firma Calvo-Sotelo en «julio, 1966», año de su publicación y subraya ampliamente. Además, está la obra *Gasto público en España 1958-1966* (Madrid, 1967) y su espléndida *Historia de las doctrinas económicas,* pero no los *Ensayos de Economía política.*

desconocido para los estudiantes de ciencias económicas en España, es paradigmático y demuestra lo profundas que son las raíces filosóficas e históricas del antiliberalismo en la universidad española. El profesor Jose Luis Sampedro, por ejemplo, es con toda seguridad mucho más conocido, apreciado y leído por los jóvenes estudiantes que Lucas Beltrán, sin duda, uno de los mejores economistas españoles del siglo XX.

Lamento de un liberal converso

En este apresurado comentario basado en los libros que forman la biblioteca económica de Leopoldo Calvo-Sotelo he prescindido de docenas de libros de gran interés, por ejemplo, sobre la empresa, sobre la integración de España en la CEE, temas que obviamente han sido ocupación y preocupación de Leopoldo Calvo-Sotelo durante muchos años. También hay importantes textos sobre la inflación y los salarios y sobre desarrollo y ayuda al subdesarrollo[33]. Pero fue mi decisión desde el principio ceñirme al gran tema de nuestro tiempo en economía (y en política económica) que no es otro que la contraposición de liberalismo y antiliberalismo, del mal llamado «estado de bienestar» y su agobiante y crecido sector público.

Con este planteamiento era consciente que corría el peligro de convertir este comentario en el lamento de un liberal converso por los tiempos que nos han tocado vivir, más a Leopoldo Calvo-Sotelo que a este comentarista. Pero era también una forma de

---

[33] Y toda una sección donde se ordenan las revistas; por ceñirme solo a las económicas, nos topamos con la *Revista del Instituto de Estudios Económicos* (números sueltos entre 1980 y 2002); *Moneda y crédito. Revista de Economía* (entre 1978 y 2007, de cuyo Consejo Asesor fue miembro Leopoldo Calvo-Sotelo); *Hacienda Pública Española. Revista de Economía Pública* (entre 1976 y 1979); *Papeles de Economía Española* (desde 1980, año de su fundación, hasta 1985); algún número suelto de la *Revista de la CEPAL;* un número ingente de *Europe,* el Boletín diario sobre las Comunidades Europeas (dirigido por Pablo Martín Laborda), muchos de cuyos números se ven trabajados; el *Boletín mensual del Banco Central Europeo* (desde mayo de 1999 a noviembre de 2004, más los Informes anuales) y el *Informe Anual del Banco de España* (de 1978 a 1982). En todas esas colecciones encontramos algún artículo subrayado por Leopoldo Calvo-Sotelo, casi siempre sobre temas europeos o las crisis económicas de España durante la Transición.

provocar la conversación-reflexión con Leopoldo Calvo-Sotelo sobre la gran contradicción que estamos viviendo desde aproximadamente 1980: la batalla de las ideas tal vez la hayamos perdido los liberales frente a los estatistas. Nuestros políticos conservadores no se atreven a afirmar que lo son y a mucha honra, mientras que, por ejemplo, los paleocomunistas se sienten orgullosos de serlo y están constantemente en los medios dándonos consejos sobre cómo organizar nuestra convivencia democrática. En España es más rentable ser amigo de Fidel Castro o Saddam Hussein que de George Bush.

Y, sin embargo, los hechos nos dan la razón y, aunque muchas veces nos olvidamos, hemos ganado batallas importantes: el déficit público, las empresas públicas, la planificación, los impuestos confiscatorios, ya nadie los defiende aunque luego alguno los practique vergonzosamente todavía. Siempre me gusta recordar cuando Juan Antonio García Díez en 1981 explicaba en el Congreso de los Diputados los problemas del déficit público y le contestó Carlos Solchaga[34]: «Señor ministro, contra el déficit público nosotros los socialistas proponemos ¡más déficit!». El aplauso en el hemiciclo fue atronador. Hoy esto ya no sería posible, porque la realidad ha asaltado no sólo a los neoconservadores, como decía Irving Kristol, sino a casi toda la humanidad. El fracaso del socialismo real con el colapso de la Unión Soviética debería haber sido la prueba definitiva y habernos llevado al «fin de la historia» que nos anunciaba con un optimismo algo precipitado Francis Fukuyama.

Conclusión provisional y preguntas a Leopoldo Calvo-Sotelo

Al redactar este comentario basado en los libros de Leopoldo Calvo-Sotelo he intentado, sin estar seguro de haberlo conseguido, olvidarme de mi relación de parentesco y amistad con el lector, iniciada literalmente en la pila bautismal de nuestra casa familiar de Ribadeo.

También me he olvidado de que he leído y disfrutado con sus tres libros de memorias y comentarios políticos (*Memoria viva de*

---

[34] Del que fuera varias veces ministro entre 1982 y 1993 existe en la biblioteca un libro: *El final de la edad dorada* (Madrid, 1997).

la transición, Papeles de un cesante y Pláticas de familia). No me he podido olvidar, sin embargo, de la experiencia compartida en el primer gobierno constitucional de 1979 (año de la segunda gran crisis energética y de la mayor actividad de ETA) y de mi etapa en el INI durante el gobierno presidido por Leopoldo Calvo-Sotelo. No me olvido porque creo que los historiadores han sido enormemente generosos sobre el papel desempeñado en aquellos terribles años por la izquierda, en especial por el PSOE y los sindicatos. De todas las batallas de las ideas perdidas por la derecha, tal vez sea la de la historiografía la más evidente y relevante. Basta recordar cómo es la versión generalmente aceptada del largo trecho que va desde la Restauración a la Transición, ambas incluidas. Tal vez tenga razón Jean-François Revel cuando afirma que la mentira es la mayor fuerza que mueve la historia. O, al menos, la historia tal como nos la cuentan.

Este recuerdo de la Restauración (1876) me permite volver a la confesión de Leopoldo Calvo-Sotelo en la nota necrológica de Juan Antonio García Díez acerca de la influencia que han tenido los escritores del 98 sobre su tenaz pesimismo económico. En especial, sería interesante saber qué piensa Leopoldo Calvo-Sotelo, a estas alturas, del papel de Ortega y sus terribles críticas de la Restauración y de Cánovas. Aquel extraordinario intento de establecer un sistema político moderno, liberal y parlamentario sobre una sociedad rural, premoderna y analfabeta, no tuvo el apoyo de los excepcionales escritores e intelectuales del 98, y luego del 14, tan poco dotados para el análisis y la acción política. ¿En qué medida nuestro «tenaz pesimismo» sobre España viene de obras tan duras y negativas como *España invertebrada*?

¿Se puede encontrar algún paralelismo entre la Restauración (1876) y la Transición (1976)? Al fin y al cabo, la moderación y el liberalismo son los rasgos comunes de ambas y el retroceso que pueden suponer hoy los gobiernos de Rodríguez Zapatero puede parecerse a lo ocurrido en las primeras décadas del siglo XX.

Habida cuenta de su excepcional experiencia en el sector privado, pero sobre todo en el campo de la política, y sus extensas lecturas, sería muy interesante conocer la opinión de Leopoldo Calvo-Sotelo sobre cómo se puede explicar la atracción que los intelectuales occidentales han sentido hacia el socialismo y el comunismo. Cómo es posible que todavía hoy a estas alturas cualquier dictadorzuelo o terrorista que se declare de izquierdas y antiamericano puede tener a la opinión pública europea (al menos los claustros universitarios y los comités de redacción) a su favor. ¿Por qué la derecha liberal, con la realidad dándole claramente la razón en los cinco continentes, no ha planteado nunca la batalla de las ideas? ¿Por qué el líder conservador español hace unas semanas en la televisión negaba precipitadamente tener nada que ver con el sistema chileno de pensiones, el mejor y con mayor éxito del mundo, simplemente porque se inició en la dictadura de Pinochet? ¿Por qué la educación, prácticamente en toda Europa, está hoy en manos de la izquierda, algo que ha ocurrido sin ninguna oposición y como si fuese lo natural?

La Transición y más preguntas

Los gobiernos de la Transición democrática (1976-1982), en los que Leopoldo Calvo-Sotelo desempeñó un papel tan importante, han pasado a la historia como poco activos en política económica, ocupados en otros menesteres más importantes. Mi opinión es que esto no responde a la verdad. Los años aquellos fueron duros de verdad en el terreno económico (el petróleo en dólares de hoy se puso a 100 dólares el barril y las grandes empresas públicas se venían todas abajo) y se tomaron decisiones difíciles y muy importantes para todo lo que vino después. Se liberalizó mucho, se abrió la economía española al exterior, se sentaron las bases para una reestructuración industrial inevitable, se hizo la reforma fiscal, etc.

Por ejemplo, y esto lo conozco bien porque me tocó a mí hacerlo, la central nuclear de Valdecaballeros fue la primera que se autorizó en Europa en 1979 después del incidente de *Three Mile Island.* El gobierno de UCD sí se rindió en el caso de Lemóniz, central que debería haberse puesto en marcha (estaba lista) aunque fuera por no conceder a ETA su primera gran victoria. Se lanzó en 1979 el plan de centrales nucleares que luego se pararon con la moratoria nuclear aprobada por los gobiernos socialistas. Así hemos acabado siendo el único país del mundo que ha construido centrales nucleares para no utilizarlas, la moratoria la seguimos todavía pagando en el recibo de la luz y los responsables de tal desaguisado no han sido nunca ni levemente censurados. Andan por ahí dando charlas sobre la elevada dependencia energética exterior de España. Una vez más, los socialistas disfrutan de un status permanente parecido al de «ninot indultado» de las fallas valencianas. ¿Qué opina de todo ello Leopoldo Calvo-Sotelo, el ingeniero ex presidente de gobierno?[35]

Otro de mis recuerdos más claros que guardo de aquellos años fue con ocasión de la venida de General Motors a España, para instalar en Figueruelas su mayor fábrica de automóviles fuera de Estados Unidos. Corría aquel año de 1979, el del barril a 100 dólares de hoy y de dos asesinatos de ETA a la semana, cuando se consiguió que General Motors prefiriera España a Austria y Francia. Creo que fue una ventaja mi conocimiento del idioma y del país de la General Motors y fui al Consejo de Ministros con la buena nueva convencido de que saldría por la puerta grande. Fue todo lo contrario, pues excepto Leopoldo Calvo-Sotelo y Juan Antonio García Díez, los demás ministros y el presidente se mostraron preocupados y me pidieron que lo explicara bien al país porque la venida de la gran multinacional americana sería muy criticada por la izquierda. Así fue, en efecto.

La blandura de los gobiernos de UCD, desde Adolfo Suárez hasta Enrique Fuentes Quintana, en algunos puntos clave de la política económica, ¿fue necesaria y conveniente para alcanzar los pactos que permitieron la elaboración de la Constitución de 1978 y su posterior aprobación? Las grandes concesiones en el terreno laboral a unos sindicatos cuya presencia casi se reducía a las grandes empresas públicas, donde venían ganando huelgas ya en el régimen anterior, tuvieron como resultado que en la España democrática no se creara empleo neto durante veinte años, batiendo durante todos esos años el record de desempleo (por encima del 20 por ciento de la población activa).

Con la perspectiva que dan los muchos años pasados ¿piensa Leopoldo Calvo-Sotelo que se podía haber hecho de otra forma?

---

[35] En la conversación que tuve con él, al abordar precisamente este asunto, me contestó Leopoldo: «El otro día, en la mesa del cumpleaños del rey, yo estaba sentado al lado de Felipe González, que está muy dicharachero, antes de la victoria electoral socialista. Hizo una cosa muy curiosa. Como tiene mucha presencia de ánimo y es muy listo, le preguntó el rey algo de las centrales nucleares y entonces Felipe González empezó a hablar. Cuando se dio cuenta de que yo estaba a su lado, hizo así un giro muy curioso, y dijo: "Bueno, en realidad, el hombre que ha impulsado más la nuclearización en España está sentado a mi lado y es Leopoldo Calvo-Sotelo; y yo tengo que confesar que un grave error mío fue precisamente..." —dijo él delante de una mesa de catorce o más— un error mío porque, evidentemente, tenía razón Leopoldo Calvo-Sotelo y se la doy».

¿El núcleo duro de UCD (los azules) no tenía demasiada mala conciencia por venir de la dictadura y estaban demasiado pendientes de ser perdonados y queridos por la izquierda? ¿No hubiera sido mejor defender con la cara bien alta su papel en la fase final de la dictadura, que sentó las bases económicas y sociales que permitieron luego la Transición? Lo mismo ocurrió, con resultados mucho más graves, con los nacionalistas vascos y catalanes y el Título VIII de la Constitución.

Desde el primer momento yo tuve la impresión de que este núcleo duro de la UCD aceptaba la versión políticamente correcta (de la izquierda) de la historia reciente de España, en particular de la Segunda República y la Guerra Civil. Si hubieran tenido una biblioteca similar a la de Leopoldo Calvo-Sotelo, tal vez habrían sabido mejor con quién se jugaban los cuartos y tenido menos complejos.

Los Pactos de la Moncloa fueron un gran invento pero lo acordado a nivel más técnico fue aguado sustancialmente cuando se elevó al nivel político, especialmente Enrique Fuentes, que juzgaba demasiado exigente el hablar de aumento de salarios del 18 por ciento y lo subió al 20 o al 22 por ciento.

Por cierto, una última pregunta personal e interesada. Antes de las elecciones de 1977, Juan Antonio García Díez, Mariano Rubio y el que suscribe elaboramos un documento titulado, creo, «Una respuesta a la crisis económica» que entregamos con algunas dudas a Leopoldo Calvo-Sotelo que nos sorprendió apoyándolo sin reservas. Se imprimió en un folleto de a cuatro, con los colores verde y naranja de la UCD, y en él se proponía un gran acuerdo de política económica con toda la izquierda sobre la base de reformas importantes, sobre todo la fiscal, a cambio de paz laboral y moderación salarial. Los tres autores del documento (Fernández Ordóñez se autoproclamó coordinador del mismo, sin ser cierto) siempre estuvimos muy orgullosos de nuestra aportación, pensando que fue la base de todo lo que vino después, incluidos los Pactos de la Moncloa. Documento que no he sido capaz de encontrar en mi casa ni en el catálogo de la biblioteca de Leopoldo Calvo-Sotelo. Si algún día dispongo de él, escribiré algo en debido recuerdo de dos personas tan excepcionales como fueron Juan Antonio García Díez y Mariano Rubio, que tanto influyeron para bien en la política económica de la Transición.

Post Scriptum

Como el lector habrá apreciado, la última parte de mi comentario bibliográfico, en especial el punto VII, «La Transición y más preguntas», se aleja de los anaqueles de la biblioteca de Leopoldo Calvo-Sotelo para acercarse a algunos recuerdos compartidos de aquella etapa de la historia de España, tan apasionante como difícil. La idea era provocar la memoria de Leopoldo Calvo-Sotelo en torno a algunos problemas de política económica de entonces y así tener la ocasión de completar el análisis bibliográfico con sus comentarios y recuerdos. Lamentablemente solo pudimos conversar una vez sobre estos temas, con la idea de seguir reuniéndonos sin prisas pero sin pausa.

El fallecimiento inesperado de Leopoldo Calvo-Sotelo interrumpió este proyecto y dejó el comentario con un final algo desordenado e incoherente con todo lo anterior. Tal vez lo aconsejable habría sido suprimir esta última parte y dejar reducido el comentario a lo dicho sobre los libros de Leopoldo Calvo-Sotelo. Pero su hijo Pedro, origen y responsable entusiasta de todo este proyecto, me ha convencido de dejarlo como está.

Lo que yo intentaba recordando aquellos tiempos de la Transición, era conseguir que Leopoldo Calvo-Sotelo me diera la razón en mis desacuerdos con algunos aspectos de la política económica que me llevaron, junto a Juan Antonio García Díez, a dimitir como ministro de industria en 1980. Mis dudas empezaron ya con los Pactos de la Moncloa hasta la derrota total en la oposición como presidente del INI a la gran estafa del proyecto PRESUR en Fregenal de la Sierra, pasando por las centrales nucleares que autoricé un 1979 y a las que se oponían la mitad de los diputados de UCD. Estos no son más que algunos ejemplos de la casi constante cesión de los gobiernos centristas frente a las reivindicaciones constantes y crecientes de la izquierda (sindicatos incluidos) y de los nacionalistas. Mucho me hubiera gustado que Leopoldo Calvo-Sotelo me convenciera ahora, con la perspectiva de los treinta años transcurridos, de que todo aquello fue necesario para alcanzar la Transición en paz. Pero no ha sido posible y yo sigo sin estar convencido.

No me queda, por tanto, más que añadir una última y breve apostilla al último párrafo del comentario en el que me refiero al documento que, antes de las elecciones de 1977, elaboramos Mariano Rubio, Juan Antonio García Díez y el que suscribe y que titulamos «Una respuesta a la crisis económica». Me lamentaba yo de no haber sido capaz de encontrarlo en mi casa ni en el catálogo de la biblioteca de Leopoldo Calvo-Sotelo. Pues bien, gracias a la eficaz ayuda de Natalia Marín, responsable de los papeles y libros de Calvo-Sotelo, el documento ha aparecido y yo no he cumplido, al día de hoy, mi promesa de escribir algo sobre ese documento, y sobre la contribución de Mariano Rubio y Juan Antonio García Díez a los aciertos de la política económica de los gobiernos de Calvo-Sotelo en 1981 y 1982. Los aciertos fueron más importantes de lo que luego se ha reconocido. Además los dos fueron también buenos amigos y colaboradores de Leopoldo Calvo-Sotelo.

Cuarta Parte

FILOSOFÍA: LAS IDEAS CLARAS Y DISTINTAS

7

La lectura no es buena para un oficio político: basta leer las barbaridades que hizo Platón en Siracusa

Leopoldo Calvo-Sotelo: Aquí estoy, como ante un gran jurado norteamericano.

Jaime de Salas: La verdad es que su biblioteca, de gran magnitud, revela muchísimos intereses; con todo, yo quiero circunscribirme a la biblioteca de filosofía; y en ella, destaca la figura de Ortega y Gasset, tanto por sus obras como por las monografías acerca de él. Es claro que Ortega ha sido una de sus lecturas más asiduas; y debo recordar que gracias a sus gestiones como presidente de la Fundación Ortega y Gasset, hoy en día dicha Fundación ha sido capaz, con grandes esfuerzos, de llevar a bien una edición de las obras completas del filósofo muy superior a la precedente.

Si aquello salió adelante fue gracias al Banco Central Hispano y a José María Amusátegui, a quien convencí de que aportara una cantidad importante, que sirvió para hacer la edición.

Ortega es la figura del intelectual clave para su generación, también para la mía.

Sí, pero después de la época en que yo lo leía apasionadamente, las gentes diez o veinte años más jóvenes dejaron de leerlo, mostrando hacia Ortega cierto desdén e incluso manía.

Es cierto que en mi generación hubo dos personas que aglutinaron la decepción en torno a la figura de Ortega, una es Jorge Luis Borges; la otra, Luis Martín Santos, que en Tiempo de Silencio *incluye una famosa parodia de don José, que ha pesado mucho más que cualquier crítica intelectual, porque entendía que la generación de don José estaba acabada y no solo acabada, si no que era responsable, por su falta de coraje y de radicalidad, de haber perdido la Guerra Civil. Aunque quien conoce la realidad, sabe que el punto de partida y el punto de llegada de Ortega era completamente distinto; la posición ante Ortega de esa generación era muy semejante a la de Günter Grass respecto de Thomas Mann; en fin, yo querría que habláramos sobre la interpretación de España de Ortega, si eso le ha servido a usted, si le ha parecido interesante, si es apropiado considerar a Ortega como un punto de referencia en su trayectoria, aunque ésta no sea propiamente una trayectoria académica.*

Lo único que yo puedo decir, si repaso la memoria y un tiempo ya antiguo, es que yo estuve inmerso en la lectura de Ortega durante muchos años, mientras estudiaba para el ingreso en la Escuela de Caminos, mientras trabajaba para tener algún dinero; entonces, dejaba un par de horas diarias por lo menos, algo más los fines de semana, para leer a Ortega, casi siempre a través de la más accesible de las fuentes, que era Austral. Austral iba dando en aquella época sucesivas ediciones, y yo estaba al acecho y las he leído todas probablemente en el orden en que aparecieron.

¿Quién le llevó a la lectura de Ortega?

Me animó a la lectura de Ortega la *Historia de la Filosofía* de Julián Marías, pues, al llegar a Madrid desde Ribadeo, en Galicia, donde pasé la guerra, me matriculé en el Instituto Nacional Miguel de Cervantes, ya en Quinto de bachillerato. Allí era profesor de filosofía Manuel Cardenal y, el primer día de curso, nos recomendó la *Historia de la Filosofía* de Julián Marías, que acababa de publicarse; yo confieso que me sentí deslumbrado al empezar a leerla —yo tenía muy poca idea de filosofía— pues era un libro bien hecho para aquella época, se explicaba con claridad y su respeto por Ortega influyó en mi deseo de ir a conocer a aquel maestro de Marías que yo había leído muy poco.

En esa perspectiva ¿cómo valora la larga lectura de las obras de Ortega?

Me parece que, más que una información, yo de Ortega obtuve una formación, si se puede decir esto, sin pedantería. Más que tomar conceptos —algunos sobre España me interesaban mucho y, como el propio Ortega dice, no ha hecho más que hablar de España— lo que me interesaba de Ortega era el rigor, pese a la crítica que ya se hacía entonces sobre si era muy retórico y sobre si la metáfora no es herramienta de trabajo de un filósofo; gracias a Ortega me hice con un cierto método, sistema o estructura, de la que luego iba colgando información; por ejemplo, recuerdo la impresión que me hizo *El tema de nuestro tiempo*, superior a la que me produjo la *Rebelión de las masas*, con tanta fama, pero no su libro que yo haya meditado más.

Yo supongo que el primer capítulo de España invertebrada, donde Ortega introduce el concepto de integración, le pudo interesar especialmente.

Claro que me interesó, sobre todo en el aspecto político, pues yo entonces estaba metido en líos monárquicos; pero esos otros libros, *Historia como sistema*, el *Imperio Romano,* sobre todo *El tema de nuestro tiempo,* me hicieron mucha impresión, hasta el punto de releerlo una vez terminado.

¿Por qué le impresionó tanto?

Pues para entender un poco la realidad, para entender cómo se habla de las cosas y para entender la razón vital —en la que confieso nunca creí del todo, aunque me parecía un camino nuevo y literariamente atractivo—; y por ahí vino mi afición a conocer otras metafísicas; siempre he sido un poco escéptico, como buen gallego, y, para mí, la insistencia de Ortega en la razón vital me parecía un poco exagerada. De ahí pasé a leer otras cosas, pero no ya en Ortega. También me hizo mucha impresión el último libro de Ortega, *La idea de principio en Leibniz,* que me pareció lleno de interés, aunque lo leí ya mucho después.

Apareció en sus obras póstumas.

Repite muchas de sus ideas anteriores, y repite algo que siempre me ha interesado mucho de Ortega: su afición a la etimología de las palabras, su deseo de desentrañar por la etimología su sentido profundo; me pareció sorprendente la explicación de «per» no como un prefijo, sino como una raíz sustantiva que está en «peligro», que está en «experiencia»; aquello era enormemente sugestivo. No sé si él sabía mucho sobre eso o se lo inventaba, pero se apoyaba en unas referencias, como un diccionario etimológico francés, que citaba mucho y que acabé comprando. Debe estar por ahí, antes sabía muy bien dónde tenía los libros, pero ahora no. La meditación puramente metafísica de Ortega me llevó a buscar otras interpretaciones, y pasé a leer —aunque yo estaba muy lejano del escolasticismo, que Ortega desprecia bastante— a Étienne Gilson, un escritor estupendo. Por ese camino, llegué a Descartes, queriendo saber por qué es tan importante, y resulta accesible por su obra breve, con un francés precioso, que leí en su lengua original; y luego otro filósofo que me retuvo la atención mucho tiempo fue Spinoza, un tipo colosal, no tanto el «*more geometrico*» vital sino por su actitud ante el problema de la filosofía; y siempre recaía en Marías.

¿En qué sentido le impresionó la actitud ante la filosofía de Spinoza?

Me impresionó mucho su penetración. Una frase que se me quedó grabada para siempre y la he leído hace cincuenta años: «el ser de las cosas es su tendencia a la perduración», profundísima observación; pero, en fin, lo que desde luego no he hecho es leer con precisión todo Spinoza. En algún momento, que no recuerdo, caí en los *Diálogos* de Platón, que tienen un atractivo literario enorme, hasta el punto de que yo me sentía involucrado y cuando leía el *Fedón* esperaba que Sócrates no se bebiera la cicuta, como cuando en una novela policíaca uno confía en que no maten al señor conde. Yo si empecé a leer a Platón, fue porque me divertía mucho literariamente. La belleza, la estética, es un buen camino para introducirse en las cosas. De la lectura de Platón me quedaron muchas cosas: por ejemplo, hago afirmaciones que un filósofo profesional como usted creerá que son profanas o vanas, la gente no es mala, es tonta, no hay la maldad separada de una falta de comprensión inteligente de las cosas.

¿Qué pautas de lectura seguía entonces?

Como decía Belisario Betancur, un orador extraordinario, cuando le preguntaban cómo preparaba sus intervenciones, decía —con ese verbo tan colombiano— «me trepo en la tribuna, digo Señoras y Señores, y por ahí me voy metiendo», pues bien, en el caso de mis lecturas «yo me iba metiendo por ahí». Más tarde, quise entender bien a Plotino, que me pareció muy atractivo y lo leí casi todo. Llega luego un momento en que uno se da cuenta de que hay que leer a Kant; la *Crítica de la Razón Pura* me pareció muy esclarecedora y entiende uno mucho mejor incluso las cosas que tienen que ver con el mundo físico, con el tiempo y el espacio. Entrando en tiempos más modernos, no he leído tanto, he leído a Bergson, que tiene un francés fantástico; en cambio Schopenhauer, mucho menos, y Hegel, un gigante en su época, no he tenido nunca la voluntad de leerlo, quizá llegué mayor a su lectura, mientras a Kant, sí lo he leído y mucho, a palo seco.

Leer a palo seco a Kant, es muy difícil, igual que leer a Hegel, sino uno no está en un seminario arropado por otras personas, unos que lo conocen más, otros que están empezando con uno. Verdaderamente su caso es el de un lector solitario y eso tiene sus inconvenientes.

Lo que asentó mi afición a la filosofía fue la serie de cursos de Zubiri, en la Unión y el Fénix, en la Cámara de Comercio, adonde me llevó a matricularme una primera o segunda serie en que hablaba de la física moderna y me atrajo mucho lo que un tipo que era humanista tenía que decir de cosas tan abstrusas como la física moderna, que insistía en decir que las partículas elementales no son individuos —no tiene sentido decir «el electrón de la derecha»— pues en un átomo hay una serie de electrones y se puede hablar de todos, pero no de cada uno separado, no se puede hablar de ellos en tanto que —como decía Zubiri— numéricamente distintos. Tomé apuntes que todavía tengo por ahí, en unos cuadernos forrados de un hule negro. Como ve, yo he estado siempre como un mariposeador de asuntos filosóficos, pero casi siempre queriendo ir al texto original y entenderlo.

La pregunta obvia, especialmente en una trayectoria como la de usted, más allá de gustarle, de satisfacer su curiosidad, ¿qué es lo que un político en términos generales puede encontrar en la filosofía? El tratamiento de Ortega de la idea de España ¿le ha podido servir?

Yo creo que sí, porque el análisis de Ortega es siempre muy claro, con adivinaciones con las que se adelanta mucho a su tiempo; estoy ahora escribiendo un texto sobre la Unión Europea, para la Real Academia de Ciencias Morales, y a mí me parece extraordinaria la percepción anticipada de Ortega, en el *Prólogo para franceses*, cuando habla de que no puede estar lejos el momento en que los europeos se den —y dice con una expresión preciosa— «un artefacto estatal»; creo que no se ha hecho nunca una definición mejor de la Unión Europea, «artefacto» en el sentido de una cosa muy grande, complicada, «estatal», que es un dato importante. En *¡Eh las provincias, en pie!* era muy sensible al problema territorial.

Aunque sea una concesión que no debería hacer, porque me deja en un lugar bastante subalterno, yo no he sido —evidentemente, nunca he pretendido ser, ni un filósofo— ni un verdadero político, estoy convencido de ello, yo no he tenido la vocación política de Suárez. Recuerdo que yo le decía —al final de su etapa activa— cuando yo le animaba a que no dimitiera: «¿Qué vas a hacer?». Y él respondía de una manera en el fondo elogiosa para mí, pero que a él le sorprendía: «A ti te interesan muchas cosas, la literatura, la filosofía, la poesía —yo he leído bastante la poesía española del buen siglo— tu familia, los viajes, a mí no me interesa nada más que la política, si dejo la política me voy a morir». Era un político de verdad, no le interesaba para nada lo que no fuese la política. Suárez no ha perdido tiempo leyendo; el tiempo que yo he pasado leyendo, millares de horas, Suárez andaba hablando con la gente, que es lo que tiene que hacer un político.

Pero al mismo tiempo es muy importante que los políticos tengan un sentido de la historia.

La historia la hemos aprendido mal nosotros: la historia del siglo XIX yo la he aprendido casi después de hacer la política. El conocimiento de la historia del siglo XX se lo debo fundamentalmente al *Cambó* de Pabón, un libro extraordinario, que he leído y releído muchas veces. Suárez ni leyó el *Cambó* ni le importaba. Repito, no ha perdido el tiempo leyendo. El político no tiene que leer.

Pero, por ejemplo, el Mirabeau o el político*, de Ortega, ¿lo leyó usted?*

Sí, *Mirabeau o el político,* con aquella especie de amnistía para el político —en el sentido de que puede hacer lo que quiera aunque fuera malo, si es de verdad un político— siento no haberlo citado antes, porque sí, me hizo impresión, como un tratado del cinismo político necesario.

Considero importante que los políticos tengan un sentido de la historia, que tengan un sentido de una competencia.

A mí, lo que me acabó de convencer que la lectura no era buena para un oficio político, fue leer la *Carta Séptima* y leer las barbaridades que hizo Platón en *Siracusa.*

Se dan esos casos, pero también otros; Ortega habla de Julio César y de su visión superior; ahora, cuando uno reflexiona sobre algo como la Transición, resulta difícil pensar que alguien solo pudiera llevar a cabo aquello; pero tampoco se puede afirmar que la Transición ocurriera por casualidad, ni por un determinismo físico; había una representación de las cosas.

¿A usted no le parece ejemplar el caso del máximo filósofo de todos los tiempos, que va arreglar un asunto políticamente enconado y tiene que salir corriendo porque lo matan?

Ello demuestra que son inteligencias distintas. Uno desearía no solo que el político leyera y pensara, sino también que el ciudadano leyera y pensara, que hubiera una cultura política.

En España no la hay; no sé si en Francia la hay. Yo he hablado con algunos políticos franceses: Giscard no es un hombre muy leído, Mitterrand, más; Jean-François Deniau, buen amigo mío, muerto hace poco, ministro muchas veces, navegante solitario, fue más lector... no he encontrado mucho lector; yo creo que son vocaciones diferentes, por eso yo he sido un diletante, una cosa muy divertida de ser, un diletante incluso en la política. Si repaso mi historia, yo he estado toda mi vida con amigos políticos desde los quince o dieciséis años en que vine de Galicia. Por otra parte, las mayores tonterías políticas yo se las he oído a gente muy inteligente que cree que no hay que saber de política para hablar de ella.

Lo llamativo es que usted ha leído y ha juzgado, por ejemplo, a Ortega, estimando su estilo, su capacidad, pero en cambio, no le convencía tanto su metafísica.

No sé si me convencía o no, porque el atractivo de Ortega es muy grande y cuando se empieza a leer como yo muy pronto, durante años, uno se pone a escribir como Ortega, imitando a Ortega, siempre de lejos. Me parecía un hombre de adivinaciones profundas, pero no un hombre con un sistema, porque el sistema se lo podía haber dado la razón vital, pero salvo poner junto razón y vida, no elaboró mucho más aquello.

Mi opinión personal es que un trabajo como El tema de nuestro tiempo, *brillantísimo, es un trabajo aún inmaduro desde el punto de vista intelectual; la tragedia de Ortega fue que tuvo un éxito sin precedentes en la sociedad española. Fue el intelectual de su generación hasta 1931 o 1932; era la figura descollante en Madrid y todavía no estaba en dominio de su pensamiento; en* La idea del principio en Leibniz, *que es un trabajo ya muy posterior, ya sabe de verdad cuál es su pensamiento, mucho más que cuando escribe* El tema de nuestro tiempo. *La tragedia es que entonces ya no tenía lectores, no tenía proyección, ya se le había pasado el tiempo; yo diría que sabiendo mucho, siendo muy inteligente, sus obras, en los años veinte, son en cierto sentido improvisadas, por comparación con lo que escribe a partir de* La Rebelión de las masas.

Un poco frívolas, si se puede utilizar ese adjetivo, hechas a trozos, porque en el fondo Ortega es un articulista estupendo. Su libro sobre Leibniz consiste en artículos pegados unos a otros. Tiene uno esa impresión; y eso contribuyó a su popularidad, un estilo que llega a todo el mundo.

En Ortega había algo muy importante a la hora de escribir desde el principio. Había una política de intelectual, un sentido de lo que sus lectores necesitaban, o podían necesitar, y una voluntad de darles lo que a ellos les podía gustar.

Seguramente sí. Volviendo a sus preguntas de antes, respecto de la idea sobre la estructura territorial de España —una de las que yo luego pude llevar, con problemas, a la práctica— en ese ámbito sí que yo recordaba a Ortega y su reflexión acerca del tema y sobre el problema catalán, aunque no llegó a construir una propuesta, una fórmula; y vuelvo a lo que le decía antes: en Ortega yo encontré una formulación intelectual de aficionado más que una sucesión de informaciones útiles.

Veo aquí enfrente toda la sección de filosofía donde sin duda predominan las obras completas de Ortega y muchas ediciones de obras individuales, entre las de muchos otros autores.

Como por ejemplo —ahí están también— *El hombre y la técnica* y *La decadencia de Occidente*, de Spengler, que es un caso un poco distinto, que no está dentro de una corriente filosófica, pero yo sí tuve al leerlo —como dice Ortega— la impresión de los conceptos largamente pensados.

Volviendo a Ortega, a veces, para un lector actual, le ocurre que es de una soberbia absolutamente prepotente y otras de una coquetería absolutamente tonta.

Tiene usted toda la razón. Quien chocó contra su soberbia en una entrevista fue Gonzalo Fernández de la Mora, que se hizo recibir por Ortega y, como era típico de Gonzalo, quiso explicarle a Ortega lo que tenía que hacer y salió muy molesto.

Eran tal para cual. Gonzalo Fernández de la Mora, a su manera, era un hombre inteligente.

Inteligente, brillante, buen escritor, buen orador.

Y, con esas grandes cualidades, en el fondo, no siempre acertado.

Se equivocó, políticamente se equivocó. Yo lo sentí porque en los últimos años no quería saber de mí, pues tengo una deuda intelectual con él. Lo sentí porque yo lo veía periódicamente en una cena que se llamaba «la cena de los nueve». Si se repasa ahora la lista es una agenda «carca»: Gonzalo Fernández de la Mora, Jesús Fueyo, Florentino Pérez Embid, Alfonso Osorio, José María Ruiz Gallardón, Torcuato Luca de Tena, Federico Silva, Fermín Zelada y allí quien ponía rigor, rigor intelectual, no digo rigor en el pensamiento, era Gonzalo, porque Jesús Fueyo era de una oscuridad...

No he leído nunca a Fueyo.

Era muy inteligente y sabía mucho, y a medida que pasaba el día se iba haciendo más oscuro..., pero era una buena cabeza. Fernández de la Mora tuvo una relación profunda con el Opus, pero esa relación profunda es a sus cuarenta años. Gonzalo era un «progre», trasladando el concepto de hoy al contexto de los años cuarenta, y yo lo conocí porque era aficionado a la música, y lo era su novia entonces Beluca Varela, de una familia de izquierdas. La familia de Beluca tenía un palco en el Monumental, y el palco de al lado era de Milans del Bosch, que tenía unas hijas muy guapas, Leticia y Julita, muy guapas; yo iba a los conciertos y luego iba a ver a las hijas de Milans en el entreacto y ahí al lado estaba Beluca y un día, en la penumbra de los pasillos de los palcos, me dijo: «Te voy a presentar a un amigo mío» y de la penumbra se entreveía un hombre con una capa: «Gonzalo, te presento a un amigo mío, Leopoldo Calvo-Sotelo» y entonces, Gonzalo, que era muy teatral, dio un paso atrás, se emboza en la capa y me dijo: «Calvo-Sotelo, Calvo-Sotelo, eso me suena y no se a qué». Ése es Gonzalo, tenía que decir cosas provocadoras.

Curiosamente, Fernández de la Mora, con Florentino Pérez Embid, con Calvo Serer, en el fondo, supusieron un momento de renovación de la situación española a principios de los años sesenta.

Tiene usted razón. Yo a Calvo Serer lo traté poco, había en Calvo Serer algo que me producía un rechazo, no en Florentino Pérez Embid, del que yo fui muy amigo, tenía mucho de mundano que Calvo Serer no tenía.

Quisiera ahora preguntarle por Zubiri, a cuya Fundación, casualmente, al igual que a la Ortega y Gasset, usted también ha apoyado.

Intervine para salvarla del naufragio del Banco Urquijo. Vino la crisis del Urquijo, no quebrado pero casi, y el Banco de España exige al Hispano que se haga cargo del Urquijo para evitar la quiebra. El Hispano se empeñó en vender todo lo que no era productivo y entre ello la Fundación Zubiri, y entonces yo le pedí al Hispano que me dejara a mí ocuparme de aquello. Conseguí que aquello se administrara, que se gastara poco dinero y se salvara; luego, a la muerte de Zubiri, su mujer, Carmen Castro, con Diego Gracia, se ocuparon bien y ahí sigue.

Y ha hecho una labor de publicación importante, pues Zubiri publicó poquísimo en vida: apareció Naturaleza, Historia y Dios, Sobre la esencia *y yo creo que dos o tres volúmenes de* La inteligencia sentiente.

Yo no he vivido maritalmente con Zubiri como con Ortega o con Splenger, o como con otras muchas gentes de la física moderna.

Hay algo un poco artificial, dentro de lo que es la academia; creo que Zubiri sabía mucha filosofía, era un gran maestro, utilizaba más la Historia de la Filosofía que Ortega, pero no tiene la importancia de Ortega, públicamente, e incluso dentro de la historia de la Filosofía.

Cuando yo empecé a ir a la Fundación Zubiri, en la casa de Núñez de Balboa, en su biblioteca pude ver algo que me sorprendió: la biblioteca matemática de Zubiri, que es muy importante; Ortega no sabía nada de eso, y escribió unas páginas equivocadas sobre Einstein, en que sostiene que para entender la física moderna no hay que saber matemáticas, y eso lo decía porque él no sabía matemáticas. Pero a Schrödinger no se le puede entender si no se sabe un poco de cálculo diferencial; Ortega no sabía nada, pero Zubiri sí; valga un ejemplo: hubo un texto famoso, *El cálculo diferencial,* de La Vallée Poussin, un matemático belga de finales del XIX, un libro clásico —recuerdo que en la Escuela de Caminos, Entrecanales nos lo fotocopió porque no lo había en España—; pues bien, lo tenía

Zubiri, subrayado, una cosa rara; a mí eso me animó mucho. Otra cosa que me irritó de Ortega eran sus páginas de *Musicalia*, ¡no tenía idea de música!, y creía que con su buen estilo y su prestigio podía comentar algo. Ahí vuelvo a recordar a Cardenal Iracheta, un tipo estupendo, al que le debo yo mucho, un buen profesor; un día —porque practicaba aquello de decir una cosa a ver quien la sabía— preguntó cuál era el músico más importante; entonces yo —que en aquel momento, con catorce o quince años, no tenía la afición que tuve luego— influido por mi abuelo, que no sabía nada de música pero era muy wagneriano, dije «Wagner», se rasgó la camisa y dijo «¡Pero cómo puedo yo oír una blasfemia de ese tipo!, pone usted a Wagner y a cuarenta músicos más en un platillo y pone usted en otro platillo a Beethoven...», y tenía toda la razón.

Ortega en realidad no tuvo verdadera crítica.

Era alguien respetado.

Porque la gente no sabía.

Alguien que lo criticó mucho, un tipo peculiar, buen escritor, fue Francisco Elías de Tejada Spínola, que murió relativamente joven. Tiene unas páginas sobre Ortega con alguna metáfora desvergonzada.

No tuvo verdaderamente a nadie que le hiciera sombra en el mundo académico y que supiera las cosas que él sabía; en cierto sentido, la Guerra Civil evitó que sus discípulos le salieran respondones, como Gaos.

Hubo una diáspora de la línea del propio Ortega.

Yo creo que alguien como Gaos, que luego critica a Ortega desde México, a veces desaforadamente, en un entorno más asentado hubiera actuado de manera muy distinta. Otra inquietud, a la que en cierto sentido ya me ha contestado usted, se refiere a nuestro casi completo desconocimiento del siglo XIX *y del pensamiento del siglo* XIX*, por ejemplo, de la tradición liberal en la España decimonónica, que parece como si no existiera. Yo puedo hacerme en una tarde con una biblioteca de trabajo sobre el pensamiento norteamericano, voy a amazon, y está todo, pero si yo quiero estudiar a Martínez Marina o incluso a Donoso Cortés, tengo que ir a varios sitios, al Senado o al Ateneo, para encontrar libros. Yo no sé si esa falta de memoria histórica, y* *de cultura histórica —de la que yo soy a menudo testigo desde mi campo— puede ser un lastre para el desarrollo.*

Yo he vivido un problema parecido a ése en la política. Durante la Transición, el grupo peor indolado eran los liberales, con Joaquín Garrigues a la cabeza, con aquella frivolidad. Publicaron unos libros pequeñitos sobre el liberalismo en política, de dudosa calidad. La gente de la democracia cristiana era relativamente seria, los liberales no tanto; luego está la Fundación que presidió Fernando Chueca Goitia...; aquí casi nadie sabe lo que es el liberalismo, falta esa tradición, es una pena, por comparar con lo que ocurre en el Reino Unido.

Por abordar otras cuestiones, quisiera preguntarle sobre las dos culturas, la cultura humanista y la cultura científica, pues su biblioteca muestra que se ha interesado prácticamente por todo.

También eso es malo, porque eso es ser diletante, aunque creo me he esforzado por ir al texto original: no me he leído un libro pequeñito sobre Kant, me he empollado la *Crítica de la razón pura;* no me he leído la vulgarización de Einstein: he leído al propio Einstein.

Creo si uno se da tiempo, a la larga, uno puede empezar a usar cosas de un campo en otro, pero para eso hay que tener mucho tiempo.

Tiene razón, y luego no se tiene tiempo y luego uno es desordenado; pero esa vocación o afición me vino muy pronto, en Ribadeo. Cuando yo tenía unos doce años, dio allí una conferencia sobre el origen de la tabla periódica de los elementos un catedrático, Enrique Fernández Otero, y el descubrimiento de la tabla periódica es algo, a esos años, deslumbrador. Se lo dije a Zubiri: el paso de un concepto ordinal a un concepto cardinal, en el caso de la física moderna, es extrañamente ejemplar. El señor Mendeleyev se puso a ordenar los elementos químicos por orden de peso molecular: hidrógeno, helio, litio, etc. y cuando le faltaba alguno se descubría luego el que completaba la lista, resulta que en la lista, el número de orden por peso molecular es el número de electrones, yo eso no lo podía entender, una cosa es «cómo archivo yo esto», eso no es un número ordinal es un número cardinal. Yo estaba tan estúpidamente interesado que los domingos iba al Instituto que estaba enfrente de casa —en Ribadeo estaban siempre todas las puertas abiertas— me metía en el despacho del director a leerme los libros de Física moderna de don Víctor, que era el catedrático que se había ido. Yo tenía una enorme vocación, y si yo hubiese tenido dinero, y no hubiese tenido que ganar dinero para vivir, hubiese estudiado Exactas o Física, era mi pasión. Yo tuve un excelente profesor de Física, Mingarro, y cuando tienes un profesor excelente de Física quieres ser físico, pero como también tuve un excelente profesor de Filosofía, que era Cardenal, yo también quería ser filósofo, la vocación o la afición me vino por dos excelentes profesores.

Muy interesante. En el fondo el mundo de la técnica y de la ciencia tiene su sensibilidad, el mundo de la historia y de la filosofía tiene su sensibilidad, pero hay un tercero que en cierto sentido no encaja ni con los unos ni con los otros, que es el mundo del Derecho.

Sabía que me iba a hablar de eso, porque a mí también me lo ha parecido. En mi casa había mucha presión a favor del Derecho —mi padre era letrado del Consejo de Estado, como mi hijo Leopoldo, abogado del Estado era mi tío Joaquín Calvo-Sotelo, lo había sido su hermano mayor José— y yo me llegué a matricular en Primero de Derecho, y era un disparate. Otro ejemplo de diletantismo, no se puede ser un buen abogado y un buen ingeniero, no hay sitio, no hay tiempo. Me matriculé y fui incluso a alguna clase áspera de Gascón y Marín de Administrativo. Pero ahí falló algo que yo no tenía previsto, tenía que hacer la milicia universitaria, había pedido hacerla en Segundo curso de la Escuela de Caminos, pero me convocaron en el verano antes de lo normal en Primero y entonces me encontraba yo con que no podía dedicar el verano a examinarme en septiembre de Gascón y Marín y aquello ya me hizo ver que no tenía mucho sentido; aparte que las ocho o diez lecciones de Gascón y Marín valían un remedio contra la concupiscencia, inaguantables. Mi tío Joaquín fracasó en su intento de llevarme al terreno del Derecho y mi tío Francisco Bustelo, hombre serio, e ingeniero de Caminos, acabó pareciéndome un ejemplo más atractivo. En fin, echo de menos no haber tenido una buena formación en Derecho. Tuve que decidir al acabar Séptimo y revalida qué iba a estudiar. Yo lo tenía bastante prefigurado y recuerdo una gran ofensiva a favor del derecho que hizo caer sobre mí Manolo Fraga; yo pasaba no sé cuanto tiempo en la Granja en casa de mi tío Paco Bustelo y Manolo Fraga estaba de oficial en el Campamento. Se hizo muy amigo mío, me estimaba mucho, nos unía una misma desgracia, yo bailaba muy mal, y él no sólo bailaba mal, sino como venía vestido con botas militares, hizo daños que necesitaron cirugía en alguna niña: «Mira, Manolo, vámonos de aquí que tú y yo no servimos para esto» y paseando por La Granja en verano, que es tan agradable, me preguntaba: «¿Tú que vas a hacer?». «Caminos», le respondí; y dedicó gran tiempo de esos paseos en decir que yo tenía vocación política y debía estudiar derecho, yo decía «ni tengo vocación política ni creo que el derecho sea necesario para esa vocación».

Una persona de posición debería estudiar Derecho, era casi obligado.

Así es, muchas gracias; creo que con esto hemos terminado su cuestionario de urgencia.

8
La biblioteca de filosofía

La biblioteca de filosofía de Leopoldo Calvo-Sotelo está formada por unos setecientos títulos, pero, no obstante, si uno se quiere hacer una idea de sus intereses por esta disciplina, hay que estar dispuesto a relativizar las, por otra parte imprescindibles, demarcaciones temáticas. El interés por la filosofía no se restringe a esos volúmenes, sino que se extiende a obras que acertadamente se han entendido como primordialmente literarias o científicas. Un caso especialmente revelador a este respecto es Unamuno, quien figura mayoritariamente bajo otros epígrafes y de quien Calvo-Sotelo nos dice que leyó siendo muy joven.

Como ocurre en general en su biblioteca, muchos de estos libros coleccionados a lo largo de siete decenios han sido objeto ya no solo de lectura, sino también de estudio por parte de quien la formó: vemos que se encuentran subrayados e incluso contienen en la hoja de guarda índices manuscritos que remiten a las páginas donde se hallan pasajes relevantes, lo que implica al menos una, y en ocasiones más, lecturas. En muchos casos están firmados, sugiriendo con ello un interés preferente. Se aprecia el afán de fijar el pensamiento del autor en cuestión. Es pues una biblioteca no de coleccionista, sino más bien de uso y de aficionado a la lectura, si bien su propietario en ningún caso tenía una actividad propiamente académica.

En una de las entrevistas mantenidas en el curso de este proyecto, Calvo-Sotelo deja claro que su camino fue el de un autodidacta, para quién «un libro conduce a otro». En esta cadena cumple un papel importante como punto de partida la *Historia de la filosofía* de Julián Marías y las clases de filosofía que recibió durante el Bachillerato[1]. También, pesaron los conocimientos científicos adquiridos tanto en Ribadeo, como en Madrid, durante los mismos años y posteriormente en la Escuela de Ingenieros de Caminos. Es clara su gratitud a quienes realmente le enseñaron, como Manuel Cardenal y Antonio Mingarro, entre otros, y se muestra como un excelente alumno que a lo largo de su vida profundiza en las lecciones de su juventud. Esta enseñanza le lleva no sólo a querer saber más, sino a querer saber mejor, que es lo que caracteriza, en última instancia, la filosofía.

En el caso de Calvo-Sotelo no cabe reducir su atención por la filosofía a un autor o a una escuela. Por el contrario, le interesaron —como quedará claro por lo que se expone a continuación— muchas cuestiones. Pero a pesar de la amplitud de sus intereses, incluso específicamente filosóficos, se pueden reconocer unas preocupaciones que se convirtieron en criterios de selección de acuerdo con los cuales elige la compra y la lectura de unas obras y no de otras. Trataré de enumerar éstos brevemente, reconociendo que este deslindamiento también es relativo, para en un momento posterior tratar cada epígrafe de una forma más pormenorizada.

En los dos primeros epígrafes me ocuparé, sobre todo, de los libros de filosofía que se relacionan con los intereses científicos y teológico-religiosos de Calvo-Sotelo. Si bien la enseñanza de la filosofía se ha realizado en torno a la transmisión de un conjunto de doctrinas por lo general especulativas sobre la realidad última, así como sobre el hombre, el mundo, el conocimiento y los deberes de aquel, en un primer momento la filosofía se genera dentro del desarrollo de la cultura en su conjunto. La dificultad de distinguir entre libros de religión, de ciencia y propiamente de filosofía es el reflejo del hecho de que en su origen la especulación se ha realizado a partir de una determinada cultura. Por ello, es en este apartado donde la complementariedad de distintos ámbitos de la biblioteca es especialmente manifiesta.

En su biblioteca de filosofía ocupan un lugar destacado los filósofos españoles del pasado siglo XX. En un tercer epígrafe trataré de

---

[1] Sobre estos dos antecedentes, escribe Leopoldo Calvo-Sotelo: «Que me perdonen Marías y los posibles lectores de hoy esta imperdonable vanidad: también *yo conocí la Filosofía,* o creí conocerla, leyendo aquella extraordinaria *Historia* y oyendo un par de días por semana los comentarios de Manuel Cardenal» («Julián Marías», en *Un siglo de España, homenaje a Julián Marías,* Madrid, 2002).

las lecturas que hace Leopoldo Calvo-Sotelo desde una perspectiva española, pensando en una temática propia de los escritores del 98 y recalcando los más significativos. Empezaría por Unamuno, seguiría por Ortega, y teniendo en cuenta al menos Laín, Marías y Aranguren, la biblioteca está al día de una reflexión patria propia del mundo español. A este ámbito se dio Calvo-Sotelo también desde el principio. Dentro de la historia de la filosofía española ocupa un lugar propio y destacado Zubiri, a quién Calvo-Sotelo conoce personalmente y algunos de cuyos cursos sigue, dejando apuntes de los mismos.

Además de esto, se da un itinerario que Calvo-Sotelo sigue como lector de la historia de la filosofía. Aquí, como cuarto epígrafe, destacaríamos su interés por la filosofía clásica, a partir de los años sesenta, sobre todo por Platón, Epicuro, Marco Aurelio, Cicerón. A ello hay que añadir Descartes, Pascal, Spinoza, Kant y Nietzsche, por quienes se interesa hasta los últimos años de su vida.

Al mismo tiempo, en la biblioteca se constata un esfuerzo por ponerse al día de la filosofía vigente del momento. En este caso, al que dedicaré el quinto epígrafe, me parece que —como muchos lectores de su generación y de aquélla que le sigue— Calvo-Sotelo durante los años sesenta sigue de cerca el mundo editorial francés. Esta presencia de publicaciones en francés es una característica general de su biblioteca, que contiene unas dos mil en dicha lengua, de las que unos doscientos setenta títulos se inscriben en este ámbito de la filosofía.

Finalmente, dedicaré el último epígrafe para volver al tema de la entrevista que mantuve con Calvo-Sotelo sobre su biblioteca. ¿Cómo hay que valorar este interés por la filosofía por parte de su propietario? ¿Cuál es el posible alcance de estas lecturas en su actividad pública? No puedo dar una contestación nítida y concluyente, pero sí aventurar alguna hipótesis que permita comprender mejor el alcance de una actividad que, en principio, no necesita para Calvo-Sotelo ninguna justificación adicional.

Epistemología y Filosofía de la Ciencia

El interés por la ciencia de Calvo-Sotelo no se restringe a la física y la matemática, sino que se extiende a la biología contemporánea y culmina en temas más generales de Epistemología e Historia de la Ciencia. Puede decirse que se trata de uno de sus intereses más constantes.

Hay aproximadamente unas treinta y cinco obras dedicadas a la epistemología, a las que habría que añadir otras que se encuentran bajo otros rótulos como Ciencia o Matemática. De las incluidas en filosofía, se encuentran aportaciones de primer orden, como obras de Bachelard, Piaget, Poincaré, Levi-Strauss, Monod, Farrington, Schrödinger, Heisenberg, Bunge y los últimos trabajos sobre la relación entre cuerpo y alma de Laín Entralgo.

Una de las cuestiones fundamentales de la epistemología ha sido la discusión sobre el carácter histórico de la ciencia. A este respecto se encuentran la obras principales de Kuhn, *Las teorías de la causalidad* (Salamanca, 1977, obra colectiva); *The Copernican revolution* (Cambridge, 1985), y *The structure of scientific revolutions* (Chicago, 1970), que constituye el punto de referencia más importante para esta cuestión. La posición de Popper se encuentra reflejada en *The open society* (Princeton, 1971), y *La miseria del historicismo* (Madrid, 1973)[2]. En este apartado podría entrar también Zubiri, aunque me ha parecido más oportuno tratarlo más adelante.

En cambio, hay que añadir dos autores que Calvo-Sotelo da muestras de conocer bien, pues implican una recepción de la ciencia del momento y un esfuerzo por comprender la realidad a partir de los datos que ésta presenta: Bergson y Teilhard de Chardin.

De Henri Bergson posee siete obras, adquiridas a lo largo de sesenta años, desde *Abreviatura de la evolución creadora,* que firma y fecha en noviembre de 1947 (Buenos Aires, 1947), hasta *Le rire* (1991, con índice personal de lectura y otra edición de 1956)[3].

De Teilhard de Chardin compra sus obras centrales: *L'activation de l'énergie* (París, 1963, cuyos pliegos solo abre hasta la mitad del libro); *Le phénomène humain* (París, 1955 y firmado el «15 de noviembre de 1960»), *Le groupe zoologique humain* (París, 1956, que firma en marzo de 1958, subraya profusamente y anota, bajo la última línea del libro: «17-III-58», como cierre de su lectura), *La vision du passé* (París, 1957, que no lee, pues están intactos sus pliegos), y vuelve a

[2] Pero faltan *Conjeturas y Refutaciones* y *La lógica del descubrimiento científico,* si bien estas ausencias se compensan con las monografías de Antiseri (*Karl Popper, protagonista del siglo* XX, Madrid, 2002), Baudouin (*Karl Popper,* París, 1989), Magee (*Popper,* Londres, 1991), y Schwartz (*Encuentro con Karl Popper,* Madrid, 1993).

[3] Y en medio, *L'évolution créatrice* (1948) y *La pensée et le mouvant* (1950, firmados ambos en París en «octubre de 1955»), *Matière et mémoire* (1969) y la edición canónica de *Oeuvres* (1970), todas ellas publicadas en París por Presses Universitaires de France (PUF).

su lectura hace poco, con *Je m'explique* (París, 2005, donde subraya especialmente los textos dedicados al problema del mal)[4].

La recepción de la neoescolástica

La neoescolástica era la filosofía vigente en las secciones de filosofía de la Universidad española desde 1939 hasta, por lo menos, mediados los años sesenta. Calvo-Sotelo no fue indiferente a ello, pero es revelador que utiliza sobre todo autores franceses. La filosofía escolástica tenía una gran vigencia en la España de Franco, pero al mismo tiempo reflejaba una posición de la Iglesia católica que el Concilio Vaticano II vendría luego a matizar.

El interés por la neoescolástica, sobre todo francesa, constituye uno de los puntos de mayor atención en su biblioteca. Es cierto que algunos títulos vienen de la biblioteca de su suegro Ibáñez-Martín, pero hay otros que el propio Calvo-Sotelo estudia y anota.

Encontramos ocho obras de Etienne Gilson, entre las que citaremos, publicadas por Librarie Philosophique J. Vrin de París: *Le thomisme* (1947) e *Introduction à la philosophie chrétienne* (1960); y *El realismo metódico* (Madrid, 1950, firmado en «junio, 1952», que está ampliamente trabajado por Calvo-Sotelo).

De Jacques Maritain, se hallan en la biblioteca siete obras, entre las que destacamos: *Siete lecciones sobre el Ser* (Buenos Aires, 1947) y *Le Paysan de la Garonne* (París, 1966, ambas editadas por Desclée de Brouwer) y *Pour une philosophie de l'histoire* (París, 1957, firmado en «Lisboa, abril, 1960»); sin embargo, no se encuentra un libro que conoce, valora y cita: *El humanismo integral*.

Del dominico A.-D. Sertillanges, figuran dos: *Las grandes tesis de la filosofía tomista* (Buenos Aires, 1948, firmado en 1955) y *Le problème du mal* (París, 1948).

Del también dominico francés D. Dubarle, la biblioteca contiene una sola obra: *Humanisme scientifique et raison chrétienne* (Brujas, 1953, firmado en «marzo, 1955»), pero diez libros del filósofo y

---

[4] En ambos casos hay que añadir monografías y trabajos introductorios: sobre Bergson encontramos los trabajos de MERLEAU-PONTY (París, 1997) y VIEILLARD-BARON (París, 1991). Acerca de Teilhard, hasta ocho: BARJON (Mónaco, 1964), THOMAS (París, 1998) y TRESMONTANT (París, 1956), y cinco publicados en París por Éditions Universitaires: CHAUCHARD (1965), CUYPERS (1963), DEVAUX (1963), GEORGE (1964) y MEYER (1963).

teólogo francés Claude Tresmontant, de los que traemos aquí por su relevancia: *La métaphysique du Christianisme* (París, 1964, firmado en «Lisboa, marzo 1964») y *Les idées maîtresses de la métaphysique chrétienne* (París, 1962).

El último libro de este grupo es *La philosophie du Moyen Age,* (París, 1971, que firma en «1972») del historiador francés de la filosofía Émile Bréhier. A ello se añaden seis obras de Antonio Millán Puelles, uno de los mejores conocedores de este movimiento en la universidad española de la época, todas ellas editadas en Madrid por Rialp, de las que señalamos: *Fundamentos de la Filosofía* (1952) y *Ontología de la existencia histórica* (1955).

Con todo, estas obras parecen tener un término cronológico. A partir de 1971 no siguen entrando en la biblioteca y parece una corriente que dejó de interesarle. Su retraimiento coincide con una transformación de la filosofía académica española que a lo largo de los años sesenta y setenta se va abriendo a una visión mucho más amplia y positiva de la historia de la filosofía. Si bien tiene obras de Robert Spaeman, a quien presentó en el VII Congreso Católicos y Vida pública, en 2005. En cambio, el interés por cuestiones teológicas se sostiene hasta el final de su vida. Se trata, pues, de un interés fronterizo entre dos disciplinas que aún cuando decae, no por ello significa que abandonara cualquiera de los dos.

Pensamiento español

En tercer lugar, tenemos que reseñar la presencia de cuatro generaciones de reflexión regeneracionista, empezando con Ganivet. Los puntos más importantes desde el campo de la filosofía se encuentran en las obras de Unamuno (n. 1864), Ortega (n. 1883), Zubiri (n. 1898) y la generación de Laín Entralgo (n. 1908), Aranguren (n. 1909) y Marías (n. 1914). En realidad, se unen en esta corriente motivos literarios, sociales y políticos junto a éticos y antropológicos, de forma que una clasificación es de suyo difícil. Fue Ortega quien entendió la importancia de apelar a la filosofía académica para estas cuestiones. Con ello, contribuyó a un desarrollo de la filosofía académica que culmina en la Facultad de Filosofía y Letras de la República[5].

---

[5] De cuyo decano, M. García Morente, tiene Leopoldo Calvo-Sotelo cuatro obras, adquiridas a lo largo de más de medio siglo, desde *Fundamentos de la Filosofía*

El hecho es que Calvo-Sotelo está pendiente de estos autores a lo largo de su vida, suele comprar sus obras en el momento de su edición inicial y los lee puntualmente. Su biblioteca tiene prácticamente todo lo que es sustancial de la producción de aquéllos.

De Unamuno contamos treinta y cuatro libros, que adquiere durante sesenta años, desde una *Antología poética,* en 1942, hasta *San Manuel Bueno, mártir,* de 2003.

Ortega es el autor más presente, pues encontramos sus obras completas en varias ediciones y hasta treinta y cuatro títulos sueltos, con varias ediciones de una misma obra, adquiridos durante seis décadas[6].

De Zubiri se hallan veintiséis obras, a partir de la que firma y fecha en «septiembre, 1951»: *Naturaleza, Historia, Dios* (Madrid, 1951) hasta 2007: *Cursos Universitarios* (Madrid), varios dedicados por el propio autor.

Dieciséis son los títulos presentes debidos a Pedro Laín Entralgo, que suma Leopoldo Calvo-Sotelo a lo largo de su vida, desde *Sobre la cultura española. Confesiones de este tiempo* (1943, cuyos pliegos curiosamente no fueron abiertos) a *España en 1898. Las claves del desastre* (1998).

Nos encontramos con diecinueve libros de Aranguren, a partir de «agosto, 1952» en que firma el primero adquirido, *Catolicismo y protestantismo como formas de existencia* (1949, cuyos subrayados testimonian lecturas de distintas épocas), hasta *Ética y política* (Madrid, 1985, obra de la que hay otra edición de 1963, editada por Guadarrama, ambas bastante subrayadas).

Finalmente, Julián Marías es otro autor de presencia muy destacada en esta biblioteca, cuyas obras adquiere Calvo-Sotelo durante siete décadas, en número de veintiséis, desde 1947, fecha que estampa después de su firma en *Miguel de Unamuno* (Madrid, Espasa Calpe, 1943)[7],

---

e historia de los sistemas filosóficos, de 1947 —con J. ZARAGÜETA, ejemplar que firma y fecha en «marzo, 1947», con índice personal de lectura y subrayado tanto en su parte histórica como doctrinal— hasta *La filosofía de Kant. Una introducción a la filosofía,* publicado por Cristiandad en 2004.

6 «Viví unos años literalmente inmerso en la lectura de Ortega y Gasset», escribe Calvo-Sotelo («Julián Marías», en *Un siglo de España, homenaje a Julián Marías,* Madrid, 2002).

7 A decir del propio Leopoldo Calvo-Sotelo «El *Miguel de Unamuno* fue el segundo título de mi biblioteca madrileña» («Julián Marías», en *Un siglo de España, homenaje a Julián Marías,* Madrid, 2002).

hasta el *Tratado sobre la convivencia: concordia sin acuerdo* (Barcelona, 2000), varios de ellos dedicados por Marías, a quien conoce y trata.

Al mismo tiempo, también contiene una muestra importante de la obra escrita sobre ellos, especialmente sobre Ortega, a lo largo de cincuenta años largos. En este período se dan distintos episodios en la recepción de su pensamiento, que se reflejan en la elección de los libros adquiridos por Calvo-Sotelo. Por ejemplo, no es insensible a las críticas del pensamiento de Ortega realizadas desde el pensamiento escolástico del momento. Aparecen, por ejemplo, las obras del dominico P. Ramírez (*La filosofía de Ortega y Gasset,* que firma Calvo-Sotelo en «abril, 1958», año de su publicación en Barcelona por Herder). A su vez, conoce las respuestas en defensa de Ortega: respuestas de Aranguren (*La ética de Ortega,* Madrid, 1958, que firma en «noviembre, 1958»), quien se refiere al libro del P. Ramírez como «desafortunado, según creo, en todas sus partes»; Julián Marías [*El lugar del peligro* (Madrid, 1958), *Ortega, circunstancia y vocación,* Madrid, adquirida por Calvo-Sotelo en la «Feria del Libro, 1960», año de su publicación] y la de Fernando Vela (*Ortega y los existencialismos,* Madrid, 1961), controversia que Calvo-Sotelo debió seguir muy de cerca, como lo demuestran las fechas de adquisición, inmediatas a la de su publicación. Otro episodio fue la valoración de Ortega teniendo en cuenta sus fuentes (Oringer) y la monografía de Cerezo, *La voluntad de aventura,* que abre el camino a la recepción de Ortega en los departamentos de filosofía[8].

Esbozo aquí algunas consideraciones sobre el vínculo entre lectura y escritura, al que volveré más adelante. Si los tres pensadores más importantes fueron Unamuno, Ortega y Zubiri, cada uno de ellos se presenta en los escritos de Calvo-Sotelo como puntos de referencia que pesan con derecho propio en la representación de la vida intelectual que Leopoldo Calvo-Sotelo hace de su sociedad. De Unamuno hay pocas referencias pero probablemente, se en-

---

[8] Y otros veintitrés trabajos monográficos sobre Ortega en el apartado de filosofía, entre otros, de J. Gaos (1957), Ferrater Mora (1958), J. A. Maravall (1959) o P. Garagorri (1970). Pero también hay varios textos académicos sobre Zubiri, debidos a D. Gracia (2004), Ellacuría (1990), Gónzalez (1992, con índice personal de lectura) y Corominas (2006). Acerca de Marías, encontramos la obra de H. Raley (1977) y de H. Carpintero (2007), así como dos libros homenaje, uno de los cuales incluye una colaboración del propio Leopoldo Calvo-Sotelo, ya citada (*Un siglo de España. Homenaje a Julián Marías,* Madrid, 2000).

cuentra cercano a un escepticismo que manifiesta Calvo-Sotelo con respecto a las posibilidades de la razón, que para nada implicaba indiferencia ni inconsciencia por parte de Calvo-Sotelo de lo que ésta aporta a nuestra cultura. En lo que respecta a Ortega, es el más citado y aquél del que hay más obra, pero también la entrevista que acompaña a este estudio deja entrever reservas de Leopoldo Calvo-Sotelo en algunos puntos.

La inflexión de esta tradición que se opera después de la Guerra Civil es la valoración de Zubiri como la persona que, de hecho, era llamada a suceder a Ortega como primer filósofo español. En ello, si pensamos en el respaldo de Laín al filósofo vasco, no había voluntad de negar a Ortega sus méritos. Pero se entendía que Zubiri se apoyaba en una visión más profunda de la historia de la filosofía, un conocimiento mayor de la ciencia del momento e incluso aportaba conocimientos de teología que no se encontraban en Ortega. Con ello Zubiri constituyó durante unos veinte años el punto de referencia para dos generaciones de intelectuales españoles. La aparición de *Sobre la esencia* en 1962 y las reacciones que suscitó en cierta forma, acabaron un consenso en torno a la figura del filósofo vasco. Sin embargo, las palabras de Calvo-Sotelo en nuestra entrevista aciertan a recordar la importancia que aquél tuvo en la época en que éste siguió sus cursos, de los que conserva sus apuntes, que ha seguido consultando con frecuencia.

En ese sentido, la importante actividad de Calvo-Sotelo a favor de la Fundación Ortega y la Fundación Zubiri responde a quién se había insertado desde su juventud en un contexto cultural donde se prestaba mucha atención a estas figuras. Además de leer estos autores, pudo contribuir a su difusión a través de su presencia en las dos fundaciones. Hay que destacar sobre todo la aportación a la nueva edición de *Obras Completas* de Ortega que está en curso, a la que dio un impulso importante cuando presidió la Fundación, a la vez de ocupar un puesto en el consejo de administración del Banco Central Hispano.

Leopoldo Calvo-Sotelo sigue también de cerca la producción intelectual del pensamiento español más cercano a nuestros días y en su biblioteca tienen cabida muy numerosos títulos debidos a Gustavo Bueno, Adela Cortina, Emilio Lledó, José Antonio Marina (con siete obras), Jesús Mosterín, Javier Muguerza, Manuel Sacristán, Fernando Savater (con diez obras) y Eugenio Trías, del que hablaremos luego.

La toma de posesión de la historia de la filosofía

De esta manera, se podría titular el epígrafe más amplio en lo que respecta a las obras comentadas. En él hay que incluir, ante todo, las obras de filosofía clásica. Dentro de éste hay que destacar a Platón, del que posee numerosas ediciones de sus *Diálogos*[9], así como trabajos introductorios y diez monografías sobre el filósofo ateniense, por quien tiene un interés permanente, como lo demuestran las fechas de las adquisiciones, hechas durante medio siglo, década tras década. Entre estas monografías, señalamos las de Antonio Tovar (1956), Alexandre Koyré (1966) o Josef Pieper (1984). Además, presta atención a los presocráticos, con el libro clásico de Kirk y Raven (*The presocratic philosophers,* Cambridge, 1979) entre otros; a Aristóteles, de quien posee seis obras, desde *Moral a Nicómaco* (Madrid, 1972) hasta *El hombre de genio y la melancolía* (Barcelona, 2007); al neoplatonismo con Plotino, y a Cicerón (representado en la biblioteca con cinco libros, entre 1965, con *De la République des lois,* y hasta 2000, con *Las leyes. Catilinarias*) Epicuro, Lucrecio (*De la nature,* París, 1964, con índice personal de lectura), Séneca (también con cinco obras) y Marco Aurelio, de cuya obra única *Soliloquios* ha debido ser un gran lector, como lo prueba la existencia de cinco ediciones, dos en inglés, dos en francés y una en español, casi todas subrayadas, y dos obras acerca del emperador, de Jules Romains (1971) y de Fran Daurel (2000). En total, aproximadamente, un diez por ciento de los setecientos títulos son específicamente de filósofos de la antigüedad o trabajos sobre ellos.

De la misma manera que hay en la trayectoria lectora de Leopoldo Calvo-Sotelo una determinada época de atención a la filosofía neoescolástica, para dejarla, la filosofía medieval figura poco entre sus libros.

Hay que reseñar la atención dada a Descartes. Son tres las ediciones del *Discurso del método* y dos de las *Meditaciones metafísicas,* en español y en francés, desde 1956 a 2004, subrayadas. Sobre Descartes, la biblioteca contiene ocho trabajos, publicados también a lo largo de los últimos cincuenta años, entre los que escogemos,

---

[9] Once ediciones en español y cinco en francés.

como muestra de que ciertos intereses de Calvo-Sotelo rebasan, según decíamos antes, las demarcaciones temáticas de este estudio, el trabajo de Jules Vuillemin (París, 1960), que aborda la matemática y la metafísica en su obra.

En la atención a la figura de Pascal confluyen nuevamente los intereses de Calvo-Sotelo en materia de filosofía y de matemática sostenidos desde su juventud. Son tres las ediciones en su casa de los *Pensamientos,* la primera en francés (París, 1958, pero firmada en «junio, 1960») y dos en español (1967 y 2004, con índice personal de lectura) y una de *Provinciales* (Utrecht, 1964, con índice personal de lectura) y otra de *De l'esprit géométrique* (París, 1985), así como siete monografías sobre Pascal, desde la de Sainte Beuve (1962) a la de Dumont (1996).

Como él mismo afirma en la entrevista aneja, dedicó mucho esfuerzo a la lectura de Kant, sobre todo, a la primera crítica, a la que aparecen alusiones en los escritos de Calvo-Sotelo. Hay once libros de Kant, a casi medio siglo de distancia, desde *La raison pure* (1957), firmado en «marzo, 1958» a *Sobre la paz perpetua* (2004) y diez trabajos sobre Kant en la biblioteca, como los de García Morente (1986 y 2004) o Gilles Deleuze (1974 y 1983).

El interés por Spinoza puede derivarse bien de los conocimientos matemáticos de Calvo-Sotelo, bien de las referencias positivas que, seguro, encontró en Unamuno. Se halla *L'éthique* (1954, adquirida en «marzo 1960», con índice personal de lectura y subrayada) y cuatro libros sobre el filósofo, de Oliver Alain (1949), Joseph Moreau (1971), Gilles Deleuze (1974) y Pierre Macherey (1979).

De David Hume encontramos *The natural history of religion* (s. a.), *Tratado de la naturaleza humana* (Madrid, 1981) *y Dialogues concerning natural religion* (1990).

Hay un interés reciente por Hobbes (*Del ciudadano y Leviatán,* Madrid, 2005, así como las monografías de Angoulvent y Bernhardt), pero también se dan autores que se encuentran en el canon a los que se presta menos atención, como Leibniz, que se halla representado solo por *Nueve ensayos sobre el entendimiento humano* (Madrid, 1983)[10].

Es el caso también de Locke, del que posee *Escritos sobre la tolerancia* (1989) y el estudio debido a Yves Michaud (1986); o

---

[10] Si bien encontramos consagrados a él los trabajos de ORTEGA Y GASSET (1958), BOURBAGE y CHOUCHAN (1993), R. BOUVERESSE (1994) y J. DE SALAS (1994).

el de Berkeley, presente con una sola obra: *Principles of human knowledge. Three dialogues* (1983).

A ello se añaden obras de Schopenhauer y de Kierkegaard. De Schopenhauer hay en la biblioteca seis obras[11] y trabaja especialmente la edición española de la *Cuádruple raíz del principio de razón suficiente,* realizada por el P. Ceñal, con el que tuvo trato (con índice personal de lectura, anotaciones y muy subrayada).

Sören Kierkegaard es un autor representado con tres obras, desde *The concept of anxiety* (Princeton, 1980) hasta *Escritos. De los papeles de alguien que todavía vive. Sobre el concepto de ironía* (Madrid, 2000) y dos estudios sobre el filósofo danés debidos a Frithiof Brandt (1963) y a Susana Munnich (1986).

Y es muy seguro que en esta toma de posesión de la historia de la filosofía le resultara un recurso útil y clarificador la consulta de obras como el *Diccionario de la filosofía,* de Ferrater Mora[12] o de las varias *Historias de la Filosofía* que encontramos en su biblioteca (más allá de la de Marías, las de W. Dilthey, B. Russell, É. Bréhier o J. L. Abellán) y de los números de la colección *Que sais-je?* de contenido filosófico.

No es por tanto, una recuperación que se atiene al pasado de una forma homogénea. La modernidad se concreta en unas determinadas figuras por oposición a otras. Se da implícitamente una discriminación positiva.

La visión del momento filosófico

También se da una recepción propia de la modernidad filosófica. En principio, debe observarse que el mundo de la filosofía española no ayudaba a Calvo-Sotelo o a cualquier persona en una posición análoga a situarse dentro de una actualidad filosófica. En España, nuestro punto de referencia más importante era París. Y podemos decir que en lo que respecta a la filosofía, su biblioteca se

---

[11] *Sobre la voluntad en la naturaleza* (Madrid, 1970); *Fragmentos sobre la historia de la filosofía* (Madrid, 1977); *El arte de tener razón expuesto en 38 estratagemas* (Madrid, 1996); *Le fondement de la morale* (París, 1991), y *Essai sur les femmes* (2002).

[12] Buenos Aires, 1958, grueso tomo claramente desgastado por el uso. Ferrater Mora es un autor muy presente en esta biblioteca, donde encontramos en total nueve títulos.

nutre del mundo editorial parisino, reflejando la limitación de lo que en ese momento se hacía en España.

En el mundo francés, se da entre 1950 y 1960, un cambio de generación en la filosofía académica. El mundo universitario alemán, fuera de la escuela de Frankfurt, se había quedado con poca proyección. El mundo académico anglosajón resultaba en ese momento muy distante. En cambio, París se distingue como la gran capital de una reflexión filosófica ajustada a las ciencias humanas. Se da el paso de Sartre a Lévi-Strauss, al estructuralismo y a una filosofía dominada por los llamados «maestros de la sospecha», Marx, Nietzsche y Freud. Es expresión de la inteligencia y del sentido de Calvo-Sotelo el que —sin dejar de estar atento a la filosofía española del momento y de seguir a los autores de siempre— iniciará un camino que sólo Ortega ha sabido realizar en el mundo académico, un camino no sólo de ahondamiento de su formación histórica, sino de aproximación al pensamiento vigente del momento.

Ciertamente, el de Calvo-Sotelo fue también un acercamiento selectivo, realizado dentro de circunstancias muy restringidas e implicó desatención de otras corrientes que, posteriormente, han mostrado recorrido. El abandono de la escolástica a la que previamente había atendido con mucho interés, es de poca importancia. Lo verdaderamente notable es que a pesar de ser buen conocedor de la obra de Ortega, no siguió a éste autor en lo que se refiere a su adscripción a una tradición fenomenológica y hermenéutica que en ese momento y con la excepción del segundo Heidegger estaba desprestigiada. No se encuentran en su biblioteca ni Husserl —aunque sí existen tres trabajos sobre el autor de las *Investigaciones Lógicas,* de Leopoldo Eulogio Palacios (1952), Lothar Kelkel (1964) y François de Gandt (2004)—, apenas Heidegger[13] ni Sartre, fuera de obras de literatura y de ensayo, como tampoco Ricoeur o Gadamer. Estos últimos implicaron una continuidad con una tradición de hermenéutica que incide sobre el carácter específico de las humanidades. Tan sólo hay tres obras de Dilthey, uno de los grandes precursores de esta corriente[14] y Karl Jaspers[15].

---

[13] El breve opúsculo *¿Qué es metafísica?,* en versión de ZUBIRI, Santiago de Chile, 1963, y *Camino del campo. Der Feldweg,* 2003.

[14] *La gran música de Bach* (1963); *Introducción a las ciencias del espíritu* (1966), e *Historia de la filosofía* (1975).

[15] *Introduction à la philosophie* (París, 1952, firmado en «Madrid, abril, 1953»); *La fe filosófica* (Buenos Aires, 1968), y *Les grandes philosophes* (firmado en 1968 y una versión española de 1993).

En este paso, parece que Calvo-Sotelo se apoyó más en sus conocimientos científicos, en un momento en el que se buscaba de nuevo una aproximación de las humanidades a las ciencias. Es, por ejemplo, el momento de los *Annales* y de una forma de entender la historia que se apoyaba en datos más que en testimonios.

Formaron parte de este acercamiento de Calvo-Sotelo a la actualidad del momento dos intereses ya reseñados: el estructuralismo y la visión de la evolución que permite el pensamiento de Teilhard de Chardin. A ello se puede añadir el interés por Marx, Nietzsche y Freud. Aquí también, no sólo se encuentra obra abundante, sobre todo de los dos primeros, sino que se puede apreciar la voluntad de adentrarse en su pensamiento a través de obras introductorias. Marx ocupa en su biblioteca un gran espacio: son quince las obras a él debidas (ocho en francés, seis en español y una en inglés, con una curiosa concentración en su lectura durante la década de los setenta, en la que adquiere once de ellas) y veintidós trabajos sobre Marx o el marxismo, de autores como Althusser, Arden, Berdiaeff, Jesús Fueyo, Garaudy, Emilio Lamo de Espinosa o Jean-François Revel.

Consignemos, en este ámbito de la filosofía alemana, la presencia de otros autores como Feuerbach (con dos obras) y Engels (con tres).

A ellos hay que añadir la recepción de la escuela de Frankfurt. Lo fundamental de Marcuse se encuentra en la biblioteca: *Eros et civilisation. Contribution à Freud* (1963) y *One dimensional man* (1964, firmado en «mayo, 1968»). Además, hay que añadir su estudio sobre Hegel, *Razón y revolución.* Y sobre el propio Marcuse, los estudios de Josep María Castellet (1969) y Jürgen Habermas (1968). De Adorno se encuentran cuatro trabajos, y de Habermas diez obras, entre las que destaca *El discurso filosófico de la modernidad,* una de sus obras centrales.

También se interesó por el pensamiento progresista francés del momento, como refleja el número de obras debidas a Roger Garaudy[16].

Al mismo tiempo, fue seguidor de las principales figuras del pensamiento liberal francés. Posee su biblioteca la obra

---

[16] Siete libros de este filósofo marxista, desde *Karl Marx* en 1964, hasta *Appel aux vivants,* en 1979, profusamente subrayados en su mayoría.

central de Raymond Aron[17] y la de su discípulo Jean-François Revel[18].

Por lo que respecta a esas corrientes del pensamiento político en España, nos encontramos en la biblioteca de Leopoldo Calvo-Sotelo, en el ámbito del socialismo, con doce trabajos de Enrique Tierno Galván[19] y con la obra fundamental de Luis Díez del Corral, entre la que destacamos, por su importancia, *El liberalismo doctrinario* (Madrid, 1956).

De Nietzsche, se hallan nueve títulos; el más antiguo es de 1954, *Götzendammerung: Der Antichrist, Ecce homo, Gedichte* y el más reciente, de nuevo *Ecce homo,* editado por Alianza en 1995. Se hallan subrayados *La genealogía de la moral* (Madrid, 1978) y *Así hablaba Zaratustra* (Madrid, 1985). Acerca de Nietzsche, encontramos siete trabajos.

Quizá el menos tratado de los tres, es Freud, pero tanto *El malestar en la cultura* como *Tótem y Tabú* (1970), que se encuentran en la biblioteca, son lecturas fundamentales en este momento, así como tres obras sobre Freud. A ello hay que añadir la presencia de autores tan característicos, en el ámbito del pensamiento antropológico, pero también crítico, tanto de Freud como de Lévi-Strauss, como René Girard.

A pesar de que Foucault, Deleuze, y Lyotard se encuentren representados, no son realmente las obras definitorias de ellos las que se encuentran. Al tiempo, la postmodernidad de Vattimo (*Le concept du 11 septembre,* con Habermas, de 2004) y Derrida (*La fin de la modernité. Nihilisme et herméneutique dans la culture,* de 1985, y *En torno a la posmodernidad,* 1994) tampoco encuentra demasiado acomodo.

En los últimos años, sobre todo a partir de mediados de los ochenta, se ha podido apreciar una mayor proyección de la cultura inglesa y estadounidense en el mundo europeo. Calvo-Sotelo era

---

[17] Diez obras, editadas entre 1966 y 1990, entre las que reseñamos *Sur Clausewitz* (Belgique, 1987), *Histoire et dialectique de la violence* y *Mémoires. 50 ans de réflexion politique.*

[18] También diez obras suyas, desde 1970 (*Ni Marx ni Jesús*) hasta 2007 (*Memorias. El ladrón en la casa vacía*). Cabe mencionar aquí la presencia en esta biblioteca de cinco obras debidas a Bernard-Henri Levy, el más conocido de los llamados «nuevos filósofos» franceses.

[19] Adquiridas durante más de veinticinco años, desde *Sociología y situación* (Murcia, 1955), hasta *Cabos sueltos* (Barcelona, 1981).

consciente de ello como fenómeno general, pero en lo que respecta a los libros de filosofía, tenemos poco que añadir. Se encuentra la obra tardía de Bertrand Russell (en total, nueve libros suyos) y el *Tractatus logico-philosophicus* de Wittgenstein, pero no las *Investigaciones filosóficas*. La obra de Isaiah Berlin está poco representada: *El fuste torcido de la humanidad* (1992 y la obra de Michael Ignatief sobre Berlin, de 1999).

Por lo que se refiere a la producción intelectual estadounidense, destaca el seguimiento de la obra de Michael Novak, a través de sus libros[20] y de la revista *National Review*. Sí se interesa por Noam Chomsky, tanto por la obra del lingüista como por la del ensayista político[21]. Rawls figura con *El derecho de gentes* y una obra introductoria. En el ámbito del pensamiento político, es de reseñar la presencia de la obra del fundador del neoconservadurismo americano, Irving Kristol[22]. Sin embargo, Rorty, Walzer, Williams, Taylor, Macintyre, Quine y Nussbaum ya no aparecen.

¿Qué relación puede establecerse entre la biblioteca y su dueño?

La entrevista personal que tuve con Calvo-Sotelo iba destinada a aclarar esta situación. Lamento que no fuera posible recabar más información después de haber realizado el trabajo para preparar el estudio que antecede. Sólo me fue posible acabarlo después de su muerte. Por ello, me cabe hacer unas reflexiones en parte sosteniéndome en lo dicho por el propio Calvo-Sotelo y en parte por lo que creo entrever a partir de sus escritos.

Una cosa es una buena biblioteca y otra la vida de lector. En el caso de Calvo-Sotelo, su biblioteca fue claramente el medio para satisfacer, en gran medida, una vocación intelectual importante para la que estaba claramente dotado. Me viene a la mente el comentario hecho cuando residía en el Palacio de la Moncloa de que echaba de

---

[20] Tres obras suyas encontramos: *Freedom with justice. Catholic social thought and liberal institutions* (Nueva York, 1984); *El espíritu del capitalismo democrático* (Buenos Aires, 1984), *y Los negocios como vocación* (Buenos Aires, 1998).

[21] Del que adquiere dos obras, *Le langage et la pensée* (París, 1970), y *Failed Status. The abuse of power and the assault on democracy* (Nueva York, 2006).

[22] *Reflections of a neoconservative. Looking back, looking ahead* (Nueva York, 1983), y *Neoconservatism. The autobiography of an idea* (Nueva York, 1995).

menos sus libros. Estoy seguro de que era un sentimiento sincero, pero es claro que en su mundo la biblioteca tenía su sitio: detrás de su familia, su profesión y la dedicación a la vida pública. Pero ese cuarto lugar no evitaba dos grandes cualidades: el que no le dio sino grandes satisfacciones y que era siempre susceptible de mejora. Sus numerosos viajes al extranjero durante años tuvieron como aliciente alguna escapada a una bien nutrida librería de la que salía con una nueva adición para su biblioteca. Con ello, se expresaba la voluntad de saber y de vivir que conduce a la lectura y que nunca le abandonó.

Es cierto que su vida como lector fue lo suficientemente intensa como para adquirir su propia trama: «un libro conduce a otro», según sus propias palabras. En cambio, el peso de todas estas lecturas en su acción pública o escritos es relativo. Después de haber leído su obra, considero que no entra en política activa desde un ideario que condiciona su comportamiento por encima de una adscripción resuelta por la reconciliación y la democracia. Por el contrario, la impresión que me dejan sus escritos era que el éxito de su trayectoria fue más bien el de haberse adaptado a un nuevo escenario, con sus propias exigencias y envergadura, buscando lo mejor dentro de lo posible. Sin duda, su gran formación le permitió hacer frente a lo nuevo, pero ésta condicionó poco el contenido concreto de su acción.

El objetivo de sus dos más importantes escritos, *Memoria viva de la transición* (1990) y *Pláticas de familia* (2003), era ofrecer el testimonio de la propia experiencia. Generalmente, las frecuentes citas de filósofos, sobre todo de Ortega, son incidentales al desarrollo del relato. Una mayor elaboración intelectual de la misma hubiera sido superflua e incluso contraproducente.

En cuanto a *Los papeles de un cesante* (1999), en algunas ocasiones, se apoya más explícitamente en su gran cultura, por ejemplo el titulado *El 98 en España y en Portugal,* donde la influencia de Unamuno se alía con la lectura de Keynes para definir su actitud ante lo que se podía esperar de la sociedad española. La vida de la inteligencia aparece como algo muy real para Calvo-Sotelo, pero se distingue claramente de otras realidades. De ahí que junto a la curiosidad, el placer e incluso la admiración, no está nunca lejos el escepticismo al que se refirió en la entrevista.

Existen trabajos de Leopoldo Calvo-Sotelo no publicados que reflejan más claramente un nivel de reflexividad sobre la propia condición humana, como *El hombre en la encrucijada,* leído en el

V Congreso Católico y *Vida Pública,* donde de nuevo la posición de fondo parece derivarse de sus lecturas de Unamuno sin, para nada, abundar en el patetismo del escritor vasco. Cito: «Yo he sentido muy pronto, que la tensión íntima para el creyente se da más entre la Iglesia y la libertad que entre Fe y Cultura». También me parece interesante el titulado *Esta España de final de siglo* donde aparece aprobatoriamente una tesis de Eugenio Trías, quizá el más respetado en la academia entre los filósofos de mi generación. Es necesario partir del límite, no pensando tanto en la privación, el obstáculo que éste supone, sino porque sólo desde él se puede aprehender la realidad. Como aficionado a Ortega yo leería «perspectiva», pero creo que en el pensamiento de Calvo-Sotelo no le interesa tanto la peculiaridad del individuo, sino el hecho de que nuestra representación de la realidad es limitada y la tarea del pensamiento debe asumir tal limitación. Esa conciencia de límites aparece en otro registro muy distinto del de Trías en el texto más temprano que conozco de Calvo-Sotelo. Marino Gómez Santos recupera un editorial de Arco, revista publicada por los alumnos de la Escuela de Caminos, donde su autor, Leopoldo Calvo-Sotelo, habla de la resistencia de lo real «a dejarse preformar por el pensamiento» y ello con «aristotélica terquedad». Este texto se reproduce en *Pláticas de familia.* Una cosa es la afición por la filosofía y otra es que se reconoce para el pensamiento, en general, unas limitaciones.

En cuanto al contenido de nuestra conversación, sobre todo recalcaría que para él es discutible que se pueda hablar, sólo, de filosofía y no de la obra de distintos filósofos. Cada uno de ellos se produce para el conocedor con sus aciertos y sus limitaciones. Si uno se atiene a las citas, desde luego Ortega es el autor al que Calvo-Sotelo recurre con mayor asiduidad. Entre otras aportaciones Ortega, en el *Epílogo para ingleses,* anticipa y justifica lo que cuarenta años más tarde será una de las principales actividades políticas de Calvo-Sotelo, la incorporación de España a la Comunidad Europea. Ello responde a una aspiración de tres generaciones de españoles que quisieron lograr la plena incorporación de la sociedad española a la europea.

Sin embargo, parece que debemos respetar sus propias palabras sobre la influencia de Unamuno en lo que respecta a su concepción de la realidad y de sus posibilidades. Probablemente éste le marcó más en su reconocimiento de la limitación de la razón. También es posible pensar que Zubiri constituye el mejor ejemplo de lo que un filósofo académico tiene que ser con sus conocimientos de ciencia y su dominio de la historia de la filosofía. Todo ello, parece que desemboca, por lo que respecta a Leopoldo Calvo-Sotelo, en una visión de la filosofía muy amplia y matizada dentro de una experiencia cultural que fue realmente excepcional.

En un país donde se lee poco y se tiende a relacionar la lectura con la formación de la juventud, hay que decir que el ejemplo de Calvo-Sotelo es el de una persona que nunca dejó de encontrar tiempo para su propia formación.

Quinta Parte

SIEMPRE BUSCANDO A DIOS ENTRE LA NIEBLA: FE, RELIGIÓN Y TEOLOGÍA

9

A mí me costó muchas noches de vigilia saber qué es la fe católica y también otras cosas. En gran parte mi decisión de leer viene de ahí

Ángel Cordovilla: ¿Quiénes han sido sus maestros de vida: la familia de origen, la escuela, la universidad, el ejercicio profesional o la familia formada por usted mismo?

Leopoldo Calvo-Sotelo: La familia, yo creo que sí. Siempre he sido muy familiar; sí, es muy importante, yo no sé si porque mi madre se quedó viuda muy pronto y eso refuerza la familia que queda. En cuanto a la vida escolar, yo fui en Madrid al Instituto Escuela antes de la guerra, por decisión de mis padres, un colegio laico, que marcaba mucho, donde no había clase de religión. Allí estaba Ángeles Gasset que, con tres o cuatro profesoras más, montaron una clase de religión, en Serrano 50, los sábados por la tarde (por la mañana había clase) fuera del Instituto Escuela: era un anejo sin ningún membrete, pero no formalmente vinculado. Cuando a mí me preguntan sobre la enseñanza de la religión —la independencia de criterio no es fácil, los jerarcas de la Iglesia la ven con recelo— mi respuesta es: creo que no hay que insistir en esa tesis según la cual se penaliza al alumno que da clase de religión mientras los otros se van a jugar al fútbol. Yo he estado yendo a clase de religión los sábados por la tarde y he vivido la envidia de los que no iban, cosa curiosa. Esa interpretación de la enseñanza como un castigo es mala. Estábamos encantados, presumíamos, éramos distintos y mejores, un grupo pequeño, nunca más del quince por ciento. Para mí, ir a clase de religión los sábados por la tarde, lejos de tener que esconder algo con vergüenza, era motivo para que te admiraran por eso y te tenían envidia y se metían contigo por envidia.

AC: ¿Y la Universidad?

Como he dicho a veces, yo no soy universitario, yo soy ingeniero de caminos, porque en aquel tiempo nuestra Escuela dependía administrativamente del Ministerio de Obras Públicas y presumíamos de que no éramos de la Universidad, no dependíamos de la Universidad. La Escuela tenía una seriedad en la clase mayor que en la Universidad. La Escuela de Caminos preparaba funcionarios y el día que aprobabas la última asignatura, eras funcionario. En Caminos había profesores, como Entrecanales, que elegían entre los mejores alumnos para el mundo de la empresa; aunque a mí quien me llamó fue Juan Lladó, al Banco Urquijo.

AC: Por último ¿qué importancia ha tenido la empresa?

La empresa es una maestra de vida práctica, pero no se puede elevar al rango de formación general. Respondiendo a su pregunta, yo creo que sería probablemente la familia el elemento más importante.

AC: Y fuera de ese ámbito ¿podría decirme qué cinco personajes han sido ejemplos morales y no sólo técnicos para su trayectoria política?

Es muy difícil responder a eso. Yo he tenido amigos más viejos que yo; algunos muy notables que ya no viven, como Luis Solana San Martín, padre de Javier y de Luis, químico, con el que trabajé en el Banco Urquijo, donde estaba con Jaime McVeigh, el hombre que de verdad hizo el TALGO, aunque la gente crea que lo hizo Goicoechea. Mientras estuve en la empresa, estuvo conmigo. Solana era un hombre extraordinario, anárquico, con una inteligencia clarísima. Yo le llamaba y le contaba un problema grave y, si le parecía importante, me decía que fuéramos a hablar a un bar. Tenía la tesis —no sé si se la copió a Mihura o al revés— de que de las cosas importantes hay que hablar en los cafés. Debo recordar a José María Naharro Mora, mi segundo en la etapa en que yo trabajé en Explosivos, catedrático de Hacienda Pública, en la Central y luego en la Complutense, extraordinario. Siempre me he preocupado —mientras estuve en la empresa, como yo no soy un jurista— de tener un especialista en Derecho, porque me he dado cuenta de que el Derecho, aunque me parezca injusto, manda mucho en este país, y Naharro era un catedrático y una excelente persona, era un amigo con el que se podía hablar de todo. Adolfo Suárez fue un gran amigo mío, yo lo considero uno de los hombres que tengo que citar, un hombre importante en mi vida. Suárez tenía una mezcla de admiración y de recelo por mí porque yo leía mucho. Yo le decía «presidente, no te confundas, me deberías echar del gobierno, porque leer mucho es muy malo para la política». En fin, Juan Lladó, hombre estupendo, que entendió perfectamente que se podía ser al mismo tiempo un buen hombre de empresa y tener afición política, o afición literaria, o filosófica. Citaría también a Ramón Ceñal, a quien conocí en Gredos.

AC: En una biografía como la suya, ha habido sin duda numerosas ocasiones de trato con gentes notables de la cultura, la política o la Iglesia española. Quisiera que hiciera la semblanza de algunos, empezando por la de los sacerdotes Alfonso Querejazu y el propio Ceñal al que acaba de aludir.

Ramón Ceñal, al que conocí en Gredos, según he dicho, confesaba en la Iglesia de los Jesuitas de la calle Serrano. Es la única persona con la que yo he ido a hablar en el confesionario con gusto, un hombre estupendo. Cuando iba yo con dudas para mí importantes, me decía: «no forcejees con el misterio», una frase suya muy bien buscada. A Querejazu le he tratado mucho en Gredos, tengo de él el mejor recuerdo, era un hombre admirable y admirado. Estuve visitándolo en el hospital la víspera de su muerte.

AC: ¿Qué me puede decir de gentes como Miguel Benzo, Jesús Aguirre o José Antonio Muñoz Rojas?

A Miguel Benzo lo he leído pero no le he tratado. Leí su *Teología para universitarios.* Traté mucho a su hermano Fernando. Jesús Aguirre fue amigo mío, pero amigo frívolo —llamar frívolo a Aguirre es una redundancia—. Yo le quería mucho y me divertía mucho. Él me estimaba. Hombre que influyera, no. Estaba para brillar y para casarse con la duquesa de Alba. De Muñoz Rojas, he sido muy amigo suyo. Un hombre bueno. He admirado mucho su prosa, casi más que su poesía. A mí me descubrió a John Donne, que me parece un poeta estupendo.

AC: Si pasamos a personalidades políticas ¿cuál ha sido su relación con Martín Artajo y Ruiz-Giménez?

Martín Artajo: aquí entramos en aguas para mí complicadas, pues yo no he tenido buena química con la democracia cristiana y, sin embargo, la primera vinculación política cuando vine de Ribadeo a los catorce-quince años fue la democracia cristiana, la «santa casa», Alfonso XI, 4: la ACNDP, el periódico *YA,* porque me llevó mi amigo Juan Durán. Por otra parte, yo no he sido de Ruiz-Giménez.

AC: Conoció a Xavier Zubiri siendo usted muy joven.

Sí, pero aunque fui de joven alumno de sus cursos —y mucho más tarde ayudé a salvar del naufragio a la Fundación Zubiri— no puedo decir que fui su amigo.

AC: La Iglesia, ¿ha sido realidad para usted, más por su dogma, moral, espiritualidad, vida sacramentaria, empeño social, institución cultural?

La Iglesia ha sido una realidad como institución cultural y por el dogma.

AC: ¿Ha conocido grupos de reflexión o experiencia cristiana que hayan sido decisivos para su vida: por ejemplo, la Iglesia del Espíritu Santo con Don Maximino Romero de Lema, la Parroquia universitaria de Federico Sopeña, Centros de la ACNDP, la Iglesia de los Jesuitas en Serrano?

Tengo que confesar que Federico Sopeña sí. Era un personaje lleno de vaivenes. De Romero de Lema no he sido nunca amigo íntimo. La ACDNP, sí, como he dicho antes, con Federico Silva como secretario general y Martín Sánchez como presidente, un hombre muy inteligente, por cuyo despacho pasaban los ministros de Franco. Todavía recuerdo la tarjeta que me mandó cuando mi boda: «Le felicito por su acertada elección de mujer».

Olegario González de Cardedal: Me gustaría que en este libro se viera algo que para mí es fundamental. Es cómo se hace el tránsito de una iglesia y de una fe, que iban en esa dirección hasta 1959 en España, que a partir de 1965-1966, por fidelidad católica, por obediencia católica, por el Papa, se dice que hay que ir en esa otra dirección. Por un lado, hubo toda una generación de hombres —escritores, teólogos, políticos, biblistas— que no fueron capaces de ver la coherencia de fondo entre la línea de pensamiento anterior y la línea de pensamiento nuevo; y toda una generación de hombres que permanecieron ahí, entre paréntesis, en una fe desnuda, porque oficialmente les declaran que las maneras concretas de vivir la fe anterior ya no son válidas y no acaban de percibir que el decreto de libertad religiosa sea coherente con la doctrina de los papas anteriores. Son personas de la más distinta formación y procedencia (exegetas, teólogos, historiadores, políticos...) que por supuesto vivieron y permanecieron dentro de la iglesia, pero en una inmensa soledad. Por otro lado, mucha gente ha creído, pero como resultado de un vuelco eclesial tan súbito, no llegaron a percatarse de la lógica interna que les permitiera descubrir la coherencia existente entre las decisiones conciliares y la doctrina anterior de la Iglesia, en la que ellos habían crecido y que, por tanto no se trataba en el Concilio de adaptarse a la nueva situación histórica, en un oportunismo. Sobre el fondo de este libro, me gustaría saber cómo lo han percibido usted y su generación, que llegan al Concilio con el gozo de encontrar un apoyo a lo que más o menos ya habían presentido y deseado. Otros en cambio quedaron sumidos en la perplejidad sin saber cómo reaccionar, diciendo en su silencio o protesta: yo lo aceptaría si se me muestra que es coherente con la fe que he vivido anteriormente. De todo ese proceso no hemos hecho en España todavía la historia; y hay materiales, como por ejemplo —recuerdo ahora— una biografía sobre López Bravo en que se cuenta la relación tensísima que mantuvo con el Vaticano en época de Pablo VI. A mí me queda en el cajón un libro que se podría titular Drama de la conciencia católica en España 1960-1970, con diez esbozos biográficos de personas inteligentes, buenas, fieles, que mueren en esa especie de descampado, entre reproche y fidelidad. Este es su reproche: la Iglesia nos ha traicionado, nosotros no nos hemos equivocado, esto es un error histórico que se pagará. Y confiados murieron diciendo: «Tú, Señor, que eres más grande y mejor, acoge mis perplejidades y mis dudas en mi fe desnuda. En tus manos dejo mis azares».

De ese momento dado, meses arriba o abajo, data la decadencia vertical de la penitencia como sacramento en España. Incluso los jesuitas, que tenían fama de ser buenos confesores. Yo iba de vez en cuando a confesar allí, a la iglesia de Serrano, cuando podía, al terminar el trabajo, con Ceñal —ya lo he dicho— y había cola, había que esperar media hora. Ceñal, que era una gran persona, yo lo quería mucho, tenía una gran cantidad de fieles. Pero eso de repente se acaba, ya no tiene clientes en espera ni siquiera Ramón Ceñal. Cuando empieza uno a hablar en España, en esa época, de problemas de fe en una reunión social, se podía ver cómo el anfitrión sacaba la agenda y anotaba «este no vuelve por aquí». Por otra parte, entonces, las chicas se han enterado de la historia de la Comisión que va a tratar los problemas de las relaciones sexuales —que Pablo VI retira en el último minuto—. Pero los padres conciliares que han estado en esa Comisión, alemanes, holandeses, vuelven a sus lugares de origen y explican con claridad que todo eso de la contracepción, hay que verlo con más calma, que no puede ser la *Humanae Vitae* la última palabra. Chicas enormemente católicas de familia conservadora, en ese momento ya se han separado de esa enseñanza. Ése es mi recuerdo de tipo personal.

OGC: Enhebrar diez cuestiones de esa naturaleza sería una radiografía de fondo de quienes han vivido ese trayecto, desde la obediencia al Papa, las leyes morales, las acciones públicas limpiamente servidas, a esa fase donde comienza la perplejidad, la duda o la separación y ruptura con la moral oficial. También es cierto que, en aquel momento en España, existe un catolicismo beligerante, que no perdona a Pablo VI, que considera que el Concilio ha quebrado el proyecto español. Gentes muy notables y significativas, tanto en Iglesia como en política, se situaron en esa posición.

En esto que acaba de decir, me llama la atención la referencia a López Bravo, al que yo he tratado en el orden industrial y muchísimo; yo no lo sabía, y me hace entender su actitud cuando yo le conté mi última entrevista con Pablo VI: López Bravo puso una cara muy rara. La historia es la siguiente. Yo fui a Roma, a no sé qué, pero no a ver a Pablo VI. Entonces, un diplomático allí destinado me llamó y me dijo que por qué no pedía una audiencia al Papa, y la pedí. En verdad, a Montini yo lo conocí mucho antes, cuando aún no era cardenal, en tiempos de Ruiz-Giménez embajador cerca del Vaticano, cuando fui allí con una cosa de la Universidad, la Confederación Internacional de Universitarios Católicos. Entonces, Ruiz-Giménez nos organizó un desayuno, pero primero una misa en Santa María la Mayor, con Montini, que tenía una mirada militar, nada religiosa, una mirada de acero, una rapidez... Pero vuelvo a la historia: pasan treinta años de eso y voy a ver al Papa Montini y me encuentro con un anciano que no puede moverse de la mesa al lugar delante de la biblioteca donde solían hacerse las fotografías sin un auxiliar que le lleve, al que yo le ayudé cogiéndole por el otro brazo. Yo había ido a una visita protocolaria —por lo visto, según nos explicó el Monseñor que estaba en la Secretaría, había anotado quince a veinte minutos— pero, culpa mía, nos pusimos a hablar de política, y estuvimos una hora y media, y yo no me di cuenta de que era excepcional. Cuando aquello terminó, fueron a buscar al fotógrafo, que no aparecía —se habría ido a tomar un café, harto de esperar— y entonces nos quedamos allí, y Pablo VI entró en una conversación personal, que yo no me hubiera atrevido, y me dice: «Usted, ¿está casado?». «Sí, Santidad». «¿Tiene muchos hijos?». «Ocho hijos». «¡Hombre, qué maravilla!». E hizo grandes elogios de la familia. Yo, por animar aquello, dije: «No sabe Su Santidad lo que me conforta oír esto, porque hay más de un sacerdote joven en España que, al saber que yo tengo ocho hijos, tuerce el gesto». Entonces, me cogió la mano y recobró la voz vibrante de hace treinta años: «¡De eso nada! Lo que importa es la familia, y eso se lo dice a usted no el Papa, ni un obispo, ni un sacerdote, sino un anciano que está solo». Me emocionó de tal manera, que todavía ahora, si no tengo cuidado, se me humedecen los ojos. En aquel momento, ya llegó el fotógrafo. Ahora entiendo: cuando yo le conté esto elogiosamente de Pablo VI a López Bravo puso cara de palo, y no me importó mucho, pero ahora lo entiendo, él tuvo un enfrentamiento personal. En aquel momento, hablar bien de Pablo VI, no ya entre gente de izquierdas, sino entre católicos practicantes en España, era peligroso, la gente se insolentaba.

OGC: A Pablo VI se le echó en cara por algunos ser el gran traidor a la unidad y coherencia católica de España.

Recuerdo otra anécdota festiva también vaticana de otra visita al Papa, en este caso, a Juan XXIII, también lateralmente. Acababa yo de dar una conferencia en Sabadell y el gremio de fabricantes, agradecido, no me pagó, pero me regaló un corte de traje. Cuando fui a Roma, no recuerdo a qué, Pilar me dijo «estrena el traje con el Papa» —era azul marino— y caminando yo por esos largos pasillos hacia el lugar donde el Papa recibía, me di cuenta de que tenía un hilo blanco colgando a la altura del codo. Pensé «no voy a ir así», e insensatamente empecé a tirar y salían metros, no se acababa nunca. Entré en la Secretaría del Papa: «Perdóneme, tengo que pedir algo que no le habrá pedido nadie, unas tijeras, pero no corte el paño». Yo me había quedado con aquel hilo gordo y Juan XXIII se interesó. Le conté lo que pasaba, se reía, un Papa muy diferente. A Pablo VI no le hubiese podido contar eso. Me acuerdo siempre de aquel corte de traje que no era bueno, mi conferencia era mucho mejor que el paño.

OGC: Volviendo al catálogo de su biblioteca, nos llama la atención que sus libros son más formativos que informativos ¿Por qué sintió necesidad de esta formación religiosa? ¿Quién le animó a ello? ¿Fue más una llamada interior desde una preocupación personal o la exigencia externa de una responsabilidad pública?

Lo que he tenido siempre es una gran curiosidad. Yo recuerdo, hablando con un amigo de la Escuela de Caminos, que yo le decía «¿A ti te parece bien estar vivo en este siglo XX de la relatividad de Einstein sin haberte empollado en serio la relatividad? Pues a mí no me parecería serio decir "tengo fe católica" sin haberme empollado todos los libros para ver en qué consiste». Si me ha interesado la relatividad, por qué voy a pasar por la fe, la religión, la teología moderna, sin enterarme de todo eso en lo que pueda. Si me he pasado tardes enteras en cuestiones que no le interesan al hombre internamente, cómo no voy a hacer eso mismo con las cosas que sí le interesan. Es el mismo motivo de ordenación interna: saber en qué consiste la relatividad, a mí me costó muchas noches de vigilia, también saber qué es la fe católica y también otras cosas. En gran parte mi decisión de leer viene de ahí.

AC: La Biblia *es uno de los libros más importantes que aparecen en su biblioteca y quizá sean los libros que se sitúan en este ámbito los que se mantienen como una constante a lo largo de sesenta años. Me ha llamado mucho la atención lo que dijo usted en una conferencia respecto de su manera de acceder a la Escritura, a la* Biblia, *que en su caso ha sido siempre a través del francés. ¿Cuál ha sido su relación con la* Biblia? *¿Quién le invitó a leerla?*

A mí, quien me ha empujado a leer la Escritura, la edición de la *Biblia de Jerusalén* en fascículos, fue Querejazu, que era un hombre que insistía en la importancia de la Escritura. Yo hasta entonces había vivido en Ribadeo y allí el cura advertía sobre los peligros de leer sólo la Escritura o sobre la necesidad de leer las notas, como aquella que explicaba la parábola del camello y el ojo de una aguja como una metáfora, en fin... En efecto, a raíz de las Conversaciones de Gredos, a las que yo asistí desde su segundo año, el padre Alfonso Querejazu —yo era estudiante, tenía veintiuno o veintidós años— me puso a leer la Escritura en unos fascículos de la Biblia de Jerusalén. Los textos de las versiones de la Biblia en español, como la Bover Cantera o la Nácar Colunga, tenían un lenguaje que a mí no me atraía nada, mechados de notas, algunas tan sesgadas, tan ayudadoras a un inválido, y normalmente no es un inválido el que lee la Biblia. De manera que tengo la Biblia de Jerusalén en fascículos, hasta que ya se editó la edición completa.

AC: La traducción ecuménica.

Yo tenía y sigo teniendo una convicción, a lo mejor a usted como experto le parece mal: a mí no me disgusta que el lenguaje de la fe no sea el lenguaje de todos los días.

AC: En esa conferencia dice usted que para acceder a la Biblia *es necesaria siempre una mediación, una cierta distancia y no a través del lenguaje vulgar, cotidiano.*

Yo estuve leyendo la *Biblia de Jerusalén* antes de que se tradujera y me acostumbré, y ahora ya es raro que no lea la Escritura en francés. Cuando la leo en español, me produce un pequeño rechazo, serán manías. Y la versión en inglés tampoco me ha atraído. La edición buena empezó, es curioso, con la *Epístola de los Romanos,* intentando hacer un poco de ecumenismo, en un punto caliente.

AC: Esta edición es muy buena, es muy equilibrada en la traducción —pues siempre en la traducción se interpreta dependiendo de la teología que haya detrás, la teología católica o protestante, luterana, calvinista— y en este caso, como es una traducción de un grupo de diferentes confesiones cristianas, es muy equilibrada, las notas son una maravilla.

Mientras tuve tiempo fechaba y firmaba los libros: en esta *Biblia de Jerusalén* dice «marzo, 73», publicado el 72, muy poco antes. Solía ir con frecuencia a Francia, y cuando iba a París, compraba algunas ediciones que tardaban en llegar aquí varios años. Aquí están otras tres ediciones de la *Biblia de Jerusalén* en francés y más allá está la de Luis Alonso Schökel.

AC: Se trata de la Nueva Biblia Española. *La parte del Antiguo Testamento es la mejor, el Nuevo Testamento de Mateo, de hecho, no lo aprobó la Conferencia Episcopal. Veo que en su biblioteca, los comentarios de las Escrituras son en su mayoría franceses. De la Biblia, ¿Cuál es su libro preferido? ¿cuál es el relato evangélico, el dicho de Jesús o la formulación paulina que le conmueve más?*

Como libros más significativos de la *Biblia,* señalaría los evangelios y los salmos, alguno llena extraordinariamente. Los salmos me han interesado también como libros de poesía. Y reconozco que ante un mal predicador muchas veces me he preguntado si no convendría incluir en la misa más lecturas del Evangelio y acortar el sermón.

AC: ¿Qué le ha influido más, las experiencias interiores, hechos históricos, personas o libros?

Aunque sea malo decir que yo soy una persona que lo ha aprendido todo en los libros, la verdad es que sí, lo que más me han influido son los libros, lo demás son anécdotas.

AC: ¿Qué interés ha tenido para usted el estudio de la Doctrina Social de la Iglesia y qué valoración hace de ella como hombre creyente con una formación técnica y una responsabilidad política? ¿Es y ha sido fuente inspiradora de su vida política y social? ¿Ha sido un fardo pesado que ha tenido que soportar en su actividad política?

A mí se me ha hecho siempre muy cuesta arriba la doctrina social y además tengo que confesar que no me ha sido útil. Yo entendí muy bien a León XIII y ya luego empecé a no entender nada más. Confieso que he pasado grandes apuros en la vida de la empresa, donde estuve veinticinco años, hasta que me pasé a la política. Yo he sido jefe de empresas grandes muchos años, hasta la muerte de Franco. Y nunca me ha sido útil la doctrina social de la Iglesia en ese juicio durísimo de gobernar. A mí me pasó como experiencia real, absolutamente seria: en Explosivos Río Tinto había treinta mil hombres. No, no he podido encontrar en la doctrina social una apoyatura que me fuera útil.

OGC: La empresa y la doctrina social, a su entender, ¿eran dos mundos paralelos y usted no veía la posibilidad de restaurar la conexión entre ambos?

No tienen un punto de encuentro. Eso y que en la democracia cristiana a la que he aludido antes predicaban mucha doctrina social, me ha convertido en un hereje respecto de la doctrina social. Probablemente me equivoco. Aunque mi padre fue el fundador con otros, en 1922, de la primera democracia cristiana española, como una disidencia del ala izquierda del maurismo. Yo estoy muy vinculado a esa historia y tenía razones para tener afectos, pero no los tuve.

OGC: ¿Puede explicar esa especie de malestar de fondo? Pues confieso que no sólo he encontrado en usted, sino en otros grandes amigos, esas circunstancias, que se sienten incómodos, que no acaban de estar seguros con las gentes de la democracia cristiana, que temen que hay una volubilidad ahí que no se sabe finalmente...

Eso cuenta y mucho, pero casi cuenta más un rechazo estético. La democracia cristiana que yo he conocido en la calle Alfonso XI, 4, la «santa casa», no tiene nada que ver con la estética, ni les importaba nada.

OGC: Por razones estéticas y por otras razones, la democracia cristiana en España ¿no tenía alicientes para ciertos hombres como usted?

Yo estuve allí, en el Círculo de Jóvenes, dos, tres o cuatro años hasta que Federico Silva quiso imponernos la medalla.

OGC: Perdone, pero eso es identificar la democracia cristiana con la ACNDP.

Identifico ACNDP con democracia cristiana. La ACNDP para mí era una parte de la democracia cristiana y la más próxima a mí porque era la que yo frecuentaba. También está la figura de Ruiz-Giménez, que encarnaba otra cosa.

OGC: ¿Qué recuerdos guarda de Martín-Sánchez, Sánchez de Muniain, Máximo Cuervo? Ellos fueron los que de la ACNDP iniciaron y dirigieron la Biblioteca de Autores Cristianos (BAC), de importancia trascendental para la nutrición de la fe católica en los años siguientes.

A Cuervo no lo traté nunca, a Fernando Martín-Sánchez, sí. Mi contacto frecuente durante mis primeros años fue el círculo de jóvenes de la ACNDP, Fernando Martín-Sánchez, Federico Silva a su derecha, y Don Andrés Avelino Esteban Romero, el consiliario. En un ciclo de conferencias de la ACNDP, Rafael Termes, un hombre inteligente y capaz, me dijo, después de un diálogo público, como comentario: «He oído con mucho gusto a mi amigo Leopoldo Calvo-Sotelo y me doy cuenta de lo que le pasa a mi amigo —y eso explica mucho de sus cosas buenas y malas— es que siente la nostalgia de no ser protestante». Yo le respondí: «No es eso exactamente, pero como yo he viajado mucho, sí tengo nostalgia de no haber sido un católico minoritario en un país protestante, alemán u holandés». He ido mucho a Holanda, por razones comerciales, y era normal que me presentaran a un ingeniero para hablarme de un problema de polímeros y a la hora de comer, de una manera natural, te preguntaba: «Y usted: ¿cómo anda de fe?». En España, si se hubiera hecho eso o se hiciera ahora, el que invita a uno que le habla de fe, no le vuelve a invitar, te tomarían por un revolucionario o por un majadero. Pero en Holanda yo he hablado mucho de cuestiones de fe, no de una manera muy científica, de una afición y una fe profunda que uno tiene.

OGC: ¿Con el padre José María Llanos, el jesuita que con su ruptura y marcha al Pozo del Tío Raimundo fue tan emblemático en aquellos años, no coincidió usted ni tuvo ningún contacto?

Tuve mucho trato con el padre Llanos desde los años cincuenta. Se daba en este caso una coincidencia afortunada, que fue la amistad común con otros amigos míos, especialmente con Luis Solana —Llanos, que era químico, había sido compañero de Facultad de Solana— y con Manolo Villar Arregui. En sus primeros años en el Pozo del Tío Raimundo, yo estaba en el mundo de la empresa y le echaba una mano a la hora de colocar a jóvenes de Vallecas. Allí fui a verle en más de una ocasión; recuerdo sobre todo cuando Pilar y yo nos acercamos para regalarle un Seat 600, que acabábamos de cambiar por un 850 nuevo que dejaron ahí dentro de esa sala de estar —cupo justo por las puertas— los Reyes Magos. Era un tipo de gran atractivo personal y un magnífico escritor; no se me olvida una preciosa semblanza que escribió de Luis Solana cuando murió; yo le seguía desde sus tiempos en el *Arriba*. Por Navidad nos mandaba siempre una hoja modestísima, pero muy bien escrita, desde el Pozo del Tío Raimundo.

AC: Me llama la atención la concentración de libros de teología política: teología de la liberación, teología norteamericana; lógicamente, la relación entre religión y política tenía que ser un centro de su interés.

A los políticos no les ha interesado mucho esa relación y me temo que a los teólogos no demasiado ¿verdad?

AC: A mí me ha interesado más la teología sistemática o dogmática, que es más profesional, antes que este otro tipo de teología. Me llamó la atención que tuviera el Mysterium liberationis *y la* Teología de la Liberación, *de Gustavo Gutiérrez.*

Al principio, ese movimiento fue muy «percutiente» y Gustavo Gutiérrez tiene un estilo muy agradable y muy atractivo, cosa que no siempre ocurre en los libros de esta materia. Leonardo Boof, lo que pasa es que escribe en portugués. Para mí fue una gran revelación —en el sentido muy pagano de la palabra— el leer a los autores originales de la Teología de la Liberación, como estaba tan denostada y tan criticada.

AC: Que tienen mucha presencia en la biblioteca.

A la ética por la estética. Me han parecido unos escritores estupendos y luego ya compré esa edición a la que usted se refiere, que me ha parecido muy pesada, *Mysterium liberationis.* A Gutiérrez lo he conocido luego en el Premio Príncipe de Asturias. Yo entiendo que cuando hay un choque entre este individuo que está aquí y esta sociedad que está aquí, lo que hemos hecho siempre es «vamos a coger a este individuo y por las buenas o por las malas lo adecuamos a esta sociedad», y entiendo que alguien invierta la flecha de la causalidad: «No, mire usted, respetemos a ese individuo, cojamos a la sociedad y vamos a ver si la adaptamos un poco». Y a mí esto, llevado al extremo como lo ha llevado la teología de la liberación, no me parece políticamente sensato, pero es políticamente importante. Y luego las barbaridades que se han hecho en nombre de España y por supuesto de la religión muchas veces, que estos explotaban con enorme eficacia, me llevaba a decir «voy a enterarme de quienes son estos». Yo ahí no he querido transformar el mundo, como decía Marx: «Yo no he venido a enterarme, he venido a cambiarlo». Pues yo he venido a enterarme, luego, si me excita mucho lo que he sabido, ya veremos. Me interesaba la teología de la liberación y a la vez conocer un fenómeno tan importante y estéticamente tan poco atractivo como el Opus. El *Camino* de Escrivá en ese plano no hace muchos adeptos, como cuando afirma: «El matrimonio es para la clase de tropa». Óigame, yo soy clase de tropa. Yo sé, como decía Santa Teresa, que esta vida en este mundo es una mala noche en una mala posada, pero yo quiero pasar esa noche en una cama de matrimonio.

AC: Gustavo Gutiérrez quedará como el exponente más profundo de la Teología de la Liberación y plenamente asumido por la doctrina diríamos oficial de la Iglesia. Así como Leonardo Boof tiene libros interesantes, pero luego ha derivado hacia unas posturas bastante insostenibles. Gustavo Gutiérrez, incluso por la evolución interna que él ha experimentado, quedará y especialmente su libro Teología de la Liberación.

Antonio Lago Carballo: Aparecen muchos títulos en el catálogo de su biblioteca sobre el Opus. En los años cincuenta, hubo una preocu-

pación público política sobre el Opus, que hoy no existe, porque el Opus en los años de la posguerra ejerció una enorme influencia en el mundo de la Universidad, de las cátedras. Había una preocupación por el Opus, porque no se sabía bien el poder que tenían, no sólo en el mundo de la Universidad, sino en el mundo de los negocios, de los bancos. Hay en su biblioteca varios libros del Padre Escrivá, o varios libros sobre qué es el Opus, o los publicados por Ruedo Ibérico. Ha sido un movimiento religioso, social, y político importante en España. ¿Por qué su interés por el Opus? ¿Qué significado cree que ha tenido para la historia religiosa, política o cultural de nuestro país?

A mí me interesaba como fenómeno social y político antes que religioso, cuando las crisis de Franco, que tuvo la etapa falangista, luego la democristiana con Artajo como principal jefe de filas, y luego —sin salirse del ámbito religioso cristiano— tuvo la etapa Opus Dei, que mandó en el gobierno de España durante años, cuando la política española estuvo en manos de cuatro o cinco hombres. Como fenómeno religioso también me interesaba. Pero no me gustaba su manera de reclutar a la gente. Mi suegro tuvo amigos del Opus Dei, aunque él nunca lo fue.

OGC: ¿Conoció de esa época a Raimundo Paniker?

Sí y lo leía, claro, también a Salvador. Cuando hice la milicia universitaria, un día que yo no me encontraba bien, en la hora de la siesta, seguida de la instrucción, me salté la instrucción y me fui a leer a la chopera cercana y de repente empezaron a congregarse varios, Gil Antuñano, etc. y apareció el padre Múzquiz y me dijo «si te quieres quedar». Entonces me enteré de que existía algo en la sociedad que se llamaba Opus Dei y que tenía su cédula en el campamento. Luego ya el Opus estuvo en los labios de todo español interesado en la cosa pública.

AC: ¿Y qué me puede contar de las Conversaciones de Gredos?

En las Conversaciones de Gredos estaban Pedro Laín, José Antonio Maravall, Olegario González de Cardedal...; eran tres días, desde un jueves hasta un domingo, era vida no digo monástica, pero casi, venían algunos seminaristas, traídos por Querejazu, con buenas voces. Íbamos a maitines. Yo conocí allí a gente importante, filósofos notables, alguno como Aranguren. Un día, Aranguren armó un cisco: se puso a hablar de política; y Querejazu, que era muy bondadoso y muy fácil de acceso, se convertía en el Jesús que echa a los mercaderes del templo cuando alguno se ponía a hablar de la mercadería política. El tema principal ese año era la espiritualidad del desierto, y cada uno hablaba de lo que leía, y Aranguren quería hablar del régimen fascista que lo había puesto en la calle. Querejazu le dijo: «Ya sabe usted que esos temas son los únicos que están exactamente excluidos». Entonces Aranguren dijo que si aquello no era un centro de libertad de expresión él no quería estar allí, se levantó y dijo que se iba. Yo, que hablaba algo con él, sabía que no se podía ir porque no tenía coche y de Gredos no se podía venir a pie. Me acerqué y le dije que si me daba un poco de tiempo a la hora de comer podía acercarle a coger el tren, y pasó una cosa muy curiosa. Aquel año, el invitado de Gredos era el hermano Roger de Taizé, un tipo muy notable. Le explicaron lo que ocurría, y le dijo, con mansedumbre y autoridad: «Usted se va si quiere, porque es un hombre libre, pero no antes de venir conmigo un cuarto de hora a la Iglesia». Aranguren no se supo negar; se interrumpió la sesión, lo cogió del brazo —estábamos al lado de la capilla— entraron y no se qué clase de cohabitación tuvieron allí, me hubiera gustado haber conocido aquello, pero cuando salió, Aranguren había encontrado una fórmula de compromiso y dijo: «Ha sido muy útil para mí la conversación».

ALC: ¿Ha visitado alguna vez Taizé?

No he estado nunca.

OGC: ¿Estuvo usted gracias a la conexión ACNdP en las Conversaciones de Gredos?

La ACNdP no tuvo que ver con las Conversaciones de Gredos. Esa fue una aventura, hablando con deformación empresarial, pagada por el Banco Urquijo, iniciativa de Juan Lladó. Yo fui allí por el Banco Urquijo. Yo fui allí por iniciativa de Muñoz Rojas.

OGC: José Antonio Muñoz Rojas, Aranguren y Dámaso Alonso eran muy amigos, su amistad viene del colegio de El Recuerdo. No sé si usted se acuerda de la presencia de Dámaso Alonso en Gredos, fue una o dos veces, y provocó las iras de don Alfonso Querejazu, porque no era piadoso, le gustaba jugar a los bolos, y no volvió más. Alguna vez con colegas míos, teólogos y profesores de literatura, hemos discutido si la poesía de Dámaso Alonso era religiosa o no, o era religiosa en el sentido abstracto general o era religiosa cristiana.

Yo más me inclino por la primera interpretación que ha dado. Dámaso Alonso tenía una preocupación con el problema de Dios y algunos de sus poemas, que usted conoce, son realmente muy buenos y estremecen. Él no hacía su poesía desde su religión; y luego tenía una vida realmente airada. Yo tuve relación con Dámaso por Ribadeo, adonde él iba no mucho, pero con alguna frecuencia. Era amigo de mi madre. Lo había sido de mi padre. Era un tipo simpático, agradable, divertido. A él le debo, como tantos españoles, mi admiración por Góngora.

AC: Los tres libros significativos, religiosos o teológicos que volvería ahora a leer. ¿Qué libros al mirar su vida piensa que le han troquelado personalmente?

Esa pregunta es casi periodística. Desde que empecé a leer en serio la Escritura es verdad que la *Biblia,* sobre todo el *Nuevo Testamento.* A mí me da vergüenza confesar que la vía de la estética ha sido una vía muy fecunda para entrar en la ética y en la fe, no me avergüenzo de eso.

AC: Díganos qué tres libros, además de la Biblia, *han sido siempre su alimento y a los que vuelve releyéndolos.*

Fuera del ámbito religioso, mis lecturas las he dedicado a Ortega durante mucho tiempo. Si tuviera que decir un autor, no por unos artículos o libros en concreto, sino alguien que he tenido aquí dentro en el pecho, ese ha sido Ortega.

OGC: No sé si usted llegó a conocer Catecismo para increyentes, de Sertillanges. Miret Magdalena dice que es lo que el leyó siempre y lo que vuelve a leer.

Miret me ha producido siempre un rechazo y no he obtenido ningún provecho de lo que ha escrito y cada vez menos. Yo tenía un libro de Sertillanges, en dos tomos, que se llamaba *El mal* o *El problema del mal...* A mí, la convivencia pacífica con el mal, se me hace muy difícil. Desde pequeño estaba atormentado. Me parece que el único problema fundamental, serio, profundo para uno que abre los ojos es el del mal y las contestaciones del catecismo no pueden convencer, el problema del mal es tremendo.

OGC: San Agustín se pasó la vida con este problema.

Evidentemente.

OGC: Llegamos a una conclusión, que es lo que hizo Jesús. No hizo una metafísica del mal sino una terapia del mal en la medida en que estaba en sus manos, ayudar, integrar y bendecir. No elaboró una teología del mal, ni una metafísica, sino se entregó a una terapia de los males concretos y a una ayuda al hombre. Y, finalmente, se puso en el lugar del mal para asumirlo desde dentro y en entrega al Padre y a los hombres, superarlo.

AC: ¿Qué significado cultural, o solamente simbólico, tenía para usted presidir la Fundación Ortega y Gasset?

La Fundación siempre me ha llenado de ilusión. Y yo conozco mejor la obra de Ortega y Gasset que muchos orteguianos y he ido a ella con devoción intelectual.

AC: Unamuno ¿no es un personaje que haya desempeñado un papel clave en su vida?

Muy grande, sin duda. Yo leí primero a Unamuno y luego a Ortega, cronológicamente. *San Manuel Bueno, mártir* te producía una gran impresión, Unamuno se te metía dentro de verdad, Ortega era como unos fuegos artificiales. Uno quiere imitar a Ortega cuando escribe. Tenía una capacidad notabilísima de captar la adhesión intelectual del lector. La pedantería —que él hacía deliciosa— en mi caso era insoportable. Unamuno en cambio, te produce una gran impresión, por ejemplo, en *Del sentimiento trágico de la vida.* Yo lo leí cuando ya estaba en el Índice y como me preocupó, le pregunté a un confesor que no sabía ni quien era Unamuno.

OGC: Además eran unos años de graves tensiones. En 1957, se pusieron dos obras de Unamuno en el Índice de Libros Prohibidos: Del sentimiento trágico *y* Agonía del Cristianismo. *Son los años en los que Mons. Pildain, obispo de Canarias, publica la famosa carta pastoral* Unamuno, hereje y maestro de herejes. *En esos momentos Antonio Tovar es rector en Salamanca, y Pedro Laín en Madrid, con Joaquín Ruiz-Giménez como ministro de Educación. E intentan recuperar la memoria de Unamuno; entonces aparece una reacción y se intenta poner también a Ortega en el Índice. Pero un grupo de personalidades de iglesia, agustinos y otros, ejercieron gran presión ante la Nunciatura para evitarlo y efectivamente a Ortega no se le llegó a poner en el Índice. Fueron los años del libro del P. Santiago Ramírez O.P. sobre Ortega y su polémica con los católicos orteguianos, Laín, Marías, Aranguren.*

Ortega yo creo que sabía mucho de casi todo, yo conozco algunas cosas de las que sabía poco, creo que de teología sabía poco, no le interesaba. Zubiri estaba ahíto de teología. Aquellas páginas de «Dios a la vista», que parece un poco el descubrimiento del Continente, a mí nunca me llegaron al alma. Otra cosa de la que no sabía nada —Zubiri sí sabía— era de ciencias matemáticas. Yo recuerdo haber estado discutiendo con Zubiri de una afirmación que está sobreentendida en Ortega. Ortega creía que la física moderna se podía entender sin matemáticas y no tiene razón. Schrödinger no se puede entender sin una ecuación sencilla. En fin, Ortega tampoco entendía nada de música.

OGC: En ese sentido, probablemente no tener sentido musical en España es bastante común. Unamuno tampoco tenía ningún sentido musical. Hay una pequeña monografía de Federico Sopeña, Música y antimúsica en Unamuno. *Por experiencia personal corregiría a Federico Sopeña. Se puede no saber música de teoría y haber vivido la música. Unamuno, sin embargo, tenía un sentido musical peculiar porque no se puede escribir bien prosa y lírica si no se tiene un cierto oído interior.*

Por eso escribía mal, Unamuno escribía mal, yo le he aguantado bien, pero tenía una rigidez vasca...

OGC: Es verdad que su poesía no tiene ese ritmo exterior que facilita la lectura e intelección; que muchas veces es bronca y quebrada, que no tiene aquella ligereza admirable y aquella serenidad humanísima propias de Machado.

Y las rimas. De la poesía de Unamuno, *El Cristo de Velázquez* me ha impresionado alguna vez. Musicalidad, ninguna. Lo de Ortega al decir que la música empieza en 1920 es una barbaridad que se le perdonó porque era Ortega. Yo si tuviera que elegir una sola persona como pauta de libro, o persona con mayor influencia en mí, es Ortega, no porque me haya identificado con él, pues a mí me ha molestado su altanería, su superioridad, su desprecio de la ciencia. Aunque él era un ideólogo, tenía un olfato bueno, y la ciencia nueva final del siglo XIX es la física, pero desde mediados del XX, es la biología, y él podía tener ahí una excusa para decir que eso era lo importante, pero no sabía nada de esos temas.

OGC: ¿Y no le llamó la atención que tuviera tanta información histórica pero apenas tuviera sensibilidad religiosa? ¿No es extraña su falta de vibración interior ante los temas teológicos y religiosos de fondo?

Si tienes vibración, es que eres religioso, luego podrás decir que hay dos naturalezas en un Dios, pero eres religioso. Ortega, de religioso, nada. Nunca ha vibrado. Mientras a Unamuno hay que decirle «¡Estése un poco tranquilo!».

OGC: Hay que decir, y usted lo ha dicho a propósito de la biología, que Ortega sí que tenía olfato. Él es el primero que comenta a Bultmann en España. En la misma medida que él reclama una autonomía para la filosofía respecto de las ciencias, reconoce ya que lo está haciendo Karl Barth al reclamar una autonomía de la teología respecto de la filosofía. Él sabe de Guardini. En Marburgo quedó impresionado por el peso de la teología en la Universidad del Estado y por el peso del catolicismo en la cultura: la conversión de Max Scheler, la conversión de Edith Stein... Por eso invita a Fernando Vela a traducir el libro de Rudolf Otto, Lo Santo, *que luego publica en su editorial. ¿Cómo se explica la fascinación que sufre Ortega por Zubiri cuando este apenas cuenta veinticuatro años y lo hacen catedrático de historia de la filosofía? ¿En qué radica esa fascinación?*

Yo podría decir varias palabras que recuerden a Zubiri, pero fascinación no aparece. Hay que ser muy experto como Ortega para sentirse fascinado.

AC: También nos ha llamado mucho la atención las muchas ediciones que tiene de la Vida de Jesús *de Renan. Ahí aparece un centro claro, pues para un cristiano la figura de Jesús es fundamental.*

Mi interés por Renan es casi más literario, empieza por ser literario. Pero luego, siempre he creído de una manera heterodoxa —se lo conté a Ramón Ceñal, a quien se le podían contar esas cosas— para mí, en la crisis esa de los dieciocho/veintiuno de la adolescencia que termina, crisis de fe, a mí quien me saca del agujero fue Renan, comprando los libros en París que aquí no se podían comprar, más que los libros ortodoxos y los libros de reputación. *La vida de Jesús* tiene un solo defecto, pero gravísimo, y es que dice que Jesús era sólo un hombre. Ahora, la aproximación que hace Renan al Jesús hombre no se consigue mejor en ningún otro texto. Yo creo que Querejazu no se atrevía a recomendar a Renan porque estaba en el Índice. A Renan hay que leerlo no traducido, pues aparte de un pensador importante era un escritor magnífico. Tenía yo tanta afición que compraba una edición nueva de la *Vida de Jesús* y de *Recuerdos de Juventud,* por ver las notas nuevas o prólogos diferentes. *La vida de Jesús,* de Renan, sí me marcó mucho. Por eso, cuando he visto el título del libro del Papa Benedicto XVI *Jesús de Nazaret,* pensé estúpidamente que podría haber una aproximación renaniana a la figura de Cristo que, naturalmente, no la puede haber.

AC: ¿El nombre de Von Balthasar ha aparecido en su vida? Para muchos hombres de política, de cultura, la estética ha sido el camino de acceso a la fe, a través de la obra de Möller, Literatura y cristianismo, más que en virtud de tratados de teología o moral. Por eso, me llama la atención cómo un autor como Von Balthasar, que ha hecho de la estética...

OGC: ... quizá la obra sistemática de Hans Urs von Balthasar (Teoestética, Teodramática, Teología) aparece en España cuando usted ya tiene consolidada su visión y su horizonte. Él ha presentado toda la realidad cristiana desde esa perspectiva estética, dramática y lógica en interacción. Sus libros menores de análisis histórico y de espiritualidad aparecieron en los años en los que usted tuvo su presencia política y profesional más importante. La trilogía, que son catorce tomos, ha aparecido ya en 1985 en España.

Yo no he leído a Balthasar. La unión de lo bueno y lo bello, eso es algo muy platónico, que está muy en el fondo de toda la cultura occidental.

OGC: ¿A San Agustín, a Guardini, a Newman, los ha leído?

A San Agustín lo he leído y con gran admiración y he vuelto a él. A Guardini también lo he leído, pero no es una autor del que yo haya resultado devoto. A Newman, pese a la enorme fama, no lo he leído, quizá porque cuando tuve ocasión de hacerlo estaba en inglés y yo entonces no leía tanto el inglés.

AC: Es notable la presencia en su biblioteca de la obra de Teilhard de Chardin, desde muy pronto.

En efecto, todavía estaba yo en plena forma como lector cuando llegaron aquí las obras de Teilhard. Confieso mi admiración y mi deslumbramiento por Teilhard. Luego, aquí, los sacerdotes más ortodoxos decían «cuidado», pero yo decía: «si ya soy mayor y a mí no me va a convencer Teilhard de cosas malas» —que tampoco las dice—. Teilhard tiene un francés precioso, a Teilhard lo tengo muy entero, muy subrayado, muy anotado. Ha pasado la moda, ahora ni se habla mal siquiera de Teilhard.

AC: A Teilhard se le valora su esfuerzo quizás como el primer peldaño para el acercamiento entre esas dos realidades: la ciencia y la teología; pero tanto por parte de la teología como por parte de la ciencia ha sido sobrepasado. Escritores como Rahner o Von Balthasar han ido mucho más allá y por parte de la teología han sido más recibidos estos que Teilhard, y por parte de la ciencia los análisis de Teilhard se han quedado un poco anticuados.

Claro; ahora mismo yo, respecto de la tendencia actual, especialmente en literatura inglesa, sobre el neodarwinismo —que yo confieso que he seguido mal— y de una nueva interpretación, que podría ser de un cristianismo ortodoxo, yo me he enterado poco, porque he llegado algo tarde. Respecto de lo que usted dice, es verdad que se ha desarrollado, por un lado, autónomamente, la teología y, por otro, enormemente, la ciencia, sobre todo la biología, que está muy en el centro de la preocupación de Teilhard. Yo disfruté mucho leyendo a Teilhard durante dos o tres años. Se tardó en editar, tuvo problemas con la orden, había bastantes textos inéditos... Ir a París me valió de mucho, compraba a Teilhard, que aquí no lo había.

OGC: Para la generación de Leopoldo Calvo-Sotelo, hay otros autores, como Maritain, que es todo un nombre. Los libros de Maritain fueron para su generación fundamentales. Yo todavía llegué a ello, pero la generación actual no sabe prácticamente nada, porque el Concilio arrasó una serie de nombres.

ALC: Pienso que hay autores no de tema religioso —por ejemplo, novelistas, católicos— cuya presencia o ausencia en esta biblioteca será significativa: Mauriac, Chesterton u otra figura como Charles Péguy, que es un desconocido para las letras españolas, al igual que León Bloy, padre espiritual de Maritain, de Péguy en buena parte, que se tradujo todo en Argentina, desconocido aquí en España. Todo ese movimiento católico francés, aquí no ha importado a casi nadie.

Sí, he leído bastante a Chesterton, sus ensayos, pero también los relatos del Padre Brown. De Mauriac, alguna de sus novelas y escritos biográficos. Algo hay en la librería de Léon Bloy; y de Péguy, poesía y prosa.

OGC: Siempre hay más autores por los que uno siente curiosidad, pero yo creo que ha sido una conversación provechosa.

En fin, yo no tengo más que dar emocionadamente las gracias y avergonzarme de que haya alguien que se haya tomado más interés en mis libros que yo mismo. A mí de este proyecto lo que me ha gustado es esta tertulia y creo que debemos repetirla, aquí o en Ribadeo.

10

Palabra de Dios en el mundo de la ciencia y de la política. La biblioteca teológico-religiosa

Una biblioteca es un mundo

Una biblioteca es un mundo. Y cuando alguien decide entrar en él surge otro mundo. Una biblioteca constituye un mundo objetivo y un mundo personal. A ese primer mundo que se despliega desde los libros ordenados en una biblioteca tenemos posibilidad de acceso ya que el catálogo resultante, independientemente de las razones por la que cada libro ha llegado hasta allí, es una realidad objetiva. Al otro mundo personal desplegado en el lector, no tenemos acceso, al menos una entrada directa y objetiva como en el caso anterior. Al afrontar el catálogo de los libros religiosos de la biblioteca de Leopoldo Calvo-Sotelo quiero situarme entre ambos mundos, sin ofrecer del todo una visión objetiva de uno o de otro.

Entre un libro y su lector hay un *espacio personal e íntimo* en el que es imposible entrar. ¿Qué emociones ha despertado la lectura de un libro en una persona? ¿Cuáles han sido las ideas que ha subrayado? ¿Cuáles las páginas más relevantes para su vida? ¿Cuál el párrafo decisivo? ¿Qué palabra ha resultado la más iluminadora para ese momento concreto en el que vive? Es imposible saberlo. Un mismo libro leído en dos situaciones diferentes provoca reacciones distintas en un único lector. No obstante, una biblioteca es una realidad objetiva que nos habla de su propietario de diversas formas y maneras; unas más directas, pues de alguna forma sabemos el efecto que una obra ha causado en el lector; otras de forma indirecta, pues al menos su adquisición, por las razones que sea, nos dice como mínimo que esa obra ha pasado por unas manos, su título ha sido leído, ha habido una pregunta por la identidad de su autor y otra sobre el mensaje o la idea que nos ha querido transmitir con su obra.

Una biblioteca es un espejo donde podemos ver reflejada la personalidad de su propietario, pues los libros adquiridos por él ya forman parte de su ser, bien porque realmente han sido leídos e integrados en la trayectoria vital e intelectual, bien porque han sido olvidados en el fondo de la estantería después de haber ojeado su índice y su contraportada. Hay libros que se leen con agrado y sin más se integran en nuestro ser, hay otros que no sin dificultad terminan siendo leídos y otros que lo son más por el deseo que por la realidad. De esta forma la biblioteca que vamos formando va constituyendo una especie de *alter ego,* por voluntad propia o por deseo expreso cuando elegimos y compramos los libros que queremos leer; por necesidad, cuando adquirimos y leemos aquellos libros que por diversas razones de tipo personal o social se nos impone su lectura; por motivos circunstanciales cuando alguien nos los regala por amistad o por conveniencia; por diferentes carambolas de la vida que hace que algún libro, querido o no, termine en nuestra manos. Todas estas razones diversas por las que un libro puede terminar en un estante de nuestra biblioteca son variables reales que van formando y forjando nuestro ser, pues somos herencia recibida, inteligencia y voluntad, necesidad y azar, gratuidad y regalo. Este pequeño mundo material que son los libros de una biblioteca, nos abre a un universo casi infinito, pues desde ellos participamos de ideas, autores, épocas históricas, acontecimientos relevantes, que van mucho más allá de lo que nosotros realmente en el espacio y tiempo que están a nuestro alcance podemos vivir, pensar y experimentar.

En fin, debo añadir que, a la hora de analizar la biblioteca teológico-religiosa de Leopoldo Calvo-Sotelo, en añadidura del catálogo, me he ayudado de otras dos fuentes: sus consideraciones públicas en materia de religión (conferencias, artículos, entrevistas, libros) y las conversaciones que he mantenido con él al respecto[1].

---

[1] Mi gratitud a Antonio Lago Carballo y a Olegario González de Cardedal por sus muy valiosas sugerencias para la elaboración de este escrito.

Primeras impresiones

La biblioteca teológico-religiosa la forman alrededor de 800 volúmenes[2]. ¿Cuáles son las impresiones que surgen de una primera lectura de este catálogo? La primera impresión es la *sorpresa.* Uno se pregunta cómo un hombre de formación técnica, dedicado a la empresa y a la política, ha tenido una pasión y un interés por la vida del espíritu. ¿Tendrá que ver en esto su vocación filosófica original por el mundo de las ideas y del espíritu conducido por Platón? Además, se constata que esa preocupación espiritual ha sido permanente. No es el fruto de un acercamiento coyuntural unido a etapas relevantes de la vida, ni de la crisis de un joven adolescente que, ante el descubrimiento de un mundo nuevo, se quiebra su mundo anterior de convicciones y creencias, ni es el fruto de la edad cercana a la sabiduría «presbiteral» que, dejando el mundo pasado tantas veces circunstancial y superficial, se centra finalmente en las realidades esenciales. El interés por la dimensión religiosa de la vida humana, en todos sus ámbitos y perspectivas, ha sido una constante en la vida de Leopoldo Calvo-Sotelo, tal como podemos apreciar en su biblioteca. Desde las obras de Ernest Renan y Teilhard de Chardin —adquiridas en el original francés en torno a los años cincuenta— hasta la biografía de Joseph Ratzinger, *Mi vida,* o la meditación sobre la incomprensibilidad de Dios de Karl Rahner, libros adquiridos en los años 2005 y 2006, respectivamente.

La segunda impresión es que se trata de una biblioteca de *temática religiosa general.* No estamos ante la biblioteca de un estudioso de la religión o de la teología, con un interés científico determinado, sino ante la biblioteca de un hombre con una inquietud religiosa y teológica, más cercana a la vida social y personal que al debate teológico. Más adelante mostraremos cuáles son los temas centrales en su preocupación o curiosidad intelectual, y su coincidencia con los temas que han ido siendo relevantes para la sociedad en general. Encontramos libros de temática religiosa general, de diversas tradiciones religiosas (judaísmo, cristianismo, hinduismo, budismo, islam) y de diferentes tradiciones cristianas (catolicismo, anglicanismo, ortodoxia, protestantismo).

---

[2] Quiero agradecer a Natalia Marín y a Loreto del Río la elaboración electrónica de los diferentes catálogos de la biblioteca (por años, por materias, por autores), sin los cuales me hubiera sido imposible hacer este trabajo.

Esta característica posibilita una tercera percepción fundamental de su biblioteca. Esta es *muy variada,* tanto en la temática concreta sobre la que versa cada uno de los libros, como en las líneas ideológicas que representa cada autor. Así, encontramos, en un mismo año de publicación —el de 1965— *Camino,* de José María Escrivá de Balaguer, y las reflexiones de Roger Garaudy, *De l'anathème au dialogue: un marxiste tire les conclusions du Concile;* libros de teología espiritual que nos acercan a los clásicos de la lengua castellana y de teología política referida a la teología de la liberación y teología política norteamericana de corte liberal; libros de historia de las ideas religiosas que intentan mostrar a Dios o lo divino en los diversos momentos de la historia de los hombres, así como de teología sistemática que tratan de mostrar la verdad de las afirmaciones teológicas desde su coherencia interna y su significación para la vida del hombre. No se percibe una tendencia ideológica concreta que responda al criterio de selección de los libros que van formando parte de la biblioteca, sino que es más bien la situación histórica el factor más decisivo para su adquisición. La propia evolución de las ideas religiosas en el siglo XX, especialmente en España y en Francia, es la clave más importante para ver el progreso de la biblioteca de Leopoldo Calvo-Sotelo, aunque desde luego no pueda ser considerada la única.

Un paseo por las diferentes décadas

En la presentación que hizo del pensador alemán Robert Spaemann en el VII Congreso de Católicos y Vida Pública en el 2005, Leopoldo Calvo-Sotelo nos habla de los inicios de su propia vocación filosófica, así como de los hitos fundamentales de su trayectoria vital e intelectual, que cifra en tres pilares decisivos: Platón, es decir, el pensamiento propiamente filosófico en la búsqueda del bien y la idea suprema, de la inmortalidad del alma (Fedón); la técnica, al dirigir sus estudios por el camino de la ingeniería, como forma de transformación del mundo; y finalmente, la política, como servicio público a la sociedad[3]. Es obvio que estos tres principios

---

[3] L. CALVO-SOTELO, «Presentación de Robert Spaemann», en VII Congreso Católicos y Vida Pública, noviembre de 2005.

no tienen que estar en contradicción, pero sí nos pueden ayudar a delinear los tres acentos o los tres grandes horizontes que han enmarcado la trayectoria de una vida. ¿Sería posible ver en estos tres grandes hitos los focos que han iluminado la percepción de las ideas teológicas y religiosas así como la adquisición de libros de Leopoldo Calvo-Sotelo? Es difícil establecer ese criterio para enmarcar sesenta años y casi 800 volúmenes. Para no introducir criterios externos, he optado por hacer un recorrido cronológico a lo largo de las seis décadas que constituyen el proceso de formación de la biblioteca (tras un primer capítulo dedicado a lo que podemos considerar como de *herencia*), subrayando los libros que nos parecen más significativos desde el punto de vista teológico, de la vida de la Iglesia o por su posible repercusión posterior. No obstante, en algún momento hemos preferido agrupar ciertos libros desde el criterio de la unidad temática, más allá, así pues, de la estricta perspectiva cronológica.

La herencia recibida

Agrupo en este capítulo todas las obras publicadas hasta 1939, con independencia del momento en que ingresaron en la biblioteca de Leopoldo Calvo-Sotelo. Esta primera etapa la forman libros editados entre finales del siglo XVIII e inicios de los años cuarenta, en el siglo XX, donde ya Leopoldo Calvo-Sotelo comenzó a forjar su propia biblioteca. La herencia de libros religiosos no es muy abundante, como tampoco lo ha sido el interés de Calvo-Sotelo en adquirir libros antiguos. Tenemos 23 libros editados entre finales del siglo XVIII y finales del siglo XIX. Destacan aquellos que son fiel reflejo de la situación histórica y eclesial del siglo XIX: por un lado, la influencia de las nuevas corrientes de pensamiento modernistas y liberales —como podemos ver en las obras de Ernest Renan, *Souvenirs d'enfance et de jeunesse; Vie de Jésus, L'Antéchrist*— y por otro, la contestación dentro del catolicismo —expresada en las ochenta tesis del *Syllabus* de Pío IX (1864) y las dos cartas del cardenal Dechamps, *El liberalismo. Primera carta a un publicista católico* y *Los católicos liberales. Segunda carta a un publicista*—. La edición del *Syllabus* que tiene Leopoldo Calvo-Sotelo en su casa es de 1877, editada en Valencia por Niceto Alonso Perujo, uno de los restauradores del tomismo en España. Sobre el *Syllabus* de Pío IX, Calvo-Sotelo se ha mostrado siempre bastante crítico, por entender que era una postura excesivamente intransigente contra el liberalismo, mientras que en la *Rerum Novarum,* primera encíclica social de León XIII, en el fondo se tendía una mano al socialismo emergente[4]. A los cien años de dicha encíclica, Leopoldo Calvo-Sotelo hace esta breve síntesis sobre la relación de la Iglesia con el mundo en las diversas épocas de Pío IX, León XIII, Pío XII y Juan XXIII, en donde se trasluce una leve queja por esta doble vara de medir al liberalismo y al socialismo en la doctrina social de la Iglesia:

> «El viento del Concilio abrió muchas ventanas y redujo, en parte nada más, aquellas dificultades. Con Juan XXIII la Iglesia, que había adoptado una posición exterior al mundo económico, extraparlamentaria si se me permite el término, volvía en el Concilio a dialogar con el mundo, se integraba en el juego de la oposición. La Iglesia se había sentido gobierno desde Constantino hasta la revolución liberal; se había echado al monte con el *Syllabus,* reduciendo su lenguaje a la condenación y al anatema. León XIII inició un camino nuevo con un lenguaje nuevo y, aunque tardíamente, se enfrentó a los problemas reales de la revolución industrial, denunciando con claridad los abusos de su tiempo. En el orden de las ideas no bajó la guardia, hizo la denuncia acertada del socialismo y siguió condenando al liberalismo. Ese doble rechazo señaló, inevitablemente, una tercera vía que iba a alcanzar con Pío XII la formulación corporativista. León XIII combatía en la *Rerum Novarum* el socialismo incipiente, pero la *Rerum Novarum* sigue siendo beligerante contra el liberalismo, con acento menos rígido que el *Syllabus,* aunque igualmente claro. Desde León XIII se tiene la impresión de que la Iglesia navega entre Escila y Caribdis; pero diría que su rechazo al liberalismo es más profundo, más radical, y que del socialismo la separa fundamentalmente la ausencia de Dios en el planteamiento filosófico de Marx, pero no tanto la política económica socialista a la que en ocasiones tiende la mano. Parece, en cambio, como si la Iglesia no pudiese aceptar plenamente, ni en el campo de la ideología ni en el de la práctica, las tesis liberales»[5].

En estos mismos años de dificultades en el diálogo entre catolicismo y espíritu moderno, publica Marcelino Menéndez Pelayo

---

[4] Cfr. L. CALVO-SOTELO, «El hombre en la encrucijada», en V Congreso Católicos y Vida pública, 14 de noviembre de 2003, p. 5 (texto manuscrito).

[5] L. CALVO-SOTELO, «Los problemas sociales. Cien años después de la *Rerum Novarum*», El Escorial, verano de 1991, p. 2 (texto manuscrito).

la primera edición de su *Historia de los heterodoxos españoles.* La biblioteca de Leopoldo Calvo-Sotelo ha recogido esta inmensa obra en la edición nacional elaborada por el Consejo Superior de Investigaciones Científicas, dirigida por Miguel Artigas (Santander, 1946).

Entre otros libros antiguos referidos a la espiritualidad y a la moral cristiana, encontramos las obras de Fray Luis de Granada en ediciones de Antonio Pérez de Soto (1747) y de Antonio de Sancha (1757).

Todavía dentro de esta primera etapa, pero en libros editados ya en el siglo XX, resulta ilustrativo el del publicista y sociólogo Baldomero Argente del Castillo, que perteneció al partido liberal y al gabinete político de Romanones; tiene un título muy significativo que caracteriza para el autor la actitud del clero español en este momento histórico: *La intransigencia clerical* (1910).

De la década de los treinta tenemos 33 libros. Sobresalen las *Vida de Jesús,* de François Mauriac y de Vicente de Pereda. Pero quiero destacar la obra de Nicolas Berdiaeff, *El cristianismo y el problema del comunismo* (1936, firmada por Leopoldo Calvo-Sotelo en 1967). A este pensador ruso se refiere Calvo-Sotelo en el discurso de inauguración del Curso de la Universidad Internacional Menéndez Pelayo, comparándolo con Maritain. Mientras que el pensador francés representa la superación del cristianismo medieval, en el pensador ruso permanece «el viejo ideal histórico y monolítico de la cristiandad medieval»[6]. Probablemente Leopoldo Calvo-Sotelo esté pensando en obras como *El sentido de la historia: ensayos filosóficos sobre los destinos de la humanidad* (Barcelona, 1936) y *Una nueva Edad Media* (Barcelona, 1933), o una de sus obras más importantes, *Ensayo sobre una metafísica escatológica: acto creador y objetivación* (que desgraciadamente quedó sin traducir en nuestro país), aunque no se encuentren éstas en su biblioteca. Las afirmaciones más significativas del pensamiento filosófico de Bloch, y de los sistemas teológicos de Moltmann y Pannenberg, que tanta repercusión han tenido en la teología española, están anticipadas de forma mucho más profunda y original en la obra de este gran pensador ruso.

---

[6] L. CALVO-SOTELO, «Inauguración del Curso de la Universidad Internacional Menéndez Pelayo».

1940-1949: Las primeras adquisiciones

Para mayor claridad expositiva, agrupo en este capítulo —así como en los sucesivos— todas las obras publicadas entre las dos fechas que se consignan, aunque no desconozco que algunas las ha podido adquirir Leopoldo Calvo-Sotelo en momentos posteriores. En esta década de los cuarenta, la figura de Miguel de Unamuno adquiere para el entonces estudiante Leopoldo Calvo-Sotelo una importancia vital y decisiva. Él mismo ha comentado en varias ocasiones el significado que en estos años tuvo para él la lectura de *Agonía del cristianismo:* «su confesión más desgarradora, y a la vez, más llena de esperanza»[7]:

> «Creo que pasé la crisis normal de fe que todo hombre con alguna curiosidad intelectual tiene en torno a los dieciséis, a los dieciocho o a los veinte años. Y he de decir algo que puede sonar a paradoja: yo encontré un robustecimiento de mi propia fe religiosa, que he conservado, en la lectura de Unamuno, cuyo talante esencialmente religioso me marcó mucho en aquellos años. Fui un lector apasionado de Unamuno, a los dieciocho, a los veinte años, incluso con los escrúpulos propios de la época, de aquellos libros que estaban en el Índice, como *Agonía del cristianismo.* Creo que debo precisamente a la lectura de Unamuno el haber pasado con éxito esa crisis de la fe típica de la juventud»[8].

Quizá por esta revelación del propio Leopoldo Calvo-Sotelo, Domingo García-Sabell se atrevió a decir —en el prólogo al libro de Marino Gómez-Santos, *Conversaciones con Leopoldo Calvo-Sotelo*— que su actitud antropológica básica es «su actitud ante la trascendencia», aun vivida desde «un último poso de duda». «Un radical sedimento de zozobra existencial que, probablemente, es la característica más humana de la fe. Y la más auténtica. La preferencia de Calvo-Sotelo por Unamuno es,

---

[7] L. Calvo-Sotelo, «Inauguración del Curso de la Universidad Internacional Menéndez Pelayo», p. 49.

[8] M. Gómez-Santos, *Conversaciones con Leopoldo Calvo-Sotelo,* Barcelona, 1982, p. 93. En términos semejantes se refirió a las lecturas de Unamuno en su Conferencia en el V Congreso Católicos y Vida Pública en 2003, «El hombre en la encrucijada». Cfr. nota 57 de este capítulo.

en último extremo, la preferencia por el rigor contradictorio»[9]. Éste no es el lugar para entrar a discutir si la duda y la paradoja son la característica más importante o el criterio de autenticidad de la fe desde el punto de vista antropológico. Pero creo que desde la luz que aportan los libros de su biblioteca teológico-religiosa, el fuerte acento pasional y paradójico de la fe que Miguel de Unamuno expresa en sus obras, da la impresión que en Leopoldo Calvo-Sotelo se ha convertido más bien en una encrucijada vital, más propia de la razón vital de Ortega que de la paradoja existencial de Unamuno. Estaría más en la línea de lo que el mismo García-Sabell reconoce al referirse a la serenidad de fondo religioso que caracteriza a Leopoldo Calvo-Sotelo, aun cuando esa serenidad sea la de aquel que lucha y batalla en el camino de la vida[10].

En estos años, Leopoldo Calvo-Sotelo asiste a reuniones del Círculo de Jóvenes Propagandistas Católicos, donde tiene contacto con las obras de Jaime Balmes, de quien encontramos cinco libros en su biblioteca[11]. No obstante, él mismo ha sido claro a la hora de enjuiciar los efectos que le produjo su lectura:

> «El espíritu de Balmes fue objeto de comentarios en el Círculo de Jóvenes. Recuerdo que un año entero se dedicó, al menos formalmente, al comentario de su obra. También es verdad que al amparo de Balmes hacíamos comentarios de todo tipo y que aquél era más bien el rótulo que amparaba, en una época de pocas libertades, un diálogo mucho más vivo y más extenso, que tomaba pie a veces, y otras no, en los escritos de Balmes para extenderse sobre la situación política de los años cuarenta y su posible evolución»[12].

Y en este contexto insiste de nuevo en su predilección por Unamuno y Ortega: «Los autores que yo leía y que entonces me parecían de primerísima fila, y en los que creía encontrar verdad, eran Unamuno y Ortega. Mis dieciocho, veinte y veintidós años,

---

[9] D. García-Sabell, «Notas para un retrato», en M. Gómez-Santos, *Conversaciones,* p. XIII.

[10] *Ibid.*

[11] *Cartas a un escéptico, Escritos apologéticos, El criterio, Filosofía elemental* y *El protestantismo comparado con el catolicismo.*

[12] M. Gómez-Santos, *Conversaciones,* p. 113.

están en la lectura sistemática y repetida de estos dos autores mucho más, por supuesto, que en la de Balmes o en la de Menéndez Pelayo»[13]. No cabe duda de que las intuiciones del joven Calvo-Sotelo eran acertadas.

En el contexto de la influencia del cristianismo paradójico de Unamuno en la cultura española, tenemos que subrayar el libro de José Luis Aranguren, *Catolicismo y protestantismo como formas de existencia,* que recoge diversos artículos publicados a finales de los años cuarenta[14]. Éste es un libro importante para la historia del catolicismo español y para la propia trayectoria intelectual de Aranguren, pues muestra el paso de la influencia de la visión cultural católica que le ofreció Eugenio d'Ors, como versión edulcorada del movimiento litúrgico de Maria Laach y de Romano Guardini, hacia un cristianismo más religioso y existencial que el propio Aranguren encontró en Lutero y Kierkegaard y que le llevó a acercarse a la literatura agónica y dramática de Miguel de Unamuno[15]. Aquí se inicia, por otro lado, un camino de cuestionamiento de la ortodoxia católica, de la autoridad eclesial y de la propia teología que le lleva a Aranguren a tomar unas actitudes de distancia y recelo respecto a ideas, instituciones y amigos con quienes antes había compartido proyectos, como por ejemplo en las Conversaciones Católicas de Gredos[16] que, según cuenta en *Pláticas de Familia* Leopoldo Calvo-Sotelo, describe Aranguren como un «místico *country club* de la espiritualidad»[17]. Encontramos otros tres libros de Aranguren profusamente subrayados: *Catolicismo, día tras día* (Barcelona, 1956) y, ya de los años setenta, que son un claro ejemplo de este «cuestionamiento de fondo» del que hemos hablado más arriba: *La crisis del catolicismo* (Madrid, 1970) y *Moralidades de hoy y de mañana* (Madrid, 1973). A estos últimos nos referiremos un poco más adelante.

Todavía dentro de esta década, tenemos que mencionar dos libros significativos de 1949. El primero es de Ananda K. Coomaraswamy (1877-1947), cingalés, de padre hindú y madre

---

[13] *Ibid.*

[14] Editado por *Revista de Occidente* en 1952, el libro está firmado por Leopoldo Calvo-Sotelo en agosto de ese mismo año y tiene un índice personal de lectura que nos indica la importancia y el interés que suscitó en él.

[15] O. González de Cardedal, *Donde la luz es Ávila,* Ávila, 2002, pp. 174-175.

[16] *Ibid.*

[17] L. Calvo-Sotelo, *Pláticas de Familia,* Madrid, 2003, p. 234.

Estudiante de Instituto.

Estudiante de Caminos.

Alférez de
Complemento.

Los viajes del hombre de la industria.

Al remo en la ría de Ribadeo. Sesenta años separan las dos imágenes.

La afición por
el paisaje (Ribadeo).

Pilar, su mujer, en la ría de Ribadeo, con cinco de sus hijos.

En el despacho de su casa de Ribadeo.

En el despacho de su casa de Madrid.

Visitante asiduo de la Feria del Libro de Madrid.

Al piano, en el cuarto de estar de su casa de Madrid.

La biblioteca de Ribadeo.

Pilar, su mujer, en la casa de Madrid.

Homenaje en la Escuela de Caminos de Madrid (noviembre de 2009). Aparecen el coordinador de este libro y su hijo Pedro.

En el Congreso de los Diputados, con Adolfo Suárez (y *Le Monde* bajo el brazo).

En su escaño, preparando una intervención como portavoz de UCD.

En el banco azul, el presidente del Gobierno lee la prensa extranjera.

En el Palacio de la Moncloa.

inglesa: *Hindouisme et Bouddhisme,* editado por Gallimard en París[18]. Debido a la inflación de la bibliografía sobre diálogo interreligioso y filosofía oriental, algunas de sus obras están volviendo a ser editadas por la editorial Siruela. Pero aquí llama la atención porque en un momento donde en España no había un interés editorial en este tema (hoy tan de moda), Leopoldo Calvo-Sotelo es testigo, al menos indirecto, del debate que ya se estaba produciendo en Francia sobre la relación del cristianismo con otras religiones (especialmente con las denominadas religiones asiáticas) y de la necesidad de un conocimiento concreto de cada una de ellas. En este contexto podemos recordar la obra de los jesuitas franceses Jean Daniélou y Henri de Lubac en su esfuerzo por establecer un diálogo entre cristianismo y otras tradiciones religiosas. En la biblioteca no encontramos ningún libro de estos autores en esta perspectiva, pero sí el libro de De Lubac que se convertirá en un clásico en el tema, *Aspects du Bouddhisme,* publicado en 1951[19].

La segunda obra relevante consiste en el inicio de la publicación en francés de la Biblia de Jerusalén en fascículos por la editorial *Du Cerf.* El libro elegido para dar inicio a ésta son las cartas de San Pablo. Más adelante comentaré este importante detalle. Ahora basten aquí las propias palabras de Leopoldo Calvo-Sotelo recordando este momento singular y decisivo para su vida:

> «Poco antes de [las conversaciones de] Gredos había empezado a publicarse la Biblia de Jerusalén, versión original francesa, en fascículos y en rústica. Y me acostumbré a leer la Escritura en francés. Con esta costumbre sigo; y pienso que una lengua extranjera, por muy bien que se conozca, tiene la ventaja de poner entre el lector y el texto sagrado una distancia que a mi juicio conviene al hecho religioso. Con el Concilio Vaticano II irrumpen las lenguas vernáculas en la liturgia y en la oración: pero yo he seguido hasta hoy paseándome por la Escritura en francés, sobre una edición ya bien encuadernada de la Biblia de Jerusalén. Y ayudándome en efecto en la fe con la cultura del texto sagrado»[20].

---

[18] Posteriormente traducido al español en Paidós en 1969 —junto con otros títulos como *Buda y el evangelio del Budismo*— y *El tiempo y la eternidad* o *La filosofía cristiana y el arte oriental.*

[19] Y traducido al español por la editorial Sígueme, más de medio siglo después con el título *Cristianismo y Budismo,* Salamanca, 2006.

[20] L. CALVO-SOTELO, «El hombre ante la encrucijada», pp. 7-8.

1950-1959: Dos editoriales españolas y la apertura al mundo francés

En estos años cincuenta —década en la que Leopoldo Calvo-Sotelo, ya Ingeniero de Caminos, dirige la empresa Perlofil y, tras su matrimonio con Pilar Ibáñez-Martín, empieza a formar una familia— se perciben dos hechos muy significativos que van más allá de los títulos de los 61 libros nuevos. Hay una irrupción de dos editoriales esenciales como son la *Biblioteca de Autores Cristianos* y la *Biblioteca de Autores Españoles,* que marcarán el ritmo de la adquisición de los libros en español de temática religiosa. Y en segundo lugar, hay también un aumento de obras adquiridas en el extranjero, especialmente en Francia, sobre todo de las editoriales *Du Cerf* y *Desclée de Brouwer,* verdaderas referencias de calidad en el ámbito de la literatura religiosa.

Vamos a comentar las más señaladas en la biblioteca de Leopoldo Calvo-Sotelo. Las dos colecciones españolas nos acercan a lo mejor y más granado de la literatura española, obras más significativas en historia y espiritualidad que en temática propiamente teológica. La *Biblioteca de Autores Cristianos* (BAC) ha sido decisiva en España para posibilitar a los cristianos el acceso a las fuentes de la teología como son la Biblia y los Padres de la Iglesia, gracias a la traducción de la Biblia en las versiones de José María Bover y Francisco Cantera (1951), por un lado, y la de Eloíno Nacar y Alberto Colunga (1953), por otro. Es preciso mencionar también la traducción de Daniel Ruiz Bueno de los Padres apostólicos (1950) y apologistas (1954), que sigue siendo utilizada en nuestros días, así como la edición de las obras de San Agustín (*Tratados sobre el evangelio de San Juan,* 1955). Nos encontramos con todas estas versiones en la biblioteca de Calvo-Sotelo. En estos años se publica también la *Sacrae Theologia Summa* (1950) elaborada por los jesuitas profesores de las facultades de teología en España[21]. Una obra que hasta 1965 tuvo una enorme influencia en el clero español, convirtiéndose en el manual más utilizado en

---

[21] *Patres Societatis Iesu. Facultatem Theologicarum in Hispania Professores.* La obra la forman cuatro volúmenes: el vol. I es el que tiene Leopoldo Calvo-Sotelo en su biblioteca. *Introductio in Theologiam. De vera religione. De ecclesia Christi. De Sacra Scriptura,* elaborado por M. NICOLAU y J. SALAVERRI.

los centros de teología católica, pero que con la irrupción de la nueva teología catalizada por el Concilio Vaticano II quedó prácticamente en el olvido.

Por su parte, la *Biblioteca de Autores Españoles* ofrece a la literatura religiosa su enclave histórico en españoles significativos. En casa de Leopoldo Calvo-Sotelo encontramos las obras de Fray Bartolomé de las Casas que narran las luces y las sombras de la evangelización de América (V vols., 1952); de Fray A. de Yepes, que hacen la crónica de la orden de S. Benito (III vols., 1952); y de Juan Eusebio Nieremberg (1595-1658), jesuita de padres alemanes establecidos en Madrid[22] y hombre de una vasta formación humanista y pensador ecléctico que integra diferentes corrientes filosóficas. En esta colección no podían faltar las obras de Teresa de Jesús, Fray Luis de León y Juan de la Cruz.

Las otras dos editoriales extranjeras anteriormente mencionadas acercan a Leopoldo Calvo-Sotelo a las publicaciones europeas, que muestran una sensibilidad muy diferente hacia la cultura secular y hacia los nuevos movimientos espirituales y teológicos que se estaban produciendo dentro de la Iglesia Católica y que fraguarán después en el Concilio Vaticano II. Desde mi opinión personal, en esta década, y en parte de la siguiente, se encuentra en su conjunto la mejor producción teológica y religiosa de la literatura del siglo XX. En este sentido hay que mencionar la obra de Dominique Dubarle, *Humanisme scientifique et raison chrétienne*[23]. La obra más significativa en estos años que intenta poner en relación las visiones del mundo de la técnica, por un lado, y de la teología cristiana, por otro, es la de Teilhard de Chardin, autor muy seguido por Leopoldo Calvo-Sotelo. En su biblioteca se encuentran seis obras[24]. De los grandes pensadores europeos es el autor con más peso en la biblioteca que estamos comentando. En ella, y dentro de esta misma preocupación, también debemos mencionar la obra de Karl Rahner, *Science, évolution et pensée chrétienne* (París, 1967). Aquí es preciso recordar la importancia que para Leopoldo Calvo-Sotelo tiene la

---

[22] H. DIDIER, «Juan Eusebio Nieremberg y Ottin», en *Diccionario histórico de la Compañía de Jesús. Biográfico-Temático,* III, Roma-Madrid, 2001, pp. 2819-2820.

[23] *Desclée de Brouwer,* Brujas, 1953, firmada y fechada por Leopoldo Calvo-Sotelo en «marzo, 1955».

[24] *Le phénomène humain* (1955), *Le groupe zoologique humain* (1956), *La vision du passé* (1957), *L'activation de l'énergie* (1963), *La messe sur le monde* (1997) y, finalmente, *Je m'explique* (2005), publicadas todas en París.

unión de la preocupación religiosa con la vocación científica, a la que nos referiremos más adelante[25].

En este mismo intento de poner en relación el cristianismo con el mundo, encontramos la gran obra de Charles Moeller, *Literatura del siglo XX y cristianismo,* traducida por Valentín García Yebra en la editorial Gredos, cuyos primeros dos volúmenes están editados en 1955. Muchos hombres de la cultura, de la política, de la ciencia, han accedido al cristianismo a través, no de grandes obras de teología sistemática, sino gracias a la mediación de la verdad sugerida en la belleza manifestada en los versos de los poetas o en el dramatismo expresado en la prosa de los narradores. Junto a Moeller podríamos citar a grandes autores que han intentado realizar este mismo diálogo con esa otra ladera que no ha sido atendida de forma suficiente por la teología: Henri de Lubac, Romano Guardini, Hans Urs von Balthasar y, en nuestra propia tradición, Olegario González de Cardedal con su obra *Cuatro poetas desde la otra ladera. Prolegómenos para una cristología* (Madrid, 1996, presente en la biblioteca).

1960-1969: La explosión bibliográfica

La década de los sesenta —en que Leopoldo Calvo-Sotelo pasa a dirigir la empresa que luego sería conocida como Explosivos Riotinto— es una auténtica explosión bibliográfica en su biblioteca, que coincide con la explosión religiosa que supuso el gran acontecimiento del Concilio Vaticano II. Aquí ya nos encontramos con 171 libros de temática religiosa. Es la década en que más libros religiosos entran en el catálogo. Como es fácil de comprender, la variedad también es mucho mayor que en años anteriores. Aparecen nuevas editoriales españolas (Alianza, PPC, Guadarrama, Taurus, Herder, Rialp, Cristiandad, Sígueme), hay una mayor presencia de libros en francés e inglés, Leopoldo Calvo-Sotelo se suscribe a la revista trimestral *Selecciones de teología*[26] y aparecen nuevos nombres

---

[25] A este respecto, destacan también libros como el de F. J. Tipler, *The physics of inmortality: modern cosmology, God and the resurrection of the dead,* Londres, 1995, y el de A. Fernández Rañada, *Los científicos y Dios,* Oviedo, 2002.

[26] Dirigida por Manuel Cuyás S. I. La suscripción empieza en 1966 y la mantiene hasta 1976, al poco de entrar en la vida política.

que han tenido un peso muy significativo en el panorama teológico y eclesial, a la hora de acercar la nueva teología a la sociedad y la sociedad a la Iglesia. En primer lugar, tenemos que citar al filósofo converso Jacques Maritain (1882-1973), cuya obra más significativa —*Humanismo integral*— ha tenido una gran importancia en la doctrina social de la Iglesia Católica y en el pensamiento personalista, como el propio Leopoldo Calvo-Sotelo afirmó en su discurso de apertura del curso de la Universidad Internacional Menéndez Pelayo, recordando las seis lecciones que el filósofo francés había impartido en dicha Universidad en el verano de 1934, en las que anticipaba los contenidos esenciales de esta gran obra:

> «Maritain ha recuperado para los cristianos la autonomía de la acción política, configurando el ideal histórico de una nueva cristiandad en la cuarta lección pronunciada en esta universidad, sobre estos fundamentos: el pluralismo, la autonomía de lo temporal (que había de influir decisivamente en la orientación de la *Gaudium et Spes* del Concilio Vaticano II), la libertad de las personas, la unidad social basada en una democracia personalista y la comunidad fraterna a cuya realización están llamados creyentes y no creyentes»[27].

En su biblioteca encontramos otras obras del filósofo francés, publicadas en París por Desclée de Brower[28]. A esa presencia notable de Maritain se une en la biblioteca la de otros teólogos relevantes, entre los que destacan: el protestante Dietrich Bonhoeffer (1906-1945), de quien encontramos una obra que se ha convertido en un clásico: *De la vie communautaire* (París, 1968); el pensador germano-italiano Romano Guardini (1885-1968), siempre sugerente y profundo al pensar en diálogo las cuestiones fundamentales de la vida humana y la cosmovisión cristiana: *Christliches Bewusstsein* (Munich, 1962) y *La aceptación de sí mismo* (Madrid, 1971), pero también *Der tod des Sokrates;* el gran teólogo calvinista Karl Barth (1886-1968), iniciador del giro dialéctico de la teología frente a una teología liberal (encarnada en el teólogo e historiador Adolf von Harnack), de quien encontramos la obra *Esquisse*

---

[27] L. Calvo-Sotelo, «Inauguración del Curso de la Universidad Internacional "Menéndez Pelayo"» (1 de julio de 1981), p. 51.

[28] *Dieu et la permission du mal* (1965, muy subrayado), *Le Paysan de la Garonne* (1966), *De la grâce et de l'humanité de Jésus* (1967) y *De l'église du Christ* (1970).

d'une dogmatique (París, 1968, adquirida en 1971, también en su versión inglesa, de 1974), un comentario al Credo de los Apóstoles que el teólogo de Basilea dictó en el primer semestre de 1946 «en medio de las ruinas de la Universidad de Bonn», al incorporarse a su cátedra después de la catástrofe de la Segunda Guerra Mundial, «en exacta consonancia objetiva con la consigna dada por él en 1933 —la teología evangélica debía seguir trabajando (precisamente por el bien del mundo)— "como si no hubiera pasado nada"»[29]; el teólogo y exegeta protestante Rudolf Bultmann (1884-1976), quien desde la filosofía de Heidegger introduce una interpretación existencial de la Escritura que tanto ha influido en la teología del siglo XX, de quien encontramos dos libros en la biblioteca: *Form criticism: Two essays on New Testament research* (Nueva York, 1962) y *Le christianisme primitif* (París, s. a.); su obra fue analizada críticamente por René Marlé en *Bultmann et la foi chrétienne* (Aubier, 1967), un libro que Leopoldo Calvo-Sotelo también tiene en su biblioteca; destaca también el teólogo protestante Oscar Cullmann (1902-1999), quién participó como visitador en el Concilio Vaticano II y cuya teología de la historia impactó profundamente en el pensamiento de Pablo VI y en otros teólogos católicos: *Le Nouveau Testament* (1966); el teólogo francés Jean Daniélou (1905-1974), especialista en la teología de los Padres, de quien encontramos en la biblioteca sobre todo el libro *Dios y nosotros* (1961), ya un clásico de la teología del siglo XX y otros títulos[30]; Karl Rahner (1904-1984), el gran teólogo católico del siglo XX, cuya obra ha sido fundamental para establecer un diálogo a fondo entre el cristianismo y el pensamiento moderno. Junto a la ya mencionada *Science, évolution et pensée chrétienne,* nos encontramos con un libro que recoge diferentes homilías del teólogo alemán: *El año litúrgico* (firmado y fechado por Leopoldo Calvo-Sotelo en «Barcelona, octubre, 1966», año de su edición) y la obra colectiva con relación a la encíclica *Humanae Vitae* de Pablo VI, *À propos de l'encyclique Humanae Vitae* (París, 1969), cuyo magisterio respecto de la moral sexual fue recibido con gran

---

[29] H. STOEVESANDT, «Epílogo a la nueva edición de 1977», en K. BARTH, *Dogmática en esbozo,* Santander, Sal Terrae, 2000, p. 187.

[30] *Les évangiles de L'Enfance* (París, 1967), *Le Catholicisme* (París, 1974), *Les manuscrits de la mer Morte* (Arante), *La Résurrection* (firmado y fechado Leopoldo Calvo-Sotelo en «París, marzo, 1969», año de su publicación) y *Les symboles chrétiens primitifs* (París, 1961).

desapego en aquellos años por una parte considerable del mundo católico[31].

Finalmente, tenemos que mencionar al joven y brillante teólogo Joseph Ratzinger (1927), con una capacidad admirable de saber conjuntar sencillez y profundidad al afrontar los temas centrales de la fe cristiana, tal como demostró en el bello y profundo comentario al credo de los apóstoles (*Introducción al cristianismo,* 1971) o en su preocupación por la teología de la historia a raíz de sus estudios sobre San Buenaventura y su confrontación con la filosofía marxista: *Teología e Historia. Notas sobre el dinamismo histórico de la fe* (Salamanca, 1972, muy subrayado). Ratzinger trabajó en el Concilio Vaticano II junto a Rahner, con quien publicará después dos obras, una presente en esta biblioteca: *Episcopado y primado* (Barcelona, 1965). Después fue llamado a tareas de gran responsabilidad y representación en la Iglesia Católica: arzobispo de Munich, Prefecto de la Congregación para la Doctrina de la fe y finalmente Papa. También encontramos la lección con la que Ratzinger comienza su magisterio teológico en la Universidad de Bonn en 1959: *El Dios de la fe y el Dios de los filósofos* (Madrid, 1962) —y que tiene mucho que ver con los problemas de fondo que ha vuelto a plantear en la famosa lección que Benedicto XVI pronunció en la Universidad de Ratisbona en 2006— así como *Informe sobre la fe* (1986) y *Mi vida: autobiografía* (2006).

Todos estos autores habían escrito libros de teología con anterioridad, algunos de ellos pertenecen más bien a otro momento histórico, pero sus obras comienzan a ser conocidas fuera de su país a partir de los años sesenta. En la biblioteca de Calvo-Sotelo no hay grandes obras de teología dogmática. En realidad esto no es sorprendente, ya que no estamos ante una biblioteca de un profesional de la teología, sino ante un hombre preocupado por las cuestiones fundamentales de la vida humana, y entre ellas, la experiencia religiosa y cristiana. Sin embargo, en ella sí encontramos obras *menores* de grandes teólogos, de los mejores teólogos del siglo XX. No muchas obras, pero significativas a la hora de ver la percepción y atención de un hombre asomado a lo mejor de la cultura religiosa. De ahí que

---

[31] Y tres libros de RHANER que profundizan en la comprensión cristiana de Dios: *Dieu dans le Nouveau Testament* (París, 1968), *The Trinity* (firmado por Leopoldo Calvo-Sotelo en «Oxford, 1975», año de su edición) y *Sobre la inefabilidad de Dios* (Barcelona, 2005).

la minoridad no cualifique la calidad de las obras, sino la extensión en relación con sus obras dogmáticas más importantes. Con todo, sí tenemos que mencionar la significativa obra de Ludwig Ott, *Manual de Teología Dogmática* (Barcelona, 1969, original alemán de 1952), expresión de un buen manual de teología neoescolástica, con las virtudes y los límites propios de esta comprensión de la teología, muy segura dentro de su propio ámbito, pero con muy poca capacidad para integrar el pensamiento histórico, hermenéutico o trascendental, propio de otras ciencias y especialmente de la filosofía, que ya habían comenzado a integrar diferentes escuelas de teología en el siglo XIX e inicios del XX (por ejemplo, representantes de la escuela de Tubinga como J. S. Drey, J. A. Möhler, o autores de la talla de John Henry Newman o Maurice Blondel, etc.), y que en estos mismos años ya estaban aplicando con fruto otros importantes teólogos a los que acabamos de aludir más arriba.

En esta década que estamos comentando aparece en la biblioteca una colección que va a marcar en gran medida las lecturas de Leopoldo Calvo-Sotelo: *Que sais-je?,* de la editorial Presses Universitaires de France (PUF). Esta colección fue fundada por Paul Angoulvent con una interrogación tomada de los *Essais* de Montaigne que expresa la finitud del conocimiento humano ante la inmensidad del saber. Son libros de síntesis (128 pp.), de alta divulgación, realizados por especialistas en el tema tratado. Este hecho nos muestra el tono esencial de su biblioteca y uno de los rasgos cardinales de su formación humanista: un hombre preocupado por todas las áreas del saber humano, con una inquietud de estar bien formado en los órdenes fundamentales del saber, sin pretender ser un especialista en los temas. El primer libro de tema religioso que nos encontramos de esta colección es de Louis Cognet, *Le jansénisme* (1961), al que siguen otros como: André Chouraqui, *Histoire du judaïsme* (1963) y *La pensée juive* (1965); Serge Hutin, *Les gnostiques* (1963); Fernand Niel, *Albigeois et cathares* (1965); y, de Edmond Jacob, *L'Ancien Testament* (1967).

En estos años hay que notar la presencia de una obra muy significativa en su día que hoy ha perdido toda su influencia. El libro representa como ningún otro el cambio que se estaba produciendo en la experiencia religiosa en los países occidentales, especialmente en Europa[32] y puede ser considerado santo y seña de este momento

[32] Un cambio del que también dan razón, por ejemplo, otros libros presentes en la casa de Leopoldo Calvo-Sotelo: el famoso *Catecismo* holandés escrito en 1966 y

histórico respecto a la experiencia que el hombre tiene de Dios. Lo escribió el obispo anglicano J. A. T. Robinson, con el título *Honest to God*[33]. Sin que este libro pueda ser situado exactamente dentro de la llamada teología radical o de la muerte de Dios —como por ejemplo el de Thomas J. Altizer, *Radical Theology and the Death of God,* Londres 1969 (que también se encuentra en su biblioteca)— es la mejor divulgación de las ideas de la teología de la secularización, muy en boga en los finales de los sesenta e inicios de los setenta. Esta teología —popularizada por autores como H. Cox, P. van Buren, y el mencionado Robinson, siguiendo algunas intuiciones expresadas en el libro *Resistencia y sumisión* de Bonhoeffer (de quien sólo encontramos *La vie communitaire,* 1968)— trata de expresar la fe cristiana en el nuevo contexto de una ciudad secular. Al cristiano occidental le toca vivir en un mundo adulto, en el que no puede referirse a Dios con un exclusivista lenguaje sacral, místico y dogmático o comprenderlo como el Dios tapaagujeros que debe solucionar los problemas que el hombre no es capaz de solucionar. El cristiano está llamado a vivir en un mundo «incluso como si Dios no existiera» (*etsi Deus non daretur*), traduciendo el lenguaje religioso y explícito sobre Dios en el lenguaje derivado y secundario del ejercicio de amor al prójimo. Ya he dicho que esta teología y en concreto el libro de Robinson tuvo una enorme influencia. Cuarenta años después se ha vuelto un libro irrelevante para expresar la experiencia religiosa actual, simplemente queda como fenómeno y expresión de un momento histórico determinado de la vivencia de la fe cristiana en el mundo. Hoy se ve, más bien, la necesidad de vivir explícitamente la fe teologal, volviendo a pronunciar de forma clara y explícita la palabra y la realidad de Dios, el amor a él, aunque este nunca pueda ser separado del amor a sus criaturas.

Entre los nuevos autores españoles que se incorporan a la biblioteca de Leopoldo Calvo-Sotelo destacan dos: el sacerdote ma-

---

publicado en España por Herder en 1969, con la intención de dar una forma adulta y moderna a la fe cristiana, catecismo que creó toda una catarata de libros subrayando sus aciertos y sus límites, así como *Los católicos holandeses,* publicado por Desclée de Brouwer en Bilbao, en 1970, obra que intenta recoger esta nueva situación en un dossier preparado por el dominico E. Schillebeeckx, con entrevistas y diálogos presentados por H. Hillenaar y H. Peters.

[33] Londres, 1967, traducido al español un año después por la editorial Ariel en Barcelona. Ambas versiones están en la biblioteca de Leopoldo Calvo-Sotelo, la inglesa, adquirida en «Lisboa, agosto de 1968».

drileño Miguel Benzo Mestre (1922-1989) y el sacerdote abulense Olegario González de Cardedal (1934). El primero fue profesor de religión en diversas facultades de la Universidad de Madrid y capellán del Colegio Mayor Cisneros. Fruto de sus exitosas clases son dos de sus libros más conocidos: *Teología para universitarios* (ejemplar firmado por Leopoldo Calvo-Sotelo bajo la indicación «Reyes, 1962») y *Moral para universitarios* (1967), presente también en la biblioteca, como un pequeño libro suyo: *Evolución y dogma* (Barcelona, 1960). Miguel Benzo fue un sacerdote reconocido por su trabajo en el apostolado seglar y por su capacidad pedagógica de explicar los misterios fundamentales del cristianismo a una nueva generación, con una nueva mentalidad que se estaba fraguando en España, sin perder la hondura de pensamiento propia de la tradición cristiana[34].

El otro sacerdote, Olegario González de Cardedal, es hoy uno de los primeros teólogos en el mundo de lengua española. En la biblioteca de Leopoldo Calvo-Sotelo encontramos *Teología y Antropología,* publicado por la editorial ya desaparecida Moneda y Crédito en 1967 y firmado por su propietario en «enero, 1968»; un libro poco conocido en el que a la luz de la teología de Santo Tomás se elabora una antropología teológica. Es el fruto de su investigación en la Universidad de Munich, después de haber realizado su tesis doctoral con el profesor Michael Schmaus (en la universidad alemana sería lo que se conoce como la tesis de habilitación para ser profesor). Le seguirán otros libros, presentes en la biblioteca, como *Meditación teológica desde España* (1970), *Raíz de la Esperanza* (1995); *Donde la luz es Ávila* (2002) y *Dios* (2004), todos ellos editados en Salamanca por la casa *Sígueme.* Quizá esta *selección* de libros del gran teólogo español muestre bien el carácter general de la biblioteca de Leopoldo Calvo-Sotelo, pues se trata no tanto de los libros propiamente teológicos de González de Cardedal —centrados en cuestiones de teología sistemática, en concreto en cristología—, sino de obras que tienen que ver con la lectura teológica de la realidad humana en su dimensión religiosa, social y cultural, excepto el último, centrado en la realidad de Dios.

Finalmente, en esta década adquiere Calvo-Sotelo —además de los libros clásicos del fundador del Opus Dei publicados todos

---

[34] V. Cárcel Ortí, *Diccionario de sacerdotes diocesanos del siglo* XX, Madrid, 2006, pp. 227-229.

ellos en Rialp: *Camino* (1965, firmado por su hijo Leopoldo), *Via crucis* (1983) y *Surco* (1986)—, algunos libros orientados al estudio de la presencia del Opus Dei en España: *El Opus Dei en España: su evolución ideológica y política 1928-1957,* publicado por Daniel Artigues, pseudónimo de Jean Bécarud, en París, en 1968, bajo el sello editorial Ruedo Ibérico, fundado en la capital francesa en 1961 por cinco españoles exiliados, con un compromiso cultural y político contra el régimen franquista. El libro quería poner de relieve cómo el Opus Dei, habiendo sido fundado como un Instituto secular con carácter estrictamente religioso, se fue convirtiendo, a la vez, en un grupo social con una fuerte influencia política y económica (el autor lo denomina como una auténtica fuerza *parapolítica*). También encontramos otras obras en torno al Opus: la de Jesús Ynfante (pseudónimo de Juan Martínez Alier), *La prodigiosa aventura del Opus Dei* (París, 1970); la de Luis Ignacio Seco, *La herencia de Monseñor Escrivá de Balaguer* (Madrid, 1976); la de Michael Walsh, *The secret of Opus Dei* (Londres, 1989) y la de Dominique de Tourneau, *L'Opus Dei* (París, 1994). A ellas habría que añadir la biografía sobre el fundador, de Andrés Vázquez de Prada (1983) y los dos breves testimonios personales de José María Bueno Monreal y José María García Lahiguera, publicados por la editorial Palabra dentro de la serie *José María Escrivá de Balaguer, un hombre de Dios,* en 1991, un año antes de su beatificación el 17 de mayo de 1992. Creo que esta pequeña selección bibliográfica relativa al Opus Dei muestra dos cosas: en primer lugar la importancia que ha tenido en la historia política, social y religiosa de España; y en segundo lugar, que hay un problema fundamental en la investigación histórica y rigurosa sobre este movimiento eclesial y social. Da la impresión de que realmente todavía nos faltan estudios críticos y rigurosos que más allá de intereses ideológicos de cualquier tipo nos muestren realmente cuál ha sido la significación religiosa, económica y política del Opus Dei en la Iglesia y la sociedad española, así como de una biografía científica sobre su fundador que vaya más allá de la hagiografía o de la calumnia. Quizá tenga que pasar más tiempo para tener mayor perspectiva y libertad.

1970-1979: La crisis y el cruce de caminos

La biblioteca de Leopoldo Calvo-Sotelo sigue su camino, constante en la adquisición de obras referidas al mundo de la Sagrada

Escritura y obras de síntesis sobre temas fundamentales de la vida cristiana. Con todo, es de notar en esta década, cómo se rompe el ritmo regular de adquisición de libros: durante la segunda mitad de los setenta, Leopoldo Calvo-Sotelo adquiere la mitad de libros de religión (45 títulos) que durante su primer lustro (92 títulos); ello se explica indudablemente por razones biográficas; en 1975, con cuarenta y nueve años, Leopoldo Calvo-Sotelo deja la empresa privada —tras veinticinco años— y se consagra enteramente a la política, llamado por el rey a su primer gobierno; podemos constatar de qué manera las preocupaciones políticas de la Transición redujeron su dedicación a la lectura, al menos en este campo. Así mismo, en esta nueva década cambian las palabras que forman los títulos de los libros. Las palabras claves para definir la literatura religiosa referida al cristianismo son crisis, problema, pregunta. Por orden alfabético, encabeza el catálogo en esta década el libro de J. L. Aranguren, *La crisis del catolicismo* (Madrid, 1970) y se cierra con el de Julián Marías, *Problemas del cristianismo* (Madrid, 1979). Con los dos autores se encontró Leopoldo Calvo-Sotelo en las conversaciones de Gredos. A juzgar por los índices personales de lectura que hay en sus libros, parece que él prestó más atención al primero que al segundo. Aunque hay que decir en verdad que Calvo-Sotelo ha manifestado públicamente en diversos momentos la admiración por el discípulo de Ortega, la pasión con que leyó su *Historia de la Filosofía,* descubriendo su vocación filosófica, y el interés con el que esperaba cada nuevo libro publicado por Marías[35].

En mi opinión, y con la perspectiva de los años transcurridos, a pesar de que las obras de Aranguren tuvieron un mayor peso y significación en la historia del catolicismo español, y fueron más recibidas por los intelectuales españoles, las obras de Julián Marías pueden tener un mayor futuro en cuanto a su recepción y reper-

---

[35] Así lo hace siendo presidente del gobierno en el discurso de Inauguración del Curso de la Universidad Internacional «Menéndez Pelayo» citando su *Historia de la filosofía* y *Problemas del cristianismo.* El primero de ellos para recordar su lectura cuando era alumno de Quinto en el Instituto Nacional de Enseñanza Media Cervantes, guiados y alentados por el catedrático de Instituto, Manuel Cardenal Iracheta. Su lectura despertó en él una vocación filosófica, luego añorada. El segundo, para subrayar la necesidad que tiene el cristianismo de recuperar su conciencia histórica. Más adelante Leopoldo Calvo-Sotelo vuelve a insistir en el elogio a su figura en la obra coordinada por FUNDES en homenaje a Julián Marías, *Un siglo de España,* Madrid, Alianza Editorial, 2002, pp. 65-68.

cusión en el ámbito español. Ambos se enfrentaron a la crisis del catolicismo y del cristianismo en España, pero desde una actitud de fondo muy diversa. Alejadas ya de la polémica y de la situación histórica en que nacen, en las obras de Marías se percibe una mayor sensibilidad espiritual y una profunda afinidad con el espíritu del cristianismo que en las de Aranguren, más vinculadas a la situación concreta y en este sentido, más atadas a su pasado. Esa cercanía al núcleo del cristianismo en la producción de Marías, evitando engordar las circunstancias históricas que lo rodean, hace que esas obras no tengan una repercusión inmediata, pero a la larga, perduran mejor, porque ayudan siempre a cualquier lector, sea la circunstancia en la que viva, a sintonizar su vida y su inteligencia con la verdadera entraña del cristianismo.

Encontramos en la biblioteca una serie de títulos curiosos que muestran muy bien la situación de la fe que vive el catolicismo en estos momentos. La editorial Guadarrama publicaba un libro de John Epstein con este sugerente título: *¿Se ha vuelto loca la Iglesia Católica?* El jesuita Miguel Nicolau, que anteriormente había participado en la prestigiosa *Sacra Theologia Summa,* escribía un libro en la misma editorial BAC sobre *La crisis de la Iglesia.* En esta situación surge una necesidad de decir públicamente y de decirse a sí mismo, en qué creo, por qué creo, por qué soy y permanezco cristiano, por qué sigo permaneciendo en la Iglesia. Pero aquí se perciben dos actitudes, que se recogen en numerosas obras en la biblioteca. La primera está expresada por varios libros de Ratzinger publicados en Salamanca por la editorial Sígueme; de 1971 es el primero, un comentario del Credo de los apóstoles con el título *Introducción al cristianismo,* que son las lecciones que pronunció en la universidad como curso común para todas las facultades. No es un comentario con un interés histórico y científico, sino la respuesta a una situación determinada. En un momento donde parece que se conmueven los cimientos y fundamentos de la fe y de la vida cristiana, hay que volver a decir con coraje y verdad el credo de la Iglesia. Con conciencia y convicción personal, pero referido lo más posible a la objetividad y eclesialidad apostólica de la fe. Esto es lo mismo que se trasmite en su otro libro, editado junto con Hans Urs von Balthasar, *¿Por qué todavía soy cristiano? ¿Por qué permanezco en la Iglesia?,* de 1974.

La segunda actitud en aquella circunstancia histórica tiene en común esta misma referencia al Credo de la fe, pero presentado desde una perspectiva más subjetiva, que parece asumir mejor los vientos nuevos, o desde una comprensión más práctica y social de la fe, según reclamaba el diálogo con el marxismo. Los libros de la biblioteca que mejor expresan esta segunda actitud los recoge la colección iniciada en estos años por la editorial Desclée de Brouwer, *El Credo que ha dado sentido a mi vida;* aquí encontramos títulos como: *Yo creo en la esperanza,* de José María Díez Alegría (1972, así como *Creer es comprometerse* en otro sello editorial, Barcelona, Fontanella, 1970); *Ay de mí, si no evangelizare,* de José María González Ruiz (1972); *Creo,* de José María Llanos (1972); *Catolicismo para mañana,* de Enrique Miret Magdalena (1974). Desde luego que no pienso que una y otra selección de libros —de los citados autores extranjeros y de los referidos autores españoles— sean comparables desde el punto de vista de la calidad teológica. No hay más que leerlos para percatarse de la distancia que hay entre unos y otros. Pero sí creo que es muy significativa la diferente actitud que se va fraguando en la Iglesia ante una crisis percibida por todos. Estamos en un auténtico cruce de caminos.

La Constitución Pastoral *Gaudium et Spes* del Concilio Vaticano II supuso una genuina revolución en la comprensión del diálogo y de la relación de la Iglesia con el mundo. Tema que había quedado pendiente desde la famosa controversia modernista y que parece que ahora alcanzaba su definitiva solución. Desde aquí se entiende la pasión por el diálogo con la cultura moderna, incluso con las cosmovisiones filosóficas que tenían en su seno la negación del fenómeno religioso en su propia raíz o razón de ser. Aquí hay que situar el diálogo del cristianismo con el ateísmo, el agnosticismo, el marxismo, etc., que se corresponderán con toda una serie de publicaciones en torno a la relación entre ateísmo y cristianismo y entre cristianismo y marxismo. Respecto de la primera preocupación, encontramos en la biblioteca de Leopoldo Calvo-Sotelo las obras de H. Arvon, *L'Athéisme* (París, 1970); J. Girardi, *Diálogo, revolución, ateísmo* (Salamanca, 1971); Enrique Tierno Galván, *¿Qué es ser agnóstico?* (Madrid, 1975). Respecto de la relación entre cristianismo y marxismo, encontramos obras como, *Cristianos y marxistas: los problemas de un diálogo* (Madrid, 1969), una selección de textos preparada por Jesús Aguirre, que recoge escritos de Karl Rahner, J. B. Metz, J. Girardi y los españoles M. Sacristán y J. L. Aranguren, entre otros. Detrás de este libro están las conversaciones entre cristianos y marxistas de 1965 en la Universidad de Salzburgo y las programadas después en Barcelona en 1966 por Jesús Aguirre y A. Álvarez Bolado, participantes españoles junto con Díez del Corral y González de Cardedal en los encuentros de la bella ciudad austriaca[36]. En esta misma línea hay que mencionar el libro del ya citado J. M. González Ruiz, *Marxismo y cristianismo frente al hombre nuevo* (1973), que aboga por la fecundidad de ese diálogo y, aunque con otra perspectiva y un juicio de fondo diferente que las anteriores, la obra dirigida por el agustino Gabriel del Estal, *Marxismo y cristianismo: ¿Diálogos o enfrentamiento?,* que ve ese diálogo con recelo (El Escorial, 1977).

Sin que afronten directamente la temática del diálogo entre cristianismo y marxismo, en estos años Leopoldo Calvo-Sotelo adquiere libros que lo ofrecen en acto, como las obras del teólogo alemán protestante Jürgen Moltmann, *Conversion à l'avenir* (París, 1972); *Teología de la esperanza* (Salamanca, 1972) y la propia *Teología de la liberación* de Gustavo Gutiérrez (firmada por Leopoldo Calvo-Sotelo en la "Feria del Libro, 1973", año de su publicación en España), que habiendo nacido en este contexto determinado, poco a poco ha ido perdiendo este componente ideológico circunstancial, para acercarse al núcleo de la teología y la espiritualidad cristianas. Aquí las palabras clave serán transformación, futuro, historia y pobres.

Finalmente, en esta década entran en la biblioteca libros que van más allá de las situaciones históricas a las que anteriormente hemos hecho referencia. Destacan dos libros del gran conocedor de la historia y fenomenología de la religión Mircea Eliade (1907-1986), *Lo sagrado y lo profano* y *Mito y realidad,* ambos publicados en Madrid por Guadarrama en 1973. El libro del sociólogo de la religión René Girard, *La violence et le sacré* (París, 1972), que en años posteriores se convertirá en un libro y en un autor muy discutido y confrontado por la teología[37]. La relación de lo religioso con la violencia será uno de los temas sobre los que más se discutirá en el futuro. Finalmente, las obras del teólogo protestante alemán Paul Tillich (1886-1965), que después de

---

[36] Cfr. O. GONZÁLEZ DE CARDEDAL, «Un capítulo de la teología en España», en *Taurus. Cincuenta años de una editorial,* Madrid, 2004, pp. 107-197; aquí véanse esp. pp. 149-153.

[37] Suyos, hallamos en la biblioteca otros dos libros: *Des choses cachées depuis la fondation du monde* y *Mensonge romantique et vérité romanesque.*

enseñar teología en diferentes universidades alemanas, emigró a Estados Unidos en 1933 al ser retirado de su cátedra por su clara oposición al nazismo. Tras una etapa inicial cercana a las tesis de la teología dialéctica, percibe la necesidad de afirmar los enunciados teológicos desde las realidades que afectan profunda y radicalmente a la existencia humana, en sintonía con la teología de Rudolf Bultmann. Tres obras de Tillich encontramos en la biblioteca: *The Boundaries of our Being* (Londres, 1973); *El coraje de existir* (firmado por Leopoldo Calvo-Sotelo en «octubre, 1968», año de su edición en Barcelona) y su síntesis sobre la historia de la teología en la traducción francesa, *Histoire de la pensée chrétienne* (París, 1979).

1980-1989: Teología en polémica y Doctrina Social de la Iglesia

La biblioteca de religión se acrecienta en esta década en 103 libros. Recordemos que Leopoldo Calvo-Sotelo cesa como presidente del gobierno en diciembre de 1982, permaneciendo como diputado, en la oposición, hasta 1986, en que prácticamente se aleja de la política activa. Llaman la atención, en una primera mirada, las obras de dos autores católicos que van a crear una gran polémica: el suizo Hans Küng y el brasileño Leonardo Boff. Del teólogo suizo encontramos *Does God exist? Answer for today* (Oxford, 1980, firmado por Leopoldo Calvo-Sotelo en «Bruselas, 15 de diciembre de 1984»); *Global responsability: In search of a new world ethic* (Londres, 1980) y el más polémico de los tres: *Infallible? An enquiry* (Londres, 1980). Küng publicó este libro en 1970 y entra en el mismo horizonte que hemos comentado anteriormente sobre el cruce de caminos que se produjo en los años de la recepción del Concilio Vaticano II. Es una dinámica de ruptura con la tradición anterior, pensando que el Concilio había llegado a fórmulas de compromiso para evitar su colapso. Pasados unos años, diversas corrientes teológicas y eclesiales piensan que es el momento de llevar adelante «su espíritu», afrontando la reforma y la revisión de estructuras e instituciones que en su momento el propio Concilio ni se atrevió ni quizá podía dar. Esta obra, en la que Küng defendía una indefectibilidad e infalibilidad general de la Iglesia sin que ésta se corporeizara en la infalibilidad del Papa en temas concretos, provocó una respuesta por parte de los mejores y más cualificados teólogos de la Iglesia Católica[38] y otra, por parte del Magisterio eclesial[39]. Ya Rahner había hecho un juicio importante sobre el autor suizo al considerar que su teología no respondía a la forma mental de la teología católica.

Otro libro significativo de Küng es el ya citado: *Global responsibility; In search of a new world ethic* (Londres, 1980), un proyecto que ha sido prolongado por el autor en los años noventa y al que hay que reconocerle la valentía y honestidad de su planteamiento, no exento, por otro lado, de cierta ambigüedad y problematicidad para la teología cristiana. De unos años más tarde, nos tropezamos en la biblioteca con su pequeña introducción a la teología realizada desde diez grandes pensadores cristianos: *Grandes pensadores cristianos: Una pequeña introducción a la teología* (Madrid, 1995). Como en todo autor más o menos genial, aquí se dan afirmaciones importantes y significativas, pero a veces su criterio a la hora de juzgar a los autores y presentar sus obras no resulta del todo convincente. La *malicia* con la que trata a autores de la talla humana e intelectual de Henri de Lubac y Hans Urs von Balthasar, quienes le anticiparon y allanaron el terreno en el diálogo con la teología de Karl Barth, es una buena muestra del carácter parcial y algo tendencioso de las afirmaciones que hallamos en las últimas obras de Hans Küng. Después de la muerte de la gran generación de teólogos que dio el siglo XX, especialmente en el ámbito francés y alemán, este autor podía haberse convertido en uno de los pensadores de referencia en la teología católica, pero por una absolutización de sus posturas más extremas, da la impresión que se ha convertido en un autor marginal, a pesar de la propaganda que recibe desde los diversos medios de comunicación interesados en hacernos ver precisamente lo contrario.

El otro autor es Leonardo Boff. Aunque podemos considerar que el libro programático de la teología de la liberación es el que anteriormente ya hemos comentado de Gustavo Gutiérrez, fue el autor brasileño quien se convirtió en los años ochenta en el auténtico divulgador de esta teología nacida en el continente la-

---

[38] Recogida en el libro dirigido por K. RAHNER, *La infalibilidad de la Iglesia* (1978), ausente de esta biblioteca.

[39] *Le dossier Küng; Documentation sur les efforts faits par la Congrégation de la foi et la Conférence Episcopale Allemande pour parvenir a un éclaircissement objectif des opinions controversées du professeur Küng* (París, 1980), éste sí, presente en la biblioteca.

tinoamericano. Su obra programática, en este sentido, es *Teología desde el lugar del pobre* (Santander, 1985), presente en la biblioteca de Leopoldo Calvo-Sotelo junto a otras como: *Hablemos de la otra vida* (Santander, 1985); *Théologie du tiers monde. L'option pour les pauvres. Un défi pour les pays riches* (París, 1986) y en los años noventa: *Direitos humanos, direitos dos pobres,* y *Seleçao de textos militantes,* ambos publicados en Petropolis en la editorial Vozes en 1991. No aparece, por otro lado, la obra más polémica de este autor, por la que recibió una notificación de la Congregación para la Doctrina de la Fe en 1985, *Iglesia: Carisma y poder. Ensayos de Eclesiología militante* (1982).

Sin embargo, nos encontramos con la obra que puede ser considerada como la síntesis de esta corriente de teología católica, dirigida por los jesuitas Ignacio Ellacuría y Jon Sobrino, *Mysterium liberationis* I-II (Madrid, 1990). El título de esta obra está escogido buscando la analogía con uno de los mejores manuales de teología del siglo XX, fruto de la renovación de la teología conciliar, realizado desde la perspectiva de la historia de la salvación: *Mysterium Salutis.* No obstante, pasados ya casi veinte años de su publicación, no parece que se pueda decir honestamente que esta obra haya sido su equivalente y ni mucho menos su superación. Más allá de estas cuestiones, sí merece nuestra atención que Leopoldo Calvo-Sotelo haya seguido las publicaciones de los teólogos más significativos de esta teología. Se percibe un interés por el conocimiento de esta nueva corriente teológica, un conocimiento adquirido de primera mano, sin que por ello falten las obras que ayudan a su interpretación, como la del jesuita norteamericano Roger Haight, *An alternative vision. An interpretation of Liberal Theology* (1985) o a su valoración y crítica desde la palabra autorizada del cardenal Joseph Ratzinger, *Informe sobre la fe* (Madrid, 1986), libro que recoge una larga entrevista que el periodista Vittorio Messori realizó al entonces prefecto de la Congregación de la Fe.

También Juan Pablo II dejó su huella en la biblioteca de Calvo-Sotelo a raíz de sus diferentes visitas apostólicas a España. Sobre la primera (en que fue recibido por Leopoldo Calvo-Sotelo al final de su mandato en la Moncloa), da testimonio *Juan Pablo II en España* (Madrid, 1982) y los folletos de la Misa celebrada para las familias cristianas en Madrid y la visita apostólica a Ávila. También la realizada en 1992, *La hora de Dios. IV Visita pastoral de Juan Pablo II a España* (Madrid, 1993) y la realizada en el 2003, *¡No tengáis miedo! Juan Pablo II ante su visita apostólica a España* (Madrid, 2003). Ya anteriormente Leopoldo Calvo-Sotelo había adquirido dos obras de Karol Wojtyla sobre ética de la sexualidad y del amor humano, *Amor y responsabilidad* (Madrid, 1978), un tema sobre el que el Papa profundizó siendo profesor de teología moral y filosofía en la universidad de Lublin, y *Signo de contradicción. Meditaciones* (Madrid, 1978), libro que contiene los ejercicios espirituales que él dirigió a Pablo VI y la Curia Romana en 1976, siendo arzobispo de Cracovia. Junto a sus encíclicas, especialmente las relativas a su magisterio en doctrina social, encontramos los libros más personales del Papa, como *Cruzando el umbral de la esperanza* (Madrid, 1994) y *Memoria e identidad* (Madrid, 2005).

Un Papa es un Papa, pero también es un hombre y un creyente que tiene el derecho de contar su historia personal, de narrar su memoria, de expresar sus más hondos deseos y esperanzas. Juan Pablo II se atrevió a expresarse en una literatura cercana y personal, más allá del lenguaje formal y magisterial de las encíclicas. En esta misma línea, aun cuando teológicamente más atrevido y creo que mucho más relevante, hay que situar el último libro de J. Ratzinger-Benedicto XVI, *Jesús de Nazaret,* que seguro que en estos momentos ya ha entrado a formar parte de la biblioteca de Leopoldo Calvo-Sotelo, por la significación del libro para cualquier católico y por su pasión por la vida de Jesús de Nazaret. Si esta biblioteca da testimonio de la venida de Juan Pablo II a España, también lo hace de la participación del ex presidente del gobierno en los inolvidables funerales de este Papa el viernes 8 de abril de 2005 en la Plaza de San Pedro en el Vaticano: *Messa Esequiale e Tumulazione della Salma del Romano Pontifice Giovanni Paolo II.* Se cerraba así un largo y significativo pontificado, y a cuya misa de inicio de pontificado en 1978 también asistió Leopoldo Calvo-Sotelo, según cabe deducir por los dos ejemplares que encontramos en su biblioteca de la *Santa Messa celebrata dal Papa Giovanni Paolo II per l'inizio del suo Ministero di Supremo Pastore* (Cittá del Vaticano, 1978)[40].

Unido al magisterio de Juan Pablo II tenemos que prestar atención a la doctrina social de la Iglesia. Inaugurada por León XIII y su encíclica *Rerum Novarum* en 1891 (cuya trascendencia estudia —en esta biblioteca— el libro *Conmemoración del centenario de la encíclica Rerum Novarum,* Asociación Católica de Propagandistas, Madrid, 1992), con Juan Pablo II experimentó una profundización

---

[40] Él mismo lo confirma en M. GÓMEZ-SANTOS, *Conversaciones,* p. 216.

muy considerable. Leopoldo Calvo-Sotelo ha mostrado un gran interés en esta materia, como puede imaginarse en un hombre en quien se juntan la vocación cristiana y la vocación política. Así se expresa él mismo en la conferencia de clausura *Los problemas sociales 100 años después de la Rerum Novarum* en un curso de verano en El Escorial en junio de 1991: «Soy eso que se puede llamar católico practicante. He intentado formalizar católicamente mi vida. Mi vida me ha llevado a responsabilidades máximas en la empresa privada y en el gobierno de la nación. De estos datos iniciales cabe deducir que mi trabajo ha tenido muchas veces como referente a la doctrina social de la Iglesia»[41]; palabras corroboradas por los abundantes libros que sobre este tema encontramos en su casa, casi todos ellos con un índice personal de lectura, que nos muestra realmente esa atención, un interés por la temática social que es permanente. En su biblioteca hallamos por ejemplo la obra clásica de la teología del trabajo de Marie Dominique Chenu, *Pour une théologie du travail* (París, 1955) y sobre todo las Encíclicas sociales del magisterio Pontificio, como las publicadas en 1986 por la BAC: *Nueve grandes mensajes*[42], así como las escritas luego por Juan Pablo II[43].

Son también abundantes los libros en torno a las Encíclicas, como los que las afrontan desde una perspectiva global: de Jean-Luc Chabot, *La doctrine sociale de l'Église* (París, 1989, traducido por Rialp en 1990); Eduardo Bonnin, *Naturaleza de la doctrina social de la Iglesia. Análisis del aspecto teórico, histórico y práctico* (Instituto Mexicano de Doctrina Social Cristiana, 1990); y de autores varios: *L'enseignement social chrétien. Bibliographie internationale* (París, 1991) y *Les religieux dans le politique* (París, 1991); o aquellos que la ponen en relación con diversas teologías políticas, como la teología de la liberación latinoamericana: Joaquín Lepeley, *Doctrina social de la Iglesia y Puebla* (1989) o el nuevo liberalismo norteamericano encarnado en la figura de Michael Novak: *Freedom*

---

[41] L. Calvo-Sotelo, «Los problemas sociales. 100 años después de la Rerum Novarum», Lección de Clausura en El Escorial, junio de 1991, p. 1 (texto manuscrito).

[42] 641 páginas con los documentos pontificios más importantes hasta entonces sobre la relación de la Iglesia con el mundo, incluyendo temas sociales, económicos, culturales: *Rerum Novarum, Quadragesimo anno, Mater et Magistra, Pacem in Terris, Ecclesiam suam, Populorum progressio, Laborem exercens, Gaudium et Spes y Octogesima adveniens.*

[43] *Sollicitudo rei socialis* (Madrid, 1988) y *Le centenaire de Rerum Novarum. L'enseignement social de l'Église* (París, 1991).

with justice. Catholic Social Thought and Liberal Institutions (Nueva York, 1984).

Para Calvo-Sotelo, la doctrina social de la Iglesia ha sido una motivación y una orientación en su ejercicio de la vocación política, más que un recetario concreto que había que aplicar en el campo de la política y la sociedad. Siempre distante y crítico con la democracia cristiana, ha apostado más bien por una «derecha profana» y moderna, «una derecha que considere cerrado el siglo de la doctrina social católica, y que sin perder la esencia cristiana de sus convicciones últimas, acepte plenamente la revolución industrial que empezó hace más de dos siglos en el mundo anglosajón y que lleva ya un cuarto de siglo instalada entre nosotros»[44]. Da la impresión que Leopoldo Calvo-Sotelo, aun reconociendo la rapidez y brillantez de Juan Pablo II al volver a la doctrina social de la Iglesia instaurada por León XIII, retornando así a lo que él denomina un «cristianismo de encarnación», se encuentra más a gusto con Pablo VI y su «cristianismo de trascendencia», que deja mayor espacio para el ejercicio de la libertad y responsabilidad del cristiano en medio del mundo, iluminándolo desde la *enseñanza* social de la Iglesia más que desde una *doctrina* que se incorpore nominalmente a un programa político[45].

Hay un libro de esta época en la biblioteca que tiene una gran importancia para la historia de la teología y filosofía españolas. Nos referimos al libro de Xavier Zubiri (1898-1983), *El hombre y Dios* (Madrid, 1984). La relación entre Calvo-Sotelo y Zubiri viene de lejos, pues movido por su gran curiosidad intelectual, muy pronto Leopoldo Calvo-Sotelo fue un asiduo de las conferencias de Zubiri que se celebraban en La Unión y el Fénix y en el Banco Urquijo, sobre temas especialmente queridos para él como el de los límites de la Filosofía y la Ciencia; unas conferencias que en testimonio del propio oyente eran arduas y duras de seguir, muy minoritarias, dado el rigor y la capacidad de síntesis del filósofo español. Pero si Leopoldo Calvo-Sotelo pronto percibió las admirables cualidades del filósofo, Zubiri, a su vez, en encuentros amistosos posteriores, pudo caer en la cuenta de la capacidad intelectual insospechada de este político español, nada habitual en

---

[44] L. CALVO-SOTELO, «Los problemas sociales. 100 años después de la *Rerum Novarum*», Lección de Clausura en El Escorial, junio de 1991, p. 1 (texto manuscrito).

[45] *Ibid.*

este grupo social[46]. Actualmente Leopoldo Calvo-Sotelo pertenece al patronato de la Fundación Xavier Zubiri, creada en 1989.

El libro de Zubiri *Hombre y Dios* es el primero publicado después de su fallecimiento, y está editado por uno de sus discípulos predilectos, el jesuita Ignacio Ellacuría, a quien ya nos hemos referido antes. Como dice su editor, «el libro responde a una de sus preocupaciones vitales y filosóficas fundamentales»[47], por lo que esta obra tiene una larga historia que se inicia en los años 1935 y 1936, llega a su punto cumbre en un curso dado por Zubiri en la Universidad Gregoriana de Roma en 1973, y concluye en los últimos meses de su vida, cuando se dedicó a corregir y preparar el manuscrito que posteriormente sería publicado. Zubiri parte de la convicción de que «el hombre actual se caracteriza no tanto por tener una idea de Dios positiva (teista) o negativa (ateista) o agnóstica, sino que se caracteriza por una actitud más radical: por negar que exista un verdadero problema de Dios... Por eso lo fundamental es descubrir que Dios es problema para todos... pues nos está planteado por el mero hecho de ser hombres»[48]. En relación con este gran libro, se publicará póstumamente otra obra fundamental de Zubiri para entender la comprensión que dicho filósofo tenía del Cristianismo y de los temas teológicos fundamentales: *El problema teologal del hombre: Cristianismo* (Madrid, Fundación X. Zubiri, 1997, libro que no se encuentra en el catálogo de la biblioteca), esta vez editado y presentado por Antonio González, un discípulo de Ignacio Ellacuría, ya que el jesuita vasco había sido asesinado junto con otros cinco compañeros y dos trabajadoras de la casa en El Salvador el 16 de noviembre de 1989[49].

---

[46] Cfr. M. Gómez-Santos, *Conversaciones,* pp. 124-125.

[47] I. Ellacuría, «Presentación», en X. Zubiri, *El hombre y Dios,* p. ii.

[48] X. Zubiri, *El hombre y Dios,* p. 12.

[49] En esta obra se encuentra ese párrafo magistral en el que Zubiri habla de cómo la relación entre el cristianismo y el mundo moderno ha de darse no tanto desde la carencia, sino desde la plenitud, un texto que se encuentra en la línea de la mejor teología cristiana (León Magno, Máximo el Confesor, Dietrich Bonhoeffer, Karl Rahner...) y que merece la pena recordar: «El Cristianismo es salvación sólo si es deiformación... El Cristianismo se dirige primariamente al ser entero del hombre y no a su caída en pecado y menos aún a sus fallas de su vida. El Cristianismo no es la argamasa que remienda las fisuras de la vida. El Cristianismo, a mi modo de ver, dirá al hombre actual que su vida es lo que es precisamente porque el ser del hombre es deiforme; y lo es no en sus fracasos sino primaria y fundamentalmente en sus propios logros. Y entonces una cosa es clara. El punto de coincidencia entre el hombre actual y el Cristianismo no es

1990-1999: Nuevamente la Biblia, Renan y la historia

Aquí tenemos 133 nuevos libros. Muchos de ellos ya los hemos reseñado al integrarlos en etapas precedentes, pues se referían a temas o a autores que hemos tratado con anterioridad. Ésta es una década difícil de calificar. Predominan los comentarios a la Encíclica social *Centesimus annus* de 1991, la Doctrina social en general y la publicación del Catecismo de la Iglesia Católica. Hay una presencia mayoritaria de los libros religiosos editados en la colección francesa *Que sais-je?* Pero si tuviera que destacar algo en esta etapa señalaría dos cosas: por un lado, la permanencia e insistencia en el tema más importante para Leopoldo Calvo-Sotelo: la Biblia y su entorno (geografía, exégesis, apócrifos, etc.) y el interés por uno de sus autores más apreciados, en su idioma preferido, el francés: Ernest Renan, de quien encontramos: *Le livre de Job* (París, 1991), *Études d'histoire religieuse* (París, 1992), *Histoire des origines du christianisme* (París, 1995) y ya más adelante, en el 2005, su obra más significativa, *Vie de Jésus* (París, 2005).

Y por otro lado, el interés y la adquisición de libros que tienen que ver con la historia: la breve y sugerente historia del pueblo de Israel del gran exegeta alemán Claus Westermann, *Mil años y un día,* comprendida por este autor como introducción al Antiguo Testamento, adquirida por Leopoldo Calvo-Sotelo en su idioma preferido *Une histoire d'Israel I. Les patriarches* (París, 1996) en la excelente colección «Foi Vivante» de la editorial Du Cerf; acerca del cristianismo primitivo en su relación con la cultura griega, hallamos el libro clásico permanentemente reeditado de Werner Jaeger, *Early christianity and Greek Paideia* (Harvard, 1991); y otras obras de carácter histórico más general como: Philippe Rouillard, *Histoire de la penitence des origines à nos jours* (París, 1996); Pierre-Marie Beaude, *La passion des premiers chrétiens* (París, 1998); además

---

la *indigencia* de la vida sino su *plenitud.* Cuando la vida se asienta más sobre sí misma, es entonces cuando formalmente está siendo más en Dios y con Dios. La deiformación cristiana es el fundamento positivo de una vida plenamente asentada sobre sí misma. Y esta convergencia, entre la situación del hombre actual como plenitud de vida y el Cristianismo como deiformación, es, a mi modo de ver, lo que mueve el diálogo (de esta *morfosis* tiene que dar un *logos*)» (X. Zubiri, *El problema teologal del hombre: Cristianismo,* Madrid 1997, pp. 18-19).

de las obras clásicas de Renan que hemos citado más arriba, otras como: *Études d'histoire religieuse* (París, 1992), *Histoire des origines du christianisme* (París, 1995) y de E. O. James, *Historia de las religiones* (Madrid, 1991); obras referentes a la espiritualidad en la síntesis de Raymond Darricau, *Histoire de la spiritualité* (París, 1991) o en los cuatro volúmenes de la magna obra de Georg Schurhammer dedicados a la vida de Francisco Javier: *Francisco Javier: su vida y su tiempo,* (Pamplona, 1992); o la referida a la historia de la Iglesia en España de José Andrés-Gallego, *La Iglesia en la España contemporánea* (2 vols., Madrid, 1999).

2000-2007: Europa y Católicos en la vida pública

En esta última década, todavía abierta, habría que señalar los volúmenes que recogen las actas de los seis Congresos de Católicos y Vida Pública realizados por la Fundación San Pablo CEU (2000 a 2005). Leopoldo Calvo-Sotelo ha participado en varios de ellos: con una conferencia en el V (bajo el lema «El hombre ante la encrucijada»), con unas palabras pronunciadas en el VI y con la presentación del filósofo y profesor Robert Spaemann en el VII Congreso (en 2005, bajo el lema «Llamados a la libertad»). Esta presencia e interés de Calvo-Sotelo por estos Congresos es evidente, pues él perteneció al Círculo de Jóvenes de la Asociación Católica de Propagandistas, aun cuando no llegó a ingresar en la institución que los hace posible. Pero, a la vez, resume muy bien una constante en la vida de Leopoldo Calvo-Sotelo, ya que ha sido en este ámbito público de la industria, de la economía, de la política, etc., donde ha tenido que vivir y ejercitar su vida cristiana, la vocación a la vida divina.

Según el testimonio de Juan Durán-Loriga, Leopoldo Calvo-Sotelo no encajó en el proyecto de los Propagandistas, pero este círculo le permitió un lugar de encuentro y discusión, «de donde surgió algo que fue muy importante para nosotros: el europeísmo... Creíamos que la solución pacífica de los problemas de España tenía que venir a través de la vinculación de España con Europa. Esto era algo muy profundamente sentido por Leopoldo Calvo-Sotelo»[50].

---

[50] M. GÓMEZ-SANTOS, *Conversaciones,* p. 96.

En esta década continúa esa pasión de Leopoldo Calvo-Sotelo por Europa y así encontramos varios estudios sobre la relación entre Europa y el Cristianismo: el breve ensayo de Antonio Fontán, *Europa y el Cristianismo,* (Madrid, 2003); el más conocido de J. H. H. Weiler, *Una Europa cristiana* (Madrid, 2003) y el de Dalmacio Negro, *Lo que Europa debe al Cristianismo* (Madrid, 2004). En esos años, en torno al cincuentenario de la firma del Tratado de Roma y con motivo de la que iba a ser la Constitución Europea, se ha abierto en la sociedad un interesante debate sobre las raíces y fuentes de la conciencia europea. ¿Qué significación ha tenido el Cristianismo en el surgimiento de Europa? ¿Qué lugar va a seguir teniendo? Éste es un tema que le ha interesado expresamente a Leopoldo Calvo-Sotelo, viendo sus diversas intervenciones sobre esta cuestión, desde su relación con el Camino de Santiago, con el Islam o la pregunta por la misión de Europa en el mundo.

En 1993 participa en una mesa redonda organizada por la Asociación de Periodistas Europeos en torno al camino de Santiago y Europa: *Los caminos de Santiago, caminos de Europa.* En ella, además de ofrecer una breve historia de la democracia cristiana en Europa y España, afirma que como político de la así llamada Transición tuvo que realizar el Camino en sentido inverso a como normalmente lo hace cualquier peregrino que pasa por Roncesvalles: desde el corazón de España al corazón de Europa.

En 1996, en sus palabras de inauguración del Seminario organizado por la Fundación Ortega y Gasset (recordemos que fue su presidente de 1993 a 1997) y el Centro de Estudios Internacionales, sobre la relación entre Europa y el Islam, se hace eco de la necesidad y de la urgencia de realizar una revisión histórica de las relaciones euroislámicas. Una cuestión que sigue siendo de primera actualidad y cuya importancia no ha pasado desapercibida en la biblioteca de Leopoldo Calvo-Sotelo donde encontramos el Corán: *Le Coran* (París, 1967, firmado por él en Rabat en 1974), con prefacio de J. Grosjean y obras generales que ofrecen un acercamiento general a su historia: C. Cahen, *El Islam desde los orígenes hasta el comienzo del Imperio Otomano* (México, 1972); a su degenerada forma radical: B. Etienne, *L'Islamisme radical* (París, 1967); a su realidad contemporánea: Ali Meran, *L'Islam contemporain* (París, 1984); en su relación con la laicidad: F. Zakariya, *Laïcité ou islamisme: Les arabes a l'heure des choix* (París, 1989) o referido a la historia particular de Abenhazam de Córdoba: Miguel Asín Palacios, *Abenhazam de Córdoba y su historia crítica de las ideas religiosas* (5 vols.), o a su forma mística desarrollada en el sufismo: A. J. Arberry, *Sufism. An Account of the mystics of Islam* (Londres, 1990)

También es de reseñar su interés por el judaísmo: *Moïse et la vocation juive,* de André Neher (París, 1956); *The sabbath,* de Dayan Grunfeld (Jerusalén, 1961); *Le monde juif vers le temps de Jésus,* de Charles Guignebert (París, 1969); *A History of the Jews,* de Solomon Grayzel (Nueva York, 1984), y *Judaism; a historical presentation,* de Isidore Epstein (Londres, 1986), entre otros.

Finalmente, en el VI Congreso de Católicos y Vida Pública, según recogíamos antes, Calvo-Sotelo dirige unas palabras, bajo el título *Europa y su misión en el mundo,* en las que se lamenta por la negativa a incluir en el preámbulo de la Constitución una cita de las raíces cristianas de la Unión, a la vez que hace una breve referencia histórica sobre la importancia de la democracia cristiana en el surgimiento de la Comunidad Europea en los años cincuenta.

Tres libros de vida

Hay tres libros que creo que son decisivos en la formación religiosa de Leopoldo Calvo-Sotelo y que nos hablan de su sensibilidad y experiencia religiosa: la *Vie de Jésus* de Ernest Renan, *Le fénomène humain* de Teilhard de Chardin y *La Sainte Bible,* editada en fascículos por la editorial Du Cerf. Los primeros han sido dos autores que han perdurado en el interés de Leopoldo Calvo-Sotelo, tal como se puede ver en la adquisición de obras suyas a lo largo de toda su trayectoria personal. Resulta muy llamativa la adquisición de varias versiones de la *Vida de Jesús* de Renan. La más antigua, una edición de 1864 (fue editada por primera vez un año antes, en 1863, en París), de la editorial Michel Lévy Fréres, adquirida y firmada por Calvo-Sotelo en 1968. La última, editada en el 2005, en París (por la editorial Arlea, como número 58 de una colección que vuelve a proponer la lectura de grandes textos). Esta obra se sitúa en el marco en el que se realiza una primera búsqueda del Jesús histórico, más allá de la imagen que nos ha otorgado el dogma de la Iglesia. Jesús es un «revolucionario trascendental» en el que se unen el humanismo y el idealismo propios de la mentalidad del siglo XIX. Él es el representante más cualificado de la conciencia divina dentro de la humanidad. Él es el fundador de una nueva religión cuyo culto está en la pureza de corazón que funda la hermandad entre los hombres. Renan es un heterodoxo, en el sentido de que la propuesta que nos hace de la vida y de la persona de Jesús es incompleta. Como bien dice el propio Leopoldo, «poéticamente deslumbrado por el Cristo verdadero hombre, pero escépticamente herético ante el Cristo, verdaderamente Dios»[51]. Nada mejor que leer directamente el último párrafo de su obra para percibir ese deslumbramiento por Jesús, el Cristo verdaderamente hombre:

> «Jesús no vivía sino para su Padre y para la misión divina cuyo íntimo convencimiento abrigaba. En cuanto a nosotros, niños sempiternos condenados a la impotencia, nosotros, que trabajamos sin cosechar y que no veremos nunca el fruto de nuestra siembra, ¡inclinémonos con respeto ante la gran figura de esos semidioses! Ellos supieron lo que nosotros ignoramos, esto es, crear, afirmar, obrar. ¿Renacerá otra vez la gran originalidad, o se contentará el mundo en adelante con seguir marchando por las vías que trazaron los audaces creadores de las antiguas edades? Lo ignoramos, pero cualesquiera que sean los fenómenos que se produzcan en el porvenir, nadie sobrepujará a Jesús. Su culto se rejuvenecerá incesantemente; su leyenda provocará las lágrimas sin cuento; su martirio enternecerá los mejores corazones, y todos los siglos proclamarán que entre los hijos de los hombres no ha nacido ninguno que pueda comparársele»[52].

El segundo autor es Teilhard de Chardin. Este jesuita francés es el mejor ejemplo en el siglo XX del acercamiento del catolicismo a la visión moderna del mundo desde el ámbito de las ciencias naturales. La obra es la expresión del esfuerzo por integrar la visión evolutiva del mundo dentro de las afirmaciones fundamentales de la fe católica y la teología cristiana. La primera afirmación fundamental del pensador francés es que la evolución es un proceso con una finalidad, donde el hombre ha de comprender su puesto y su lugar. La evolución no es un proceso ciego y sin sentido. Toda la realidad camina hacia un punto de convergencia final que él denomina punto Omega y que no es otro que el Cristo cósmico, inseparable, por otro lado, de Jesús de Nazaret. Puede que su visión sea un poco ingenua y excesivamente mística, excediendo los estrechos márgenes del método científico y de ciertas teologías de corte más o menos escolástico, pero su intento de armonización

---

[51] L. CALVO-SOTELO, «El hombre en la encrucijada», p. 8.
[52] E. RENAN, *Vida de Jesús,* párrafo final.

ha sido ejemplar y decisivo en el diálogo entre ciencia y religión. Algo de esta pasión por contemplar el misterio de Dios desde la imagen proyectada por la ciencia podemos encontrar en el título de la Tercera de *ABC* publicada por Leopoldo Calvo-Sotelo el 23 de enero de 1999: *El Dios geómetra y la vuelta a la geometría.* El hombre necesita a la Geometría para elevar su mente desde el mundo sensible hasta el mundo racional e inteligible. Al hombre de nuestro tiempo no le vendría mal «una vuelta al orden, a la claridad y a la proporción de la Geometría». Una imagen, la de la geometría, que volvería a utilizar para hablar de Cristo «como lugar geométrico de la libertad», es decir, donde ésta encuentra su orden, su claridad y verdadera proporción.

Finalmente está la *Biblia de Jerusalén* en su versión original francesa publicada en fascículos por la editorial Du Cerf. Si tenemos que mencionar uno sería el fascículo dedicado a la traducción de las Cartas de San Pablo: *La Sainte Bible: Les Épitres de Saint Paul.* La razón es sencilla y profunda. La sencillez le viene porque cronológicamente este es el primero en ser publicado en el año 1949. La profundidad, porque es precisamente San Pablo, el apóstol de la libertad y de la gracia, el primero en ser traducido y así también es el primero en ser llevado a la conciencia cristiana. Éste quizá haya sido uno de los hechos fundamentales para la vida cristiana y concretamente para la Iglesia católica. Que cada bautizado haya podido tener la Palabra de Dios en sus propias manos como sustento y alimento para la vida, es un hecho de incalculables dimensiones, en su fecundidad y variedad.

No obstante, es importante señalar que a pesar de esta cercanía entre texto sagrado y creyente, Leopoldo Calvo-Sotelo ha afirmado que entre ambos ha de haber una mediación que exprese la distancia y la discontinuidad que siempre ha de existir entre el texto bíblico y el lector. Dios viene a nosotros en su Palabra en intimidad a nuestra existencia, hablando nuestro idioma, pero a la vez con una extrañeza que hace imposible que sea totalmente dominado por nosotros. Dios es vocativo, se le puede nombrar e invocar, pero esto no significa que pueda ser dominable. Dios es cognoscible por nuestra razón, pero no es apresable por ella. La experiencia religiosa es cercana, íntima, inmediata a nuestro ser y a nuestra conciencia, pero ésta siempre nos lleva más allá de nosotros mismos, nos hace trascender nuestro mundo y nuestro pequeño horizonte. Quizá sea un buen instrumento para percibir esta paradoja y dialéctica de la experiencia de Dios la mediación de una lengua que siendo conocida por nosotros, no es la que habitualmente utilizamos para las realidades cotidianas.

Un idioma, el francés: mediación y belleza

Estos tres libros muestran un dato relevante. El peso fundamental de la biblioteca religiosa de Leopoldo Calvo-Sotelo lo tiene la literatura francesa. La biblioteca la forman libros en español, en francés y en inglés. Hay algunos libros en alemán y varios en portugués. Los libros en español están formados por literatura clásica de espiritualidad, publicados por la editorial BAC, obras de historia de espiritualidad o del catolicismo español. La literatura francesa está volcada hacia el mundo de la Biblia, entre la que destaca un gran autor de exégesis como fue Claude Tresmontant. De este teólogo francés encontramos doce libros, uno de los autores que más obras aporta a la biblioteca religioso-teológica de Leopoldo Calvo-Sotelo[53]. La exégesis francesa de los años sesenta ha sido más sensible a tener en cuenta que, junto a la investigación científica rigurosa, había que cuidar la dimensión espiritual del creyente, a diferencia de la alemana, centrada en la historicidad de las fuentes, o la inglesa, orientada a determinar el contexto de los textos. Finalmente, está el desplazamiento hacia la literatura inglesa, más vinculada a estudios históricos y a la teología política y social. Pero volviendo a la lengua francesa, para Leopoldo Calvo-Sotelo ha sido el idioma de la mediación del Misterio, mediante la distancia que otorga al no ser su idioma materno en la lectura de la Sagrada Escritura y por la belleza lograda en la prosa del autor de la *Vida de Jesús,* Ernest Renan.

---

[53] C. TRESMONTANT, *Saint Paul et le mystère du Christ* (1956, firmado en «Lisboa, julio, 1958»), *Introduction à la pensée de Teilhard de Chardin* (1956), *La doctrine morale des prophètes d'Israël* (1958, firmado en «París, diciembre, 1966»), *Estudios de la metafísica bíblica* (Madrid, 1961, firmado en «Bilbao, julio, 1963», con índice personal de lectura y subrayado), *Les idées maîtresses de la métaphysique chrétienne* (1962, muy subrayado), *La métaphysique du Christianisme* (1964, firmado en «Lisboa, marzo, 1964»), *Comment se pose aujourd'hui le problème de l'existence de Dieu* (1966, firmado en «mayo, 1966»), *Le problème de la Révélation* (1969), *L'Enseignement de Ieschoua à Nazaret* (1970), *Introduction à la théologie chrétienne* (1974, con índice personal de lectura y subrayado), *Les premiers éléments de la théologie* (1987) y *Quel avenir pour le christianisme?* (2001), publicados en París todos los títulos franceses.

Las ausencias

La biblioteca de un lector la forman los libros que encontramos en ella, pero también, de alguna manera, los que se echan en falta. Esta ausencia puede tener diversos motivos, desde que esos libros fueron leídos y prestados a otros que no tuvieron la caridad de devolverlos a su dueño, que se extraviaron en algún traslado, o incluso que pudieron ser leídos por el ejemplar que nos dejó un amigo o simplemente no se adquirieron[54]. Más allá de las razones de esas ausencias me llama la atención que en el catálogo no se encuentre ningún libro de un autor como Maurice Blondel, tan significativo en su esfuerzo por relacionar cristianismo y mundo moderno, superando con su método de la inmanencia el extrinsecismo reinante en la teología a inicios de siglo XX; o alguna obra del cardenal J. H. Newman, defensor aguerrido de la libertad de la conciencia; así como la mínima presencia de un autor tan importante para el pensamiento católico del siglo XX como el teólogo suizo Hans Urs von Balthasar.

Pero, dada su familiaridad con la literatura francesa, me gustaría subrayar la ausencia de autores franceses de la talla del dominico Yves Congar y del jesuita Henri de Lubac. Creo que ambos le podían haber ofrecido un profundo conocimiento de la gran Tradición de la Iglesia (esa conciencia histórica que en otros momentos él mismo ha echado de menos en el cristianismo, según formulación de Julián Marías), realidad que le hubiera servido de puente y mediación entre la Biblia y la situación contemporánea, realidades desde las que Leopoldo Calvo-Sotelo ha ejercitado su existencia cristiana (por decirlo con expresión del autor danés Sören Kierkegaard, también muy apreciado por Calvo-Sotelo) en plena conciencia y libertad, la libertad del cristiano. Quizá ambos autores le habrían ayudado a vivir en esa encrucijada entre libertad personal y magisterio de la Iglesia en la que él como hombre de la ciencia y de la política se ha visto impelido a lo largo de su vida. Todavía la obra *Catolicismo. Aspectos sociales del dogma,* escrita por el maestro De Lubac en 1937, sigue siendo la obra que mejor ha expresado la

---

[54] Soy consciente de que al afrontar la delicada y difícil cuestión de los libros que faltan, más que hablar del lector y propietario de la biblioteca, me estoy retratando yo mismo. No obstante, creo que es inevitable plantearlo.

dimensión social del cristianismo, no tanto desde la periferia de su acción pastoral, sino desde el centro del misterio cristiano. Aunque el mundo ha evolucionado mucho desde entonces y también la teología en algunos puntos concretos y particulares, su aportación creo que sigue siendo relevante y necesaria para no establecer una dicotomía entre fe y vida, Iglesia y libertad, Dios y mundo, aun cuando sean vividas desde la paradoja o la encrucijada.

Rasgos de un lector desde sus libros

Como decíamos al principio, resumir el vasto mundo que se despliega ante un catálogo de libros es tarea imposible. Hemos subrayado los más significativos en la historia de las ideas religiosas en España, así como aquellos libros que por referencias del propio Calvo-Sotelo han sido importantes para su formación y vida personal. Desde la luz proyectada por todos ellos, me atrevería a realizar un perfil personal, subrayando sólo algunos rasgos más sobresalientes.

a) *Un hombre creyente.* La literatura religiosa que se encuentra en la biblioteca de Leopoldo Calvo-Sotelo no es informativa, un hecho que nos hablaría en primer lugar de un hombre con curiosidad cultural, incluida la dimensión religiosa, pero nada más, sino más bien la de un hombre creyente que quiere vivir y formarse desde su fuente fundamental que es la Sagrada Escritura. Ésta es la bibliografía que ha aparecido con más insistencia a lo largo de las décadas comentadas. Independientemente de las circunstancias históricas, de las acentuaciones teológicas y de las primacías establecidas por las circunstancias históricas o los poderes culturales, la Biblia ha sido el hilo rojo que atraviesa y conduce toda su biblioteca. Por esta razón, el primer rasgo que quiero subrayar es que estamos ante un *hombre creyente* cuyo centro lo forma la Palabra de Dios, a la que accede desde la mediación de la traducción francesa (*Biblia de Jerusalén*), ayudado por una exégesis que quiere ser más explicativa en el orden espiritual que exhaustiva en el orden científico (C. Tresmontant). En relación estrecha con esta palabra de Dios encarnada en un texto escrito en un contexto cultural determinado, está la importancia que también se vislumbra en su biblioteca por la literatura referente a la geografía bíblica. La Palabra de Dios no es una filosofía abstracta e idealista, sino una palabra vinculada a la historia y al lugar concreto donde los hombres viven. El conocimiento de la geografía y del lugar donde vivió Jesús de Nazaret nos ayuda a comprender mejor la Palabra que Dios nos ha dicho en él y a través de él.

b) *Un hombre libre.* Si el centro y el hilo conductor de la biblioteca religiosa de Leopoldo Calvo-Sotelo están en la Biblia, su pasión es la Vida de Jesús. En su catálogo hemos encontrado varias: la del francés François Mauriac, publicada en Flammarion en 1936; la de Vicente de Pereda, en la editorial Aguilar en 1939; la de Justo Pérez de Urbel, publicada en la editorial FAX en 1950, en edición regalada por el autor. Sin embargo, de entre todas ellas, destaca como ninguna otra la *Vida de Jesús* de Ernest Renan, a la que ya hemos hecho varias veces referencia. En este momento sólo quiero subrayar que en esta obra, con una bella prosa, Cristo es presentado en su desnuda y clara humanidad y en su soberana libertad, cualidades que siempre han presidido la trayectoria de Leopoldo Calvo-Sotelo.

Precisamente es la libertad la característica que más ha subrayado Calvo-Sotelo en la vida cristiana, según expresó en una conferencia pronunciada en el V Congreso Católicos y Vida pública convocado por la Universidad San Pablo CEU, en esta ocasión sobre la relación entre fe y cultura. Para Leopoldo Calvo-Sotelo el hombre vive muchas veces en la encrucijada. Recordando a Ortega y quizá su propia experiencia, comienza su conferencia constatando que el camino vital del hombre es encrucijada. Y el creyente se encuentra en la encrucijada de atenerse a su humanidad o dar rienda a su vocación a la vida divina; de ser fiel a la palabra concreta de la Iglesia en diferentes materias de la vida personal y social o a vivir con libertad en el mundo, la libertad del cristiano. «Yo he sentido muy pronto, empujado tal vez por mi vocación política, que la tensión íntima para el creyente se da más entre Iglesia y Libertad que entre Fe y Cultura. Recuerdo haber leído muy pronto el opúsculo de Lutero "*La libertad del cristiano*" con la inquietud y la emoción de quien sigue un sendero de montaña bordeando el precipicio»[55]. No sé cual sería el año y la edición utilizada para su lectura. Según el testimonio de su biblioteca, el libro fue leído en el idioma preferido de Leopoldo Calvo-Sotelo, en francés, y en una edición de

---

[55] L. CALVO-SOTELO, «El hombre ante la encrucijada», p. 5.

1969 de la editorial Montaigne, ejemplar firmado por él mismo en «Navidad, 1983».

Y en el VII Congreso, bajo el lema *Llamados a la libertad,* inicia con estas palabras la presentación del profesor Spaemann, palabras en las que se dan cita sus grandes pasiones como hombre creyente: la lectura de la Biblia —comenzando por San Pablo— con la que, recordemos, se inició la traducción de la Biblia de Jerusalén en la editorial Du Cerf, la libertad del cristiano, objeto de reflexión de Lutero y clave fundamental para entender la postura fundamental en la relación entre el cristiano y la política en la doctrina social de la Iglesia y el orden de la geometría, que tanto puede ser aplicado al Dios geómetra o a la libertad que Cristo nos ha logrado: «El lema de este Congreso es de San Pablo a los Gálatas, capítulo 5, versículo 13. Casi como quien da una definición dice allí San Pablo que el cristiano ha sido llamado a la libertad. También hace dos mil años, como ahora, convenía situar la libertad en su lugar exacto, y ese lugar para San Pablo es el Espíritu, no la carne. La libertad a la que somos llamados los cristianos es la adhesión al pensamiento y a la voluntad de Dios, que se conocen a través de Cristo. El pensamiento fuerte de San Pablo *para mi vivir es Cristo* nos lleva a Cristo, lugar geométrico de la libertad»[56].

c) *Un hombre espiritual, político y laico.* La biblioteca de Leopoldo Calvo-Sotelo nos muestra a un hombre creyente, consciente de que en Cristo ha sido llamado a la libertad, como adhesión al pensamiento y a la voluntad de Dios. Esta fe y libertad la ha desplegado en tres dimensiones fundamentales de la vida humana. En primer lugar en la *dimensión espiritual,* y aquí tenemos que mencionar el peso que han tenido los autores clásicos españoles como Juan de la Cruz, Teresa de Ávila, Fray Luis de Granada, Fray Luis de León, así como algún autor moderno como el monje cisterciense Thomas Merton. En segundo lugar, hemos de tener muy presente la *dimensión política,* tal como muestra la abundante bibliografía sobre doctrina social de la Iglesia y sobre teología política, ya sea en su versión de la teología de la liberación, muy influyente en España en las décadas de los ochenta y primera mitad de los noventa, o en su versión norteamericana y liberal, que comenzó su influencia en nuestro país

---

[56] L. CALVO-SOTELO, «Presentación de Robert Spaemann», en VII Congreso Católicos y Vida Pública, noviembre de 2005.

a finales de los noventa y comienzos del 2000. Casi todos los libros de esta temática tienen un índice personal de lectura, lo que muestra la importancia de esta vertiente para él. Finalmente en la *dimensión mundana* o *secular,* pues Leopoldo Calvo-Sotelo es un hombre que ha vivido la fe cristiana en el mundo, con la conciencia de que tenía que compaginar la sustancia cristiana y la tradición cultural laica. Por esta razón ha vivido un cristianismo en permanente diálogo. En diálogo con la sociedad y otras confesiones cristianas y tradiciones religiosas, reflejo de la mejor herencia de la reforma de la Iglesia Católica en el siglo XX realizada en el Concilio Vaticano II.

Según habla su propia biblioteca, Leopoldo Calvo-Sotelo accede a este acontecimiento decisivo de la historia de la Iglesia Católica en el siglo XX a través de los Documentos y sus Comentarios publicados en la BAC, de la obra síntesis de Gustave Martelet, *Les idées maîtresses du Vatican II,* que muestra las ideas fundamentales del Concilio (1966, firmada por Leopoldo Calvo-Sotelo en «París, marzo de 1967»); de la obra del filósofo Jean Guitton, *Regard sur le Concile. Prophéties d'un observateur* (París, 1963), único seglar invitado por Juan XXIII a la primera sesión del Concilio y que posteriormente estableció una profunda amistad con Pablo VI. Y finalmente de la obra de Paul Poupard, *Le Concile Vatican II,* que hace el número 2066 de la interesantísima colección francesa «*Que sais-je?*», colección que como hemos podido comprobar ha acompañado la lectura y la formación de Leopoldo Calvo-Sotelo y el crecimiento de su biblioteca.

Recapitulando, podemos decir que la biblioteca nos revela a un hombre creyente que sobre todo accede y profundiza a la experiencia religiosa desde la belleza o la dimensión estética. La Biblia en francés, la poesía y la prosa de Renan serán de una ayuda crucial en el fortalecimiento de la fe en la etapa siempre difícil y convulsa de la adolescencia, así como la puerta a un cristianismo profundo y liberal. Alimentado en su perspectiva espiritual desde los clásicos castellanos, vivido desde las preocupaciones intelectuales que le habían dejado la lectura de José Ortega y Gasset y Miguel de Unamuno (especialmente las obras que nos encontramos en su casa: *Diario íntimo, Del sentimiento trágico* y *La agonía del Cristianismo*)[57], y

---

[57] L. CALVO-SOTELO, «El hombre en la encrucijada», p. 4: «Es verdad que percibía la Fe y la Cultura como encrucijada cuando empecé a leer precisamente a Unamuno,

los encuentros de intelectuales católicos de Gredos entre 1951 y 1965, dirigidos por Alfonso Querejazu en mesa común con José Luis Aranguren y Julián Marías, Olegario González de Cardedal (entre otros), con quién compartirá sillón y preocupaciones en la Academia de Ciencias Morales y Políticas. De estas conversaciones da razón el libro editado por J. Garrigues y O. González de Cardedal en la editorial BAC en 1977 *Conversaciones católicas de Gredos* y a ellas se refiere Leopoldo Calvo-Sotelo como a un «perfume anunciador del Concilio», donde «se reunía a un par de docenas de intelectuales y a jóvenes que nos creíamos alevines de intelectual cuándo no pasábamos de ser creyentes preocupados por nuestra fe y deseosos de entenderla mejor (*fides quaerens intellectum*), para mejor defenderla de la intemperie secular»[58].

Pues ésta es exactamente la impresión general que se percibe en su biblioteca y lo que mejor podría caracterizarla: la biblioteca de un creyente preocupado por su fe, alimentada desde la lectura y la meditación de la Sagrada Escritura, deseoso de entender mejor esa fe y esa palabra de Dios en geografía y en historia concreta para así vivirla mejor en la intemperie de la sociedad, en el ancho mundo de la técnica, de la economía y de la política. De ahí el título de esta reflexión sobre la sección religioso-teológica de una biblioteca: *Palabra de Dios en el mundo de la ciencia y de la política,* que de otra forma recoge los tres hitos fundamentales que según el propio Calvo-Sotelo han orientado su vida: la filosofía de Platón del joven estudiante en su lectura del Fedón, la técnica del ingeniero de caminos y la política del hombre público al servicio de la sociedad española.

---

en los últimos años del bachillerato, a la edad en la que suele situarse la crisis religiosa del adolescente. La dificultad para mí era entonces más administrativa que profunda; en el confesionario sonaba una alarma cuando el penitente joven se atrevía a hablar de autores que estaban en el índice o en sus aledaños, como el mismo Unamuno, o Renan, o Kierkegaard; y yo que no tenía confesor fijo, que no tenía eso que entonces se llamaba Director espiritual, no conseguía convencer a mis interlocutores clérigos de que las lecturas de *El sentimiento trágico de la vida* o *El concepto de la angustia* o la *Vida de Cristo* me ayudaban a navegar por mi crisis más eficazmente que las refutaciones secas de la escolástica. Y lo cierto es que al cabo de unos años de aquellas lecturas *peligrosas* me sentía más confirmado en mi fe».

[58] L. Calvo-Sotelo, *Pláticas de Familia 1878-2003,* Madrid, La Esfera de los Libros, 2003, p. 232.

Sexta Parte

BIOLOGÍA Y EVOLUCIÓN: ORIGEN Y CIRCUNSTANCIA DEL HOMBRE

11

Consideraciones sobre la biblioteca de biología

La vieja distinción entre ciencias y letras se convierte casi en un todo continuo en la biblioteca de Leopoldo Calvo-Sotelo, cuyas lecturas traducen su predilección por las referencias cruzadas de unas disciplinas a otras y por los enfoques híbridos, como el de la filosofía de la ciencia.

Si prescindimos de las obras sobre matemáticas y física —que son mayoría, con unos seiscientos títulos— contamos unos ciento cincuenta libros sobre otros aspectos del mundo de la ciencia. De entre ellos, el grupo más homogéneo lo componen aquellos que podrían adscribirse al ámbito de la biología: unos setenta. Es fácil identificar también varios intereses más: la ya citada filosofía de la ciencia, pero asimismo historia de la ciencia, ciencia y religión y ciencia y política.

En la concepción de este trabajo sobre la biblioteca general de Leopoldo Calvo-Sotelo, parecía obligado dedicar alguna atención a esta sección del mundo de la ciencia que, sin disputar la primacía a las llamadas ciencias exactas y físicas, sí revela unas inquietudes coherentes a lo largo del tiempo.

Antonio García-Bellido, que trató a Leopoldo Calvo-Sotelo en el ámbito familiar y especialmente en el veraniego de Ribadeo, ha revisado estos fondos de ciencias, considerando con un detenimiento especial aquellos que abordan temas de biología. Tras su revisión, García-Bellido escogió, para llevar a cabo su contribución, la fórmula de una reflexión en voz alta, en diálogo con la familia de Leopoldo Calvo-Sotelo y con los libros, en torno a una mesa en la propia casa de Somosaguas, para esclarecer y perfilar mejor, gracias a la memoria de Pilar Ibáñez-Martín y de sus hijos, cuáles fueron sus inquietudes esenciales, en ciencias y, especialmente, en biología y la evolución. Se trataba de ver cómo de la resonancia entre conocimiento y memoria surgía un mejor entendimiento de los intereses que llevaron a Leopoldo Calvo-Sotelo a elegir unas lecturas en lugar de otras y qué disciplinas o temas desarrolló con mayor fruición dentro del campo de la biología y la evolución.

Para Antonio García Bellido, «una biblioteca personal es como un registro de las ambiciones, curiosidades y disfrutes del que la ha compuesto; es como un alma o una historia escondidas». El mero repaso de los títulos y las fechas de su adquisición proporciona muchísima información. Pero el desgranarla sin más, añade, carece del comentario, de la motivación que ha movido al que los ha seleccionado, acariciado y anotado. Falta el comentario que los devuelva a la vida, la motivación y los efectos de la lectura. Sin ellos no queda sino el reflejo de una vida de ilusión interior, una esperanza del pasado. «Yo no he tenido la fortuna de hablar con Leopoldo de sus lecturas en biología o en filosofía de la ciencia. Me hubiera encantado. No queda ahora sino inferir de las adquisiciones de libros su interés sobre estas ciencias. Voy a hacer arqueología sobre el significado de sus motivaciones. Seguro que mis observaciones o comentarios serán incompletos y aún erróneos. Una primera mirada al catálogo de la biblioteca muestra que la predilección de Leopoldo Calvo-Sotelo se dirige hacia la teoría de la evolución».

A modo de introducción, Antonio García-Bellido recuerda los comienzos de la especulación en evolución, que arrancan con la *Philosophie Zoologique* de Lamarck y el gradualismo geológico de Lyell, contribuciones que anteceden a las propuestas evolucionistas de Wallace y Darwin. Luego, el propio Darwin, «que tenía prisa por ordenar el mundo», llegó a conclusiones sobre evolución que, si bien hoy día están siendo matizadas, tuvieron una repercusión profunda y permanente en las sociedades del mundo occidental. Así, a la altura de este siglo XXI, la evolución del *homo sapiens* sigue siendo la controversia más importante, hasta tal punto que ya el propio Wallace se desdijo en sus últimos años del gradualismo y la prueba y error como guía en la teoría de la evolución.

Antonio García-Bellido elige el orden alfabético del catálogo de autores para hacer sus comentarios, que se recogen aquí, así como las observaciones a dichos comentarios hechas por Pilar y sus hijos, que aparecen bajo el rótulo común de «mesa».

Antonio García-Bellido: Siguiendo la pauta alfabética, el primer título que nos encontramos es *La teoría de la evolución* de Francisco

Ayala. La teoría que presenta Ayala es una teoría elaborada fundamentalmente por Dobzhansky, que es uno de los primeros biólogos que habla de genética de poblaciones. Francisco Ayala, discípulo suyo, es español. La genética de poblaciones estudia las variantes genéticas de las poblaciones, lo cual es clave porque ¿de dónde venía la variación que según Darwin era la que estaba en la base del proceso de selección? Esas variantes son lo que técnicamente se llaman *polimorfismos* y ese polimorfismo podría ser la base de la selección: si hay muchas variantes, la selección, sea como esta opere, puede dirigir aquellas variantes más útiles o que den más descendencia, algo que es ponderable. Por cierto, entre paréntesis, Darwin no ha dado un solo ejemplo de la formación de nuevas especies, a pesar del título de su libro *El origen de las especies.* Y en esa mentalidad de Dobzhansky que, como digo, es uno de los padres de la genética de poblaciones, está el libro de Francisco Ayala.

De Samuel Barnett nos encontramos con *Un siglo después de Darwin* (Madrid, 1971), que lo adquiere Leopoldo Calvo-Sotelo en octubre de ese mismo año. Del Conde de Buffon está el *Compendio de la Historia Natural,* una edición publicada en Madrid en 1802, que consta de veintidós volúmenes, una obra que es biología pura.

Merece la pena destacar a continuación un libro que está escrito por varios autores, con Sean Carroll a la cabeza, que se titula *From DNA to diversity: molecular genetics and the evolution of animal design* (Oxford, 2005) y que ha hecho cambiar a mucha gente la noción de cuál es la base genética de la evolución. Esta obra refleja la visión moderna y es un libro que a mí me alegra que esté en esta biblioteca, porque es un libro que introduce el otro aspecto de la genética. La genética no es solo el estudio de cómo se heredan variantes alélicas en genes distintos en una población, que después se puede aislar en forma de poblaciones separadas y eventualmente en nuevas especies. Y lo que hace este libro es preguntarse ¿qué hacen los genes?, no cómo se transmiten, ni cómo están las variantes en la población, sino ¿qué hacen? Los genes están ahí no para transmitirse sino para hacer cosas, hacer cosas es hacer desarrollos para construir organismos. Es un buen libro, moderno, la edición es del año 2005, muy pertinente.

Pasamos a otro libro fundamental, que es admirable que lo adquiriese Leopoldo: *Life Itself. Its origin and nature* (Nueva York, 1981), de Francis Crick. Francis Crick es el descubridor de la estructura del ADN, lo que le valió el Premio Nobel en 1962. Pero en los últimos años de su vida da un paso adelante y se preocupa por el origen de la vida, llegando a conclusiones que parecen un tanto heterodoxas, como por ejemplo de vida importante de cuerpos celestes en forma de moléculas dando vueltas en el espacio que hubiesen llegado a la tierra. En el fondo, es lavarse las manos y trasladar el problema sobre el origen de la vida en la tierra, pero todo ello muy bien hecho, porque el autor es muy inteligente.

Mesa: A Leopoldo le interesaban mucho los entornos favorecedores de la investigación y los rasgos psicológicos definitorios del espíritu científico; en ese sentido, la figura de Francis Crick le atrajo especialmente.

Lo que descubres en Crick, y yo estoy un poco más cerca, es su carácter innovador; no es un hombre que esté haciendo reflexiones sobre las cosas que ya se conocen, es un hombre profundamente innovador —autor de libros sobre el cerebro y el conocimiento que son soberbios— con una capacidad teórica magnífica. Él tuvo además la fortuna, que la tuvo él y no otros muchos más, de escribir libros sobre este tema. La diversidad de su obra es enorme. Y llegamos —ya lo hemos citado antes— a Darwin y a su *El origen de las especies,* en español, en una edición de 1877; el libro debe de ser una de las primeras ediciones españolas porque la primera edición inglesa es de 1859. En la biblioteca está además su famoso *Viaje del Beagle* (Londres, 1989), que fue clave en su camino hacia la teoría sobre evolución de las especies.

Esa edición española de El origen de las especies *procede de la biblioteca del abuelo materno de Leopoldo, Ramón Bustelo, liberal de la facción de Segismundo Moret, diputado por Ribadeo durante veinte años, y a quien le gustaba definirse como un librepensador.*

Hay que darse cuenta de que la filosofía que hay detrás de Darwin es una filosofía que impregna toda la sociología de la época. No es un libro trivial, es un libro que tiene implicaciones muy fuertes sobre el comportamiento humano, sobre todo después de la aparición de otro libro suyo, *El origen del hombre,* con unas connotaciones claramente anticreacionistas y por lo tanto en contra de la doctrina de la Iglesia, y que tiene implicaciones sociales, porque uno de los argumentos de esa competencia entre las especies es la lucha por la vida. La lucha por la vida significa que hay unos que son más fuertes que otros y son precisamente lo más fuertes los que ganan, lo cual desde el punto de vista social es perturbador. Y eso es así, no hay duda, pero eso probablemente no es lo que crea especies. ¿Cuál es el problema fundamental? El problema fundamental es qué cambios aparecen y qué mecanismos operan en la formación de especies.

Y en España, como siempre especialmente dura, se estaba exactamente en contra de cualquier noción que negara que el hombre hubiera sido una creación divina. En el siglo XIX, en la época en que se escribió este libro, no solamente no se hablaba, sino que el mero cuestionamiento sobre el origen del hombre era un tema prohibido. Por eso ¡es maravilloso que nos encontremos este libro! Tiene un valor especial, no por el libro en cuanto a la idea básica de Darwin, sino por el momento en que esto se publica. España no estaba preparada y se prohibió expresamente que estas teorías se enseñaran en la Universidad. Los gallegos —recordemos que el abuelo Bustelo de Leopoldo era gallego— siempre han tenido, como los asturianos, una noción más liberal y moderna que la centralista, sobre todo porque estaban más cerca, por intercambio comercial, del mundo anglosajón. En fin, ya estaba claro, toda Europa andaba entonces metida en el darwinismo. Darwin tuvo mucho éxito, sobre todo gracias a su discípulo Ernest Haeckel, tan fanático como él, y que ayudó mucho a su recepción y predicamento en Alemania. En Francia quedan restos todavía de creativismo, porque los franceses son muy conservadores. Y de ahí esos otros libros que hay en esta biblioteca, como *L'origine des espèces,* de Guyenot, en la colección *Que sais-je?* del año 1961. Además, Lamarck, al fin y al cabo, era francés, y los franceses siempre han tenido dificultades a la hora de seguir el darwinismo, con su base de azar opuesto al adaptacionismo de los caracteres adquiridos más inteligible aunque falso. En fin, la selección natural todavía no sabemos lo que es, hablando claro y sencillo. En el sentido de que la postulación no está hecha de contenido científico, sino que es una proposición dialéctica, que está bien y puede que explique muchas cosas, pero que no explica cómo ocurre.

Seguimos. Aquí tenemos varios libros de Stephen Gould: uno de ellos, *Hen's teeth and horse's toes* (Nueva York, 1984), hace preguntas muy periodísticas, del tipo de «la gallina no tiene dientes, pero los reptiles de los cuales proviene sí los tienen». Como está subrayado, voy a escoger al azar algún párrafo, pues siempre revela algo del lector: «Los críticos dicen que nuestro *motto* "la supervivencia del más apto" es una tautología sin sentido porque aptitud está definido por *supervivencia*». Son dos maneras de decir la misma cosa, pero las implicaciones son enormes. No confundan la supervivencia con la evolución. Y está también subrayado por Leopoldo lo siguiente: «*Better survival is a prediction to be tested*», es algo que hay que demostrar y no una definición de adaptación. Esto lo escribe Stephen Gould y este, como digo, es un elemento negro en la mentalidad de los conservadores darwinistas ingleses. Porque lo curioso de los ingleses es que —y éste es otro tema— desprecian el idealismo alemán, pero en cuanto tienen la primera oportunidad, se van al idealismo suyo y entonces se convierten en fanáticos de él, pero no los ingleses en general.

Tenemos también aquí del mismo Gould, *Wonderful life: the Burgess shale and the nature of history* (Nueva York, 1990), que trata de la extinción de las especies que aparecen en el famoso depósito de fósiles del Cámbrico, *Burgess Shale.* La aniquilación de la fauna de Burgess puede haber sido una lotería pura y dura. Eso también es muy importante, porque otro de los problemas en que no entra Darwin es ¿cómo mueren las especies?, no cómo se crean, sino por qué se van, por qué se aniquilan y hay explosiones de otras nuevas. También en la biblioteca está la gran obra final de Gould, *The structure of evolutionary theory* (2002) y *Time's arrow, time cycle* (s. a.), ambas publicadas en Harvard, su universidad.

Seguimos. Como he dicho antes, de Guyenot tenemos *L'origine des espèces* (París, 1961). Guyenot es un buen genético francés de los comienzos del siglo XX, que tiene sus problemas con el darwinismo, porque está muy influido por Lamarck, al cual admira; más que admirarlo, lo pone como contrapartida a Darwin. Ahí está el choque nacional de los franceses con los ingleses que siempre ha existido, por lo menos desde la guerra de los cien años.

Encontramos luego, de Julian Huxley, *Evolution in action* (Londres, 1963, que aparece firmado por Leopoldo en mayo de ese mismo año). Julian Huxley es uno de los discípulos, y probablemente el más relevante, de Darwin, y se dedicó pura y simplemente a divulgar la idea de la selección natural y a extender la casuística; porque el libro de Darwin es un libro muy difícil de leer, ya que es una relación de unos casos tras otros, para acumular información que respalda la idea de la selección natural.

Tenemos a continuación tres libros de François Jacob, que es uno de los mejores científicos del siglo XX, Premio Nobel: el fundamental, que es *La logique du vivant* (París, 1970) y también *Le jeu des possibles* (París, 1981) y *La souris, la mouche et l'homme* (París, 1997). En mi opinión, *La logique du vivant* es un libro absolutamente capital que vuelve a retomar la historia de la genética en Francia y vuelve otra vez a decir lo que los franceses antes han dicho, porque casi es un libro histórico, de crítica histórica de la cultura biológica francesa.

Destaco a continuación uno de los libros de la biblioteca sobre el mono y el hombre, *The naked ape,* de Desmond Morris (Londres, 1968). En el fondo, es una divulgación de la noción de que venimos de los monos, o mejor dicho, de qué es lo que nos queda de los monos, que es mucho, no sólo en el aspecto físico, sino también en el comportamiento, la morfología, etc. En su momento causó mucha impresión y, aunque ya está superado, porque hoy sabemos mucho más —éste es un tipo de conocimiento que se desfasa a una velocidad impresionante— es un libro muy ameno de leer, estuvo muy de moda, es todavía muy divertido.

Se trata de un libro que está subrayado en casi todas sus páginas.

Efectivamente, se ve que el libro está muy digerido y le debió de causar a Leopoldo una sensación muy fuerte. Es un tema que se repite. El mensaje fundamental es hacer llegar al público en general la noción taxativa de que provenimos del mono sin dar más vueltas. Ahora, la información que yo he tenido de vosotros es que quizás a Leopoldo le disgustaba un poco enfrentarse con esa idea...

Aquí habría que distinguir dos cosas. En primer lugar, Leopoldo estaba muy alejado anímica y estéticamente del mundo animal. De este modo, las ilustraciones de homínidos —palabra que utilizaba mucho— que figuran en las publicaciones divulgadoras en materia de evolución le disgustaban; pero lo mismo le ocurría con los personajes de Walt Disney. En cambio, el origen de la especie humana tal y como resulta de la teoría de la evolución no le suscitaba ningún problema grave de orden religioso, como tampoco se lo ha planteado a la Iglesia Católica desde mediados del siglo XX.

El problema que está aquí en debate es si la fe puede ser superada por el conocimiento científico. Y este libro le ha tenido que quitar algo de esa fe; uno de los argumentos fundamentales de Darwin es que el hombre no ha surgido de una costilla de Adán y que, en fin, resulta de una evolución de animales. Este libro explica de una manera divulgativa, porque no es un libro científico en sentido estricto, que el hombre es resultado de modificaciones de propiedades físicas y mentales que heredamos de los monos.

Ciertamente, Leopoldo se ocupaba mucho de su fe cristiana y sobre este punto algo aparece en otro lugar de este libro. Pero las zonas de duda que podía haber en su fe no estaban relacionadas con el origen del hombre. En este orden de cuestiones, le atraían más las reflexiones en torno al origen de la materia. Así, una pregunta filosófica que le interesaba era la de ¿por qué hay cosas en lugar de la nada?

En el caso del hombre es como si el cerebro produjera más de lo que usa, una idea de Wallace que tiene connotaciones muy profundas. La idea es que el cerebro dispone de unos mecanismos de generar novedad que usa hasta donde puede o necesita y aquí viene el problema de la adaptación: si en la evolución estás midiendo los pasos selectivos uno a uno o no. El sistema está generando morfologías y fisiologías que superan mucho a la utilidad inmediata y se usan o no. Pero en fin, ése es el caso del intelecto del hombre. El hecho es que se está evolucionando con una noción muy clara, teleonómica, de que lo que al final va a ser, será. Pero queda un elemento que es clave —y la Iglesia se agarra a ello— y es que a lo mejor esto es cierto respecto de la evolución morfológica, o zoológica si se quiere, pero que ello no obsta para que tenga que haber un momento en dónde el alma se imprime sobre nosotros, el acto de la creación del hombre, exactamente.

En efecto, Pío XII ya dijo en su encíclica Humani Generis (1950) que el magisterio de la Iglesia respetaba las investigaciones de la ciencia sobre el origen del cuerpo humano como procedente de materia viva preexistente y que las conclusiones sobre esa evolución no perjudicaban la creencia católica de que el alma es creada por Dios.

Exactamente ése es el problema, y de hecho algunos biólogos, no especialmente muy buenos, siguen dándole vueltas a que efectivamente tiene que haber una creación especial, un acto especial de creación por parte de Dios sobre la figura humana, porque al fin y al cabo la figura humana es la representación de Dios. Esto, científicamente hablando, es una creencia; yo no creo en ello, porque no lleva a ningún lado, no explica nada. No tiene una base científica demostrable, es un acto de fe, en el sentido más noble de la palabra, en dónde se están mezclando dos cosas: el conocimiento y lo que tú crees que es mejor para tu filosofía, tu noción de la vida, tu sociedad. Pero eso es un debate, está todavía en debate, entre fe y ciencia. Y lo que sabemos, por este libro y otros muchos, es que el comportamiento del hombre tiene muchísimos componentes de otros animales, que no es nada especial; simplemente es que en el hombre todo está un poco más exagerado.

Sería interesante ver en sus escritos o en sus anotaciones qué le había llamado más la atención a Leopoldo Calvo-Sotelo y qué efecto había tenido en él, porque el gran misterio, claro, el gran misterio de Leopoldo es que hacía con lo que leía. Porque estos libros sobre los que venimos hablando, y otros, lo que revelan es un interés por informarse sobre lo que está pasando en el mundo que nos rodea. Y por eso el problema que hay aquí y la pregunta que yo me hago es ¿qué hizo Leopoldo con esta información? Es decir, ¿en qué la convirtió?, ¿la usaba en su vida diaria?, ¿en su vida pública? Y me refiero no a la lectura, sino a la información que había adquirido en esa lectura. Y la intuición que yo tengo es que tenía una curiosidad de puertas adentro, es decir, para él. No me da la sensación de que esto es algo que él hubiera usado a la hora de un debate con nadie, como una argumentación, con una mentalidad de experto, de «scholar». Si te fijas en las fechas de las ediciones, te das cuenta que son adquisiciones con el fin de acumular información, para después digerirlo, pero no creo que lo hiciese más que fundamentalmente en un principio por tener esa información ¡en casa!

Quiero hablar ahora de otra obra: *Del idealismo físico al idealismo biológico* (Barcelona, 1972), de Jacques Monod, un libro importante. Jacques Monod tenía ambiciones filosóficas, muy francés, lo cual puede ser bueno como también puede ser malo. Monod, junto con Jacob, son los que descubren que el sistema genético está abierto, es decir que depende su ión del contexto molecular activo en la célula y en su medio. Es el primer paso en fisiología genética —estamos hablando de los años 1963-1964— y Monod es uno de sus teóricos. Curiosa e interesantemente, estuvo metido también en la revolución del 68 en París. También tenemos aquí el famoso libro de Jacques Monod, *El azar y la necesidad* (la edición francesa de 1970, que adquiere Leopoldo en noviembre de ese mismo año, según vemos tras su firma), un libro muy famoso en su día, que le gustó a Leopoldo. A mí no me gusta tanto. Es una exposición del contraste entre la genética moderna y el lamarckismo, un problema muy francés.

De Severo Ochoa tenemos *Base molecular de la expresión del lenguaje genético* (Madrid, 1969). Este libro en particular es muy técnico, duro. Quizás lo que tenía que ser, porque es bioquímica o biología molecular pura y dura.

Y nos encontramos ahora con Jean Piaget, del que tenemos cuatro libros; en concreto, sobre biología: *L'épistémologie génétique* (París, 1970) y *Biología y conocimiento* (Madrid, 1977). A mí me admira que a Leopoldo le guste Piaget, porque la preocupación mayor de Piaget versa sobre las bases genéticas del comportamiento, la evolución a lo largo de la vida de un individuo, en fin de cómo se va creando su noción de vida, de individuo, su personalidad.

Sigo. De Jean Rostand nos encontramos con un montón de obras, todas ellas publicadas en París: *L'homme* (1962, adquirido en junio de 1963), *Biologie et humanisme* (1964, que compra en Lisboa en agosto de 1966), *Maternité et biologie* (1966), *Inquiétudes d'un biologiste* (1967) y *La herencia humana,* que se publica en Buenos Aires, en 1976, pero no voy hablar de ellos porque Rostand es demasiado especulativo y muy francés en su idealismo y vitalismo.

Luego hay un libro clave en la historia de la biología moderna: *¿Qué es la vida?,* de Erwin Schrödinger, en edición de Espasa Calpe, publicado en Buenos Aires en 1947. Éste es el libro, yo me atrevería a decir, que a mí y a muchos otros nos llevó a la biología teórica más conceptual. Es un libro clásico, soberbio. Seguimos con el famoso *Gato de Schrödinger,* un libro también absolutamente soberbio, muy conceptual y profundo, en el que se hacen preguntas, que han promovido la biología molecular, ¡que no es poco!

El libro está enteramente subrayado por Leopoldo, que lo firmó en septiembre de 1951, cuando tenía veinticinco años.

Es un libro absolutamente básico en la historia de la biología moderna. Está superado en muchos aspectos, como es natural, porque se pregunta cosas como ¿qué es la herencia?, ¿qué heredamos?, ¿cómo se transmite la información?, y es una obra escrita en los años cuarenta del siglo pasado. Veo también de Schrödinger en la biblioteca dos versiones, una en alemán (firmada por Leopoldo en Düsseldorf en octubre de 1956) y otra en español (también firmada en noviembre de 1964, publicada en Madrid tres años antes), de *La naturaleza y los griegos.*

Por otro lado, de John Gaylord Simpson, encontramos *La vida en el pasado.* Simpson es un paleontólogo estadounidense, y es el que nutre con datos y fundamenta lo que se llama hoy día el *Neodarwinismo.* En su época, Darwin propuso muchas cosas, pero no había genética en sus proposiciones. Entonces, hacia los años veinte, se produce un movimiento, comparable con el de la física cuántica, en dónde *genéticos de poblaciones,* primero Dobzhansky y luego geólogos y paleontólogos como Simpson, dan las bases físicas, sólidas, de la evolución. Y en esta obra, que está publicada en Madrid el año 1967, Simpson habla sobre los fósiles como argumento a favor de la evolución, y es un libro también, yo diría, clásico o clave.

No podemos dejar de hablar de la figura de Teilhard de Chardin, a través de cuya obra comenzó a interesarse Leopoldo por los problemas de la evolución, a principios de los años sesenta, cuando sus lecturas eran todavía predominantemente en francés. Había varias cosas en los textos de Teilhard que le gustaban a Leopoldo, empezando por su altura y su calidad literaria. Así, hay fórmulas de Teilhard que Leopoldo utilizaba en sus conferencias y en sus escritos, como la del «espesor del pasado», por ejemplo. En cuanto al fondo, Leopoldo se sentía atraído por la idea de que la evolución aparece orientada hacia la conciencia y la personalización. «La evolución cósmica persigue una obra de naturaleza personal», es una frase que Leopoldo subrayó en dos lugares distintos de un libro de Tresmontant sobre Teilhard.

En efecto, si nos fijamos en las fechas en que adquiere las obras, vemos cómo su interés por el problema de la evolución se va modulando a medida que pasa el tiempo; así —gracias a los títulos más recientes— podemos verificar que Leopoldo quiso tener acceso últimamente a una visión más anglosajona, digamos más científica, de la teoría de la evolución y menos *a priori* como la francesa. Teilhard de Chardin tenía un enorme prestigio. Pero Teilhard no es un idealista que se pone a postular teorías sino que era un paleontólogo, un paleontólogo humano, que había estudiado los fósiles, que estaba muy bien informado. Desgraciadamente, tenía una visión que tenía que «encajar-con», y esa visión es la que le lleva a decir que la evolución va en una dirección: del alfa al omega; y que el omega es cuando Dios dice: bueno, pues a esta cosa tan bien hecha le imprimo el alma. Naturalmente, esa afirmación está fuera de la ciencia, pero en el ambiente francés es clave.

Y terminamos la sección de biología con el libro *Molecular biology of the gene,* de James Watson, publicado en California en 1977, libro que veo subrayado y con remisiones a distintas páginas. Watson, Wilkins y Crick son los que recibieron el Premio Nobel en 1962 por sus descubrimientos acerca de la estructura del ADN y este es un libro más reciente.

Podríamos dejar ahora la biología y ver libros de otras ciencias, entre los que hay varios muy relevantes.

En efecto, la biblioteca tiene bastantes libros que podríamos clasificar como de filosofía de la ciencia. Por ejemplo, de Prigogine, que es un físico-químico, pero en realidad yo diría que más que nada es matemático; a él se debe *la teoría del caos,* que fue una novedad en su momento, nos cogió por sorpresa y que aún hoy sigue siendo válida e influyente. Son cinco sus libros presentes en esta biblioteca: *La nouvelle alliance,* dedicado por el propio Prigogine a Leopoldo el 8 de febrero de 1980...

Leopoldo y Prigogine se conocieron en Bruselas y luego intercambiaron alguna correspondencia.

... *El nacimiento del tiempo (Barcelona, 1991), Temps à devenir (Québec, 1994), La fin des certitudes. Temps, chaos et les lois de la nature* (París, 1996)*, Entre le temps et l'éternité,* estos dos últimos bastante subrayados. De Thomas Kuhn, que es uno de los grandes epistemólogos como Whitehead, tenemos *The structure of scientific revolutions* (Chicago, 1970), que es muy bueno y es un clásico.

Henri Poincaré está presente en esta biblioteca con *Ciencia y método, (1946)* y sobre todo con *La ciencia y la hipótesis* (1943), que está también en edición francesa de Flammarion de 1968. Poincaré, al margen de tener un francés precioso, es posible que le gustase a Leopoldo más que nada no por el francés como lengua sino por la mentalidad francesa que subyace, esa lógica que se impone sobre las cosas, que pone orden.

De Konrad Lorenz, también Premio Nobel, tiene un libro, no conozco el libro, *Los ocho pecados capitales de nuestra civilización* en francés. Konrad Lorenz es buenísimo, también Nobel por sus trabajos sobre el comportamiento animal.

Menciono sin más comentario algunos otros nombres que aparecen aquí con obras de filosofía de la ciencia o de aspectos más generales de la ciencia. Algunos son notables; entre los extranjeros: Oppenheimer, Armstrong, Carl Sagan; y entre los españoles, Ramón y Cajal, Faustino Cordón, Antonio Fernández Rañada, Jesús Mosterín.

Es evidente que le interesó también la historia de la ciencia, pues existen bastantes títulos y desde muy pronto: de 1947 es la edición de *La ciencia griega,* obra de Benjamin Farrington, que adquiere luego en inglés (1953); de 1958 es *Los orígenes de la ciencia moderna,* de Herbert Butterfield; la obra de George Sarton,

Ciencia antigua y civilización moderna, publicada por el Fondo de Cultura Económica en 1960, la adquiere, según veo, en diciembre de 1964, en fin, de Robert Lenoble *Histoire de l'idée de nature,* de 1969. También nos encontramos con aportaciones de españoles: de Julio Rey Pastor, *La ciencia y la técnica en el descubrimiento de América* (1970), de José María López Piñero, quizás uno de los mejores historiadores de España en ciencias y en medicina, su libro *La introducción a la ciencia moderna en España* (1969), que es una buena obra. Del catalán Juan Vernet tenemos su *Historia de la ciencia española* (1975); varios trabajos de Sánchez Ron y otras obras colectivas de autores españoles como *Polémica de la ciencia española* (Alianza Editorial, 1970), *La historia de las ciencias* (CSIC, 1987) o *Historia de la ciencia* (Espasa, 2004).

En fin, aquí veo un libro sobre el caso Lysenko, es una curiosidad. Lysenko fue una vergüenza de la ciencia y comprendo que se interesara por este asunto porque es una aberración de la relación entre la ciencia y la política. Lysenko era un agricultor al que se le ocurrió la idea de que puede aumentar y mejorar las cosechas de patatas y cereales, fundamentales en Rusia, a base de cultivarlos en determinadas condiciones medioambientales; y entonces se termina haciendo lamarckista, pero en el sentido malo de Lamarck. El problema no está sólo ahí; está en que en tiempos de Stalin, Lysenko domina los estudios de genética desde la Academia de Ciencias de la Unión Soviética, mete en la cárcel o en Siberia a los inorganistas, es decir los que creían en las ideas de herencia mendelianas, y allí se mueren muchos. Lysenko se convierte en el Papa de la ciencia del régimen... Lysenko fue nefasto para la ciencia biológica y nefasto para Rusia, a la que aisló del resto del mundo, y de hecho en genética todavía no se ha recuperado, así de sencillo.

Un dato que no cabe desconocer es que la afición de Leopoldo por la ciencia tenía en gran parte raíz orteguiana. Cabe recordar aquí dos citas que repetía con frecuencia. La primera es de un Ortega juvenil que, como decía Marías, parecía inclinarse resueltamente por la ciencia al escribir: «O se hace literatura o se hace precisión o se calla uno». La opción vital de Leopoldo por la precisión fue clarísima y le llevaba a hacer apología de las tareas científicas y a desconfiar de aquellas disciplinas que todavía no hubieran entrado —y aquí viene la segunda cita— por el «seguro camino de la ciencia».

Ortega es un personaje fundamental, fundamental en la historia cultural de España, que nos trae una conciencia europea, un sentido de progreso, de responsabilidad de futuro, y eso lo transmitió muy bien. Escribía maravillosamente. Yo recuerdo todavía la lectura en el *Observador* de la descripción de El Escorial, de la explanada de El Escorial y es una cosa impresionante. Pero, claro, la cosa cambia cuando se mete en la ciencia. Él era buen conocedor de la ciencia alemana, sobre todo, no de fisiología ni de anatomía, sino del comportamiento; por ejemplo, él trajo a las publicaciones de la *Revista de Occidente* algunos libros sobre comportamiento animal, Lorenz entre otros, que los eligió él y que demuestran que estaba enterado. Fundamentaban su noción del yo y su circunstancia. Tuvo un papel grande por hacernos responsables de nuestra actitud. Ortega era un enemigo de la visión ética, lógica, de Francia y su filosofía es sobre todo alemana: es decir, al organismo, al ser humano, lo pone en su contexto, no en las abstracciones de Pascal y sus abstracciones logicistas, sino en el mundo real; tenía cierta sensibilidad hacia la biología, sobre todo hacia la biología del comportamiento.

¿Qué impresión de conjunto produce entonces la sección de libros de biología de la biblioteca de Leopoldo?

En fin, haciendo ahora un balance de este recorrido, creo que es legítimo decir que Leopoldo mantiene unas inclinaciones hacia la filosofía de la ciencia, cosa que en mi opinión tiene un gran valor, pues significa que no sólo se nutre de los datos, sino que mira cómo se han digerido esos datos por pensadores, digamos, de un nivel *superior,* que se preguntan ¿y esto qué significa?, ¿cómo estaba avanzando la ciencia? Porque es fascinante cómo la ciencia avanza, por ejemplo, en astronomía y no digamos en biología. Tenía curiosidad genuina por lo que estaba pasando en su mundo.

Ahora bien, ¿hasta dónde ha llegado en sus inquietudes por estos temas? Porque, en mi opinión, los libros fundamentales sobre evolución están en esta biblioteca, pero ¿qué conclusiones dejaron en él?

Dentro del área de la biología se advierten unos principios de interés en biología molecular, genética y genética de poblaciones, y se nota que ya quiere entrar a un capítulo a un nivel más analítico, más de detalle. Sin embargo, toda la parte de la biología del conocimiento, la biología del sistema nervioso o la biología del comportamiento, la biología molecular más dura, no están aquí, porque probablemente son posteriores al momento de su mayor interés a la hora de adquirir los libros de su biblioteca. La investigación acerca del lenguaje y de la teoría del conocimiento es hoy día todo un mundo no visible entre sus libros.

Y del mundo de la biología yo no echo de menos mucho más que no sea ya muy especializado. Porque la evolución es un tema clásico pero, sin embargo, la genética es una disciplina y hay que conocerla. Aquellos aspectos de la genética que afectan a la teoría de la evolución, la genética de desarrollo por ejemplo, son de una gran complejidad y no están tampoco entre sus libros.

Y por terminar con el dilema de ciencia y fe, del que tanto hemos hablado, la postura de Leopoldo, en mi opinión, no es una postura en la que tenga que confrontar o que tenga un problema interno, sino que consistía en separar las dos cosas de entrada y en irse nutriendo con información sobre qué está pasando con la ciencia del momento. Estaba claro que tenía una y otra inquietud en compartimentos estancos, donde no se mezclaban ni confrontaban posturas por ningún lado; una de ellas iba al afecto, al sentimiento, venía de la herencia cultural de su familia, del ambiente español y luego una creencia genuina que hay un más allá. Pero esto indica que tenía un auténtico interés por lo que estaba pasando en el mundo. Es un hombre de su tiempo, pero excelso. Por cierto, eso me lleva a otra cosa que ha apuntado Leopoldo hijo y es ¿cómo compaginaba esto con su vida pública?

Pudo mantener un buen nivel de lectura hasta que accedió a la vicepresidencia económica en septiembre de 1980. Ahí empieza un «agujero negro» que se prolongó hasta su salida de La Moncloa en diciembre de 1982. En algún lugar ha contado Leopoldo cómo tuvo que reeducarse en la lectura tras cesar como presidente del gobierno. En relación con esta cuestión está la de cómo usaba Leopoldo sus lecturas en su vida pública y en su vida diaria, cuestión a la que te has referido antes en un par de ocasiones. Quizá la mejor respuesta esté en un concepto que a él le gustaba mucho, y que encontró también en la obra de Ortega: el de Weltanschauung, o «visión del mundo». De sus lecturas derivaba Leopoldo una idea de la estructura del mundo que le servía de invisible eje de coordenadas en todas las manifestaciones de la vida.

Entre ellos, el problema de la evolución, que es un problema, biológicamente hablando, el mayor que hay, no hay otro problema, que supera en mi opinión al de la química. La química no tiene desde el punto de vista científico interés teórico, la física sí.

El interés de Leopoldo por la química fue limitado y estuvo sobre todo vinculado a su trayectoria empresarial a la cabeza de la primera empresa que fabricó nylon en España y luego de Explosivos Río Tinto, que entonces era la más grande empresa química del país. Con todo, sí le gustaba hacer alguna reflexión sobre el paralelismo que existe entre los enlaces y valencias determinantes de los procesos químicos y las relaciones de cooperación entre las empresas del sector, como se ve en su prólogo a Viajes por el mundo de la química, *de Kurt Lanz.*

Eso era claramente un interés profesional, técnico, pragmático y utilitario... pero no hay lecturas de química, no reflexiona sobre la química, entre otras razones porque en esos momentos la química estaba, en mi opinión, convertida en ingeniería, es decir, había hecho todo lo que teóricamente se podía hacer. La química cómo ciencia no era entonces relevante.

SÉPTIMA PARTE

SÓLO EL MATEMÁTICO ES FELIZ

12

Cuando tienes un buen profesor de física, tú quieres ser físico; cuando tienes un buen profesor de filosofía, tú quieres ser filósofo

La muerte de Leopoldo Calvo-Sotelo impidió celebrar una conversación específica sobre estos temas con Enrique Alarcón y José María Martínez-Val. No obstante, a lo largo del año largo en que se fue concibiendo y elaborando este proyecto, Leopoldo Calvo-Sotelo habló con los otros colaboradores de este libro, pero también con su entorno familiar, de sus lecturas e intereses en muchos ámbitos, entre ellos, en el ámbito de la física y de las matemáticas. Los diálogos que se recogen a continuación proceden entonces de esas ocasiones, a veces completados con consideraciones reiteradas suyas que conforman lo que podría llamarse la memoria familiar. Todo ello se ha organizado, por coherencia con el resto del libro, como respuesta a preguntas concretas sobre la materia de física y matemáticas.

Una biblioteca como la suya, con una curiosidad tan amplia por materias tanto de ciencias como de letras, valga la expresión consagrada, ¿acaso no es algo inusual?

Leopoldo Calvo-Sotelo: Sí lo es. Por eso me alegró, siendo joven, encontrar en casa de Zubiri a todos los grandes matemáticos franceses del XIX y principios del XX, inencontrables en Madrid. Tenía, por ejemplo, *El análisis infinitesimal,* de La Vallée Poussin, que yo lo había leído en copias que nos daba Entrecanales, pues no se encontraba el libro. Obras de ese tipo te marcan mucho.

¿Ha tenido alguna evolución reseñable su vocación como lector de libros de ciencias?

He leído mucha matemática y física moderna. He ido comprando, hasta que llegué a no entender y eso me daba mucha rabia. Yo, cuando era estudiante, estaba sobre una página llena de fórmulas hasta que la entendía. Ahora ni tengo tiempo, ni tengo humor. Y eso que hay libros excelentes de vulgarización. Pero en fin, hay libros buenos de matemáticas que todavía puedo entender.

Entre los libros de su biblioteca encontramos, en efecto, obras de vulgarización de gran calidad, pero también los textos, digamos, originales de bastantes autores. ¿Dónde están sus preferencias?

A mí me ha gustado leer el libro original. Por ejemplo, la prueba de Gödel sobre la incomplitud; no sé cómo se dice en castellano, creo que no ha entrado todavía la palabra en la RAE. Gödel mantiene que sea cual sea el sistema matemático en el que estés, ese sistema siempre plantea problemas que no pueden solucionarse dentro de ese sistema, con lo cual hay que hacer otro sistema y eso no se acaba nunca. Pues bien, yo me leí el original de Gödel.

Encontramos en su biblioteca trece obras debidas a Einstein, en español, inglés, francés y alemán, a las que se añaden cinco libros sobre su trayectoria como físico y trece sobre relatividad. ¿Es la figura científica con más peso en sus lecturas?

Sin duda. A mí me pareció reveladora la teoría especial de la relatividad, sobre todo en un texto que se difundió mucho, que estaba firmado por el propio Einstein, una divulgación de altos vuelos, en el que había un momento que decía: «Si usted no ve con claridad que no tiene sentido ninguno hablar de la simultaneidad, no siga usted leyendo». Cuando te persuades de que algo tan cotidiano como es la simultaneidad —al mismo tiempo que yo me bebo este vaso de agua se está bebiendo fulano un güisqui en Nueva York— no es que se entienda que es muy difícil de medir, es que no tiene sentido riguroso ninguno, como decir en el mismo tiempo pasan cosas en lugares distintos, o en el mismo lugar pasan cosas en tiempo distintos. Donde ahora estamos aquí, con relación a qué sistema de coordenadas, preguntarse qué había aquí en el siglo VIII, no es que sea difícil averiguarlo, es que no tiene sentido. La física parte de Einstein, el problema es mucho más radical. Yo recuerdo la impresión que me hizo aquello, cuando te metes dentro una idea nueva importante se te abre una luz extraordinaria.

¿Se estudiaba a Einstein en la Escuela de Caminos?

En la Escuela de Caminos no se estudiaba cálculo tensorial; se estudiaba cálculo vectorial y trigonometría, pero para entender la

Teoría General de la relatividad tuve que aprender cálculo tensorial —porque la enseñanza técnica cuando yo estudié era un desastre—; hay que saber lo que es un tensor. Nuestro profesor de Resistencia de materiales, en una pizarra de esas grandes que subían y bajaban, ponía arriba —las estructuras trigonométricas son como los conejos, procrean rapidísimamente— escribía $x = a\cos(\phi)$, $y = b\mathrm{sen}(\phi)$, y empezaba a hacer cálculo trigonométrico y se llenaba la pizarra con centenares de fórmulas. Pues eso, con cálculo vectorial, se resume en dos líneas y luego se pasa al tensorial. Torroja, en la Escuela de Caminos, sólo nos podía enseñar la teoría de la elasticidad por el método clásico; pero la elasticidad en sí misma es un tensor y Torroja no sabía lo que era un tensor. Esa falta de formación de aquella época era prueba del atraso español enorme. Yo tuve que estudiar cálculo tensorial en solitario para poder entender la *Teoría General de la relatividad;* si no has estudiado cálculo tensorial no entiendes nada, así como la *Teoría Especial* es muy sencilla, es mucho más rigurosa, casi más un texto de filosofía que de física, la *Teoría General* no, exige saber cálculo tensorial. Yo me lo he empollado y no en plan diletante. Me ha interesado lo nuevo mucho y, como usted ha visto, soy hombre solo.

¿En el campo de las matemáticas, recuerda algún ejemplo parecido?

Sí, es el caso de la geometría proyectiva. En tiempos de Napoleón, surgen un par de matemáticos franceses que inventan una geometría nueva, no la de Lobachevsky o la de Riemann, sino un concepto completamente diferente de Euclides, geometría que luego se llamaría geometría proyectiva, eso es del primer tercio del siglo XIX pero no llega a España hasta cien años después. España estaba tan atrasada que un gran avance geométrico como ese —que Napoleón, cómo no, es de los que contribuye a sacarlo fuera— me refiero a la geometría proyectiva, en España no se conocía ni se estudiaba ni en la Facultad cuando yo empecé a estudiar, en el año 1943. Yo tuve que estudiar aquello en un libro de geometría proyectiva de un italiano, Enriques, que había traducido Rodríguez Bachiller, un excelente profesor. Me di cuenta de que aprender algo cuya semilla no se ha puesto en el bachillerato es muy difícil. Tú puedes estudiar geometría, la proyectiva es una cosa completamente distinta. Lo mismo que yo cohabité maritalmente con Splenger, cohabité un verano en Ribadeo con Enriques, que me abrió unos horizontes estupendos. Es tan enormemente interesante que si te metes en él resulta deslumbrador y yo estuve unos tres meses estudiándolo.

En muchos campos, entonces, su formación la hace en solitario con los textos originales.

Yo he estudiado en serio la relatividad con el tensor de Riemann, y he estudiado la proyectiva. Si me acuso de diletante, exagero un poco. El diletante no se para a estudiar cosas tan difíciles, yo he dado un paso medio, entre el diletante y luego el tipo que es un verdadero especialista. A mí, la física moderna me ha interesado una barbaridad.

En el origen de esa afición tan sostenida por la física y las matemáticas ¿qué valor concede a la labor de los profesores?

Yo tuve magníficos profesores: Gallego Díaz, el padre de Soledad, la periodista, un hijo de Flores de Lemus, un estupendo matemático, Rodríguez Bachiller, Mingarro... Cuando tienes un buen profesor de física, tú quieres ser físico; cuando tienes un buen profesor de filosofía, tú quieres ser filósofo.

13

La biblioteca de matemáticas y física

Amé, no la política, la ciencia
en un pasado cada vez más puro.
Otros, no yo, me pervirtieron: juro
que nunca pretendí la Presidencia.

En este capítulo nos adentramos por la biblioteca de Matemáticas y Física de Leopoldo Calvo-Sotelo y Bustelo quien, durante toda su vida, demostró un interés permanente por los avances que se iban produciendo y una curiosidad inacabable por los descubrimientos que llegaban a su conocimiento.

Como se verá, dentro de sus intereses figuran a lo largo de toda su existencia los relacionados con teorías físicas como la relatividad o la mecánica cuántica, así como con sus correspondientes aparatos matemáticos. Pero también lo relativo a las hipótesis cosmológicas y a los procesos termodinámicos irreversibles.

Ello le hacía estar atento a todas las ocasiones que se presentaban para atender foros en los que se discutían estos temas, como las conmemoraciones en 2005, en la Residencia de Estudiantes del Consejo Superior de Investigaciones Científicas (CSIC) y en la Real Academia de Ciencias Exactas, Físicas y Naturales, del aniversario de la publicación del primer artículo de Einstein sobre Relatividad, o la ceremonia en que Ilia Prigogine fue nombrado Doctor Honoris Causa por la Universidad Nacional de Educación a Distancia el 15 de octubre de 1985[1].

Creemos que ese deseo de conocimientos científicos tiene sus raíces en la etapa de estudiante en el Instituto Cervantes, en la

---

[1] En este último caso, algunos testigos presenciales dan cuenta de la sorpresa del Premio Nobel cuando fue informado de que la persona que le había producido tan profunda impresión mediante sus preguntas y observaciones había sido cuatro años antes presidente del gobierno de España.

Escuela Especial de Ingenieros de Caminos y en la fascinación ejercida por las lecciones de Zubiri, pues como el propio Calvo-Sotelo dice: «El estudiante de Matemáticas y de Física Teórica que fui quería buscar, más allá de las estructuras y de las ecuaciones, el sentido último de lo que estudiaba, precisamente porque la Física Matemática vivía por aquellos tiempos el apogeo de la revolución que habían hecho en ella hombres como Plank y Einstein».

Por ello, comenzaremos con un análisis de las circunstancias personales en su etapa de formación en la Escuela de Caminos que, unida a sus declaraciones, permita comprender su entusiasmo y posterior dedicación al estudio de temas que sólo marginalmente habían formado parte de su carrera.

A continuación, describiremos un somero panorama de la situación española e internacional de ambas ramas del conocimiento, para crear un fondo sobre el que situar las adquisiciones bibliográficas de nuestro protagonista en las diferentes etapas de su vida y, finalmente, intentaremos bosquejar unas conclusiones sobre la inquietud esencialmente intelectual que Leopoldo Calvo-Sotelo cultivó en estos campos.

La formación de una curiosidad científica

Tal como describe él mismo en otro lugar[2], una serie de circunstancias familiares hicieron que Calvo-Sotelo comenzase su Bachillerato en Ribadeo, del que siempre recordó con gusto a su profesor de matemáticas, Genaro Cancio, y lo continuase en el Instituto Cervantes de Madrid, donde terminó brillantemente los cursos Quinto, Sexto y Séptimo.

En sus recuerdos de esta época aparecen una y otra vez el profesor de Filosofía, Manuel Cardenal, y el de Física, Antonio Mingarro, en quienes indudablemente está el origen de su frase en la entrevista que acompaña a este artículo: «Cuando tienes un buen profesor de física, tú quieres ser físico; cuando tienes un buen profesor de filosofía, tú quieres ser filósofo».

Antonio Mingarro fue, en efecto, un excelente profesor de Física, cuyos textos eran de uso generalizado en los cursos de Ba-

---

[2] Cfr. L. Calvo-Sotelo, *Pláticas de familia,* Madrid, 2003.

chillerato (quince años después, uno de nosotros estudió todos los cursos de Física con ellos). Se trataba de un sistema completo donde la complejidad iba aumentando desde el primer curso a medida que se progresaba en los estudios y donde las figuras, coloreadas en tonos simples, estaban muy cuidadas dentro de las posibilidades de la época. Paradójicamente, no existe ningún ejemplar de esos libros en la biblioteca de Calvo-Sotelo (quizá estén guardados junto con los libros de la carrera de Caminos que tampoco, a excepción de unos pocos que comentaremos, estaban expuestos al uso diario en las estanterías de la vivienda).

En el momento de decidirse a estudiar una carrera, Calvo-Sotelo habla de las influencias familiares, de la proximidad de la Escuela de Caminos al domicilio familiar y de la necesidad de asegurar una colocación futura. Creemos que, para un estudiante destacado como él, debió existir una razón adicional: la opinión establecida de que se trataba de la Escuela Especial en que era más difícil ingresar. De hecho, el número de alumnos que superaban los exámenes de ingreso era, en esa época, inferior a cincuenta, y ello añadía un plus de desafío a la propia estimación que transformaba en un moderno *paso honroso* el ejercicio intelectual (¡y el esfuerzo físico!) que requerían aquellos exámenes.

La enseñanza preparatoria para las pruebas de ingreso se llevaba a cabo en academias particulares especializadas. Calvo-Sotelo habla de profesores de matemáticas como José Gallego Díaz, Antonio Flores de Lemus o Tomás Rodríguez Bachiller, pero en el libro *Con Leopoldo Calvo-Sotelo, en Ribadeo*[3] figura reproducida una ficha de la Academia «Agrupación de ingenieros», en la que a la fotografía de un jovencísimo Leopoldo, se añade su solución a uno de los problemas de examen y se indica que la Academia está dirigida por Julio Navascués Revuelta y por José Gallego Díaz (fig. 1).

«Recuerdo haber sido iniciado a la veneración por la Geometría cuando empecé mi preparación para la Escuela de Caminos hace más de medio siglo. Fui alumno de Rodríguez Bachiller y de Gallego Díaz. Estudiábamos geometría en el libro clásico de Rouché y en el entonces modernísimo de Enriques».

---

[3] Obra colectiva compuesta por sesenta y cinco colaboraciones, editada por el Ayuntamiento de Ribadeo en 2009.

Fig. 1. Anuncio de la Academia de Preparación de Ingenieros en la que estudió Leopoldo Calvo-Sotelo para su ingreso.

Los profesores citados por Calvo-Sotelo están considerados como los más informados de las técnicas matemáticas en aquella época pero, alguno de ellos, también como miembros de la bohemia madrileña, lo que explica los numerosos eclipses de los centros de enseñanza que organizaban[4]. En cualquier caso, el gusto por el razonamiento matemático le fue inoculado de nuevo y, esta vez, al máximo nivel disponible en el país.

Para comprender la importancia que la preparación abstracta tenía en la Escuela de Caminos de Madrid conviene recordar que se había fundado a principios del siglo XIX y, a semejanza de lo que sucedía con su modelo parisino de *Ponts et Chaussées,* se había caracterizado por asentar la formación en el conocimiento de las

---

[4] Una visión extrema de la situación puede leerse en la obra del también ingeniero de caminos J. BENET, *Otoño en Madrid hacia 1950,*Madrid, Alianza Editorial, 1987, de quien encontramos en la biblioteca de Calvo-Sotelo cuatro libros, pero no éste.

ciencias físicas y matemáticas que eran aplicadas sistemáticamente tanto en la etapa escolar como en la práctica de la ingeniería. Además, uno de sus egresados, José de Echegaray, es considerado como el introductor de la matemática moderna en España, con lo que la tradición de estudios matemáticos en la Escuela sufrió un hiperdesarrollo que provocó a finales del siglo XIX y comienzos del siglo XX reacciones furibundas que hablaban de «basta de matemáticas» y promovían el aumento de los conocimientos prácticos. No deja de ser interesante la frase de su director en esa época, Rogelio Inchaurrandieta, que en 1900 afirmaba en la *Revista de Obras Públicas:* «Consigno mi protesta contra la tendencia que he visto en algunos, pocos por fortuna, que quisieran sacrificar la teoría a una práctica que, entiéndase bien, jamás sería completa, y que transformaría nuestra Escuela de Ingenieros, verdaderamente tales, en una Escuela de Artes y Oficios».

Ese espíritu se mantenía cuando Calvo-Sotelo llegó y lo mismo pasaba con la exigencia de «trabajo asiduo y severa disciplina» que siempre han sido consideradas seña de identidad de la Escuela.

Tan pronto como comenzaba la carrera se introducían asignaturas de tipo profesional, y así es curioso leer en el programa de la asignatura llamada «Descriptiva y proyecto de elementos» que impartía Amalio Hidalgo en primer curso, las frases siguientes: «Cada alumno deberá planear y diseñar una construcción sencilla que sirva de base para iniciar la adaptación de su formación, *eminentemente matemática* [la cursiva es nuestra] a la práctica de la ingeniería. Las explicaciones que precise la impericia del alumno, son motivo de que, sobre adquirir conocimientos útiles, empiece a desarrollar el sentido de la medida y de la construcción».

Ni aquellas virtudes ni el gusto por las matemáticas eran ajenos a Calvo-Sotelo, cuya claridad de ideas es evidente en los cuadernos de apuntes con pastas de hule negro que todavía se conservan. Por ello, no es extraño que terminase su carrera con el número uno de su promoción y que lo hiciese sobrado de fuerzas (figs. 2.A y B). A este respecto, hemos tenido ocasión de hojear un cuaderno de apuntes donde, probablemente para combatir el tedio que le producía la clase de determinación de cargas provocadas en las construcciones por el empuje del viento, intercala junto a las ecuaciones de Bernoulli, unos versos de Antonio Machado escritos, además, con una caligrafía impecable.

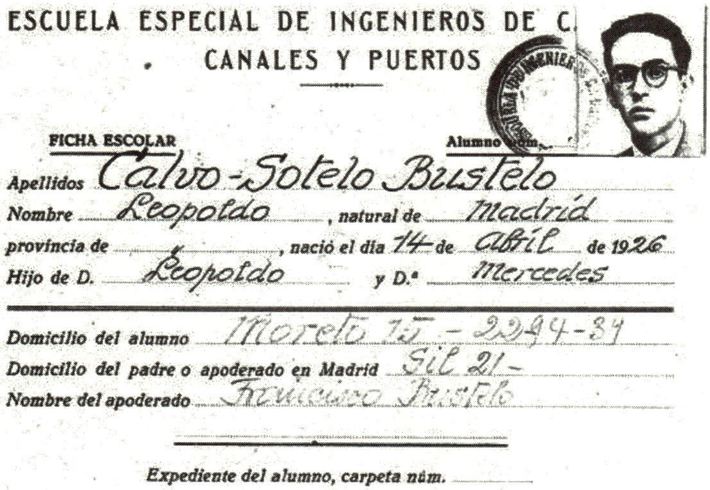

ESCUELA ESPECIAL DE INGENIEROS DE C.
CANALES Y PUERTOS

FICHA ESCOLAR — Alumno núm.

Apellidos Calvo-Sotelo Bustelo
Nombre Leopoldo, natural de Madrid
provincia de —, nació el día 14 de abril de 1926
Hijo de D. Leopoldo y D.ª Mercedes

Domicilio del alumno Moreto 15 – 2294-84
Domicilio del padre o apoderado en Madrid Sil 21 –
Nombre del apoderado Francisco Bustelo

Expediente del alumno, carpeta núm.

Fig. 2.A Documento identificativo de la matriculación de Leopoldo Calvo-Sotelo en la Escuela de Ingenieros de Caminos, Canales y Puertos.

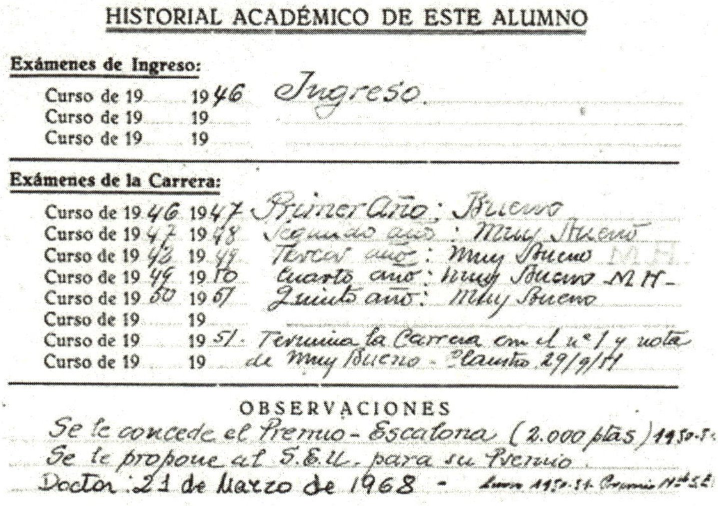

HISTORIAL ACADÉMICO DE ESTE ALUMNO

Exámenes de Ingreso:

Curso de 19 — 1946 Ingreso.
Curso de 19 — 19
Curso de 19 — 19

Exámenes de la Carrera:

Curso de 1946 1947 Primer año; Bueno
Curso de 1947 1948 Segundo año: Muy Bueno
Curso de 1948 1949 Tercer año: Muy Bueno M.H.
Curso de 1949 1950 Cuarto año: Muy Bueno M.H.
Curso de 1950 1951 Quinto año: Muy Bueno
Curso de 19 — 19
Curso de 19 — 1951. Termina la Carrera con el nº 1 y nota
Curso de 19 — 19 de Muy Bueno - Plantilla 29/9/51

OBSERVACIONES

Se le concede el Premio-Escalona (2.000 ptas) 1950-51
Se le propone al S.E.U. para su Premio.
Doctor: 21 de Marzo de 1968

Fig. 2.B Resumen del historial académico de Leopoldo Calvo-Sotelo en la Escuela de Ingenieros de Caminos, Canales y Puertos.

Analizado el plan de estudios que cursó, se observan profesores de la personalidad de Peña Boeuf, Torroja, Aguirre Gonzalo o Entrecanales, a los que recuerda a menudo, pero viendo su trayectoria posterior creemos que debieron influirle mucho dos profesores de primer curso: Humaran y Valdés Patac.

El primero, famoso por el ingenio demostrado al preparar los difíciles problemas que se planteaban en los exámenes de ingreso en la Escuela de Caminos, introducía en el primer curso los conceptos de la geometría diferencial, cálculo de variaciones y ecuaciones diferenciales y tenía encargada una serie de seminarios sobre la teoría del potencial y las ecuaciones integrales.

Valdés Patac, por su parte, desarrollaba un curso de «Complementos de Física» donde se estudiaba la Mecánica de los medios continuos[5], Electrodinámica y, sobre todo, Mecánica relativista, Mecánica ondulatoria y Constitución de la materia.

Es en este año cuando Calvo-Sotelo asiste al curso de treinta y tres lecciones de Zubiri «Ciencia y realidad», que luego recordará con pasión: «Yo seguía por la mañana, en la Escuela de Caminos, el desarrollo matemático de la teoría y por la tarde su incardinación en la rigurosa ontología de Zubiri... Ciencia y Filosofía no eran ya campos exteriores el uno al otro, sino tangentes por la precisión de análisis zubiriano».

Calvo-Sotelo asistió también a los cursos siguientes de Zubiri, hasta el último en 1950 titulado «Cuerpo y alma», cuando ya estaba en el último curso de carrera, donde recuerda que es la primera vez que oyó hablar de Norbert Wiener y la Cibernética[6].

El entrenamiento intelectual en Caminos, la profunda huella de Zubiri y su ejemplo para englobar los estudios científicos y humanísticos permitieron que Calvo-Sotelo se plantease un modelo a seguir que no se extinguió durante la vida de nuestro protagonista, quien mantuvo sin diletantismos su búsqueda de la seriedad y rigor en el conocimiento, pero quizá también la aprovechó como una escapatoria intelectual a obligaciones menos gratificantes: «Ciencias

---

[5] En 1949 publicaría una monografía excelente sobre Elasticidad, en el Instituto Técnico de la Construcción y del Cemento con toda la aparamenta del cálculo tensorial.

[6] Autor con los siguientes títulos en la biblioteca: *Cybernétique et societé* (París, 1962, que adquiere Leopoldo Calvo-Sotelo en «Lisboa, marzo, 1964»), *God and Golem* (Cambridge, 1964, adquirido en «noviembre, 1967»), y *Cybernetics* (Cambridge, 1980).

físicas y matemáticas que fueron hace muchos años mi vocación frustrada y han sido luego mi violín de Ingres».

El medio ambiente de la matemática y la física

Los siglos XIX y XX han presenciado el desarrollo explosivo de Matemáticas y Física que, apoyadas en los esquemas cooperativos entre universidad, industria y gobierno han conducido a una hibridación de todas sus especialidades y, como remate, a unas aplicaciones que han transformado por completo nuestra vida. Desgraciadamente, las especiales circunstancias políticas en España impidieron una vez más la evolución congruente con el resto de los países y sólo en tiempos recientes se vislumbra un comportamiento normal. No deja de ser sintomático de ello que haya pasado un siglo desde que un Premio Nobel de ciencias fuese otorgado a un español (Santiago Ramón y Cajal) trabajando en España.

Las matemáticas

Como resumen esquemático puede decirse que en el siglo XX se completan algunas líneas iniciadas en el XIX, principalmente en lo relativo al cultivo del rigor en la construcción de teorías y la demostración de teoremas, a la vez que se forma la imagen del matemático como estudioso de temas interesantes *per se,* con independencia de su aplicación práctica.

La toma de posición de Jacobi[7] en el XIX: «Es cierto que Fourier estima que la finalidad principal de la matemática es la utilidad pública y la explicación de los fenómenos naturales, pero un filósofo como él debería saber que la única finalidad de la ciencia es *el honor del espíritu humano*», es adoptada por los matemáticos «puros» y así Harold Hardy en el siglo XX manifiesta[8]: «La belleza es el test más importante... Hay muy poco en las matemáticas que sea de utilidad práctica y ese poco es comparativamente muy aburrido...

---

[7] En carta dirigida a Legendre.

[8] *A Mathematician's Apology,* Cambridge, 1940. Autor ausente de la biblioteca de Calvo-Sotelo.

La Matemática real, de los matemáticos reales, la Matemática de Fermat, Euler, Gauss, Abel y Riemann es casi totalmente inútil».

Incluso Rey Pastor califica de «sirvienta de las ciencias naturales», a las matemáticas del siglo XIX.

Las geometrías no euclidianas y la teoría de grupos son dos temas que apasionarán a Calvo-Sotelo y que arrancan en el siglo XIX con los trabajos de Bolyai, Gauss y Lobachevski y Galois respectivamente. Es a partir de Klein y su «Programa de Erlangen» (1872)[9] cuando se propone la sistematización de todas las geometrías antiguas y modernas mediante la clasificación en grupos y subgrupos, con lo que se eliminan las luchas entre los partidarios de la geometría analítica, representados por Plücker, y los de la sintética, encabezados por Steiner. Fue precisamente en las obras de síntesis llevada a cabo por Federigo Enriques en 1893, con su *Teoría de las superficies algebraicas,* donde Calvo-Sotelo estudió el planteamiento alternativo a los enfoques tradicionales[10].

De hecho, la geometría clásica basada en el tratamiento de un pretendido «espacio real» cambia su enfoque a partir de 1860 cuando Riemann transforma los objetos geométricos en entes abstractos que pueden ocupar dimensiones superiores a las euclidianas y el objeto de la geometría pasa a ser la búsqueda de relaciones entre grupos de propiedades, con lo que aparecen los espacios topológicos, el espacio de cuatro dimensiones de Minkowski (1896), que será utilizado en la teoría de la relatividad, etc.

La división entre Álgebra y Análisis se hace difusa. Hilbert, que ya había actuado profundamente sobre la teoría algebraica de los números, comenzó con su *Grundlagen der Geometrie* (1899) su dedicación a los fundamentos de la Geometría basándose en la congruencia y en la independencia de los axiomas. Esa algebraización de la geometría propuesta por Hilbert dio lugar a la aparición de nuevas estructuras algebraicas.

Aunque el Álgebra en su arranque se había dedicado a las relaciones entre números, los nuevos planteamientos son mucho más generales y abarcan objetos de cualquier tipo: vectores, cuaternios, ten-

---

[9] Que Leopoldo Calvo-Sotelo adquirió en una edición francesa (París, 1974); de KLEIN compró también *Famous problems of elementary geometry*, Nueva York, s. a.

[10] «Estudiábamos Geometría en el libro clásico de Rouché y en el entonces modernísimo de Enriques», en «El Dios geómetra y la vuelta a la geometría», *ABC,* 23 de enero de 1999.

sores... entre los que se puedan definir operaciones semejantes a las de adición, sustracción, multiplicación y división entre números.

El congreso de Matemáticas de 1900 en París es famoso por la intervención de Hilbert y su planteamiento de los veinte problemas a resolver, donde manifestaba su fe en la capacidad de las matemáticas para resolver cualquier problema: «En matemáticas no hay ignorabimus. Debemos saber y sabremos (Wir müssen wissen, wir werden wissen! In der Mathematik gibt es kein Ignorabimus)»[11].

En 1901, Ricci y Levi-Civita publican su *Méthode de calcul différentiel absolu et leurs applications* y, en los años treinta, Emma Noether desarrolla la topología algebraica.

Por esta época, comienzan a aparecer los *Elementos de Matemática* de Bourbaki, cuya edición francesa de 1966 es la que adquiere Calvo-Sotelo[12], en cuya biblioteca también se encuentra la *Galois Theory* de Emil Artin (versión publicada en Nueva York en 1998, de la original de 1942), autor en 1931 de una influyente *Einführung in die Theorie der Gammafunktion.*

El Análisis sufrió igualmente profundas transformaciones basadas en el rigor, que arranca con Bolzano y Cauchy en el siglo XIX quienes, al precisar los conceptos y basarse en un desarrollo lógico, acabaron con las sombras «metafísicas», una de cuyas obras características, las *Réflexions sur la métaphysique du calcul infinitésimal* de Lazare Carnot, reeditada por la librería Albert Blanchard de París en 1970, se encuentra en la casa de Calvo-Sotelo.

Como dice Aleksandrov en la excelente obra, también adquirida por Calvo-Sotelo, *La matemática: su contenido, métodos y significado* (Madrid, AU, 1973), «la mayor precisión que adquirieron los conceptos de variable y función en conexión con la teoría de conjuntos fue esencial para el posterior desarrollo del análisis». Teoría que arranca con los esfuerzos de Cantor en 1884 y su tratamiento del

---

[11] Con ello Hilbert hace referencia a una clasificación del Rector de la Universidad de Berlín, H. du Bois-Reymond, que alrededor de 1880 había expuesto siete temas en que la ciencia sólo podía decir «ignoramos» o incluso «ignorabimus», a saber: 1) la esencia de la fuerza y la materia, 2) el origen del movimiento, 3) el origen de la vida, 4) la teleología de la naturaleza, 5) el origen de los sentidos, 6) el origen del pensamiento y 7) el libre albedrío. La clasificación hizo fortuna. Cajal, por ejemplo, alude a ella en sus *Reglas y consejos sobre la investigación científica.*

[12] Al poco de salir a la luz, pues pone su firma, en el primer tomo, en «febrero 1967», y en el segundo, en «París, marzo 1967». De BOURBAKI en español cuenta la biblioteca con *Elementos de historia de las matemáticas* (Madrid, 1972).

infinito actual y el infinito potencial, los trabajos de Hilbert expuestos en el congreso de Zurich de 1897 y la axiomatización propuesta por Zermelo en 1908.

Surgieron así la teoría de funciones de variable real (ligada a Borel, Lebesgue y Luzin), la teoría de la aproximación de funciones de Chebichev, la teoría cualitativa de las ecuaciones diferenciales de Poincaré y Lyapunov, y la teoría de ecuaciones integrales con Volterra y Fredholm. Finalmente Hilbert, Riesz y Banach (1922) organizan el análisis funcional que tantos resultados de interés está produciendo todavía.

La lógica matemática tiene un importante exponente a comienzos del siglo XX con los *Principia Mathematica* de Russell y Whitehead (1910), mientras que un hito importante mostrando las dificultades de los intentos axiomatizadotes de Hilbert fue la publicación del teorema de Gödel (1931), que tanto interesará a Calvo-Sotelo. En la biblioteca de este último aparecen tres obras de Whitehead, *The concept of nature* (Michigan, 1957, que firma en «abril, 1958»), *An introduction to the mathematics* (Oxford, 1958) y *The function of reason* (Princeton, 1958, que adquiere en «junio, 1959») y otra de Russell, *Introduction to mathematical philosophy* (Londres, 1953). Este último autor no debió convencer demasiado a Calvo-Sotelo quien, a pesar de su interés por la estructura de la materia, no adquirió por ejemplo, *The analysis of matter* (1927)[13] ni siquiera cuando fue publicado en español por Taurus en 1969.

Otra de las líneas que se abre en el siglo XIX y que continúa con fuerza creciente en la actualidad es la de los métodos aproximados, pudiéndose trazar una genealogía directa desde la «Teoría del sonido» de Lord Rayleigh (1877), pasando por los artículos clave de Ritz (1908), Galerkin (1933), Kantorovich y Krilov (1964), Courant (1943) hasta los métodos actuales del tipo de elementos finitos cuya presencia podría simbolizarse en Jacques-Louis Lions (1928-2001) como representante eximio de la actual Matemática Aplicada.

---

[13] A pesar de los atractivos subtítulos de sus tres partes «Análisis lógico de la física», «La física y la percepción» y «La estructura del mundo físico». Pero sí encontramos otras siete obras debidas a B. RUSSELL, autor al que siguió durante siete lustros con preferencia por sus producciones esencialmente filosóficas y políticas, entre septiembre de 1953 (en que adquiere en Milán la *Storia della filosofia occidentale*) y 1989 (en que se interesa por *The problems of philosophy,* Indianápolis). Acerca del matemático inglés, adquiere *Bertrand Russell y los orígenes de las paradojas de la teoría de conjuntos,* de A. GARCÍA DIEGO (Madrid, 1992).

La popularidad actual de los métodos numéricos en el campo de las aplicaciones está basada en la comprensión de los fundamentos matemáticos de esos métodos aproximados pero, sobre todo, en el desarrollo de los computadores a partir de mediados del siglo XX, que materializan viejas aspiraciones y desarrollos de ingenieros como Torres Quevedo, empleados del censo como Höllerith, o grandes matemáticos como Von Neumann.

En la biblioteca de Calvo-Sotelo no existen muchas obras (sólo ocho) dedicadas a computadoras, todas ellas de autores poco reconocidos y a un nivel divulgativo (a excepción de las obras de Wiener antes citadas). Las fechas de adquisición de seis de ellas están alrededor de 1960 y sólo una *Algorithms and data structures programs* de Wirth es de 1976, de modo que hay que suponer que Calvo-Sotelo no se sintió atraído por estos temas[14].

Ello se confirma cuando se analiza la ausencia de publicaciones relacionadas con la matemática aplicada del tipo de la lanzada por Klein a su vuelta de la Exposición Universal de Chicago, tras observar el brillante resultado que la industria de Estados Unidos estaba obteniendo. Como es sabido, ello dio lugar a la creación del Instituto de Matemática aplicada y Mecánica en Gotinga, donde algunos discípulos del ingeniero Föppl, como Prandtl o Karman, fueron capaces de elevar a niveles extraordinarios las posibilidades de la matemática más avanzada para buscar soluciones a problemas prácticos. Que un matemático de la categoría de Klein impulsase estos desarrollos demuestra hasta qué punto ha sido importante el papel de la matemática en el desarrollo humano, en contra de las posiciones de algunos puristas como los citados al principio de este apartado.

Frente a la sorprendente ausencia de este tipo de obras en la biblioteca de un ingeniero, nos encontramos con libros de Cantor[15], Dieudonné[16], Eddington, Hadamard[17], Lichnerowicz o Weil, lo

---

[14] Otra excepción, debida probablemente al llamativo título, es *The Physics of Inmortality: Modern Cosmology, God and the Resurrection,* donde su autor F. TIPLER plantea un modelo de la vida con programas de computadora en un ensayo de tediosa lectura. Calvo-Sotelo la adquirió en versión original alrededor de 1995, aunque un año después fue editada en español por Alianza Editorial.

[15] *Sur les fondements de la théorie des ensambles transfinis,* 1989.

[16] *Pour l'honneur de l'esprit humain,* París, 1987.

[17] *Essai sur la psychologie de l'invention dans le domaine mathématique,* París, 1993.

cual nos muestra, junto con las citas recogidas anteriormente, a un Calvo-Sotelo fiel a los problemas planteados por Zubiri.

Sería injusto, sin embargo, no reconocer su interés por temas nuevos como los planteados por René Thom, cuyas *Paraboles et catastrophes* adquiere en 1980 cuando era nada menos que vicepresidente segundo para Asuntos Económicos del gobierno de España, o *Les objects fractals,* de Benoit Mandelbrot, adquirido en 1989, tras abandonar el Parlamento Europeo.

El medio ambiente español

En España, como ya se dijo al principio, la historia de las matemáticas es incomparablemente más humilde. Julio Rey Pastor, en su discurso inaugural del Congreso de Valladolid (1915)[18], plantea claramente que el primer matemático español moderno fue José Echegaray (1832-1916)[19], aunque da crédito también a Zoel García de Galdeano (1846-1924) y a Eduardo Torroja Caballé (1847-1928)[20].

Al último, por haber introducido en España en 1884 la Geometría y proyectiva sintética de Staudt, aunque en Europa ya comenzaba a ser sustituida por el método axiomático, y a García de Galdeano, por haber importado la teoría de las funciones de variable compleja de Cauchy (1883) y la de los grupos de sustituciones (1886). «El tránsito a la matemática de Riemann y Weierstass, esto es, de la segunda mitad del siglo (XIX) no ha sido iniciado todavía», dice sin embargo en ese mismo artículo Rey Pastor para explicar la urgencia de una reacción.

Siguiendo una nomenclatura debida a G. Loria[21], a estos precursores se les suele conocer como «los sembradores», siendo el

---

[18] *El progreso de España en las Ciencias y el Progreso de las Ciencias en España.*

[19] En este sentido, es curioso hacer notar que Calvo-Sotelo confiesa en una nota de 2006: «En mis tiempos de estudiante, con impudor y arrogancia juveniles, me sentí más de una vez próximo a la persona de José Echegaray. Me deslumbraba entonces la coincidencia en su persona de tres vocaciones, matemática, política y literaria, las tres igualmente fuertes y nunca contradictorias. Hace cincuenta años yo me atribuía petulantemente una triple condición semejante a la de Echegaray». Ello no obstante, no existen libros matemáticos de Echegaray en la biblioteca de Calvo-Sotelo.

[20] Sobre cuya vida y obra tenía Calvo-Sotelo dos libros en su biblioteca (1999 y 2005).

[21] «Le matematiche in Spagna, ieri ed oggi» (Scientia, 1919).

propio Rey Pastor (1888-1962) la piedra angular de la renovación en la investigación matemática en España. Uno de sus discípulos, Sixto Ríos (1913-2008) distingue las siguientes etapas en la historia de la matemática española: de los organizadores (1847-1865), de los sembradores (1865-1898), albores del siglo XX (1898-1912), de Rey Pastor (1912-1930), de iniciación de los investigadores (1930-1936) y de crecimiento normal de la investigación (1939-1994)

Díaz y León[22] matizan la última parte de la clasificación e indican que «en matemáticas la figura de Julio Rey Pastor, quizás, aparte Luis Santaló (1911-2001), el más distinguido matemático de la historia pasada española, inunda la escena más allá incluso de la primera mitad del siglo y deja una profunda huella que cambió el rumbo de las cosas estableciendo una escuela de prestigiosos alumnos».

La biblioteca de Calvo-Sotelo contiene cinco libros de Rey Pastor publicados entre 1916 y 1943, el magistral *Elementos de Análisis Algebraicos* entre ellos, pero[23] no figura *Los problemas lineales de la física,* serie de conferencias publicadas por el INTA en 1955, que, con motivo del centenario del nacimiento de Rey Pastor, mereció la reproducción en facsímile editado por el CSIC en 1988 y donde existe una interesante introducción a los métodos variacionales y a la mecánica cuántica. Tampoco figura, y es extraño en una persona tan atenta a los actos que se celebraban en la Real Academia de Ciencias, la monografía *Julio Rey Pastor, matemático,* escrita por Sixto Ríos, Luis A. Santaló y Manuel Balanzat y publicada en 1979 en la colección «Ciencia y Cultura» del Instituto de España.

En la biblioteca de Calvo-Sotelo figuran pocas obras de los discípulos de Rey Pastor. Cabe citar el discurso de ingreso (1956) de Ricardo San Juan Llosa (1908-1969) en la Real Academia de Ciencias, el *Curso de Geometría métrica* de Puig Adam (1900-1960) y, sobre todo, las *Geometrías no euclidianas* (1966) de Santaló en reflejo de uno de los temas predilectos de Calvo-Sotelo. También está la *Teoría de la Integral* (1942) de Sixto Ríos, que seguramente fue utilizada en la etapa de preparación para el ingreso en la Escuela.

---

[22] «Elementos para una historia de la Matemática en la España democrática», en *España Siglo XXI,* Instituto de España, 2009.

[23] Confirmando una vez más su falta de interés por las ecuaciones en derivadas parciales, tan importantes para temas que formaron el substrato matemático de algunas «asignaturas insignia» de su formación en la Escuela de Caminos (como la Elasticidad y, en general, la Mecánica de los medios continuos).

Por otra parte, no hemos encontrado ninguna publicación debida a los matemáticos españoles que contribuyeron a su preparación para el ingreso en la Escuela[24], aunque de generaciones próximas cabría indicar el *Diccionario de matemática moderna* (1973), de Darío Maravall (1923-) y los *Fundamentos de la matemática* (1970), de Alberto Dou (1915-2009).

De generaciones más recientes aparecen dos obras del malogrado Miguel de Guzmán (1936-2004), *Estructuras fractales y sus aplicaciones* (2003) como muestra de su interés por las nuevas teorías y *La experiencia de descubrir en geometría* (2002) que manifiesta su preocupación por un tema muy querido[25]. También reflejo de sus aficiones de siempre es la *Lógica matemática* (1962) del filósofo José Ferrater Mora (1912-1991).

Finalmente cabe citar *Algunas aplicaciones de las ecuaciones funcionales* (1996), de Enrique Castillo Ron (1946-) que corresponde probablemente a la participación activa del propio Calvo-Sotelo como Académico de la Real Academia de Ingeniería[26] a la que también pertenece Castillo.

El mundo de la Física que atrajo a Leopoldo Calvo-Sotelo

Los últimos años del siglo XIX y primeros del XX fueron testigos de una serie asombrosa de descubrimientos e interpretaciones en la Física como nunca antes (y hasta la fecha, nunca después) se

---

[24] Ni siquiera las obras traducidas por Gallego Díaz para la Editorial Norte-Sur que en su Colección «Aventura de la Ciencia» (de la que existen varias obras en la biblioteca que estamos analizando) publicó títulos tan atrayentes como *Los nuevos fundamentos de la ciencia,* de HEISENBERG, o *La naturaleza de la vida,* de WADDINGTON.

[25] «No es frecuente que una Tercera de *ABC* se dedique a hablar de estas cosas... Pero me gustaría animar el interés por la enseñanza de la Geometría en la ESO, aunque sea con la vaga legitimación de quien sólo se apoya en su ya lejana experiencia de alumno y en su pasión permanente de aficionado; y aporto mi convicción (que fue lugar común durante siglos) de que estudiar Geometría enseña a discurrir, como enfrentarse a problemas geométricos prepara el ánimo para el esfuerzo y la dificultad. Y quisiera también contribuir, aunque sea mínimamente, a que la Geometría elemental vuelva por los fueros del prestigio que en la sociedad tuvo», en «El Dios geómetra y la vuelta a la geometría», *ABC,* 23 de enero de 1999.

[26] L. CALVO-SOTELO Y BUSTELO, Discurso en el acto de su recepción pública (11 de diciembre de 2003), «Una reflexión sobre la ingeniería y los ingenieros al empezar el siglo XXI».

ha dado. Tan asombrosa fue esa sucesión de hechos observables y teorías, que a muchos físicos ilustrísimos de esa época les pareció imposible que esas observaciones, y más aún las teorías de ellas derivadas, fueran una verdad más allá de «transitoria».

Muchos de los grandes físicos del siglo XIX, incluso de los más grandes en Termodinámica o en Electromagnetismo, jamás aceptaron las revoluciones verdaderamente copernicanas que produjeron temas tales como la teoría cuántica de la luz y la Mecánica Cuántica; la teoría de la Relatividad y la inexistencia del éter; y la estructura nuclear de los átomos, y la radiactividad natural que parecía emanar (y emanaba) de los núcleos de algunos de ellos.

Tal profusión de rupturas alentó, muy a pesar de los clásicos, la aparición de una verdadera Edad de Oro de la Física, que comenzó a explicar con precisión sorprendente la estructura de la materia, y la naturaleza y propiedades de las fuerzas que constituyen nuestro universo físico inmediato.

Para rebajar nuestro entusiasmo por tales hazañas del intelecto humano, alguien podría sacar a colación que eso que llamamos nuestro universo físico no parece ser más de un 5 por ciento del universo total, compuesto casi todo él (si podemos aplicarle la palabra compuesto) por materia oscura y energía oscura, cuya comprensión se nos resiste, precisamente por tanta oscuridad.

Pero aun así, y admitiendo esa dosis de humildad como seres humanos, resulta extraordinario el empuje de la Física desde finales del siglo XIX. Esa Edad de Oro de la Física atrajo profundamente a Leopoldo Calvo-Sotelo, como habrá ocasión de ver con detalle en el análisis temático de su biblioteca, aunque en este apartado tendremos que adelantar las áreas o campos en los que su interés se manifestó más señaladamente; al contrario que otros ámbitos de la Física (más aplicada) que no parece le interesaran en exceso. Conviene también señalar que en el ámbito de la Física, las ideas seminales y el trabajo de investigación se plasman inicialmente en artículos y ponencias, y sólo pasan a libros cuando esos avances científicos se consolidan en un proceso de depuración y ratificación muy importante; de modo que los libros recogen todo el sedimento de cada campo o especialidad, y quedan como referencia esencial para el futuro. Muchos de los libros que recogieron lo más selecto del intelecto físico de esa Edad de Oro, los veremos en la biblioteca de nuestro personaje, y en diversos idiomas.

Aunque resulte innecesario por archiconocido, siempre es procedente decir que de esos avances científicos se derivaron nuevas aplicaciones tecnológicas, de las que surgieron gigantescos ciclos de negocio y expansión económica, de los cuales se ha beneficiado la Humanidad extraordinariamente. Por señalar sólo un ejemplo, que casi es etéreo, aunque el éter no exista, una de las primeras de esas innovaciones revolucionarias en verdad, fue la emisión y recepción de ondas electromagnéticas, conseguida por Hertz, cuya prematura muerte le impidió seguir por ese camino tan prometedor como evanescente. Otros seguirían, y de entre ellos hay que mencionar a Tesla y a Marconi; aunque la paternidad de la «radiotransmisión» se atribuya popularmente a éste, a Tesla se le reconoce como posiblemente el ingeniero eléctrico más grande de la historia, con permiso de Edison, naturalmente.

Haber comenzado a hablar de Ciencia pura y haber derivado a la tecnología y su impacto socioeconómico no ha sido fruto de la casualidad, sino de la más estricta causalidad: sólo gracias a la causa que en sí fueron los grandes descubrimientos y razonamientos de esa época (que se extendió durante decenios, y aún dura, aunque con menor brillo científico) hubo unos efectos de los que nos seguimos aprovechando como individuos y como colectividad económica. Esto último queda muy cerca del quehacer político, y por ende muy cerca de la principal tarea social del personaje que ocupa nuestra atención. Y paradójicamente, y sin querer adelantar acontecimientos, nos encontramos ante un hombre cuya inquietud intelectual —que es en definitiva lo que vertió en su biblioteca— se interesa mucho más por la ciencia pura que por los beneficios que la técnica subsiguiente va a producir en la sociedad.

En ese ámbito innegablemente personal que es comprar libros y guardarlos en el Sancta Sanctorum de la propia personalidad (que es la biblioteca), Leopoldo Calvo-Sotelo no se nos aparece como un hombre esencialmente pragmático, que busca dominar la ciencia para estar políticamente en una posición de predominio.

De los temas prácticos de la política ya sabemos que se ocupó en su momento. Pero su inquietud intelectual no la sacrificó a esos intereses, bien nobles por otra parte, pero que no ahogaron su interés esencialmente intelectual sobre ese maravilloso dominio del saber que es la Física.

Pero hemos de volver a la ortodoxia de la explicación, para trazar una breve panorámica del mundo científico que inquietó a nuestro personaje, que será el contexto y armazón en el que entender después su biblioteca. Y para ello hay que volver a esos decenios que habíamos comenzado a comentar.

Y hay que aclarar ante todo que, cuando se produjeron tan asombrosos descubrimientos e interpretaciones, poco parecían tener que ver unos con otros; pero andando el tiempo todo quedó tejido como una malla peculiar, pero bien urdida: y la radiactividad, que se identificó como una propiedad de unos núcleos atómicos, terminaría necesitando de la mecánica cuántica, que apareció por primera vez (todavía sin ese nombre) en la interpretación cuántica de la radiación electromagnética (la luz, para entendernos) formulada por Planck en 1900. El paradigma cuántico (que contradecía la visión de nuestro mundo de materiales continuos) procedió del desajuste existente entre el espectro de la radiación y la formulación termodinámica de corpúsculos clásicos, que sigue la estadística de Maxwell-Boltzmann.

La radiación electromagnética (y por ende la luz visible, que es una fracción minúscula del espectro) obedecía a una estadística distinta en la que la luz sólo podía existir en cuantos, que a su vez tenían obviamente naturaleza ondulatoria, siendo la energía de cada cuanto (comúnmente llamados fotones) el producto de la frecuencia ondulatoria del fotón, por una constante, que lógicamente se llama constante de Planck, y es una de las constantes más fundamentales de nuestro universo físico. Los temas mecano-cuánticos interesaron enormemente a Leopoldo Calvo-Sotelo, posiblemente porque en ellos confluye un aparato matemático enjundioso, una significación física de carácter esencial, y hasta una especulación intelectual que raya en filosofía.

Unos años antes de la interpretación genial de Planck (en la que, según confesión propia, estuvo pensando obsesivamente durante varios años), Roentgen había descubierto los rayos X (X por desconocidos; hoy sabemos lo que son) y ello había estimulado mucho el interés por algo que Newton bautizó, siglos antes, como «*espectro*». Y como toda Historia de la Física, por muy sucinta que sea, tiene que mencionar a Newton en lugar de honor, aquí le traemos a colación no por la famosa manzana con la que descubrió la Gravitación universal (que habrá de salir también) sino porque en sus investigaciones pioneras sobre la luz, Newton acuñó el término «espectro» y de ahí todos los espectros de la Física, como conjunto de niveles energéticos jerarquizados por una u otra fenomenología (atómica, nuclear, radiante, etc.).

Casi todo alumno del bachillerato que estudió Leopoldo Calvo-Sotelo, retenía de sus profesores la agria disputa entre Newton y Huyghens; este último, defensor acérrimo de la naturaleza ondulatoria de la luz, y el primero de la corpuscular. Newton, que como observador era en sí mismo el mejor experimentador que pensarse pueda, se percató de algo que miles, quizá millones de personas, habrían visto ya: cuando la luz natural (blanca, para ser más exactos) atraviesa un prisma de cristal, se refracta dando un arco-iris: para Newton, ese arco iris indicaba que la luz tenía una composición interna, no percibida comúnmente, a la que llamó *spectrum* (del latín, fantasma). Cuando quiso volver a separar un color puro (digamos, el rojo, aunque tiene poco sentido planckiano hablar de colores puros) encontró que no se subdividían, al menos para el ojo humano. Newton no tuvo tiempo de idear un instrumento que ahondara más en la naturaleza de la luz, aunque como fabricante de instrumentos tampoco se quedó atrás, e inventó (invento colosal) el telescopio de reflexión (con espejos), auténtica maravilla para los astrónomos. Y también encontraremos a Calvo-Sotelo interesado por la Astronomía, aunque de ella pasara a la Astrofísica, en sus inquietudes más maduras.

Y volviendo de nuevo al siglo XIX, para llegar a la eclosión de nuevos paradigmas en la Física, encontramos a mediados de ese siglo otro avance en la espectroscopia: el realizado por Kirchhoff y Bunsen, al calentar gases de elementos químicos dados, para que emitieran luz visible, la cual se analizaba con un prisma de cristal algo sofisticado, al estilo de Newton. Aunque también cabía la técnica complementaria, de hacer incidir luz blanca para que atravesara una nube semitransparente de un elemento dado, y ver con el espectroscopio qué interacción se producía entre la luz y la materia.

De Kirchhoff los estudiantes de bachillerato retienen sobre todo sus leyes de circuitos eléctricos. De Bunsen, quizá algunos retengan su famoso mechero de prácticas de Química. Pero además de ser un gran físico y un gran químico que trabajaron juntos, vieron en la espectroscopia una manera de poner en evidencia la estructura interna de la materia.

En ese sentido, la espectroscopia se reveló como una herramienta poderosísima, que no sólo proporcionaba la «huella dactilar» para reconocer las sustancias, sino que indicaba una curiosa jerarquización energética que a la postre conduciría a un conocimiento detalladísimo de la estructura de la materia. Pero para ello vendría la naturaleza en nuestra ayuda, proporcionándonos la radiactividad natural, que comportaba otro tipo de radiaciones, más penetrantes, emitidas por ciertos núcleos, y que pudieron usarse como bisturís para entrar más a fondo en la materia; lo cual evidenció una estructura sorprendente: casi toda la masa de los átomos está concentrada en un pequeño volumen central, al que se llamó núcleo, que tiene carga eléctrica positiva; y casi todo el volumen lo ocupa una corteza de material muy ligero (los electrones) que tienen carga negativa. Cada elemento químico se caracteriza precisamente por el número de electrones que hay en su corteza, que a su vez corresponde con el de protones que hay en el núcleo. De esta comprensión se han ido deduciendo técnicas importantísimas para aprovechar esas propiedades de la materia, desde el ámbito energético, al del tratamiento y transmisión de la información, usando electrones y radiación electromagnética. Pero al mismo tiempo se desarrolló un espectacular aparato físico-matemático, que sin duda constituye uno de los más grandes monumentos de la creatividad humana, y que llamamos Mecánica Cuántica.

Ésta es una Mecánica que no ha parado de crecer, aunque lo más llamativo fueron posiblemente sus primeros treinta años, desde 1900 a 1930. Pero el decenio siguiente no sería menos espectacular, ya muy en relación con las radiaciones y reacciones nucleares, las cuales serían incluso protagonistas del final de la Segunda Guerra Mundial. Ése fue un hecho tan señalado que a ningún político se le ha podido escapar la importancia, directa o indirecta, del mundo nuclear sobre el mundo político internacional. Sin embargo, no fue ése el territorio intelectual que verdaderamente atrajo a Leopoldo Calvo-Sotelo, cuya inquietud se cernía mucho más sobre la Físico-Matemática casi pura. Y en ese territorio, a primeros del siglo XX, había aparecido otra revolución que a muchos les pareció incomprensible, pero se fue imponiendo por la confirmación de los experimentos. Esta revolución es la Teoría de la Relatividad de Einstein, que se fraguó en dos peldaños: la Relatividad llamada Restringida o Especial, acerca de la electrodinámica de las cargas en movimiento, y la Generalizada, que enlazaba los principios de la Relatividad con la Gravitación, y conformaba un todo unitario entre el espacio y el tiempo. Aquí también encontró Calvo-Sotelo un desafío intelectual inquietante, que combinaba Matemáticas, Física y Filosofía, y muchos de los libros que recogieron y expresaron ese desafío, particularmente de Einstein, los encontraremos en su biblioteca[27].

---

[27] Aparte de las obras debidas a Einstein (que se refieren en otro lugar), en casa de Leopoldo Calvo-Sotelo encontramos los siguientes títulos específicamente dedicados a

De esas genialidades de Einstein se dedujeron paradojas curiosas (que a los físicos clásicos les quebraron la cabeza... y a los no clásicos también) e importantísimas consecuencias. Entre ellas, se acababan los conceptos de conservación de la masa y de la energía. Cada una por separado no tenían por qué mantenerse: el conjunto de ambas sí, pero no de cualquier manera. Las ecuaciones energéticas de la Relatividad son muy precisas, y entre masa y energía se cumple la famosa equivalencia: $E = mc^2$ siendo c la velocidad de la luz en el vacío, que es una constante esencial de nuestro universo.

Pero el concepto de una velocidad absoluta, por así decirlo, comportaba una relación entre el espacio y el tiempo que también acababa con los conceptos clásicos, aunque dichos conceptos funcionaran magníficamente bien en nuestro mundo ordinario, de velocidades muy por debajo de la de la luz, por lo cual lo efectos relativistas son inapreciables. Pero sí se observan, por ejemplo, en las reacciones nucleares, donde se llegan a producir defectos de masa superiores a una milésima. Por el contrario, en las reacciones químicas exotérmicas, como es la combustión, los defectos de masa son de la mil-millonésima de la masa reaccionante, lo que bien justifica la aseveración de Lavoisier de que en las reacciones químicas se conserva la masa, y ésta es igual en total, antes y después de la reacción.

Pero el mundo de la Química no debió serle intelectualmente atractivo a un hombre como Leopoldo Calvo-Sotelo que, sin embargo, sí lidió con ella en el mundo empresarial. Y por el contrario, de otro ámbito del que propiamente hablando no obtuvo ningún beneficio práctico, como es el de la Astronomía, sí que se interesó. Primero como tal Astronomía. Luego como Astrofísica, incluyendo

---

la relatividad, cuyo orden cronológico muestra su interés permanente durante toda su vida: W. H. MacCrea, *Relativity physics* (Londres, 1954); W. Pauli, *Theory of relativity* (Londres, 1958); W. Rindler, *Special relativity* (Edimburgo, 1960, firmado por Calvo-Sotelo en «Lisboa, enero 1965»); J. Palacios, *Relatividad, una nueva teoría* (Madrid, 1960); P. Couderc, *La relativité* (París, 1962); A. Eddington, *The mathematical theory of relativity* (Cambridge, 1963); O. Costa de Beauregard, *Précis de relativité restreinte* (París, 1964); R. V. Rucker, *Geometry, relativity and the fourth dimension* (Nueva York, 1977); H. Bondi, *Relativity and the common sense* (Nueva York, 1980); I. R. Kenyon, *General relativity* (Oxford, 1990); N. Farouki, *La relativité* (París, 1993), y S. Halyan, *Relatividad especial para estudiantes de física* (México, 1995). A estos títulos habría que añadir siete más sobre la vida y obra de Albert Einstein, dos en concreto sobre su influencia en España (de T. F. Glick y el tomo publicado tras la conmemoración del año 2005 en la Residencia de Estudiantes).

en ello el estudio de los fenómenos (nucleares) que rigen la evolución estelar y la peculiar nucleosíntesis, por la cual se constituyen los elementos químicos a partir del ladrillo fundamental, que es el protón. Y para llegar a la Astrobiología, aunque en ésta entró por su interés, más inquieto que sistemático, por el origen de la vida.

Puede parecer extraño que a un intelecto vocacionado hacia la Físico-Matemática de corte más puro y racionalista, le llamara asimismo la atención algo tan complejo que parece inaprensible, como es la vida y su evolución, en lo cual habían abundado más las conjeturas que los teoremas; si bien en la segunda parte del siglo XX se comenzara también a producir una revolución copernicana en ese campo, y esa revolución puede ser para nosotros, seres vivientes, la más importante de todas las habidas (si es que llega a materializarse en toda su extensión, con efectos prácticos incluidos). Pero no tiene razón de ser esa extrañeza por tan variada inquietud intelectual, aunque sea algo contraria a la compartimentación que hace en sus estudios la mente humana; y prueba de ello es que uno de los hombres que mejor se plantearon el estudio de la vida fue uno de los grandes genios de la Mecánica Cuántica: Erwin Schroedinger, que en su libro (escrito en los años de la Segunda Guerra Mundial) *¿Qué es la vida?,* plantó la semilla de inquietud de estos estudios en muchas personas (como reconoce en su libro *ADN* James Watson, uno de los co-descubridores de la estructura del ADN, precisamente, al comienzo de la década de los cincuenta). Y ese libro de Schroedinger también estaba en la biblioteca de Calvo-Sotelo (la edición de Buenos Aires, 1947, firmada por él en «septiembre, 1951»).

Pero aunque en su biblioteca figuren algunos libros de alta divulgación sobre biología, su vocación intelectual en este campo la atrae la Termodinámica de la vida, o más específicamente, la Termodinámica de los procesos irreversibles (y no hace falta recurrir a las Coplas de Jorge Manrique para sentir lo muy irreversible que la vida es).

De modo que entroncamos aquí con otra de las grandes sendas científicas abiertas por los Físicos desde que se dispusieron a entender eso tan común, y a la par tan misterioso, como es el calor, y los efectos de él derivados. Fue el calor (particularmente, de la combustión del carbón de piedra, dejando atrás al vegetal) quién propició la Revolución Industrial, que fue esencialmente una revolución termodinámica, cuando todavía no se sabía qué era la Termodinámica. Ése fue un campo donde primero se hicieron las máquinas

(Newcomen, Watt, Fulton, Stephenson...) y mucho después se entendió por qué funcionaban. En ese ámbito encontramos de nuevo desarrollos teóricos espectaculares (como el concepto de entropía) junto a aplicaciones técnicas no menos extraordinarias, que han cambiado radicalmente nuestro *modus vivendi,* con máquinas tales como el tren, el automóvil o el avión. Y asimismo encontramos en la biblioteca de nuestro personaje que su inquietud intelectual se cierne de nuevo sobre los aspectos más puros de la ciencia, y no por las aplicaciones tecnológicas, por muy trascendente que haya sido su éxito.

Esto último puede parecer particularmente sorprendente en un presidente de la RENFE de finales de los sesenta, cuando las locomotoras de vapor empezaban a ser un recuerdo, y se sustituían por diesel (en todo caso, termo-máquinas) y la tracción eléctrica. Que de esa pequeña revolución fue don Leopoldo agente activo, está en sus anales correspondientes. Pero esa cuestión tan pragmática no la trasladó a su inquietud intelectual, que de nuevo vemos muy orientada hacia lo conceptual y matemático.

Lo cual también cabe aplicar a la Electricidad, pues no en vano hemos hablado de tracción eléctrica. Pero la Electricidad como ciencia había sido desarrollada en los primeros decenios del siglo XIX, y en un proceso inverso al del calor y la Termodinámica, sus aplicaciones se demoraron en el tiempo varios decenios más, hasta su gran eclosión en las dos últimas décadas de ese siglo. Los conceptos esenciales, como la Inducción Electromagnética de Faraday, ya eran centenarios prácticamente al nacer Leopoldo Calvo-Sotelo, por lo que no es extraño el desinterés que hay en su biblioteca sobre este dominio, a pesar de que en España fue (aún es) uno de los grandes sectores socioeconómicos. Pero no aportó directamente ningún paradigma nuevo, aunque la revolución conceptual más importante de la Física provino de ese campo, pues la teoría de la Relatividad tiene su origen en el trabajo de Einstein «Sobre la electrodinámica de las cargas en movimiento...».

En ese período entre siglos, era notoria y preocupante la contradicción entre la Mecánica Clásica, llamemos newtoniana, y el Electromagnetismo, llamemos maxwelliano, pues ambas formulaciones no eran coherentes. Einstein apostó por Maxwell, lo cual le llevó a conjeturas tan atrevidas como que la energía no se conservaba por sí sola, sino en compañía del equivalente energético de la masa en reposo (el famoso mc^2) además de otras consecuencias singulares (pero muy alejadas de la vida diaria) como es el hecho de que la energía necesaria para acelerar una partícula hasta la velocidad de la luz en el vacío, c, tiende a infinito, pues esa velocidad es infranqueable. Y esa rama del saber sí le interesó a nuestro personaje, que rindió una especie de culto especial al genial físico padre de la criatura, y a toda su obra. En la que el pináculo de la físico-matemática lo ocupa la Gravitación, compañera esencial de la Relatividad General, y exponente de ese espacio-tiempo tetradimensional que se curva por la acción de las potentes masas gravitatorias, lo cual se ha verificado en multitud de eclipses.

La Gravitación fue otro de los ejes de inquietud intelectual en sus lecturas, y es curioso que así cerrara una especie de ciclo nacido en la Astronomía descriptiva, ampliado hacia la evolución del universo mediante sus incursiones por la Astrofísica, algo derivado hacia la Astrobiología, y rematado en la Gravitación como estrella conceptual de un marco de gran pureza teórica, donde espacio y tiempo son, sin serlo, la misma cosa.

La atracción que experimentó don Leopoldo hacia la Física fue, a nuestro parecer, un tanto inevitable, como la de la manzana de Newton hacia la Tierra. Fue una atracción desinteresada, no sentida para sacar provecho, sino para satisfacción intelectual. Pero esto es un anticipo de la tesis que suscita su biblioteca en este ámbito, aunque también haya sido inevitable anticiparse, pues resulta curioso que un hombre tan dado al quehacer social y económico, tuviera en la recámara esta pulsión por la ciencia en sí misma.

El reflejo español del mundo de la Física

Es tan conocido el retraso español en las ciencias (y no menos en las técnicas y en la Revolución Industrial) que resulta ocioso dedicar un párrafo al asunto, aunque sea necesario para enmarcar nuestro reflejo del devenir científico.

La doctrina habitual para explicar ese retraso es culpar de ello a la Inquisición y a la monarquía absolutista, pues no en vano fueron quiénes ostentaron el poder durante siglos; pero ambas cosas desaparecieron en 1833, y en lo subsiguiente del siglo XIX, e incluso hasta nuestros días, se ha reducido algo ese retraso, pero en punto alguno se ha revertido la situación. De modo que habrá que buscar otros culpables adicionales, porque se antoja complicado que siga perdurando el brazo inquisidor. Se produce además en nuestro caso una curiosa paradoja, y es que uno de nuestros mejores científicos de la historia, Fausto de Elhúyar, fuera colaborador de gobiernos absolutistas de Fernando VII (aunque su andadura científica hubiera comenzado con el ilustrado abuelo, Carlos III). Y si alguien adujera que fue una golondrina que no hizo primavera, habrá que decir que a Cajal, cien años después, tampoco se le vio muy acompañado. ¿Otra águila solitaria de nuestra peculiar historia?

Si fuera por su visión y sus consejos, habría que decir que Cajal no tenía espíritu solitario, aunque volara muy alto, y desde luego puso su mejor empeño en que se creara en nuestro país la Junta de Ampliación de Estudios, en la cual también promovió, aunque no era su campo, el Instituto Nacional de Física y Química. De modo que cuando se vivía esa sucesión de maravillas revolucionarias de la Física a caballo de dos irrepetibles generaciones de físicos, en España sí había ya un núcleo de ellos que podía codearse con los más egregios, aunque ninguno de ellos llegara a lo más alto de ese parnaso.

Como físico experimental que, en juicio muy personal, más se acercó al Premio Nobel, se podría citar a Miguel Catalán Sañudo (1894-1957), gran espectroscopista, descubridor de los «multipletes», pero la edad le jugó una mala pasada: era demasiado joven cuando se hicieron los principales descubrimientos en espectroscopia atómica; y por ende, cuando él llego, casi todo lo relevante o paradigmático estaba descubierto. Se habría podido reorientar hacia la física nuclear, pero eso exigía unos laboratorios que en España ni se podían soñar (pues en el mundo no existían ni media docena de ellos, con figuras de la talla de Enrico Fermi, Joliot-Curie, Otto Hahn y similares)

La mayor figura que en esos decenios iniciales del siglo XX representa a la Física en nuestro país es Blas Cabrera (1878-1945), único asistente español a la famosa Sexta Conferencia Solvay, en 1930, en la que se vivió el contundente duelo conceptual entre Einstein y Bohr acerca de la Mecánica Cuántica y sus interpretaciones casi metafísicas. Einstein ganó el primer asalto contra las incertidumbres y probabilidades inherentes a la Mecánica Cuántica (acuñando su conocida frase «Dios no juega a los dados») pero Bohr fue el triunfador final, si es que ese final llega alguna vez. Muchos años después de aquello, otro sabio de los que está multi-presente en la biblioteca de don Leopoldo, Stephen Hawking, puesto virtualmente del lado de Bohr, diría que «Dios no sólo juega a los dados, sino que además los tira donde no podemos verlos».

Blas Cabrera participó en esa conferencia en su condición de experto mundial en Electromagnetismo. Como toda otra propiedad de la materia, estaba en aquel momento en redefinición bajo la nueva óptica de la Teoría Atómica soportada en la cada vez más potente Mecánica Cuántica. Don Blas fue un verdadero creador de escuela, en la que destacaron Arturo Duperier (que en su exilio británico tras la Guerra Civil se dedicó esencialmente a los rayos cósmicos) y Salvador Velayos, que se mantuvo fiel a la línea electromagnética. Pero además de experto muy especializado, Cabrera fue notorio como alto divulgador, entresacando de su obra, en este contexto, los libros *¿Qué es la Electricidad?* (1917) y *El átomo y sus propiedades electromagnéticas* (1927). Cuando Leopoldo Calvo-Sotelo comenzara a formar su biblioteca, estos libros estarían ya fuera de circulación, pero en todo caso ya hemos adelantado el escaso interés intelectual de nuestro personaje por la Electricidad y sus aplicaciones, de modo que no es extraño no encontrar libros de don Blas Cabrera en su biblioteca, aunque habían sido referencia esencial en la Física española antes de la Guerra Civil.

De quien sí encontramos obras, y nada menos que cinco, es de otro sabio ilustre de aquella época, don Julio Palacios, que a la posteridad ha pasado aureolado por su terquedad anti-relativista, aunque don Julio hizo por la Física mucho más que eso. Su ámbito de trabajo más específico fue la Termología, y ya hemos mencionado el interés de Calvo-Sotelo por la Termodinámica, de modo que es muy coherente encontrar en su biblioteca la obra fundamental de Palacios en este campo, *Termodinámica y mecánica estadística* (1949). Y también encontramos, ¿cómo no?, *Relatividad: una nueva teoría* (1960) muy en la línea del interés de Calvo-Sotelo por las ideas de Einstein. Por razones análogas está *Esquema físico del mundo* (1947); y resulta una ausencia notable el *Análisis dimensional* de don Julio, para muchos, una de las obras internacionales más sistemáticas sobre la materia, que fue traducida por la RAF al inglés durante la Segunda Guerra Mundial, por la importancia de ese análisis en la aerodinámica y en los motores de propulsión a chorro que se entreveían como la gran revolución que terminaron siendo en la impulsión de aviones. Puede que esta ausencia sea un hecho fortuito; o que tuviera el libro, lo prestara y...; o puede que el carácter un tanto pragmático de la obra entrara en ese dominio de desinterés de don Leopoldo, que como líder empresarial tenía, por ejemplo, que lidiar con las locomotoras eléctricas, aunque éstas no entraran en su inquietud intelectual.

En ese sentido, hay otra ausencia en su biblioteca que no podría deberse a ese interés selectivo, pues precisamente el autor y su obra son de una de las especialidades que le atraían. Nos referimos a otro gran físico español de la época, José María Plans, cuyas dos obras (casi libros de texto) habrían hecho las delicias de don Leopoldo, como sencillamente se deducirá de sus títulos: *Nociones fundamentales de Mecánica Relativista* (publicado en 1921) y *Nociones de cálculo diferencial absoluto* (1924). Este último texto fue durante muchos años esencial para iniciarse en los estudios de Gravitación Relativista; pero hay que tener en cuenta que Plans murió antes de la Guerra Civil, y sus obras habían sido de círculo tan cerrado, que posiblemente don Leopoldo nunca dio con ellas. De haber dado, las habría fagocitado.

Y en la Física española de la posguerra, el panorama fue abriéndose lentamente a nuevas y más extensas generaciones de físicos, pero la época de los grandes paradigmas había pasado, aunque quedara muchísimo por hacer, e incluso por rematar, desde la física nuclear y subnuclear, al estado sólido y los semiconductores. Nada de eso parece haberle atraído especialmente, aunque algunas de las inquietudes astrofísicas y termodinámicas siguieran produciendo importantes obras en el panorama internacional, con casos señalados (*secundum biblioteca sua*) como los de Hawking y Prigogine.

En esa época se abordan en España desafíos tecnológicos nada fútiles ni sencillos, especialmente en Energía Nuclear, y en Aeronáutica y Espacio. En ambas iniciativas sobresale un gran científico (realmente, un doble ingeniero, Industrial y de Caminos) que es Esteban Terradas (1883-1950). Aunque su nombre vaya asociado al INTA, su trabajo seminal en la Junta de Energía Nuclear fue decisivo. Ciertamente la JEN tuvo una decidida misión pragmática para dominar una tecnología de potencialidad extraordinaria, pero no se olvidó del ámbito más puramente teórico, y muchos de los catedráticos de Física Teórica (o Fundamental) se formaron en ella, así como muchos de los físicos que fueron a trabajar en laboratorios internacionales, particularmente el CERN de Ginebra.

Sin embargo, sobre estos desafíos y aspiraciones no hay mucho más que silencio en la biblioteca de Leopoldo Calvo-Sotelo. Indudablemente, la energía nuclear carecía ya de todo glamour conceptual: era una fuerza hercúlea que se había hecho patente en el último acto de la Segunda Guerra Mundial, pero conceptualmente no contenía ninguna paradoja, ni ningún paradigma por desentrañar. Había un secretismo absoluto sobre los datos, por razones obvias de superioridad bélica, pero como ciencia, era un libro abierto. Y da la impresión de que a Calvo-Sotelo, en Física, le atraían los libros que estuvieran por reescribir.

El análisis de la biblioteca

Las matemáticas

En este apartado se realiza un somero análisis cuantitativo de las obras encontradas en la biblioteca de Calvo-Sotelo. Para ello, hemos realizado una agrupación de las mismas en grandes temas, que nos han parecido responder bien a conceptos habituales bien a preferencias intensas de su propietario. A continuación, hemos llevado a cabo una puesta en paralelo de las fechas de adquisición con las ocupaciones de Calvo-Sotelo y, finalmente, se han remarcado los temas en que se registran las ausencias más notables.

De acuerdo con los criterios descritos, hemos agrupado los libros del catálogo en tres temas clásicos: 1) Álgebra, 2) Geometría, 3) Análisis; a los que se han añadido 4) Lógica matemática y Computación y 5) Estadística y Probabilidad. Finalmente, dada la amplitud de temas por los que se interesaba Calvo-Sotelo, ha sido preciso añadir cuatro nuevas subdivisiones 6) Divulgación y curiosidades, 7) Historia de las matemáticas, 8) Diccionarios y Manuales y 9) Aplicaciones[28].

De acuerdo con esta clasificación y redondeando los porcentajes de libros de Matemáticas en cada apartado, aparece el siguiente esquema como manifestación de los intereses de nuestro personaje: 1) Álgebra 20 por ciento, 2) Geometría 17 por ciento, 3) Análisis 11 por ciento, 4) Lógica matemática y Computación 10 por ciento, 5) Estadística y Probabilidad 8 por ciento, 6) Divulgación y curiosidades 18 por ciento, 7) Historia de las matemáticas 8 por ciento, 8) Diccionarios y Manuales 4 por ciento, y 9) Aplicaciones 4 por ciento.

Puede verse que, prácticamente, la mitad de los libros de la biblioteca de matemáticas corresponden a las ramas clásicas, lo que indica la seriedad del empeño en la adquisición.

---

[28] El punto 9), por ejemplo, es un cajón de sastre donde hemos agrupado las obras matemáticas relativas a Teoría de juegos, Contabilidad, Sociología, matemáticas financieras, etc.

Otro hecho curioso es que tan sólo la cuarta parte de las adquisiciones son en español, y que en algunos casos de temas muy queridos se producen duplicaciones en dos idiomas. Es el caso de *Elementos del Cálculo tensorial* (Madrid, 1962, firmado por Calvo-Sotelo en «Reyes, 1965») de Lichnerowicz, adquirido en español en 1962 y en su versión francesa dos años después (París, 1964), o la *Simetría* de Weil, el gran discípulo de Hilbert, que es incorporado en la versión inglesa de 1989 y en la francesa de 1996, a pesar de haberlo tenido en español en edición de 1958[29].

Respecto a la época de adquisición, aproximadamente el 6 por ciento del total de los de matemáticas corresponden a libros que, como los de Rey Pastor, Enriques, Rouché etc., son anteriores a 1940 y pueden estar relacionados con la etapa de ingreso en la Escuela[30]. Sobresale entre ellos el libro de Lacroix *Elementos de Geometría,* de 1841; el *Traité d'arithmétique* de Serret, de 1875, o el *Essai de géométrie analytique* (París, 1834) de Biot.

Entre los años 1950 y 1959 incorpora a su biblioteca de matemáticas 25 libros, aproximadamente el 12 por ciento del total, entre los que cabe mencionar los de Russell (1953), Weil (1958), Whitehead (1958) y Frechet (1959). También comienza la adquisición de libros de la colección *Que sais-je?,* representados con dos ejemplares. A esta época corresponde el discurso de ingreso de Ricardo San Juan en la Real Academia de Ciencias Exactas, Físicas y Naturales (1956), lo que hace presumir su presencia en el acto.

Profesionalmente es la época de su primera etapa en Unión Española de Explosivos lo que, como se ve, no le impedía mantener sus viejos amores intelectuales.

De 1960 a 1967 sigue en la empresa privada, lo que le permite viajes al extranjero con la consiguiente adquisición de nuevas obras en librerías foráneas, pasando en el año 1967 a ocupar la Presidencia de RENFE. Es la etapa en que se dispara la incorporación de libros de matemáticas, nada menos que el 35 por ciento de los

---

[29] Este de la simetría es un tema recurrente en la biblioteca de Leopoldo Calvo-Sotelo durante cuatro décadas; así, encontramos otros títulos como: *La symetrie,* de J. Nicolle (París, 1957); *Simetría en química,* de H. H. Jaffe (Madrid, 1967); *La symetrie aujourd'hui* (París, 1989), y *Fearful Symmetry. Is God a Geometer?,* de I. Stewart y M. Golubitsky (Oxford, 1992), y *Symmetry in Chaos, A Search for Pattern in Mathematics, Art and Nature,* de M. Field y M. Golubitsky (Oxford, 1992).

[30] Producto quizá de la transferencia de su tío Francisco Bustelo que había tenido que pasar él mismo por la experiencia del ingreso en la Escuela.

adquiridos a lo largo de toda su vida en esta rama de la ciencia (más de 200), siendo la tercera parte de aquellos pertenecientes a la colección *Que sais-je?* (25 en total), lo que muestra la necesidad de asimilar conceptos nuevos a través de alta divulgación, posiblemente por la reducción de su tiempo libre. Además se hace con los libros de Bourbaki ya citados, de Lichnerowicz, Borel[31] y Eddington[32] así como los de Ferrater Mora y Santaló.

Entre 1970 y 1979 comienzan sus cargos de tipo político, lo que se refleja en la reducción de las adquisiciones en Matemáticas a algo más de la mitad del decenio anterior (un 19 por ciento del total frente a un 35 por ciento). Hasta 1975, año en que fue procurador en Cortes, adquiere libros como los de Carnot, Dou, Maravall, Klein (¡*El programa de Erlangen* nada menos!) y la magnífica obra en tres tomos de Aleksandrov, Kolmogorov y otros sobre *La matemática: su contenido, métodos y significado* a la que nos referimos antes.

Cuando pasa a ser ministro de Comercio con Arias Navarro en 1975 y ministro de Obras públicas con Adolfo Suárez en 1976, el tipo de adquisiciones se transforma y, quizá como un refugio de fantasía frente al día a día en los Ministerios, aparecen *The annotated Alice* y *El juego de la lógica y otros escritos,* de Lewis Carroll.

La compra de libros *Que sais-je?* de matemáticas se reduce en esta etapa a casi la cuarta parte de la anterior.

En la década entre 1980 y 1989 se pueden distinguir dos intervalos marcados claramente por sus responsabilidades como vicepresidente segundo para Asuntos Económicos (1980) y presidente del gobierno de España (1981-1982) y su etapa posterior hasta el año 1989 donde los cargos que ostenta tienen una responsabilidad infinitamente menor.

En 1980 el único libro de matemáticas que suma a su biblioteca es *Paraboles et Catastrophes* de René Thom[33] y en 1981 *Aspects de la Théorie générale des systemes,* de J. Eugéne, buscando quizá la

---

[31] De É. Borel, *Les nombres premiers* (1958); *Probabilité et certitudes* (1961), y *Les probabilités et la vie* (1988).

[32] De A. Eddington adquiere *The nature of phisical World* (Michigan, 1958), *Space, time and gravitation* (Nueva York, 1959, firmado por Calvo-Sotelo en «Planetarium, Nueva York, marzo, 1961»), *The expanding universe* (Michigan, 1962, firmado por Calvo-Sotelo en «Harvard, septiembre, 1965»), *The mathematical theory of relativity* (Cambridge, 1963), y *Sterne und Atome* (Gotinga, s. a.).

[33] Se hace difícil evitar la ironía del título y su relación con lo que debió pensar Calvo-Sotelo a juzgar por el contenido de los versos escritos por él con los que abrimos

sistematización de una visión holística que pudiera ser utilizada en su puesto de mando.

A partir de 1982 aparecen de nuevo los grandes temas y los autores de prestigio: Efimov, Dieudonné, Struik y, sobre todo, Cantor y Mandelbrot, como si estuviese necesitado de una vuelta a los orígenes y a probarse de nuevo en la comprensión de temas no banales.

El porcentaje de adquisiciones de obras matemáticas en el decenio vuelve a reducirse y pasa a ser el mismo (12 por ciento) de su primera época (1950-1959). Sólo cinco libritos de *Que sais-je?* son incorporados ahora.

Desde 1990 a 1999 se mantienen esos porcentajes así como el nivel de desafío intelectual; así lo atestiguan los *Geometry and the imagination* (1990) y *Fundamentos de Geometría* (1991), de David Hilbert; el *Essai sur la psychologie de l'invention dans le domaine mathématique* (1993), de Hadamard; la *Galois theory,* de Artin (1998); la *Symetrie et mathématique moderne* (1996), de Weyl, o *Las estructuras fractales* (1993), de Miguel de Guzmán[34].

A partir de 2000, el tipo de libros adquiridos tiene más relación con la Historia de las matemáticas, en especial biografías de personajes famosos (Euler, Fermat, Ruffini) y divulgación moderna con autores como Roger Penrose (*The road to reality. A complete guide to the laws of the universe,* Londres, 2004), Ian Stewart (*Letters to a Young Mathematician,* Nueva York, 2006) o Stephen Hawking (*Dios creó los números,* Barcelona, 2006).

El porcentaje respecto al total de matemáticas (algo superior a los 200 libros) se mantiene en un 10 por ciento y los *Que sais-je?* ya no aparecen.

Respecto a las ausencias, ya hemos comentado antes que no aparecen obras de Lagrange, Cauchy, Lyapunov, Neumann, Karman o, inesperadamente dada su afición por la geometría, Riemann.

Está claro que las ecuaciones diferenciales o integrales, el cálculo de variaciones, la teoría cualitativa de ecuaciones diferenciales (a pesar de su admiración por Poincaré)[35], la aproximación de funcio-

---

este capítulo. Por otro lado hay que recordar que es un libro de lectura no tan fácil y que exige una gran concentración del lector que quiera aprehenderlo.

[34] ¡No cabe duda que el septuagenario presidente Calvo-Sotelo seguía poniendo a prueba sus aficiones y capacidad de abstracción!.

[35] De quien adquiere *La ciencia y la hipótesis* (Madrid, 1943), *Ciencia y método* (Madrid, 1946), *Últimos pensamientos* (Buenos Aires, 1949), *La science et l'hypothèse*

nes o el análisis funcional estaban lejos de los intereses de nuestro protagonista, lo que, como ya dijimos, sorprende en un ingeniero.

La curiosa y nutrida biblioteca de una insaciable inquietud por la Física

El *homo sapiens* necesitó decenas de milenios para llegar a la revolución del Neolítico, a la agricultura sedentaria, a los asentamientos en proto-ciudades, y a un conato de ordenamiento jurídico, que fueron la base de la civilización. En la misma oleada de maravillas nació la escritura, a menudo con fines simplonamente pragmáticos como dejar asentado el contenido de un almacén, pero en otros casos destinada a no olvidar e incluso recrear, leyendas tan subyugantes como la de Gilgamesh; y ¿cómo no?, para hacer imperecederos códigos tan estrictos como el de Hammurabi.

Se tardó unos cuantos milenios más en llegar a Gutenberg, y con éste vino un estallido de letra impresa que es una de las señas de identidad más claras de lo que podríamos llamar civilización europea, incluyendo en ello al Nuevo Mundo, que originariamente fue una emanación europea; aunque a estas alturas sea una amalgama muy característica de los tiempos que vienen, dominados por los aires de la globalización. La cual viene acompañada de un cambio radical en el tratamiento de la información, y de la galaxia Gutenberg estamos pasando a la galaxia digital. Que algunos ven como el final de todas las bibliotecas, porque la Biblioteca será la *web.* Y aun así, lo único que hará la *web* será simplificar el cómo hacerse cada uno su propia biblioteca, si es que esa inquietud alienta en su ser. Desde luego, en Leopoldo Calvo-Sotelo, fuese a través de librerías de viejo o en ampulosas librerías en las megápolis europeas, esa pulsión bibliófila alentó vivamente, como si se hubiera criado en la Alejandría ptolemaica o en El Escorial de Arias Montano. Y por lo que corresponde a la Física, encontramos una nutrida, aunque curiosamente selectiva, representación de ese dominio del saber que aspira a comprender el universo en que vivimos.

(París, 1968), *L'invention mathématique* (París, 1993), y *Ciencia e Hipótesis* (Madrid, 2002).

Lo de curiosamente selectiva, ya se ha ido adelantando con datos y reflexiones, pues las afinidades evidenciadas en la biblioteca de nuestro personaje habían de relacionarse con los cambios de paradigmas que la Física experimentó justo en los decenios anteriores a su nacimiento. Esa situación constituyó una condición de contorno que pesó notoriamente en sus intereses intelectuales, que se orientaron muy poderosamente hacia los campos de mayor exigencia conceptual, por lo general muy apartados de las aplicaciones prácticas. Y viceversa, las técnicas tan sofisticadas y poderosas que creaban grandes ciclos de negocio (y a las que atendió como empresario y como político) no parece que suscitaran mayor interés de su intelecto.

Aunque su biblioteca en Física es extensa, hay cuatro áreas que concitaron señaladamente su vocación: Relatividad, Mecánica Cuántica, Astrofísica y Termodinámica de los procesos irreversibles. Y en cada una de ellas, parece haber uno o dos autores dominantes: En Relatividad, Albert Einstein y Julio Palacios. En Mecánica Cuántica, Werner Heisenberg y Luis de Broglie. En Astrofísica, Stephen Hawking y Fred Hoyle (con novelas). Y en Termodinámica, Ilya Prigogine (y en cierta medida, el propio Hawking, pues en definitiva lo que le interesa es el concepto de tiempo cronológico).

Todos ellos tienen un factor común importante: son grandes pedagogos a la hora de explicar cuestiones abstrusas. Por descontado, para explicarlas hace falta entender lo que se explica, aunque en Teoría de la Relatividad, está claro que don Julio, más que entenderla, la criticaba y se mostraba inconformista. Lo cual no quita para que se le pueda considerar un especialista en la materia, con capacidad sobrada para explicarla hasta altura de especialistas; si bien J. Palacios destacó por su capacidad de sistematizar y explicar estructuradamente cuestiones complejas (como hemos dicho de su Análisis Dimensional)[36].

De Einstein hay nada menos que 13 obras y ¡en cinco idiomas: español, alemán, italiano, francés e inglés! Calvo-Sotelo, que viajó mucho, a menudo debió sucumbir a la atracción de uno de sus autores favoritos, y así hallamos el tomito de la colección Austral (de Espasa-Calpe precisamente) *El significado de la relatividad* (2005),

---

[36] Como curioso ejemplo de su ortodoxia respecto a la Teoría de la Relatividad, se da el hecho de haber sido él el autor de la explicación (verdaderamente extensa) de ese término en la edición original de la enciclopedia Espasa-Calpe.

pero asimismo encontramos *La relativité,* del famoso editor francés Gauthier-Villars (1993); *Relativity, the special and general theory* (tres ediciones, Londres 1920, firmada por su tío Francisco Bustelo en enero de 1921, Londres 1964, firmada por Leopoldo Calvo-Sotelo en «Barcelona, octubre, 1965», y Nueva York 1961); *Grundzüge der Relativitätstheorie* y *Uber die spezielle und die allgemeine Relativitätstheorie* (ambas publicadas en Braunschwig, en 1984), y *Il significato della relatività* (Turín, 1953). Y también, paralelamente, *Réflexions sur l'électrodynamique,* que fue el nudo gordiano por el que empezó esa andadura, más otros títulos que hemos referido antes. Desde luego, Calvo-Sotelo reconocía en la Relatividad, su significado físico, y su aparato matemático, un ámbito intelectual de superioridad innegable. Quizá eso no le sirviera de mucho para su quehacer político, por ejemplo, pero parece claro, a la luz de su biblioteca, que no fue «un hombre unidimensional».

En la Mecánica Cuántica, no fueron menos pedagógicos los genios a los que recurrió, de los que hemos entresacado dos, Heisenberg y el príncipe De Broglie. El primero está aureolado por su famoso Principio de Indeterminación, pero lo cierto es que Heisenberg resulta muy determinante y decidido a la hora de explicar, con una mezcla de contundencia y humildad que le hacen particularmente atractivo, sobre todo en sus obras de después de la Segunda Guerra Mundial. Heisenberg fue un físico que sacó partido, como pocos, de las matemáticas más avanzadas de su tiempo, y ése es sin duda otro factor de afinidad que Leopoldo Calvo-Sotelo encontraría en él, al igual que lo encontraría en Einstein, que buscó el apoyo de geometrías no-euclídeas y del calculo diferencial absoluto para avanzar hacia la Gravitación desde la Electrodinámica. Por cierto, que ninguna de las cuatro obras que tiene de Heisenberg está en español[37]. En cuanto a De Broglie, es un preclaro exponente del espíritu cartesiano francés, dotado además de una notoria facilidad de explicación, lo cual se aprecia sobre todo en sus escritos de alta divulgación. Las seis obras que tenía Calvo-Sotelo de él están en francés, con títulos tan sugerentes como *Ondes corpuscules* (París, 1949) o *Matière et lumière* (París, 1961), pues fue en esa materia

---

[37] *Das Naturbild der heutigen Physik* (Hamburgo, 1955), *Physikalische Prinzipien der Quantentheorie* (Mannheim, 1958), *Physics and philosophy* (Nueva York, 1962) y *La nature dans la physique contemporaine* (París, 1962, firmado por Calvo-Sotelo en «Bruselas, noviembre, 1962»).

donde más luz arrojó De Broglie. En gran medida, De Broglie finalizó la vieja rivalidad acerca de si la luz eran ondas o eran corpúsculos. Son dos caras de una misma realidad física, si bien las naturalezas se manifiestan con mayor predominio de una u otra según la energía del cuanto. En un fotón de microondas domina lo ondulatorio. En un fotón rayo gamma, domina lo corpuscular. La luz visible, a medio camino entre esos extremos, por así decirlo, resulta tan ambivalente que con razón hubo peleas entre las dos teorías, cuando la luz era tan sólo esa.

Tanto Heisenberg como De Broglie recibieron el Premio Nobel. En el de aquel, tuvo mucho que ver su apoyatura matemática en la «mecánica de las matrices». En el de éste, la clarividencia con la que describió la dualidad onda-corpúsculo. Aunque la Mecánica Cuántica sea una revolución esencial en la Física (que ni Einstein digirió del todo en sus corolarios filosófico-probabilísticos) lo cierto es que su fundamento físico se asienta muy bien en algo tan clásico como la Mecánica Analítica de Lagrange, que formuló su maravilla arquetípica de la físico-matemática coetáneamente a la revolución francesa. De modo que De Broglie fue en eso fiel discípulo de tan eximio maestro, aunque con un siglo largo de por medio. Y eso debió pesar en las afinidades de Calvo-Sotelo, cuya base físico-matemática, adquirida en la Escuela de Caminos donde se formó, tenía que ser también muy «lagrangiana».

En la Astrofísica entrevemos a un lector menos riguroso y más especulativo, pues es una ciencia difícilmente experimental, donde incluso se ha llegado a conceder un Premio Nobel por un «ciclo de fusión nuclear estelar» que no es ni mucho menos el dominante en el sol y demás estrellas. Pero es un campo extraordinariamente atractivo, que engloba a la Relatividad General y a la Mecánica Cuántica, y contiene elementos tan sugerentes como el Big Bang en el que presumiblemente comenzó a andar nuestro universo. Por cierto, que si pudiéramos acercarnos hacia ese momento, e intentar obtener de él alguna información, nos encontraríamos con una de esas barreras infranqueables de la Mecánica Cuántica, que no permiten conocer con total exactitud las variables de un estado. Al llegar al tiempo de Planck (ojo: estaríamos a tan sólo 10^{-43} segundos del momento 0) el universo se volvería opaco para nosotros, y no podríamos penetrar en él. Éste es uno de los argumentos por los que Hawking acuñó su aforismo anti-einsteniano de que «Dios no sólo juega a los dados, sino que los echa donde no podemos verlos».

Stephen Hawking es conocido y admirado por tres cosas: el atrevimiento de sus teorías, entre las que destacan los «agujeros blancos» o el reciclado continuo del universo tras cada Big Crunch o implosión final; su capacidad de comunicación; y el arrojo personal de su temperamento, tras sus cuarenta años luchando contra una degenerativa esclerosis múltiple que no puede con él, a pesar de su reclusión en una silla de ruedas y no contar sino con un sintetizador de voz computerizado para comunicarse con el mundo exterior, usando tan sólo un dedo para generar sus mensajes. Su *Breve historia del tiempo,* que Calvo-Sotelo tenía en versión en inglés (1988), es un librito delicioso que debía ser obligatorio para cualquier persona que creyera en el ser humano.

Junto a Hawking, en Astrofísica nuestro protagonista se identificaba con sir Fred Hoyle, también inglés y del que también, como en el caso de Hawking, tenía siete libros, todos en inglés menos uno en francés y uno en español. Y aquí conviene hacer una advertencia, pues a muchos (y buenos) lectores empedernidos les sonará Fred Hoyle como autor de ciencia-ficción, con argumentos tan inverosímilmente posibles, que seguro que en algún universo han sido verdad. Pero no en el nuestro. En la biblioteca de Calvo-Sotelo encontramos solo una obra de estas características, la famosa novela *Nube negra.* Se echa a faltar, entre los títulos puramente científicos, *The intelligent universe,* que por analogía con los existentes, debía estar. ¿Podemos conjeturar de nuevo que lo prestara y...?. Esa es la máxima del bibliófilo: no prestar libros. En todo caso, en la biblioteca hay sobrada muestra de que este tema, del que resulta casi imposible que algún día aparezca un ciclo de negocio, le interesaba también sobremanera. Es parte esencial de la concepción que tenemos de nuestro mundo físico, a pesar de que no nos podamos acercar a su Big Bang infinitesimalmente, porque nos lo impiden Heisenberg y la Mecánica Cuántica.

También nos lo impide la irreversibilidad termodinámica, que tanto atrajo a nuestro bibliófilo en estudio. En este campo encontramos su dilección por Prigogine, pero también Hawking tiene páginas excelentes sobre ese tema, aunque sin el rigor y acierto que los de Prigogine, que le valieron el Premio Nobel (cosa que no ha podido disfrutar Hawking, cuya imaginación quizá sea excesiva...).

La irreversibilidad termodinámica es esencial para entender y definir el tiempo cronológico, así como para entender la vida, que está hecha a base de ciclos bioquímicos. En ellos, como en los ciclos industriales para reciclar materiales, se usa energía para restituir o generar moléculas de menor entropía. Por ejemplo, a partir de chatarra oxidada podemos obtener de nuevo metales elementales (no oxidados) pero esa regeneración química requiere energía. Y en esto se produce una asimetría fundamental: la materia puede reciclarse (gastando energía) pero la energía no: la energía tiende continuamente a degradarse, y no se regenera. Cuando el Sol agote sustancialmente su contenido de hidrógeno, que se transforma continuamente en helio, liberando una gigantesca cantidad de energía, entrará en extinción, y el sistema solar se enfriará rápidamente, para irse isotermalizando con los menos de 3 Kelvin (grados absolutos) que entonces tendrá de temperatura el fondo de nuestro universo (a no ser que acaezca un cataclismo supercósmico, de los que ni siquiera Stephen Hawking se ha atrevido a imaginar).

La pasión de Calvo-Sotelo por este ámbito de la Termodinámica contiene una anécdota representativa. Cuando la UNED invistió Doctor Honoris Causa a Ilya Prigogine, en octubre de 1985, Calvo-Sotelo tuvo ocasión de participar activamente en un coloquio con él, así como en la cena que, con ocasión de dicha investidura, tuvo lugar en el Hotel Ritz de Madrid, donde evidenció que libros tales como *Entre le temps et l'éternité* o *El nacimiento del tiempo* (dos de los cinco libros que tenía de él) le eran muy conocidos, y los tenía muy reflexionados. Para Prigogine, que ha sido uno de los Premios Nobel con más facilidad para contactar con el gran público en estos últimos decenios, la cosa no debió ser mayor sorpresa. Sí lo fue cuando alguien le comentó que aquel entusiasta había sido presidente del gobierno de España.

Análisis cuantitativo de la biblioteca de Física

Siguiendo un esquema semejante al del apartado sobre «Las matemáticas», hemos llevado a cabo una agrupación de las obras según las aparentes preferencias del propietario. Se han contabilizado casi 300 títulos que se distribuyen en las siguientes proporciones:

1) Astronomía de posición. Mecánica celeste. Observación 17 por ciento.
2) Cosmología. Astrofísica. Estructura del universo 23 por ciento.
3) Divulgación y curiosidades 30 por ciento.
4) Relatividad. Mecánica cuántica. Estructura de la materia 20 por 100.
5) Filosofía de la ciencia. Historia. Diccionarios 10 por ciento.

Puede verse que los dos primeros apartados representan el 40 por ciento del total. Las proporciones relativas entre ellos varían según la edad de Calvo-Sotelo, observándose que, aunque el interés por el estudio de los cielos permanece constante a lo largo de toda su trayectoria, las adquisiciones relacionadas con la Cosmología, astrofísica y estructura del universo crecen muchísimo hacia sus últimos años. Es constante, como en Matemáticas, el recurso a los libros de divulgación para ampliar la visión de conjunto. La colección *Que sais-je?* cumple, también en Física, un papel muy importante y llega a ser casi el 30 por ciento del total de las adquisiciones en este campo.

Veamos ahora la distribución en cada decenio. Durante los años cuarenta del siglo pasado, Calvo-Sotelo adquiere algo menos del 6 por ciento del total, observándose que es prioritaria la formación de una visión global. Los libros dedicados a divulgación representan la cuarta parte de las adquisiciones y a otro tanto llegan los manuales relacionados con la formación académica previa que, sin embargo, decidió mantener a mano. Ahí aparecen el libro de Mingarro y Aleixandre, en que tantas generaciones nos formamos, o la *Termodinámica* de Julio Palacios.

La mitad restante muestra una clara dominancia de los temas relacionados con la observación del cielo, la astronomía de posición o la mecánica celeste, hasta llegar a un 20 por ciento, que posiblemente refleja su afición por la navegación. Por primera vez aparece una versión de 1920 de *Relativity, the special and general theory* de Einstein, que luego irá adquiriendo en ediciones posteriores.

En los años cincuenta se mantiene la importancia dada a la incorporación de obras de alta divulgación, que alcanza un 32 por ciento del total de este período, siendo aproximadamente la mitad el número de libritos de *Que sais-je?* Pero hay un porcentaje notable (21 por ciento) de obras fundamentales en mecánica cuántica y relativista con las versiones más complicadas de Einstein, Pauli, Heisenberg y de Broglie en italiano, inglés, alemán y francés respectivamente. Las adquisiciones sobre Astronomía se mantienen cerca del 16 por ciento y entre ellas cabe destacar la interesante *A History of Astronomy from Thales to Kepler* (1953), de J. L. Dreyer, que tanto éxito ha tenido con la editorial Dover.

En el decenio de los sesenta se produce un fenómeno semejante al descrito en el apartado sobre «Las matemáticas»: la adquisición se dispara a más de cien obras, el 70 por ciento de las cuales se incorpora a la biblioteca antes de 1966.

Aproximadamente un tercio corresponde a publicaciones de *Que sais-je?* (41 en total), indicando de nuevo el deseo de adquirir una panorámica extensa sobre los temas, eso sí, preferidos. Ahora, más de la mitad de las adquisiciones se reparte entre Astronomía (20 por ciento), divulgación (20 por ciento) y Cosmología y estructura del universo (20 por ciento). Los libros sobre relatividad y mecánica cuántica sólo alcanzan el 10 por ciento, observándose la compra de dos nuevas ediciones del libro de Einstein citado más arriba, las de 1961 y 1964. Siguen existiendo publicaciones divulgativas firmadas por Schroedinger, Oppenheimer, Heisenberg y de Broglie y aparecen (5 por ciento) algunas obras relacionadas con la Energía.

Como reflejo de su interés por la observación de los cielos, cabe citar la obra de Götz Schwing *Tabulae Caelestes, Himmels —Atlas,* de 1960 y hay algunos títulos inesperados como la *Géographie des paysages* de Rougerie (1969) o *L'acoustique des bâtiments* de Lehman (1961)—.

En los años setenta, la incorporación a cargos de tipo político conduce, como en el caso de Matemáticas, a una reducción radical de las adquisiciones que apenas llegan a la cuarta parte de las del decenio anterior. La falta de tiempo para lectura se manifiesta en la subida proporcional de volúmenes de *Que sais-je?* (60 por ciento del total). Sigue habiendo un porcentaje alto (14 por ciento) de temas relacionados con la relatividad y mecánica cuántica, así como con la astronomía (10 por ciento). Entre estos últimos cabe destacar el libro de Vives, *Astronomía de posición* de una colección, Exedra, de la editorial Alhambra, que tuvo una gran difusión en los años setenta. El mayor porcentaje ahora (35 por ciento) son los libros relativos a la Cosmología y estructura del Universo, entre los que cabe destacar el de V. Ambartsoumian de 1971. En 1976 adquiere también una edición española de las *Consideraciones y demostraciones matemáticas sobre dos nuevas ciencias* de Galileo, publicada por Editora Nacional y que tuvo un gran éxito de ventas.

De nuevo sucede en el decenio siguiente lo indicado en el sobre «Las matemáticas». Hay una diferencia notable entre el número de adquisiciones en los años 1980 y 1981-1982, en los que fue respectivamente vicepresidente y presidente del gobierno de España, y las correspondientes al resto de la década. En el año 1980 sólo figuran tres adquisiciones relacionadas con la relatividad, la macroestructura del universo y la biofísica, mientras que en 1981 sólo una, *The cosmic adventure,* de J. F. Haught (¡título que, ciertamente, resulta imposible no relacionar con su propia aventura personal!).

A partir de 1982 se recupera el ritmo de adquisiciones que llegan a 41 títulos, entre los que se encuentran autores como T. S. Khun (*The Copernican revolution,* 1985), S. Hawking (*A brief history of time,* 1988), o R. Feynman (*Electrodinámica cuántica,* 1988; *Particules et lois de la physique,* 1989). Entre los españoles, figuran F. J. Yndurain (*Teorías unificadas y constituyentes fundamentales de la materia,* 1988), F. Martín Asín (*Atlas del cielo,* 1982) o el malogrado L. Benito Quintana (*De la hora solar a la hora legal,* 1987) en una edición no venal que tuvo gran acogida.

En cuanto a porcentajes, reaparecen los viejos amores, con un 20 por ciento de adquisiciones relacionadas con la relatividad y mecánica cuántica. Llama la atención la adquisición de dos nuevas ediciones de un libro de Einstein (del que ya poseía tres ejemplares en ediciones sucesivas): una, en alemán, *Über die spezielle und die allgemeine Relativitätstheorie* (1984) y otra, en español, *Sobre la teoría especial y la teoría general de la relatividad* (1985). Adquiere también la versión española de una obra clásica de Ptolomeo *Las hipótesis de los planetas* y muestra su curiosidad por las nuevas ideas sobre la unificación de las fuerzas fundamentales (A. Salam 1990) o la teoría de las supercuerdas (P. C. W. Davis, 1990).

En los años noventa, Leopoldo Calvo-Sotelo adquiere cincuenta libros de física, un 20 por ciento de los cuales pertenece a la colección *Que sais-je?.* La temática se centra en temas relacionados con la Astronomía y la estructura del universo que, en conjunto, suponen un 38 por ciento del total. Son significativas la *Guía de campo de las estrellas y los planetas del hemisferio norte,* de J. M. Pasachoff (1992) y la *Guía de las estrellas,* de P. Sizaire (1992) así como los Anuarios (para 1975, 1976, 1982, 1994, 1997 y 1999) del Observatorio Astronómico de Madrid. Quizá en conjunción con el valor utilitario de esas obras para sus aficiones de navegante adquiere los *Apuntes de meteorología* (1993) de Jansá, o la *Predicción instantánea del viento* (1994) y el *Manual del tiempo* (1997), ambos de A. Watts.

Hay también un 26 por ciento de obras de tipo divulgación relacionadas con temas como la teoría matemática del caos o la unificación de fuerzas, de lo que pueden servir como ejemplo las de S. Weinberg, *Dreams of a final theory* (1994) o de D. Lindley, *The end of physics:The myth of a unified Theory* (1993), así como algunas de las publicaciones más conocidas de R. Penrose, S. Hawking, F. Hoyle o R. Feynmann. Entre los españoles cabe citar *¿Qué sabemos del Universo?* (1996) de J. Pérez Mercader o *Historia breve del*

Universo (1995) de R. Moreno. Hay también una cierta deriva hacia títulos más «trascendentes» como *The Physics of Inmortality: Modern Cosmology, God and the Resurrection* (1995), obra a la que ya se hizo referencia en el apartado «El medio ambiente español».

En los 2000, Calvo-Sotelo adquiere 20 libros de física, de los que tan sólo dos pertenecen a la colección *Que sais-je?*. El 50 por ciento del temario está centrado en la Cosmología y la estructura del Universo aunque, por supuesto, se mantiene el interés por las observaciones astronómicas (aparecen en 2005 y 2006 dos *Guías del cielo*), lo que representa un 20 por ciento del total.

Sigue también la lectura de las obras de F. Hoyle (*A different approach to Cosmology,* 2000), R. Penrose (*The road to reality: A complete guide to the laws of the Universe,* 2004) o S. Hawking (*A hombros de gigantes. Las grandes obras de la Física y la Astronomía,* 2004), sin que falten las añoradas aficiones, como demuestra la adquisición de la edición española de *El significado de la Relatividad* (2005) de Einstein que ya se tenía en alemán desde 1984, o la de Schroedinger, *Die Natur und die Griechen* y la lectura de nuevos autores como S. J. Gould, *Time's arrow, time's cycle.*

Es llamativa la ausencia de algunas colecciones españolas de alta divulgación que fueron muy populares en los sesenta y setenta del pasado siglo. Entre ellas, la Biblioteca del Hombre Actual (BHA) de Ediciones Guadarrama, que tradujo obras de gran interés relacionadas con la física de las bajas temperaturas, la luz, el sonido etc.; la llamada Nueva colección Labor que siguió un camino parecido aunque con una presentación más clásica y menos rica en ilustraciones o fotografías, o la «ciencia popular» de la rusa MIR que, a través de la distribución por la Librería Rubiños, fue todo un acontecimiento en aquellos años.

Ya se ha citado la colección Exedra, de la que hemos encontrado solamente la precitada *Astronomía de posición* de Teodoro J. Vives. Tampoco hay ejemplares de la colección dirigida por E. Tierno Galván, *Estructura y Función. El porvenir actual de la ciencia* de Editorial Tecnos, que introdujo obras significativas de Popper, Wittgenstein, Polya, Wiener o Truesdell. Sobre esas ausencias habrá que recordar el gusto de Calvo-Sotelo por las versiones en idioma original y, desde luego, la polarización de sus intereses.

Del dueño de la biblioteca

A más de un lector podrá parecer raro que un hombre tan volcado en el quehacer social y económico, tuviera y desarrollara una vocación tan intelectual, casi exenta de todo pragmatismo. Pero ésos son los datos...

En Psicología y Antropología se discute a menudo sobre qué influye más en la forja de la personalidad, si los propios genes o el medio. Posiblemente sea una discusión inacabable, que en cada caso tendrá una respuesta muy específica, y que quizá Ortega y Gasset resumiera inmejorablemente en esa frase tan ontológica: «Yo soy yo y mi circunstancia».

¿Hubo en la circunstancia de Leopoldo Calvo-Sotelo algo que le orientara hacia esa predilección físico-matemática tan purista?

Podría decirse que sí: sus estudios en la Escuela de Caminos, que venía de una tradición centenaria comenzada por Betancourt, pero que había tenido en José de Echegaray su figura más emblemática[38]. Y Echegaray, que tuvo también un jugoso papel social como ingeniero y como político, mantuvo siempre una vocación físico-matemática ejemplar, aunque no pudiera dedicarse a ella más que una fracción de su tiempo, que además había de atender otras pulsiones, cual fue la literaria, particularmente como dramaturgo, en lo que saboreó las mieles del Nobel.

Esa circunstancia, la de haber recibido una sólida formación físico-matemática, le dotó con una herramienta de comprensión muy poderosa, sin la cual le hubiera sido oneroso en exceso interesarse por campos conceptuales tan exigentes. Ahora bien, con las herramientas solas, no basta. Hace falta una decisión vocacional propia, pues tampoco se trataba de un uso de esas herramientas que le fuera a producir un beneficio material. De modo que su inquietud intelectual debía tener sus raíces en el genotipo, pues sólo así pueden entenderse atracciones de tan larga duración, y por encima de otras circunstancias de muchísimo peso, como fue la presidencia del gobierno.

En esas otras circunstancias poco dejó traslucir su pulsión científica. Fue un ingeniero-empresario-político que llenó sobradamente

---

[38] «Hace cincuenta años yo me atribuía petulantemente una triple condición semejante a la de Echegaray... (respecto a su afición por) las armonías políticas, musicales y geométricas», Calvo-Sotelo, 26 de abril de 2006.

su vida de actividad en esos ámbitos. Pero al igual que preservara su intimidad en otros (familiares, filosóficos, artísticos) también la preservó para la Física y las Matemáticas, con un carácter un tanto selectivo, con tendencia a enfocarse en cuestiones de alto contenido conceptual, y sin un plan enciclopédico o sistemático, como el que sí habría tenido que seguir durante sus estudios. En ellos, estaría lógicamente obligado a formarse integralmente y a rendir cuentas de esa formación. Pero en el solaz de sus intereses intelectuales, dejó que el sano egoísmo de su vocación decidiera las sendas: Relatividad, Mecánica Cuántica, Astrofísica... No necesitaba que le llevaran a ningún lado. Las transitaba por deleite.

Octava Parte

LIBROS Y MAPAS: GEOGRAFÍA DE TANTO ALREDEDOR

14

Yo no puedo estar en ningún sitio del planeta sin saber al menos en qué cuenca hidrográfica me encuentro

Eduardo Martínez de Pisón conoció en China, donde había de pasar todo el mes de mayo de 2008, la noticia de la muerte de Leopoldo Calvo-Sotelo, con quien tenía previsto mantener una entrevista sobre la sección de libros de geografía a primeros de junio siguiente. Pero a lo largo del año en que se fue concibiendo y elaborando este proyecto, Leopoldo Calvo-Sotelo habló con los otros colaboradores de este libro, pero también con su entorno familiar, de sus lecturas e intereses en muchos ámbitos, entre ellos, en el ámbito de la geografía y los viajes. Los diálogos que se recogen a continuación proceden de esas ocasiones, a veces completados con consideraciones reiteradas suyas que conforman lo que podría llamarse la memoria familiar. Las conversaciones extraídas de dichas entrevistas se han organizado, por coherencia con el resto del libro, como respuesta a preguntas concretas sobre la materia de geografía.

En su biblioteca, la geografía, y, singularmente, la cartografía, ocupan un lugar importante. ¿De dónde le viene esa afición?

Leopoldo Calvo-Sotelo: Como el terreno es la materia prima de trabajo del ingeniero, mi profesión me ha llevado naturalmente a interesarme por la geografía y la geología. La geología permite proyectar la tabla periódica de los elementos sobre el paisaje: muchas veces me ha venido a la memoria, al ver las tierras rojizas de tantos paisajes españoles, una frase que oí en la Escuela de Caminos, «el hierro, ese gran tintorero de la naturaleza». Pero más allá de los minerales, cada variedad de roca determina un paisaje característico, de tal manera que yo no sé mirar un paisaje sin preguntarme cómo hemos llegado a él, qué procesos de formación crearon suelos y rocas, qué movimientos lo plegaron y cómo el clima propio de cada región le ha ido dando forma con el paso del tiempo. Es entender esa realidad física la que me ha producido siempre una gran emoción.

¿A qué otras aficiones asocia el interés por la geografía?

Citaría la geometría asociada a la astronomía: los círculos polares como el lugar geométrico de los puntos donde no se pone nunca el sol —o donde no sale nunca— en función de las estaciones, o los trópicos como la frontera geométrica de la superficie de la tierra donde el sol cae a plomo. A partir de esta clasificación geométrica, reconozco que prefiero las latitudes extremas frente a la vecindad del ecuador terrestre. Tengo afinidad por los climas fríos y también me atrae especialmente la acción de la nieve y el hielo sobre el terreno.

¿Y ha tenido oportunidad de viajar por esos motivos?

Los glaciares me han interesado mucho y he ido a buscarlos en mis viajes siempre que he podido: desde los grandes fiordos noruegos, en el gran escudo escandinavo de granito, que he visitado reiteradamente (aprovechando para ir también al Cabo Norte y a las islas Lofoten), al glaciar Perito Moreno en Argentina. También me gusta identificar los característicos contornos en forma de «U» de los valles glaciares en los Alpes, así como los lagos cerrados por la morrena de un glaciar desaparecido hace largo tiempo.

Quizá el libro más veces repetido en su casa —hemos contado hasta seis ejemplares— sea Le calendrier, *obra de Paul Couderc, publicada en la colección Que sais-je?*

Es un librito extraordinario. Y es que igualmente hay geografía y astronomía —y matemáticas— en el calendario. La evolución de la posición y altura del sol sobre nuestro paisaje familiar rige la medida de nuestro tiempo. El hombre ha intentado conciliar la rotación de la tierra sobre su eje, la de la luna alrededor de la tierra y la de la tierra alrededor del sol con nuestros días, meses y años. A mí me ha interesado desde muy joven esa evolución a lo largo de los tiempos de estos conocimientos acerca de la relación de nuestra tierra con los astros. Y mi afición astronómica por los eclipses me ha llevado a viajar a Baja California y a Finlandia para seguirlos; en el caso de Finlandia, lo observamos desde un avión fletado para eso.

En alguna entrevista algún amigo suyo hablaba de su conocimiento de los ríos de España.

Lo que podríamos llamar la interpretación hidrológica del paisaje me acompaña siempre, y sus distintas variantes nunca han dejado de interesarme. Por ejemplo, yo no puedo estar en ningún sitio del planeta sin saber al menos en qué cuenca hidrográfica me encuentro, atlántica o mediterránea, en el caso de Europa, o en América, bien del lado del Pacífico, bien del Atlántico. El concepto de cuenca fluvial, que los ingenieros españoles nos enorgullecemos de haber llevado antes que nadie a la vida administrativa, es la más perfecta clasificación del terreno. La divisoria entre cuencas, otra vez un lugar geométrico lineal, hace que dos gotas de agua que caen en el terreno separadas unos pocos centímetros vayan a morir a mares distintos a miles de kilómetros de distancia. Recuerdo, por ejemplo, la pasión con que un profesor de la Escuela de Caminos decía: «La divisoria más importante de la península ibérica —la que separa las cuencas atlánticas de las mediterráneas— se atraviesa hoy en automóvil a cien kilómetros por hora». Llamaba así nuestra atención sobre el hecho de que no toda divisoria está constituida por una cordillera. Siempre he querido recorrer el río Bramahputra en su tramo en la ladera norte del Himalaya, a más de 4.000 metros de altitud, y ver los cañones por los que atraviesa la cordillera fruto de la captura por un río más joven.

Ha adquirido usted muchos cientos de mapas a lo largo de su vida ¿De dónde sale una afición cartográfica tan marcada?

En el siglo XX, que es mi siglo, pocas cosas han contribuido tanto como las obras públicas a transformar la geografía de un país; de ahí que los mapas de carreteras se hayan convertido en una de las especies cartográficas de mayor importancia. Durante un viaje, a comienzos de la década de los setenta, me quisieron vender en Suiza un mapa que tenía más de veinte años. Ante mi protesta, me dijo la dependienta: «No se han fundado muchas ciudades nuevas en Suiza desde 1950». Claro que no, pero se habían construido muchas carreteras nuevas y ello era igualmente importante. Mi afición cartográfica se ha concentrado en gran medida sobre los mapas de carreteras.

De manera que hace sus viajes preferentemente en coche.

He hecho cientos de miles de kilómetros en coche por toda Europa y por España, por supuesto. Conducir nunca me ha cansado y me divierte mucho. Y entre los atractivos de un viaje, está en mi caso la cuidadosa preparación de tiempos e itinerarios sobre el mapa; y nunca viajo sin la última edición del excelente Mapa de Carreteras del Ministerio de Fomento, con la información más detallada y actualizada, y también llevo los mapas regionales de Michelin, con una de las impresiones más claras y estéticamente conseguidas del mundo, y que casi siempre aciertan al valorar la belleza de los paisajes que rodean determinadas rutas.

Y esa intensa actividad viajera ¿se ha debido a motivos profesionales?

Tanto la empresa como la política me han obligado a viajar con frecuencia; pero sobre todo, he viajado mucho en vacaciones. Cuando me ha sido posible, he escogido itinerarios que pasaban por accidentes geográficos notables, por su altura, su latitud, u otras razones. Como ya he dicho, siempre me han gustado mucho los puertos de montaña, y en especial los grandes puertos de los Alpes, como el Susten, el Furka, o el San Gothardo. También las grandes obras públicas «*méritent un detour*», por decirlo con la terminología de las guías Michelin; y en España tenemos una gran colección. Entre mis favoritas están las presas de la cuenca del Duero en la zona próxima a Portugal, como las de Ricobayo, Aldeadávila y la Almendra; y los viaductos y puentes del Cantábrico.

Y más allá del mapa de carreteras ¿qué otra cartografía le atrae?

En materia cartográfica, cultivo varios géneros. Me gustan los atlas especializados; tengo, por ejemplo, un buen atlas de geografía bíblica. Y recurro con frecuencia a los grandes atlas del mundo; mi preferido es el atlas de la *National Geographic Association* norteamericana; por cierto, que estuve suscrito durante muchos años a su famosa revista, cuando todavía no se traducía al español; tengo varios centenares de números en Ribadeo, algunos encuadernados.

¿Y para ir a la montaña?

He utilizado mucho los mapas especializados de montaña a escala 1:25.000 para excursiones a pie, sobre todo el de la sierra del

Guadarrama de la Editorial Alpina. Y no quiero olvidar aquí otro tipo de publicaciones que me ha entretenido siempre manejar: las espléndidas guías ferroviarias alemanas, suizas, francesas.

¿Qué parte de la geográfica asocia más con su profesión de ingeniero?

Quizá mi preferencia por los puertos, tanto los de montaña como los marítimos. Las grandes obras de carretera y ferrocarril de Suiza siempre me han parecido un libro de historia de la técnica en el mejor escenario posible. En España, siempre recuerdo mi sorpresa infantil al subir un puerto desde la costa gallega y ver que tras la ascensión no venía el natural descenso: coronar los puertos asimétricos españoles constituye una lección de geografía que explica mejor que cualquier clase el papel fundamental de la meseta, que nos convierte en uno de los países más altos de Europa. Los puertos de mar, en los que se une mi afición a la navegación con la ingeniería, deben resistir los embates de las olas y tener en cuenta los recorridos de las mareas —otra vez la astronomía—. Siempre he tenido presentes los libros de Puertos y Costas de Iribarren, tan útiles para comprender los perfiles de las playas y acantilados de la Mariña lucense.

En una biblioteca caracterizada por la diversidad ¿qué conexión hay entre su inclinación por la geografía y sus otros gustos científicos o literarios?

En más de una ocasión, me he dado cuenta de que un verso me gustaba por el acierto con que reflejaba la impresión espiritual que deja un paisaje. Así me ocurre con Antonio Machado, y en particular con *Campos de Castilla:* la *curva de ballesta* que traza el Duero en torno a Soria, las *crestas militares* que cercan el alto llano... Por supuesto, mi vecindad madrileña —desde ese gran ventanal que hay ahí, hasta que crecieron los pinos y las casas, se veía muy bien la sierra— me ha hecho especialmente sensible a la poesía sobre Guadarrama, «la sierra gris y blanca/la sierra de mis tardes madrileñas/que yo veía en el azul pintada».

Esa apreciación del paisaje debe mucho a la Generación del 98.

En efecto, Unamuno es autor de una poesía geográfica en prosa de primer orden, que está sobre todo en sus *Andanzas y visiones españolas,* uno de mis libros preferidos, por el que yo empecé a leer al 98. Debo a Unamuno el descubrimiento de ese soneto de García Tassara: «Cumbres de Guadarrama y de Fuenfría/columnas de la tierra castellana». Y al propio don Miguel le inspira también algún buen verso la mirada al cielo estrellado: «Rubí encendido en la divina frente, Aldebarán».

Es de notar la presencia de libros de geografía sobre Tierra Santa en su biblioteca.

Así es; ahí está también la atracción por la geografía del desierto. Lo más frecuente es que un texto lleve a un paisaje, pero también puede uno recorrer el camino inverso y llegar a un texto desde un paisaje. Cuando viajé por primera vez a Tierra Santa, comprendí muy bien aquello que decía Renan en su *Vida de Jesús,* que era tan maravillosa la armonía del ideal evangélico con el paisaje de Galilea y de Jerusalén que él había visto allí un «quinto evangelio».

15

Libros de geografía en una biblioteca humanista

El mar de una biblioteca

Una biblioteca es un universo, probablemente con constelaciones, astros y órbitas, pero éstas no son aparentes en las alineaciones de los libros por las estanterías. Es un orden intelectual activo reordenado por las normas del almacenamiento pasivo. Pero si se sondea en ese océano, se medirán corrientes, profundidades diversas, tiempos de sosiego y de galerna, puertos. El mar de una biblioteca es un todo y en él los libros navegan. Encontrar la derrota no siempre es fácil, pero si un bibliotecario sutil recupera datos y diarios, aparecen rutas, estancias, propósitos y lugares. Quien llega a la orilla de estos libros con el terreno preparado sólo tiene que examinar los contenidos de uno de esos viajes y el tiempo en que se hizo para encontrar los probables sentidos de quien lo emprendió. Cuando ese viajero fue a muchos lugares y en muy diferentes tipos de barcos —científicos, empresariales, políticos, intelectuales—, emprendió no pocos proyectos y éstos fueron de especial magnitud, los significados tienen objetivos de especial interés y resonancias mayores. Todo tiene eco en todo, por ejemplo, la geografía como tal y como utilidad para el ingeniero o como instrumento para el estadista o como conocimiento para el abierto al saber. Lo llamativo inicialmente, es, por ejemplo, que se pueda hablar de la biblioteca geográfica de un político o incluso de la biblioteca completa, amplia y animada por la cultura, de un presidente de gobierno. Claro está que lo segundo incrementa el interés por la primera, pero tiene aun más interés saber qué armazón intelectual, ahora el que manifiesta su biblioteca —que no será todo—, pueda sostener a un presidente. Y, para un geógrafo, lógicamente, qué pudo significar su inclinación geográfica en el tiempo de su vida. Porque, cuando un profesional se sumerge en sus asuntos puede acabar preguntándose: ¿hay geografía en la base formativa, en el caudal y en la atención de los otros, incluidos lo políticos? Pues parece que, en algún caso notable, sí la había.

Una biblioteca real, es decir, vivida, enlazada con la vida, está compuesta por libros que reflejan como espejos los asuntos, problemas, intereses, volúmenes y ediciones de la persona que la formó y del tiempo que vivió. Esa biblioteca real es la obra, el legado de un lector. Una elección libre dentro de los límites de las circunstancias, que ha acumulado tal libertad y tal circunstancialidad.

Pienso que siempre hay que entrar de puntillas en las bibliotecas ajenas. Y a tal respeto general hay que añadir en este caso una responsabilidad añadida para el observador, ya que el lector que la formó fue una persona sobresaliente por actividades muy relevantes en España. No sé, sin embargo, si se trata sólo de una opción particular, incluso excepcional hoy día, o pudiera ser algo más genérico, pues tengo la impresión tal vez equivocada de que aquí la política se hace comúnmente sin un particular auxilio de las bibliotecas. Al revisar sus libros todo parece indicar que esta biblioteca no es tanto el arsenal funcional de datos e ideas para un destacado político, sino la colección que resulta de una vocación personal, de una afición por leer, de un gusto por el libro y de una voluntad por saber, por lo que va reflejando las inclinaciones y las posibilidades de una vida, por lo que se hace bastante más humana. Dicho de otro modo, ayuda a ver el hombre que había detrás de ella. Como la biblioteca perdura, en vez de ese «había», el que la recorre parece que debería decir que aún «hay». La posición del lector de estos libros entre las letras y las ciencias, las artes y la técnica, la preocupación por lo propio y la curiosidad por lo ajeno conforman un mundo donde convergen diversas referencias, literatura, pensamiento, religión, pintura, música, ingeniería, historia, sociología y, entre otros caminos más, también la geografía. Cada rama es una parte de las demás. Lo geográfico, libros y mapas, está presente para atender al planeta. El resto, cada cosa para nutrir a lo que le corresponde; y en conjunto, como la maleta del viajero, es lo necesario para una idea justa y equilibrada del mundo o de nuestro mundo, pues todo tiene una situación, una condición y una perspectiva: por ejemplo, allí están San Juan de la Cruz, Chateaubriand, Unamuno, Ortega para cubrir su flanco, o los ríos de España o la geografía social para abastecer el nuestro, o incluso los libros populares de *Austral* y de *Que sais-je?* para indicar una posibilidad, una oferta, una edad y un tiempo.

La experiencia del geógrafo está llena de llamadas múltiples, como esta biblioteca y, por ello, siente afinidad por el poliedro de tantos lados que también habita en la curiosidad propia y reconoce en ella no sólo a los autores de una época de su ciencia, los mismos que él cultivó, sino a los otros que escribieron sobre las cosas de este mundo en una general complementariedad. Se complace en la reunión de autores allí congregados y la siente familiar. Los mapas de países traen consigo evocaciones de montañas y desiertos tentadores. Hay además un tiempo que ya fue en el que hubo temas, situaciones, preocupaciones, ediciones y autores que en buena parte compartimos una o dos generaciones, pues eran por supuesto simultáneos para todos los que vivíamos aquí y leíamos aquí, aunque nuestras trayectorias personales y profesionales no fueran las mismas. Coinciden ciertos ejes de tiempo y de espacio que funcionaron con parecidos componentes como un estado de la cultura. Allí están, pues, varios de mis asuntos, autores, libros y ediciones, no sólo en geografía sino en muchas más preocupaciones. Sin duda todo ello hace que esta biblioteca me sea cómoda o que su visita fuera plagada de reencuentros. Esta es, pues, la biblioteca de un hombre ilustrado y abierto, y tenaz porque prosigue año tras año en el afán de amplitud de saber, con raíz en nuestra cultura y con una mirada al mundo; son libros para leer, para trabajar, informarse, pensar, para aprender y gozar. Es la biblioteca a la vez de un ingeniero particularmente culto, de un viajero y, por conexión obvia y a la vez sin que sea obligatorio, la de un político en ejercicio. No es exactamente la biblioteca de un político, sino la de una persona que además lo fue; la biblioteca de un insólito político con biblioteca. La geografía que aquí hay no es la que precisa un presidente para ejercer su excepcional oficio, sino la que requiere un hombre ilustrado para ser tal hombre, que además fue presidente. El presidente que sabía geografía.

La geografía: una ciencia en pocas páginas

La posición «geográfica» de la biblioteca en el espacio de la casa de la familia Calvo-Sotelo es preeminente. Sin duda le importaban sus libros, les concedía valor y afecto, vivían todos con ellos y aún lo hacen; no por el valor material de los volúmenes, sino por su significado, por una alta consideración al libro «vital» que, volumen a volumen, ha dado lugar a la biblioteca. Calvo-Sotelo estimaba su biblioteca, quería que se pensase y escribiese sobre ella, se complacía en ella. Allí tenía su lugar una muestra de la geografía de una época, participando de su estima.

¿Cuál era la geografía que llegó a esos estantes y fue allí objeto de selección y aprecio entre tantas otras lecturas? Lógicamente es la geografía que viene hasta nosotros desde los años sesenta del siglo pasado, la que se producía entonces y la que recibió el mayor interés por parte de Calvo-Sotelo. Me van a permitir unas palabras introductorias a esta pequeña historia para aclarar qué tipo de obras pudo dar a las bibliotecas.

Concentrar una ciencia en pocas páginas, aunque sólo sean sus pasos recientes, obliga a cierta densidad que requiere solicitar de antemano alguna excusa por mi parte, pero este es el modo de poder sopesar cuánto refleja el espejo de una biblioteca del panorama real. Además es necesario advertir que el conjunto de libros adquiere sentido como tal, por lo que lo geográfico o lo científico o lo filosófico no son disociables del todo como asuntos separados, de modo que la geografía que contiene la biblioteca se entiende en ese todo, enlazando con los demás saberes allí reunidos. Algunos son próximos o incluso apropiables, como la geología, los mares, la meteorología, o ciertos aspectos de la ingeniería y de la astronomía, pero el conocimiento de la tierra aparece aquí claramente como compañero de otros conocimientos, desde la literatura a las matemáticas, escogidos con afán formativo e informativo, seleccionados con seriedad. La biblioteca aparece así como un órgano complejo y completo del que la geografía forma parte. Al geógrafo de espíritu abierto le complace tal planteamiento participativo.

Hace medio siglo los autores de tendencia «clásica» —hay clásicos casi siempre, también en geografía— habían alcanzado su máximo en teoría y método, en las dos ramas esenciales, la geografía física y la humana, así como maestría en el establecimiento de sus relaciones territoriales en los estudios de carácter regional, y estaban creciendo, como en todo, las especializaciones en los distintos componentes. La geografía física tenía un considerable fundamento geomorfológico y la humana una vinculación marcada con la historia y la sociología. Los espacios rurales, donde los elementos naturales y antrópicos mostraban sus más evidentes combinaciones eran un objeto preferido de los geógrafos, pero también obedecía tal preferencia a una realidad extensa en la que esos hechos manifestaban morfologías características, incluso identificativas, a las que se denominaron «paisajes». Tales paisajes eran la forma geográfica resultado de una composición de fuerzas, factores y componentes, naturales y sociales, interactuantes en el espacio terrestre, en el que operaban conjuntamente la función territorial, las estructuras física y socioeconómica, y los recursos culturales. Eran el estado presente de un proceso, una evolución y una historia con distintos ritmos, y un documento en el que se habían superpuesto numerosas escrituras, borrado otras, un acumulador histórico, aunque no completo. Tal paisaje era el resultante formal, la realidad tangible y la puerta de entrada al conocimiento de todo lo que le constituía de modo no visible. Decantación, formalización, configuración son, pues, los términos propios del paisaje real del geógrafo.

Su geografía, como saber, y una vez identificadas las realidades geográficas en el espacio, tendía en varias direcciones: por un lado, a las relaciones verticales entre dinámicas y componentes (litosfera, hidrosfera, biosfera, antroposfera, noosfera, atmósfera) de cada espacio identificado como una unidad geográfica formal, y por otro, las relaciones horizontales de esas unidades entre sí, tanto en los flujos generales y en las conexiones de vecindad, como en la geografía interna de la unidad, fragmentable en múltiples subunidades de distintas escalas y rangos de cuyo mosaico final por asociación de piezas se compondría el paisaje. El flexible cambio escalar permitía analizar a distintas magnitudes, desde la universal a la celular, como aplicando un zoom gigantesco, por ejemplo del continente a la región, de ésta a la comarca o la ciudad y finalmente a la parcela o la calle, pero consciente el geógrafo de estar actuando en un rango del sistema, no en un sistema sin rangos. Los instrumentos de análisis y de expresión fueron textos, cartografía, croquis, fotos y hasta un estilo.

La influencia en geografía física de los estudios aplicados de procesos dinámicos, y en geografía humana la de un positivismo cientifista y un marxismo estructuralista, animados por la eficiencia de los planteamientos de la economía regional, condujeron la geografía hacia otros objetivos, con distintos métodos y técnicas de trabajo y la alejaron parcialmente de los planteamientos anteriores, justamente a partir de los años sesenta. Lo nomotético parecía un fin en sí mismo y el afán de abstracción cuantitativa llevó incluso a una crisis en los autores que, según uno de ellos, se dividieron entre los que practicaban lo que Pascal había llamado «espíritu de geometría» y los que permanecían en el «espíritu de finura». Lo más fogosos llamaron a este turno «nueva geografía», sin contar con que el tiempo sólo mantiene lo nuevo hasta que también envejece. No era un terreno estrictamente propio, por lo que se sumó a una corriente más pluridisciplinar en la que navegó y se perdió en el horizonte. Una vez pasada la sorpresa y el efecto revulsivo del afán renovador, la geografía siguió sus quehaceres y reabsorbió la materia entre ellos sin conflictos especiales.

Por otra parte, la geografía también se abrió hacia dos frentes conflictivos: en primer lugar, hacia el compromiso político, saliendo en ciertos casos de la cátedra a la plaza pública, a lo territorial en el mismo territorio y a lo social en la misma sociedad, en suma, mediante un posicionamiento explícito en el debate ideológico. Lo hubo, aunque no me consta que tuviera mucha audiencia. En segundo lugar, minoritariamente, se personó como opinión autorizada en lo ambiental. El funcionalismo anterior había llevado a los geógrafos a una extendida actitud pragmática por lo que generalizadamente no se concedía a estos aspectos más que una escasa atención, y sólo en casos contados el proteccionismo de los paisajes había adquirido entidad, como en los ejemplos de Schrader y de Reclus en Francia, en el siglo XIX, y luego Terán en España, ya mediado el XX. Como el conservacionismo se aplica a una base territorial obvia y a un paisaje formal evidente, la voz de la geografía debería haber tenido mayor eco en las decisiones y tendencias en tal dominio, pero estas cuestiones tenían una administración forestal y luego adquirieron una tendencia biologista en las que no funcionó más que excepcionalmente la razón geográfica. En cualquier caso, la geografía despertó también en este campo por aquellos años. Hubo, pues, una apertura, unas ramificaciones, contactos nuevos con otras disciplinas y realidades, y una presencia o difusión mayor, lo que se refleja en los contenidos de los libros, pero también en los intereses de sus compradores y lectores.

No obstante, la geografía del paisaje no sólo prosiguió, sino que se renovó metodológicamente; por ejemplo, dentro de la geografía física, hubo una deriva hacia planteamientos que centraron el estudio del paisaje natural más en lo biogeográfico que en lo geomorfológico —como se había venido haciendo en las escuelas anglosajonas y francesa— con resonancias de las escuelas alemanas de preguerra. El estudio histórico de las estructuras sociales como formadoras de territorio y sus tejidos paisajísticos se incrementó con excelentes resultados. El paisaje urbano fue objeto de múltiples investigaciones bien dirigidas y realizadas, por ejemplo en las ciudades históricas y en los centros fabriles. Todo esto vino a constituir la masa real del planeta de la geografía durante esos años más que las brisas de superficie. Los conocimientos de geografía regional se afianzaron con planteamientos y datos explicativos ante las nuevas realidades, si bien perdiendo en el camino capacidad descriptiva —estimada como poco científica— y con ella afianzamiento en lo formal, en la concreción del lugar, estilo en la expresión y, finalmente, poder de comunicación. De este modo, un biólogo, un economista, un sociólogo o un urbanista podrían tener mayores andamios territoriales; pero también era conveniente mantener el sentido de saber «las partes del mundo», como se decía antaño, que siempre le ha sido propio a la geografía, y el de confeccionar y ofrecer sus propios cuadros, completos, cosa en la que siguieron activos al menos los maestros. Por último, desde los años ochenta se dio un fortalecimiento y una ampliación de los estudios universitarios de geografía en España, con proliferación de departamentos, lo que contribuyó a la consolidación y expansión de su presencia y publicaciones.

De todas maneras, si puede servir de ejemplo una experiencia propia, yo publiqué una parte sustancial de mi tesis —un estudio de paisaje urbano— en una colección humanista del Colegio de Ingenieros de Caminos, es decir, fuera del círculo de geógrafos estrictos, con total normalidad, lo que quiere decir que nuestros trabajos tenían cabida natural en nuestro entorno intelectual, tal vez más por la apertura de éste que por nuestros propios esfuerzos de expansión. En suma, que haya libros de geografía en la biblioteca de otros profesionales no debería considerarse raro, pero tampoco es tan común y parece deberse más a un temple del lector, buscador y receptor de conocimientos geográficos, que a nuestra voluntad o capacidad de propagación.

Otros geógrafos explicarían seguramente este proceso con distintas tintas o con diferentes sesgos, pero los párrafos anteriores proceden de una experiencia bastante directa y activa de mi profesión en los años de publicación de los libros de la biblioteca de Calvo-Sotelo y la he contado sólo con el fin de darles la razón y el sentido que toman desde el lado de los productores, por lo que, al menos, es totalmente sincera, como el motivo lo requiere, y es todo lo veraz que siempre puede alcanzar a ser una perspectiva desde el núcleo. Volvamos, entonces, más informados, a la pregunta que antes nos hacíamos y miremos ya las portadas y leamos las páginas de los libros encontrados.

Cultura, mapas y guías, paso a paso

En una biblioteca que se acerca a los diez mil volúmenes y donde se han catalogado cerca de veinte secciones, entre ellas, particularmente nutridas, política, economía, historia, literatura y ciencias, la geografía en sentido amplio, comprendiendo su propio marco y el de la demografía, geología, mapas, guías y civilizaciones, aunque no entre en la primera fila se acerca a ese nivel de presencia. Además son abundantes los libros de filosofía, religión, derecho, música, educación, medicina, psicología y de otros temas. Como el número, aunque señala preferencias o terrenos más transitados o con mayor producción, también es cierto que por sí solo puede no ser significativo tendremos que entrar en materia y, una vez en ella, abrir determinadas obras reveladoras. Ahora nos introduciremos en la biblioteca geográfica paso a paso, desde fuera hacia dentro, primero a través de la afición por la cultura y luego, con mayor utilidad viajera directa, por su colección de mapas y guías. Acabado este examen preliminar, terminaremos con la geografía propiamente dicha.

En las obras catalogadas en el apartado de «civilización», aparecen ediciones fechadas desde el año 1929, ésta genérica, pero que tienen un puerto de salida más claro y expresivo en un conocido libro de Azorín, *Los pueblos,* en publicación de 1943: es un buen arranque. El campo, el campesino, la prosa del noventa y ocho, y la maestría sosegada y refinada de Azorín. Creo que aquí empieza el destino de esta biblioteca geográfica y el buen aprendizaje de su lector. Le siguen en la biblioteca, por distintas secciones, otros libros del mismo autor, aunque agrupables también en este bloque, como *Castilla,* en edición de 1943, *Un pueblecito,* en publicación de 1946, *El paisaje de España visto por los españoles* —libro esencial—, o *La ruta de don Quijote.* Azorín no era geógrafo, todos los sabemos, pero su escritura contiene más sentido geográfico que la de muchos profesionales de nuestra disciplina y además, descubrió con lucidez caracteres esenciales de nuestro paisaje y los cubrió incluso con una mirada cualificada a través de la cual aún vemos los lugares. Es una raíz tan propia en la imagen de España que me parece feliz este inicio en una biblioteca. Hace ya unos cuantos años, en 1973, escribí lo siguiente sobre este gran escritor, que me parece adaptable a esta nueva circunstancia: «A Azorín le gusta penetrar y hacer penetrar suavemente al lector en la vivienda del pobre labrador, en la vieja callejuela de la ciudad antigua o en la clara montaña levantina; pasa el zaguán, sube la empinada cuesta empedrada, camina entre los enebros, el espliego y el romero. Para entender hay que introducirse, lo que en las sierras significa subir, madrugar, andar reposado, detenerse entre las cosas para disipar la fatiga, adaptarse, otear y reconsiderar el paisaje en el que, extraños, entramos sin invadir. Esto exige esfuerzo y respeto». Quien haya aprendido este tono estará en armonía con el paisaje.

A partir de los sesenta hay un salto, que se incrementa y especializa desde los setenta. El salto se produce con otra obra significativa del escritor catalán Gaziel, que revisó con ojos nuevos, implicados pero no propios, el interior y el occidente peninsulares, como una visión complementaria. A él sigue otro de Laín, ya en los setenta, *¿A qué llamamos España?,* con lo que retorna tácitamente el sentido del 98, no directamente sino por evocación y por tratarse de una nueva reflexión sobre España, pieza por tanto también de contenido enraizado. Este es el primer marco de la formación de aproximación geográfica de un español para la tarea de serlo, para encuadrar su posición en su entorno. No escasean los libros del y sobre el 98 en éste o en otros lugares de la biblioteca, por lo que su inclusión aquí participa de tal contexto ¿Serían los libros de Azorín y de Laín aquí encontrados la mejor recomendación para iniciar a un hombre culto en el contenido profundo de los paisajes de España? Sin duda hay también otros y múltiples complementos, pero no me parece una mala elección, aunque en los azares de la formación de una biblioteca la intencionalidad precisa no sea siempre el único motor.

Después la concreción aumenta, tal vez por el deseo de un conocimiento más preciso o por un interés determinado y también por la funcionalidad de apoyo al viaje o a la acción. Y el radio se amplía. Referidos a España hay libros de interés geográfico específico, sin ir más allá aún del capítulo de «civilización», es decir que tratan aspectos culturales, sobre Cataluña, Andalucía, Navarra, Aragón, País Vasco, Galicia, Asturias (incluso la *Carta de Asturias* de Hugh Thomas), Murcia, Baleares, Canarias, Madrid, Barcelona, Granada, León, Burgos, Valladolid, Segovia, Toledo...

Si consultamos la sección de «guías» reaparecen lugares y encontramos, en suma, una proliferación de puntos por todo el territorio que quizá convendría volcarlos en un mapa para dar una visión gráfica, sintética y conjunta. A falta de ello mencionemos sólo que allí hay lugares de Galicia, Asturias, Cantabria, País Vasco, Navarra, Aragón, Cataluña, León y Castilla La Vieja, Extremadura,

Madrid, Castilla la Nueva y La Mancha, Valencia, Murcia, Andalucía, Baleares y Canarias... es decir, de todas partes. Hay puntos e itinerarios que creo expresivos, como Muniellos, Daimiel, algunos espacios protegidos, una guía de senderos de España y otra de marchas por las cañadas, El Bierzo, el Alto Tajo, el Camino de Santiago, Santillana, Peñalba, incluso los tubos volcánicos de Lanzarote, por un conocido especialista, o la geología de la Región Central, por otro prestigioso científico. También están los Picos de Europa, la Liébana, la Sierra de Ancares, la Sierra de Guadarrama, la de Gredos, la calzada de la Fuenfría, el Valle de Arán, el Pirineo navarro, el aragonés y el catalán, San Juan de la Peña, Javalambre, Sierra Nevada y la Alpujarra, y la isla de Tenerife. Algo parece decir esta inclinación montañera. También se manifiesta lo funcional en la presencia de lugares de caracteres señalados al alcance desde Madrid, como el Burgo de Osma, Silos, Covarrubias, Segovia, Toledo, Sigüenza, Atienza, Pastrana, Pedraza, Sepúlveda, Gormaz, entre otros de órbitas más lejanas que no podemos detallar.

La selección de estos lugares revela una estima culta que igualmente se aprecia en la presencia de las guías de Cuenca y de Pedraza, de comienzos de los años cincuenta, justamente por su fecha, cuando estos dos lugares representaron un símbolo del viaje a las raíces olvidadas y recuperadas en grupos intelectuales y artísticos de Madrid. Hay algunas obras expresivas, como los viejos Baedeker, viajes de Chateaubriand o guías antiguas, pero me parecen resaltables, como ejemplos o muestras de temas con distintos contenidos, la edición de Otero Pedrayo sobre Galicia en 1926, y otra posterior sobre Orense, un rescate significativo de nuestro valioso geógrafo-literato, el más clásico aún en el siglo XX, o la visión en profundidad de *Por tierras de Portugal y España,* de Unamuno en dos ediciones de 1944 y 1946 —si bien hay más libros de don Miguel en otras secciones de esta biblioteca, igualmente aplicables al viaje y al sentido de la tierra, el pueblo y la ciudad—, o la presencia elocuente de la *Costa Brava* de J. Pla, tan entendida como bien expresada —tal vez la visión catalana del paisaje por excelencia—, o la rompedora *Alcarria* de Cela con repetidas dedicatorias (y además, *Del Miño al Bidasoa,* en edición de 1952, y *Cuaderno del Guadarrama,* de 1983), o el renombrado *Viaje por los montes y chimeneas de Galicia,* de Castroviejo y Cunqueiro, o la cabal *Soria* de Blas Taracena, o hasta los mismos alfares de Natacha Seseña, o ya mirando hacia fuera los libros amenos de Camba. También hay otros autores de peso y que otorgan sentido, como en los casos del Museo del Prado de d'Ors, libro clave, del viaje de García Mercadal, del siempre notable *Madrid* de Ramón Gómez de la Serna, del muy interesante viaje de Fernando de los Ríos a la Rusia Soviética, del universitario de 1933 por el Mediterráneo, y, con otro carácter, el clásico de Alarcón sobre la Alpujarra, o bien dos piezas más remotas de valor tan claro como el relato de Pigafetta sobre el primer viaje en torno al Globo, y las vistas de España de David Roberts.

Hay otros libros asimilables a esta línea por diferentes secciones de la biblioteca, desde la geología al reconocimiento inicial de las Indias, que podríamos sumarlos aquí sin distorsión conceptual. Lógicamente, tal vez no sea tan abundante este tipo de libros como en una biblioteca especializada, pero sí es bastante expresivo de un afán selectivo en determinados autores de valor, materias interesantes y lugares escogidos. Pero creo procedente añadir que, por otros puntos de las librerías, reposan además las unamunianas obras de literatura y pensamiento, pero también de geografía trascendente, *De mi país* (en edición de 1945), *Paisajes del alma* (1946) —fechas que las hacen entrar en una fase formativa del lector— y *Andanzas y visiones españolas.* De este libro tengo a mano cuando escribo estas líneas la edición de 1940-1941, con sus capítulos sobre el silencio de la cima o la quietud de la pequeña vieja ciudad, que me parecen tan hondos, y que releo ante la sugerencia de la biblioteca que comento. Por ello, no me resisto a copiar aquí: «escápate cuando puedas a la cumbre... donde más alto puedas»; o bien: «al contemplar los pináculos de la catedral, sueño en las encinas de las anchas navas, y al apacentar mi vista y mi corazón en éstas me corre por dentro, en curso soterraño del alma, el recuerdo de las piedras hojosas de nuestros monumentos de arenisca. Así llevo la ciudad al campo y traigo el campo a la ciudad». Porque todo es paisaje, todo es enlazable y análogo, y de todo esto estamos hechos, de cimas, encinas y catedrales, y a veces tomamos, sin confusión y con perfecto simbolismo, unas por otras.

Y de los demás países, los libros de cultura tratan sobre Estados Unidos, la Unión Soviética, África, los países islámicos, el Magreb, Argelia, Pakistán, Egipto, Siria, Israel, China, Japón, Filipinas, Argentina, Ecuador, Costa Rica, Puerto Rico, Panamá, Italia, Alemania, Países Bálticos, Rumania, Italia, y sobre lugares como Tierra Santa, Amsterdam, Amberes, Londres, Florencia, Caracas y Bogotá. No sé si habría más, de uso efímero, que no se han conservado, pero esta muestra basta para indicar una huella de múltiples rastros. Lo que hay está abierto a regiones, ciudades y continentes; y, en tal tónica de apertura, no parece que se pueda deducir desinterés por lo que no hay, sino azar, el azar último de la bibliotecas que, como el hielo del polo boreal, es un suelo que camina por su cuenta en direcciones que no coinciden muchas veces con la de la ruta del explorador. El tono de lo que sí está —y no tenemos más datos— basta para pensar que es el propio del paso de un primer momento de referencias generales y de preparación a una segunda etapa de saberes concretos, en un abanico ampliamente desplegado que arranca en los setenta y no se detiene ya. Seguramente, también las circunstancias ponen sus puntos propios en el mapa desplegado.

Pero en la sección de «guías», más pegada al viaje y al interés específico, desfilan muchos otros lugares, desde una referencia a Lisboa aún en los cuarenta. Luego sigue un mapamundi casi completo —incrementado en adquisiciones desde los setenta— que, si se debe a un interés geográfico ya es llamativo y si surgió de viajar es envidiable, pues en él están, sin orden cartográfico por mi parte, Moscú, Leningrado, Estambul, Egipto, Turquía, Venecia, repetidas veces París y Londres, las regiones de Francia y de Gran Bretaña, los estados de Estados Unidos y sus lugares renombrados, por ejemplo con sitios tan contrastados como Alaska, Filadelfia y el Gran Cañón del Colorado, también Canadá, Salzburgo, Dublín, Escocia, Flandes, Atenas, Marruecos, Noruega, la Costa Azul, Mónaco, oposiciones como el Vaticano y Las Vegas, exotismos de Afganistán y Pakistán, Sicilia y las Islas Eolias, Creta y Córcega, la gran naturaleza en el Monte Kenya, el Tíbet, las Torres del Paine, la Jungfrau y el Grossglokner, Nepal y Ecuador, Chile y Argentina, el Cabo de Hornos, rumbos distantes como Cuba y el África austral, el lejano oriente, el sabor mítico del Transiberiano e incluso un relato de la llegada del hombre a la luna. No cito todos los lugares, que siguen al mismo tenor, por no recargar estas líneas de nombres y para no abrumar a los lectores; sin duda, habrá que hacer un mapa en el que estén presentes tanto Ronda y Almagro como Edimburgo y Atenas o Asunción y San Petersburgo. Destaco además unos libros acompañantes en esta sección que me parecen nuevamente significativos, el de Herbert sobre los desiertos polares, la historia de las exploraciones de Deschamps, los grandes exploradores de Griaule, y el más reciente de Fernández Armesto (2006), *Los conquistadores del horizonte. Una historia mundial de la exploración.* También el clásico de E. Huxley, *Scott of the Antarctic,* y el de la gran travesía de la Antártida de Fuchs y Hillary, llevada a cabo en relación con el

Año Geofísico Internacional de 1957. O los trabajos de Moorehead sobre la historia de la exploración del Nilo o varias obras sobre la historia de la cartografía.

Pero reservo para el final una pieza fundacional y particularmente expresiva de todo un movimiento, naturalista, filosófico, excursionista, conservacionista, de amor por la naturaleza y particularmente la de las montañas y los paisajes glaciares, llamado sin traducción fácil «Wilderness»; es una obra de John Muir, quien abrió en su día en América un ámbito de responsabilidad al llamado sentimiento de la naturaleza, que alcanzó resonancia mundial. Pienso que estos horizontes asentados en una biblioteca no sólo son panoramas expuestos por sus autores, aunque no visibles puesto que están allí en silencio replegados en sus páginas, pero dispuestos a verter sus contenidos en su posible lector, con el requisito de voluntad que pide toda lectura, sino también elecciones o preferencias de este lector para su colección privada y, por tanto, que dibujan su perfil. La geografía, sobre todo la de viajes, arroja quizá sólo una luz tenue en determinados casos de personalidades destacadas en otras facetas, pero puede ser un candil que en ciertas muestras revele más que aficiones, sueños.

Posiblemente cabría integrar entre esas obras las frecuentes apariciones de publicaciones con contenido cultural e incluso divulgativo sobre muy distintos lugares de España y del mundo, desiertos, lagos y confines, desde el Rift Valley a la Antártida, pasando por las cataratas del Niágara, Estrasburgo, las montañas escandinavas, los Alpes, la defensa del Guadarrama y los Parques Nacionales españoles. En este conjunto hay un libro destacable y posiblemente significativo, *La Montaña,* dirigido por Maurice Herzog y publicado en España por Labor en 1967. Herzog fue uno de los alpinistas franceses que consiguieron subir por primera vez en la historia —al menos con comprobación— a la cumbre de un pico de más de 8.000 metros de altitud, el Annapurna, en la cordillera del Himalaya. Los grandes montañeros de posguerra en los Alpes sobrepasaron allí su canon y entraron en una nueva dimensión del esfuerzo, la técnica, la latitud y el sacrificio. Fue un libro realmente enciclopédico, con reunión de grandes especialistas en distintos aspectos de la montaña, abierto a multitud de temas, y su nivel era excelente. Hoy es un testimonio de cómo se entendió y de cómo era la montaña en los años sesenta del siglo XX. Quien tiene este libro en su biblioteca queda automáticamente definido o como un montañero o como un amante de las montañas, sus componentes, su cultura, su historia y sus significados en aquellos años.

Para un relativo contrapeso, bastante cualificado, está también por los estantes *Le voyage au Mont-Blanc* que hizo Chateaubriand en 1805 y publicó el año siguiente, en una edición reciente; contiene este escrito una singular oposición a la corriente ilustrada y romántica de amor por las montañas, sobre todo a las ideas de las que surge y en concreto a las que escribió Rousseau, aunque también rechaza sus fatigas y pobrezas. Chateaubriand formuló similar punto de vista en el Prefacio de *Atala,* en 1801: *«je ne suis point, comme Rousseau, un enthousiaste des sauvages... je ne crois point que la pure nature soit la plus belle chose du monde. Je l'ai toujours trouvée fort laide, partout où j'ai eu occasion de la voir».* Sin embargo, pese a esta radicalidad en el combate de ideas, hay páginas de Chateaubriand sobre la naturaleza y su sentimiento que pueden situarse entre las mejores escritas en la literatura universal. Así es a veces el espíritu de los escritores independientes.

Pero, por poner un ejemplo de tratamiento cultural del territorio en las obras mencionadas, escogería, ya que antes lo he destacado, la reciente *Carta de Asturias* de Thomas (2006) como libro expresivo —aparte de su autor, que también lo es—. Parece que era un libro destinado a formar parte de la biblioteca de Ribadeo, aunque no llegó a viajar desde Madrid, por su vinculación evidente con la inmediata región y por integrarse entre los libros allí reunidos sobre historia, geografía, arquitectura de Galicia y Asturias, junto a mapas y cartas náuticas asociados al paisaje local. En la introducción a la edición española de esta obra se dice con acierto que Thomas viene a ser el último de la serie de viajeros ingleses por Asturias, lo que permite un justo encuadre cultural, pues se trata en efecto de un libro de viaje, aunque escrito esta vez por un historiador que no renuncia a su mirada al pasado, lo que incrementa su interés. Además, penetra en Asturias desde Ribadeo, lo que en este caso podría ser alegórico, y ya comienzan sus recuerdos remontándose a Borrow, a la guerra de Alberoni de 1719 o a los franceses en Castropol en 1810, mezclándose con lo descriptivo y la anécdota vivida. Aunque parte Thomas de la misma «forma de Asturias», como una mariposa con las alas desplegadas, con sus dibujos que evocan vidrieras, pienso yo, recordando un mapa de los concejos, y un cuerpo central, Oviedo, con antenas en las autopistas, ojos en Avilés y Gijón, y una cola de montañas, es éste, pues, un libro de historia recordada tanto como de geografía vivida, con un largo poso de cultura que se siente cómodo en la etapa y las figuras de la Ilustración, amigo así en el largo tiempo de Feijóo, y particulartemente de Jovellanos, ambos las voces de su siglo, y, más tarde, de Clarín. De modo que su autor dice con claridad: «con todo, los héroes de este libro son Clarín y Jovellanos». Los héroes son, por tanto, la inteligencia, la ponderación, el sentimiento y la ironía. Modos de presentarse la calidad.

Creo que esta selección recordada contiene el sentido mayor de haber elegido ahora esta obra por su lomo, haberla sacado del estante y leer al abrir sus páginas: «Podría decirse que nada ocurrió en Asturias entre la partida del rey García en el 912 y la llegada de la Ilustración a mediados del siglo XVIII... ¿Por qué... la Ilustración española se encuentra tan íntimamente vinculada con Asturias?... Confío, como siempre en las personalidades». Pero personalidad y controversia parecen ir inevitablemente unidas entre nosotros. De la imagen de Jovellanos en este libro retengo el título de unas de sus conferencias: «Modo de promover la felicidad de Asturias». Nada como el entusiasmo. Aunque Clarín había escrito, escéptico: «Jovellanos fue patriota, sabio, algo poeta, pedagogo, estadista, escritor en prosa de los mejores... mil cosas más. Pues como si cantara», retengo con alguna esperanza las frases finales del capítulo que le dedica Thomas: «en las siguientes generaciones, personas de todos los partidos políticos han leído las obras de Jovellanos con admiración... y han procurado poner en práctica sus principios. Incluso hoy, constituye una extraordinaria inspiración para todos». A veces todos no significa muchos, pero basta la vigencia de esos principios nuevamente en determinadas personalidades.

La ciencia geográfica en los estantes

Acabemos este viaje alrededor de una biblioteca, con un comentario breve sobre la ciencia geográfica que contiene en sus estantes. Creo que muestra sintéticamente y con piezas contadas pero expresivas el proceso experimentado por la geografía universitaria entre los años sesenta y los recientes dosmiles, que antes resumí. Hay libros más vetustos, por ejemplo uno nada menos que del precursor Fermín Caballero, de 1844, u otro sobre los conocimientos iniciales sobre nuestra sierra de Gredos al comenzar el siglo XX. Hay libros legados de la biblioteca familiar de Ibáñez Martín y escritos por este mismo, que remiten a una geografía de época, anteriores al planteamiento que he descrito.

Los rastros más antiguos del proceso que encuentro en la biblioteca de Calvo-Sotelo, se localizan en algunas obras de Dantín, geógrafo profesional, próximo al círculo intelectual de la Revista de Occidente, aunque en publicaciones suyas algo tardías, de 1942 y 1948, las *Regiones naturales de España* y el *Resumen fisiográfico de la Península Ibérica*. Son libros para saber geografía directamente y para conocer, aunque quedó incompleta la publicación, el mosaico comarcal y regional que compone nuestro territorio. Aparte de las divisiones administrativas de distinto orden y de las políticas (e incluso ensayísticas) que han diferenciado y subdivido el mapa de España, ha habido siempre otras, atenidas a la realidad territorial y más o menos coincidentes con las anteriores, que son las que han expuesto los geógrafos. Es un ejercicio interesante cotejar unas y otras, por ejemplo a lo largo del siglo XX. Dantín recurrió a los elementos y a los métodos geográficos y no tuvo más objetivo que esclarecer y difundir lo que había realmente sobre el terreno. Como científico de una disciplina que tenía entonces una sólida conceptuación, sobre todo en Francia, Alemania y Estados Unidos, Dantín se instala en una definición moderna de la región, en una acepción de su calificativo «natural» como apropiada a su objetivo, en una aplicación sistemática a un conjunto de regiones bien circunscrito como es el caso español, y en una aportación al conocimiento preciso de nuestra realidad territorial; lo hizo en fecha temprana, junto a otros especialistas, como en el caso de los naturalistas Huguet del Villar y Hernández-Pacheco, o los geógrafos de obras descriptivas con criterio moderno que aparecieron, por ejemplo, desde los años veinte.

Junto a estas contribuciones habría que situar un libro de Revenga, aunque de edición más tardía, sobre las comarcas españolas. En continuidad con este tema aparecen en la biblioteca otros libros resaltables, como *La Península Ibérica,* de Vilá (1968), manual universitario clásico por el que pasaron generaciones de estudiantes y de lectores cultos interesados en datos y planteamientos acordes con esos años, o el *Campo y ciudad en la geografía española,* del mismo autor (1979). En tal línea también está significativamente la obra de Terán y Solé, dos de los geógrafos mayores españoles del siglo XX, profesores respectivamente en las universidades de Madrid y Barcelona largamente colaboradores en grandes obras sobre nuestros paisajes desde los años cincuenta, que tuvo alta repercusión en un nuevo entendimiento de la *Geografía regional de España* (1977). Un número de la revista *Estudios Geográficos,* editada por el CSIC, da una presencia a la geografía universitaria de investigación y, con ella, a sus directores, Amando Melón y Manuel de Terán, y a sus colaboradores especializados y en aumento.

A estos ejes se suman otros numerosos libros referidos a territorios concretos, que parecen obedecer a intereses específicos, a necesidades coyunturales y a soportes para viajes, pero no tengo los datos necesarios para conectarlos con seguridad a esas posibles circunstancias biográficas. Parece, pues, lógico atribuirlos a ese campo funcional, en el que se ordenarían, mejor que en una teoría, obras sobre Túnez y Berlín, o sobre Burgos, Jaén, Vitoria y las montañas españolas, aunque hay dos tendencias más o menos manifiestas: hacia el gran viaje por el mundo y hacia los lugares españoles que podríamos calificar de solariegos. No podían faltar en un conjunto así, como complemento, los Atlas, que contienen el mundo, ni las enciclopedias, que lo clasifican y ordenan, tan propias de finales de ciclos de análisis que necesitan una revisión sintética. Hay además algunos libros de geógrafos reconocidos, como es el caso de Oscar Schmieder con su *Geografía de América,* o el de Walter en su monografía sobre África, o el de Allix con la traducción de su tan usado manual desde los años cincuenta, decantación del sentido pedagógico de la entonces estable geografía francesa. Y dos obras que recuperan la historia de la geografía, por cierto sintéticas y de particular calidad, una el fundamental compendio de Clozier, *Las etapas de la Geografía* (1945), libro inteligente y siempre valioso, y el bastante excepcional estudio de Aujac, *La géographie dans le monde antique* (1975), aportación brillante y erudita, nuevamente con talento, a una fase sobre la que no abundan los recuentos e interpretaciones.

Otros libros son reveladores, aparte de su propio valor como monografías, de las tendencias por las que pasó la geografía de aquellas décadas y a las que antes aludí. Destacaría, en primer lugar una obra del historiador Braudel en 1985, *La Méditerranée,* como muestra del peso de una escuela francesa de historia, particularmente atenta al fundamento geográfico. Es una corriente de raíz posibilista, muy asentada, que trata tal condicionamiento como un conjunto de posibilidades al quehacer colectivo y que referencia los sucesos sobre un espacio. Este planteamiento, que en el caso de Braudel alcanzó notable calidad, enlaza con las ideas de causalidad vigentes o explícitas en la geografía humana francesa desde fines del siglo XIX, por lo que dichas escuelas de historia y geografía tuvieron fértiles conexiones y mutuas influencias. Hubo, pues, un tiempo en que la historia era geográfica y la geografía se sostenía sobre una sólida base histórica. También en España. Este libro viene, por tanto, a representar tal convergencia.

La expansión de tendencias conceptuales y metodológicas en la geografía desde los sesenta está también recogida en esta biblioteca. Por un lado, es perceptible en un primer vistazo la abundante representación de la colección *Que sais-je?,* de las prensas universitarias francesas. Fue y es una colección excelente, de monografías breves, didácticas, rigurosas, serias, escritas por especialistas reconocidos y con la claridad propia de la enseñanza francesa. Tanto en geografía como en los demás saberes. Su frecuencia aquí supone un nuevo acercamiento a la geografía de alguien con amplios intereses intelectuales, con necesidad de tratados concisos y con la sencillez de un estudioso que quiere conocer con solvencia pero sin especialismo asuntos que no tiene profesionalmente como eje. La pléyade de autores que escribió la contribución geográfica a la serie estaba dentro de lo mejor que había en la universidad francesa, por lo que la calidad de aquellos pequeños tratados o monografías era notable. Así, en la biblioteca se encuentran referencias a lugares y a temas geográficos diversos, como el Rin, los ríos, los Alpes, incluso la síntesis renombrada de Michel Drain sobre la Península Ibérica, de 1964, etc., y autores tan conocidos como Veyret, Deffontaines, Pierre George repetidas veces, Rougerie, Dollfus, etc.

La presencia de Pierre George en fechas de los sesenta y setenta tiene más de un significado. Fue autor muy prolífico, gran trabajador, de ideas claras y exposición brillante, a veces con aciertos literarios como la descripción dinámica del deshielo de los ríos siberianos que incluyó en su geografía de Rusia. Estuvo presente en la evolución hacia una innovación de la disciplina en la segunda mitad del siglo XX y fue promotor de la idea de una «geografía activa», inserta en el cambio social, corresponsable, y en un planteamiento más estructuralista que paisajista del quehacer profesional. Hay que tener en cuenta para entender este giro que en la geografía humana francesa era explícito el estudio del paisaje como objeto propio desde los años diez del siglo XX, que prosiguió con suficiente preferencia hasta los setenta. Ello condujo a George a formular su deseo, por un lado, de difundir la disciplina fuera de su círculo académico, alojándola en «la vida», y, por otro, de tratarla como ciencia social del espacio próxima a los conceptos y técnicas de trabajo propios de la región económica, lo que requería un replanteamiento de los objetivos y del método de la ciencia geográfica. Pierre George fue, por tanto, influyente en esta perspectiva de una geografía social, comprometida y positivista hasta los años ochenta, a través de numerosas publicaciones, aquí suficientemente representadas.

Pero la tendencia hacia los análisis de sistemas y de modelos tendría su mejor expresión en autores anglosajones. En esta biblioteca hay una buena prueba de ello en el libro de Peter Hagget *Locational analysis in human geography,* de 1969. La presencia aquí de esta obra lleva a pensar en un interés por estar al día en los avances metodológicos y científicos en general y en la geografía en particular, pues eso expone desde su propio esquema. La llamada entonces «nueva geografía» basó en este autor y otros de igual tendencia sus cambios de medios y fines, particularmente cuando estos libros tuvieron sus traducciones españolas que los difundieron entre especialistas territoriales y urbanistas. Podríamos resumir la convivencia en tal proceso de «clásicos» e «innovadores» —aunque dudo que a la postre fueran tales los denominados de esos modos— en otros dos libros de esta biblioteca, casi simultáneos: uno, *Géographie des paysages* (1969), escrito por el reconocido profesor G. Rougerie, y el otro, *L'éspace géographique* (1970), del también sólido geógrafo O. Dollfus. La diferencia entre los términos paisaje y espacio puede ser sutil, pero reposa en conceptos distintos, aunque puedan ser parcialmente compartibles. El paisaje se refiere a la configuración que toman los hechos geográficos y el espacio al sistema territorial, de modo que el primero es morfológico y el segundo funcional: en la realidad ambos conviven, por los que se deberían sumar, pero en las tendencias conceptuales a veces se rechazan y las dos actitudes marcaron una época de sintonías y distonías, que queda también reflejada en esta sección geográfica de la biblioteca. Hay incluso el asomo de una nueva posición teórica de los momentos más recientes en una publicación sobre el «Geoísmo» de A. Lamela.

Finalmente, me encuentro entre los estantes en unos tomos de la *Guía física de España,* que dirigí para Alianza Editorial en los ochenta y noventa, a través de tres de sus libros. Dos de ellos están escritos por ingenieros de caminos que entonces eran profesores en activo en la Escuela de Caminos de Madrid. Ambos son libros sabios: el primero es el de Clemente Sáenz y Miguel Arenillas sobre *Los ríos,* y el segundo es obra de Javier Díez y trata de *Las costas;* son, pues, libros acuáticos, pero no exactamente ingenieriles, sino geográficos plenamente, a la vez científicos y cultos, propios de excepcionales conocedores del detalle y reflexivos en el conjunto. El tercer libro de aquella colección (constaba de seis volúmenes) que aparece en la biblioteca ya no puede atribuirse a una posible relación amistosa entre ingenieros, pues está realizado por dos geógrafos, Julio Muñoz y Concepción Sanz, profesores respectivamente en la Universidad Complutense y en la Autónoma de Madrid, titulado *Las montañas,* obra igualmente docta y completa; sin duda ya, fueron su tema y su solidez los que también aquí atrajeron al lector. Además hay, y con esto cierro nuestro viaje por los expresivos libros geográficos de Calvo-Sotelo, una publicación de 2007 de la Residencia de Estudiantes que constituye el catálogo de la exposición que allí tuvo su sede durante unos meses, sobre el maestro de geógrafos Manuel de Terán, y de la que fuimos comisarios, así como editores del libro, Nicolás Ortega, profesor de geografía en la Universidad Autónoma de Madrid, y yo. Terán, nuestro maestro, el maestro que definió los paisajes españoles como amasados por «siglos de historia, de afanes y trabajos, sueño y pensamiento», que «han hecho del medio natural paisaje de cultura, animado y nutrido de genialidad y savia espiritual», que es figura esencial en la geografía española, cierra así esta mirada a los paisajes de una biblioteca con un certificado de calidad y en un último clima de proximidad para quien esto escribe.

Retrato final

Sin duda, viajar, saber geografía, abrirse al mundo podría haber influido, entre otras virtudes, en esa vocación europeísta del gran lector Calvo-Sotelo, en esa capacidad que Jaime Lamo de Espinosa le atribuía en un artículo perspicaz (*ABC,* 6 de mayo de 2008), para haber llevado a cabo la «Transición exterior» de España, es decir, su reincorporación al mundo, estar en él y entre los demás, como condición propia de tan viejo y gran país, y como tendencia que no debería nunca añorar repliegues. Quien, como recuerda Francisco Bustelo, era capaz de dibujar de memoria el trazado de los ríos españoles sobre un mapa mudo, incluso los afluentes menores (el reto definitivo para un geógrafo), y fue cerrando el complejo mapa político de las autonomías, supo ser también en esa ocasión, por tanto, ingeniero o geógrafo de territorios más grandes que la casa propia.

Es especialmente significativo que él mismo escribiera que fue al leer el libro de Unamuno *Por tierras de Portugal y de España,* en su edición de *Austral* de 1941, cuando tuvo «el primer encuentro con la generación española del 98» y que de allí partió «el comienzo de mi nunca interrumpida vocación de lector». Hacer tal contacto simultáneo con los libros y los paisajes parece de excelentes consecuencias culturales en lo que se refiere a lo geográfico. Entrar en la geografía de España a través de los maestros del 98 conduce a adquirir una imagen del paisaje filtrada por la calidad y el sentimiento. Aquel ingeniero lector que fue presidente, educado para reformar la tierra mediante la técnica, fue consciente también —según él mismo escribe— de que «entre el proyecto y la obra... se ha instalado el medio ambiente», porque las grandes obras «cambian radicalmente la geografía y el paisaje» y pueden pasar a ser ellas los constituyentes territoriales de mayor rango.

He leído distintos calificativos sobre su personalidad en escritos agudos, que parecen complementarios, por ejemplo de García-Sabell, Victoria Prego o Francisco Bustelo, en los que se le estima como hombre de conciencia, contención y firmeza, de espíritu sereno, cultivado y discreto. Nuestro presidente culto quedaba bien, en efecto, serio y relajado en la fotografía delante de su biblioteca, como quien aparece naturalmente integrado en su paisaje. Por eso y por su voluntad de obrar, creo que retrata su temple entre la lectura y la acción una anécdota que contó en su reflexión sobre la ingeniería, publicada en 2003: cuando Heine le preguntó a su cochero qué creía que eran las ideas (tremendo oficio, por cierto, ser cochero de Heine), éste le respondió: «Las cosas que se nos meten en la cabeza». Y Heine le contestó: «Al revés. Las cosas son ideas que nos salen de la cabeza». Primero las ideas y luego las cosas.

Novena Parte

LA MÚSICA DE CLARAS COLUMNAS VERTICALES

16

Creo que eso de que yo he sido un pianista bastante aceptable es la única cosa buena que han inventado de mí los periodistas[1]

Fernando Argenta: A lo mejor la primera cuestión a Leopoldo Calvo-Sotelo sería preguntarle ¿cuántas entrevistas le han hecho sobre música?

Leopoldo Calvo-Sotelo: Sobre música muy pocas, pero sobre política, centenares.

Yo creo que podríamos dar un pequeño curriculum, porque aunque Leopoldo Calvo-Sotelo es suficientemente conocido, sobre todo, en su faceta de ministro y de presidente de gobierno, hay otros datos que pueden ser también interesantes. Es doctor ingeniero, dedicado a la empresa privada...

Perdón, Fernando, pero aquí ¿no habíamos venido a hablar de música? Perdona que yo te llame de tú aunque tú de usted, pero es que yo estoy acostumbrado a esa falta de simetría.

Vamos a hablar de música. A Leopoldo Calvo-Sotelo se le ha podido ver en varias fotografías tocando el piano.

Creo que eso de que yo he sido un pianista bastante aceptable es la única cosa buena que han inventado de mí los periodistas. Han inventado muchas que eran en general bastante difíciles de aceptar.

---

[1] Esta entrevista se llevó a cabo el 9 de noviembre de 2007 en el Teatro Victoria de Priego de Córdoba, gracias a la iniciativa del director del Conservatorio Elemental de Música, el pianista Antonio López Serrano.

Yo di clase de piano entre los cuatro y los siete años. Aprendí lo poco que se podía aprender, un poco de solfeo y tocaba con mi hermana mayor un vals a cuatro manos. A mí me correspondía la mano izquierda. Tenía un compás muy fácil, do, re, mi, fa y volver a repetir, con las dos manos, porque con una no me llegaba. Pero luego, cuando murió mi padre —yo tenía siete años— mí madre se quedó con poco dinero y no volví a dar clases de música. Lo que había aprendido de solfeo sí me sirvió para poderme manejar con alguna partitura, pero en realidad no he sido nunca un pianista, ni siquiera en el sentido de un pianista aficionado. Esto me ha traído algún disgusto, por ejemplo con Helmut Schmidt, que era canciller de Alemania, con el que tuve cierta relación de amistad, porque coincidió su mandato con el mío. Recién inaugurados los dos mandatos, me invitó a Bonn, donde estaba entonces la capital política de Alemania, y fui allí con mi mujer, y al entrar en un salón grande vi con terror dos pianos. Él tocaba el piano, bastante mejor que yo.

De hecho, hay una grabación de Schmidt de un concierto para tres pianos.

Él me dijo: «He traído la partitura de piano de un concierto de Mozart para dos pianos, te dejo a ti el piano fácil y yo me quedo con el difícil». «Yo no toco el piano», dije; «Pero si lo han dicho todos los periodistas»; y le contesté: «Pero ¿tú te crees todo lo que dicen los periodistas? ¿Por qué te vas a creer una cosa que dicen de mí sin haberla comprobado? No es verdad. Siento mucho defraudarte, pero yo he tocado muy mal el piano». Varios de mis hijos hicieron algunos años de la carrera de piano y cuando yo tocaba en casa, me corregían constantemente y sobre todo me corregían el abuso del pedal, porque la medida es muy difícil en el piano y pulsando el pedal se disimula aquello un poco: «Levanta el pie del pedal». Y me harté de que me dijeran aquello y he dejado de tocar. No he sido pianista y ahora ya casi ni pongo las manos en el piano.

¿Recuerda cuándo empezó a escuchar música clásica?

Puedo cifrar perfectamente el año en que empecé a oír por la radio música clásica, fundamentalmente ópera. Yo pasé la guerra en Ribadeo, en la Mariña de Lugo. Mi abuelo Ramón Bustelo tenía muy mal oído pero tenía una afición a la música yo creo que cimentada sobre el carácter social, especialmente en Madrid, de la ópera. Se podía permitir el lujo de un abono para él y para mi abuela y llegó a adquirir una cierta experiencia, más que conocimiento, de la ópera. En Galicia, en la costa norte, en aquella época, se oía bien la radio inglesa, porque las ondas por encima del mar, sin montañas, se transmiten con bastante limpieza y mi abuelo solía avisarme cuando había, y era bastante frecuente, una emisión de alguna ópera. A mi abuelo le gustaba Wagner, que a mí no me gustó nunca demasiado. Poco después, influido por aquel abuelo wagneriano, ya en Madrid, en el Instituto de Segunda Enseñanza Cervantes, donde estudiaba yo quinto, sexto y séptimo de bachillerato, un ilustre profesor de filosofía, nos dice: «A ver quién me dice quién es el músico más importante, en la época más brillante de Europa, desde finales del siglo XVII al XIX». Y yo, influido por mi abuelo wagneriano, me equivoqué en setenta años y en el hombre, y dije «Wagner»; el profesor se rasgó las vestiduras: «No consiento que se diga esa barbaridad. El mejor músico de todos los tiempos es Beethoven, y además no es contemporáneo de Wagner». Empecé a oír música, ópera italiana, alemana, radiada por las emisoras inglesas. Luego, en aquel pueblo de Ribadeo, que era una villa, había pocos discos, pero unos ferreteros importantes y ricos compraban discos y compraron un aparato de reproducción, bastante bueno y me avisaban: «Hemos comprado Coriolano y Egmont ¿quieres oírlo?».

¿Qué aparato era?

Era un aparato grande de discos de vinilo, hablo del año mil novecientos cuarenta y algo. Y ahí, en esa ferretería, oía yo, oí por primera vez, *La marcha fúnebre* de Wagner; aquellos ferreteros ilustres en un pueblo pequeño decían: «*La marcha fúnebre* buena es la de Beethoven, la de la *Sinfonía Heroica.* Luego hay *la marcha fúnebre* de Chopin, para mujeres —decían ellos— y la de Wagner es para héroes, y si queremos ser sólo hombres oigamos a Beethoven». Ahí oí yo por primera vez parte del *Tannhauser, Los Nibelungos,* la tetralogía de Wagner. Luego, cuando fuimos a Madrid, en el año 1941, terminada ya la guerra, entonces empecé yo a prepararme para la Escuela de Caminos y había que hacer muchos problemas todos los días y yo descansaba de aquellos problemas oyendo a las cinco de la tarde la llamada «Hora sinfónica» de Radio Madrid; eligiendo casi siempre bien el programa, daban música clásica de verdad, no era música pedante, era música que pudiera un aficionado como yo, que era incipiente, entender y disfrutar. Sí recuerdo haber oído ahí por primera vez la *Quinta Sinfonía* de Beethoven y haberme quedado exactamente deslumbrado, sobre todo por el *andante,* con dieciséis o diecisiete años. Empecé a oír música clásica en discos. Cuando terminé la carrera y empecé a tener algún dinero, iba a conciertos al Monumental Cinema; las entradas más baratas, las de arriba del todo, las de gallinero, costaban dos pesetas, es verdad que ha cambiado mucho la paridad de la peseta. Ahí empecé a oír a Pérez Casas, que era un director importante, muy clásico, que empezaba la temporada a finales de septiembre, el primer concierto, con *Egmont,* la obertura famosa de Beethoven, y el segundo, con *Coriolano* y en general había programas fáciles que un incipiente aficionado como yo podía digerir muy bien. Y ahí fue donde se hizo, creo, mi afición a la música clásica. La ópera la cultivé menos, porque era más cara y yo andaba mal de dinero, porque además no he entendido nunca muy bien que se pueda disfrutar a la vez de la música y de unos malos actores sobre la escena. Y sobre todo, cuando se me terminó de verdad la afición a la ópera fue cuando, como modernización importante de aquello, se empezó a proyectar en el alto del escenario el texto que cantaban. Es horrible. Cuando cantan en italiano o en alemán se les entiende mal, pero cuando lo traducen y se entienden bien los textos, y que me perdone un experto como Fernando Argenta, la mayor parte de los textos de las óperas son atroces, no hay quien los aguante, ni los de Wagner, que presumía de buen escritor. No hay quien le entienda; hace decir a los protagonistas masculino y femenino, cuando por fin se quedan solos, «Wir sind allein», lo que dice un español: «Al fin solos». ¡Qué originalidad tan poética! Pero en fin, la verdad es que unas veces en la ópera, otras en los conciertos, pero fundamentalmente en los conciertos sinfónicos, fui asiduo al Monumental primero, luego al Palacio de la Música y ya recientemente al Auditorio Nacional.

Yo creo que estamos de acuerdo respecto de los textos de Wagner: verdaderamente puedes seguirlo, pero el 98 por ciento no entiendes nada, y cuando te das cuenta de lo que dice, a veces defrauda.

Perdón, una observación al pie de lo que he dicho. Hay uno de los motivos más inspirados, a mi juicio, de Mozart que yo había oído y que me sabía de memoria, pero que cuando lo cantaban en alemán yo lo entendía regular, aunque yo puedo manejarme algo en alemán: es lo que dice Mozart o le hace decir al protagonista. Sobre una partitura preciosa, Mozart se quiere ligar, como diríamos hoy, a la muchacha de la fonda en que está y le dice «Vente conmigo que yo tengo una casa ahí enfrente», con la peores intenciones; y aquello tan prosaico y tan mal dicho, sin embargo está dicho sobre una partitura extraordinaria: pues déjeme usted la partitura sin letra y que yo me imagine lo que quiera, pero si usted me obliga a imaginarme lo que quiso el autor del libreto, que no era de Mozart, me fastidia usted mucho. Son confesiones muy personales. A mí me gusta la música sinfónica que no tiene letra. Cada cual pone la letra que le gusta más o que prefiere. A la ópera también voy, porque hay óperas preciosas. Verdi, por ejemplo, creo que es excelente compositor de ópera, aparte de que en aquella época yo pertenecía a una asociación clandestina monárquica —hablo de los años cuarenta-cincuenta— y teníamos unos amigos italianos —ya tampoco había monarquía en Italia— que usaban como propaganda —para todo, pintadas y graffiti— el nombre de Verdi, porque si se cogen las cinco letras de Verdi («Vittorio Emanuelle Re d'Italia»), decir «Viva Verdi» era como decir «Viva el rey de Italia»; utilizar Verdi en la Italia republicana era un grito subversivo, no era un grito de aficionado a la música. Son anécdotas menores.

Ya que lo ha mencionado y aunque nos alejemos del tema ¿de dónde le viene la militancia monárquica?

Exactamente no me viene de familia. Mi padre, que posiblemente me hubiera llevado por ese camino, murió cuando yo tenía siete años. Mi abuelo Bustelo era liberal. Había sido diputado y senador desde 1900 a 1923, se cortó la coleta política, dejó la política, cuando se impuso la dictadura de Primo de Rivera. De él yo recibí sugerencias o pequeñas presiones liberales, no monárquicas, cuando estuve en la Mariña en Lugo con mi madre y mis hermanas ¿Por qué me apunté yo a un grupo de estudiantes monárquicos? Quiero recordar que esto era en el año 1941 o 1942. La manera más corta de decir «yo no estoy con la república pero tampoco con el movimiento del 18 de julio» era decir «yo pertenezco a las juventudes monárquicas de Juan III», como se le llamaba entonces en esa época al conde de Barcelona. Juan III izquierda decían los franquistas, acusándole al Conde de Barcelona de un cierto sesgo a la izquierda. Yo me apunté a una organización clandestina monárquica más que por una convicción profunda porque era la mejor manera de identificar una posición política aquellos años. Ésta fue la razón de que yo interviniera en ciertos grupos políticos de signo monárquico.

Ya sabemos que la ópera, comme ci, comme ça; *sabemos que Wagner no es santo de su devoción, que Beethoven, según los de la ferretería...*

Tenían más discos. Yo recuerdo esa anécdota porque la última marcha fúnebre que llegó allí fue la de Wagner y yo las anteriores no las había oído en aquella casa; fue aquel día cuando los ferreteros peroraron sobre la inspiración fúnebre de Beethoven o de Chopin o de Wagner.

¿Cuáles son los compositores que por estilo más le gustan o tiene usted una época preferida?

Se decía cuando yo era estudiante que la música se resumía en las tres «Bes»: Bach, Beethoven y Brahms. Yo he sido fiel a esas tres aficiones. Me costó más trabajo aprenderme a Bach, que tiene una enorme claridad, pero una enorme dificultad dentro de la simplicidad. Pero sí acabé siendo un buen aficionado al Bach de todas las infinitas composiciones que hizo. Beethoven acaba apoderándose del alma y del corazón de cualquier aficionado, porque realmente tenía razón aquel profesor mío. Y luego, yo tuve la fortuna de asistir a la primera interpretación que se recuerda, después de la guerra, en Madrid, de las *cuatro sinfonías* de Brahms, con un excelente director alemán, que ya no vive, que era Carl Schuricht. Entonces, un primo segundo mío, Antonio Fernández-Cid, Sotelo de tercer apellido, me consiguió un permiso para ir a los ensayos de Schuricht en el cine Palacio de la Prensa, que está enfrente del Palacio de la Música, que es donde luego se iba a tocar. Oír a un director ensayar de una manera concienzuda unas partituras tan extraordinariamente densas y ricas era una maravilla. Yo me aprendí a Brahms muy bien. Schuricht detenía aquello cuando oía algo que estaba fuera de tiempo o de tono, de tono era raro, pero de tiempo sí. Entonces Brahms me pareció un músico estupendo en la mejor tradición de la música clásica que había empezado con Bach, que había seguido con Beethoven y termina con Brahms.

A mí Schuricht me es muy cercano porque fue realmente el padre artístico de mi padre, al que quería como a un hijo.

Yo esperaba que Fernando hablara de su padre antes de que hablara yo, porque a él le corresponde inaugurar ese tema de conversación. Yo tuve el privilegio de conocer y tratar al padre de Fernando, Ataúlfo Argenta, en Madrid, precisamente en casa de Antonio Fernández-Cid, primo mío, en un piso modestísimo, en una calle modesta del este de Madrid, en la calle de Lombía. Allí, más de una vez, invitado por la generosidad de Antonio Fernández-Cid, yo he asistido a comidas de lujo para la música, donde estaba Ataúlfo Argenta, donde estaba Joaquín Rodrigo, donde estaba aquel excelente catalán, director de orquesta a cuyos ensayos también pude asistir...

Eduardo Toldrá.

Exacto. Como yo soy más viejo, no tengo la memoria tan fina como tú. Allí conocí yo a Ataúlfo Argenta, cuando todavía no era muy conocido, cuando era, creo recordar, el pianista modesto de la orquesta. Había muchas partituras que exigían un piano que nunca es protagonista, el protagonista-solista se sitúa aparte, en las candilejas, pero él empezó así. También le recuerdo en San Sebastián, en la Semana Grande, a finales de septiembre. Él era amigo de un violinista Asiaín, del que luego yo no he vuelto a tener noticias.

Eduardo Hernández Asiaín, también muy amigo de mi padre, fue mi padrino.

Entonces yo era estudiante, no tenía dinero para ir a la Semana Grande. Ahora puedo confesar el fraude, de la posible falta, no delito, que ahora ya no puede esgrimirse contra mí. Asiaín me hacía entrar sin pagar en aquellos conciertos porque yo le llevaba su violín, yo era su ayudante. En aquella *troupe* estaba Ataúlfo Argenta, que luego iba a ser enormemente famoso. Desde entonces, no me he perdido un concierto suyo. Recuerdo haber adquirido una versión de las Zarzuelas Españolas dirigidas por Ataulfo Argenta, que todavía tengo en casa; tuve por él una gran admiración, como mi mujer. Era muy amigo de Joaquín Calvo-Sotelo, mi tío, un buen aficionado, no bueno, porque era aficionado a la ópera y, como yo le decía, la calidad de la afición a la ópera es menos importante, pues la calidad de la música sinfónica no es más que sonido. En la ópera admiras a una cantante, que en aquella época eran delgadas y guapas. Eso ha cambiado mucho y para peor.

Han vuelto a ser delgadas y guapas.

Mi recuerdo es de sopranos excelentes, pero muy malas de ver, como una, que cantaba Tristán e Isolda, la leyenda del amor malogrado de un joven que no llega a veinte años y una jovencita de dieciocho. En un momento dado Tristán le tiene que declarar su amor y se tiene que arrodillar y abrazarla, el pobre Tristán no llegaba más que al extremo del diámetro: una escena ridícula; hombre, no me haga usted venir aquí a creerme que esta señora que pesa 110 kilos es el paradigma de la belleza femenina.

Recuerdo haber ido a ver Salomé de Strauss y en una de las escenas, verla tumbada, queriéndose incorporar y no pudiendo, precisando la ayuda de dos personas que tuvieron que salir a empujarla...

Por eso es más noble y más pura la música sinfónica, que no tiene uno que buscar un personaje que no representa físicamente lo que la música quiere representar virtualmente. A mí eso me ha alejado de la ópera y ahora, la traducción de los textos, que son infames. No puede uno evitar mirar el texto, ya que está ahí. Eso me ha quitado afición a la ópera, no a la música vocal.

La ópera ¿requiere buenos actores? La música vocal no me diga que no le gusta.

Sin duda. Pero volviendo a esto de la ópera, recuerdo que mi abuela materna, que no tenía ningún oído, asistía a la ópera porque iba con su marido. Además, era de buen tono y era elegante tener en Madrid un abono para la ópera. ¿Qué me contaba a mí de la ópera? Me decía: «Para la ópera de hoy, la duquesa de Alba ha prestado su carroza, que ha salido en el escenario»; todo lo que le gustaba de la ópera aquella era la carroza. A mí me da igual la carroza.

En la música vocal, las cantatas, los oratorios, son una maravilla.

Sin duda.

Las cantatas, los oratorios, las obras vocales de Mozart. A Rossini le preguntaron cuál era el músico más importante, como el profesor suyo que se rasgaba las vestiduras, él dijo «Beethoven, es el músico más importante», pero ¿y Mozart? «Bueno, Mozart es la música». Es decir, ahí la distinción era: Beethoven era un músico cuya música le surge del alma y le tenía que pasar por el cerebro, porque es conocido que rehacía y volvía a rehacer las obras, nunca se quedaba contento, le costaba digamos parir la música, pero Mozart era la música.

Mozart es la facilidad suprema, eso es extraordinario. El genio de verdad de la música es Mozart. Sin embargo, parece —yo no sé mucho de historia de la música y de la técnica que se va cambiando—

parece que Mozart innovó poco y Beethoven innovó extraordinariamente, pero a Mozart yo lo sigo oyendo mucho, los conciertos para piano, las últimas sinfonías, la *39*. Me acuerdo —que no se enfade mi mujer— que yo tuve una pequeña novia, digo pequeña para que no se enfade; se llamaba María Antonia.

Mi mujer se llama María Antonia.

No era, tranquilo. Me invitaron a cenar, porque yo tuve que ir a Zaragoza, donde vivía ella. Llegué tarde, en un tren. En el momento de entrar tenían puesta una radio con el principio de la *Sinfonía 39* de Mozart. Se me quedó grabado. Resultaba agradable, porque estaba allí una chica que era una preciosidad, que tenía diciséis o diecisiete años. Yo enlazaba siempre el principio de la *Sinfonía 39* con el recuerdo de aquella chica tan guapa. Salvo esas asociaciones personales, uno no puede asociar a la música de Mozart nada más que el placer de oír. En cambio, Beethoven parece que se mete más dentro de uno mismo.

Te coge y te zarandea.

Con los primeros cuatro acordes de la *Quinta Sinfonía,* ya piensa uno: aquí sí hay una cosa muy importante y uno puede decir «no sé si disfrutaré o si me asustaré», pero hay una decisión de Beethoven. Mozart no tiene decisión ninguna, se deja ir de una manera extraordinariamente bella. Pero en cambio, Beethoven se lanza sobre el espectador y no le deja ya vivir hasta que no se acaba la sinfonía. En fin, estoy de acuerdo con Mozart, pero yo sigo siendo de las tres «Bes». Un compositor que he empezado a apreciar mucho más ahora es Haydn. Los conciertos para violonchelo son una preciosidad, las sinfonías, hizo tantas, no sé cual me gusta más, porque no se puede uno saber todas. Me parece un compositor no muy apreciado por el aficionado medio. Como otro, que es Händel. Un par de «Haches» a añadir a las «Bes». Me he aficionado a Haydn y a Händel cuando iba siendo un poco menos joven.

Haydn es que transmite una bonhomía y un buen humor extraordinario. Mete muchas pequeñas bromas en todas sus sinfonías. Si no estás atento, si no estás en el ajo, te las pierdes. Händel es uno de los grandísimos compositores, no tiene desperdicio. Se decía también que Händel era uno de los mayores copiones de todo el barroco, y efectivamente copiaba mucho, pero copiaba mejorándolo. Esas mú-

sicas que se quedan —porque la música puede ser muy evocadora de recuerdos— ¿hay melodías que usted puede asociar a determinados momentos de tu vida?

Ya lo he hecho recordando, con el permiso de mi mujer, a aquella chica de diecisiete años.

¿Hay alguna otra música que se asocie así a un momento especial de su vida?

No lo creo, entonces yo tenía diecisiete o dieciocho años y no me era difícil hacer esa asociación. La música sinfónica es enormemente abstracta, salvo en la *Sexta Sinfonía* de Beethoven en la que él mismo sugiere lo que quiere describir, la belleza del campo, la fiesta campestre en una aldea, la tormenta, la calma. Normalmente uno no tiene por qué suponer un contenido detrás de lo que oye.

Además, es beneficioso. Mahler hizo una vez un programa sugiriendo lo que el público debía seguir, pero la gente no lo seguía y al final lo quitó.

Yo creo que sí, y por eso yo he preferido siempre y aun hasta ahora la música sinfónica. El último gran sinfonista o compositor, porque ha hecho poemas sinfónicos y por el que tengo gran afición es Strauss, el bueno, con perdón, no el de los valses, que son encantadores, pero eso es otra cosa. Ricardo Strauss, que me parece excelente. Los poemas sinfónicos son divertidos, si no fuera por esa manía de hacer un chiste gracioso con la orquesta, un chiste muy alemán. Yo he trabajado en Alemania y conozco bien alguna de las costumbres o la manera de hablar alemana. La gracia alemana es distinta de la gracia española y la gracia que hace Strauss, por ejemplo, en *Till Eulenspiegel,* al español le parece una broma de no muy buen gusto, pero en cambio todo el resto es extraordinario: *Muerte y transfiguración,* no digamos el *Don Juan,* que es tan alegre. Cada uno se va enamorando cada vez de una cosa distinta. Yo, últimamente, lo que oigo mejor es *Una vida de héroe,* hasta que un majadero biógrafo dijo que quiere representar ahí su heroica vida luchando contra una mujer que no le gustaba nada y la falta de dinero: pues ahora ya me ha fastidiado usted la partitura.

En cierto modo él se dibuja en La vida de héroe. *Hay un movimiento en el que lucha contra los críticos y los vence, claro. El diálogo amoroso con su mujer, que no era nada fácil, es precioso.*

Las mujeres a veces son complicadas. Yo recuerdo otro caso de músico cuya mujer le amargaba la vida, Haydn. Los terceros tiempos, los *scherzos,* los hacía cuando estaba enfadado con su mujer. Los *scherzos,* son una armonía y una melodía con que se quiere quitar de en medio de una manera frívola algo que no le gusta.

Haydn decía que su mujer era un animal horrible, enviado por Dios para mortificarle. Efectivamente, envolvía la mantequilla con los manuscritos de Haydn. Voy a hacer preguntas rápidas, tontas, de respuesta rápida.

Si no me dejas hablar largo me voy a poner un poco triste.

Bueno, sea como quiera ¿qué es para usted la música?

Fundamentalmente es una afición, porque yo no he conseguido ser un profesional ni siquiera modesto. Una afición muy poderosa. Mi mujer, que la cito ahora para desagraviarla de lo de la novia de diecisiete años, me dice a veces «Oye, cállate, que estas cantando». A mí, cuando estoy paseando de vez en cuando, me viene algún motivo especialmente querido y lo tarareo, porque una situación, un determinado pensamiento que te viene a la cabeza, algo que ha estado hablando uno con su mujer, le sugiere a uno un motivo determinado. Una especie de sintonía, no, de sinfonía, no sé de dónde viene. Cuando he preguntado a algunos músicos amigos por eso, no les importa: ¿por qué la tonalidad de do mayor es una tonalidad vibrante y la de si bemol es una tonalidad melancólica? A mí sí me importa: ¿Por qué escoge el si bemol cuando quiere contar algo de su vida interior un compositor y por qué Beethoven cuando quiere sentarse a mandar se mete en el do mayor o en el do menor? No lo sé y me gustaría saberlo. A lo mejor Fernando, que es un excelente musicólogo, lo sabe.

Efectivamente hay tonalidades más brillantes que otras, hay otras más mortecinas, eso es un hecho físico, como la disonancia y la consonancia. La disonancia nos tensa, la consonancia al contrario nos relaja, eso es un hecho que está ahí y hasta los animales lo perciben.

Quisiera animar a Fernando, que aparte de hacer un programa conocidísimo y apreciadísimo en la televisión, que escriba sobre música, porque lo haría muy bien, y contribuiría a que la música se apreciara más en España. Yo me he movido siempre en medios más o menos intelectuales toda mi vida, porque me ha divertido eso. El intelectual desprecia la música; en cambio, considera que la pintura es un arte sublime. Yo he discutido mucho sobre esto. No voy a decir que la música sea mejor, pero voy a darte un argumento a favor de la música. Un sordo es el mejor músico de todos los tiempos, un ciego no puede pintar, está mucho más pegada a la materia la pintura que la música. La música es algo muy abstracto, por eso hay una relación —que me divertía y alguna vez he escrito algo sobre ello— entre la música y las matemáticas. Hay una relación que viene de Pitágoras nada menos, de hace 2.500 años. La música es algo muy abstracto y en la cabeza ocupa un lugar que no es lejano del lugar que ocupan las matemáticas.

En el tiempo en que yo era estudiante, hace ya unos cuantos años, el número de aficionados a la música o la proporción entre los estudiantes de ciencias, sobre todo de ciencias físicas y matemáticas, era mucho mayor que la proporción entre los estudiantes de derecho o de historia. Era una cosa muy curiosa. La verdad es que a veces nos interesaba más la matemática que la música. Nos veíamos en los conciertos y cuento aquí una anécdota que recuerdo. Como el ingreso en la Escuela de Caminos era muy difícil y consistía en resolver durante cuatro o cinco días una serie de problemas, realmente complicados, con la belleza que lleva consigo la matemática —la belleza matemática es muy grande— entonces, para prepararnos, nos echábamos problemas unos a otros los candidatos de la Escuela. Y de repente, en medio de un concierto en el Monumental, sonaba una voz «¡Un paraboloide hiperbólico!»; alguien había encontrado la solución y no resistía la tentación de gritarlo; solía aprovechar un momento de piano; y es que hay una relación entre la música y la matemática.

Quisiera añadir una última cosa. Un filósofo, un gran hombre, un gran humanista, Ortega y Gasset, del que soy muy devoto, lo he leído y releído, escribió cuatro o cinco páginas sobre música, las peores que ha escrito nunca. No sabía absolutamente nada ni le interesaba, pero Ortega era un hombre universal y tenía que hablar de política, de filosofía, de economía, de física y de música. Tiene unas páginas, me parece que se han recogido juntas con el nombre de *Musicalia,* que de verdad producen un verdadero espanto. Voy a citar dos cosas que a mí me han asombrado siempre: primero, afirma categóricamente que la música empieza con Debussy y que antes no hay música: Ortega no sabe nada de música; y luego hay otra cosa que revela el elitismo de Ortega, por eso nunca gustó a la izquierda; era muy aficionado a los clubs selectos, a las señoras guapas y perfumadas. Ortega llevaba la afición a la buena vida a sus obras, y dijo y escribió una vez algo, que es sonrojante. Hablando de la *Sexta Sinfonía* de Beethoven, la Pastoral, decía que las emociones que suscita son propias de «una señorita de comptoir». En aquella época, la mujer empezaba a trabajar, trabajaban en las cajas registradoras en las tiendas, ponían chicas guapas. Llamar «chicas de comptoir» era una forma pedante de llamar a las empleadas de una tienda; y decir que la *Sinfonía Pastoral,* que es una de las mejores de Beethoven, está hecha para una sensibilidad de una señorita que está contando el dinero es algo que no honra a un gran escritor y filósofo como Ortega. Pero Ortega habla muy bien de pintura, sabe mucho de eso, escribió un libro sobre Velázquez, *Papeles sobre Velázquez,* que es extraordinario.

Tenemos mala suerte, también es verdad que los músicos escriben mal en general, pero yo creo que Fernando escribe bien, y estoy intentando acabar esta perorata larga, porque estoy intentando que no me cortes, con una anécdota curiosísima. En aquellas comidas en casa de Antonio Fernández-Cid, con Ataúlfo Argenta, Joaquín Rodrigo, Eduardo Toldrá, hubo un día en que Antonio, primo mío, por lo tanto juez poco imparcial, dijo «Yo creo que algún día Leopoldo hará crítica musical» y uno de aquellos ilustres músicos que estaban dijo «¿Por qué? ¿Porque escribe bien?» «Hombre no, será porque le gusta la música y la entiende». Pero la carencia de un buen escritor literario era muy típica. Las críticas de música eran cursis y muy malas en general. Y en cambio las críticas de pintura, no. Tú que eres un buen músico y un buen escritor, ¡demonio! escribe sobre esto y a ver si levantas esa especie de losa que hay...

Yo creo que tiene toda la razón porque en España ha estado muy asociada la intelectualidad a la literatura e incluso a las artes plásticas, y hasta hace poco esa intelectualidad se jactaba, incluso, de no entender de música.

Un disparate.

Un disparate. Si con la primera pregunta para una respuesta corta ha respondido tan largo, ya no me atrevo a hacer una segunda.

Ya te avisé yo que una respuesta corta, nada; búscate otro para entrevistarlo si quieres que te conteste sí o no.

Esto por ejemplo: dentro de la música ¿qué le gustaría más, ser compositor, solista o ser director de orquesta?

A mí me gusta lo que soy, oír música y que sea otro, el que sea buen director, buen pianista, buen compositor. De verdad que yo no me siento con capacidad para inventar una armonía. Yo tenía piano en casa, como he contado, aunque no daba clase. La alegría y la satisfacción que me producía repetir en el piano con cuatro dedos una armonía que acababa de oír era muy grande, podía haber sido capaz de inventar una armonía que tuviera cierta gracia, pero la entraña de la música que es la armonía nueva, sería incapaz.

Pero, no sé, a lo mejor ver a un director de orquesta, aunque yo no me atreva o no me sienta capaz, pero qué gusto tiene que ser, unir todas esas voluntades...

Sin duda.

¿Puede existir una similitud o no entre la dirección musical y la función de presidente de gobierno?

A lo mejor sí la hay. El director de orquesta tiene que manejar desde su *podium,* desde su estrado, un centenar de músicos, y tiene que llevarlos todos al mismo compás, al mismo ritmo, y como el músico en general es independiente, o independentista, no es fácil. Al político le pasa igual. El presidente de gobierno tiene que aunar las voluntades de quince o veinte ministros. Si el artista es independiente, el político mucho más. Pero para el problema de conjuntar y de obtener una armonía, la palabra vale para la política y para la música. En la política, en mi tiempo, que era un tiempo políticamente mejor que este, creo, lo llamábamos «consenso». Hay seis o siete opiniones distintas, pero la discusión seria, no el insulto convertido en argumento, permitía llegar a una armonía, a un consenso. Eso es lo que hace el director de orquesta, lo que hace el buen director de un gobierno, como también el navegante. No olvidemos que conducir una embarcación, en la rueda o en la caña, se llama gobernar. Ahí hay un parentesco entre la función política y la del marinero. Son tres cosas que a mí me han gustado mucho, la música, la política, la navegación y por supuesto la matemática. Están unidas por una especie de afinidad interna muy grande.

Otra pregunta, casi podríamos adivinarlo por lo que hemos hablado antes, ¿qué música pondría a un atardecer, a una puesta de sol?

Yo no soy aficionado a emparentar un motivo, una armonía con una situación de la naturaleza. Beethoven lo hizo en la *Sexta Sinfonía.* No sé si quedó muy contento, porque no volvió a repetir aquello. Pero yo, no lo sé, en un atardecer tranquilo y no ruidoso, me gustaría oír cualquier música buena, probablemente mejor un *andante* y un *adagio* que un *allegro,* y menos un *allegro con moto,* pero no estoy muy seguro.

Como católico practicante, ¿introduciría usted la música en los oficios religiosos?

Está introducida, y estuvo mucho en la edad media y en la edad moderna.

Está introducida, perdón, pero hoy en día, según mi criterio, a veces, oír a cuatro chavales con una guitarra, es horroroso.

Horrible. A mí me parece que hay una música religiosa que está muy acreditada y que debería seguirse con ella, teniendo cuidado, porque yo recuerdo la unción religiosa con que alguna beata hablaba del «*largo religioso*» de Händel. Yo le decía: «El *largo religioso*» de Händel es otra manera de definir un tiempo, es como hablar de un *allegro con moto,* no es una moto, no crea usted que esto es así. Creo recordar que es una de las óperas de Händel en que está Jerjes sentado a la sombra...

Ombra mai fu...

... y entonces aquello da lugar a una excelente partitura del *largo religioso,* pero no tiene nada que ver con la religión, en todo caso con la religión de un persa. Pero no hay quien convenza de eso a unos curas que insisten en que aquello es música religiosa, cuando la Iglesia se empeñó en prohibir —aunque luego no la haya llevado a cabo tan estrictamente— toda música que no hubiera sido compuesta para la iglesia. Pues quite primero el *largo religioso,* que era de un pagano, que estaba tomando el fresco, que no tenía nada que ver con la religión. Yo no asociaría la música con una situación especial.

¿La música tiene algo de sobrenatural, de trascendente, de algo que no nos podemos explicar los seres humanos?

Para eso habría que saber qué es lo sobrenatural. No se puede comparar algo que sabemos lo que es, como la música, con algo que no sabemos lo que es. Con perdón por decir aquí algo que puede sonar, no digo herético, pero sí algo poco respetuoso. A mí siempre me ha sorprendido cómo repite el sacerdote en las bodas aquel consejo de decirle al marido «ama a tu esposa como Cristo ama a la Iglesia». Oiga ¿pero cómo ama Cristo a la Iglesia? No lo sé. Si lo dice al revés, lo entiendo: «Cristo ama a la Iglesia como tú amas a tu esposa, si es de verdad que la amas»; algunos curas tienen invertida ahí la flecha de la causalidad. No se puede, creo yo, hablar de lo sobrenatural, que no conocemos: «Inspírate en eso»; cómo voy yo a inspirarme para querer a mi mujer en la forma que nada menos que Dios padre o Dios hijo tiene de amar a la Iglesia. No lo sé, al revés podría entenderlo, pero en esa dirección, no.

A lo mejor no es sobrenatural la palabra, algo que no nos podemos explicar los humanos.

Inefable, algo que no se puede decir. Es verdad. Por eso, y vuelvo a la otra cosa que ya hemos tratado, meterle la palabra a la música, es meter algo que no necesita, la música es inefable, algo que no se puede contar. Se puede cantar, que de eso no hemos hablado, eso es otra cosa, pero no se puede contar.

Yo creo que ya nos la ha contestado ¿qué música no se llevaría a una isla desierta?

A mí esa pregunta me la han hecho muchas veces.

Pues nada, la retiro. Ya he dicho que era una tontería, ¡retirada!

Es que yo a una isla desierta no me voy, ni con música, ni sin ella.

Creo que una de las contestaciones más inteligentes a esta pregunta de la isla desierta la escuché hace poco: «Pues yo a una isla desierta me llevaría un barco para poder irme de ahí». Estamos sobrepasando la hora, si quieren hacer alguna pregunta, y si no quieren, mejor.

No desanimes a los que están ahí. Bueno yo desde aquí no veo con esos focos. Yo pienso que está vacía la sala.

[Alguien del público] Yo más que una pregunta, me gustaría hacer un agradecimiento a don Leopoldo por aquella sinfonía de hace años que interpretó usted con solistas magníficos, como Gutiérrez Mellado, Landelino Lavilla, en fin no voy a recorrer el número de solistas

magníficos que interpretaron una sinfonía podríamos decir de la libertad y de la esperanza y esa sinfonía duró gracias a Dios, pero no lo suficiente como nos hubiese gustado a muchos españoles; y sobre todo, quisiera agradecer al director de aquella orquesta, a don Adolfo Suárez, cómo interpretó, cómo dirigió entonces aquella labor.

Muchas gracias. Siento que no me sea posible trasladar a Adolfo Suárez eso tan bonito que dice usted de él y que yo comparto, porque la mayor desgracia que le puede pasar a un hombre brillante y lleno de ideas, es la desgracia que ha caído sobre él. Suárez, hace ya varios años, no se acuerda ni de que fue presidente de gobierno, ni identifica a sus amigos, ni a sus ministros. Es verdad que él hizo —volvemos sobre la armonía— él armonizó en un momento difícil, con una series de gentes que veníamos de fuera de la política. A veces se olvida que no éramos políticos profesionales, veníamos de una actividad privada, que era muy variable. Era un momento tan importante para España que lo de menos fue echar cuentas. La ilusión que había entonces y la esperanza eran tan grandes que merecía la pena sacrificar incluso el bienestar material. Me pareció que en aquel momento no se podía negar uno a una llamada del rey, que acababa de salir de una difícil situación de convivencia con Franco, y la responsabilidad era suya. La fórmula buena era aquella, una tercera vía encarnada por el rey Juan Carlos, al principio ayudado por un hombre extraordinario, Adolfo Suárez.

17

La biblioteca sonora

Escribir sobre una figura culturalmente tan importante no es tarea fácil: su formación intelectual nos exigirá, siempre, realizar un estudio muy parcial del desarrollo de su trayectoria cultural, marcada, en todo momento, por el interés por el conocimiento y el progreso de los pueblos a través de todas sus manifestaciones culturales, y la influencia de estas en sus sociedades, en todos los niveles, cultural, económico y social.

Quisiera, en primer lugar, hacer un estudio-valoración de la biblioteca de música de nuestro admirado protagonista, partiendo de mi experiencia como compositor, y, a la vez, maestro y guía de distintas promociones de jóvenes compositores, desde mi cátedra de composición del Real Conservatorio Superior de Música de Madrid. Y llevaré a cabo dicho estudio observando la evolución de la música del pasado en nuestra sociedad y las circunstancias y hechos que circundan la continuidad de la música española —compositores, intérpretes, musicólogos, público, programadores, políticas culturales etc.— pero, esencialmente, mediante la observación, con una mirada analítica, de nuestra sociedad cultural, durante este período de tiempo —que abarca desde la segunda mitad del siglo XX hasta nuestros días— y, analizando este espacio de tiempo, conocido y vivido por mí, me situaré ante la figura de Leopoldo Calvo-Sotelo, desde un estudio general de nuestra sociedad, siempre referido a su vertiente cultural, a fin de, posteriormente, como he dicho, entrar en el análisis del fundamento de este trabajo: la biblioteca de música de Leopoldo Calvo-Sotelo.

Para llevar a cabo este estudio, considero necesario entender el significado auténtico de una biblioteca musical y situarme en una realidad que nos impone el propio desarrollo de la música, profundizando, sobre todo, en su particular forma de comunicación.

La música entre las demás artes

Si partimos de un análisis comparativo con las demás artes, observamos algunas particularidades esenciales para adentrarnos en el contenido del lenguaje de la música a través de sus infinitas formas de comunicación; y la primera consecuencia, resultado de este análisis, nos dice que nos encontramos ante un arte abstracto, posiblemente, la más genuina manifestación de un arte que, desde sus primeros movimientos, a través de las técnicas instrumentales, se nos presenta como una auténtica abstracción en estado puro.

Así, desde esta observación y en relación comparativa con artes vecinas —la literatura, en sus distintas formas, novela, teatro, poesía— una conclusión queda patente, y es que estas se comunican partiendo de una realidad concreta, con la insustituible concreción de la palabra que nos explica y conduce por caminos realistas, exceptuando aquellas creaciones que se instalan en una comunicación de la palabra desposeída de continuidad e incluso convirtiéndose, exclusivamente, en fonemas desprovistos de contenido realista, pero, en todo caso, todas las formas literarias se manifiestan a través de la palabra, vehículo de comprensión que, por su naturaleza, se encuentra al alcance de todos.

La arquitectura, arte cuya grandeza estriba, ante todo, en ser un arte necesario, un arte que, cuando es noble y auténtico, engrandece al ser humano para el que está creada, y, de no ser así, podría incluso agredir a la propia dignidad humana. Nos encontramos ante un arte realista, con todas sus variantes estéticas, su comprensión y valoración viene dada desde sus propuestas formales, y su natural lenguaje se expresa desde estos contenidos de una realidad estética con infinitas variantes creativas, pero siempre con estructuras de configuraciones compresivas.

Es en la pintura y la escultura donde el llamado arte abstracto se justifica plenamente. Cuando estas dos manifestaciones artísticas dejan de tener la noble misión de ser testigos de la historia, convirtiéndose en cronistas de ella, aparecen movimientos, absolutamente coherentes y necesarios para instalarse en lenguajes pictóricos distintos y que se alejan del arte figurativo, motivado este alejamiento por la aparición de un arte nuevo, la fotografía, que plasma, documentalmente, aquellos hechos que anteriormente había protagonizado y desarrollado la pintura. Podríamos reescribir la historia analizando el testimonio de la pintura.

Este largo exordio va dirigido a aproximarnos a unas primeras reflexiones, antes de iniciar el análisis de la biblioteca de música de Leopoldo Calvo-Sotelo, nuestro protagonista.

Todas las propuestas artísticas tienen un vehículo de comunicación comprensivo, en el caso de la manifestaciones literarias, como ya hemos dicho, es la palabra fijada en un libro. Las artes plásticas se manifiestan a través de formas, bien figurativas o abstractas, de fácil percepción. La arquitectura se expresa con volúmenes y espacios, que hacen de este arte una forma de lenguaje de inmediata comprensión.

Situándonos ante la música, nos encontramos con un arte-ciencia cuya primera expresión se fija desde la partitura, vehículo de un acceso limitado exclusivamente a aquellas personas formadas en la lectura de partituras (compositores, intérpretes, musicólogos, etc.). Este procedimiento que los compositores poseen para fijar su obra es, como podemos comprender, muy limitado. Modernamente, es en la grabación discográfica —por la fácil difusión de sus contenidos y por su inmediata comprensión— en la que podríamos encontrar una natural equivalencia con el libro en todo aquello que se relaciona con sus posibilidades de comunicación, a través de un sistema comprensible. Así, podríamos establecer la identidad literatura-libro y música-disco: por este hecho, al iniciar el análisis de la biblioteca, necesariamente el disco, de alguna manera, forma parte hermanada del libro y, consecuentemente, la discografía adquiere, en esta biblioteca, un valor también principal. Así pues, la biblioteca y la discoteca, aun siendo vehículos de comunicación distintos, son dos ramas de un mismo árbol.

La música como arte y como ciencia

Iniciando ya el análisis quiero, en primer lugar, resaltar el acercamiento de Leopoldo Calvo-Sotelo a la música desde dos vías necesarias para su comprensión total, como arte y a la vez ciencia, que podemos considerar alta matemática sonora.

Conocí a Leopoldo Calvo-Sotelo, allá por el año 1968, y, a partir de ese momento, fueron muchas las ocasiones en que tuvimos la oportunidad de conversar de muy variados temas, pero muy especialmente sobre música. Me llamaba poderosamente la atención el interés y profundidad que emanaba de cada una de sus preguntas, que habitualmente me dirigía, siempre en torno a la creación y los procesos técnicos necesarios para estructurar una obra y darle continuidad en el espacio y en el tiempo. Sus reflexiones sobre la creación, especialmente, desde sus aspectos técnicos, eran la característica genuina de una personalidad de gran poder intelectual, que expresaba en cada momento su extraordinario interés por conocer toda la técnica necesaria para conducir las intuiciones artísticas por los caminos del rigor, orden y método que dan forma y contenido a las intuiciones que nacen, todavía, desestructuradas. Seguramente mi «oficio» de compositor y maestro que explicaba su enseñanza de composición en el Conservatorio madrileño, le impulsaba a intentar extraer de mí algunos conocimientos técnicos que podría transmitirle. Su formación científica profesional, ingeniero de caminos, y artística vocacional, le situaban en un espacio equidistante entre las dos formas del conocimiento, científico y artístico. La biblioteca-discoteca de nuestro protagonista es paradigma de una biblioteca que complementa la audición de las obras que forman parte de su ideario.

Son muchos los amantes de la música que asisten habitualmente a conciertos y poseen una discoteca con gran número de ejemplares, guiados por la devoción a sus compositores predilectos y la admiración, otras veces, por los intérpretes y solistas (pianistas, violinistas, violonchelistas, cantantes, orquestas sinfónicas y agrupaciones camerísticas). En este caso, sin embargo, la biblioteca de Leopoldo Calvo-Sotelo nos sitúa en una dimensión distinta de lo habitual, pues no se conforma nuestro protagonista, exclusivamente, con la audición de las obras y el disfrute sensorial de ellas: se interesa, al mismo tiempo, en descubrir a través de la lectura de los libros que van configurando su biblioteca, el contenido humanístico y filosófico de la creación musical, intentando acercarse al estudio y análisis de los códigos espirituales y científicos portadores del misterio de la música. Su biblioteca-discoteca refleja fielmente, de un lado, su espíritu clásico-romántico y, de otro, la orientación ordenada y analítica que observamos en muchos de sus libros.

Leopoldo Calvo-Sotelo valoraba y era partidario al máximo de la música instrumental frente a la vocal-operística. Mantenía que en muchas ocasiones se daba cauces melódicos de gran belleza a textos operísticos de escaso valor literario y por ello se sentía mucho más cercano a la música instrumental en contraposición a la ópera. No pensaba así el académico y autor teatral Joaquín Calvo-Sotelo, tío-amigo de Leopoldo y gran amante, también, de la música, especialmente, y contrariamente a su sobrino, la operística. Tanto Joaquín como Leopoldo fueron un paradigma de intelectuales que amaron y vivieron con pasión la música. Joaquín Calvo-Sotelo fue siempre un apasionado por el teatro musical, especialmente por la ópera; no podemos olvidar su condición de autor teatral con un repertorio de obras escritas que supera las cien comedias. Fue un seguidor y admirador de las grandes voces de la lírica mundial; sin embargo, Leopoldo Calvo-Sotelo siguió con mayor interés el desarrollo de la historia universal de la música a través, fundamentalmente, de la música instrumental desde sus más variadas formas de expresión.

Los libros sobre música

Me propongo hacer ahora, primero, un análisis de las lecturas de Leopoldo y más adelante, otro análisis de sus discos.

Si nos adentramos ya en su biblioteca y proyectamos una mirada general sobre sus contenidos, descubrimos algunas secuencias que aparecen de forma insistente. Su curiosidad por la sociología de la música nos la confirman varias obras de gran interés que desarrollan este tema. Quiero destacar, entre otras, la *Introduzione alla sociologia della musica* (Turín, 1971) y *Los escritos musicales I-III; Figuras sonoras, Escritos musicales III* (Madrid, 2006), estudios de gran interés para la comprensión de una sociología vista desde la gran personalidad del teórico e investigador alemán Theodor Adorno, filósofo, sociólogo y musicólogo, alumno de Alban Berg, compositor perteneciente a la Escuela dodecafónica de Viena, junto a Arnold Schoenberg y Anton Webern. Las teorías de Adorno sobre música han sido estudiadas y muy valoradas por los musicólogos y compositores.

Son varios los libros sobre música que nos acercan a ella a través del ensayo, editados por distintas universidades: Harvard University Press, *The unanswered question,* de Leonard Bernstein (1976); Cambridge University Press, *Essays on the philosophy of music* (1985), del compositor y ensayista Ernest Bloch o por otras prestigiosas editoriales como el Fondo de Cultura Económica de México, *Cómo escuchar la música,* de Aaron Copland (México, 1967). Tanto la figura de Aaron Copland como la de Leonard Bernstein, son protagonistas del desarrollo de la música norteamericana, y sus escritos han supuesto una magnífica aportación al estudio de la música. Este librito de Copland, que Leopoldo Calvo-Sotelo tenía muy subrayado, es una de las mejores guías iniciáticas a la comprensión de la música y de las formas musicales que conozco, y demuestra, como ya he dicho antes, el interés de Calvo-Sotelo por aumentar su disfrute de la música a través de un mayor conocimiento intelectual de la naturaleza sonora y de sus formas[1].

Destacan por otra parte varios diccionarios y enciclopedias sobre música y discografía, tanto en inglés[2], como en francés[3] y español[4].

Sorprenden por su interés los distintos estudios y tratados de armonía, tanto franceses, como españoles: *L'Harmonie,* de Oliver Alain (París, 1965) y el *Tratado de armonía,* de Joaquín Zamacois (Barcelona, 1982), entre otros. No cabe ninguna duda del interés de Leopoldo por la teoría musical. En estos tratados se concreta el nivel de conocimiento que nuestro protagonista deseaba alcanzar.

La armonía, en una obra musical, significa el impulso central del cual derivan las distintas técnicas y procedimientos que participan en el desarrollo de una partitura. Estas lecturas marcan su permanente inquietud por descubrir los procesos técnicos que configuran la estructuración de una obra musical. Y era quizá su formación matemática, como veremos más adelante, la que le animó a adentrarse en las claves de la armonía y la tonalidad.

Distintas lecturas aparecen a través de la colección francesa de publicaciones universitarias de libros de gran interés didáctico *Que sais-je?.* Esta colección supone una vasta enciclopedia que satisface el deseo y la demanda de los estudiosos. Observamos, en la selección de temas, la presencia de estudios tan diversos como el dedicado a *L'orchestra,* de Louis Aubert y Marcel Landowski

---

[1] Sobre cómo Leopoldo Calvo-Sotelo escuchaba música en familia, puede leerse el relato que hace su hijo mayor en *Cuenta y Razón,* noviembre-diciembre de 2008, p. 31.

[2] *Everyman's dictionary of music,* de J. M. DENT (Londres, 1946); un *Dictionary for music and musicians* (Londres, 1975); de P. A. SCHOLES, tanto *The concise Oxford Dictionary of music* (1974), como *The Oxford Companion to music* (1975), y de BARLOW y MORGENSTERN, *A dictionary of opera and song themes* (Londres, 1976), y *A dictionary of musical themes* (Londres, 1978); también sobre la ópera, *The concise Oxford dictionary of opera* (1979); y de E. GREENFIELD, *The new Penguin guide to compact discs and cassettes* (Londres, 1988).

[3] *Dictionnaire de musique,* de R. DE CANDÉ (París, 1966).

[4] *Enciclopedia Salvat de la música* (Barcelona, 1967).

(1964); *La musique italienne,* de Nanie Bridgman (1973); *Histoire du langage musical occidental,* de Annie Coeurvevey (1998); *La symphonie,* de Rémi Jacobs (1976); *Les formes de la musique,* de André Hodeir (1995); *Les grandes dates de l'histoire de la musique,* de Norbert Dufourcq (1969); *La musicologie,* de Armand Machabey (1969), y tantos otros temas de gran interés que completan esta magnífica colección.

Es muy interesante conocer el inteligente uso que supo dar al *Diccionario de Temas Musicales,* que hemos citado antes, obra de Barlow y Morgenstern, en el que aparecen la autografía musical de los temas más importantes de la música sinfónica, básicamente de los siglos XVIII y XIX. Nuestro protagonista sentía una gran satisfacción al saber y reconocer en cada tema, no solo a su autor, sino también la obra a la que pertenecía, y aún más, incluso ubicar el tema en el movimiento o parte de él, al que correspondía. Leopoldo Calvo-Sotelo contaba con satisfacción cómo en ocasiones regresaba de algún concierto tarareando el tema de una propina que no había reconocido; o cómo inopinadamente le venía a la cabeza un tema que no podía identificar. Llegaba a casa, se sentaba al piano, reproducía la melodía en do mayor, y ya con las cinco o seis primeras notas iba al diccionario y encontraba la solución: compositor, pieza musical y movimiento. El éxito de la operación, que no siempre estaba garantizado, le producía una gran felicidad. Para el aficionado a la música, nada hay más desasosegante que una melodía que le ronda sin descubrir su rostro[5].

Esta forma de lectura sitúa a nuestro protagonista en una posición alta de conocimiento. Necesitaba identificar, en profundidad, todo aquello que emanaba del conocimiento exclusivamente auditivo, para aproximarse a esa otra forma de entendimiento que supone la investigación y el análisis del acontecer musical, las manifestaciones culturales y el estudio de su interrelación.

Para valorar en su justa dimensión el contenido de la biblioteca de música de Leopoldo Calvo-Sotelo, tenemos, necesariamente, que ubicarla en el contexto de su biblioteca general. Creo que tener una visión total de sus lecturas nos dará la auténtica dimensión del gran humanista que fue. El río de la vida es el que va configurando

---

[5] Como decía tan acertadamente J. CALVO-SOTELO al comienzo de su libro *Diez temas musicales en una vida* (Barcelona, 1951): «Hablo [...] a los que sufren mientras no recuerdan el tema buscado o a los que no duermen mientras no dan con su nombre».

nuestra lectura, nuestros saberes y nuestras vivencias. No puedo ocultar la admiración que me produce contemplar una biblioteca configurada por alrededor de diez mil volúmenes y estructurada, en su catalogación, por una veintena de secciones. Aparece la música hermanada con la lectura sobre filosofía, derecho, literatura, matemáticas, física, economía, política, historia y otras lecturas de la más variada naturaleza e interés. Leopoldo Calvo-Sotelo podría erigirse como el ideal del hombre culto, interesado profundamente por todas las disciplinas del saber.

Es muy doloroso y decepcionante leer lo poco que nuestros intelectuales, en general, han escrito sobre música y, en muchas ocasiones, habría sido deseable que no lo hubiesen hecho, porque en sus manifestaciones han dejado constancia de un total desconocimiento de la música, una de las materias que, por su doble condición de arte-ciencia, se sitúa en un nivel intelectual artístico y cultural de gran importancia.

La musicología está presente con obras de autores españoles como Miguel Querol, *Teatro musical de Calderón* (Barcelona, 1981), Gaspar Gómez de la Serna y Joaquín Turina Gómez que, con algunos años de distancia, nos escriben sobre el Teatro Real: *Gracias y desgracias del Teatro Real* (Madrid, 1976) e *Historia del Teatro Real* (Madrid, 1997); así como, de Emilio Casares, *Historia Gráfica de la Zarzuela* (Oviedo, 1999) y de Consuelo Rubio, *El canto* (Madrid, 1982). Encontramos algunos textos sobre aspectos de música contemporánea, firmados por José Climent, *Historia de la música contemporánea valenciana* (Valencia, 1978); Tomás Marco, *La música de la España contemporánea* (Madrid, 1970) y de Luis de Pablo, *Aproximación a una estética de la música contemporánea* (Madrid, 1968). Vemos también una publicación de la musicología hispanoamericana, *Música barroca del Perú, Alto Perú, Bolivia y el Caribe: siglos* XVII *y* XVIII (Madrid, 1999).

Tenemos, por otro lado, títulos extranjeros como, de Jean Robert, *Petit guide pour la Passion selon Saint-Mathieu* (París, 1971) y de Claude Rostand; *Johannes Brahms* (París, 1978) y *La musique allemande* (París, 1967).

Un capítulo aparte merece el espacio que ocupa el crítico musical Antonio Fernández-Cid, de quien posee obras escritas[6]

---

[6] Muchas de ellas dedicadas. En la familia Fernández-Cid, emparentada con Leopoldo, existe una predisposición musical dominante; en efecto, otro de los músicos

siempre sobre temas musicales de actualidad, como dos libros fechados en 1953, sobre el compositor *Jesús Leoz* y sobre *La Orquesta Nacional de España;* y la *Historia del Teatro Real como sala de conciertos 1966-1988,* editado por el Ministerio de Cultura en 1991. Entre estas dos fechas nos encontramos con trabajos sobre *Ataulfo Argenta* (Madrid, 1958), *Músicos que fueron nuestros amigos* (Madrid, 1967), *La música española en el siglo* XX, publicado por la Fundación Juan March en 1973, *La década musical de los cuarenta,* publicado por la Real Academia de Bellas Artes de San Fernando en 1980 y *Panorama de la música en España* (Madrid, s. a.). Leopoldo Calvo-Sotelo tuvo la oportunidad, desde muy joven, de conocer a los principales maestros de la escena musical española de los años cuarenta y cincuenta a través de su tío Joaquín Calvo-Sotelo y de su primo segundo Antonio Fernández-Cid. Los conciertos en el Teatro Monumental durante aquellas dos décadas fueron cardinales en la consolidación de su afición musical, que mantuvo hasta el final de sus días con un abono en el Auditorio Nacional de Madrid.

En este apartado de la crítica musical, se muestran trabajos de Adolfo Salazar, *Historia de la música* (Madrid, 1965) y *La música contemporánea en España* (Oviedo, 1982) y, de Enrique Franco, *Imágenes de Isaac Albéniz* (Madrid, 1988) y *Manuel de Falla y su obra* (Madrid, 1976). Federico Sopeña cuenta con tres publicaciones, *Stravinsky* (Madrid, 1956), *Historia crítica del conservatorio de Madrid* (Madrid, 1967), *Las reinas de España y la música* y, en colaboración con Antonio Gallego Gallego, *La música en el Museo del Prado* (Madrid, 1972)[7]. Manuel Valls Gorina escribe sobre la *Aproximación a la música* (Barcelona, 1970)

En nuestro recorrido también nos encontramos con publicaciones sobre la ópera, el canto, la sinfonía, la danza, la música de cámara y la canción popular.

Invitado en 2007 por el director del Conservatorio de Priego de Córdoba, el pianista Antonio López, para mantener un diálogo

---

notables con quien Leopoldo tuvo también mucho trato, sobre todo en Ribadeo, fue su primo segundo Carlos Álvarez Fernández-Cid; de hecho, escribió un prólogo a la biografía *Cincuenta años de música en Ribadeo: biografía musical de Carlos Álvarez y Fernández-Cid,* obra de su hijo C. ÁLVAREZ LEBREDO (Lugo, Nigoba, 2003).

[7] Y otras obras del padre SOPEÑA, como *Segunda vida* (Madrid, 1950, dedicado por el autor), *Defensa de una generación* (Madrid, 1970) y sus memorias *Escrito de noche,* también dedicadas (Madrid, 1985).

público con Fernando Argenta, Leopoldo Calvo-Sotelo acudió al Teatro Victoria de esta ciudad y allí expresaba lo siguiente:

> «Yo me he movido siempre en medios más o menos intelectuales toda mi vida. El intelectual desprecia la música, en cambio, considera que la pintura es un arte sublime. Yo he discutido mucho sobre esto. No voy a decir que la música sea mejor, pero voy a darte un argumento a favor de la música. Un sordo es el mejor músico de todos los tiempos, un ciego no puede pintar, está mucho más pegada a la materia la pintura que la música».

Interesante reflexión que nos indica su preocupación por la valoración de la música en el contexto general de la cultura.

Volvía, posteriormente, al desencuentro de los intelectuales con la música: «Un filósofo, un gran hombre, un gran humanista, Ortega y Gasset, del que soy muy devoto, lo he leído y releído, escribió cuatro o cinco páginas sobre música, las peores que ha escrito nunca».

Efectivamente, es amargo constatar el desconocimiento general que de la música han tenido los intelectuales españoles.

Los discos: panorama general de compositores

Llegado a este punto, inicio una interpolación abriendo la magnífica colección discográfica, en vinilo y en discos compactos, de Leopoldo Calvo-Sotelo que va marcando, paralelamente, el espacio musical en su propio desarrollo a través del documento sonoro de la música y, a su vez, el libro que estudia y analiza su existencia en el tiempo.

Presumió de ser fiel a lo que algunos llamaron las tres «Bes», Bach, Beethoven y Brahms. Reconocía que le costó más trabajo aprenderse a Bach, por considerarlo un compositor de gran claridad, pero de una enorme complejidad dentro de la simplicidad.

En todo tiempo, he mantenido la tesis de que los compositores que han quedado para la historia dejaron siempre una obra personal y única. La historia de la composición ha sido edificada y diseñada por un altísimo número de creadores que, con su personal visión de la música, han ido sembrando de nuevas aportaciones el campo infinito de la creación musical.

Así, contemplando la configuración de la discoteca (biblioteca-sonora) de nuestro protagonista, nos encontramos con algunos compositores que destacan sobre los demás. Mozart a la cabeza, con 67 grabaciones, marca una gran distancia. Debemos observar que las casas discográficas han venido dando un gran desarrollo a la obra mozartiana. Le siguen Haendel, Bach y Beethoven con 54, 53 y 52 grabaciones respectivamente.

En una segunda franja de compositores muy distinguidos aparecen Haydn y Schubert con 22 grabaciones, Verdi con 17, Vivaldi y Schumann con 16, Chopin con 15 y Tchaikovsky con 14. Como podemos ver, aparecen en este grupo grandes representantes del romanticismo, Schubert, Schumann, Chopin y Tchaikovsky, al lado del operista Verdi. En siguientes espacios, por orden numérico de presencia discográfica, se sitúan Corelli con 11 grabaciones, Mendelssohn con 10, Dvorak y George Bizet con 9, Sibelius, Richard Strauss y Tartini con 8, Mussorgsky y Wagner con 7, Eduard Grieg y Monteverdi con 6, dando paso a un importante número de grandes compositores que oscilan siempre entre 2 y 5 las grabaciones que presentan. Esta franja supone, como podemos observar, una extraordinaria presencia de grandes maestros de la historia de la composición. Músicos de la grandeza de Charpentier, Telemann, Pachelbel, Pergolese, Henry Purcell, Palestrina y Boccherini, configuran un grupo interesantísimo que cubre un período de gran importancia para el desenvolvimiento de la música tanto vocal como instrumental.

El virtuosismo violinístico y pianístico está representado por Paganini, Tartini, Liszt y Rachmaninov. La ópera se nos muestra con Rossini, Donizetti, Gluck, Wagner, Verdi y Puccini. Clavecinistas como Couperin, Scarlatti y el Padre Soler, llenan un espacio de gran interés, con un lenguaje personal, interesante y con grandes aportaciones, tanto armónicas como instrumentales.

El impresionismo francés nos muestra obras de Debussy y Ravel. Este movimiento, en Italia, está protagonizado por Respighi. Muy cercano a esta estética aparecen los compositores rusos Borodin y Rimsky-Korsakov y el compositor norteamericano George Gershwin.

Mahler, Smetana, Carlos María Von Weber y Elgar y los organistas-sinfonistas Max Reger y César Franck nos ubican en formas muy variadas de concebir el sinfonismo.

La música española está presente con un buen número de compositores, que parte desde las obras del Padre Soler, hasta Joaquín Rodrigo, pasando por Fernando Sor, Albéniz, Granados, Falla, Turina y los zarzuelistas Chueca y Padilla.

Johann Strauss, con su personal forma de expresión, nos transporta a su pensamiento vienés. Béla Bartók, Richard Strauss, Igor Stravinsky, Carl Orff, Héctor Villalobos, Penderecki, Henryk Górecki, nos brindan muestras variadas de distintas formas del pensamiento de los creadores del siglo XX.

Y ya fuera del ámbito estrictamente clásico, es muy digna de destacar la sección de discos de navidad, que suma más de cuarenta discos compactos. Cabe resaltar la especialización de esta sección en las tradiciones alemana, inglesa y norteamericana, porque apenas se encuentran algunos discos de villancicos españoles, hispanoamericanos o franceses. En este género, eminentemente vocal, Leopoldo Calvo-Sotelo vuelve a delatar su preferencia por la música instrumental, y así encontramos numerosas versiones de villancicos alemanes o ingleses en versiones para instrumentos solistas, de cuerda, de viento, o de percusión.

Los discos: compositores e intérpretes preferidos

Hagamos ahora una visita más detenida a los espacios de honor de su discoteca, siguiendo básicamente el orden alfabético de compositores y empecemos por el primero, que corresponde a la primera de las tres «bes», Johann Sebastian Bach. Son cerca de sesenta los discos, que incluyen música de cámara, dúos, partitas, sonatas, preludios, invenciones, conciertos (de Brandenburgo, para violín, para flauta, etc.), variaciones, tocatas para órgano, cantatas, corales, sus Pasiones (según San Juan y según San Mateo), el *Cuaderno de Anna Magdalena, El clave bien temperado,* etc.

Unidos a la obra de Bach aparecen siempre grandes solistas, coros, directores y orquestas, que impone la repetición de muchas de las obras, comunicadas por distintos intérpretes. Destacaremos algunas de las orquestas como: Concertgebouw, The Academy of St. Martin in the Fields, I Musici, Coro y orquesta Bach de Munich, Coro de la Ópera Alemana de Berlín, Orquesta Filarmónica de Berlín, Real Orquesta Filarmónica de Londres, entre otras. Y también destacan intérpretes como Karl Richter, Pablo Casals, Herbert von Karajan, Glenn Gould, Dinu Lipatti, András Schiff, Andrés Segovia, Julian Bream, Mstislav Rostropovich, Sviatoslav Richter, etc.

No podemos dudar de la importancia que —en su afición musical— concedió Leopoldo Calvo-Sotelo a Bach, compositor que, aun siendo calificado por músicos de su época como retrógrado, incluidas en estas críticas las de sus propios hijos, grandes músicos que practicaban en sus obras sistemas de escritura que se alejaban de las formas contrapuntísticas de su padre, acercándose a lo que, en aquel momento, suponía una música nueva, basada en la melodía acompañada. Sin embargo, todo el acontecer musical posterior a la obra de Bach viene marcado por el desarrollo de sus descubrimientos, tanto contrapuntísticos como armónicos. El impulso armónico es el generador de todos los pulsos lineales en la música de Juan Sebastian Bach. Siempre se le ha atribuido a Bach el gran valor del desarrollo contrapuntístico de su obra, es cierto ¿quién lo puede poner en duda?, pero se olvida, muchas veces, que el punto de encuentro entre la horizontalidad de las líneas contrapuntísticas produce un fluido vertical de continuidad armónica, siendo en este punto donde reside la fuerza y motor que impulsa, desde este encuentro, el desarrollo de todos los procesos constructivos. Bach gravita sobre toda la música escrita posteriormente. Comparto la idea de los pedagogos franceses al afirmar que toda obra musical bien hecha debe poseer el espíritu de una fuga, microforma bachiana en la que, en su estructura de breve desarrollo, se dan sistemas que, de alguna manera, están implícitos en muchos procesos de mayor extensión.

Me pregunto si la condición de ingeniero-matemático de Leopoldo Calvo-Sotelo le acercaba de manera tan fehaciente a la música de Bach, maestro constructor de grandes arquitecturas sonoras.

El primer gran espacio de la discoteca, como podemos observar, lo ocupa Bach. En esa misma línea de magnitud se sitúa Beethoven, segunda de las «Bes» tan queridas por Leopoldo. En nuestras conversaciones, dejaba patente su evidente pasión por la figura de Beethoven. Confesaba que uno de los compositores que más influencia había ejercido sobre él, en sus primeros encuentros con la música, fue Beethoven y de su amplísimo catálogo creacional fueron las sinfonías las que, al oírlas, le llevaron a descubrir el alto valor espiritual e intelectual de la música: «Beethoven acaba apoderándose del alma y del corazón de cualquier amante de la música», decía. Divierte recordar, dentro del anecdotario, cómo narraba, con tan prudente y sabio sentido del humor, la historia de aquel grupo de amigos, en su querido Ribadeo, que comentaban refiriéndose a las marchas fúnebres más famosas de la literatura musical: «La mejor es la de Beethoven, perteneciente a la *Sinfonía Heroica,* luego la *Marcha Fúnebre* de Chopin, para mujeres, y la de Wagner, para héroes», catalogación *sui generis,* no exenta de visión de la estética y sensibilidad de cada uno de sus creadores, pero la aseveración última era definitiva: «Si queremos ser sólo hombres, oigamos a Beethoven».

Leopoldo tenía opiniones sobre el valor espiritual de la música, siempre muy acertadas y que invitaban a la reflexión, valoraba en Mozart la suprema facilidad; sin embargo, consideraba que su obra no fue innovadora, contrariamente a Beethoven, cuya figura entendía que abrió, con sus composiciones, nuevos caminos de extraordinaria innovación. Asociaba la música de Mozart al placer de oír; en cambio, sentía que Beethoven penetra profundamente dentro de nuestro ser, como dice en la entrevista que se publica junto a este trabajo: «Sobre los primeros acordes de la *Quinta Sinfonía,* ya uno piensa, aquí hay algo muy importante y uno puede decir, no se si disfrutaré o si me asustaré, pero hay una decisión de Beethoven». Efectivamente, una profunda decisión de comunicar sus más profundos sentimientos humanos. Pensamiento que define el conocimiento de la dramaturgia en la música beethoveniana, su lirismo, su expresión a través de un lenguaje que, aun siendo de contenido abstracto en su configuración formal, despierta los caminos infinitos del pensamiento y sensibilidad de quien recibe ese mensaje.

Como Leopoldo Calvo-Sotelo era amante, especialmente, de la música instrumental, encontraba en Beethoven, un modelo preciso y perfectamente adecuado a su sensibilidad, porque Beethoven, a diferencia de Mozart, escribió, sobre todo, música instrumental, y no es la música vocal la parte más definitoria de su obra. *Fidelio* fue la única ópera escrita por Beethoven. A diferencia de Mozart, que se sentía, incluso, más cercano al mundo de la ópera que al puramente instrumental. Así pues, insisto que el encuentro con esa segunda «B» colmó sus aspiraciones. Leopoldo Calvo-Sotelo llegó a decir: «A mí me gusta la música sinfónica que no tiene letra»; con este pensamiento expresaba algo muy importante: de todas las manifestaciones de distintas formas de expresión de la música, la primera gran división que debemos trazar es la que existe entre la música instrumental y la música vocal. En este sentido, no es de extrañar que su movimiento preferido de la *Novena Sinfonía* de Beethoven no era el cuarto, con el coro del ahora himno de la Unión Europea, sino el *adagio* del tercero. En las dos vías de comunicación se han creado obras magistrales, siendo muy significativo que nuestro protagonista focalice su sensibilidad hacia la música pura. Su personalidad de hombre reflexivo y siempre proclive al análisis de los aconteceres musicales conecta muy directamente con estructuras sonoras producidas, exclusivamente, por instrumentos.

No supone esta posición que no esté valorada, en su discoteca, cualquier manifestación musical, desde los más variados esquemas instrumentales y vocales. Era crítico con muchos de los libretos de ópera (y no le faltaba razón): «La mayor parte de los textos de las óperas son atroces, no hay quien los aguante, ni los de Wagner, que presumía de buen escritor». Aquí encajaría muy bien aquella frase, tan llena de humor, de su tío Joaquín Calvo-Sotelo: «El libretista de una ópera, es algo así como el perchero para que el compositor cuelgue el sombrero de su inspiración».

Abramos ya el gran espacio «Beethoven». Las sinfonías y los conciertos para piano y orquesta adquieren un mayor protagonismo. Son muchas las obras con distintas grabaciones de los intérpretes. Encontramos directores como Herbert von Karajan, Carlo Maria Giulini, Ferdinand Leitner, Joseph Keilberth, Paul van Kempen, Sergiu Celibidache, Claudio Abbado, Leonard Bernstein (me ha llenado de emoción ver en el magnífico catálogo sinfónico, la presencia del director Paul van Kempen; él fue profesor, en los cursos de Dirección de orquesta de la Accademia Musicale Chigiana de Siena, a los que tuve la suerte de asistir, como estudiante). En cuanto a las orquestas, destacan: Wiener Philharmoniker y Berliner Philharmoniker (sus dos orquestas más admiradas, y de las que posee la mayoría de sus grabaciones), Columbia Symphony Orchestra. Los Angeles Philarmonic Orchestra, Moscow Philarmonic Orchestra, Gewandhausorchester Leipzig. Se comprende la enorme superioridad numérica de las dos primeras, Viena y Berlín, que fueron orquestas con una actividad discográfica muy grande.

Es en los conciertos y en la música de cámara, en donde se manifiesta, indiscutiblemente, el valor que otorga al intérprete y así nos encontramos en los conciertos de piano a grandes solistas: Wilhelm Kempff, Maurizio Pollini, Arthur Rubinstein, Sviatoslav Richter, etc.

El concierto de violín aparece interpretado en versiones solista de Anne-Sophie Mutter, Salvatore Accardo, Christian Ferras. Dejamos con la *Misa Solemnis* el recorrido por esa segunda «B».

En nuestras conversaciones sobre cómo había ido evolucionando con el paso de los años el repertorio y los programas de la Orquesta Nacional, Leopoldo Calvo-Sotelo recordaba con melancolía cómo en los años cuarenta y cincuenta todas las temporadas comenzaban con las oberturas de Beethoven, *Egmont* y *Coriolano.*

Para él, la *obertura de Egmont* encapsulaba lo mejor del Beethoven heroico, que acompañó a Leopoldo Calvo-Sotelo a lo largo de toda su vida. Fue una presencia sostenida en sus hábitos de oír música en su casa, mientras que su afición de madurez por los músicos barrocos, especialmente por Haendel, perdió peso con el paso de los años en favor de músicos de finales del siglo XIX y principios del XX, notablemente Richard Strauss, aunque siempre dentro de la estela beethoveniana. Leopoldo Calvo-Sotelo no llegó nunca a atravesar la frontera y explorar el dodecafonismo de Schoenberg y más allá.

Siguiendo la ruta beethoveniana que nos conducirá más tarde a Brahms, descubrimos una *Sinfonía Fantástica* de Berlioz, a través de interpretaciones distintas de cuatro grandes directores: Igor Markevich, John Eliot Gardiner, Claudio Abbado y Pierre Boulez. Hago hincapié en la importancia que Leopoldo Calvo-Sotelo concedió siempre al intérprete. No se conformaba, solamente, con la escucha de la obra, en una única versión; deseaba siempre sentir y valorar las distintas comunicaciones que de ellas se ofrecían.

Un espacio muy relevante ocupa Georges Bizet, especialmente su ópera *Carmen,* de la que también nos muestra distintas versiones: Plácido Domingo, Elena Obraztsova, Victoria de los Ángeles, Sir George Solti y Herbert von Karajan, entre otros grandes cantantes y maestros.

Nos encontramos con una grabación muy interesante de las *Sinfonías Primera y Segunda* de Leonard Bernstein, dirigiendo, él mismo, la Israel Philarmonic Orchestra.

Siguiendo el camino alfabético que nos acerca a esa otra gran «B» de Brahms, ocupan un lugar preferente Luigi Boccherini y Alexander Borodin, especialmente los *Conciertos para violonchelo y orquesta,* en el caso del compositor italiano, y *la Primera y Segunda Sinfonía,* además de *El príncipe Igor* del compositor ruso.

El espacio Brahms se nos muestra extraordinariamente expresivo. En él se acoge, especialmente, su música sinfónica: sinfonías, conciertos para violín, para piano, variaciones, dobles conciertos, dando, como siempre, una valoración principal al intérprete, tanto en misiones solistas, como corales, directoriales y orquestales. También la música de cámara, obras pianísticas y cuartetísticas aparecen representadas. Es interesante observar con qué criterio selectivo lograba versiones distintas de sus obras preferidas.

Siempre me ha interesado conocer todo aquello que el intérprete, con su personal visión de la obra, es capaz de revelar y comunicarnos. El interés máximo al escuchar la interpretación de mis obras reside en descubrir aquellos aspectos escritos y sentidos por mí, pero abiertos a que el intérprete ofrezca su personal versión. El gran maestro Celibidache, de quien tuve la suerte de ser amigo, cuando al finalizar el concierto le felicitábamos por la gran versión que nos había ofrecido contestaba: «Todo está escrito en la partitura». Le conocí bien, tuvimos largos encuentros en los que se trataban aspectos ligados a la fenomenología musical y creo entender lo que él quería significar con esa afirmación. ¡Cierto que todo está escrito en la partitura!... Menos lo que le corresponde al intérprete que es exactamente aquello que al compositor le es imposible escribir. Por todo esto, valoro en Leopoldo Calvo-Sotelo su inquieta búsqueda de comunicaciones distintas de la obra, a través de una cuidadísima valoración y selección que ejercitaba con gran conocimiento y acierto.

Dos representaciones muy ilustres de la «B», Benjamin Britten y Anton Bruckner, nos introducen —de la mano de los españoles Antonio Cabezón, Sebastián Durán, Aguilera de Heredia y de Marc-Antoine Charpentier— a la figura singular de Frédéric Chopin, de quien está recogida, prácticamente toda su obra: estudios, valses, nocturnos, polonesas, preludios, mazurcas, además de las obras de gran formato, sonatas y conciertos. Siendo el piano el instrumento en el que se fundamenta la obra de Chopin, será fácil comprender la selección de grandes pianistas que aparecen en esta colección discográfica, desde Krystian Zimmerman, hasta Vladimir Ashkenazy, pasando por Dinu Lipatti, Daniel Barenboim y Maurizio Pollini, entre otros.

De la mano de Federico Chueca, en una grabación con la English Chamber Orchestra, dirigida por Antoni Ros Marbá, somos conducidos a la figura de Arcangelo Corelli, compositor que, con su obra, da un gran impulso a la escritura violinística, y, en general, a los instrumentos de cuerda, desde la escuela veneciana que asentó las bases para el desarrollo posterior de la sonata. En este «espacio Corelli» aparece un gran número de sonatas para viola de gamba y clavicémbalo, *Sonatas de Chiesa,* conciertos, *Sonatas de camera.* Es Corelli un compositor muy valorado por Leopoldo Calvo-Sotelo, de quien posee una breve colección de grabaciones muy seleccionadas.

Acompañados de François Couperin, de Claude Debussy y Donizetti, nos iremos aproximando a la obra de Anton Dvorak. En Debussy seguiremos, básicamente, su obra pianística con los concertistas Jorge Demus y Alexis Weissenberg, y será la ópera *Lucia de Lammermoor* de Donizetti, la que definitivamente nos acerque a la obra de Anton Dvorak, desde las distintas interpretaciones de la *Sinfonía Octava* y, particularmente, la *Novena* (*Sinfonía del Nuevo Mundo*) y el *Concierto para violonchelo y orquesta.*

Con Edward Elgar y un grupo de compositores españoles, Falla, Granados, Mompou, Toldrá, Montsalvatge, Turina y Rodrigo, en distintas grabaciones, *Canciones españolas del siglo* XX con Victoria de los Ángeles y Gonzalo Soriano, además de Ernesto Bitetti interpretando a Falla desde la guitarra y Alicia de Larrocha tocando las *Noches en los jardines de España,* acompañada por la London Philharmonic Orchestra, dirigida por Rafael Frühbeck de Burgos. Pasando durante este recorrido por César Franck a través de las cinco versiones de su *Sinfonía en re menor* y Gershwin, con su *Concierto para piano y orquesta* y *Rapsodia in blue,* seguimos con Gluck con tres versiones de su ópera *Orfeo y Euridice,* para acceder al «espacio Edvard Grieg», en el que sobresalen las cuatro versiones de *Peer Gynt,* que comparten estantería en la biblioteca musical de Leopoldo Calvo-Sotelo con dos grandes espacios de oro y de máxima dedicación: Haendel y Haydn, dos «haches» que ocupan lugares de honor entre los más grandes compositores de la historia.

Son 55 grabaciones las que aparecen en su «biblioteca sonora» que acogen una gran parte de la obra haendeliana, Arias, *Concerti grossi,* Sonatas, Cantatas de cámara, conciertos de órgano, arias alemanas, conciertos para trompeta, violín y oboe, chaconas, además de las grandes obras: cantatas y óperas, *Der Messias, Water Music, Ode for St. Cecilia's day, Himnos para la Coronación del rey Jorge II y de la Reina Carolina, Judas Maccabeus, Israel en Egipto.* Quizá la excepción a su preferencia por la música instrumental fuera la música vocal barroca, y en especial los oratorios de Haendel (notablemente el *Judas Macabeo*), su *Mesías* y la *Pasión según San Mateo* de Bach. La música vocal del período clásico, y especialmente la música sacra, nunca llamaron su atención.

Las primeras grabaciones que aparecen en la colección están fechadas en torno a la década de los cincuenta. Años en los que se va conformando la personalidad de quien decide la configuración de su biblioteca-disco, y en el caso de Leopoldo Calvo-Sotelo, paralelamente, la biblioteca-libro. En esta doble ordenación reside, sin ninguna duda, el auténtico valor cultural de su biblioteca. Desafortunadamente, no son muchos los hombres de la cultura que sitúen la música en el lugar que le corresponde, como disciplina de alto valor espiritual y de formación para los jóvenes que protagonizarán el futuro de una sociedad más sensible y cercana a los valores de la espiritualidad y la convivencia.

Vecina de anaquel a la obra de Haendel es la colección discográfica de Haydn, en la que adquieren un particular protagonismo muchas de sus sinfonías, los conciertos de violonchelo y orquesta, música de cámara, varios cuartetos y conciertos que ocupan un espacio espléndido, dentro de la discografía general de este compositor.

Nuestro itinerario nos conduce a la *Symphonie Espagnole* de Edouard Lalo, y luego arribamos a Franz Liszt, que nos presenta su seis *Hungarian Rhapsodies,* los doce *Études d'exécution transcendente* y las *Armonías poéticas y religiosas.*

Gustav Mahler aparece con la *Sinfonía número 4* en sus cuatro versiones. Felix Mendelssohn nos muestra distintas versiones de las *Sinfonías número 3*, *Escocesa* y *número 4*, *Italiana,* el *Concierto para violín y orquesta, El sueño de una noche de verano* y *Rosamunda.*

Ahora, sólo Monteverdi y Mussorgski nos separan del súper espacio Mozart. La música polifónica de Monteverdi está representada por madrigales y scherzos musicales: *Vespro della Beata Vergine, Il combattimento di Tancredi e Clorinda* y *Lamento d'Arianna.*

Mussorgsky nos sitúa frente a una triple versión, original para piano, de los *Cuadros de una exposición,* con Sviatoslav Richter, Ivo Pogorlich y Vladimir Ashkenazy, además de la versión orquestal de Ravel. Aparecen los *Cantos y danzas de la muerte* y, especialmente, la ópera *Boris Godunov.*

Al fin nos encontramos con el universo deslumbrante Mozart. Son nada menos 67 grabaciones las que configuran este espacio dedicado, prácticamente, a todas las formas musicales creadas por nuestro compositor: sinfonías, conciertos para clarinete, flauta, trompa, violín y piano, música de cámara, cuartetos, sonatas, *Misa de la coronación,* óperas: *Don Giovanni, La flauta mágica.*

Me gustaría terminar esta visita a los espacios de honor de la discoteca de Leopoldo Calvo-Sotelo con una mención al de Richard Strauss. Johann Sebastian Bach y Richard Strauss son los dos extremos temporales del universo musical de Leopoldo Calvo-Sotelo. Como he dicho antes, Leopoldo no dio el salto a los movimientos atonales o a los dodecafónicos que tomaron la escena musical después de la Primera Guerra Mundial. Por eso la música de Richard Strauss es la estación término de su viaje musical. Y tan es así que me consta que en los últimos años de su vida los poemas sinfónicos de Strauss, que no sus óperas, y notablemente el de Don Quijote, llegaron a ocupar los primeros puestos de sus afinidades electivas. Contrariamente a aquellos que creían que la música se resumía en las tres «Bes» —Bach, Beethoven y Brahms—, la discografía de nuestro humanista ofrece argumentos precisos para demostrar cómo más allá de estos tres grandes de la creación musical, la visión histórica de la composición musical se puede extender a panorámicas más amplias, con paisajes sonoros transitados por un gran número de compositores de altos vuelos creativos, que amplían y completan todo nuestro alfabeto sonoro.

Como compositor preocupado por el desarrollo social de la música, quiero expresar mi admiración por el significado que adquiera la figura de Leopoldo Calvo-Sotelo, dentro de una panorámica general del desarrollo cultural de nuestro país, ejemplo de una posición abierta a todas las disciplinas que configuran la visión de una sociedad culturalmente equilibrada y en la que la música forma parte inseparable de esta visión.

No he querido excederme en las dimensiones de este estudio, considerando que el carácter del presente trabajo no debe sobrepasar los límites de un tiempo prudente; creo, sin embargo, que el análisis queda esbozado y abierto a un desarrollo posterior de mayor amplitud y envergadura.

Agradezco a la familia Calvo-Sotelo la invitación que recibí para realizar este ensayo, que me ha permitido estar muy cerca de Leopoldo, descubriendo, de nuevo, al hombre culto, intelectual, científico y artista, pero sobre todo, al extraordinario ser humano del que tuve la suerte de ser distinguido con su amistad.

Décima Parte
LA PRENSA DE CADA DÍA

18

Me inquieta la pregunta de Pilatos «*Quid est veritas?*» a la que Cristo no contesta

Justino Sinova: ¿Cuándo empieza su relación con la prensa?

Leopoldo Calvo-Sotelo: Mi relación empieza con la radio a causa de la guerra. En junio de 1936 fuimos a Galicia, a la casa de mis abuelos en Ribadeo, a veranear como siempre. Mi abuelo Ramón Bustelo fue diputado desde 1900 hasta 1923, en que dejó la política, un liberal de principio de siglo. El abuelo tenía un aparato de radio de madera que se oía muy bien; en Ribadeo las ondas inglesas llegaban sin dificultad. Aprendí entonces que cuando no hay relieve por medio —y en el mar no lo hay— las ondas hertzianas —como se decía entonces— se desplazaban perfectamente y oíamos todas las noches la radio, la BBC. Primero, con noticias de la guerra de España, luego, de la guerra mundial, todo ello anotado con comentarios liberales de Ramón Bustelo, que estaba muy preocupado con lo que pasaba en España. Al poco de estallar la Guerra Civil, nos fuimos con los abuelos, mi madre y nosotros a Portugal, porque en Ribadeo, frontera con Asturias, el miedo era la amenaza de «que vienen los mineros, que están en Pravia». Preocupado con su hija, viuda de Calvo-Sotelo, nos metió en unos coches viejos de Ribadeo y nos llevó a Viana do Castelo, a un hotel magnífico, Santa Lucía, en lo alto del monte; allí estuvimos bastantes meses. Volvimos a Ribadeo, donde existían un par de semanarios —*Las Riberas del Eo* y *La Comarca*— que solo daban noticias locales. Allí estuvimos hasta el año 1941. Mi madre, que no quería que nos quedásemos en Ribadeo, se presentó increíblemente en Madrid en contra de la opinión de la familia, en febrero del año 1941, yo con quince años de edad. Entonces, empecé a leer la prensa de la mañana, *ABC,*

YA y luego *Arriba,* al que me aficioné porque tenía buenas plumas, falangistas, claro.

Eso ya fue a partir del 41, en el que usted tenía quince años, y en aquel momento leía lo que había en casa. Existían entonces también Informaciones *y el diario* Madrid, *heredero de un periódico de la República, que se lo conceden a Juan Pujol, y salía como diario de la noche.*

También los leía, menos habitualmente.

¿Y ahora?

Cuando te metes en política, te llenan de prensa. Ahora, ya retirado en casa, leo *ABC, El País, El Mundo* y *La Razón.* Como prensa extranjera, *Herald Tribune.* A *Le Monde* me suscribí durante años. Era mucho más agresivo hace veinte años que hace diez. Cuando Servan-Schreiber sacó *L'Express,* me hice muy adicto; luego *L'Express* de la Giroud se hizo menos interesante y me pasé al *Nouvel Observateur.* Después, me pasé a la lengua inglesa con el *Herald Tribune y el The Economist.*

¿Y las revistas americanas?

Me interesa más la política europea; aunque he leído revistas americanas, algunas por trabajo, como el *Business Week.*

¿Mantiene el tono The Economist*?*

The Economist ha sido ya mi adicción última, hace más de quince años que lo recibo; también tiene sus más y sus menos. Para mí, era apasionante hace veinte años, ahora tiene números bastante aburridos, ese estilo típico independiente y liberal de «yo me mantengo en mis trece aunque los hechos...», «me he equivocado, pero yo tenía razón», casi lo que más leo semanalmente es el *Economist,* que no se que día llega a Madrid, depende de los quioscos. Y estoy también suscrito al *New York Review of Books,* a la revista *National Interest* y, desde los primeros setenta hasta mediados los ochenta, estuve abonado al *National Geographic,* que entonces solo se publicaba en inglés.

¿Qué recuerdos tiene de la prensa de la República? Cuando estalla la guerra, usted tenía diez años.

En Ribadeo no había prensa de la República, llegaron enseguida las tropas de Franco, fue nacional todo el tiempo.

En Madrid, ¿recuerda algo de lo que se leía en su casa antes de irse a Ribadeo?

No, yo iba al Instituto Escuela, que estaba sesgado hacia la izquierda. Sí recuerdo que nosotros vivíamos, en 1934-1935, en la calle Velázquez, enfrente de José Calvo-Sotelo, con el que mi madre tenía una enorme amistad. José siempre subía a darle un abrazo a mi madre (ya había muerto mi padre) cuando venía del Congreso. Entonces mi tío Francisco Bustelo, hermano de mi madre —que luego se moderó— dejaba sobre la mesa del vestíbulo de nuestra casa *El Heraldo,* que insultaba todos los días a José Calvo-Sotelo. Años más tarde, mi suegra hacía lo mismo cuando íbamos a verla; dejaba por encima *El Alcázar* y *El Imparcial,* que titulaba por ejemplo: «El cobarde de Calvo-Sotelo además de equivocado es un plagiario». Una pequeña anécdota: yo estaba negociando con la Comunidad Europea y me invitó Alberto Ullastres a pronunciar la conferencia inaugural en un curso sobre las Comunidades Europeas en la Escuela Diplomática; una alumna hizo un discurso cursi: «para nosotros entrar en Europa es la ilusión, es el futuro...»; yo le dije: «Sí, pero no todo es tan bonito, porque a la hora de negociar, se encuentra uno con los intereses feos y crudos de Francia, Italia, etc.». Al día siguiente, Antonio Izquierdo titula: «Para el ministro Calvo-Sotelo, Europa es la ilusión y la maravilla», así me trataba *El Alcázar.*

Sus primeros recuerdos son la radio que escuchaba en Ribadeo y, a la vuelta a Madrid, ¿Cuándo empieza a leer los periódicos?

A los quince años, cuando volví a Madrid. Empecé con el *YA* y el *Arriba,* como he dicho antes.

¿Era interesante aquella prensa tan controlada, tan dirigida?

Yo no sabía lo que era el control de la prensa, yo no sabía lo que contaban, yo no me daba cuenta. Procuraba oír la radio, que en Madrid se oía peor. Tenía una fuente de información curiosa y rarísima en Ribadeo, allí había durante la guerra europea un caballero, cincuentón, al que llamaban «el inglés», un agente inglés para vigilar las actividades pseudo militares en la costa cantábrica. Él me dio algo que se me ha perdido, una edición española de la *Mit brennender Sorge,* la Carta Encíclica de Pío XI contra el Reich. Yo aprendí entonces cómo eran los nazis alemanes, que aquí nadie lo sabía. Cuando vinimos a Madrid, nos invitó la familia Calvo-Sotelo —Enriqueta, Joaquín, Luis, y mis primos— en el Hotel Victoria, donde vivían. Se empezó a hablar de la guerra mundial y yo hablé de la Encíclica del Papa, «si llego a saber que hablaríamos de la Guerra os la traigo». La condena del Reich alemán en el año 1941 no se quería entender. «Qué cosas cuenta este chico...» comentaron.

De esta primera etapa recuerda haber sido lector del ABC *y el* YA. *El año 1962 es una fecha importante, había otros periódicos: los de la tarde, como el Informaciones, el Madrid,* El Alcázar *y el diario* Pueblo, *¿Qué características recuerda de esos periódicos? Decía antes que había buenas plumas en el* Arriba, *pero en el* ABC *también las había.*

Había más calidad literaria en el *Arriba,* había un diplomático con una pluma estupenda; en el *ABC* más información general, y en cuanto al *YA,* me ofendía más por cuestiones estéticas que políticas; un día, se me ocurrió decir: «En el *YA* son feas hasta las novias del huecograbado» y aquello cayó mal naturalmente en la Santa Casa. Yo participaba en las actividades de la ACNdP y de los jesuitas de la calle Zorrilla, que entonces eran dos lugares libres.

¿Siempre ha leído más de un periódico diario?

Sí, al principio *ABC* y el *YA;* luego *Pueblo, El País, Diario 16, El Mundo, La Razón,* ocasionalmente *La Vanguardia...;* en esa lista, algunos han desaparecido.

Me hablaba de Pueblo *y luego del diario* Madrid. *Pero en esos años hay un episodio importante respecto a la prensa que es la ley de Fraga de 1966; Fraga llega al Ministerio en 1962 y en 1966 aprueba la Ley de Prensa. ¿Qué recuerdos tiene de aquello y del efecto que como lector de periódicos aquello tuvo en los medios?*

Yo era amigo de Fraga desde que le conocí durante el servicio militar en el campamento de La Granja; me tomó mucho afecto. Yo acababa de aprobar la reválida y él era oficial de complemento. «¿Qué vas a estudiar?», me preguntaba con su aire autoritario. «No sé, mi madre no tiene un duro, si yo pudiera elegir libremente estudiaría Ciencias Físicas o Matemáticas»; Y él: «Pero hombre, tú tienes vocación de político, estudia Derecho». Me insistió tanto que me matriculé en Primero de Derecho, en el año 1946, que no seguí y preparé Ingeniero de Caminos. Desde entonces somos amigos y siendo ministro alguna vez me llamó a su despacho para explicarme la ley de prensa, la libertad de prensa. No lo recuerdo con mucha precisión, pero sí recuerdo que él estaba convencido de que aquél era su proyecto estrella, lo que él podía aportar. Lo que yo no pude analizar es el efecto en el lector de aquella libertad naciente que tampoco era completa pero que ya no era la censura anterior.

¿Recuerda si se produjo una revitalización de la prensa?

Más que recordarlo, luego he leído apreciaciones positivas, pues resulta que es verdad. Pero confieso que para un lector, bastante asiduo, el efecto no fue muy sobresaliente. En la memoria uno confunde su memoria directa con la memoria de lo que luego le han contado, y el efecto de aquello fue muy importante, pero yo no recuerdo haber oído: «menos mal que ahora ya se puede leer». Fraga se enfada cuando se lo digo, aunque qué duda cabe que en una historia contada con cuidado se aprecia ese momento. Pero yo no recuerdo el efecto sorprendente de aquella libertad.

Llegamos al caso del diario Madrid, *¿qué recuerdos tiene, lo leía habitualmente?*

No lo leía habitualmente; en el *Madrid* estuvo Calvo Serer, con Florentino Pérez Embid, muy amigo mío, de la llamada «cena de los nueve», una idea original de Federico Silva y de Alfonso Osorio. Florentino era un habitual, nunca ocultó su pertenencia al Opus, tenía una gran libertad de cabeza y de expresión y se hablaba muy bien con él; a Calvo Serer, que era mucho menos atractivo y simpático, le traté menos. En principio, yo no tenía nada en contra del Opus Dei. Me apartaba el hecho de que funcionaba con una estructura que me parecía entonces excesivamente rígida. Nunca fui un gran lector del diario *Madrid,* pero sí seguí toda la aventura del periódico con todas sus recidivas que usted conoce mejor que yo.

Y ¿trató algo a Antonio Fontán que era el director?

A Fontán lo he tratado luego en la Transición y tiene la buena costumbre de latinista de felicitarme las Navidades con un estudio a veces en latín o de la Roma clásica; un hombre muy estimable con el que tengo una buena relación.

Entramos en otra etapa en la cual empieza una gestión política, la Transición, entra usted en el gobierno y cuando se está en la política cambia la perspectiva desde el punto de vista del lector.

Cuando empiezo a estar en una política visible, pasé en horas veinticuatro de una silla de director general de una empresa a la poltrona, como se decía, del Ministerio de Comercio. No tuve tiempo de ir haciéndome a una mentalidad del que sirve a su país; yo estaba a las ocho de la noche en el despacho de Explosivos Río Tinto cuando me llamó Carlos Arias de parte del rey para ofrecerme ser ministro de Comercio o de Industria, y me dio unas horas para decidir y que si quiero más detalles vaya a ver a Villar Mir. No tuve tiempo de nada. Ni pude recoger mis papeles. Fue una entrada en la política muy diferente. Hoy es distinto: hay que seguir el camino clásico, se mete uno en el partido, en las Asambleas Provinciales, locales...yo no, yo fui directamente ministro. Teníamos, una vez muerto Franco, que ver cómo se salía del franquismo, cómo se instalaba un nuevo sistema. Yo me metí con las manos en la masa directamente en la ejecución. Por mi trabajo en la industria y por información de ingeniero, tenía yo una tendencia ejecutiva: yo vengo aquí a hacer cosas. Como es natural, sí empecé a sentir la importancia de la prensa, que yo no había visto como importante en este sentido.

Cuando la prensa opinaba sobre lo que hacía el gobierno en el que yo estaba, sí empecé a darme cuenta de su papel; también los periodistas aprendieron y tomaron para ellos la libertad de expresión mucho antes que los políticos. Suárez sí abrió esa ventana, y la abrió bastante ampliamente, pero quienes se aferraron fueron los periodistas. Nosotros no sabíamos bien todavía como se manejaba aquello; yo recuerdo mi torpeza y valga una pequeña anécdota: la primera vez que me pidieron una entrevista —yo era ministro de Comercio— fue Pilar Urbano, nos llamábamos de usted de verdad, no como ahora; nada más empezar, le dije: «Quiero pedirle un favor, que me deje leer antes lo que usted vaya a publicar entre comillas suponiendo el lector que son cosas que yo he dicho; no es que no me fíe, es que me atrevo a pedirlo por si acaso yo me he expresado mal, o usted ha entendido mal, o porque se me haya escapado algo que no debo decir»; me respondió: «No tenemos costumbre de hacer eso»; pero a ella le interesaba mucho esa entrevista —no era tan conocida como luego— y me pasó el texto. Lo miro, y después de una pregunta, veo que pone en mi boca: «Jolín ¡qué pregunta!»; y le digo: «Perdón, Pilar que yo no digo "jolín", diría en todo caso "joder" y no le digo que lo ponga usted»; total, tuvimos una negociación casi hasta el punto de quitar la primera pregunta.

¿Se siente cómodo alguien observado por la prensa?

No; normalmente el periódico cae en errores y en faltas porque se hace muy deprisa y a uno le empieza a preocupar ese deseo de respetar tanto a quien no dice la verdad. En el caso de *El Imparcial,* decía mentiras porque le convenía, pero hay casos de erratas y aquello me fastidiaba bastante; entonces empezó una polémica interna de la relación de la política con la prensa, en la que la prensa ya no es ni siquiera más amiga, es amiga a vigilar, es una amiga que tiene importancia, que manda mucho y aunque solo sea por error, por la prisa, porque hay que entregar antes de cerrar, empieza la relación dialéctica entre el político y el periodista. Yo he escrito algo sobre eso. ¿Cómo veía yo a la prensa?: «¡cuidado con esos señores, que me pueden complicar la vida!, a veces con algún colega ministro». Empecé a ver a la prensa como alguien al que había que tratar con mucho respeto, con mucho cuidado, y teniendo en cuenta que la prensa le creaba a uno muchos problemas, pero también se los podía resolver.

¿Debe ser la prensa un contrapoder?

No sé si debe, pero es. Si debe o no debe, es otro tipo de discusión. Es un contrapoder, por lo tanto, como contrapoder, el que esté, no en el poder, sino —como decía Jesús Fueyo— en los aledaños del poder, es indiferente. El político debe saber si le importa más lo que diga una prensa seria que lo que diga algún colega en el Consejo de Ministros. Yo he tenido siempre poca mano izquierda con la prensa; a mí me ha apasionado lo que yo he creído ser la verdad, no como la verdad dogmática, sino como expresión de un ajuste entre lo que estás oyendo y los hechos; cuando uno ha conocido los hechos y los cuentan de otra manera, dice: «No me cuente usted lo que yo he hecho, yo he hecho esto mal o bien, pero no de otra manera»; entonces tienes esa relación dialéctica en la que te das cuenta del poder creciente de la prensa y por lo tanto de la dificultad de trato. Yo nunca conseguí tener periodistas devotos que les pareciera bien lo que yo hacía. Para mí, siendo ministro, el principio de la percepción de la prensa fue muy claro como poder y como dificultad. No dediqué a la prensa tanto tiempo como debía. A mí me admiraba en su tiempo la dedicación a la prensa de Federico Silva, que en eso fue un precursor —le llamaban ministro Eficacia— se dedicaba a ello con gran intensidad. Yo no lo supe hacer.

Ahora con perspectiva, ¿está la verdad en la prensa?

Primero, a mí, que siempre he tenido una afición a la filosofía —ahí tengo muchos libros de filosofía y teología— me inquieta la pregunta de Pilatos «*Quid est veritas?*», a la que Cristo no contesta... no es que yo quiera arrogarme la posición de Cristo. ¿Qué es la verdad? No sé, sobre todo la verdad política, pero hay una verdad de los hechos. Cabe que alguien diga que uno ha hecho algo que no ha hecho, que diga que lo ha hecho mal, bueno, pero a veces se ha encontrado uno con informaciones que no responden a la verdad, a la verdad como adecuación a la cosa, que decían los escolásticos, *adequatio intellectus rei;* eso sí me molesta: «Usted dice que yo he tirado este vaso y yo no lo he tirado»; y ahí sí me he encontrado yo con que no he podido corregir, no la interpretación, que es otra cosa, sino el hecho mismo. El problema profundo de la verdad es otra cuestión y no está resuelto. Aunque suene irreverente, se lo preguntan a Cristo y no contesta. Luego han hecho ese juego de palabras en latín, lengua que Cristo no hablaba: *Quid est veritas? Est vir qui adest.* Es la persona que está delante. Lo que sí sé y he padecido es ese terreno inmenso que hay entre la verdad y la mentira, que es en el que se mueve la prensa y el político; la cuestión más difícil, es la interpretación.
A mí me ha dolido, por ejemplo, —yo tenía en un cartapacio grande referido a *El País* (que al cambiar mi secretaría se me ha perdido)— la serie de cosas no verdaderas en este sentido referidas a mí o de la realidad; recuerdo una que, como no se refiere a mí, no hay presunción para contarla: yo estaba todavía en el gobierno con la historia de la adhesión a la NATO y dio la casualidad de que me invitó a comer Polanco —y he sentido su muerte— con sus colaboradores —de quien yo era amigo a pesar de las discrepancias— en el mismo edificio donde se hacía *El País,* y les pregunté por qué eran tan sectarios: abro el periódico justo donde la noticia es «Primeras Víctimas civiles de las maniobras de la OTAN en Alemania». La historia es la siguiente: un sábado por la noche, un emigrante italiano roba un *Porsche* y se marcha con dos prostitutas; en una curva se sale, recorre 60 metros por un sembrado —*El País* es muy preciso— y se estampa contra un tanque de la OTAN que está aparcado esperando el amanecer y se matan. Tres víctimas.

Pero eso es de sucesos. Esto no es ser sectario. Esto es falsificar la realidad. El juego con el titular, lo sigue haciendo *El País*. Esta cuestión de la verdad atañe también a la información científica; *El País* ha sido en general más riguroso que otros, sobre cuestiones científicas. Yo he encontrado pocos periodistas que sepan distinguir entre un kilovatio y un kilovatio hora.

Jefferson decía: «Prefiero prensa sin gobierno que un gobierno sin prensa»; después de pasar por el gobierno —en una carta que escribió a un muchacho que le pedía consejo para hacer un periódico— le decía que la verdad se puede encontrar en cualquier sitio menos en un periódico.

Para que no parezca que solo he tenido problemas con *El País*, también y más graves, los tuve con el *ABC* de Ansón. Ahí la técnica era algo diferente. Ansón tuvo el mérito de levantar el *ABC* que estaba en la ruina. Recuerdo una visita de Guillermo Luca de Tena que aguantó la crisis, porque Torcuato se fue a México, que vino a pedir ayuda cuando yo era ministro de Comercio y no se la pude dar y no pudo aceptar la fórmula que se le ofrecía. Más adelante, Ansón arremetía contra mí.

¿Antes o después de ser presidente?

Sobre todo después, con cualquier motivo, me metía puntazos. Cuando se metía conmigo, lo hacía a veces con su firma, a veces en el editorial, y siempre acompañando el texto principal con cartas de dos o tres lectores que eran suyas —su estilo es inconfundible—. *ABC* se portó mal, cuando yo era además un caído, aquello duró un tiempo, me dejaron de invitar a los Premios Cavia.

Aparte de la vertiente de lector de periódicos, ha tenido una segunda vertiente de escritor de periódicos, no muy frecuente, pero ha escrito en periódicos; ahí está en su biblioteca el libro del grupo Tácito, del que usted ha formado parte en alguna época.

Quiero rendir un homenaje que no se le ha rendido: la verdadera pluma literaria de *Tácito* era Gabriel Cañadas, un diplomático que tenía una pluma magnífica, un carácter muy raro y que no estuvo nunca en política; yo le quise hacer director general.

Aparte de esa colaboración más conocida, ¿cómo fue su colaboración con los periódicos siendo estudiante?

En Ribadeo existían dos semanarios, *La Comarca* y *Las Riberas del Eo.* Yo he publicado ahí en cuatro o cinco ocasiones, con diez/doce años, cosas que me ruborizan. Pero yo tomaba en serio a un profesor de literatura, Dionisio Gamallo Fierros, un polígrafo, que nos pedía unos sonetos, y alguna vez publicó algún soneto mío. Cuando estuve en la Escuela de Caminos, trabajé en una revista técnica que se llamaba *Revista Industrial y Fabril,* que me pagaba 750 pesetas/mes; eso fue a partir del año 1943. Tenía una parte de colaboraciones firmadas y otra parte que fusilaba de revistas extranjeras, que es lo que yo hacía. También hicimos un periódico en la Escuela que duró muy poco, y se llamaba *ARCO.* La primera vez que publiqué algo en la prensa nacional fue en el *YA,* que me emocionó mucho. A Fernando Martín-Sánchez le gustó; luego he sido muy perezoso, y lo que ya me ha dado la puntilla con la pereza es que yo tengo una manía de corrección exagerada, he escrito —hasta hace diez o doce años— en máquina de escribir, primero con una *Yost* de tampón muy vieja que tenía mi abuelo en Ribadeo y luego muchos años con una *Lettera* de *Olivetti,* portátil; ahí no hay quien corrija. Luego, con el ordenador, es fantástico: para alguien que es un exagerado, corriges sin sentirlo; en fin, en tiempos, la preocupación por la incorrección o por la falta de precisión me ha quitado muchas ganas de publicar; me hubiera divertido —qué duda cabe— y me da mucha envidia la gente que como usted escribe en prensa.

Yo le he dicho siempre que con su pluma se podría haber ganado la vida escribiendo.

No hay elogio que me pueda agradar más, pero no lo he hecho, efectivamente.

Habría vivido peor.

Cuando mandé mi primer artículo al *YA,* por la mano de Martín-Sánchez, me pagaron 20 pesetas, una cifra para aquel entonces relativamente aceptable.

Hablando de la prensa actual, en un sistema de libertad de expresión, el lector ¿tiene que seguir leyendo entre líneas?

Sí, creo que sí. El lector lee entre líneas por muy bien escrito que esté lo que lee. Como he dicho, la tendencia mía es dialéctica: como sé que estos señores tienen prisa y no siempre dicen lo que ha pasado —excluyendo ya de este juicio a los que lo falsifican voluntariamente— leamos entre líneas. Si hay un asunto que de verdad le importa mucho a uno o lo ha vivido uno de cerca, creo que se tiene la tendencia a creer que la versión está un poco amañada; cuando el asunto no te importa tanto, aceptas más lisa y llanamente la versión que da el periodista. Leer entre líneas en tiempos de Franco era normal; ahora, yo que he salido mucho al extranjero cuando era ministro y presidente, antes y después, algunas veces me han preguntado: «Tú que conoces bien España ¿qué periódico hay que comprar para estar enterado?». En algún momento, yo no he sabido qué decirles. Preguntaba en Francia, me decían «*Le Monde,* está un poco sesgado a la izquierda, es serio», en Italia, ya no lo sigo tanto, el *Corriere della Sera,* si quieres saber lo que pasa allí. *El País* me parecía que estaba sesgado, luego ya se ha convertido no en sesgo, sino en realidad profunda hacia la izquierda; el *ABC* ha tenido tantas idas y venidas que no es fácil predicar del *ABC* como un sujeto unívoco. En la Comunidad Europea, a la que yo he ido varias veces al mes durante tantos años, el periódico que estaba encima de la mesa de los Comisarios era *El País,* incluso encima de la mesa del Comisario que no leía español. Lo tenían como una seña de identidad. Lo sabrá usted mejor que yo que hay una crisis de la prensa escrita, no es que vaya a terminar con ella, pero hay otros medios que informan más rápidamente.

Pero con su experiencia como lector de prensa extranjera ¿diría que hay más ideología en los periódicos españoles o no que en los periódicos extranjeros?

Yo diría que sí porque aquí yo vivo en medio de la batalla ideológica o pseudo ideológica; atribuyo un adjetivo de más a este tipo, ya sé por dónde viene...; la política francesa —que he conocido bastante bien— me ha interesado —y ahora con Sarkozy he vuelto un poco a meterme en ella— pero fuera no he notado tanta ideología como en España.

Como lector de periódicos ¿qué aporta la prensa, la radio, la televisión a alguien que quiere estar informado?

Confieso que oigo poco la radio, pero sin embargo considero que es un medio eficaz, penetrante. Veo la televisión a la hora del telediario, creo que la televisión tiene una enorme influencia y es obvio decirlo. Yo sigo siendo un hombre informado por la prensa.

Hay un profesor americano que tiene una tesis sobre la televisión muy interesante, murió hace tres años, y sostiene que la televisión informativamente es un medio muy poco eficaz porque al traducir todo a espectáculo hace que la noticia no se convierta en conocimiento, la noticia que no tiene imagen no sale en la televisión, la brevedad de las informaciones, y luego que todo tiene que ser sorprendente, con lo cual al final la eficacia informativa de la televisión queda reducida a muy poco.

Yo creo en eso; es producto de la comodidad. Las personas llegan cansadas del trabajo, se tiran en un sillón y alguien les cuenta lo que ha pasado, da igual que lo cuente mejor o peor; pero la prensa hay que leerla y cuesta más trabajo. Esa ventaja de la TV, es grande, pero ventaja mala.

¿Se ha incorporado a la lectura de periódicos en Internet?

No, cuando hay una noticia a media mañana mis hijos me lo dicen; confieso que no ando mucho por Internet. Siento no hacerlo, porque eso no ha hecho más que empezar; yo no creo en la muerte de la prensa escrita, pero parece claro que se va a ir adelgazando.

O reconvirtiendo.

¿En qué?

En Internet; por ejemplo, El Mundo *ahora está adquiriendo lectores gracias a* El Mundo.es, *que es lo que está en la pantalla. El producto en papel, que seguirá existiendo, también se difundirá a través de Internet. Imagínese qué puede pasar cuando uno pueda imprimirse el periódico en su casa aquí o en Nueva York. Internet utiliza la letra, la imagen, el sonido y el movimiento y tiene todo de un medio de comunicación. Está naciendo un medio diferente.*

A mí lo que me asombra es que eso no ha hecho más que empezar. Es verdad también que el progreso va por escalones. Yo recuerdo por ejemplo que con el primer Caravelle —la revolución en la navegación aérea— la impresión era la misma: «esto no ha hecho más que empezar», pero el hecho cierto es que no hubo mucho más; los aviones son más grandes, son más seguros, son más rápidos, pero el paso grande está entre el Convair Metropolitan y el Caravelle y no tanto entre el Caravelle y el Jumbo. Yo creo que el salto se ha dado ya entre la prensa escrita e Internet. Por lo que a mí respecta, y usando el verbo bajar, les pido a mis hijos que bajen tal artículo, incluso para meterle el lápiz. A mí el soporte papel me va bien, me he educado en él. Uno es bastante mayor y el apogeo o el cenit de esa situación yo ya no lo voy a ver. Gracias, en fin, Justino, por todo y le pido disculpas porque mi hijo Pedro, con un amor filial que me enternece, me ha metido a mí —pero tiene derecho— y a todos ustedes —y no tiene ningún derecho— en unos líos increíbles.

Yo lo hago encantado.

19

Leopoldo Calvo-Sotelo ante, bajo, tras, en, frente y con la Prensa

El lector de prensa: panorama vital

En la sala de estar de su domicilio, que conservaba parte de la biblioteca y servía a veces de cuarto de trabajo, Leopoldo Calvo-Sotelo tenía una cuna de madera llena de periódicos y revistas. Era una cuna vieja, que habría hecho las delicias de algún amigo de las antigüedades y que él había elegido para contener lo más nuevo que iba llegando cada día. Lo primero que llamaba la atención era la dimensión notable del rimero de publicaciones depositadas, coronado por las últimas ediciones de los diarios. No había allí revistas desfasadas sino los últimos números de los semanarios y mensuales que nuestro protagonista acostumbraba a consumir.

Calvo-Sotelo era un devorador de Prensa. Leía u hojeaba los periódicos españoles del día —en sus últimos años los cuatro de información general de Madrid, *ABC, El Mundo, El País* y *La Razón,* más algunos gallegos o de otras regiones que ocasionalmente le interesaran— y también periódicos extranjeros. Leía generalmente el *Herald Tribune,* diario de circulación mundial editado por *The New York Times.* Estuvo suscrito durante años al diario francés *Le Monde,* una referencia imprescindible en la España de los años sesenta y setenta. Cuando el periodista y ensayista liberal Jean-Jacques Servan-Schreiber fundó el semanario *L'Express* se hizo «muy adicto»; cuando *L'Express* lo controló Françoise Giroud, cofundadora con JJSS, le pareció menos interesante y trasladó su atención de lector a *Le Nouvel Observateur,* semanario virado a la izquierda, y a la revista conservadora *Le Point.* Después se aficionó también, y de modo más duradero, a la revista inglesa *The Economist,* emblema del liberalismo, que recibió como abonado durante décadas. Hace veinte años le apasionaba; pasado el tiempo agudizó su sentido crítico de lector para reprochar ese estilo prepotente de «yo me mantengo en mis trece aunque los hechos...», o «me he equivocado pero aún así yo tenía razón...»[1]. Pero siguió siendo suscriptor fiel, eso que tanto anhelan los editores y los gerentes.

Sus lecturas estaban dictadas por su interés en la política europea, aunque también frecuentó otras revistas americanas, a veces por razones de trabajo, como el *Business Week*. Ahí no terminaba el equipaje mediático de Calvo-Sotelo, que fue también suscriptor de *The New York Review of Books,* la publicación emblemática del mundo de los libros, de la revista de pensamiento conservador *The National Interest* y, desde los primeros setenta hasta mediados los ochenta, estuvo abonado también al *National Geographic,* que entonces solo se editaba en inglés[2]. Todas estas publicaciones y muchas otras de consulta esporádica u oficiales o profesionales se alojaban en «la cuna», de donde eran retiradas y sustituidas periódicamente por las nuevas ediciones.

«La cuna» era a los periódicos lo que las estanterías diseminadas por la casa eran a los libros. La hemeroteca de un particular es necesariamente un lugar limitado que debe controlar para que no crezca a su ritmo natural y acabe desplazando todo lo que encuentra a su alrededor. Un lector tan asiduo e interesado como Calvo-Sotelo no habría tenido casa suficiente para conservar las publicaciones periódicas que pasaron por sus manos; la idea de «la cuna» le salvó de la invasión del papel impreso.

Pero disponía de distinto espacio reservado para otras publicaciones que en tiempos del franquismo había que guardar con cuidado para evitarse problemas. Eran impresos, algunos de los cuales o partes de ellos los conservó en carpetas junto con diversos documentos de la época, recortes de Prensa y hojas de propaganda política consideradas ilegales por el franquismo. Entre esas revistas clandestinas había ejemplares del periódico del sindicato socialista UGT impreso en Toulouse, de *El Socialista,* órgano del PSOE (Partido Socialista Obrero Español), de *España Libre,* editado por

---

[1] Los entrecomillados corresponden, cuando no se dice otra cosa, a una entrevista mantenida por el autor con Leopoldo Calvo-Sotelo en noviembre de 2007. Esa entrevista iba a ser continuada con otra posterior pero su fallecimiento repentino lo impidió.

[2] Estos datos provienen de la entrevista citada.

la anarquista CNT (Confederación Nacional del Trabajo) y del Boletín de Prensa del Congreso por la Libertad de la Cultura de los años cincuenta[3].

Los recortes de Prensa acreditan que Calvo-Sotelo leía periódicos suizos (la *Gazette de Lausanne* o *La Tribune de Genève*), británicos (*The Times*), americanos (*The New York Herald Tribune, El Nacional,* por ejemplo), portugueses o italianos. Los recortes contienen noticias incómodas para el régimen franquista que la censura impedía publicar a los diarios españoles. Por ejemplo, sobre la carta que cincuenta sacerdotes enviaron en 1958 al ministro del Ejército en petición de libertad para estudiantes encarcelados y procesados por el Juzgado Especial para la Represión de la Masonería y el Comunismo[4], o un informe de 1959 que, bajo el título «Oposición abierta al general Franco», daba cuenta de la protesta que se iba conformando en el interior del país[5]. Había también el recorte con la noticia sobre la tragedia de Ribadelago, un pequeño pueblo anegado por la rotura de una presa, que tenía un subtítulo subrayado y enmarcado con pluma por el autor y que decía así: «El gobierno español se esfuerza en minimizar el desastre»[6].

Los panfletos políticos de esta época que archivaba Calvo-Sotelo se referían especialmente a las protestas organizadas a finales de los años cincuenta contra el régimen. Junto con una edición del discurso pronunciado por Luis Araquistáin ante el VII Congreso del PSOE en el exilio[7], conservaba, por ejemplo, una hoja multicopiada de la Agrupación Socialista Universitaria de España, Delegación en el exterior, que daba cuenta de que: «La represión se extiende por España»[8] o una «octavilla» sin fecha con un texto de Unión Española crítico con el general Franco, de quien se reprochaba su labor

---

[3] Uno de ellos, de 27 de noviembre de 1958, con la noticia «Numerosas detenciones de intelectuales en España», entre ellas la del psiquiatra Luis Martín Santos, que luego publicaría una de las novelas más significativas de esos años, *Tiempo de silencio.*

[4] *El Nacional,* 10 de junio de 1958.

[5] *Gazette de Lausanne,* 21-22 de febrero de 1959.

[6] *La Tribune de Genève,* 10-11 de enero de 1959.

[7] Titulado «La táctica del Partido Socialista Obrero Español y los acuerdos de París». El congreso se celebró en Toulouse entre los días 14 a 17 de agosto de 1958.

[8] El subtítulo de la noticia decía: «Todas las clases sociales y todas las regiones españolas, expuestas a la crueldad de los Tribunales Militares que juzgan como enemigos de guerra a españoles acusados de ser socialistas o demócratas». Lleva fecha de 27 de noviembre de 1958.

legislativa personal y su dilatada permanencia en el poder[9]. Este archivo documental nos habla de un joven profesional preocupado por la actividad política de su país y por el rumbo del sistema, con una actitud crítica más intelectual que agitadora, que se movía entre los círculos de la oposición interna que se iba formando.

Esa preocupación es la que debió de animarle a participar en la promoción de iniciativas periodísticas, de dos de las cuales constan referencias en sus archivos. La primera de ella, en 1954, cuando contaba veintiocho años de edad, está descrita en una carta que a destinatario desconocido firma el 29 de diciembre junto con otros cuatro promotores: José María Ruiz Gallardón, Manuel Alonso, Antonio Castro Villacañas y Miguel Sánchez-Mazas. Es muy interesante el tipo de «órgano de expresión» que conciben en un momento en que el control de la Prensa y de cualquier otro medio de comunicación —teatro, cine, conferencias, libros, música...— estaba en todo su esplendor. Querían dar forma «a las opiniones que van constituyendo una nueva mentalidad acerca de las necesidades individuales y sociales, las costumbres públicas, las formas de convivencia, los derechos de los ciudadanos o los problemas educativos y de la infancia [...], opiniones y mentalidad que —añadían— los medios oficiales han pretendido, en general, ignorar, silenciar o interpretar a su manera». A día de hoy este propósito puede parecer reducido y tímido, pero no lo era en un país que salía de una durísima posguerra bajo un régimen uniformador, que imponía una cultura política. En la carta informaban de que habían logrado del ministro de Información y Turismo, Gabriel Arias Salgado, la autorización de un «semanario independiente», en el momento en que «las gentes [empezaban a estar] cansadas de la falsedad de la propaganda, en particular las nuevas generaciones», por lo que las autoridades creían «necesario ofrecer algunos cauces de expresión».

---

[9] En él se puede leer, por ejemplo: «Lo que queremos es que todos reflexionemos sobre el hecho de que llevamos cerca de veintidós años bajo un mando absoluto, que, cuando fue conferido, para una misión concreta, en circunstancias excepcionales de desintegración nacional, muy pocos españoles supieron se iba a prolongar tanto». No era posible encontrar una reflexión similar en los periódicos de la época, pues la crítica al jefe del Estado, aunque fuera muy suave y ponderada, era uno de los objetivos que con más celo cuidaban los funcionarios de la censura. Unión Española fue un grupo promovido por el liberal Joaquín Satrústegui en 1957, para defender desde planteamientos críticos con el franquismo la monarquía de don Juan de Borbón.

Las «condiciones» que el ministro les imponía, y que referían en la carta, permiten hoy conocer las circunstancias que padecía el sector de la comunicación bajo el control político que se ejercía sobre él. Esas condiciones eran «las de no convertir la publicación en un órgano de agitación abierta o de mera crítica del gobierno». A cambio de ello se verían libres «de la obligación "positiva" que pesa sobre las publicaciones ordinarias, a saber, la de referirse constantemente, de acuerdo con consignas precisas, a la gestión oficial para glosarla y elogiarla de modo sistemático, independientemente del criterio propio»; aunque tenían que aceptar que la «crítica implícita» que se les autorizaba con cautela no apareciera «en primer plano» en la revista.

El 2 de enero de 1955, los convocados al proyecto se reunieron en el domicilio de Sánchez-Mazas para acordar los últimos detalles y la negociación con el ministro, pero en los archivos de Calvo-Sotelo no figura noticia del desarrollo posterior del plan ni de la aparición de la revista, aunque todo ello da idea de la vocación de nuestro protagonista por promover proyectos periodísticos y de su inquietud política al margen de la oficialidad del régimen[10].

De otra iniciativa periodística da noticia una carta fechada el 19 de febrero de 1959 en Roma por «Marcos», sin apellido, que se refiere a las gestiones para la fundación de una «revista científica y literaria», aunque tampoco en este caso queda constancia de la realización del proyecto.

De sus propias palabras sabemos que siendo aún muy joven le atrajo la escritura y la publicación. Cuando llegó a Madrid desde Galicia a los catorce años ganó algún dinero como «corrector de pruebas» en la Cámara Oficial del Libro, cuando estudiaba la carrera de Ingeniero de Caminos colaboró con la *Revista Industrial y Fabril* y en tercer curso, en 1948, fundó con dos compañeros de promoción una revista «técnico-literaria» llamada *ARCO,* que «murió en su tercer número, degollada por el director de la

---

[10] En la reunión del 2 de enero redactaron un documento titulado «Supuestos previos del nuevo periódico» en el que figuran la composición del Consejo de Redacción y una relación de colaboradores previstos que dan idea del afán pluralista que, con todas las limitaciones impuestas en el momento, les animaba. Entre los miembros del Consejo figuraban, además de los firmantes de la carta, José Luis Pinillos, Fernando Román y Alfonso Sastre. Entre los colaboradores, Ignacio Aldecoa, Gonzalo Fernández de la Mora, Rodrigo Fernández Carvajal, Carlos París, Luis Martín Santos, Armando Puente e Ismael Medina.

Escuela que no pudo sufrir la crítica ñoña que nos permitíamos en ella»[11].

Su afición mediática se manifestó durante toda su vida en dos actividades, en la lectura de libros sobre cuestiones de actualidad o de comunicación, estos sí conservados en su biblioteca, y en la práctica de la escritura sobre asuntos más o menos actuales con un nivel excelente en el manejo de la prosa, en lo que ya sabemos que se entrenó desde muy joven.

La Prensa de la Segunda República vivió de manera dramática la confrontación política. Predominaban los periódicos de partido, unos con dependencia orgánica, otros con afiliación sentimental, y la división entre ellos era equivalente a la fractura política que se vivía. *El Heraldo de Madrid* citado por Calvo-Sotelo era un periódico republicano de izquierdas que batallaba contra la Monarquía. Al día siguiente del cambio de régimen, al tiempo que informaba de los sucesos en la Puerta del Sol, clamaba en sus páginas: «¡Cuidado con los monárquicos al servicio de la República!». La Prensa de la posguerra era, por el contrario, la prensa de un bando, el triunfador, y no había altercados entre los periódicos, todos ellos además fuertemente controlados por el gobierno. Pero en los años finales del régimen y primeros de la Transición comenzaron a significarse unos periódicos por sus aspiraciones reformistas o aperturistas frente a los periódicos más fielmente franquistas e inmovilistas, como *El Alcázar* o *El Imparcial*.

Pero volvamos a los años de la posguerra, en los que el joven colegial se inicia en la lectura de la Prensa y llega ya con ella bajo el brazo a la Universidad. Los periódicos del tiempo responden a la idea política imperante, el franquismo más duro, sometidos a la Ley de Prensa de 1938, una norma elaborada por Ramón Serrano Súñer, redactada por Giménez Arnau, que se inspiró en el fascismo italiano. Esa norma, típica de una situación de guerra, estuvo vigente no obstante hasta 1966, e implantó durante ese tiempo una censura uniformadora que impidió la información espontánea en

---

[11] Lo contaba en una «Nota autobiográfica» publicada en *Cuenta y Razón,* revista de la Fundación de Estudios Sociológicos (FUNDES), Madrid, noviembre-diciembre de 2008, p. 14. Sobre la *Revista Industrial y Fabril* escribía que «tenía dos partes: una de artículos firmados; la otra, muy extensa, de crónicas y reportajes sin firmar, caía íntegramente sobre mí». Recordaba aquel trabajo como un buen adiestramiento: «Entonces empecé a aprender el difícil combate con las palabras, con las preposiciones, con las oraciones de relativo». Y añadía modestamente: «en ese aprendizaje todavía estoy».

los periódicos. Esa implacable limitación llevó a muchos periodistas a buscar una salida en la creatividad literaria y, fuera por esa causa o por otras de raíz distinta, el caso es que algunos periódicos se distinguieron por la calidad de sus firmas periodísticas o del campo de la creación.

El diario *ABC* fue uno de ellos; durante años se esforzó en la calidad y llegó a marcar un estilo en la excelencia literaria. Algunas de las más destacadas firmas del periodismo español y de la literatura, o a caballo entre ambas dedicaciones, escribieron en sus páginas en aquellos años: Wenceslao Fernández Flórez, César González Ruano, *Azorín,* Camilo José Cela, Agustín de Foxá, Julio Camba, José María de Cossío, Ramón Gómez de la Serna, José María Pemán... También *Arriba* fue un vivero de firmas de calidad o sobresalientes por diversos motivos políticos, con predominio de los círculos falangistas que controlaban el periódico: Rafael García Serrano, Ernesto Giménez Caballero, Juan Aparicio, los Dionisio Ridruejo y Pedro Laín Entralgo de la primera época, José García Nieto, también Cela, Pedro Rodríguez en los años posteriores...

Para Calvo-Sotelo, había más calidad literaria en el *Arriba* y más información en el *ABC,* especialmente del extranjero, que era una espita que dejaba abierta el control de Prensa. El caso es que una Prensa tan controlada servía también para adentrarse en el conocimiento de una cierta realidad y para gustar de la lectura. Nuestro protagonista, sin embargo, tenía también la salida hacia la literatura, de lo cual hay muestras abundantes y significativas en su biblioteca, lo que corresponde a otro capítulo de este libro. Y también tenía la oportunidad, a veces, de consultar Prensa de otros países, lo que para él fue más habitual pasado el tiempo, a medida que fueron presentándose oportunidades. Mientras tanto, en España y en el campo de la Prensa sucede algo importante, y es la aprobación de la ley de Prensa de 1966, que deroga la de 1938. El cambio esencial que ofrece esta nueva ley, conocida con el apellido de su progenitor como «ley Fraga», es la abolición de la censura previa, aunque no del control político, que el sistema ejerce por otros medios. Esta ley permitió un desarrollo en la Prensa española, que pudo informar de algunos acontecimientos hasta entonces vedados para los periodistas y ocultados a los lectores, pero Calvo-Sotelo no apreció un gran cambio sobre el terreno, posiblemente porque el uso que hacía de ella estaba condicionado por su interés en las cosas de la cultura y por sus posibilidades de manejar Prensa exterior.

Como amigo que era de él, Manuel Fraga tuvo interés en explicarle su proyecto, del que se sentía orgulloso, era su «proyecto estrella». Pero Calvo-Sotelo, aun entendiendo la importancia del cambio operado, no apreció su dimensión sobre el terreno. Para él no fue tan evidente ni tan significativa la transformación. ¿Por qué un hombre tan atento a la información y al día a día de la política no advirtió en su momento el cambio que luego todos han señalado? El detalle es llamativo, sobre todo si se tienen en cuenta su exquisita formación cultural, que alimentaba a diario, y sus demostradas dotes para la observación. Pero si es llamativo no es inexplicable: la causa puede estar en el consumo habitual de Prensa extranjera, que le mantenía bien informado y posiblemente le impedía evaluar las novedades aportadas por la Prensa en España bajo la nueva ley. Calvo-Sotelo reconocía espontáneamente que no recordaba «el efecto sorprendente de aquella libertad, las cosas como son», lo que incomodaba a Fraga cuando se lo decía. Pero su talante intelectual le llevaba a aceptar que, si todos coincidían en el efecto de la ley de Prensa, sí debió de producirse.

De lector de periódicos a objeto de atención de los periódicos

Y de pronto, a Calvo-Sotelo le sucede que pasa de estar en un lado de la Prensa a situarse en el lado opuesto, pasa de ser un lector de periódicos a ser un objeto de atención de los periódicos. Eso le ocurre cuando, de manera inopinada, de la noche a la mañana, empieza a dedicarse a la política activa en un gobierno. Era el 12 de diciembre de 1975 cuando entra a formar parte, por indicación del rey don Juan Carlos, del gobierno que forma Carlos Arias Navarro poco después de morir el general Francisco Franco, y en él ocupa la cartera de Comercio. A partir de ahí comenzó a desarrollar una movida gestión política que le llevó a los gobiernos de Adolfo Suárez desde 1976, a la dirección de Unión de Centro Democrático (UCD), a la preparación de las primeras elecciones libres de 1977, a una vicepresidencia del gobierno y a la presidencia en el agitado febrero de 1981, justo después del golpe de Estado militar, que afortunadamente fracasó.

Durante ese itinerario por los despachos del poder, Calvo-Sotelo se convirtió en objetivo de los periodistas y fue perdiendo la placidez de las relaciones del lector con los periódicos. Empezó una etapa jalonada de incomodidades y algún disgusto, que él ha descrito en algunas ocasiones con la elegancia intelectual que todo el mundo le reconoce y con estudiada severidad, como en este pasaje de una conferencia pronunciada en 2002, cuando ya era un político retirado y posiblemente se sentía con más libertad para describir las tensiones entre el poder y la Prensa... y el abuso que desde ésta se puede cometer:

> «Durante el largo régimen anterior [el franquismo] los gobiernos se habían expresado siempre con libertad y comodidad a través de una Prensa respetuosa, cuando no sumisa; mientras que a los periodistas críticos se les negaba esa libertad. No exagero demasiado si digo que hubo una completa inversión de esos términos a partir de 1976: los periodistas empezaron a expresarse con toda libertad, sin más límites que su propia prudencia, primero, y las normas de la empresa editora después; y los gobiernos empezaron, empezamos, a encontrar dificultades para hacer llegar a los ciudadanos con precisión y con claridad lo que queríamos decir. El político pasaba a ser un ser mudo *qui locutus erat per periodistas.* Y el periodista rechazaba su condición inicial de intermediario entre el político que genera la noticia y el ciudadano a quien va destinada, para apoderarse primero de la noticia misma y, *ya propietario de ella,* interpretarla después según sus propios criterios, o sus propias convicciones, o sus propios objetivos. Una vez instalado en esa posición dominante no era difícil que algún periodista se preguntara: "Y ¿para qué me hace falta a mí el político? Todo lo más será un pretexto, un soporte, para que yo monte sobre él la noticia". Y por ahí pudo llegar alguno a prescindir del pretexto y a inventarse directamente la noticia. Pudo llegar alguno, he dicho: por favor, no generalicen mi imprudencia»[12].

Calvo-Sotelo aseveró entonces, con un punto de pesadumbre, que «no existe autónomamente eso que llamamos realidad política», pues «la única realidad política que existe es lo que cuentan los medios», apreciación que en boca de un político revela padecimientos por la actuación de los medios de comunicación, para los que él era un protagonista a seguir, a observar y a valorar, e incapacidad para dominar convenientemente la realidad, que, desde su punto de vista, quedaba al albur de la elaboración realizada por los medios.

---

[12] Conferencia «La información y la política», pronunciada en la clausura del ciclo «Deontología, función social y responsabilidad de los profesionales de la comunicación», Facultad de Ciencias de la Información, Universidad Complutense de Madrid, 21 de mayo de 2002.

Esos malos momentos los evocó en la misma conferencia con unas palabras entre doloridas y quejosas, aunque siempre brillantes:

> «Los años de UCD (1976-1982) fueron años felices para la libertad de Prensa en estado naciente. Los gobiernos de Suárez y los que yo presidí sufrieron a cuerpo limpio, entre alegres, ingenuos e insensatos, el acoso eficaz de los periodistas. Empezó el acoso siendo literario y festivo. Luego vinieron las hirientes columnas y brillaron los malignos columnistas. Plumas antes redondas que se habían ido afilando prudentemente en el tardofranquismo se volvían con la libertad naciente quevedescas e inverecundas contra nosotros: y nosotros aguantábamos aquello con resignación, creyendo que era el precio justo a pagar por la libertad recobrada, y sabiendo que se tildaría de reaccionaria cualquier resistencia a pagarlo. Pienso que los periodistas vivieron entonces su edad de oro: el gobierno no había aprendido aún a defenderse de ellos o a intentar comprarlos con la fórmula infalible de la primicia, la confidencia, o la filtración, y las empresas periodísticas no les imponían aún demasiadas fidelidades ni obediencias. Empezaba a sonar el estruendo político más en la Prensa que en el Parlamento y empezaba a hablarse en el Parlamento no para los diputados sino para los periódicos»[13].

El párrafo es una buena descripción de la situación mediática en aquella etapa política, que no gustará a algunos pero que contiene datos muy reveladores y significativos, y que permite entender la descripción que de sí mismo hizo Calvo-Sotelo en sus años de gobierno: fue un «sufridor paciente» del ojo vigilante de la Prensa, lo que no le habría importado demasiado sino que más bien habría aceptado con gusto —no en vano conocía el papel de la información en una democracia a través de sus asiduas lecturas de medios extranjeros y de ensayos sobre comunicación política— a no ser por la ausencia de la verdad en los relatos periodísticos en determinadas ocasiones. Muchas veces habló de la verdad con especial interés para enfatizar la necesidad de su presencia en los medios de comunicación, para que no ocurriera que la «verdad real» no estuviera presente en los medios sino sólo la «verdad virtual» construida en ellos. Desde el campo del periodismo se puede estar —mejor dicho: hay que estar— de acuerdo con ese deseo, que atañe a la esencia de la labor informativa. Lo que ocurre a veces es que no se acepta

---

[13] *Ibid.*

fácilmente que lo enuncie un político. Cuando lo dijo Calvo-Sotelo estaba de vuelta de su dedicación política y pudo ratificarlo no solo sin polémica sino también para que se le reconociera lo acertado de su observación.

Las relaciones entre políticos y periodistas

El problema de la verdad estuvo muy presente en sus reflexiones públicas una vez que su figura política hubo desaparecido del primer plano de la actualidad. Con esa pragmática prudencia de no meterse en la boca del lobo cuando más puede morder, pero sin ceder en su deseo de analizar la realidad aunque algunos oyentes discreparan o se disgustasen, Calvo-Sotelo entendía que la verdad estaba en el fondo de uno de los problemas clásicos de la comunicación pública: la difícil y a veces brusca relación entre la Prensa y la Política, que entendía como una relación dialéctica condicionada por «prejuicios insolubles, irreconciliables». De un lado, el político «cree que el periodista no busca la verdad, sino la noticia». De otro lado, el periodista «cree que el político no busca la verdad sino su propia imagen o el voto de los electores». La consecuencia de esa mutua desconfianza es que el periodista «adopte un tono inquisidor e intente obtener la verdad venciendo la resistencia del político» y que el político «esté a la defensiva» y, por ejemplo, «pretenda revisar el texto del periodista para estar seguro de que transmite su verdadera opinión»[14].

Eso le llevó a un enunciado que podemos considerar melancólico, decepcionado, de las relaciones entre el Poder y la Prensa, con la experiencia que le dio el ser testigo o protagonista de difíciles entendimientos con los periodistas. «El político que tiene relaciones demasiado buenas con los periodistas —dijo— no suele ser un buen político. El periodista que tiene relaciones demasiado buenas con los políticos no suele ser un buen periodista»[15]. Es una

---

[14] Texto escrito de su intervención en el Curso «Políticos y Periodistas» dirigido por Justino Sinova dentro de los Cursos de Verano de la Universidad Complutense de Madrid en El Escorial, 15 de junio de 1992. Reproducido en *Papeles de un cesante,* Galaxia Gutenberg, Barcelona, 1999, bajo el título «Prensa y política: una pugna congénita», p. 249.

[15] Conferencia citada. Luego repitió este concepto en diferentes ocasiones.

afirmación brillante para describir la necesaria distancia que debe haber entre el ejercicio de la gestión política y el ejercicio de la tarea informativa, que en otras ocasiones se ha descrito con estas palabras atribuidas a un periodista inglés: «las relaciones entre el Poder y la Prensa se han deteriorado, siguen deteriorándose y bajo ningún pretexto debe permitirse que mejoren».

Pero Calvo-Sotelo opinaba polémicamente que la tensión entre Política y Prensa estaba desequilibrada en favor del periodista, puesto que «en el ámbito político no hay más realidad que la que cuentan los medios». Al político le gustaría ver reducido el papel del periodista al de un simple intermediario, pero el periodista se resiste «y se empeña en ser, al mismo tiempo, fabricante, vendedor y dueño del producto», de ese producto «que se llama la realidad política». Había en estas palabras el sustrato de un sometimiento forzoso del ámbito político a la descripción elaborada por los medios, que, como hemos visto, para Calvo-Sotelo estaba a veces reñida con la realidad. El predominio del periodista y del medio sobre el político no es la conclusión que se obtiene en otros ámbitos acerca del conflicto entre el Poder y la Prensa, que tiende a interpretarse como una relación desequilibrada, sí, pero a favor del poder político, capaz de someter de mil maneras a los medios para condicionar sus informaciones y sus opiniones. No obstante, no hay que rebajar el valor de su interpretación, que se fundamenta en la experiencia y que ilustra una etapa de la vida política española, la protagonizada por UCD, en la que los españoles nos estrenamos en la práctica de muchas novedades, entre ellas la de una libertad de expresión fuertemente recortada hasta entonces.

Al hilo de esas reflexiones, Calvo-Sotelo formuló una teoría muy interesante sobre el funcionamiento de las relaciones entre Política y Prensa en la España salida de la Transición, y encontró cuatro razones que acentuaron desde la etapa de la Transición la tensión habida entre ambas realidades. Merece la pena detenerse en este análisis. La primera razón era el hecho de que en España los periodistas «aventajaron» a los políticos, creándose una situación por la que el periodista se creía «el único sacerdote de la libertad de expresión», una situación que no había entrado cuando esto decía, año de 1992, «por el cauce normal que han abierto democracias más antiguas». La segunda razón era que los partidos habían nacido a la vida política cuando ya la televisión era un medio «invasor y omnipotente», lo que dio lugar a que la existencia misma de los partidos fuera desde su origen «una existencia en los medios de comunicación». La tercera, que la crisis del Parlamento se debe, entre otras razones, a que la televisión entró en él y los diputados «ya no hablan para el hemiciclo sino para la audiencia televisiva». Contaba Calvo-Sotelo que le había advertido de este fenómeno el *speaker* de los Comunes cuando él le acompañó a una visita a la sede del Congreso de los Diputados: «Si su parlamentarismo empieza con la votación electrónica y con las cámaras de televisión va a ser un pobre parlamentarismo». Y la cuarta razón de la preponderancia mediática en la política española la encontró en la «gran calidad literaria» de muchos columnistas políticos, para quienes «la política y los políticos tienen el valor de objetos a los que aplican su talento creador y destructor».

Se puede discrepar de estas reflexiones de Calvo-Sotelo o coincidir con ellas, que eso no es imposible ni improbable, pero no se puede negar que el ex presidente fuera un observador sagaz de la realidad mediática ni que su entusiasmo cultural le llevara a arriesgarse a elaborar una teoría. No me resisto a dejar otra prueba de sus meditaciones tan sugerentes, ésta referida a la entrevista periodística, que él puso como «ejemplo canónico de la relación entre periodistas y políticos». Se desprende de ellas la sospecha de que sufrió más de una entrevista en la que no vio reflejado su pensamiento ni se vio reflejado él mismo. En ambientes profesionales alguien definió la entrevista periodística, con sentido del humor pero no con total inexactitud, como un género «que escribe uno y cobra otro». Calvo-Sotelo superó esta proposición al describir la entrevista como el secuestro del entrevistado, de modo que podríamos decir que en la experimentación leopoldiana es uno y el mismo quien escribe y cobra, pero escribe lo que el entrevistado muchas veces no identifica como suyo. Escuchemos su razonamiento:

> «El político cree ingenuamente que la entrevista es un medio para que sus ideas, sus opiniones, su propia personalidad, lleguen a la opinión pública; y olvida que el entrevistador quiere ser, y es, parte esencial de la entrevista. Muchas veces en la entrevista es la persona del entrevistador la que brilla y secuestra a la persona del entrevistado. Yo no me he reconocido en muchas entrevistas, y no sólo por los rasgos negativos que en ellas se me atribuían, sino por los rasgos favorables o positivos. No es raro que el entrevistador haga hablar al entrevistado con un lenguaje que es el del autor de la entrevista y que traiciona, por lo tanto, la personalidad del entrevistado en algo tan íntimo como el lenguaje. Podría elaborarse toda una epistemología en torno al

hecho de la entrevista: en ella hay "lo dado", que es lo que aporta el entrevistado; y "lo puesto", que es lo que añade el entrevistador. Para una buena entrevista es preciso un equilibrio entre "lo dado" y "lo puesto"»[16].

Calvo-Sotelo no llegaba a sostener, como hacía Eugenio D'Ors, que el auténtico sujeto con derecho al cobro de la entrevista era el propio entrevistado y no el entrevistador —en la línea de la irónica definición citada más arriba—, lo que también creía Julio Camba, de quien se cuenta que intentaba recibir un pago por las entrevistas que le hacían[17]. Esa práctica se implantó muchos años después en la llamada «prensa rosa», donde es frecuente que los entrevistados perciban una remuneración cuando ofrecen lo que ellos mismos llaman una «exclusiva», que no es tampoco lo que se entiende por exclusiva en la Prensa informativa. Obviamente, lo que Calvo-Sotelo pretendía era tener el derecho a que fuera respetado su pensamiento y su palabra en la transcripción de sus afirmaciones, lo que es perfectamente comprensible.

Televisión, política y trivialidad

La afición de Leopoldo Calvo-Sotelo por el análisis de la comunicación le indujo a formular una hipótesis sobre la influencia

---

[16] Intervención citada en el Curso de Verano de El Escorial, 1992. En ella aprovechó para dejar constancia del nombre de periodistas que le habían hecho «estupendas entrevistas» y citó a Nativel Preciado, Luis del Olmo y Raúl del Pozo. Explicó también, con su ironía a veces cáustica, por qué la que le hizo este último le pareció muy buena. Esto dijo: «Raúl del Pozo es hombre de tierra adentro, de la serranía de Cuenca, y no tiene, como se dice en francés, el pié marinero. Yo le invité a que hiciera la entrevista a bordo de un pequeño bote de madera con el que suelo navegar por la Ría de Ribadeo. El aceptó: pero el hecho de que se encontrara jugando él en campo ajeno y yo jugando en el mío —el de la navegación— le quitó esa ventaja que sesga a favor del periodista la relación periodista/político. Creo que ésa fue, aparte de las calidades literarias de Raúl del Pozo, la razón de que la entrevista saliera tan bien». Es evidente que Calvo-Sotelo quería denotar con la anécdota que la entrevista resulta adecuada cuando el entrevistado, y no el periodista, domina la situación.

[17] Citado por J. CANTAVELLA en *Manual de la entrevista periodística,* Madrid, Universitas, 2007, p. 155. Esta obra, por cierto, figura en la biblioteca de Leopoldo Calvo-Sotelo, detalle llamativo siendo un tratado académico que se usa en la universidad como libro de texto.

de la televisión en la política que ofrece también un alto interés. Estos experimentos epistemológicos de un político del máximo nivel de responsabilidad son insólitos en la España de hoy; hay que remontarse muchas décadas en el tiempo para encontrar algún caso equiparable y desde luego su ejemplo no ha encontrado hasta el momento continuación. Expuso su teoría sobre la televisión en un congreso sobre «La tecnología de la información y sus desafíos» que se encargó de inaugurar[18]. La resumiré en las líneas siguientes.

La hegemonía de la televisión en España ha acentuado «el sesgo presidencialista de nuestra Monarquía parlamentaria» al potenciar la imagen del presidente del gobierno, «que llega a ser para el ciudadano más familiar que cualquier otra», pues «el ciudadano conoce la voz y el rostro del presidente como puede conocer la voz y el rostro del cónyuge o del amigo». Esa presencia cotidiana en la televisión, «aunque no comportase mensaje político alguno, es ya una campaña electoral eficacísima a favor del presidente mientras dura su mandato». Se podría añadir a estas reflexiones que basta con que el presidente del gobierno desee traspasar los límites de su función y de su representatividad para presentarse como «presidente de España» para que ese efecto de la televisión se implante en la realidad como algo inexorable y se acepte el cambio del título del jefe del ejecutivo, aunque no lo quieran así las leyes.

La televisión modifica también la imagen del Parlamento —continúa Calvo-Sotelo—, pues «no contribuye al prestigio de la institución» cuando muestra sus escaños vacíos o a sus ocupantes distraídos. La televisión ha influido además para «trivializar los grandes debates» porque «la televisión lo trivializa todo, hasta un golpe militar, como sucedió en el 23F». En la referencia al efecto trivializador de la televisión, Calvo-Sotelo coincide con un profesor estadounidense cuyos libros no figuran en su biblioteca. Son libros para estudiosos académicos de la comunicación y no creo que su preocupación por el hecho comunicativo le hubiera inducido a leer ocasionalmente a este autor minoritario. Por eso es más sorprendente la coincidencia. Me refiero concretamente al libro *Divertirse*

---

[18] Congreso «La tecnología de la información y sus desafíos», organizado por la Sociedad Estatal España Nuevo Milenio, de la que era presidente Luis Miguel Enciso, y celebrado en Valencia y Madrid en noviembre de 2000 bajo la coordinación de Justino Sinova. Tituló su intervención «Las nuevas herramientas de la información y los modos de la política».

hasta morir, una crítica didáctica a la televisión, obra de Neil Postman, profesor que fue de la Universidad de Nueva York hasta su muerte, que acaeció en 2003. En dicho libro, Postman dice sobre la televisión que «está dirigida sobre todo a la gratificación emocional» y que «el problema no es que la televisión nos da material y temas de entretenimiento, sino que nos presenta todos los asuntos como entretenimiento». De esa manera, la información que ofrece la televisión «crea la ilusión de que sabemos algo, pero de hecho nos aparta del conocimiento»[19].

Para nuestro protagonista, la política está necesitada de «distancia, misterio, mito» y por ello «no se puede invitar a las cámaras a entrar en la alcoba de los pactos, o en la cocina de los desacuerdos, o entre los bastidores de una asonada». Era partidario de que luego se informara «sobre unos y otros extensa y detalladamente, pero salvando siempre un último reducto de intimidad para que el lector lo llene con la grandeza que tal vez no tuvieron». Opinaba que «la realidad vista impresiona menos que la realidad contada», sobre todo «si se cuenta bien, si se explica y se interpreta con maestría». De esta forma aludía a uno de los desarrollos experimentados por el periodismo, especialmente el impreso, que es lo que se conoce con el nombre de «periodismo de explicación».

Coincidía también con muchos teóricos de la política, la telegenia y la comunicación en que «desde Kennedy la televisión ha ido imponiendo un tipo de líder político telegénico, atractivo físicamente, que domina el gesto, expresivo y sobrio a la vez, de los grandes actores de cine, que sabe mirar a la cámara, es decir, a los telespectadores, y encontrar en ella la inspiración, el calor y la persuasión que el hombre común sólo encuentra en los ojos de un espectador real y atento. Se dice que un político adornado con esos poderes "comunica bien"». Y añadía una pregunta oportuna: «¡Qué comunica?». Y se respondía agudamente: «Ni se sabe ni importa. Lo que importa y se sabe es que establece una buena relación directa entre su persona y las personas que lo ven y lo escuchan».

---

[19] *Divertirse hasta morir. El discurso público en la era del «show business»,* Barcelona, Ediciones de La Tempestad, 1991, pp. 90-91 y 111. Estoy seguro de que Calvo-Sotelo habría coincidido con el profesor neoyorquino en otros muchos de sus análisis. Por ejemplo, cuando concluía que la televisión está contra la cultura literaria: «La televisión no extiende ni amplifica la cultura literaria: la ataca. Si la televisión es la continuación de algo, lo es de una tradición iniciada por el telégrafo y la fotografía a mediados del siglo XIX, y no por la de la imprenta en el siglo XV», p. 88.

Por ese camino, llegaba a una conclusión sagaz a la vez que descorazonadora: «El verbo comunicar se ha hecho intransitivo, termina en sí mismo, no necesita de un complemento directo. Habría que incorporar esta nueva acepción a las que trae el Diccionario de la Real Academia, que solo recoge en su última edición un intransitivo "comunicar" referido al teléfono ocupado. Mac Luhan hubiera dicho que el medio ha devorado al mensaje». Imposible no compartir esta observación.

En cuanto al lenguaje político, veía que estaba siendo contagiado por las «exigencias retóricas» de la televisión: «frase corta, percutiente, resumidora o exageradora del concepto, y tantas veces vacía». Por ahí —añadía— «se han ido colando primero el epíteto y luego, inevitablemente, el insulto». Esta última consecuencia le parecía evidente y he aquí su explicación: «El comunicador televisivo comunica más pasiones que ideas, más convicción que análisis, más descalificación que identificación; y para eso le resulta eficacísimo el insulto».

Él no fue nunca un hombre de la televisión. Fue más ducho en el análisis de las condiciones que impone la televisión y en la reflexión sobre sus efectos que en su uso como instrumento para la acción política. Le faltaban las cualidades telegénicas de Adolfo Suárez y de Felipe González, de quienes decía que eran «excelentes actores los dos». Y reconocía esa limitación que le separaba de ellos para aprovechar las ofertas de la nueva comunicación: «Puedo yo alabarlos con autoridad, y con envidia, porque no me ha sido dada la capacidad extraordinaria que mi antecesor y mi sucesor tienen para moverse en los nuevos modos de la política». Tanto Suárez como González fueron unos maestros en el arte de la comunicación televisiva, «enganchaban» a los telespectadores con una argumentación sencilla y seductora, junto con una imagen personal que «daba bien» —como se dice en el argot profesional— en la pantalla del televisor.

Calvo-Sotelo era otro tipo de político, volcado más al argumento discursivo, a la reflexión, a la excelencia del lenguaje y de la prosa, que no tienen tanto sitio en la televisión. Por eso, acaso, pudo reflexionar con tranquilidad sobre el éxito mediático de otros presidentes de gobierno y escribir con acierto sobre las imposiciones del medio. Conociendo tan bien ese medio, sabiendo qué había que hacer, es notable que no intentara aprovecharse de él. Ya sabemos que se consideraba menos dotado que los otros para la distancia tan corta con el público que impone la televisión, pero es que nunca tuvo la veleidad de pisar ese terreno. La conciencia de las propias limitaciones en un carácter de tan profundo poso cultural le ahorró el experimento durante su actividad política y durante los largos años posteriores en que continuó siendo una referencia política distinguida.

Los libros sobre comunicación

Leopoldo Calvo-Sotelo fue lector de libros de comunicación y de libros de actualidad escritos generalmente por periodistas. El conjunto de estos libros es menos numeroso, lógicamente, que los demás, pero es significativo. Consta de 107 volúmenes, la mayoría editados en español, pero muchos otros en francés y algunos en inglés.

Llama la atención la presencia en este contingente de bastantes ensayos en la línea de la teoría de la comunicación, lo que demuestra una afición notable por el fenómeno comunicativo en un hombre de empresa que se orientó después hacia la actividad política. Entre estos libros se encuentran varios de la colección francesa *Que sais-je?,* pequeños aunque a veces intensos informes que empezó a comprar y a conservar desde los primeros años sesenta. El libro más antiguo de este grupo que figura en su biblioteca es *L'Information,* de Fernand Terrou, (París, PUF, 1962). El jurista Terrou fue el fundador del Instituto Francés de Ciencias de la Información y de la Comunicación y luego el primer presidente de la entonces muy conocida AIERI, Asociación Internacional de Estudios e Investigaciones sobre la Información. Su trabajo, que ya es un clásico, fue muy utilizado en su momento en las escuelas de Periodismo y aún hoy es libro de consulta.

De esta colección, siempre en edición francesa y no en la traducida al español, Calvo-Sotelo adquirió títulos hasta 1997. Entre ellos, y por orden cronológico, se hizo con *La télévision par câble,* 1985, de Jose Frèches, novelista y colaborador de Jacques Chirac; *Géopolitique de l'information,* 1987, del profesor de Montpellier Henry Bakis; *Le droit de la presse,* 1989, del magistrado Philippe Bilger y el embajador Bernard Prévost; *La communication politique,* 1992, del profesor de la Sorbona Jacques Gerstle; *La liberté d'expression,* 1993, de Jean Morange, profesor de la Universidad París II; *La déontologie des medias,* 1997, de Claude-Jean Bertrand, un reputado profesor en el campo de la responsabilidad de la función comunicativa; *Éthique de l'information,* 1997, del periodista y profesor Daniel Cornu; *Le journalisme d'investigation,* 1997, del periodista americano afincado en Francia Mark Hunter, y *L'écriture journalistique,* 1997, del también periodista Jacques Mouriquand[20]. Estos volúmenes deberían formar parte de la biblioteca de todo investigador de la comunicación y de cualquier periodista curioso. El hecho de que Calvo-Sotelo los adquiriera y los conservara da idea de la amplitud de su gusto cultural, al que no ponía límites.

Pero no se acababa en la colección *Que sais-je?* su curiosidad por la comunicación. En 1990 adquirió tres muy interesantes libros que revelan su interés y que no reciben la atención que merecen en los ámbitos académicos. El primero es el estudio de John Fiske, académico británico y profesor en Wisconsin, *Introduction to communication studies* (Londres, Routledge, 1990), que debió de leer muy atentamente, pues aparece anotado a lápiz por él; el segundo es un estudio del crítico marcusiano Douglas Kellner, *Television and the crisis of democracy* (Boulder, Westview Press, 1990); y el tercero, el ensayo *Nous sommes ici par la volonté des médias* (París, Robert Laffont), de Thierry Saussez, dedicado profesionalmente a la comunicación política, nombrado en 2008 director de comunicación por Nicolas Sarkozy; en alguna ocasión escuché a Calvo-Sotelo comentar con interés este libro y recomendar su lectura para entender algunos de los efectos que causan los medios.

Repasar esta biblioteca personal es toparse continuamente con ensayos interesantes por su vinculación política, difíciles de hallar incluso en las bibliotecas universitarias. Citaré otros dos libros adquiridos por nuestro personaje al año siguiente, esta vez en París: *La dimension invisible. Le défi du temps et l'information* (París, Odile Jacob, 1991), de Tierry Breton, que fue ministro de Economía con Chirac, y *L'information en uniforme* (París, Ramsay, 1991), que lleva un sugestivo subtítulo que anuncia «propaganda, desinformación, censura y manipulación», escrito por el viejo historiador francés Marc Ferro. Del año siguiente es el ensayo de Daniel Trinquet *Une presse sous influence* (París, Albin Michel, 1992), que se detiene en conceptos como los aspectos políticos del periodismo y la desinformación, y se dedica a analizar cómo la izquierda manipula la opinión. Un año después, compró, leyó y anotó *Le média-choc* (París, Bernard Grasset, 1993) de Alain Minc, un activo intelectual crítico con el poder de los medios. En 1996

---

[20] Para todos estos libros, misma referencia: París, PUF.

también leyó atentamente, y anotó, *Sur la télévision* (París, Raison d'agir, 1996), una obra crítica con el medio del influyente intelectual Pierre Bourdieu. Y dejó también huella de su curiosidad erudita en las anotaciones hechas a otros variados libros relacionados con distintos aspectos de la comunicación, como *La industria, la Prensa y la política. Nicolás María de Urgoiti, 1869-1951* (Madrid, Alianza Editorial, 1994), de Mercedes Cabrera, catedrática y ministra en los gobiernos de José Luis Rodríguez Zapatero, a la que le unía un cercano lazo familiar —era sobrina carnal suya, hija de su hermana mayor, Mercedes—, y como *Chips, cables y poder. La clase dominante del siglo* XXI (Barcelona, Planeta, 1997), de Joan Majó, ministro de Industria y Energía con Felipe González, buen conocedor de la realidad de las telecomunicaciones.

El interés de Leopoldo Calvo-Sotelo por las conexiones de la información y la política queda patente en libros de investigación como *Censura en el mundo antiguo* (Madrid, Alianza Editorial, 1985), del catedrático de Filología griega Luis Gil, y *La censura de Prensa durante el franquismo* (Madrid, Espasa Calpe, 1989), y *La Prensa en la Segunda República española. Historia de una libertad frustrada* (Barcelona, Debate, 2006), éste anotado a lápiz, ambos obra de quien escribe estas páginas. En su biblioteca quedan otros volúmenes significativos de este capítulo como *El cuarto poder: cien años de periodismo español* (Madrid, Aguilar, 1960), de Antonio Espina, una irregular pero interesante historia de la Prensa desde el particular compromiso del autor, que fue político azañista y sufrió exilio tras la Guerra Civil; un fuerte alegato contra el diario parisino *Le Monde* por su antiguo colaborador Michel Legris, *Le Monde tel qu'il est* (París, Plon, 1976), en el que denuncia la falta de objetividad del emblemático periódico de izquierdas; *La Prensa en las elecciones norteamericanas de 1976 y 1980* (Madrid, CIS, 1981), de Petra María Secanella, profesora en la Universidad Complutense de Madrid; y *Cuarto poder en España. La Prensa desde la ley de Fraga de 1966* (Barcelona, Plaza y Janés, 1987), del periodista Antonio Alférez.

Otros varios libros en la línea de la política más que de la comunicación centraron la atención de Calvo-Sotelo, quien los leyó con el interés que revelan sus anotaciones: entre ellos se encuentran *El negocio de la libertad* (Madrid, Foca, 1999) de Jesús Cacho, *Presidentes. Veinticinco años de historia narrada por los cuatro jefes de Gobierno de la democracia* (Barcelona, Plaza y Janés, 2000), uno de los cuales fue él, de Victoria Prego, y *El periodismo de Ortega y Gasset* (Madrid, Biblioteca Nueva, 2005), del profesor Ignacio Blanco, de la Universidad San Pablo-CEU, que ha trabajado asiduamente sobre la obra del filósofo.

La relación entre Comunicación y Derecho también le preocupó, como lo revela la presencia en su biblioteca del libro *El derecho al honor y su protección desde la Constitución española,* de Tomás Vidal Martín (Madrid, Centro de Estudios Políticos y Constitucionales, 2002), que se conserva con muchos pasajes subrayados por su mano. El derecho al honor y el derecho a la información son dos derechos fundamentales de la persona, dos derechos humanos, que entran en conflicto con mucha frecuencia y que exigen a los periodistas un esfuerzo de ponderación para determinar cuál de ellos prevalece en cada caso. La casuística que ha provocado y provoca esta colisión es inmensa y ha ilustrado muchas obras como la del profesor Vidal Martín que tratan de arrojar luz sobre asunto tan espinoso. El ingeniero dedicado a la política no dejó de interesarse por tan crucial problema jurídico de la comunicación y de la persona.

Los conservadores de la biblioteca de Calvo-Sotelo han incluido en esta parte varios libros de memorias y entre ellos se hallan los de dos gigantes de la Francia de la segunda mitad del siglo XX, Raymond Aron y Jean-François Revel. El volumen *Mémoires* del primero (París, Julliard) está fechado en 1983, data de su publicación y de su fallecimiento. Aron fue un liberal comprometido, un crítico persistente del comunismo y del socialismo, y un intelectual seductor que dejó una gran obra en los periódicos, principalmente en el diario *Le Figaro* y en el semanario *L'Express.* Aunque su estrella pareció declinar tras su muerte y la caída de los comunismos a final del siglo XX, se reivindicó después su valía intelectual, que aparece muy bien reflejada en el voluminoso tomo de sus memorias, 778 páginas en su edición original francesa. Las memorias de Revel ocupan también un amplio espacio, 665 páginas, bajo el título *Memorias. El ladrón en la casa vacía* (Madrid, Gota a Gota, 2007) publicado en España un año después de su muerte, aunque su primera edición en francés data de 1997. Revel fue otro intelectual liberal, agudo polemista, crítico de las izquierdas, escritor asiduo en los periódicos y autor de obras muy relevantes como *La tentación totalitaria, Cómo terminan las democracias, El conocimiento inútil* y *La obsesión antiamericana,* presentes en esta biblioteca. Aunque a Calvo-Sotelo le separaba de Revel lo que diferencia a un católico de quien se declara ajeno al sentimiento religioso, le acercaba a él la audacia y la firmeza con que defendía la libertad frente a los totalitarismos y a cualquier intento de coartarla.

Otro gigante del siglo XX, de la primera mitad, figura en esta parcela de su biblioteca, el británico Gilbert Keith Chesterton, con su *Autobiografía* (Barcelona, Acantilado, 2003). Publicada por primera vez en 1936, año de su muerte, es una peculiar obra de memorias de un ensayista, novelista (*El hombre que fue jueves,* los relatos del padre Brown) y periodista agudo, polemista y sugerente, que se caracterizó por su valiente sentido crítico y por la defensa de su fe católica. Calvo-Sotelo se interesó también por las vivencias de Indro Montanelli, posiblemente el periodista italiano más conocido del siglo XX, a través de un libro de Tiziana Abate titulado *Indro Montanelli. Memorias de un periodista* (Barcelona, Ediciones B, 2003), que es el resultado de largas conversaciones. Del periodista César González-Ruano, columnista avanzado, articulista excepcional, adquirió su *Diario íntimo (1951-1965)* (Madrid, Visor Libros, 2004). Seguramente, leyó a González-Ruano habitualmente en los periódicos hasta su fallecimiento, en 1965. Aunque cultivó también la poesía, la novela y el teatro, Ruano fue un gran escritor de periódicos, arquetipo del escritor de café y una de las personalidades más atractivas del mundo del arte y del periodismo de posguerra.

También atendió Calvo-Sotelo a Miguel Mihura, que fue más hombre de teatro —que renovó con su humor y su recurso al absurdo— que de periódico, aunque en su haber está la fundación de dos míticas revistas de humor, *La Ametralladora* y *La Codorniz.* Su libro *Mis memorias* (Madrid, Temas de Hoy, 1998) figura entre sus adquisiciones. Y también las *Memorias prohibidas* (Madrid, Ediciones B, 1995) de *Cándido,* seudónimo del periodista Carlos Luis Álvarez, cultivador del buen lenguaje en los diarios. Un último libro biográfico cabe citar, éste singular, cuya presencia es significativa en este capítulo: *Francisco de Luis, del periodismo a la política y al mundo de la empresa* (Madrid, Fundación Humanismo y Democracia, 1983), escrito por su hijo Félix de Luis Díaz Monasterio. Francisco de Luis fue uno de los hombres importantes de *El Debate,* periódico católico de la primera mitad del siglo XX que dirigió, cerrado por la República en 1936, lo que supuso su muerte efectiva, y del *YA,* su continuador tras la Guerra Civil, de cuya empresa editora, la Editorial Católica, fue consejero delegado. Fue también miembro del Consejo Privado de don Juan de Borbón. Éste es un libro minoritario que revela la atención que su poseedor tributaba a asuntos sustanciales, aunque bastante desconocidos por el gran público, de la historia política y periodística. En algún tiempo Calvo-Sotelo estuvo cerca de los círculos católicos que animaban a estos periódicos, y a lo mejor la atención que prestó a este libro tuvo su origen en esa vivencia, que no debió de ser muy larga aunque nunca estuvo ni demasiado cerca ni demasiado lejos de ellos.

En la biblioteca figuran otros libros de periodistas, entre los que citaré con criterio cronológico algunos significativos: *Navarra se incorpora* (Madrid, Ediciones España, 1939), relato de un episodio de la Guerra Civil firmado por *El Tebib Arrumi,* seudónimo del periodista Víctor Ruiz Albéniz, abuelo de Alberto Ruiz Gallardón, alcalde de Madrid; cuatro tomos con las obras de Mariano José de Larra (Madrid, Biblioteca de Autores Españoles, 1952), el periodista satírico, crítico, costumbrista y romántico, que en algunos aspectos sigue siendo tan actual; *Figuras de la fiesta nacional* (Barcelona, Argos Vergara, 1976), del periodista Francisco «Cuco» Cerecedo, compendio de sus agudos y a veces descarnados retratos de políticos publicados en *Diario 16;* una *Antología periodística* (Málaga, Litoral, 1984) del controvertible José Bergamín, cuya trayectoria política distaba tanto de la suya; *España con otros ojos* (Madrid, Espasa Calpe, 1993), del periodista José María Carrascal; *El diario Madrid, realidad y símbolo de una época* (Pamplona, EUNSA, 1995), crónica de la agitada historia de ese periódico cerrado en los años finales del franquismo, obra del profesor e historiador del periodismo Carlos Barrera; el *Manual de la entrevista periodística* (Barcelona, Ariel, 1996), ya citado, del periodista y profesor Juan Cantavella, tratado para estudiantes, cuya presencia en esta biblioteca es ciertamente sorprendente; el tratado *Los medios de comunicación y los sistemas democráticos* (Madrid, Marcial Pons, 1996), del profesor universitario Santiago Sánchez González; la *Historia de la agencia Efe. El mundo en español* (Madrid, Espasa Calpe, 1997), del periodista Víctor Olmos; La *Crítica de la seducción mediática* (Madrid, Tecnos, 1997), de José Luis Sánchez Noriega; *Un mundo que se va* (Madrid, Espasa Calpe, 1998), del periodista Víctor Márquez Reviriego; *La era de la información. Fin del milenio* (Madrid, Alianza Editorial, 2001), de Manuel Castells; *Telebasura y democracia* (Barcelona, Ediciones B, 2002), de Gustavo Bueno; y *Los cronistas de la Constitución. Sus Señorías los periodistas* (Madrid, Asociación de la Prensa, 2004), de Manuel Ángel Menéndez.

Calvo-Sotelo, escritor

Leopoldo Calvo-Sotelo escribía muy bien. Esto es algo que cualquiera puede comprobar si se acerca a alguno de sus tres libros publicados. Abra cualquiera de ellos por cualquier página, lea algunas líneas y comprobará qué buen estilo, qué alta calidad. Cuando digo que escribía bien no me refiero sólo al reflejo de su amplia cultura en sus textos sino sobre todo a la precisión de su lenguaje, al ritmo de la construcción, a su sentido del humor transfigurado en ironía tantas veces, incluso en ácida ironía, a la amenidad de su relato. En el año 2003 tuve la suerte de que me pidiera que presentara su tercer libro, *Pláticas de familia* (Madrid, La Esfera de los Libros, 2003) y no me hice de rogar porque me pareció un encargo sugestivo por el personaje y por la obra. El acto se celebró el 3 de diciembre en el restaurante Lhardy, escenario de tanta vida cultural y política de Madrid durante más de siglo y medio, y allí resalté las cualidades literarias del autor. «Cuanto mejor le iría a la literatura española —dije— si muchos escritores de campanillas que yo me sé escribieran menos y Leopoldo Calvo-Sotelo escribiera más». Lo dije con total sinceridad y no por halagar al autor, que podría haberse ganado la vida como escritor y habría alcanzado una alta cota, aunque es verdad que habría obtenido menor remuneración por ello que con su actividad empresarial.

No perdimos del todo, sin embargo, a un escritor, porque nos dejó dos libros deliciosos de memorias más un tercero con algunos de sus artículos, además de un buen puñado de discursos parlamentarios e intervenciones públicas, siempre construidos con un elegante estilo y una sorprendente precisión de lenguaje, aunque la oratoria no fuera su virtud más fuerte y a veces no lograra captar toda la atención del oyente, para desgracia del propio oyente. No conozco si fue metódico en la conservación de sus escritos, pero sí sabemos que fue escritor asiduo en el ámbito privado. Cuando escribió para *El Mundo* en 1995 unas páginas con sus recuerdos políticos —en realidad, un relato de memorias de su paso por la presidencia del gobierno— comenzó su largo artículo aludiendo a mi invitación —yo le había insistido que lo escribiera— para lanzarse «a la aventura de escribir para publicar» porque —añadía— «escribir sin publicar ha sido ocupación habitual mía desde hace medio siglo»—[21].

El primero de sus libros publicados fue *Memoria viva de la transición* (Barcelona, Plaza&Janés-Cambio 16, 1990), que al-

---

[21] Artículo titulado «Defender la libertad respetando las libertades», en el coleccionable *Historia de la Democracia, 1975-1995,* publicado por *El Mundo,* 1995.

canzó el éxito literario y político. Lo sé bien porque estuve en algunos de sus orígenes como codirector de la colección. Desde que me encomendaron tal tarea editorial en el Grupo 16 estuve interesado en un libro de memorias de Calvo-Sotelo, no sólo por la relevancia de su gestión política en algunos de los pasajes más importantes de la Transición, sino también por el interés histórico que tendría un trabajo realizado con su capacidad para la observación y su sagacidad para el diagnóstico. El libro no defraudó las altas expectativas porque resultó un interesantísimo relato en primera persona de los años nucleares de la Transición y especialmente del paso de su autor por la presidencia del gobierno durante un período breve de tiempo pero intenso en decisiones, desde la cauterización de la heridas del golpe de Estado que unos militares dieron durante su sesión de investidura hasta el ingreso de España en la OTAN frente a la oposición agreste y ofuscada del Partido Socialista a ese proyecto. Para que el lector de estas páginas que no tuvo ocasión de leer también aquel libro, o quizá lo olvidó, pueda captar el tono y la calidad de lo que Calvo-Sotelo decía nada mejor que la reproducción de algunas afirmaciones escogidas de aquí y de allá:

— Sobre el golpe de Estado: «El 23 F [tuvo] tres minutos dramáticos y diecisiete horas grotescas» (p. 51).

— Sobre la dimisión de Adolfo Suárez: «Suárez dimitió el mes de enero de 1981 porque ya no era capaz de seguir inventando el futuro, como había hecho admirablemente en 1976, 1977 y 1978. Pero dimitió, sobre todo, porque se sabía *calado* por sus barones: no es que ya no confiara en ellos, sino que sabía que ellos no confiaban ya en él» (p. 89).

— Sobre el agresivo estilo de Alfonso Guerra: «... salvo esporádicas fintas exteriores de pandereta y de navaja en la liga con las que Alfonso Guerra entretiene a la franja izquierdista de su electorado, a costa de algún que otro jirón de prestigio nacional» (p. 123).

— Sobre el problema de UCD con la CEOE de Ferrer Salat: «Valorando las conductas de 0 a 10, como en el colegio, la CEOE esperaba de un gobierno de centro un comportamiento de 9 puntos, y lo tuvo sólo de 7; en cambio, se temía de un gobierno del PSOE un comportamiento de 3, y lo ha tenido de 5. Ciertamente 5 es peor que 7, pero la mejoría respecto de lo temido les ha dejado un sentimiento de gratitud hacia el PSOE, como les dejó un sentimiento de hostilidad hacia UCD la rebaja respecto de lo esperado, aunque fuera un valor absoluto mejor» (p. 171).

El libro incluye un capítulo titulado «Yo me acuso» en el que bajo la fórmula de la autocrítica reparte críticas a conductas ajenas. He aquí, a título de muestra, estas dos perlas:

> «Me acuso de haber creído que nuestro Señor Jesucristo nos ha enseñado a decir sencillamente, claramente, Sí o No a todos menos a algunos demócratas cristianos» (p. 218). (Fueron notorios los problemas que Calvo-Sotelo tuvo desde la dirección de UCD con el sector democristiano del partido.)
>
> «Me acuso de no haber ido a un colegio de pago, como han ido los teóricos socialistas de la enseñanza pública, y van aún sus hijos» (p. 218). (La crítica, bien corrosiva, no necesita explicación añadida.)

Nueve años después aparecía el libro *Papeles de un cesante. La política desde la barrera* (Barcelona, Galaxia Gutenberg, 1999) en el que quedan recogidos textos varios (conferencias, presentaciones, artículos...) elaborados durante los primeros quince años de su cesantía de la política, después de que el fracaso electoral de 1982 le diera «súbitamente la libertad». Los textos, de muy variado asunto, mantienen sin embargo la unidad en las características de la retórica de Calvo-Sotelo y en la observación inteligente y en la ironía tantas veces tentada de desembocar en sátira. Este compendio puede servir de complemento del anterior en algunos temas de la política y en sus argumentos preferidos.

En el tercer libro, *Pláticas de familia* (Madrid, La Esfera de los Libros, 2003) Calvo-Sotelo regresó al género memorialista con una mezcla de recuerdos de episodios familiares —de los Calvo-Sotelo y de los Bustelo— y evocación de amistades —que cita sin distinción de colores y sin omisión de discrepancias— y peripecias profesionales y políticas. El libro está muy bien escrito, como, repito, en general todos sus textos que al parecer cuidaba con detalle, y es de lectura muy agradable; es una delicia para quien gusta del placer de la lectura. Sin renunciar a su sentido del humor, se muestra Calvo-Sotelo, al igual que en muchos otros de sus escritos, como un político no profesional. Así eran tantos integrantes de la UCD: profesionales de la vida civil, cultos y eficaces, que se dedicaron a la política como servicio a la nación en un momento delicado de la historia de España para realizar nada menos que un cambio de régimen. Estos políticos de ocasión pensaban en la eficacia de sus gestiones más que en la bronca partidaria —que luego invadió los rincones del ámbito político— y más que en el rédito inmediato.

Ponían su interés en el objetivo, antes que cualquier otro, de dotar a España de un régimen democrático que sirviera a las aspiraciones de paz y de progreso de la sociedad. Para ello fueron generosos en su esfuerzo y también en su retirada cuando les llegó el momento.

Estas singularidades se destacan en los libros de Calvo-Sotelo, que son documentos de extraordinario valor de una etapa decisiva de la España actual y definidores de su personalidad culta y generosa. Queda bien a la luz también otra característica importante de la identidad de Calvo-Sotelo: que era una buena persona.

Undécima Parte

NO ME PODRÁN QUITAR EL DOLORIDO SENTIR

20

A mí me ha apetecido enterarme en este mundo, en el tiempo que uno pasa por aquí, de qué va la cosa

Jaime Siles: La biblioteca es el armario mental de una persona; en este sentido, es muy representativa, porque en toda biblioteca hay un sistema, que aparte del sistema del azar, es el que impone el hecho de vivir: vivir es elegir y renunciar al mismo tiempo. Hay un azar objetivo y otro subjetivo; por ejemplo, en su biblioteca hay mucha poesía. En una biblioteca normal española habría dos o tres libros de poemas, a lo sumo y, desde luego, en la biblioteca de un político es difícil imaginar un volumen tan amplio como el que aquí hay, en esta casa.

Leopoldo Calvo-Sotelo: Yo he tenido una curiosidad, y no me ruborizo por decirlo, universal. A mí me ha apetecido enterarme, en este mundo —en el tiempo que uno pasa por aquí— enterarme de qué va la cosa. Cuando yo estudiaba, como la enseñanza no era buena, yo leía en casa. Y me ha interesado enterarme, por ejemplo, de la teoría de la relatividad de Einstein y de la física moderna. Tengo una biblioteca enormemente variada, y eso ¿qué quiere decir? Que no he profundizado en casi nada. Hay cosas en las que sí me he metido. Lo he pasado muy bien. La curiosidad no me ha faltado nunca, compraba lo que me apetecía: mariposeador, ésta flor me la libo yo. No me arrepiento. Ésta no es la biblioteca de un especialista.

Y volviendo a sus lecturas de poesía ¿cuáles son sus preferencias?

Yo he sido un gran lector, pero poesía no he leído mucha, en cualquier caso poca poesía extranjera, algo sí de poesía francesa. Lo que he leído más es lo que lee cualquier aficionado al metro castellano:

desde Jorge Manrique, Garcilaso, Góngora, Quevedo, Lope de Vega...; Lope a mí me ha gustado mucho.

El verso natural, la lengua natural en español es Lope. Veo que tiene poesía hispanoamericana, como César Vallejo, y en inglés, Whitman, Eliot, y éste, tanto en teatro como en poesía.

No he leído mucha poesía extranjera, salvo en francés. El inglés no lo dominaba mucho en la época que hay que leer poesía —como dice Ortega, de los diecisiete a los veintiséis—; leer poesía con un diccionario para recibir una emoción poética es una prótesis. Cuando ya empecé a leer inglés y por razones de trabajo, tampoco entendía el inglés poético. Muñoz Rojas me animó a leer a John Donne. Pero mi inglés es muy deficiente para disfrutar de un verso, pues hay que conocer bien la lengua, estar muy metido en ella.

Un inglés magnífico el de Donne. Era lector de San Juan y de Santa Teresa.

En España en aquella época, no había un poeta metafísico como él. Yo no entendía mucho lo de la inspiración bíblica en, por ejemplo, «Cantemos al Señor que en la llanura/ venció del ancho mar al Trace fiero...». Eso no me suena a poética escriturística.

Donne tiene un gran poema, «Éxtasis». *Era sacerdote. Y el tipo de poema que hace está inspirado en la lengua del púlpito. Pero con mucha influencia del conceptismo y de la mística española. Hay unos versos suyos excelentes que dicen: «El amor es asunto del alma, pero un cuerpo es el libro en que se lee». Donne es muy interesante. Los mismos ingleses tardaron mucho en enterarse; a partir del año 1913 en que Grierson, que era un gran especialista, hizo una muy selecta Antología de los poetas elisabetianos metafísicos del siglo* XVII: *la generación de Eliot fue la primera que tuvo acceso a esos textos y Donne fue para ellos lo mismo que Góngora fue para Dámaso Alonso y los poetas del 27.*

Otro deslumbramiento para mí fue Dámaso Alonso y su edición comentada de *Las Soledades.* Uno se aficiona a un Góngora, al que yo no había prestado mucha atención. Luego se asombra uno de la belleza no respaldada por un contenido: «de negras baja, de crestadas aves/ cuyo lascivo esposo vigilante/ doméstico es del sol nuncio canoro,/ y de coral barbado no de oro/ ciñe, sino de púrpura, turbante...». Los esdrújulos en sexta o en cuarta, una maravilla, pero

¿qué está diciendo ahí Góngora? Nada. Me gustaba un poco más Quevedo, con mucha menos música y siempre alguna intención.

Su orden de preferencia ¿sería Lope, Quevedo, Góngora?

Yo creo que sí. Y Fray Luis, San Juan y Garcilaso.

Por lo que respecta a la poesía francesa, en su biblioteca hay varias obras de Valéry, Paul Claudel y Péguy, entre otros.

A Paul Valéry, sí lo he leído. Y a Merimée. A Claudel, menos. De Péguy, historias un poco religiosas; fue un gran poeta en ese campo. Me han dado siempre mucha pena los franceses porque no han podido usar el endecasílabo, lo que les deja un verso muy monótono. De la poesía inglesa, algún soneto de Shakespeare.

También veo obras en alemán.

Por razones mercantiles y porque tuve una Fräulein de pequeño, hasta que murió mi padre, llegué a hablar algo el alemán, pero no como para leer poesía. Nunca pude con Rilke en alemán. En otras materias tengo una biblioteca bastante completa.

En su época de bachillerato ¿hubo algún profesor determinante en sus gustos o afición por la poesía y la literatura?

Yo tuve un bachillerato muy accidentado. Antes de la guerra fui al Instituto Escuela, por decisión de mi padre; en el 36 yo tenía nueve años. El primer curso lo hice en Lugo, el segundo curso en Ribadeo, el cuarto en San Sebastián. Antes de la guerra, nos hacían leer mucho el Romancero. Yo lo he leído mucho, sobre todo «Flor nueva de romances viejos», en la edición de Menéndez Pidal. La historia truncada de «yo no digo mi canción sino a quien conmigo va» es una maravilla. Empecé a leer en Galicia lo que tenía mi abuelo, Pereda —me entrené a leer, era muy duro, *Sotileza, Peñas Arriba*—; algo de Galdós; Palacio Valdés, *La hermana San Sulpicio;* Ricardo León. También Blasco Ibáñez, cuyos libros tenía mi abuelo algo escondidos, pues pensaba que para la juventud podían ser algo inconvenientes. Leía algunos poemas de la época, como aquel con un monorritmo muy gracioso, en ripio: «Yo admiro en la chula la antigua manola/ ¿deshonro por eso la escena española, señor don Armando Palacio Valdés?». Leía la colección Universal, luego los escritores rusos, empezando por *Los ingenieros;* recuerdo la segunda etapa: Tarzán, luego vine a Madrid, tuve que estudiar. Y también recuerdo perfectamente cuándo empecé a leer el 98: un verano me invitaron a San Sebastián los Reparaz, porque quería ingresar en Caminos un Grasset, amigo de ellos, al que yo le daba clases y me ganaba algún dinero. Un día, al levantarme a desayunar, vi en una mesita de esas que tienen una barandilla, *Andanzas y visiones españolas,* en Austral, y me quedé enamorado de aquello. Empecé a leer a Unamuno, que es una maravilla, durante años no leía más que a Unamuno. A los escritores de la Generación del 98, al comienzo, los leí más por razones políticas que literarias; pero el paso de Palacio Valdés a una literatura más contemporánea fue por Unamuno.

¿Y Azorín?

Sí, pero en aquel momento me interesaba más Unamuno, además Unamuno siempre se está metiendo más con el lector.

En su biblioteca hay una gran presencia de Antonio Machado.

En Ribadeo yo leía a Rosalía de Castro. Ya en Madrid, Manolo Varela, hijo de Varela Radío, el médico, me dijo: «Tienes que leer a Machado». En el Instituto Escuela se leía algo a Manuel Machado, un gran poeta: «El ciego sol se estrella/ en las duras aristas de las armas/llaga de luz los petos y espaldares...».

Manuel Machado era un poeta excelente.

A medida que iban saliendo en Austral los libros de Unamuno los compré casi todos. Perdón por hablar de mí, pero si se trata de mí, tengo que hablar de mí. Luego me pasé a Ortega gracias a Manuel Cardenal y a Julián Marías. Manuel Cardenal, era muy notable y listo, nos dijo en quinto de bachillerato, el primer día: «Miren ustedes, no hay más que una filosofía, que es la Historia de la filosofía, todo lo demás son pedanterías de gentes que se aprovechan de los grandes. Como acaba de publicarse la *Historia de la Filosofía* de Marías, yo se la recomiendo, a pesar de ser un libro universitario». Yo compré la primera edición —ahí la tengo— con un prólogo de Zubiri. Me empecé así a aficionar a Ortega, me he pasado varios años sumergido en Ortega, Ortega prende mucho.

Tenía un estilo maravilloso.

En aquella época, yo, cuando escribía, imitaba el estilo de Ortega. De Unamuno a Ortega.

El paso siguiente sería hacia el 27, porque he visto que tiene a Alberti, Lorca, Gerardo Diego, Guillén, Cernuda...

Como no soy un especialista, yo leo lo que me gusta, y reconozco que tuve alguna dificultad para entrar a saco en el 27. Alberti es un poeta notable; la valoración de Lorca, en mi opinión, está muy trufada de política.

Sí, es posible, debido a las trágicas circunstancias de su muerte.

Me parece que es buena la musicalidad de Lorca, lo que nos enseñó: «el lagarto y la lagarta/ con delantalitos blancos»...

Que se lo dedica a la hija de Guillén.

Yo me quedé más en la poesía del 98.

¿A Aleixandre nunca lo leyó?

Muy poco y no entendí nunca que le dieran el Premio Nobel.

En parte, era un premio político. No podían dárselo a Alberti, que era un exiliado «proclive a la Unión Soviética», ni a Guillén, que era un exiliado «proclive a Estados Unidos»: un exilio interior como el de Vicente Aleixandre era la solución diplomática y salomónica.

Como soy perfectamente autodidacto, salvo lo que debo a los profesores Cardenal en historia de la filosofía, Mingarro en física moderna, y alguno más, Bachiller luego en la matemática, yo he estado siempre muy huérfano y no he entrado por algunas cosas, por ejemplo, por Juan Ramón Jiménez.

Ya he visto que tiene algo suyo en la biblioteca, pero ¿por qué no le gusta?

No me gusta; cuando la cuñada de mi tío Francisco Bustelo recitaba, con lágrimas en los ojos: «Le pregunté ¿me dejas que te quiera?/ Me respondió radiante de pasión/ Cuando florezca la cruz de primavera...»; en fin, esto, frente a la sencillez enorme de Machado... Empecé por aquello de la flor de primavera y ya le cogí manía. Nunca he entendido bien yo a Juan Ramón Jiménez, aunque sin duda fue un gran poeta. Pero sí y mucho a Machado. Todavía tengo la edición con un prólogo de Ridruejo.

La del 40, de posguerra, de Espasa. Es una expurgada con un prólogo y políticamente interesante de leer.

Luego lo corrigieron. «Y si la vida es corta, el arte es largo, y lo demás no importa», decía Machado. «Y además», puso Ridruejo; porque en «lo demás» estaba todo incluido, la religión...

Es muy buscada esa edición, precisamente por el prólogo de Ridruejo y su contexto ideológico.

Machado me ha gustado mucho; aunque *La tierra de Alvargonzález,* emoción poética, para mí, tiene mucha menos.

A mí también me gustan más los otros poemas, los líricos, a mí me gusta más el lírico que el casi épico.

Yo he ido a la Laguna Negra por leer *La tierra de Alvargonzález,* pero ése no es Machado.

Y Salinas, por ejemplo, ¿ha leído su poesía amorosa?

Lo he leído poco. Contribuyó a que yo no fuera muy afecto a Salinas, su yerno, Juan Marichal, un tipo difícil. Estuve en la Universidad de Harvard en el archivo donde todo estaba informatizado ya.

Marichal había sufrido mucho con la muerte de su hijo, Miguel. Luego hizo una edición muy discutida de las obras completas de Azaña.

Cuando había que comprarla clandestinamente, y me costó un enfado con Gerda, la librera de Miessner. Yo le compré los dos primeros tomos, al poco de salir, y en Navidad, cuando iba a pagar los diez o quince libros que llevaba, me dice «y además el tercero y el cuarto tomo de Azaña». Y le dije: «Hombre, eso no, pero si los tienes, me los llevo». Insistió y le dije: «pues tampoco me llevo estos quince» y dejé de ir un tiempo. Entre los libreros, me llevé muy bien con Sánchez Cuesta.

Era cuñado de Salinas. Cernuda trabajó en la librería de Sánchez Cuesta.

A don León si lo traté, pero desde que se murió, hay librerías, pero no un librero.

Es que hoy el mercado del libro impide la existencia del librero.

Solía comprar en Miessner, hasta que me enfadé, según he dicho, y a la vuelta de las elecciones que perdí, me fui otra vez de librerías, a don León y le dije: ¿Por qué no me busca usted la edición italiana de *El nombre de la rosa,* de Umberto Eco?; me llamaron para decirme «ya está aquí» —por cierto, don León cobraba la lira al doble— y cuando entré en la librería tan agradable de Serrano había un señor bajito con barba dando grandes voces, diciendo: «¡Tiene que encontrarme este soneto porque tengo una apuesta, me voy a Roma esta tarde» y lo recitaba como un Calderón, como diría un músico: «Buscas en Roma a Roma ¡oh peregrino!». Yo les dije: «Perdónenme ustedes pero yo se dónde, en Quevedo...». Y aquel señor se volvió a mí: «Es usted mi padre»; resultó ser un catedrático de Oviedo, que ha muerto. Y me dijo: «Le invito a lo que usted haya comprado»; me resistí, pero insistió tanto que al final me invitó al Umberto Eco: «Pues, mire, honradamente, es el primer dinero que gano desde que dejé la política». Luego lo traté algo. Era Ignacio de la Concha.

De los hispanoamericanos, aparte de Rubén Darío, ¿qué le parece la obra de Pablo Neruda? He visto que tiene el libro de Sonetos, la edición de 1944, que es muy buscada.

Rubén a mí no parece que sea del 98, Rubén es Rubén, y he tenido gran afición a su poesía. Yo me he quedado en Machado. A partir de un momento, literatura contemporánea he leído menos. Me pongo a trabajar y no tengo tiempo. Volviendo a los hispanoamericanos, yo nunca entendí mucho la gran admiración por Octavio Paz, sin duda un buen escritor.

Es un buen prosista, buen poeta y ensayista excelente.

Así como he admirado mucho a Cortázar.

Cortázar es un creador puro, es distinto.

Yo he sido muy esclavo de Borges.

Es que Borges esclaviza, como Ortega; y además escribe cuentos matemáticos.

He seguido a Borges durante un tiempo, luego lo relee uno y produce cierta decepción; la poesía de Borges, de la que se ha hablado poco, es excelente, muy buena.

La gente compra prosa y lee a Borges como cuentista y como ensayista, más que como poeta. Pero ya su primera poesía ultraísta era muy buena. Tradujo muy pronto, cuando estaba en Suiza, a los expresionistas alemanes y la primera traducción de ellos al español es la de un Borges de veinte años, al que los ultraístas sevillanos le publican sus primeras versiones y poemas.

Tenía admiración por los anglosajones. Pero por la literatura española...

De la literatura española le interesaban solo Quevedo y Cervantes, a los que defendía y Jorge Guillén, al que reconocía y admiraba. Lo demás le interesaba poco, aunque en su juventud leyó mucho a Baroja y a Unamuno.

Era un tipo muy notable. Yo iba a Buenos Aires con frecuencia, pues me empeñé en hacer una sede de la Fundación Ortega en Argentina; fui a ver a Borges, cuando ya estaba con Kodama.

¿Con qué poetas de lengua española ha tenido trato?

He tenido mucho trato con José Antonio Muñoz Rojas, prosista y poeta; con Tomás García de Diego, un profesor de la Escuela de Caminos que se hizo muy amigo mío. Cuando se enteró de que yo con diecisiete años hacía versos clandestinamente, me dedicó una serie de versos algo pornográficos, como un soneto sobre una pareja en la playa de Algeciras; con Belisario Betancur, que fue presidente de Colombia, con quien intercambiaba ripios. También con Dámaso Alonso —que era amigo de mi padre y que vivió en Ribadeo, pues su padre fue ingeniero del ferrocarril minero que había en la comarca— por quién me aficioné a un poeta portugués, Bocage, autor de unas *Poesías eróticas.*

Curiosamente, Dámaso Alonso empezó Caminos, como Julián Marías empezó Químicas, llegando a hacer primero; es cierto que en los años treinta la Física y la Química son dos ciencias muy importantes. Acabo de ver en la librería Los cuatro poetas en la ladera *de Olegario González de Cardedal, obra que en su día yo reseñé en el* ABC.

A Olegario González de Cardedal le trato desde hace mucho tiempo, desde las conversaciones de Gredos —cuando era todavía un seminarista— que organizaba Alfonso Querejazu, hombre admirable y curioso, unas conversaciones que tenían un ámbito de libertad bastante notable en la época.

Otra persona que ha tratado es Oliart, que hubiese sido un catedrático de Historia del Derecho, porque era alumno de don Luis García de Valdeavellano, en Barcelona, pero que ganó enseguida muy joven las oposiciones a Abogado del Estado.

He sido muy amigo suyo y fue ministro de Defensa en mi gobierno, y también conocí muy pronto a su mujer, a Carmen, una chica muy guapa de la que yo fui «acompañante» cuando tenía quince años. A Alberto —no se le puede decir— y yo no debería hablar así, ya que en mi familia hay muchos abogados del Estado, le secaron algo las oposiciones de derecho. La oposición de abogado de Estado marca mucho, aunque los juristas digan que el derecho tiene mucha poesía. Discutíamos sobre esas cosas, pero tiene más poesía la matemática, mucho más que el derecho.

Eso lo demostró Edgar Allan Poe: tiene un texto, del que precisamente voy a hablar en el Círculo de Bellas Artes, «Pitágoras y Las Esferas», en el que sostiene que hay más poesía en las matemáticas que en el derecho, que es una técnica, porque el derecho es una carrera técnica.

Y es cierto que Oliart ha conocido bien Cataluña.

Desde el lado castellano: Jaime Gil de Biedma, Carlos Barral, Jaime Ferrán y todo el grupo de la revista Laye de Barcelona, con Manuel Sacristán a la cabeza.

Yo creo que fue una pena. Por recordar una polémica adolescente —es una tesis mía beligerante— yo le decía: «Si no hubieses ganado las oposiciones, habrías sido un buen poeta».

Yo creo que no: que habría sido catedrático de Derecho y un buen poeta. Y el conocimiento de Jaime Gil de Biedma, ¿fue a través de Alberto Oliart?

Sí lo traté. Es un gran poeta. La verdad es que yo iba mucho a Barcelona cuando era director de una empresa textil. También traté a Barral y a Jorge Folch, un estupendo poeta de corte clásico, amigo de Oliart. Me dedicó aquellas hojas sueltas, sacó tres o cuatro, que con el cambio de casa, no se dónde estarán. Me acuerdo cómo empezaba un poema suyo, con un bonito hipérbaton: «Por la tormenta viene del Egeo/ un atleta con paso adolescente»; se refería a Nietzsche. Era un hombre muy gracioso, muy actor. Cuando tenía algún problema con alguien, se vestía de negro, la camisa, la corbata, el traje, e iba a desafiarlo a un duelo. Sentí mucho su muerte.

Volviendo al trato con poetas españoles ¿tuvo relación con Ridruejo, Rosales, el grupo de la revista Escorial?

Sí, por el Banco Urquijo. Traté a Rosales, porque Juan Lladó fue un estupendo mecenas. Los sábados a las doce —todavía se trabajaba los sábados— reunía a gentes notables en el claustro del Banco. Allí conocí a Rosales, a Diez del Corral, a Zubiri. Rosales había publicado una *Antología de la poesía española del Siglo de Oro,* muy bien hecha, donde se metía a corregir a Quevedo, el famoso soneto de «polvo serán, mas polvo enamorado», y se la elogié y él se sintió muy halagado; a mí me gustaba más lo que proponía Rosales que la versión que da después Blecua.

Había hecho con Luis Felipe Vivanco La Poesía del Imperio, *que es una gran antología; luego hizo unas importantes aportaciones al estudio sobre el barroco español, como* El sentimiento del desengaño en la poesía barroca. *Además, pasaba muchas horas en la sección de manuscritos de la Biblioteca Nacional. Fue muy buen alumno de Manuel Fernández Montesinos, hermano del cuñado de Lorca.*

También conocí a Guillén porque era muy amigo de Emilio Gómez Orbaneja.

Aleixandre también, porque habían sido vecinos justo después de la guerra.

No conocí a Aleixandre. Emilio Gómez Orbaneja tenía devoción por Guillén. Cuando viajábamos a Nueva York, allí nos acompañaba Jorge Guillén; era un tipo muy bohemio, especial, sin un duro. Mis viajes por la costa este de Estados Unidos con la industria química se convertían en los viajes con la bohemia de Guillén encima, un personaje muy notable. Recuerdo alguno de sus versos: «Oh luna, cuánto abril/ qué vasto y dulce el aire/todo lo que perdí volverá con las aves». Aunque a mí los poetas de «¡Oh!»... nunca me han gustado; esa manera de rellenar el verso —endecasílabo, octosílabo, etc.— con la interjección me recuerda al tren Märklin, que tenía unas piezas curvas y rectas con las que uno construía el circuito; y luego tenía otras piezas pequeñas que ayudaban para rellenar los huecos; así son los poetas del «¡Oh!», que lo usan para rellenar los huecos.

Y a José María Valverde ¿lo trató usted?

No mucho, pero sí lo bastante. Era un hombre muy notable, cuando se fue de la Universidad...

El renunció a su cátedra de estética de la Universidad de Barcelona cuando expedientaron a Aranguren, García Calvo, Montero y Tierno Galván. Con los expedientados, la democracia española fue de una generosidad absoluta y les pagó retroactivamente. Pero como Valverde había renunciado a su cátedra por solidaridad con los expedientados, no le pagaron nada: lo readmitieron en su cátedra en el punto en que lo había dejado, pero nada más.

Hay una traducción de algunos libros de la Escritura hecha por Valverde, que yo leí. Tenía un buen castellano. El texto se podía leer bien sin esos retorcimientos de las ediciones clásicas, en parte porque los traductores no eran buenos escritores y en parte porque ocultaban o disimulaban el sentido que llanamente podía uno deducir del texto latino. Aquellas ediciones, la Nácar-Colunga o la Bover-Cantera, eran las dos ediciones de entonces, con unas notas que sesgaban la interpretación, como la famosa nota sobre el camello y el ojo de la aguja: «¡Ah, eso es una metáfora oriental!», decía la nota. Y cuando en San Mateo 19.9 se habla claramente, y no a favor ni en contra, sino con objetividad, del famoso problema del adulterio, de la indisolubilidad del vínculo, entonces ponen unas notas con las que ya no se entera uno de lo que ha leído. Un día le dije a Julián Marías que yo estaba muy contento con la edición de la *Biblia de Jerusalén,* que se publicaba por fascículos y a mí me gustaba leerla en francés, y que no lo estaba con la *Biblia* de Bover-Cantera; el bueno de Marías me reprendió severamente diciendo que era una edición estupenda. Viví con Marías esa asimetría tan rara, pues se dice que la estimación es recíproca: yo lo he estimado muchísimo, le he tenido un afecto intelectual y él más bien me ha regañado, incluso públicamente. No he dejado de leer la Escritura en francés; yo creo el diálogo con Dios es mejor hacerlo en otra lengua que la propia.

Eso pasaba con el latín. Hay en su biblioteca una gran sección de libros de matemáticas ¿qué me puede decir sobre la relación entre la poesía y las matemáticas?

Sobre la relación entre las matemáticas y la poesía, recuerdo el día en que vi la cita «solo el matemático es feliz», que está en Novalis.

Se entiende porque vive en un mundo perfecto, donde no hay mal ninguno. Queda el mal en la frontera, en la manía de ir demostrando las famosas conjeturas.

Novalis dice: «Buscamos siempre el absoluto y no encontramos sino cosas». En física se comprendería más, porque para un físico el mundo sí está bien hecho. A Novalis ¿lo ha leído en alemán, en francés o en español?

Yo empecé a buscar un Novalis en español; luego, cuando me ha interesado un poema determinado, me he ido al alemán pero con la prótesis del español.

De Novalis en español no había mucho traducido; en Barcelona hubo una traducción hecha por un profesor de germanística de la Universidad Complutense de Madrid, Eustaquio Barjau, a finales de los setenta. Lo que había antes, de lo que yo tengo noticia, era en Hispanoamérica, en Argentina, en la editorial Assandri: una antología, Cristiandad o Europa, *y algunos poemas de Enrique de Ofterdingen. Las polémicas de los problemistas, en matemáticas, dado que la matemática es ácrona, que carece de tiempo —por eso está en la eternidad más que en la historia— supongo que le interesaron a usted. Usted fue estudiante en la época de Gallego Díaz, Flores de Lemus...*

Yo fui discípulo de Gallego Díaz, no en la Escuela de Caminos, sino fuera, pues él no era ingeniero de caminos. A Flores de Lemus, hijo del famoso economista Flores de Lemus, también lo traté, al preparar el ingreso en Caminos; era un tipo enormemente bohemio, un matemático estupendo, un problemista.

Daba unas clases en el barrio de la Academia, según cuenta Juan Benet en sus memorias.

Entonces, para estudiar en la Escuela de Caminos, existía un examen de ingreso, con una prueba de problemas que a mí me divertía mucho; Gallego Díaz era lo que se llamaba un problemista. El profesor Bachiller, que lo fue mío, tenía una tarjeta que decía «Catedrático de mecánica celeste». A mí aquello me fascinó.

Mecánica celeste *es, como título, precioso. Rubén Darío se lo puso a un poema que se llama así y Jorge Guillén pensó titular Mecánica celeste, lo que luego acabo siendo* Cántico. *Cuando Jorge Guillén empieza a escribir en el año 1916 en Trégastel, en Bretaña, sus poemas, hace ya cinco años que don Julio Rey Pastor había publicado su libro* Análisis algebraico. *Cuando el físico Arturo Duperier comentó el libro de Rey Pastor exclamó: «Los números de la vieja aritmética ya no son nada, lo es todo la cadena en la que aparecen»; Guillén dice que no hay palabras poéticas en sí, ni por sí, que lo son por la cadena o el conjunto en que aparecen. Hace años hice un estudio comparando la teoría de Rey Pastor con la teoría poemática de Guillén.*

Ya con menos tiempo para leer, caí en el vicio de la colección *Que sais-je?,* que tiene algunos libros magníficos, especialmente sobre matemáticas. Una cuestión que a mí siempre me ha parecido enormemente mística e importante es la de los números primos; la enorme teoría de los números primos, que siempre me ha fascinado. Todavía tiene problemas sin resolver en la frontera, la conjetura de Riemann, la conjetura de Fermat, que no es la de su teorema, sino otra, para la que no se ha encontrado ningún caso que la desmienta, aunque no se ha podido probar. La segunda edición del libro *Los números primos* de la colección *Que sais-je?* es un libro precioso. No tiene nada que ver con la primera. Lo que pasa es que ahora la memoria empieza a ser menos eficaz, antes leía a Novalis o a Rubén y me acordaba, ahora ya no me acuerdo. Me ocurre lo que canta aquel breve poema de Gil de Biedma que termina: «Entre las ruinas de mi inteligencia».

Este poema, cuyo título es De vita beata *y que en muchas ediciones cierra la obra poética de Jaime Gil de Biedma —aunque hay algunos posteriores a él— tiene una fuente latina: un poema, un epigrama concretamente impreso en las prensas del editor Plantino acompañado de grabados y que en francés tiene el título de* Bonheur. *Supongo que Jaime Gil de Biedma leyó el texto en alguna casa burguesa, en las que eran muy frecuentes este tipo de poemas acompañados de grabados y que se expandieron por Europa en todas las lenguas. Gil de Biedma combina esta fuente del latín humanístico con otra, que es Manuel Machado. ¿Y qué me puede decir sobre Leopoldo Calvo-Sotelo como autor de poesía?*

Me he sentido atraído por la dificultad meramente mecánica del soneto.

Es elegante como la matemática en ese sentido que hablábamos como la solución matemática.

Yo me aficioné mucho a un viejo dicho, que creo que viene de la Edad Media, que dice: «No hay libertad sino dentro de un orden, no hay belleza sino dentro de un canon, no hay verdad sino dentro de un sistema», que luego se ha convertido en una sentencia derechista. Usted quiere decir algo, métalo en 14 versos. He hecho sobre todo sonetos... tienen su gracia, sonetos casi siempre contra personas, y eso ayuda mucho. Yo soy un versificador satírico. La sátira se dulcifica un poco si le mete uno un endecasílabo con acento en sexta.

¿De la vida política o en general?

De la vida política. Por ejemplo: me retó cuando éramos más amigos Juan Luis Cebrián a pegarnos a sonetazo limpio. Le mandé uno, que era mucho más Quevedo que Garcilaso, y se molestó mucho. He hecho sonetos, el verso libre ya es otra cosa distinta del meterse uno en la estrechez del soneto.

¿Nunca ha publicado en una revista?

Cuando era un muchacho, con trece años, y vivía en Ribadeo. Ribadeo, aunque era un sitio pequeño, tenía dos semanarios, *La Comarca* y *Las riberas del Eo,* que luego se fusionaron en uno, *La comarca del Eo;* tuve entonces un profesor de Literatura que nos explicó la métrica, etc. y nos pidió que hiciésemos unos sonetos; yo hice uno, relacionado con El Alcázar de Toledo, y empezaba —eso sí— con un acento bien puesto: «Bajo el límpido cielo castellano...», pues esto no es tan difícil, no había contenido ni poética ninguna, pero había un ritmo que arrastraba; el profesor, que era director de uno de los semanarios, me hizo el honor de publicarlo, ese soneto y algún otro, poniendo una nota, porque trataba sobre la Semana Santa, y yo hacía tañer las campanas un viernes santo, cuando no suenan en viernes santo...

Y ¿ha sido usted lector de novelas?

Yo no soy lector de novelas. Nunca sé de donde viene esta cita: el que a los veinticinco años sigue leyendo novelas es un majadero, creo que quien dice eso es Machado, una cita de Mairena. Pero acabo de caer otra vez en la majadería de leer novela, porque mi hijo Víctor trajo una versión cinematográfica muy bonita de la novela de Jane Austen, *Pride and Prejudice;* cuando un texto está bien estructurado y bien pensado, acaba uno identificándose con algún personaje, y yo veo allí a mi mujer y a mí. Y luego me compré la edición de Penguin y he vuelto a pensar que una buena novela le puede enganchar a uno. Recuerdo lo que me hirió Hugh Thomas, con esa impertinencia cortés tan británica, en unas *Tertulias hispano-británicas,* en Bath; en mi intervención, hice una cita de Jane Austen; al terminar, me dijo «¿Usted ha leído *Pride and Prejudice* o sólo la ha leído en un libro de citas para soltarla ahora?». Siento no haber leído más novelas, he leído las nivolas de Unamuno. Una buena novela le puede enganchar a uno, y pienso que a mí un material tan distinto como *Peñas Arriba* me enganchaba.

Los novelistas del siglo XIX *sabían lo que era una novela; en eso Borges tiene razón cuando dice que la novela es un género burgués unido al gran momento de la burguesía que es el siglo* XIX *y en el* XX *hay experimentación, otras cosas, pero el gran momento es el* XIX.

Es Dickens y en España podría ser Pérez Galdós.

Balzac en Francia, con Proust empieza eso a dividirse.

Yo fui buen lector de Balzac; en Ribadeo creo que mi abuelo tenía algo en castellano.

También están los rusos.

Yo no he leído mucho a los rusos, no había buenas traducciones, pero Pilar, mi mujer, es muy amiga de los rusos. A lo mejor vuelvo a leer novelas, si Dios me da vida.

¿Ha leído a Pío Baroja?

Tarde y escribe tan mal.

Ahí lo bueno es el mundo, no el estilo.

Pero si se ha hecho uno adicto al estilo retórico pero prodigioso de Ortega...

El propio Baroja lo reconoce: para él la mejor prosa castellana del siglo XX *es la de Ortega, y además dice —y esto es impresionante porque don Pío es mayor que Ortega— que «la única sensación que yo he tenido de estar ante un hombre de verdad importante, no ha sido ni con Unamuno, ni con Azorín, sino con Ortega». Hay otra faceta también muy interesante de Ortega: la del publicista y hombre emprendedor, que no sólo es un pensador, sino también un hombre de acción.*

Yo no he sido barojiano.

Y el teatro, ¿no le ha interesado?

Yo he ido al teatro con mi tío Joaquín Calvo-Sotelo. El teatro clásico, *Segismundo,* Calderón nunca me ha dicho nada. Lo he leído por enterarme. El teatro de Lope tiene gracia, Lope me recuerda —aunque sea un disparate casi spengleriano saltar de Lope a Mozart— a Mozart. Mozart tiene una música preciosa, pero lo que hay detrás es absolutamente deleznable. Ahora que se ha puesto de moda —y va acabar con la ópera— traducir las óperas, se comprueba que el texto es horrible. La mejor música de Mozart está basada en unos hechos absolutamente deleznables. Y esto indica que el género híbrido es malo. A mí me gusta más la música sinfónica que la ópera, quizá porque tiene que ver más con la matemática. Por cierto, yo caí en el veneno adictivo de Splenger.

Era una lectura de la época.

Spengler es un autor que impresiona, la *Decadencia de Occidente* y su otra obra sobre la técnica también, que me interesó como ingeniero. Ortega decía que leyendo a Splenger siente uno el estremecimiento de los conceptos hondamente pensados.

La obra de Spengler era un libro de síntesis, muy bien trazado, aunque había puntos de fuga que no cubre, pero era muy brillante. La cultura española en esos momentos era muy distinta de la centroeuropea, a sólo unos kilómetros, es decir, muy cerca, de la revolución rusa. Splenger toma conciencia de la angustia que se genera en el mundo occidental entre las dos guerras mundiales en un momento en el que todos sus valores están en quiebra y en el que nadie sabe lo que va a pasar.

Hablando de Spengler, recuerdo un soneto mío —no es muy bueno— que le mandé a mi tío Joaquín Calvo-Sotelo desde Venecia, en una postal, sobre la decadencia:

«El león se ha rendido a la paloma,
El Cristo es casi un dios incierto
Pasó Napoleón, el Duce ha muerto
El Abenland de Spengler se desploma»

Eso no es poesía, eso es una habilidad, como me decía Muñoz Rojas[1].

---

[1] José Antonio Muñoz Rojas moría casi dos años después de celebrada esta entrevista. Como testimonio de esa amistad de décadas que aquí se refiere, trascribimos a continuación un texto de su libro *Dejado ir (estancias y viajes)*. Es una anotación hecha el día 20 de abril de 1981, en su casa de Antequera, la Casería, un pasaje deliberadamente opaco en lo que respecta a la identificación de las personas y sus circunstancias: Muñoz Rojas no da nombres, tan solo siglas, y deja en una cierta nebulosa datos esenciales. Aquí las aclaramos: «L.C.S.» es Leopoldo Calvo-Sotelo y «P» es Pilar, su mujer: «Días de muchas cosas. Ayer vinieron a almorzar L.C.S. y P., L. anunció inesperadamente su visita. Lo veo poco últimamente con todos sus cargos y cargas políticos. Siempre he tenido por él una gran admiración, una inclinación y comunicación profundas. Frente a apreciaciones distintas sobre su altivez o adustez, mi entendimiento con él ha sido fluido y natural, ayudado por P., con la que la corriente de simpatía me parece mutua. Llevo con L. una amistad de casi treinta años y siempre me ha impresionado la agilidad de su inteligencia, su curiosidad y capacidad de asimilación, su rigor intelectual compensado en su profundidad por su amor y sensibilidad. No pudimos hablar largo y tendido pero sí lo bastante para apreciar en él una madurez y una serenidad superiores, como de hombre que, desde su altura a la que no sabe cómo ha llegado, ve realmente las cosas. Me confesó su perplejidad al encontrarse como se ha encontrado, sin haberlo buscado, y su escepticismo para abordar los problemas. Los juicios sobre personas o hechos fueron limpios y sin carga personal. Abiertos. Fue para nosotros un consuelo ver hasta qué punto seres superiores pueden no ser afectados por situaciones exteriores más o menos empinadas y accidentales y conservar su pleno talante humano, como si ese accidente de su situación lo limpiara e hiciera aparecer más verdadero y mejorado naturalmente».

21
La biblioteca de poesía

Introducción

Acostumbrados, como estamos, a que nuestros políticos exhiban y padezcan una preocupante indigencia intelectual, el caso del presidente Leopoldo Calvo-Sotelo nos sorprende precisamente por todo lo contrario: porque en él la formación y la información han ido parejas, y tanto en una como en otra se traduce un claro rasgo de su espíritu, que es fruto tanto del sistema como del azar. Me refiero a la curiosidad a la que él, en la entrevista que mantuvimos, alude y que, en su caso, no se ciñe a un ámbito concreto ni a una materia única que centre su interés, sino que se extiende a un amplio conjunto de disciplinas y saberes. Esto es, al menos, lo que los libros de su biblioteca dejan claramente ver. Y, en ellos, llama la atención el alto número de títulos agrupables bajo el epígrafe o lema general de *literatura,* que engloba a su vez varios y distintos géneros, algunos de ellos tan minoritarios como el teatro y la poesía[1].

Resulta fácil inventariar y catalogar una biblioteca, pero no tanto *interpretarla.* Y, sin embargo, es esta posible interpretación la que permite ver no sólo la materia que la constituye sino algo más importante: los intereses y personalidad de quien, al ir reuniéndola, la crea. Por eso puede decirse que una biblioteca es como un mapa

---

[1] Aquí nos ceñiremos a sus libros de poesía (519 títulos), que son una parte de los 2.137 títulos a los que asciende el catálogo de literatura (además de poesía, esencialmente, novela, teatro y filología).

de un territorio intelectual cuya cartografía muestra el universo de su dueño. Que al presidente Leopoldo Calvo-Sotelo le preocupó la suya es evidente: basta para demostrarlo la serie de títulos de biblioteconomía que contiene y entre los que destacan tanto *La antigua biblioteca de Alejandría* de Mustafá El Abbadi como *Tu biblioteca* de Aurora Díaz-Plaja o *Los libros de casa: formación y cuidado de una biblioteca* de Fernando Huarte Morton —de quien, por cierto, también está su *Bibliografía de Dámaso Alonso,* hecha en colaboración con Juan Antonio Ramírez Ovelar— y a los que hay que sumar otros que muestran su interés por la historia social del libro, como prueban los dedicados a Egipto, la tableta cuneiforme o Grecia, que figuran en los estantes de la suya propia.

Indico esto porque una biblioteca corresponde a un tipo de lector y, como él, es fruto del sistema y del azar, aunque es el sistema, más que el azar, el principio que la rige. En el caso de la biblioteca del presidente Calvo-Sotelo hay una serie de rasgos distintivos que atraen nuestra atención y que no se limitan ni a la diversidad de las materias que la integran ni a la variedad de lenguas en la misma representadas, sino más bien a lo que parece su música interior: el hilo conductor que las une y que no es difícil ver si se tienen en cuenta determinadas recurrencias en cuya repetición se advierte y manifiesta lo que le da unidad. Esta unidad es —claro está— temática y sobre ella pueden establecerse núcleos que resalten y hagan visible esto que estoy diciendo. Pero la unidad temática mostraría aquí el amplio espectro de sus intereses más que la unidad de éstos en sí y entre sí.

Inventario y ordenación

Poesía de la Antigüedad Clásica

Precisamente en el campo de la poesía, que es el que ahora nos ocupa, llama la atención el número de volúmenes relativos a la producción poética de la Antigüedad Clásica desde los presocráticos —que, aunque filósofos, no pueden dejar de ser considerados poetas, y de los que posee no sólo selecciones de textos sino también estudios e interpretaciones como las de Guthrie, Yves Battistini, Jonathan Barnes y Kirk, entre otros— hasta la *Poética* de Aristóteles, editada por la Universidad Central de Venezuela, las obras de Homero en francés y español; las *Tragedias* de Sófocles, además de un volumen con versiones de *Ayax, Antígona* y *Edipo Rey;* las fábulas de Esopo del helenista Luis Segalá y Estalella; un tomo con distintas obras cómicas de Plauto; el *De rerum natura* de Lucrecio, en dos ediciones: la de Garnier, París, 1966, y la oxoniense de University Press, de 1990, además de una monografía sobre este autor: *Lucréce* de Pierre Boyancé; Horacio en italiano y español, además del libro de Pierre Grimal, *Horace;* las obras completas de Virgilio y el *Virgile* de Jacques Perret; un *Ars amandi* de Ovidio; las obras completas de Séneca en español, además de varias versiones francesas de su teatro, sus cartas y sus escritos filosóficos, así como *Séneca o el beneficio de la duda* de Antonio Gala, a los que hay que añadir las versiones de Agustín García Calvo recogidas en *Poesía antigua: de Homero a Horacio, The Oxford Companion to classical Literature* de Paul Harvey, *A Loeb classical library reader, La littérature grecque chrétienne* de Anne-Mary Malingrey, *Early christianity and greek Paideia* de Werner Jaeger, *Römische Erbe* de Ludwig Voigt y *Littérature latine chrétienne* de Jacques Fontaine.

Poesía del Oriente antiguo, hebrea y árabe

De la poesía del Oriente antiguo destacan una edición de *Amaru,* una *Littérature Japonaise* de Aston, *Haikus en flor* de Mari Cruz Galatas e Isabel Lantero, *Ananda: 108 poemas Zen.*

De la poesía hebrea, *La littérature rabinique,* de Maurice-Ruben Hayoun —del que también hay otros títulos sobre filosofía judía medieval, Averroes y Maimónides— la *Antología de poesía bíblica hebrea,* de Luis Alonso Schökel, publicada en 1992, *Le Cantique des Cantiques* de Tournay y el estudio de Olegario García de la Fuente, *Mujeres de la Biblia,* así como *L'interpretation de la Bible des origines chrétiens à nos jours,* de R. M. Grant (París, 1967).

De la árabe, además del *Libro de la magia y de la poesía,* de Lisan Al-Din Ibn Al-Jatib, merece especial atención la presencia de la poesía arábigo-andaluza traducida por don Emilio García Gómez, de la que hay varias ediciones (de 1943 y 1985), así como la que en 1944 hizo de *Un alfaquí español,* de Abu-Ishaq de Elvira y las de los poemas de Ibn Al-Zaqqàq y de Ibn Zaydun, y un ejemplar dedicado por el autor de *El mejor Ben Quzman en 40 zéjeles.* Al mismo interés seguramente responde el hecho de que la biblioteca albergue también el estudio de Vernet, *Al-Andalus, el islam en España.*

Poesía medieval y prerrenacentista

La poesía medieval española está representada por las *Cantigas de Santa María* y varias ediciones de *Los milagros de Nuestra Señora* de Gonzalo de Berceo, el *Libro del Buen Amor* del Arcipreste de Hita —del que la biblioteca tiene varias ediciones—, los *Poemas épicos* editados por Cayetano Rosell en la Biblioteca de Autores Españoles, el *Romancero General* recogido por Agustín Durán, la *Flor nueva de romances viejos* de Menéndez Pidal —en dos ediciones: de 1969 y de 2002— el *Romancero viejo,* los *Poetas castellanos anteriores al siglo* XV de Tomás Antonio Sánchez, Pedro José Pidal y Florencio Janer, el *Poema del Cid* —en dos ediciones, además de la versión del mismo hecha por Pedro Salinas— y dos ediciones del *Romancero del Cid.* La francesa de la época está representada por una edición de bolsillo del *Cantar de Roldán* en Alianza. Llama la atención el hecho de que en la italiana de esta época, Dante esté representado sólo por la *Divina comedia* y *Vita Nuova,* ésta en dos ediciones italianas: una, de 1956, y otra, de 1971. Pero el interés que despierta en el dueño de la biblioteca queda claro por la presencia en ella de un ejemplar del *Trattatello in laude di Dante,* de Bocaccio. En la prerrenacentista española no faltan ni las obras del Marqués de Santillana ni las de Jorge Manrique, sobre quien, además, hay un importante estudio: el del diplomático Antonio Serrano de Haro, *Personalidad y destino de Jorge Manrique.*

La poesía clásica castellana

La poesía clásica castellana está muy bien representada: Garcilaso de la Vega, por numerosas ediciones de sus obras: 1952, 1971 y 2003; Fray Luis de León, por varias ediciones de sus obras y otra, de su traducción del *Cantar de los cantares,* de 1946, así como por una biografía suya, escrita por Pedro de Lorenzo, la introducción a su estudio de Pedro Sainz Rodríguez y el estudio de su pensamiento filosófico hecho por Alain Guy; San Juan de la Cruz, por *El Cántico Espiritual* en la edición de Clásicos Castellanos de 1952 y el estudio de Dámaso Alonso, *La poesía de San Juan de la Cruz* (1942); Lope de Vega, además de por la edición de su obras en diecinueve volúmenes de la Biblioteca de Autores Españoles y la biografía hecha por Luis Astrana Marín, por distintas ediciones de su poesía como *Poesías líricas* en Clásicos Castellanos (1951), *Rimas* en Taurus (1963), *Sonetos* en Turner (1984) y *Rimas humanas y otros versos* en la Biblioteca Clásica de Crítica (1998); Fray Luis de Granada, por los tres volúmenes de sus obras en la Biblioteca de Autores Españoles; Góngora, por sus obras y distintas ediciones de sus sonetos y de las *Soledades;* Quevedo, por los volúmenes de sus obras en la Biblioteca de Autores Españoles y en la edición de Blecua, varias antologías poéticas y sus versiones de Marcial, además del estudio de Emilia Navarro de Kelley, *La poesía metafísica de Quevedo* y el monumental *Francisco de Quevedo (1580-1645)* de Pablo Jauralde de Pou publicado en Castalia en 1999; Diego de Silva y Mendoza, Conde de Salinas, por una antología de su obra poética publicada en Visor en 1985; y Calderón de la Barca, por su teatro y su poesía.

A ellos hay que añadir antologías de la poesía del Siglo de Oro como los dos volúmenes de *Poetas Líricos de los Siglos* XVI *y* XVII de Adolfo de Castro, la *Antología de poetas líricos castellanos* de Menéndez Pelayo, *Poesía del Siglo de Oro* de Luis Rosales, *Poesía lírica del Siglo de Oro* de Elias L. Rivers, *Antología de la poesía española del Siglo de Oro, Siglos* XVI-XVII de Pablo Jauralde de Pou, *Poesía satírica y burlesca de los Siglos de Oro* y *Antología del soneto clásico español.*

Poesía española de los siglos XVIII *y* XIX

La poesía del siglo XVIII está representada por Manuel José Quintana, del que la biblioteca tiene sus obras publicadas en la BAE; *La música: poema,* de Tomás de Yriarte, los *Poetas modernos (siglos* XVIII *y* XIX*)* de Rafael de Balbín y Luis Guarner, publicados en 1942 por el Consejo Superior de Investigaciones Científicas, y los tres volúmenes de *Poetas líricos del Siglo* XVIII*,* de Leopoldo Augusto de Cueto, también en la edición de la BAE en 1967. La poesía española del siglo XIX está representada por el Duque de Rivas, cuya poesía está contenida en el tomo I de sus obras publicadas en la BAE y del que están además sus *Romances históricos* publicados por Iberoamericana; Martínez de la Rosa, cuyas obras de teatro y poesía también en la edición de la BAE están en la biblioteca; Espronceda, con varios volúmenes; la ya citada antología de Balbín y Guarner; la *Antología de la poesía romántica española* de Manuel Altolaguirre; Zorrilla; Campoamor, tanto con su poesía como con su poética, de la que la biblioteca tiene una edición de 1883; Rosalía de Castro con sus obras completas en la edición de Aguilar de 1947; y Gustavo Adolfo Bécquer, con varias ediciones de sus obras en prosa y de sus *Rimas.*

Modernismo y generación del 98

El modernismo y la generación del 98 también cuentan con una interesante y significativa representación: José Martí, con *Versos libres,* así como el estudio de José Olivio Jiménez, *La raíz y el ala;* Salvador Rueda, con *Canciones y poemas;* Rubén Darío, con *Prosas Profanas* y *Cantos de vida y esperanza,* además de con una antología poética y la *Antología de la poesía modernista* de Gimferrer, publicada por Barral Editores en 1970; Unamuno —del que está muy nutrida la biblioteca filosófica, también con numerosa bibliografía secundaria— queda aquí reducido a tres antologías: una de su *Cancionero,* y dos de su poesía: una, de Austral (1946), y otra, más interesante, de Escorial (1942); Valle-Inclán, con su obra completa en dos tomos, publicada en 2002 por Espasa Calpe; Manuel Machado —lo que no deja de ser curioso— por dos antologías, además bastante recientes: la de Espasa Calpe de 1970 y la de EDAF de 2003 (así como otra antología de su prosa, de 1970); y Antonio Machado se lleva la parte del león, con diecisiete libros, la mayoría muy subrayados.

No sólo están las ediciones de sus *Poesías Completas* publicadas por Espasa Calpe en 1946 (que firma Calvo-Sotelo el «25 noviembre 1946»), 1988, 1989 y 1991 y sus *Poesías,* publicadas por Losada en 1969, sino también un volumen con *Campos de Castilla,* publicado en 1964 por Anaya, *Nuevas Canciones* y *De un cancionero apócrifo* editado por Castalia en 1971, así como *Donde las rocas sueñan; Antología esencial 1903-1939,* publicada en 1998 por el Círculo de Lectores, además de una amplia representación de su prosa como *Abel Martín* (1968), *Juan de Mairena* (una edición de 1936 y otra de 1968), escritos varios reunidos bajo el título general de *Literatura y arte, Los complementarios y otras prosas póstumas* (1968, firmado en «marzo, 1971») y hasta su *Expediente académico y profesional 1875-1941,* todo ello sin contar los libros de José María Valverde (1983), Ángel González (1999) y Alberto Gil Novales (1966, firmado en «Ribadeo, marzo 1967») sobre él, además de los de Ricardo

Gullón, *Espacios poéticos de Antonio Machado* (1987); Gutiérrez Girardot, *Poesía y prosa en Antonio Machado* (1969, firmado en «junio, 1969»); Bernard Sesé, *Claves de Antonio Machado* (1990); Ramón de Zubiría, *La poesía de Antonio Machado* (1966); Olegario González de Cardedal, *Cuatro poetas desde la otra ladera* (1996), e, incluso, una *Guía popular de Antonio Machado* elaborada por Andrés Sorel, que indican el interés que Calvo-Sotelo sintió siempre por este autor y por su obra.

De la generación del 14 —bien representada en la biblioteca por la filosofía de Ortega y Gasset y la prosa de Ramón Pérez de Ayala— destaca la presencia un tanto reducida de Juan Ramón Jiménez, de cuyas obras sólo hay varias antologías poéticas —una, publicada en Losada de Buenos Aires en 1958; otra, en Alianza, en 2000—, los *Sonetos espirituales* en la edición de Afrodisio Aguado de 1957, y *Diario de un poeta recién casado,* en la edición de Labor de 1990. Lo que coincide plenamente con su opinión y gusto, expuestos en la entrevista que acompaña a este trabajo. La producción comprendida entre este período y el siguiente está, en parte, recogida en la antología *Las cien mejores poesías modernas (líricas),* del que hay un ejemplar publicado por Mundo Latino en 1928, y de ella —de los intereses estéticos de la época— la biblioteca de Calvo-Sotelo ofrece una curiosidad: *Láminas de folletín y de misal* de Luis Fernández Ardavín, publicado en 1920. La biblioteca de Calvo-Sotelo incluye también un ejemplar dedicado de las *Poesías Completas* del libretista Carlos Fernández Shaw.

La generación del 27 y la generación del 36

La generación del 27 también está bien representada por antologías como la célebre de Gerardo Diego, *Poesía española contemporánea,* en la edición de Taurus de 1968, la *Antología comentada de la Generación del 27* con introducción de Víctor García de la Concha, publicada por Espasa Calpe, y de la que hay dos ediciones en la biblioteca —una de 1998 y otra de 2000—, el estudio de José Luis Cano, *La poesía de la generación del 27,* publicado por Guadarrama en 1973, y distintas obras —individualizadas o completas— de los poetas integrantes de la nómina: así, de Rafael Alberti están *Marinero en tierra* —del que hay varias ediciones: la de Losada de 1957, (que adquiere en «abril, 1967»); otra, de la misma editorial, de 1966; y una tercera, de 1986, en Biblioteca Nueva— y *A la pin-*

tura —de la que hay dos ediciones: una de 1967, en Losada; y otra, del año siguiente, en Aguilar—, así como una antología poética (de 1966, que firma Calvo-Sotelo en «abril, 1967») y el volumen *¡Aire, que me lleva el aire!,* publicado por Labor en 1979, y a los que hay que añadir el volumen conmemorativo de su centenario, *Rafael Alberti en su siglo: entre el clavel y la espada.*

De Dámaso Alonso, criado en Ribadeo, al que Calvo-Sotelo, ribadense de adopción, trató durante años, además de diversos estudios suyos y los seis tomos de sus obras completas, hay varias ediciones de *Hijos de la ira,* unos *Poemas escogidos* y el volumen editado por Gredos *Poesía y otros textos literarios,* éste con dedicatoria del autor. De Vicente Aleixandre sólo hay un ejemplar de *Espadas como labios* en la edición de 1968 de Losada y la *Antología total* publicada por Seix-Barral en 1977. De José Bergamín hay dos curiosas ediciones chilenas: la de *Rimas y sonetos rezagados* y *Duendecitos y coplas,* publicados por Cruz del Sur, respectivamente, en 1962 y 1963. De Luis Cernuda está su *Poesía Completa* y sus *Estudios sobre poesía española contemporánea.* De Gerardo Diego, de quien además de la antología antes citada y de los dos volúmenes de su poesía publicados en 1989 en Aguilar, están *La sorpresa* (1943), la *Segunda antología de sus versos: 1941-1967,* publicada por Espasa Calpe en 1967, una antología publicada por Anaya en 1968, y sus *Versos escogidos* publicados por Gredos en 1970, así como el volumen *Memoria de un homenaje: 1896-1996* editado por el Ministerio de Cultura.

De Federico García Lorca hay una edición del *Poema del Cante Jondo* —de 1931—, otra del *Romancero gitano* —de 1943, en Losada—, una antología de 1976 y una edición de *Poeta en Nueva York* de 1986 en la colección Crisol de Aguilar. De Jorge Guillén, a quien trató Calvo-Sotelo en sus viajes a Estados Unidos, por la amistad común con Emilio Gómez Orbaneja, están el volumen de ensayos *Lenguaje y poesía* (1961), una *Selección de poemas* publicada por Gredos en 1965 (adquirida en la Feria del Libro de ese mismo año), otra de *Cántico,* de 1970, y una de *Aire nuestro IV,* publicada por Barral en 1979. De Pedro Salinas, *La voz a ti debida* y *Razón de amor,* en un solo volumen, en la edición de 1974 de Castalia, y *Poesía,* del mismo año, en Alianza. A los que hay que añadir la primera edición de *Arpa Fiel* (1942) de Adriano del Valle y varios títulos de otro ultraísta: Antonio Espina, representado aquí también por sus ensayos.

La poesía de la generación del 36 está representada por Miguel Hernández, del que la biblioteca de Calvo-Sotelo guarda el primer volumen de su obra completa, publicada en 1992 por Espasa Calpe, varias ediciones de *El rayo que no cesa,* una de *Viento del pueblo* y distintas antologías, una de ellas de su poesía amorosa; por Luis Rosales, con quien Leopoldo Calvo-Sotelo, como comenta en la conversación que sostuvimos, tuvo cierta relación, del que hay una edición de *El contenido del corazón* y otra, de *Rimas* y *La casa encendida,* así como los tres volúmenes de poesía de sus obras completas publicadas por Trotta en 1997; *Más allá de las ruinas* de Germán Bleiberg, publicado en 1947 por la Revista de Occidente; *Poesía* de Dionisio Ridruejo; y —esto sí es más sorprendente— numerosos títulos —casi todos ellos dedicados por el autor— de José Antonio Muñoz Rojas, con quien Calvo-Sotelo cultivó una amistad de décadas, de quien están desde su volumen de la colección Adonais *Cantos a Rosa* (1954) y *Oscuridad adentro* (1958) hasta rarezas como una publicación en francés, editada en Bruselas en 1960, *Lugares del corazón* (1962), *Ardiente jinete* (1984), *Poesía 1929-1980* (1989) y *Objetos perdidos* (1997), además de los libros en prosa: *Las cosas del campo, Historias de familia, Cuentos surrealistas, Encuentro con Donne, Amigos y maestros, La gran musaraña, Antequera, norte de mi pluma, Dejado ir: estancias y lugares* y *Notas sobre la Andalucía de D. Juan Valera.*

A ellos habría que añadir los poemas incluidos en el volumen *Falange y literatura,* publicado en 1971 por Labor en edición de José-Carlos Mainer, que amplía el conocimiento de la poesía del grupo de intelectuales y poetas falangistas, también estudiado en otro libro que figura en la biblioteca —*La resistencia silenciosa, fascismo y cultura en España,* de Jordi Gracia— y un ejemplar numerado y en rama de *Dos romances de ciego,* de Camilo José Cela, dedicado por el autor. Llama la atención el hecho de que no haya nada de Leopoldo Panero, y que lo único que hay de Luis Felipe Vivanco sea su libro sobre El Escorial. Tampoco de Juan Gil-Albert hay nada salvo su ensayo *Heraclés: sobre una manera de ser.*

Poesía española de postguerra y de otras generaciones

La poesía de posguerra está representada por: Gabriel Celaya, del que hay un ejemplar de *Operaciones poéticas,* publicado por Visor en 1971; José Hierro, del que hay varias antologías: la de Cantalapiedra, de 1974, y la de Austral, que abarca desde 1936 hasta 1998, y de la que hay dos distintas ediciones; Leopoldo de Luis, de quien hay un volumen de *Igual que guantes grises* publicado en 1980 por Angaro de Sevilla; Vicente Gaos, de quien está *Última Thule;* José García Nieto, del que está su *Poesía* publicada en 1995 por la Fundación Central Hispano; Jesús Juan Garcés, del que hay un ejemplar de *Lo nuestro es pasar,* dedicado por el autor a Doña Mercedes Bustelo, madre de Leopoldo; y Ángela Figuera Aymerich, de la que están sus obras completas publicadas en 1986 por Hiperión. Curiosamente Victoriano Crémer sólo aparece como autor de una guía de la ciudad de León; Ricardo Molina, como autor de otra: de Córdoba; y Mario López, como autor de *Córdoba en la poesía.*

De la generación del 50 hay un libro bastante raro: *Poemas* de Jorge Folch, a quien conoció Calvo-Sotelo; una antología de Carlos Barral en Alianza (de este autor también están varios volúmenes de sus memorias); dos antologías de Jaime Gil de Biedma —la de Alianza Editorial de 1989 y la de la colección *Letras Hispánicas* de Cátedra, publicada con el título de *Volver* en 1990—; un ejemplar de la primera edición de *Memorias de poco tiempo* de José Manuel Caballero Bonald, publicado por Cultura Hispánica en 1954 (de él también están su libro sobre la pintura de Botero y *Andalucía*); otro, de *Conjuros,* de Claudio Rodríguez, en la edición hecha por la Diputación de Zamora en 1988; uno de *Poesía 1956-1970* de Eladio Cabañero; otro de la primera edición de *El fin de la Edad de Plata* de José Ángel Valente, de quien también está *Punto Cero: Poesía 1953-1979; Primer y último oficio* de Carlos Sahagún; *Sonetos de la otra casa* de Carlos Murciano, dedicado por el autor; *Las Rubáiyatas de Horacio Martín* de Félix Grande; *Daralhorra* de María Victoria Atencia; la antología *Poesía última,* publicada por Taurus en 1963 y *La promoción poética de los 50,* publicada por Espasa Calpe, así como el número de *Revista de Occidente,* correspondiente a julio-agosto de 1990, que recoge poemas, cartas y otros textos inéditos de Gil de Biedma y Carlos Barral.

De la generación de los *novísimos* sólo hay libros de dos autores: *Apariciones y otros poemas* de Pere Gimferrer, en la edición de Visor de 1982; *Laberinto de arena* y *Corcel de sueño* —ambos dedicados por el autor— de Juan Van-Halen; y *Diván del ópalo de fuego* (1996) de Clara Janés. Otro poeta y novelista de esta misma generación, Félix de Azúa, está representado como ensayista por *Cambio de bandera.*

De la generación de los ochenta el único poeta aquí representado es Luis García Montero, que lo está por un ejemplar numerado de *Elegías de Juan Vida* publicadas por Galería Almirante en 1999.

Y de la siguiente —la de los noventa— sólo está representada Carmen Jodra, con el libro *Las moras agraces* editado en 1999 por Hiperión.

Poesía vasca, catalana, valenciana y gallega

De la poesía escrita en las demás lenguas peninsulares destacan una *Antología de la poesía vasca* publicada por Visor en 1993 y una bastante amplia representación de la poesía catalana moderna, de la que —además del ya citado libro de Pere Gimferrer, una biografía de Verdaguer e *Histoire de la littérature catalane* de Jordi Bonells— están los siguientes autores y títulos: Joan Maragall, con una antología publicada en 1985 en Alianza y con su *Poesía Completa,* publicada en 1986 por Empuries, así como la biografía escrita por Jorge Ferrer-Vidal Turull y el ensayo de Joan Fuster, *Las originalidades: Maragall y Unamuno frente a frente;* Foix, con *Solo y dolido; Sol i de dol* publicado en Visor en 1993; Salvador Espriu, con una edición —ésta sólo en catalán— de *El caminant i el mur* publicada en 1976 por Edicions 62 (y otras tres obras en catalán de narrativa y teatro); Joan Margarit, con *Estaçió de França/Estación de Francia,* editado en 2002 y dedicado por el autor, y *Cien poemas,* en la edición de La Veleta.

De la poesía valenciana clásica destacan una antología poética de Ausias March, publicada en 1976 por Los Libros de la Frontera, y su *Obra poética* traducida por Gimferrer y publicada por Alfaguara en 1978, así como un ejemplar de *Les trobes en lahors de la Verge Maria,* publicadas en 1945, que procede de la biblioteca de su suegro Ibáñez-Martín, a quien está dedicado.

La poesía gallega está representada —además de por Rosalía de Castro, ya citada— por el tomo II del *Cancionero gallego* recogido por Eduardo M. Torner y Jesus Bal y Gay, publicado en 1973 por la Fundación Pedro Barrié de la Maza; una versión gallega del *Cancionero* de Petrarca, publicada por la Xunta de Galicia en 1989; las *Obras en prosa y verso del cura de Fruíme,* de Diego Antonio Cernadas y Castro, procedente de la biblioteca de Pilar Calvo-Sotelo; *De catro a catro; Follas sin data d'un diario d'a bordo* de Manoel Antonio, publicado en Visor en 1993; y dos libros de Celso Emilio Ferreiro: *Viaxe ao país dos ananos; Viaje al país de los enanos,* publicado en El bardo en 1970, y *Longa noite de pedra; Larga noche de piedra* publicado en El Bardo en 1972.

Poesía portuguesa

En cuanto a la poesía portuguesa —casi toda representada aquí en su lengua original y en la que no falta un ejemplar tan curioso como éste: *Poesías eróticas, burlescas e satíricas* de Barbosa du Bocage, que indica otra clave del gusto de Calvo-Sotelo— la biblioteca muestra su interés y predilección por dos autores: Camoes y Pessoa. Del primero hay numerosas ediciones de *Os Lusiadas* —empezando por una, de 1805, en dos volúmenes; otra, de 1931, hecha en la Imprenta Nacional de Lisboa; una tercera, hecha en Oporto en 1957; la bilingüe, de la Editora Nacional publicada en 1980 y facsímil de la de 1572; y la publicada en 1986 por Letras Universales de Cátedra, a los que hay que sumar el estudio de Joaquín Pedro de Oliveira Martins, *Camoes: Os Lusiadas e a renascença em Portugal*—.

En cuanto a Pessoa, la biblioteca tiene los siguientes volúmenes: *Poemas de Alberto Caeiro,* publicados en 1985 por Classica Editora de Lisboa; *Poemas escolhidos,* publicados por la Biblioteca Ulisseia de Autores Portugueses en Loussa, en 1985; las *Obras completas* publicadas por Ática; varias versiones castellanas: *Antología de Álvaro de Campos,* publicada por la Editora Nacional en 1978; *Odes/Odas* publicadas en 1980 por Balneario de Valladolid y *El marinero,* publicado en Madrid en 1990.

A ellos hay que añadir una abundante bibliografía secundaria: *Poesía e metafísica: Camoens, Antero, Pessoa,* de Eduardo Lorenço, *Fernando Pessoa ou a metafisica das sensaçoes* de José Gil, y *A poesía de Alberto Caeiro* de Manuel Gusmao. Otros poetas portugueses que parecen haberle interesado son: Antero de Quental, del que la biblioteca guarda una edición de sus *Sonetos* publicada en Lisboa en 1962; Miguel Torga, del que están sus *Poemas ibéricos* publicados por el Instituto de Cooperación Iberoamericana en 1984; y Guerra Junqueiro, del que la biblioteca tiene *Os simples, poesias líricas,* publicado en 2001. A todo ello hay que sumar el volumen *Líricas portuguesas* de José Regio, publicado en Lisboa en 1959 y adquirido en julio de 1960, que es una antología.

Poesía hispanoamericana

La poesía hispanoamericana cuenta con una no menos nutrida y amplia representación, que se inicia con Sor Juana Inés de la Cruz, de la que hay una edición de sus *Sonetos* publicada en Turner en 1984, y otra, de sus *Obras escogidas,* publicada en 1978 por Austral, además del libro de Octavio Paz, *Sor Juana Inés de la Cruz o las trampas de la fe;* sigue con los ya citados Martí y Darío; continúa con José Hernández, cuyo *Martín Fierro* parece haber interesado mucho a Calvo-Sotelo, a juzgar por las cuatro ediciones que su biblioteca tiene de él; prosigue con *Romancero* de Leopoldo Lugones, *Ternura* de Gabriela Mistral, una antología poética de Alfonsina Storni y otra, de Juana de Ibarbourou; y ofrece una muy completa visión de la mejor poesía hispanoamericana del siglo XX y, dentro de ella, la de tres autores: Vallejo, Borges y Neruda.

Del primero hay una edición de *Los heraldos negros,* publicada en 1972 en El Bardo, y otra de su *Obra poética completa* publicada en Lima en 1974, así como el volumen *Perfil de César Vallejo.* Del segundo, contamos hasta 27 títulos; además de sus ensayos y su prosa, están una antología poética de los años 1923 a 1977, los tres volúmenes de su *Obra poética* publicada por Alianza entre 1999 y 2000 y un ejemplar de *Los conjurados* y otro de *La cifra,* además del ensayo de Marcos Ricardo Barnatán (1972), del libro de Pilar Bravo, *Borges verbal,* el de Esteban Peicovich, *Borges el palabrista* (1980), el *Borges* de Bioy Casares (2006) y del estudio de Guillermo Sucre, *Borges el poeta* (1968).

De Neruda hay varias ediciones de *Veinte poemas de amor y una canción desesperada,* una de *Residencia en la tierra,* otra de *Los versos del capitán,* una *Antología esencial,* un ejemplar de *Confieso que he vivido* y los dos volúmenes de *Neruda joven: cartas y poemas de amor de Pablo Neruda a Albertina Rosa Azocar,* publicadas en 1983 por el Banco Exterior de España. De Lezama Lima sólo hay dos libros, ambos de prosa: *Esferaimagen* y *La expresión americana.* De Octavio Paz —de quien hay una amplia representación de su producción ensayística, alguna con dedicatoria: *Los hijos del limo, El ogro filantrópico, Tiempo nublado, Hombres en su siglo, Las peras del olmo, Los signos en rotación y otros ensayos,* además de su ya citado estudio sobre Sor Juana Inés de la Cruz— sólo hay un libro de poesía: *Renga.* Lo que no deja de causar extrañeza.

Otros poetas hispanoamericanos significativos cuya obra merece acogida en la biblioteca son: Gastón Baquero, de quien están su *Poesía completa 1935-1994* y sus ensayos, ambos publicados por la Fundación Central Hispano; Mario Benedetti, de quien, además de varias obras suyas en prosa, la biblioteca guarda un ejemplar de *Rincón de haikus* y otro, de su antología poética, publicada en

1984 por Alianza, éste dedicado por el autor; y Eduardo Carranza, de quien hay tres títulos: *Epístola mortal y otras soledades, Los pasos contados* y *Hablar soñando,* éste dedicado por el autor. Otros poetas hispanoamericanos cuyas obras figuran en la biblioteca son: Martha L. Canfield, Alberto Parra Higuera, Mario Paoletti, Rafael Pombó, Oscar Acosta, Jorge Rojas, Raúl Rivero, Mario Bustillo, Jorge Debravo o León de Greiff. A ellos hay que añadir la poesía contenida en selecciones y antologías como la *Historia de la poesía hispano-americana* de Menéndez Pelayo, *Las cien mejores poesías líricas mexicanas* de Antonio Castro Leal, *Antología de la poesía hispanoamericana contemporánea 1914-1970* de José Olivio Jiménez, y *Memoria de América en la poesía: antología 1492-1992, Parnaso Colombiano* de Eduardo de Ory y *Nuevo Parnaso Colombiano.* Lo que demuestra que Calvo-Sotelo conocía la poesía del otro lado del Atlántico y la seguía hasta hoy.

Poesía francesa e italiana

La poesía francesa está representada —además de por la *Canción de Roldán* ya citada, la biografía de François Villon de Rafael Olivar Bertrand, dedicada por éste a don José Ibáñez-Martín, *Les cents meilleurs poèmes* e *Histoire de la poésie française* de René Lalou— por Alfred de Vigny, del que está en la biblioteca la edición publicada en 1958 por Armand Colin de sus *Poésies complètes;* por Baudelaire, del que hay una edición francesa de *Les fleurs du mal,* publicada por Garnier-Flammarion en 1964, además del libro de Sartre sobre él; por Verlaine, del que hay una edición de *Les poètes maudits,* hecha por Slatkine en 1979; por Rimbaud, del que están sus *Oeuvres poètiques* publicadas por Garnier-Flammarion en 1964; por Mallarmé, del que está la edición de su *Poesía seguida de Una tirada de dados* publicada en 2003 por Hiperión; por *Les chants de Maldoror, Poésies I et II,* de Isidore Ducasse, Conde de Lautréamont, publicadas por Flammarion en 1990 y el libro de Miguel Bayón, *Lautréamont,* que demuestra el interés que en su dueño despertaba el surrealismo, del que tiene la historia hecha por Nadau así como la obra gráfica de Dalí y otro libro sobre el surrealismo en Cataluña; por las *Oeuvres poétiques complètes* de Charles Péguy, publicadas por la Bibliothèque de la Plèiade en 1967: por *Psaumes* y *Cinq grandes odes* de Paul Claudel, en la edición de 1966 de Gallimard, además de varias obras de teatro; y por *La jeune Parque* y

Poésies —ambas en Gallimard— de Paul Valéry, así como la versión castellana de *El cementerio marino,* hecha por Jorge Guillén y publicada en 1967 por Alianza, además de varios de sus escritos en prosa, como *Introduction à la méthode de Léonard de Vinci, Regards sur le monde actuel et autres essais, L'idée fixe* y *Monsieur Teste,* que prueban su interés por este autor. A ellos hay que añadir el volumen *Belluaires et Porchers* de Léon Bloy, publicado en Utrecht y adquirido en Lisboa en agosto de 1965.

La poesía italiana está representada —además de por los ya citados Dante, Bocaccio y Petrarca— por Giacomo de Leopardi, del que en la biblioteca hay una edición italiana de los *Canti* publicada en 1986 por Garzanti y adquirida en Milán en junio de 1987.

Poesía en lengua inglesa y alemana

La poesía en lengua inglesa incluye la selección titulada *The Hundred Best Poems in the English Language,* publicada en Londres en 1914; una selección de poemas de Shakespeare contenidos en el volumen *El Rey Lear; Pequeños Poemas,* publicado por Espasa Calpe en 1939, los *Sonetos* de éste publicados en 1984 por la Editora Nacional, y sus *Complete Works* en la edición de University Press de Oxford publicada en 1971; las *Canciones y sonetos* de John Donne editados en 1996 por Letras Universales de Cátedra; el *Paraíso perdido* de Milton, ilustrado por Gregorio Prieto; *Poems and essays* de Oscar Wilde, editada en Londres en 1956 por Collins; *Leaves of grass* de Walt Whitman, publicado en Nueva York en 1926, y una versión castellana del mismo libro publicada en Buenos Aires en 1969; y *The complete Poems and Plays: 1909-1950* de Thomas Stearns Eliot, de quien la biblioteca también posee una significativa serie de ensayos como *The literature of politics* y, en español, *Función de la poesía y función de la crítica.* La poesía rusa se reduce a un solo nombre: Maiakosvki, del que hay un volumen de *Poemas 1913-1916,* editado por Visor en 1972. El interés de Calvo-Sotelo por el modernismo literario anglosajón queda patente también en el hecho de que su biblioteca tenga el libro de Laurette Veza sobre Ezra Pound.

De la poesía en lengua alemana figuran Hölderlin, de quien están —además de *Hiperión o el eremita en Grecia*— las grandes elegías publicadas por Hiperión en 1980 y el ensayo de Wilhelm Waiblinger, *Vida, poesía y locura de Friedrich Hölderlin,* publicada en 1988 por la misma editorial; Novalis, de quien están —aunque no bien clasificadas— las *Poesías completas* y *Los discípulos en Sais,* publicados en un volumen por DVD en 2000, así como el ensayo, en alemán, de Walter Rehm, *Novalis,* publicado por Fischer en 1956; Rainer Maria Rilke, del que están sus poemas en francés: *Vergers suivi de quatrains valaisans* editados por Gallimard en 1949, el *Réquiem* y *Las elegías de Duino* publicadas en Madrid en 1946, y una edición francesa de las *Elegías de Duino* y de los *Sonetos a Orfeo* publicadas en París en 1974.

Poesía griega moderna

La poesía griega moderna está representada en la biblioteca por la poesía completa de Yorgos Seferis y una versión en español de *Dignum est* de Odiseus Elytis.

Ensayo de interpretación

Surge una cuestión previa a todo ensayo de interpretación y en la medida en que podamos responder a ella contribuiremos a comprender mejor el panorama de lecturas que acabamos de describir: ¿De dónde nace el aliento o la llamada para reunir a lo largo de una vida estos cientos de libros de poesía? ¿Acaso en la biografía de Leopoldo Calvo-Sotelo hallamos la explicación? Conviene recordar que esta no es la biblioteca poética de un profesor de humanidades o de un literato, sino la de una persona que se formó como ingeniero de caminos y que dedicó su vida profesional, durante veinticinco años, a la industria química y, durante la Transición, a la política, desempeñadas una y otra actividad en primera línea. Al recorrer con la mirada los anaqueles de su biblioteca, lo que vemos es cómo las verdaderas aficiones intelectuales de Leopoldo Calvo-Sotelo, entre las que destaca la poesía, no mantienen casi ninguna vinculación formal con esa vida universitaria y profesional: ni la ingeniería de caminos, ni la industria ni la política exigen ni aclaran este horizonte poético. Podemos avanzar así una primera respuesta: esta biblioteca, en su núcleo esencial, nos ofrece una biografía de Leopoldo Calvo-Sotelo que no está implícita en su biografía pública. Al no sujetarse a obligaciones formativas ni profesionales, lo que en esa biblioteca encontramos responde a un mero ejercicio de libertad —que se alía con el sistema y el azar, la libertad de elección del lector que fue Calvo-Sotelo—.

Con todo, es posible ver en ciertas circunstancias biográficas de Leopoldo Calvo-Sotelo alguna predisposición hacia el mundo de las letras, que cultivaron, en la generación anterior, tres hermanos Calvo-Sotelo: Leopoldo (su padre), José y Joaquín. El propio Calvo-Sotelo refiere en sus libros memorialísticos su temprana afición a la escritura poética y sus varios trabajos ocasionales en oficios del mundo de las letras (editor de revistas, traductor, versificador ocasional...), así como la «disciplina de estilo» que se impuso desde muy joven. Ahora bien, como lector de poesía, realmente, y si nos ceñimos a las fechas de las ediciones que posee, podemos casi certificar que Leopoldo Calvo-Sotelo se inicia de verdad en la lectura de ese género en 1942, a partir de los dieciséis años; entre esa edad y los veinticinco años, comprobamos cómo entran en su biblioteca obras poéticas, cronológicamente, de Adriano del Valle, Dámaso Alonso, Unamuno, versiones de García Gómez, Gerardo Diego, García Lorca, Quevedo, Rubén Darío, Fray Luis de León, Antonio Machado, Rilke, antologías poéticas diversas, etc.

Hay algo que refleja mucho más y mejor los hábitos del lector que Calvo-Sotelo ha sido: el hecho de que, cuando un determinado autor le interesa, no sólo hay un alto número de los títulos de sus obras sino que, además, está hasta la bibliografía secundaria y los estudios más significativos publicados sobre él. Y esto, no sólo en el campo de la ciencia, la filosofía, la economía, la física o las matemáticas sino también en el de la novela, el teatro y la poesía.

Distribuida la biblioteca de poesía en la series cronológicas y lingüísticas que parecen constituirla, hay varias cosas que saltan a la vista: la primera de ellas es el alto número de lenguas que en ella están representadas y que su dueño estaba en condiciones de leer, ya que hay textos que no están en traducción sino en su lengua originaria. En este sentido se ve que la mejor representada es el español, seguida del francés, portugués, inglés, catalán, gallego[2], italiano y alemán. Se trata, pues, de una biblioteca plurilingüe[3].

---

[2] En la biblioteca, que no está catalogada, de su casa de Ribadeo se reúnen la mayoría de los libros de autores gallegos.

[3] No sorprende por ello encontrar medio centenar de diccionarios lexicográficos; bilingües a todas esas lenguas y a otras como el latín, el noruego o el sueco; bastantes

En segundo lugar, se ve que hay algunas preferencias, que pueden ser —y a veces a la vez lo son— por un determinado autor o por una época. En este sentido es evidente el interés que Calvo-Sotelo siente por la poesía medieval y la barroca, seguida por la de los siglos XIX y XX. En la barroca hay una estrofa que le atrae —el soneto— y una vertiente —la burlesca o satírica— que le interesa.

Leopoldo Calvo-Sotelo mantiene esos intereses vigentes a lo largo de su vida, como podrá comprobar quien repase el epígrafe anterior y se fije en la cadencia de las fechas; así, su afición a Quevedo arranca en 1943 y se mantiene hasta 2002, con siete títulos; Machado es sin duda el poeta que le acompaña toda su vida, desde que con veinte años adquiere un primer libro suyo de *Poesías completas* (1946) hasta 2003, en que compra *Proverbios y cantares;* se interesa pronto por los autores de la generación del 27 y se mantiene fiel a su lectura; así, adquiere en 1967 un primer poemario de Alberti (*Marinero en tierra*) y sigue comprando obra suya en las décadas de los setenta y noventa; otro tanto podemos decir de Gerardo Diego, que entra en esta biblioteca en 1943 y sigue presente en las décadas de los sesenta a los noventa; o de Miguel Hernández, del que tiene *El rayo que no cesa* en edición de 1936, pero del que adquiere otras obras hasta el año 2000. Sorprende en algún caso cómo ciertos autores entran tarde en su biblioteca, aunque a partir de ese momento no abandone su lectura; ese es el caso del Borges poeta, cuyo primer título poético adquirido es de 1976, mientras el último es de 2005 (si bien, el primer título que entra en su biblioteca del Borges prosista es *Manual de zoología fantástica,* publicado por el FCE en 1957 y adquirido por Calvo-Sotelo a sus cuarenta años, en «mayo, 1966»)

Sin duda, una de las vías más seguras para el conocimiento de lo leído es la de buscar las huellas que deja el lector en la materialidad física del libro. Encontramos, de la mano de Leopoldo Calvo-Sotelo, tanto subrayados al margen o bajo los versos preferidos, como anotaciones en las hojas de guarda del número de las páginas que más le han atraído. He escogido un ejemplo que reúne ambas prácticas, pues posee cierto valor ilustrativo sobre el Leopoldo Calvo-Sotelo lector de poesía. En efecto, en la *Antología de la poesía*

---

diccionarios etimológicos (del español, del francés, del alemán, sobre el indoeuropeo); muchos monolingües de español, francés e inglés principalmente y varios monográficos sobre otras cuestiones, como las expresiones malsonantes.

española (1939-1975), de José Enríquez Martínez, sus anotaciones y subrayados nos muestran a un lector que lee en orden, pero que vuelve atrás (así lo indica la secuencia no consecutiva de los números de las páginas que consigna en la de guarda), que a veces señala su preferencia por una composición entera, otras por una estrofa, a veces por un solo verso.

La primera página cuyo número anota nos remite a un poema de Dionisio Ridruejo «A una ruina», del que acota este verso: «*la piedra que fue grada es ya ladera*»; sigue luego otra página que nos traslada a un soneto entero —la composición que más le atrae, según dijimos antes— de Rafael Morales «A un esqueleto de muchacha»; elige también el poema en hexámetros «Vida es esperanza», de José María Valverde y del poema «Sublevación», de Antonio Gamoneda, subraya dos versos: «Hay que ser muy hombre para/ soportar la belleza»; de Antonio Colinas su subrayado se dirige al entero poema titulado «Novalis»; como hemos dicho, vuelve atrás en su lectura de la antología para anotar la página de un poema de Valente, «A don Francisco de Quevedo, en piedra», del que prefiere cinco versos: «Bajo cada mañana/al café de la esquina/resonante de vida, /y sorbo cuanto puedo/el día que comienza». Pero vemos también subrayados sueltos, que no cuelgan por así decirlo de esas anotaciones en la primera página y que nos muestran a un lector con memoria poética; así, en un poema de Gil de Biedma acota este verso de la p. 198, en el que el poeta califica así un coche: «bello como una máquina de guerra» y muchas páginas después, en el poema «Elogio de Linneo» de Guillermo Carnero, junto al verso «bella como una máquina de guerra» (referido a la prosa del botánico sueco) escribe: «p. 198». Por último, observamos el siguiente subrayado en el poema «Telas graciosas de colores alegres», de Félix Grande, que parece un subrayado hecho con simpatía biográfica: «con dos viejos que languidecen en la edad al borde de su nieta».

Las cuestiones técnicas no le resultan ajenas, y prueba de ello es la presencia de la métrica de Navarro Tomás, del libro sobre los juegos de palabras de Pierre Guiraud, y de obras de teoría literaria como las de Dámaso Alonso, George Steiner y Darío Villanueva. Las relaciones entre poesía, religión y filosofía también forman parte de sus intereses, como se ve en las obras que hay sobre filosofía y poesía en la Grecia antigua, el de Luis María Ansón, *Sobre la creación poética,* el de Santayana, *Three philosophical poets,* o sobre las relaciones entre poesía y pensamiento en Fray Luis, Unamuno y Machado. Los intereses poéticos de Calvo-Sotelo son solidarios de sus intereses científicos, filosóficos y religiosos y me atrevería a decir que responden al mismo estímulo y curiosidad. Por eso creo que eso —más que ninguna otra cosa— rige y constituye su sistema: no sólo su sistema de lector sino también su sistema de pensamiento. Y eso es algo que deja bien patente la exploración de su biblioteca, si se hace no por departamentos estancos sino intentando poner en relación toda su compleja totalidad.

La poesía es sólo una parte de ella, pero arroja luz sobre todas las demás. Y no sólo eso: nos indica hasta qué punto Calvo-Sotelo intentaba ser contemporáneo de sí mismo. De ahí que las lecturas de poesía que hace sean sincrónica y diacrónicamente históricas: son las propias de una persona de su generación, como lo son también sus gustos, que quedan claramente definidos en su predilección por Antonio Machado, coherente con las que siente por la lengua de Lope y el incisivo estilo de Quevedo. Su generación es la del cincuenta, que conoce bien y a cuyos patrones y parámetros su visión de las cosas corresponde. La biblioteca de poesía de Calvo-Sotelo no es, pues, sino una extensión analógica de ello: un espejo en el que se puede seguir la conformación y objetivación mental de su mundo.

Esto que indico aquí se deduce no sólo del inventario de su biblioteca, alguno de cuyos múltiples y diversos itinerarios he intentado seguir en lo posible aquí, sino que queda subrayado —y así lo recuerdo— en la larga y gratísima conversación que, en presencia y compañía de su hijo Pedro, mantuve con él, en su casa, una soleada mañana de noviembre. En sus respuestas a mis numerosas observaciones y preguntas, don Leopoldo Calvo-Sotelo fue articulando un discurso sólido y coherente sobre sus gustos estéticos, sus intereses literarios, sus preocupaciones religiosas, científicas y filosóficas, que contribuyeron a ayudarme en la fijación de la imagen que conservo de él: la de un hombre —como he dicho— muy de su generación, la del cincuenta, como sus amigos Alberto Oliart, Jaime Gil de Biedma o Juan Benet. Pero el hecho de que él no fuera un profesional de la escritura, pero tuviera un interés tan amplio y un conocimiento tan profundo de la misma, añade aún más valores a su ya de por sí intelectual perfil. Y esto es algo que conviene subrayarse porque indica que su relación con la literatura fue íntima y de necesidad: la necesitaba como necesitaba también la religión, la matemática o la física.

En este sentido puede decirse que Calvo-Sotelo era un técnico doblado de científico, y un político con alma de escritor. De hecho fue —como ya se ha dicho— poeta amoroso y satírico, hábil sonetista e infatigable lector. Sus juicios en una materia tan subjetiva como es la poética, eran todos certeros, y lo que al respecto opinaba procedía de su propia intuición y experiencia, y no de lo leído en un manual. Tenía, pues, criterio. Y eso es lo que, en nuestro breve trato, pude ver: que conocía muy bien su biblioteca; que tenía relación directa con sus libros; que solía anotarlos; y que le interesaba dejar constancia del día y las circunstancias que rodearon su adquisición. No había, por tanto, azar sino sistema en el modo en que su universo de lector se fue fraguando. Sus preferencias poéticas —algunas de las cuales se han descrito aquí— son por completo sistemáticas: son las ajustadas a un hombre culto de su época, de su mentalidad y de su situación.

Pero quien recorra su colección de libros encontrará también no pocas sorpresas. Y ello, no sólo en los estantes de poesía, sino también en todos los demás. Como en todo lector —y Calvo-Sotelo lo fue bueno, y mucho— hay sistema, pero éste no anula por completo el azar. Y en esto tal vez consista su máxima riqueza. Calvo-Sotelo buscaba en la poesía no sólo una obra perfectamente construida, sino un intenso grado de emoción: es lo que se desprende de los versos ajenos subrayados; de los propios, el autor era a la vez lector. Cuánto nos gustaría que los futuros presidentes de gobierno en España no perdieran estas cualidades que Calvo-Sotelo tuvo y que, como él, nos legaran, además de sus dichos y hechos, una biblioteca como ésta que hemos recorrido y un espíritu tan abierto y amplio como el de este insólito lector para el que la poesía fue materia necesaria.

Epílogo

In memoriam: Leopoldo Calvo-Sotelo y Bustelo[1]

Introducción

El pasado mes de noviembre mantuve la última conversación larga y matizada con él. Había precedido un estudio de los libros sobre temas religiosos y teológicos de su biblioteca —unos ochocientos— elaborado por un alumno mío Ángel Cordovilla, en orden a esbozar el retrato personal que permiten los títulos, sus lecturas con los subrayados correspondientes y las manifiestas ausencias. En aquella conversación el lector Leopoldo Calvo-Sotelo debía responder a nuestras preguntas, dando razón ante nosotros de cuándo, cómo y por qué habría comprado aquellos libros, como los había asimilado, qué huella habían dejado en su vida y por qué no había accedido a otros universos de realidad y valor. Otras personas debían hacer lo mismo en relación con el resto de libros de su biblioteca: sobre ciencia (matemáticas y física) unos, sobre poesía y filosofía otros, sobre política e historia finalmente otros.

En las líneas siguientes me voy a referir a la persona en sus fundamentos generadores y en los principios de fondo que orientaron su vida dejando de lado todos los aspectos externos de su función pública. Siempre me ha preocupado indagar cuales son las condiciones de posibilidad de las cosas, de las personas. ¿Quién nos hizo posible llegar a ser quienes somos, positiva o negativamente? ¿De

---

[1] Palabras del Excelentísimo Sr. don Olegario González de Cardedal en la Sesión del día 3 de junio de 2008 de la Real Academia de Ciencias Morales y Políticas.

qué hontanares bebimos aquellas aguas primordiales que nos encendieron anhelos de lucha o de soledad, temores de vida o alientos de conquista? Es importante hacer cosas, escribir libros, gestionar la realidad pública, profesar en la universidad, ¿pero cómo fue posible adquirir esas potencias de vida, esos resortes permanentes del esfuerzo y, sobre todo, mantener encendida la llama de la ilusión ante las inevitables dificultades que nos obligan a purificar los sueños verdaderos de los ensueños mortíferos?

Si ahora nos referimos a nuestro colega, que ha partido para la vida eterna, habría que indagar en sus orígenes familiares, en su trayectoria como estudiante, en los primeros trabajos profesionales, en las amistades que surgieron en los años juveniles y duraron de por vida, en los libros de cabecera, en las distancias mantenidas. En un caso nos ha respondido él a estas preguntas, refiriéndose a su bachillerato en el Instituto Cervantes de Madrid, citando a dos catedráticos, el de filosofía don Manuel Cardenal Iracheta, que le puso en sus manos un libro, que sería decisivo para el joven bachiller: la *Historia de la filosofía* de Julián Marías recién aparecida (1941) y el catedrático de Física don Antonio Mingarro, autor de un tratado de Física que todos hemos estudiado y al que él se refiere con esta expresión «otro gran maestro»[2].

La pasión por la verdad, encendida leyendo a Platón por esas fechas, y la pasión por el conocimiento científico de la realidad, serán los dos aguijones a la hora de elegir camino de vida: «y así cuando un par de años más tarde me vi obligado a elegir carrera, tuve que hacer frente a una doble llamada: Filosofía o Física»[3]. La permanencia personal de estas dos vocaciones explican mucho de su vida. Él confiesa que eligió física por razones de subsistencia económica, pero que le acompañaría siempre con ilusión y remordimiento la necesidad de abrirse a ese universo que la filosofía ofrece. Los dos nombres que primero responderán a esa pasión fueron Unamuno y Ortega, sombras de refrigerio y luces para la marcha que le acompañarán durante la vida.

Brevísimamente describiré cómo le he visto yo desde mi primer contacto con él en un lugar e institución decisiva para su vida: *Las Conversaciones católicas de Gredos,* que ese año 1966 se celebraban

---

[2] L. CALVO-SOTELO, «Julián Marías», en *Un siglo de España,* Madrid, 2002, pp. 65-68.

[3] *Ibid.,* p. 67.

en Fuente Pizarro, casa propiedad del Banco Urquijo, en Collado Villalba que la había cedido por primera vez para que en ella tuvieran lugar esos encuentros que hasta entonces desde 1951 se habían celebrado en el Parador Nacional de Gredos. Siempre se celebraban el domingo siguiente a Pentecostés. Yo había regresado hacía pocos meses de Alemania y participaba como ponente. Ese fue mi primer encuentro con él. El último en su asistencia a la sesión de esta casa poco antes de morir. Diré sólo dos palabras sobre su carácter, contexto y legado.

Carácter (altura, rigor, ironía)

Si comenzamos por la apariencia física yo pondría de relieve su altura, en primer lugar, física. Su talla y su talle. Hay personas que traslucen hacia fuera en su forma de mirar y de hablar, de dirigirse al próximo y de estar erguidas una rectitud de dentro que se refleja en la rectitud de fuera. Lo mismo que hay una justicia interior que se refleja en la justeza exterior. A esa talla física erguida correspondía una altura moral, que se manifestaba en la anchura de horizontes, de intereses, de lecturas y de preocupaciones. Y junto a la altura física y moral estaba la altura religiosa. ¿Cómo si no explicar que alguien con tales responsabilidades profesionales y políticas haya rescatado tiempo para interesarse por cuestiones científicas, filosóficas, y religiosas hasta el final de su vida? ¿Cuántos entre nuestros contemporáneos han sido capaces de exigirse rigor profesional y a la vez mirar más allá de las exigencias cotidianas que les imponían sus deberes de oficio? Que él haya leído poesía y filosofía, que se haya preocupado de las cuestiones de fe y de iglesia, hasta sus últimos días revela una admirable anchura de espíritu, con la correspondiente capacidad de diálogo y de afirmación personal, que merecen ser subrayadas.

A la altura yo añadiría otra característica: rigor. Rigor en la palabra corta y cincelada, rigor en el tratamiento de las cuestiones y rigor en las exigencias objetivas de la política. Rigor que a veces significaba distancia, con acentos de distanciamiento respecto de aquel con quien hablaba o trataba las cuestiones quien percibía una seriedad, a veces interpretada como dureza. Sin embargo no lo era. De él podríamos decir lo que dice el autor del libro bíblico «*Eclesiastés*» sobre el sabio: «La sabiduría serena el rostro del hombre cambiándole la dureza del semblante» (8,6.1).

La tercera característica es la ironía. Ella es el rodeo del camino cuando no podemos llegar por vía recta al corazón del prójimo o a la entraña de un problema. Junto con el humor, ella es el puente por el que saltamos sobre las piedras y obstáculos que encontramos en el río de la vida, nos sonreímos y reímos de nosotros mismos, avanzamos sin retroceder o permanecemos firmes y fieles cuando no podemos avanzar. Maestro de la ironía fue Sócrates y otro gran maestro del siglo XX Romano Guardini eligió la ironía socrática como tema de su última lección en la Universidad de Munich. Humor e ironía son armas tan útiles como sutiles y peligrosas, por cortantes y afiladas, ya que pueden hundirse en la carne del prójimo y hacer sangrar su corazón. Ellas están en el borde capaz de suscitar la sonrisa generosa y el salto libre sobre uno mismo, pero también capaces de sumir al vecino en humillación dolorosa, suscitando un resentimiento que inclinará a la venganza. Humor, despego, crítica: armas sagradas o sangrientas. Pocos han sabido mantener un camino que bordee esas crestas sin sucumbir a ellas para zaherir al prójimo, responder con la brama que roza el insulto, el ajuste de cuentas o la secreta amenaza. El reverso negativo de estas tres admirables palabras son: de la altura la altivez, del rigor la dureza de espíritu, de la ironía la sorna cuando no la burla. Sólo los grandes de espíritu saben utilizarlas con precisión y equilibrio, encontrando la línea exacta de la cresta entre la umbría y el solejar de esa montaña agreste que es la ironía.

Contexto (Banco, Biblia, montaña)

La resaca de la contienda civil en España llevó consigo que una serie de personas que tenían vocación universitaria quedaran alejadas de la Universidad y no pudieran encontrar cauce académico para la pasión intelectual que los había animado. Una de ellas, don Juan Lladó Sánchez-Blanco, había sido presidente de la Federación de Estudiantes católicos durante la República. Represaliado después de la guerra, inició su carrera profesional en el Banco Urquijo haciendo de él el primer Banco Industrial y creando a su lado una especie de enclave universitario: la Sociedad de Estudios y Publicaciones (Casa de las siete chimeneas), en la que encontraron cobijo de pensamiento y ayuda para vivir hombres como X. Zubiri, Fernández Almagro, Julián Marías, y economistas del Banco como José María Naharro. En la Sociedad se celebraron durante unos veinte años Seminarios sobre las materias más variadas: desde urbanismo a filosofía, arabismo y derecho mercantil, teología y estudios árabes. El secretario general del Banco y de la Sociedad era un poeta: José Antonio Muñoz Rojas. ¡Extraña tarea conjugar finanzas y poesía! Y, sin embargo, todo eso era realidad y ese fue el milagro de aquel grupo humano creado por el alma de todos: don Juan Lladó, que elegía las personas valiosas y luego conformaba los cargos de forma que aquellas fueran eficaces justamente haciendo aquello que sabían y que amaban. En ese contexto en que había físicos de la escuela de Blas Cabrera, filósofos como Zubiri y poetas como Muñoz Rojas, despliega su actividad Leopoldo Calvo-Sotelo, al frente de empresas del Banco, a la vez que personalmente compartiendo las perspectivas intelectuales que animaban a las personas que dirigían la Sociedad de Estudios y Publicaciones. La fidelidad a estos orígenes se manifestó en su apoyo a las iniciativas para dar a conocer el pensamiento de Zubiri, siendo hasta su muerte miembro el patronato de la Fundación Xavier Zubiri.

El segundo contexto personal es la *Biblia.* Decir esto parece una obviedad y sin embargo no lo era en aquellos años, en que no había libertad religiosa, y dentro de la iglesia no había excesiva curiosidad intelectual para ir más allá de la filosofía y teología escolásticas que reinaban en nuestros pagos. Su conocimiento del francés y sus viajes a París le ponen en contacto con las corrientes del pensamiento y del catolicismo en Francia. Que compra los primeros fascículos de una nueva traducción de la *Biblia,* que inician los dominicos de *L'École Biblique de Jerusalem* junto con un equipo que integra lo mejor de la intelectualidad católica de entonces (R. de Vaux O. P., P. Benoit O. P, L. Cerfaux, E. Osty, A. Robert P. S. S., J. Huby S. J., P. Auvray P. S. S., E. Gilson, H. I. Marrou, G. Marcel, A. Beguin, M. Carrouges) y que era en aquel momento el mejor exponente del movimiento bíblico católico. Leopoldo Calvo-Sotelo tiene así acceso directo a una palabra bíblica, con ella a un cristianismo fontal y desde ella a una libertad interior, que mantendrá durante toda su vida. Es el libro que le acompañó en todas las fases de su existencia y en el que encontró el pan y agua diarios para la fe consciente, que se traduce en oración y la oración fiel que se traduce en obras. Esa traducción de la Biblia en su francés límpido, con unas anotaciones rigurosas y al nivel de la filología más exigente, le permitía un acceso a la Palabra de Dios con la suficiente proximidad a la vez que con la distancia que da siempre otra lengua, permitiendo unas sonoridades y matices de las que el uso diario vacía a las palabras de la propia lengua, a la hora de decir la revelación de Dios. He aquí sus propias palabras:

> «Poco antes de Gredos había comenzado a publicarse (1948) la Biblia de Jerusalén, versión original francesa, en fascículos y en rústica. Yo me acostumbré a leer la Escritura en francés. Con esta costumbre sigo; y pienso que una lengua extranjera, por muy bien que se conozca, tiene la ventaja de poner entre el lector y el texto sagrado una distancia que a mi juicio conviene al hecho religioso. Con el Concilio Vaticano II irrumpen las lenguas vernáculas en la liturgia y en la oración: pero yo he seguido hasta hoy paseándome por la Escritura en francés sobre una edición ya bien encuadernada de la Biblia de Jerusalén. Y ayudándome en efecto en la fe con la cultura del texto sagrado»[4].

El tercer contexto que en mi opinión es fundamental para comprender la trayectoria de Leopoldo Calvo-Sotelo son las Conversaciones Católicas de Gredos, que desde 1951 a 1955 se celebraron en aquel Parador, luego en Fuente Pizarro (Collado Villalba) y finalmente en la Casa de los Padres Jesuitas en Maldonado, 1, donde finalizaron en 1969. El alma de ellas era un sacerdote Alfonso Querejazu Urriolagoitia, nacido en Sucre, hijo del cónsul español, que después de estudiar derecho en Deusto, marcha a Alemania y estudia en las universidades de Bonn, Hamburgo, Berlín, donde prepara su tesis doctoral que defiende en la Universidad Central ante los profesores Saldaña, Montero, Garrigues, Riaza y Masaveu, sustituyendo luego a uno de ellos, ocupado en la comisión redactora del Código penal. Marcha de nuevo a Alemania y, siendo durante unos años encargado de negocios por su país Bolivia en la Sociedad de Naciones (Ginebra) cuando tuvo lugar el contencioso con Paraguay por la guerra del Chaco, se decide a ser sacerdote. Estudia teología en Friburgo y una vez ordenado se incardina en Ávila, siendo profesor del Seminario, donde permaneció hasta su muerte en 1974.

En los finales de los años cuarenta tienen lugar las Conversaciones de San Sebastián, donde se encuentran intelectuales, teólogos y profesionales que venían del otro lado de los Pirineos y de España. El alma de ellas era Carlos Santamaría, matemático y director allí del Observatorio astronómico. En ellas participó don Alfonso y de ellas le nació la idea de porqué no hacer lo mismo ya en el centro de Espa-

[4] L. Calvo-Sotelo, *El hombre en la encrucijada* (14 de noviembre de 2003), pp. 7-8, texto manuscrito, Congreso «Católicos en la vida pública».

ña, con referencia explícita a nuestra situación, misión y responsabilidades concretas. Así inicia con un grupo de amigos más cercanos esa experiencia que fue capital para la conciencia cultural y religiosa de España. No se puede decir en pocas palabras lo que aquellos encuentros eran: el clima de diálogo intelectual, de liturgia y convivencia, de aliento más allá del marco hispánico del momento, de liberalidad convivente, de actitud ecuménica. Fueron cercanos colaboradores en la empresa Luis Díez del Corral, Antonio Garrigues, J. L. Aranguren, Pedro Laín Entralgo, J. Marías, J. Rof Carballo. A ellas asistieron no pocos de los que luego serían miembros de nuestra Academia. He aquí una lista de participantes dada, sin intención de ser completa, por alguien que era alma de ellas junto con don Alfonso Querejazu, el P. Ramón Ceñal, jesuita filósofo, persona de gran finura espiritual, de humildad extrema y de una servicialidad única, sin cuya presencia y silencio la Conversaciones no hubieran sido lo que fueron.

> «Quede al menos constancia de algunos nombres de personas, que con asiduidad mayor o menor, correspondieron a la invitación de Querejazu y estuvieron presentes en los coloquios: Dámaso Alonso, Julio R. Aramberri, Leopoldo Calvo-Sotelo, Ángel del Campo, Ignacio Camuñas, Heliodoro Carpintero, José María Castellet, Pedro Cerezo, José Corts Grau, Luis Díez del Corral, Antonio Fernández Galiano, Gonzalo Fernández de la Mora, Eduardo García de Enterría, Alfonso García Valdecasas, Antonio Garrigues Díaz-Cañabate, Joaquín Garrigues Díaz-Cañabate, Lorenzo Gomis, Pedro Laín Entralgo, Rafael Lapesa, José Luis López Aranguren, José María López Piñero, José Lladó Fernández Urrutia, Juan Lladó Fernández Urrutia, Juan Lladó Sánchez-Blanco, José Manteiga, José Antonio Maravall, Gregorio Marañón y Beltrán de Lys, Julián Marías, Fernando Martín Sánchez, Antonio Millán Puelles, Alfonso Moreno, Alejandro Muñoz Alonso, José Antonio Muñoz Rojas, Lidio Nieto, Alberto Oliart, Marcelino Oreja Aguirre, Benjamín Palencia, José Pardo Urdapilleta, Carlos París, Gregorio Peces Barba, Fernando de la Quintana, Primitivo de la Quintana, José María Riaza, Dionisio Ridruejo, Juan Rof Carballo, Luis Rosales, Joaquín Ruiz Giménez, Javier Rupérez, Luis Santa María, Pedro Schwartz Girón, Manuel Terán, Antonio Truyol, Ángel Vegas, Mariano Verdejo, Manuel Villar Arregui, Luis Felipe Vivanco, Mariano Yela, Xavier Zubiri»[5].

---

[5] R. CEÑAL, «Alfonso Querejazu, las Conversaciones católicas de Gredos», en A. GARRIGUES y O. GONZÁLEZ, *Alfonso Querejazu, las Conversaciones católicas de Gredos,* Madrid, 1972, pp. 239-268, cita en p. 248.

Sorprende comprobar que todos los que asistieron a ellas y que han escrito sus Memorias han hecho explícita mención de ellas y de la repercusión que tuvieron en su vida. Y me refiero no sólo a Díez del Corral, Laín, Aranguren, Marías, Rosales, Vivanco, Garrigues, que formaban el núcleo permanente de interés, apoyo económico y protagonismo intelectual, sino a algunos que sólo asistieron una vez como J. M. Castellet. Entre los participantes estaban personas no católicas miembros de la Comunidad ecuménica de Taizé y el ministro plenipotenciario de Suiza en España Philippe Zutter, quien cuando muere don Alfonso escribió un testimonio conmovedor. El 22 de mayo de 1957 le ofrecieron un homenaje el resto de participantes, entregándole un cuadro de Benjamín Palencia que refleja el paisaje del Almanzor visto desde el Parador y le encargan que sea mensajero del espíritu de Gredos por donde quiera que vaya. Él, ya embajador ante la Santa Sede, responde con estas palabras: «Yo no olvido mi misión. He hablado de Gredos a muchas personas. Incluso he conversado sobre ello con el Papa Juan XXIII. Yo continuo hablando y lo hago sin esfuerzo, porque estoy íntimamente convencido de la eficacia del espíritu de Gredos, donde, gracias al querido P. Alfonso, he hecho la experiencia cristiana más bella de mi vida»[6].

Les ahorro la lectura de los textos de Leopoldo Calvo-Sotelo sobre su experiencia y participación en ellas, que pueden encontrar en sus libros. De ellas bebió impulsos y experiencias de fondo, una actitud humana y un estilo cristiano, pero también es verdad que él las vivió un poco al margen, ya que por carácter era reticente ante los grupos, los círculos de iniciados o las sublimidades de los perfectos. El realismo de su vida y la cercanía a las situaciones de la sociedad le mantenían un poco distante. Estos aspectos (no integración del diferente, no participación de ateos o agnósticos, exclusión de toda discusión política) dieron coherencia y permanencia a las Conversaciones, pero llegado el momento de la tensión cultural y política, producida en las postrimerías del franquismo con el avistamiento de un nuevo orden de realidad fueron ya irrealizables en la forma como habían nacido y con el método con el que se habían mantenido hasta entonces. Más que nunca apareció verdadera la sentencia bíblica según la cual cada orden de realidad tiene su método, su lenguaje, su forma de conocimiento, su lugar y su tiempo

---

[6] *Conversaciones católicas de Gredos,* Madrid, BAC, 1977, p. 358.

propios. «Todo tiene su tiempo y sazón; todas las tareas bajo el sol [...]. El sabio atina con el momento, y con el método, pues cada asunto tiene su momento y su método» (Eclesiastés 3,1-8; 8,6). Algún día narraré la historia real de su final y de la imposibilidad de comenzar en forma nueva.

Legado (liberalidad, ciudadanía, cristianía)

Si cada hombre leemos con especial interés y revivimos con ejemplaridad una página de la Biblia y desplegamos de manera única un pliegue de lo humano, ¿cuáles fueron los pliegues que aparecieron con brillo especial en la figura de nuestro colega? En la perspectiva estricta en que yo me he situado, subrayaría los tres siguientes: Ante todo *liberalidad,* en el sentido no de liberalismo político y menos religioso sino en el ancho sentido humano de la palabra. Alguien que es capaz de integrar en su persona aspectos que a primera vista parecen inconciliables, que no hace depender toda la complejidad de lo real de una de sus dimensiones y la complejidad de la fe de uno de los artículos del Credo o de los dogmas conciliares. Un liberal es en este sentido lo contrario de un integrista, consciente además según la fórmula de Blondel de que el catolicismo por definición es lo contrario del integrismo[7]. Por eso en su biblioteca encontramos *La vida de Jesús,* junto con *Souvenirs d'enfance et de jeunesse* y *L'Antichrist* de E. Renan a la vez que otras *Vidas de Jesús* como la de F. Mauriac. Y si de los libros que alguien tiene en su biblioteca no podemos deducir lo que ha leído y menos lo que ha pensado de ellos, en nuestro caso nos atestiguan su valoración positiva las sucesivas ediciones que tiene del mismo libro, por ejemplo de la *Vida de Jesús* de Renan, la primera es de 1864 y la última del 2004. Pero su fiel no era signo de ingenuidad ante la actitud negadora propia de Renan. Con gran lucidez le caracteriza con estos términos: «poéticamente deslumbrado por el Cristo verdadero hombre, pero escépticamente herético ante el Cristo verdaderamente Dios»[8].

---

[7] M. BLONDEL, «Testis», en *Une alliance contre nature: catholicisme et intégrisme. La Semaine sociale de Bordeaux 1910,* Bruselas, Lessius-Paris Cerf, 2000.

[8] *El hombre en la encrucijada,* p. 8.

Su fidelidad a Ortega y Gasset se manifiesta no sólo con sus lecturas sino con el hecho de presidir la Fundación que lleva su nombre desde 1993 a 1997. Otro signo de su abertura de espíritu es la preocupación por la relación existente entre las cuestiones de fe y las de ciencia. En este sentido Teilhard de Chardin es un nombre símbolo, al que permanece fiel durante gran parte de su vida, si bien decae el interés en los últimos decenios, cuando el personaje desaparece del primer plano de los intereses tanto científicos como religiosos. De él tenía casi todas las obras, en francés por supuesto y mucho antes de que la editorial Taurus, en que tenía presencia e influjo su amigo don Antonio Garrigues, las tradujera. Al lado de ellas hay que enumerar otra obra significativa de su preocupación humanista: D. Dubarle, *Humanisme scientifique et raison chrétienne* (París, 1953).

La segunda faceta de su personalidad, que me parece ejemplar, es su capacidad de mirar más allá del horizonte inmediato, de interesarse por las realidades que le afectaban como hombre y no sólo como profesional, como católico que pensaba personalmente la fe y no solo vivía de lo que la tradición y la autoridad le trasmitían; como político, que era capaz de percatarse de los grandes problemas que subyacen a las decisiones de cada día, y por ello de la necesidad permanente de ofrecer a los ciudadanos algo que pensar, esperar y amar a largo plazo además de esforzarse por solucionar los problemas de cada día y de repercusión inmediata, es decir, preocupado de la idea y del pan, de la palabra además de la paz. Magnanimidad que tuvo que ejercer mirando más allá de los percances e intereses de cada día cuando le tocó asumir la suprema magistratura del gobierno, en el momento en que se hundía el partido político que presidía. Esa magnanimidad roza límites en los momentos en que es difícil saber diferenciar la altura necesaria de la altivez innecesaria y evitable, en que no es fácil saber si se tiene que aceptar hechos o reprobar actitudes, conformarse con lo posible o reclamar lo imposible, para lograr lo conveniente. La faz serena y el talle erguido, ¿cuándo son gestos de dignidad afirmada y cuándo expresión de un orgullo herido que no acepta la necesaria corrección del prójimo ni ejerce la confesión de errores o culpas? No podríamos decir en qué ámbito de lo profesional, de lo cívico o de lo religioso fuera una gran excepción sobresaliente, pero justamente esa suma de objetivo atenimiento a lo debido y de cotidiana grandeza de alma en los campos en que su vida rozó la historia, desde la familia a la presidencia del gobierno, desde el rigor profesional a la coherencia de su fe: eso me parece a mí ser el toque personal, la característica de este académico a quien el tiempo no permitió muchas intervenciones públicas en nuestra Academia.

Como último en la enumeración pero no en importancia para la definición de su persona me parece esencial poner de relieve su cristianía. Designo con esta palabra no sólo el conocimiento de lo que la fe en Jesucristo ha significado en la historia como conjunto de hechos, dogmas, instituciones culturales, morales o jurídicas (cristianismo), ni solo el hecho social comunitario que implica la pertenencia a una iglesia (cristiandad), sino la configuración de la persona, desde los estratos constituyentes de la inteligencia, la voluntad y la memoria, por la adhesión convencida y consecuente con Cristo, que se traduce en una decisión de conformar los actos de la existencia desde esa raíz de sentido, que no impone más credos que el apostólico pero que es una luz que ilumina el camino de la vida, ayuda a discernir situaciones y da fuerzas para asumir responsabilidades más allá de la convivencia o eficacia que nuestros actos pueden llevar consigo para este mundo.

Con un texto que por contraste suscita resonancias orteguianas se definía así del modo siguiente en un curso de verano de la Universidad Complutense en El Escorial en junio 1991: «Soy eso que se puede llamar católico practicante. He intentado formalizar católicamente mi vida. Mi vida me ha llevado a responsabilidades máximas en la empresa privada y en el gobierno de la nación. De estos datos iniciales cabe deducir que mi trabajo ha tenido muchas veces como referente la Doctrina de la Iglesia»[9]. Que esta afirmación no se añade a una vida situada en otras direcciones lo acreditan los muchos libros que posee en su biblioteca sobre temas sociales, y no sólo encíclicas sino libros de las orientaciones más distintas en ese orden como pueden ser los del dominico francés M. D. Chenu, *Pour une théologie du travail* (París, 1955), el *Catecismo Holandés* de 1965; del protestante J. Moltmann, *Teología de la esperanza* (Salamanca, 1972); del peruano G. Gutiérrez, *Teología de la liberación* (Salamanca, 1973, firmada por él ese mismo año); de H. Küng, *¿Existe Dios?,* publicada en Oxford en inglés en 1980 y firmado por don Leopoldo en Bruselas el 15 de diciembre de 1984; y del exponente del nuevo liberalismo norteamericano M. Novak, *Free-*

---

[9] Los problemas sociales cien años después de la *Rerum Novarum,* Lección de clausura, manuscrito 1.

dom with justice. Catholic Thought and Liberal institutions (Nueva York, 1984).

Me gustaría subrayar que en esta identidad católica había encontrado en él una concreción tan realista como fiel, tan crítica como asertiva. En un momento dado él manifiesta que para un creyente el problema no es tanto la correlación entre fe y cultura en el mundo cuanto entre autoridad y obediencia en la iglesia; que la dificultad es encontrar los cauces históricos en los que la palabra de la fe muestre su real eficacia dentro de las coordenadas del mundo. «Yo he sentido muy pronto, empujado tal vez por mi vocación política, que la tensión íntima para el creyente se da más entre Iglesia y Libertad que entre Fe y Cultura. Recuerdo haber leído muy pronto el opúsculo de Lutero "La libertad del cristiano", con la inquietud y la emoción de quien sigue un sendero de montaña bordeando el precipicio» (*El hombre en la encrucijada,* 5). Por ello muchas ideas del Concilio Vaticano II fueron para él no una novedad absoluta sino una confirmación de mucha esperanza a la vez que un marco de compresión global para el ser cristiano y para las nuevas tareas de la Iglesia. En este orden él veía en el acontecimiento conciliar la preparación providencial que liberaba las conciencias católicas en España a la vez que les urgía la necesidad moral de llevar a cabo con eficacia trasformaciones culturales, sociales y políticas. Transformación obligada por razones generales de madurez histórica, pero a la vez por el hecho de aparecer España ante el mundo como un país católicamente configurado y sin embargo no darse en ella las libertades que en otros muchos países ya eran efectivas desde hacía largo tiempo.

En este orden él mostró siempre una inmensa libertad para opinar, acoger y criticar. Todavía recuerdo el humor y enfado con que contaba alguna de sus últimas conversaciones con los cardenales Tarancón y Suquía, bien es verdad que con considerable diferencia de acentos. Y en esto era conscientemente anticlerical, si entendemos por clerical el intento de trasponer a decisiones mundanas e imponer con autoridad aquellos principios de sentido que valen para la vida eterna, sin percatarse de la necesidad de encontrar las mediaciones científicas, culturales y sociales objetivamente válidas, o queriendo imponer unas que derivan de una lectura particular de la realidad que no es universalizable ya que, también para la conciencia cristiana, con no muchas excepciones, es posible un pluralismo de lecturas científicas de los fenómenos históricos.

Él era altivamente consciente de que se tiene gracia de Estado cuando se está ante las responsabilidades propias del Estado que uno ha elegido, y que no se necesita un mandato especial de nadie para asumir esa misión; más aun es el olvido o negligencia en asumirlas lo que contradice la vocación cristiana y en el fondo es una traición a la propia iglesia. En este orden los pecados han sido mayores por omisión que por acción, por negligencia en la aceptación de tareas históricas que por arrojo a pensarlas cristianamente. Y más culpable es la jerarquía eclesiástica por haber fustigado más los errores cometidos en la acción que los cometidos por silencio, ausencia u omisión; por los pecados propios y por los ajenos que el prójimo ha cometido por escándalo, inconsecuencia o inconsciencia nuestra. Con las palabras del salmo, la vieja liturgia romana ponía antes de la celebración de la eucaristía una acusación y una petición de perdón para nuestras culpas ocultas y para las ajenas inducidas por las nuestras: «*Delicta quis intelligit? Ab occultis meis munda me Domine et ab alienis parce servo tuo*» (Sal. 18,13 V). El libro bíblico citado anteriormente se cierra con estas palabras: «Teme a Dios y guarda sus mandamientos porque esto es ser hombre; que Dios juzgará todas las acciones, aun las ocultas buenas y malas» (Eclesiastés 12.13). El pecado más grave es justamente el de quien ni siquiera se percata de lo que no hace, de lo que vulnera con su aparente inconsciencia e irresponsabilidad. Pecados de pensamiento, de palabra y de obra; pecados de acción y de omisión; de insolencia en unos casos y de cobardía en otros. Lo primero que hace una fe viva y operante en la conciencia es descubrir el horizonte de lo desconocido necesario, de lo obligatorio preterido, de lo pendiente que tenemos que asumir.

Conclusión

Estas reflexiones sólo han intentado iluminar la personalidad de nuestro compañero desde unos ángulos muy particulares, que quizá no aparecen en el espejo del personaje público, del ingeniero, del presidente de gobierno, del académico. Con ellas he querido responder a la pregunta que me hacía al comienzo cuando afirmaba que es necesario saber qué y quienes nos han hecho posible llegar a ser quien somos, abriéndonos caminos de verdad, de autenticidad, ayudándonos a evitar los de la dispersión o de la inautenticidad. El carácter es fruto de una forja, donde los otros y cada uno hemos sido los herreros que han golpeado el hierro de nuestra vida sobre el yunque de la fragua que es la historia. El carácter es fruto de la propia e inalienable libertad, pero también de los contextos y personas que nos han ayudado a descubrir nuestra misión o una vez descubierta a realizarla. Finalmente, he querido poner de relieve las dimensiones ejemplares que desde mi perspectiva y para mí ofrecen la persona y el destino de nuestro compañero.

Olegario GONZÁLEZ DE CARDENAL

Los autores

Enrique ALARCÓN. Doctor Ingeniero de Caminos, Canales y Puertos por la Universidad Politécnica de Madrid. Licenciado en Ciencias Físicas por la Universidad Complutense de Madrid. Catedrático Numerario en la ETS Ingenieros Industriales de la UPM. Doctor Honoris Causa por las Universidades de Sevilla, Zaragoza, Carlos III y Valladolid. Premio Nacional de Investigación en Ingeniería «Leonardo Torres Quevedo»; Premio a la Investigación de la Fundación General de la UPM y Medalla de Honor del Colegio de Ingenieros de Caminos, Canales y Puertos. Académico de Número Constituyente de la Real Academia de Ingeniería, de la que ha sido secretario general y presidente.

Fernando ARGENTA. Hijo del director de orquesta, Ataúlfo Argenta. Licenciado en Derecho por la Universidad Complutense de Madrid. Cursó estudios superiores de Música en el Real Conservatorio Superior de Música de Madrid. Formó parte del conjunto de rock «Micky y Los Tonys». En 1971 entró en Radio Nacional de España (RNE) donde creó el programa «Clásicos Populares», que se emitió durante treinta y dos años ininterrumpidos. Ha sido director de Radio 3 y Radio 1 (RNE). TVE ha emitido su programa infantil de música clásica, «El conciertazo», entre los años 2000 y 2009. Tiene en su haber más de cuarenta premios nacionales e internacionales de radio y televisión. Medalla de Oro al Mérito en las Bellas Artes.

Carlos BUSTELO. Técnico comercial y economista del Estado. Ha sido economista de la OCDE y director ejecutivo alterno del FMI. Durante la Transición, fue subsecretario de Comercio, ministro de

Industria y Energía y presidente del INI. En el sector privado, ha sido presidente y vocal del Consejo de Administración de varias empresas en los años 1983 a 2004. Presidente de la Comisión Nacional del Mercado de las Telecomunicaciones y del Tribunal de Defensa de la Competencia de Madrid en los años 2004-2009.

Pedro CALVO-SOTELO IBÁÑEZ-MARTÍN. Licenciado en Filología Clásica por la Universidad Complutense de Madrid y diplomático, con destinos en Estocolmo, París, Quito, Madrid y El Cairo.

Ángel CORDOVILLA. Sacerdote. Estudió teología en la Universidad Pontificia de Salamanca, ampliando sus estudios en Munich. Doctor en Teología Dogmática por la Universidad Gregoriana de Roma. Profesor en la Universidad Pontificia Comillas de Madrid. Además de artículos en revistas especializadas y diversas colaboraciones en obras colectivas, es autor de *Gloria de Dios y salvación del hombre. Una aproximación al cristianismo* (1997); *Gramática de la encarnación. La creación en Cristo en la teología de Karl Rahner y Hans Urs von Balthasar* (2004) y *El ejercicio de la teología* (2007).

Álvaro DELGADO-GAL. Licenciado en Ciencias Físicas. Doctor en Filosofía. Escritor y director de la *Revista de Libros.* Autor de *La esencia del arte* (1996)*, Buscando el cero. La revolución moderna en la literatura y en el arte* (2005)*, El hombre endiosado* (2009).

Paloma FERNÁNDEZ PALOMEQUE. Licenciada en Historia del Arte por la Universidad Complutense de Madrid. Ingresó en el Cuerpo de Ayudantes de Archivos, Bibliotecas y Museos en 1972. Biblioteca Pública de Burgos, 1972-1974; Instituto Bibliográfico Hispánico, 1974-1981; Servicio de Manuscritos, Incunables y Raros de la Biblioteca Nacional de España, 1981-1992. Desde 1992 al 2002 ejerce su labor como asesor del ex presidente del gobierno don Leopoldo Calvo-Sotelo, organizando su biblioteca y su archivo empresarial, político y privado. Actualmente, colabora en la catalogación de Archivos personales en el Servicio de Manuscritos e Incunables de la Biblioteca Nacional de España.

Antonio GARCÍA-BELLIDO. Doctor en Ciencias Biológicas por la Universidad de Madrid. Amplía estudios en las Universidades de Cambridge, Zurich y el Instituto Tecnológico de California. Profesor Vinculado *Ad Honorem* del CSIC. Premio Príncipe de Asturias. Premio Nacional de Investigación Santiago Ramón y Cajal. Premio México de Ciencia y Tecnología. Miembro de la Real Academia de Ciencias. Miembro extranjero de: Royal Society, American Academy of Arts and Science, Académie des Sciences y Pontifical Academy of Sciences, entre otras. Doctor Honoris Causa por las Universidades de la Unión Soviética, La Coruña, Barcelona, Oviedo, Salamanca y Alicante.

Antón GARCÍA ABRIL. Compositor. Director de la cátedra «Manuel de Falla» de Cádiz, profesor de composición de la Escuela de Altos Estudios Musicales de Galicia y de los cursos de verano «Música en Compostela». De la Real Academia de Bellas Artes de San Fernando. Premio Nacional de Música. Premio Fundación Guerrero de Música Española. Premio Iberoamericano de la Música «Tomás Luis de Victoria». Premio de Cultura de la Comunidad de Madrid. Medalla de Oro al Mérito de las Bellas Artes. Doctor Honoris Causa por la Universidad Complutense de Madrid y por la Universidad de La Habana. Gran Cruz de Alfonso X El Sabio.

Olegario GONZÁLEZ DE CARDEDAL. Sacerdote. Estudios de Historia, Filosofía, Teología en las Universidades de Munich, Oxford, Washington. Doctor en Teología. Catedrático de Teología en la Universidad Pontificia de Salamanca. Director de la Cátedra de Teología «Domingo de Soto» en la Universidad de Salamanca. Fue miembro de la Comisión Teológica Internacional y del Pontificio Consejo para la Cultura. Consultor del Consejo Pontificio para el diálogo con los No Creyentes. Entre otras obras, es autor de: *La gloria del hombre* (1985), *España por pensar* (1985), *Jesús de Nazaret. Aproximación a la cristología* (1993), *Madre y muerte* (1994), *Raíz de la esperanza* (1996), *Cuatro poetas desde la otra ladera. Prolegómenos para una cristología* (1996).

Antonio LAGO CARBALLO. Ha sido profesor de Regímenes Políticos Iberoamericanos en la Facultad de Ciencias Políticas y en la Escuela Diplomática de Madrid, Director del Colegio Mayor Hispanoamericano «N.ª S.ª de Guadalupe» y del Colegio Mayor Cisneros. Autor, entre otros, de *América en la conciencia española de nuestro tiempo* (1997), *Eugenio d'Ors. Anécdota y categoría* (2004), así como de dos tomos sobre la historia de la Universidad Internacional Menéndez Pelayo (UIMP) de Santander. Director general del Patrimonio Artístico y Cultural (1976-1977) y subsecretario de Educación (1980-1982). Presidente de la Fundación Menéndez Pidal y vocal del Patronato de la UIMP, cuya Medalla de Honor recibió en 2003.

José María MARTÍNEZ-VAL. Catedrático de Termotecnia de la ETS de Ingenieros Industriales de Madrid, de la cual fue director entre 1991 y 1995. Autor de más de setenta artículos en revistas internacionales y de varios libros, entre ellos, *Un empeño industrial que cambió a España 1850-2000*. Su novela *Llegará tarde a Hendaya* fue finalista del Premio Planeta en 1981. Sus últimas novelas son *Tinta desde Lepanto* y *Memorias del Muerto*. Editor del *Diccionario Enciclopédico de Tecnología*. Director de la Fundación para el Fomento de la Innovación Industrial. Presidente del Comité Científico y Técnico de «EURATOM» (Unión Europea).

Eduardo MARTÍNEZ DE PISÓN. Catedrático Emérito de Geografía de la Universidad Autónoma de Madrid. Autor de numerosos artículos y libros. Sus trabajos de investigación tratan especialmente de paisajes naturales, geomorfología de cordilleras, pensamiento geográfico y geografía medioambiental. Premio Nacional de Medio Ambiente.

Charles POWELL. Licenciado y doctor en Historia por la Universidad de Oxford, profesor de Historia Contemporánea en la Universidad San Pablo-CEU y director de la Fundación Transición Española. Autor, entre otros, de *Adolfo Suárez. El Presidente que se hizo a sí mismo* (2004), *España en democracia, 1975-2000* (2001), *Juan Carlos. Un rey para la democracia* (1995) y *El piloto del cambio. El Rey, la monarquía y la transición a la democracia* (1991).

Jaime DE SALAS. Catedrático de Filosofía de la Universidad Complutense. Presidente de la Fundación Xavier de Salas. Autor de *Razón y legitimidad en Leibniz: una interpretación desde Ortega* (1994). Traductor y estudioso de Henri Bergson, Hume y Leibniz.

Jaime SILES. Doctor en Filología Clásica por la Universidad de Salamanca. Ha sido investigador en la Universidad de Colonia, profesor de Filología Latina en la Universidad de Salamanca y en la de Alcalá de Henares, catedrático de Filología Latina en la de La Laguna, director del Instituto Español de Cultura en Viena y agregado Cultural en la Embajada de España en Austria, catedrático Honorario de la Universidad de Viena, *Gästprofessor* de la Universidad de Graz y de la de Salzburg, *Visiting Professor* de la Universidad de Madison-Wisconsin, profesor de la Universidad de Berna, *Ordentlicher Professor* de la Universidad de St. Gallen (de cuya Facultad de Ciencias de la Cultura ha sido decano), profesor visitante de las Universidades de Bérgamo, de Turín y de Ginebra. Actualmente es catedrático de Filología Latina en la Universidad de Valencia y presidente de la Sociedad Española de Estudios Clásicos.

Premio Ocnos, Premio de la Crítica del País Valenciano, *Premio de la Crítica Nacional, Premio Internacional Loewe de Poesía, I Premio Internacional Generación del 27, Premio Teresa de Ávila, Premio de las Letras Valencianas.* Ha sido crítico literario en *La Razón* y en *El Cultural* de *El Mundo* y actualmente en *ABC.* Académico Correspondiente de la Real Academia de Bellas Artes de San Carlos y de la Real Academia de la Historia.

Justino SINOVA. Periodista, escritor y profesor de Universidad. Escribe en *El Mundo* y participa en las tertulias de Onda Cero («Herrera en la Onda» y «La Brújula»), de Canal 24 Horas (RTVE) y de Canal 9. Autor, entre otros libros, de *La censura de Prensa durante el franquismo* y *La Prensa en la Segunda República española. Historia de una libertad frustrada.* Director del Área de Formación de Unidad Editorial.